Göttliche Erkenntnis

Göttliche Erkenntnis

Spirituelle Essays und praktische Anleitungen
zu allen Aspekten des Lebens

von

Swami Sivananda

Mangalam Books

Die Übersetzung aus dem Englischen besorgte
das Sivananda Yoga Vedanta Zentrum München.
Original - Ausgabe:
»Bliss Divine« by Swami Sivananda

CIP-Kurztitelaufnahme der Deutschen Bibliothek

Sivananda <Swami>:
Göttliche Erkenntnis
Text und Kommentar von Swami Sivananda.
(Die Übers. aus d. Engl. besorgte
das Sivananda Yoga Vedanta Zentrum München).
Horn Bad Meinberg: Mangalam Books Huang-Schang, 2010.

ISBN 978 - 3 - 922 477 - 00 - 6

Inhalt

Vorwort zur deutschen Erstausgabe Anläßlich des Sivananda-Friedensjahres 2000

In der Sammlung spiritueller Essays »Göttliche Erkenntnis« zeigt sich der universelle Geist des großen Yogis und Weisen Swami Sivananda (1887 – 1963). Aus der Zurückgezogenheit seines Ashrams in Rishikesh, Himalaya, gibt der Meister spirituelle Anstöße für das moderne Leben zu so umfassenden Themen wie Yoga-Wissenschaft, -Philosophie und -Psychologie, sowie Religion, Spiritualität und Gesundheitswesen.

Swami Vishnu-devananda (1927 – 1993) wurde 1957 von seinem Meister Swami Sivananda zur Verbreitung von Yoga in den Westen gesandt. Als internationale Autorität des Hatha und Raja Yoga gründete er über 30 Sivananda Yoga Vedanta Zentren und Ashrams weltweit; dabei war die Botschaft von »Einheit in Verschiedenheit« des vorliegenden Buches sein ständiger Begleiter.

Er unternahm symbolische Flügen über einige Krisenherde der Welt, z.B. 1983 über die Berliner Mauer von West nach Ost, um die Einheit der Menschen zu betonen und innere Barrieren zu sprengen.

1969 unterrichte Swami Vishnu-devananda die erste Sivananda Yoga-Lehrerausbildung im Westen nach dem Modell der »Yoga Forest Academy« (gegründet 1949 von Swami Sivananda in Rishikesh). Seither werden die Sivananda Yoga-Lehrerausbildungen jährlich in Amerika, Europa (Österreich, Frankreich, Spanien), sowie in Indien weitergeführt; das Studium des Buches »Göttliche Erkenntnis« ist ein wichtiger Bestandteil der Ausbildung.

Mit der deutschen Erstausgabe eröffnet sich dem deutschsprachigen Leser eine Fülle von Möglichkeiten für spirituelle Praxis und ein universelles Verständnis seiner Selbst.

April 2000
Sivananda Yoga Vedanta Seminarhaus
Reith bei Kitzbühel, Tirol

Vorwort des indischen Herausgebers

Wir leben in einem Zeitalter von Skeptizismus und Materialismus. Wie eine Fata Morgana verlockt der Wohlstand die Menschen. Ihre Herzen verschließen sich immer mehr, sie sind mit Stolz erfüllt und vergessen Gott.

Die materialistische Zivilisation hat den Menschen unehrlich und unaufrichtig gemacht. Ruderlos treibt das Schiff der menschlichen Zivilisation dahin, mit Kurs auf den Fels des Größenwahns, des Hasses, der Ziellosigkeit und letztendlich der Selbstzerstörung.

Die heutige Welt ist voll von Angst, Mißtrauen, Kriminalität, Konflikten, Meinungsverschiedenheiten und Streit. Die Philosophie des Fleisches setzt Freibriefe anstelle von Disziplin, eigene Befriedigung an Stelle von Selbstlosigkeit. Das wahre Ziel der Religion ist vergessen, die Spiritualität ist den Religionen verloren gegangen - nur eine leere Hülle, eine ärmliche äußere Form ist geblieben.

Wissenschaftler eroberten die Luft und das Atom. Raumschiffe umkreisen die Erde. Doch wehe! Die Menschen haben das Rätsel der Seele, ihres inneren Wesens noch nicht gelöst. Sie haben die Natur und das Weltall erobert, doch nicht ihren Erzfeind, den eigenen Geist. Reine Intelligenz ohne Moral und Spiritualität ist nicht nur nutzlos - sie wird zum Verhängnis.

In der heutigen von Kriegen und Revolutionen aufgewühlten Welt ist es von größter Wichtigkeit, die ethischen und geistigen Werte der alten indischen Kultur mit ihrem unvergänglichen Idealismus wiederzubeleben. Es gibt nur einen Weg, die Welt dem Materialismus zu entwöhnen und die Menschheit zurück in die Einheit zu führen: die Praxis von Yoga und Vedanta.

Yoga und Vedanta sind im Kern dasselbe. Vedanta ist die hohe Philosophie, die den Lebensweg des Yoga führt.

Unbewußte Bewegung wird Evolution genannt. Bewußte Evolution ist Yoga oder das Praktizieren von Religion

Religion ist nicht eine Frage, ob man einer Kirche angehört oder einem Dogma folgt, sondern wie man eine tiefere Einsicht und Verständnis entwickelt und sie im täglichen Leben ausdrückt.

Es ist diese Einsicht und dieses Verständnis, welches uns der große Meister Sivananda mit der »Göttlichen Erkenntnis« näher bringen will.

»Göttliche Erkenntnis« ist ein unsterbliches Werk, eine Hinterlassenschaft für kommende Zeitalter. Es ist ein spiritueller Klassiker. Es ist eine Bibel für Christen, eine Bhagavad-Gita für Hindus, ein Koran für Mohammedaner, eine Zend-Avesta für die Parsen. Es umfaßt die Lehren und Schriften aller Zeiten.

Darüberhinaus bietet es Trost und Zuflucht, Erleuchtung und Licht in der Dunkelheit auf eine Art und Weise, die den modernen Geist anspricht. Keine Zeile ist ungenau, keine Deutung verborgen.

Das Schlüsselwort dieses Buches ist Zuversicht, die Seiten sind gefüllt mit konstruktiven Empfehlungen für ein erfüllteres, glücklicheres Leben – schon heute auf dieser Erde.

Jedes Kapitel ist in sich vollständig und kann unabhängig vom Rest des Buches gelesen werden. Der Autor hat das Werk mit einer wunderbaren Einführung versehen, unübertroffen in der Tiefe der Bedeutung sowie der Anschaulichkeit der Darstellung.

Shivanandanagar, Indien
1. März 1974
- THE DIVINE LIFE SOCIETY -

Ein Wort über die »Göttliche Erkenntnis«

Diese kostbare und ausgezeichnete Sammlung von Belehrungen eines Weisen ist die Opfergabe eines Schülers, die er ehrfürchtig zu Füßen seines Gurus niederlegt. Dieses Werk ist ein Ausdruck von Dienst am Guru (Guruseva). Mit diesem Werk erfüllte der Herausgeber, mein Guru-Bandhu (Bruderschüler) SHRI ANANTHANARAYANAN den lang gehegten Wunsch des heiligen Meisters Swami Sivanandaji, eine solche Auswahl an Texten zusammenzustellen. Er trug dazu bei, der reinen Vision (Sankalpa) eines Heiligen, dessen Streben es war, der Menschheit zu dienen, konkrete Form zu verleihen. Swami Sivananda half der Menschheit, Licht inmitten der Dunkelheit zu sehen und führte sie entlang auf dem Pfad der Herzensgüte. Aufgrund seines plötzlichen und unerwarteten Heimgangs, war es Shri Ananthanarayanan nicht möglich, den Wunsch seines Gurus zu dessen Lebzeiten zu erfüllen. Er arbeitete hart Tag und Nacht, um posthum das Werk zu vollenden und es auf dem Altar der Erinnerung an seinen Meister darzubringen. Es verkörpert eine aufrichtige und ungeteilte Arbeit der Liebe.

Die einmalige Verbindung des Herausgebers mit Swami Sivananda währte über 12 Jahre. Shri Ananthanarayanan war Beamter der Planungskommission des Bundesregierung in Delhi und besuchte als solcher zum ersten Mal Rishikesh, um dort den Weisen von Ananda Kutir zu treffen. Er war sehr von Gurudevs Idee des Jñana Yajña (Verbreitung spirituellen Wissens) begeistert, sowie von Swamijis Persönlichkeit, die von unzweifelhafter spiritueller Größe geprägt war. Er war tief berührt von der spontanen und bedingungslosen Liebe des Heiligen. Zurück in Delhi machte er sich an die Arbeit und brachte eine wunderbare kleine Zusammenstellung von Gurudevs Belehrungen unter dem Titel: »Perlen am Ufer der Weisheit« heraus. Möglicherweise war dieses erste Heft eine Vorausschau und ein Wegweiser für die gegenwärtige »Göttliche Erkenntnis«. Wie kein anderer war Shri Ananthanarayanan für diese Arbeit geeignet, denn seine akademischen Auszeichnungen waren Zeichen göttlicher Gaben: eine scharfe Intelligenz und ausgesprochen literarische Fähigkeiten, mit denen er reichlich ausgestattet war. Dies erklärt die hohe Qualität dieses gegenwärtigen Werkes, welches von zahlreichen Lesern als die beste Veröffentlichung angesehen wird, die die Divine Life Society je herausgebracht hat.

Ananthanarayan wurde 1927 in Kodaikanal geboren und wuchs zu einem idealistischen Jugendlichen mit einer feinfühligen Veranlagung heran, offen für die höheren Werte des menschlichen Lebens. Kein Wunder also, daß er wenig Befriedigung in der säkulären Schulausbildung fand, selbst als er seine Abschlußprüfung mit dreifacher Auszeichnung bestand. Dies war im Jahre 1946 und Shri Ananthanarayanan war erst 19 Jahre alt. Es folgten weitere Abschlüsse bis hin zum Magister Artium in Wirtschaftslehre, doch er fühlte, daß diese Zeit der Ausbildung für ihn »verlorene« Zeit war, denn sein höheres Wesen erfuhr keine Befriedigung und seine innere spirituelle Entwicklung blieb ohne zündenden Anstoß.

Diese Unzufriedenheit führte ihn zu spiritueller Literatur; begierig nahm er die hohen Lehren Swami Vivekananda's, Mahatma Gandhis, Swami Rama Tirthas und anderer Erleuchteter seiner Zeit auf. So blieb es unvermeidlich, daß er bald mit den spirituellen Lehren Swami Sivanandas in Berührung kam, die zu dieser Zeit das ganze Land überfluteten und wie das Wasser des Lebens überallhin zu den suchenden Seelen floß. Er fühlte, wie Gurudevs Lehren ihm den Weg wiesen. Zuguterletzt nun wurde ihm der richtige Weg gezeigt in klaren und eindeutigen Begriffen, praktisch und inspirierend. Als er nach Delhi versetzt wurde und somit näher an Rishikesh war, fühlte er sich stark zu Swamiji hingezogen. Gurudev überhäufte ihn mit Bücher-Geschenken und gewann Ananathanarayanas Herz für seine Mission der

Verbreitung spirituellen Wissens. Bald entschied der Einfluß Seiner erhabenen Lehren über die weitere Laufbahn dieses glühenden jungen Suchers. Er machte kehrt, schrieb ohne zu Zögern all seine Aussichten auf weltlichen Erfolg und Wohlstand in den Wind, drehte dem weltlichen Leben den Rücken zu und folgte Swami Sivananda. Von diesem Tag an - und bis heute - ist er mit großer Aufrichtigkeit und Ernsthaftigkeit in unermüdlichem Dienst für die heilige Mission des großen Gurus tätig.

In diesem vorliegenden Band stellt Shri Ananthanarayanan dem modernen Indien einen außergewöhnlichen Leitfaden spiritueller Weisheit vor. Er bringt den gebildeten Schichten eine verständliche, dennoch ausgesuchte Sammlung der Lehren Swami Sivananda's für die heutige Menschheit. »Göttliche Erkenntnis« enthält das Wesen und die Ideale unserer indischen Kultur. Wir alle sind ihm zu tiefstem Dank verpflichtet, den wir nur ausdrücken können, indem wir die »Göttliche Erkenntnis« ein Leben lang zu unserem Führer und Begleiter machen. Möge Gott Shri Ananthanarayanan segnen und möge Gurudev's Gnade immer mit ihm sein!

Shivanandanagar, Vijaya Dasami, 5 - 10 - 1965
Swami Chidananda

Präsident der Divine Life Society

Swami Sivananda

Einleitung des Autors Swami Sivananda

Der Atma

Wonne ist die wahre Natur des Menschen. Der zentrale Faktor im Wesen des Menschen ist die ihm innewohnende Göttlichkeit.

Die wahre Natur des Menschen ist göttlich, aber durch seine niederen Tendenzen und den Schleier seiner Unwissenheit ist er sich dessen nicht bewußt. Der Mensch identifiziert sich in seiner Unwissenheit mit Körper, Geist, Prana und Sinnen. Wenn er all dies transzendiert, wird er eins mit Brahman, dem Absoluten, das reine Wonne ist.

Brahman, das Absolute, ist die vollste Realität und das vollständigste Bewußtsein. Das, worüber hinaus es nichts mehr gibt, das, was das innerste Selbst von allem ist, ist Atman oder Brahman. Der Atman ist das allen Wesen gemeinsame Bewußtsein. Ein Dieb, eine Prostituierte, ein Straßenkehrer, ein König, ein Spitzbub, ein Heiliger, ein Hund, eine Katze oder eine Ratte - sie alle haben denselben gemeinsamen Atman.

Es besteht ein scheinbarer, vermeintlicher Unterschied nur in Körpern und Geisten. Es gibt Unterschiede in Farben und Meinungen. Aber der Atman ist derselbe in allen. Wenn Du sehr reich bist, kannst Du ein eigenes Dampfschiff, einen eigenen Zug oder ein eigenes Flugzeug für deine selbstsüchtigen Interessen besitzen. Aber Du kannst keinen eigenen Atman haben. Der Atman ist allen gemeinsam. Er ist kein eingetragener Alleinbesitz.

Der Atman ist das eine unter den vielen. Er ist beständig unter den Formen, die kommen und gehen. Er ist das reine, absolute, eigentliche Bewußtsein aller bewußten Wesen.

Die Quelle allen Lebens, die Quelle allen Wissens ist der Atman, dein innerstes Selbst. Dieser Atman, die höchste Seele, ist transzendent, unausdrückbar, unableitbar, undenkbar, unbeschreiblich, immer friedvoll und nichts als Wonne.

Es gibt keinen Unterschied zwischen Atman und Wonne. Atman ist Wonne selbst. Gott, Vollkommenheit, Frieden, Unsterblichkeit und Wonne sind eins. Das Ziel des Lebens ist es, Vollkommenheit, Unsterblichkeit, Gott zu erreichen. Je näher man der Wahrheit kommt, desto glücklicher wird man. Denn die eigentliche Natur der Wahrheit ist tatsächliche absolute Wonne. Es ist keine Wonne im Begrenzten. Wonne ist nur im Unbegrenzten. Ewige Wonne kann nur aus dem ewigen Selbst empfangen werden.

Das Selbst zu kennen, bedeutet ewiges Glück und immerwährenden Frieden zu genießen. Selbstverwirklichung schenkt ewiges Sein, absolutes Wissen und ewige Wonne. Niemand kann ohne Selbstverwirklichung gerettet werden. Das Streben nach dem Absoluten muß unter Aufgabe des Liebsten unternommen werden, selbst des Lebens, selbst mit dem Risiko des größten Schmerzes. Auch wenn Du noch so viele philosophische Bücher liest, auf deiner Reise um die Welt Vortrag um Vortrag hältst, hundert Jahre lang in einer Höhle im Himalaya lebst und fünfzig Jahre lang Pranayama machst, kannst Du ohne die Verwirklichung des Einsseins mit dem Selbst keine Befreiung erlangen.

Die Bedeutung von Moksha

Die Einheit des Selbst, die Einheit des Seins ist eine Realität, und die Verwirklichung dieser Realität ist Moksha.

Moksha ist das Einstürzen der Barrieren, die getrenntes Sein verursachen. Moksha ist der absolute Seinszustand, wo die Einheit des alles erfüllenden und alles durchdringenden Bewußtseins ebenso sicher erkannt wird wie eine Orange, die man in der Hand hält.

Moksha ist nicht das Erlangen von Befreiung aus einem faktischen Zustand der Bindung, sondern die Verwirklichung der Befreiung, die bereits vorhanden ist. Es ist Freisein von einer falschen Vorstellung von Bindung.

Die individuelle Seele fühlt sich gebunden durch die von der Macht von Avidya hervorgerufene Unwissenheit. Wenn die falsche, aus Täuschung entstandene Vorstellung durch das Erkennen des Atman beseitigt worden ist, wird der Zustand von Moksha bereits hier und jetzt, noch in diesem jetzigen Leben, verwirklicht. Er kommt nicht nach dem Tod.

Die Ursache der Täuschung ist der Wunsch im Menschen. Wünsche erzeugen Gedankenwellen, und Gedankenwellen verschleiern die wahre Natur der Seele, die wonnevoll, unsterblich und ewig ist. Wenn die Wünsche ausgelöscht sind, dämmert im Individuum die Erkenntnis Brahmans auf.

Die Erkenntnis Brahmans ist keine Handlung. Du kannst ebensowenig Brahman erreichen, wie Du Dich selbst erreichen kannst, es sei denn, Du erkennst Dich selbst. Das Wissen von Brahman ist absolut und direkt. Sie ist eine intuitive Erfahrung.

Vernunft und Intuition

Intuition taucht auf wie ein Blitz. Sie wächst nicht allmählich. Das unmittelbare Wissen durch Intuition vereinigt die individuelle Seele mit der höchsten Seele. Die Intuition läßt das Subjekt, das Objekt der Erkenntnis und den Vorgang des Erkennens im Absoluten aufgehen, wo es keine Dualität gibt. In der Intuition wird Zeit zu Ewigkeit und Raum zu Unendlichkeit.

Nur intuitives Erkennen ist höchstes Erkennen. Es ist das unauslöschliche, unendliche Wissen um die Wahrheit. Das Wissen, das durch die Sinne erlangt wird, ist Wissen um das Sichtbare aber nicht um Wahrheit.

Sinneswahrnehmung ist falsches Wissen, und Intuition ist richtiges Wissen. Atma-Jñana, Selbsterkenntnis, kann durch Intuition, und nur durch Intuition allein, erlangt werden.

Wenn der Verstandesmensch nicht Intuition entwickelt, bleibt er unvollkommen. Der Verstand hat nicht die Kraft, um in den innersten Bereich der Wahrheit vorzudringen. Der Verstand arbeitet im dualen Bereich, ist aber machtlos im Bereich der Nichtdualität.

Geist und Verstand sind endliche Instrumente. Die Vernunft ist endlich. Sie kann nicht in das Unendliche eindringen. Nur die Intuition kann in das Unendliche vordringen.

Wissenschaftliche Versuche zum Beweis des Unendlichen sind aussichtslos. Die einzige wissenschaftliche Methode hier ist die Intuition.

Meditation führt zu Intuition. Meditation ist der Schlüssel, um das Göttliche, den Atman, das in allen Namen und Formen verborgen ist, zu entfalten.

Der Vorgang der Meditation

Es gibt keine Erkenntnis ohne Meditation. Der Strebende durchforscht seine eigene Seele. Die Wahrheit wird manifest.

Durch regelmäßige Meditation wächst Du allmählich an Spiritualität. Die göttliche Flamme wird immer heller.

Meditation bringt Dir allmählich das ewige Licht und Intuition. Durch beständiges Üben von Konzentration und Meditation wird der Geist so durchsichtig und klar wie ein Kristall. Der Lärm des Strebens nach weltlichen Dingen wird umso leiser, je mehr man nach innen geht.

Es gibt Gesetze auf der neuen Ebene. Die Musik ist anders. Die Melodie ist sehr lieblich. Es herrscht ein ständiges Durchdrungensein von etwas Besserem.

Der Glanz spirituellen Erwachens verändert die Sicht, und man sucht hingebungsvoll nach dem, was wirklich dauerhafte Freude und auf lange Sicht Frieden bringt. Dadurch verringert sich auch das Streben nach materiellen und unmittelbaren Vorteilen.

Meditation führt mehr und mehr nach innen, vom Grobstofflichen zum Feinen, vom Feinen zum Feineren, vom Feineren zum Feinsten, dem höchsten Geist.

Wenn das Körperbewußtsein durch Meditation über den Herrn transzendiert wird, ist universelle Herrschaft erreicht. Alle Wünsche sind erfüllt.

Meditation ist der einzige richtige königliche Weg zur Erlangung von Unsterblichkeit und ewiger Wonne. Frieden und Wonne findet man nicht in Büchern, Kirchen oder Klöstern. Sie werden verwirklicht, wenn die Erkenntnis des Atman dämmert.

Warum viele Bücher lesen? Es hat keinen Sinn. Das große Buch ist in deinem Herzen. Schlage dieses unerschöpfliche Buch auf, die Quelle allen Wissens. Du wirst alles erfahren.

Schließe die Augen. Ziehe die Sinne zurück. Beruhige den Geist. Bringe die sprudelnden Gedanken zum Schweigen. Glätte die Wellen des Geistes. Tauche tief in den Atman, das Selbst, die höchste Seele, das Licht der Lichter, die Sonne der Sonnen. Alles Wissen wird sich Dir enthüllen. Alle Zweifel werden verschwinden. Alle geistigen Qualen werden aufhören. Alle heißen Diskussionen und hitzigen Debatten werden enden. Einzig und allein Frieden und Jñana werden zurückbleiben.

Alle Namen und Formen verschwinden in tiefer Meditation. Es herrscht das Bewußtsein unendlichen Raumes. Auch dieses vergeht. Es entsteht ein Zustand des Nichts. Mit einem Mal dämmert die Erleuchtung auf, Nirvikalpa Samadhi.

Die Wonne von Samadhi

Nirvikalpa Samadhi ist die Verwirklichung des Allerwertvollsten. In Nirvikalpa Samadhi wird die Wirklichkeit in ihrer Totalität intuitiv erfahren. Es ist die Erfahrung des Einsseins mit dem Absoluten. Du hast das Überbewußtsein Brahmans anstatt des Bewußtsein des Jiva, das aufgehört hat.

Die Fülle erfahren ist Samadhi. Es ist Freisein von Kummer. Es ist absolute Wonne.

Samadhi ist nicht das Verlöschen der Persönlichkeit. Es ist die Vervollkommnung der Persönlichkeit. In diesem Stadium höchster Erleuchtung wird die Einheit von Subjekt und Objekt fühlbar. Man sieht nichts anderes, hört nichts anderes und weiß nichts anderes.

Erkenntnis führt direkt zur Erleuchtung. Sie verlangt nicht von dir, nach dieser Erleuchtung irgend etwas zu tun.

Wissen ist Sein. Wissen und Sein können nicht von einander getrennt werden. Chit und Sat sind ein und dasselbe. Wo absolutes Wissen und absolutes Sein sind, ist auch absolute Wonne. Die Wonne der Selbstverwirklichung kann nicht mit Worten beschrieben werden. Ruhe, die von nichts berührt werden kann, höchster Friede, ohne jede Störung, ungetrübtes Licht und ungetrübte Wonne - das ist ein Schimmer von Selbstverwirklichung.

Sinnesvergnügen ist nichts, verglichen mit der Wonne von Meditation und Samadhi. Erhebe Dich aus dem Sinnenleben. Erwache und erkenne, daß Du der reine, unsterbliche Atman bist. Sieh den einen Atman in allen Wesen, und erlange Unsterblichkeit und ewige Wonne.

Höre alles über den Atman, die Seele. Dann verstehe den Atman. Dann reflektiere über den Atman. Dann meditiere über den Atman. Dann verwirkliche den Atman. Tat Twam Asi. Das bist du.

Du bist Atman! Atman ist du. Verwirkliche dies und sei frei. Nichts kann Dich an der Verwirklichung deiner wahren Natur hindern.

Selbstverwirklichung ist keine Erfindung. Sie ist nur das Entdecken des Selbst. Sie ist das Erkennen des eigenen Selbst. Sie ist Bewußtheit.

Selbstverwirklichung ist nicht etwas, das neu erlangt werden muß. Du brauchst den Atman, das Selbst, nicht erreichen oder erlangen. Du bist in der Tat Atman, das höchste Selbst. Du mußt nur dein inneres Auge öffnen.

Die Vedantaphilosophie ruft den Menschen zu seiner Freiheit, seinem Ruhm und seiner Würde auf. Erkenne diese Quelle der Freiheit, die Wurzel der Wonne, und sei frei.

Wonne ist in der Tat deine wahre Natur. Wonne ist dein Geburtsrecht. Du bist der glorreiche Erbe unendlicher Wonne. Verwirkliche diese Wonne jetzt, in dieser Sekunde.

Suche nicht außen nach Licht, Frieden, Freude und Wonne, sondern schau nach innen. Moksha, die Rettung, ist weder im Himmel noch auf dem Berg Kailas. Der unerschöpfliche, höchste, göttliche Schatz, die Perle des Atman, ist tief in deinem eigenen Herzen verschlossen, in der Schatztruhe der Stille. Entdecke die wahre Wirklichkeit im Herzen deiner eigenen Subjektivität, in der Tiefe deines eigenen Wesens.

Maya und Geist

In Wahrheit gibt es keine Dualität. Jede Veränderung ist Täuschung. Vielfalt ist Illusion. Maya projiziert Vielfalt. Maya schafft Trennung, Trennung zwischen der individuellen Seele und der höchsten Seele.

Maya ist eine ungeheure täuschende Kraft Gottes. Maya ist die materielle Stofflichkeit dieser Welt. Maya ist die Quelle des physischen Universums. Diese Welt der Namen und Formen ist eine falsche Show, die durch die Tricks von Maya aufrechterhalten wird.

So wie ein an einer Seite brennender Stock die Illusion eines Feuerkreises, Alata Chakra, entstehen läßt, wenn er rasch bewegt wird, so verhält es sich mit der Vielfältigkeit der Welt. Maya täuscht uns.

Maya wirkt verheerend durch den Geist. Die Dinge, die wir überall um uns herum wahrnehmen, sind nur Geist in Form und Substanz.

Die Welt ist ein Produkt des Geistes. Die ganze Welt ist eine Erweiterung des Geistes. Das ganze Universum entsteht und existiert im Geist.

Nichts auf der Welt ist außerhalb des Geistes. Erde, Berge und Flüsse - das alles sind Bruchstücke des Geistes, die gleichsam außerhalb zu existieren scheinen.

Die Welt existiert nicht aus sich selbst. Sie wird nicht ohne die Hilfe des Geistes wahrgenommen. Sie verschwindet, wenn der Geist aufhört, zu arbeiten.

Es ist nichts anderes als die Einbildung, die die Formen von Zeit, Raum und Bewegung annimmt. Raum und Zeit bestehen nicht unabhängig von Brahman, dem Selbst, das Bewußtsein ist.

Es gibt keinen Raum ohne Zeit und keine Zeit ohne Raum. Raum und Zeit treten gemeinsam auf. Raum und Zeit bedingen sich gegenseitig. Sie sind unwirklich.

Zeit und Raum sind geistige Gebilde. Zeit und Raum sind geistige Projektionen, so unwirklich wie Träume. Sie mögen noch so wirklich scheinen, sie sind letztlich nicht real. Das zeitlose, raumlose Brahman ist die einzige Realität.

Brahman allein ist. Nichts anderes als Brahman glänzt als die Welt bunter Objekte, so wie Wellen das Wasser in viele Arten von Schaum, Blasen, usw. differenzieren. Brahman erscheint als die Welt, wenn es durch Geist und Sinne wahrgenommen wird.

Materie und Geist

Dieses ganze Universum ist der Leib Gottes. Diese ganze Welt ist Gott, Virat Svarupa. Diese Welt ist nicht eine Welt toter Materie, sondern lebendige Gegenwart. Die Welt ist eine Manifestation des Geistes.

Der grundlegende Irrtum aller Zeiten ist die Annahme, die spirituelle und die materielle Welt seien voneinander getrennt. Geist und Materie sind weder verschieden noch trennbar.

Materie ist Geist, der durch die Sinne wahrgenommen wird. Materie ist manifestierter Geist. Materie ist Geist in Bewegung. Materie ist die Kraft Gottes. Materie ist der dynamische Aspekt des statischen Gottes. Die Welt ist ein Ausdruck Brahmans, des Absoluten.

Diese Welt ist ein Schatten Brahmans. Sie ist ein Überfließen der Wonne Brahmans. Sie ist eine Emanation Gottes. Sie ist eine Manifestation Gottes. Sie ist eine Reflexion Gottes. Die Welt ist erfüllt vom Glanz, vom Ruhm und von der erhabenen Größe Gottes.

Gott ist das eine Licht, das in mannigfachen Formen scheint. Er ist die eine Stimme, die in verschiedenen Sprachen spricht. Er ist das eine Leben, das durch jedes Atom in diesem Universum pulsiert.

Gott erfüllt überall. Gott ist auf gleiche Weise und in Fülle in allen Dingen enthalten. Die Welt ist ein Spiel Gottes. Gott, die Kette und der Schuß, ist mit der Welt verwoben.

So wie es keinen Unterschied gibt zwischen Gold und Schmuck, so gibt es auch keinen Unterschied zwischen Gott und dem Universum. Gott nimmt wahr. Er selbst ist die Wahrnehmung. Die Welt unterscheidet sich nicht von Gott. Gott ist in allem und außerhalb von allem. Es gibt keinen Ort, wo Gott nicht ist. Alles ist Gott, und es gibt nichts außer Gott.

Ist die Welt unwirklich?

In Wirklichkeit gibt es keine Welt. Sie ist eine bloße Erscheinung, wie die Schlange im Seil. Alle Namen und Formen sind unwirklich so wie der Schatten, wie das Wasser in der Fata Morgana und das Blau im Himmel.

Die Unwirklichkeit der Welt ist in letzter Analyse die Wahrheit. Aber im relativen Sein kann man sie nicht verleugnen. Empirisch gesehen ist sie sehr real.

Diese Welt ist nicht absolut unwirklich, denn Du nimmst sie wahr und fühlst sie. Sie ist auch nicht absolut wirklich, denn sie verschwindet, sobald Du Weisheit erlangst.

Diese Welt ist unwirklich. Für wen? Und wann? Nur für den befreiten Heiligen ist diese Welt unwirklich. Für den weltlichen Menschen ist sie eine feste Realität. Erst nach dem Erwachen wird der Traum unwirklich. Während Du träumst, ist der Traum für Dich sehr real.

Diese Welt ist unwirklich. Aber in welchem Sinne? Ist sie so unwirklich wie das Horn eines Hasen, der Sohn einer unfruchtbaren Frau oder der Lotus am Himmel? Nein. Sie ist nicht so fest oder wirklich wie Brahman. Im Vergleich zu Brahman ist sie unwirklich. Sie ist bloße Erscheinung.

Die Schöpfung ist das Sichtbarwerden des Herrn, der eins ist, als vieles. Atman, der von Natur aus eins und unveränderlich ist, scheint unzählige Gestalten angenommen zu haben. Brahman, das Absolute, manifestiert sich durch Formen als das Universum.

Das Rätsel des Bösen

Diese Welt ist die Offenbarung Gottes von Sich Selbst. Seine Wonne und Freude nimmt alle diese Formen an.

Alles Leben ist gleich. Das universelle Herz schlägt im geringsten Leben. Der Herr atmet in allem Leben.

So wie ein einziger Faden alle Blumen einer Girlande durchläuft, durchdringt das eine Selbst alle diese Lebewesen. Sieh dieses eine Selbst in allem. Diene allen. Liebe alle. Sei zu allen freundlich. Gib den Gedanken der Verschiedenheit auf.

Die Welt ist weder gut noch schlecht. Der Geist schafft Gut und Böse. Denken macht sie dazu.

Für den Guten ist die Welt voll von Gutem; für den Bösen aber ist sie voll Bösem.

Das Böse ist nicht in der Welt. Es ist im Geist. Der Mensch nimmt nur die Reflexion seines Geistes wahr. Wenn Du vollkommen wirst, wird die Welt Dir gut erscheinen.

Sieh immer den Herrn, in allem. Dann siehst Du nichts Böses. Dann siehst Du überall Gutes. Dann findest Du Frieden.

Die Einheit des Seins

Eine einzige Seele ist in allem. Es gibt eine einzige Menschheit. Es gibt eine einzige Bruderschaft. Es gibt eine einzige Atmanschaft. Niemand ist hoch. Niemand ist niedrig. Alle sind gleich. Nichtig sind die Unterschiede. Barrieren, die Menschen errichtet haben, müssen unbarmherzig eingerissen werden. Erst dann wird es auf dieser Welt Frieden geben.

Es gibt nur eine Kaste, die Kaste der Menschheit. Es gibt nur eine Religion, die Religion der Liebe. Es gibt nur ein Gebot, das Gebot der Wahrhaftigkeit. Es gibt nur ein Gesetz, das Gesetz von Ursache und Wirkung. Es gibt nur einen Gott, den allgegenwärtigen, allmächtigen, allwissenden Herrn. Es gibt nur eine Sprache, die Sprache des Herzens, die Sprache der Stille.

Alles Leben ist eins. Die Welt ist ein einziges Zuhause. Alle sind Mitglieder einer einzigen menschlichen Familie. Jedes Geschöpf ist ein organisches Ganzes. Kein Mensch existiert unabhängig von diesem Ganzen. Der Mensch macht sich unglücklich, indem er sich von anderen abgrenzt. Trennung ist Tod. Einheit ist ewiges Leben. Pflege kosmische Liebe. Schließe alles mit ein. Umfasse alles. Erkenne den Wert anderer. Zerstöre alle Vorurteile bezüglich Rasse, Religion und Natur, die Menschen von Menschen trennen. Erkenne die nichtdualen Prinzipien, die unsterbliche Wesentlichkeit in allen Geschöpfen. Schütze Tiere. Laß alles Leben Dir heilig sein. Dann wird diese Welt ein Paradies der Schönheit und ein Himmel des Friedens und der Ruhe sein.

Wenn ein einziger Atman in allen Wesen ist, warum haßt Du dann andere? Warum verspottest und mißbilligst Du dann andere? Warum gebrauchst Du harte Worte? Warum versuchst du, andere zu lenken und zu beherrschen? Warum beutest Du andere aus? Warum bist Du intolerant? Ist dies nicht der Gipfel deiner Torheit? Ist dies nicht schiere Unwissenheit?

Lerne, als Mitglied einer einzigen Familie zu leben. Meistere das Ideal einer einzigen menschlichen Gesellschaft. Lebe in Frieden in einer Welt. Alle sind Kinder Gottes. Die ganze Welt ist eine einzige Familie Gottes. Spüre dies. Verwirkliche dies. Sei glücklich.

Sieh das Eine in allem und alles in dem Einen. Fühle: »Ich bin alles«, und »Ich bin in allem«. Fühle: »Alle Körper gehören mir. Die ganze Welt ist mein Körper, mein süßes Zuhause«. Fühle: »Ich wirke in allen Händen. Ich esse in allen Mündern.« Fühle: »Ich bin das unsterbliche Selbst in allem.« Wiederhole diese Formeln geistig mehrere Male täglich. Wiederhole Om im Geiste, und fühle Einheit des Lebens, Einheit des Bewußtseins, wenn Du Fußball oder Tennis spielst, wenn Du trinkst und ißt, wenn Du redest und singst, wenn Du sitzt und gehst, wenn Du badest und Dich ankleidest, wenn Du einen Brief schreibst, wenn

Du im Büro arbeitest, und wenn Du den Bedürfnissen der Natur nachkommst. Vergeistige jede Bewegung, jede Handlung, jeden Gedanken und jedes Gefühl. Verwandle sie in Yoga.

Yoga und Religionsausübung

Yoga ist das bewußte und andauernde Streben nach Selbstvervollkommnung. Das Ziel des Yoga ist das Ruhigstellen des Geistes, sodaß er ohne Verzerrung den hinter dem Geist verborgenen Atman widerspiegeln kann.

Zügle die Sinne. Beherrsche den Geist. Meditiere regelmäßig. Sei ein Yogi, sei ein Yogi, sei ein Yogi. Lebe das yogische Leben und verbreite die große Lehre.

Du hast vergessen, nach innen zu schauen, Dich innen umzuschauen, Innenschau zu halten, Dich zu konzentrieren und zu meditieren, und daher bist Du unwissend, Du bist in Dunkelheit verloren.

Gehe in dich. Schau nach innen. Versuche, deine Fehler zu beseitigen. Das ist das wahre Sadhana. Das ist das schwierigste Sadhana. Du mußt es um jeden Preis machen. Intellektuelle Entwicklung ist nichts. Sie ist einfacher.

Setze Dich drei bis sechs Jahre lang mit einem Wörterbuch in die Zentralbibliothek in Baroda oder die Imperial Bibliothek in Kalkutta. Du kannst deinen Verstand ausbilden. Aber um Fehler zu beseitigen, mußt Du viele Jahre lang sehr hart kämpfen. Viele tückische Gewohnheiten werden getilgt werden müssen.

Es gibt große Mandalesvars, die eine Woche lang über einen Sloka der Gita oder der Upanishaden Vorträge halten können. Ihnen gebührt Respekt, und doch sind sie bei den Menschen nicht beliebt, weil sie nach wie vor große Fehler haben. Sie haben nicht viel Innenschau gehalten. Sie haben nur ihren Verstand entwickelt. Wie ungeheuer schade!

Wahre Religion beginnt dort, wo der Verstand aufhört. Ein unreines Herz und ein dünkelhafter Verstand können den Geist von Religion nicht verstehen.

Religion ist die Manifestation des ewigen Leuchten des Geistes im Menschen. Die Hauptabsicht von Religion ist die Entfaltung des Göttlichen im Menschen.

Gebet und Meditation sind die Hauptsäulen der Religion. Ein Leben des selbstlosen Dienens und des Opfers mit regelmäßigem Gebet und Meditation ist die höchste Religion.

Religionsausübung ist das Üben von Rechtschaffenheit, Wohlwollen, Gerechtigkeit, Wahrheit, Liebe und Reinheit. Der rechtschaffene Mensch ist der wirklich religiöse Mensch.

Die Schlüsselbegriffe von Religion sind: Sei gut. Tue Gutes. Sei rein. Sei freundlich. Sei mitfühlend. Diene allen. Liebe alle. Sieh Gott in allem.

Nur das Befolgen dieser Regeln wird den Menschen zum Bewußtsein der Einheit der Existenz und der Verwirklichung des göttlichen Geistes im Inneren wie im Äußeren erwecken.

Religion ist Leben. Leben ist Opfer. Es ist möglich, peinlichst genau religiöse Hingabe zu praktizieren und trotzdem in Herz und Verhalten sehr unreligiös zu sein.

Religion lebt, sie spricht nicht und stellt nichts zur Schau. Wirkliche Religion ist die Religion des Herzens. Das Herz muß zuerst gereinigt werden.

Der Pfad selbstlosen Dienens

Praktiziere die Religion des Herzens. Baue am Gebäude der Liebe. Selbstloses Dienen reinigt das Herz und öffnet es zum Empfang des göttlichen Lichts. Stürze Dich in selbstloses Dienen.

Tröste den Verzweifelten. Ermutige ihn, wenn er mutlos ist. Trockne die Tränen des Leidenden. Beseitige die Sorgen eines Menschen durch freundliche, liebevolle Worte. Bringe einen Menschen, der ohne Hoffnung ist, zum Lächeln.

Sei ein Licht für die, die sich verirrt haben. Sei Arzt und Pfleger für die Kranken. Sei Boot und Brücke für die, die ans andere Ufer der Furchtlosigkeit und Unsterblichkeit gelangen wollen.

Erfülle deine Pflicht nach besten Kräften, und überlasse alles Weitere Gott. Verrichte all deine Handlungen verhaftungslos in einem Geist des Opfers an das Göttliche. Dann werden Dich Handlungen nicht binden. Dein Herz wird gereinigt werden.

Vergeistige all deine Aktivitäten. Deine Augen mögen freundlich schauen, deine Zunge süß sprechen, und deine Hand sanft berühren. Sei so mitfühlend wie Buddha, so rein wie Bishma, so wahrhaftig wie Harischandra und so tapfer wie Bhima.

Nähre deinen Geist mit Gedanken über Gott, dein Herz mit Reinheit und deine Hände mit selbstlosem Dienen. Sei durchtränkt mit dem Gedanken an Gott mit einpünktigem Geist.

Das Ziel des Lebens

Gott hat das Drehbuch. Wir haben die Rollen, die wir spielen müssen. Spiele deine Rolle im Weltendrama gut. Aber verstricke Dich nicht darin. Richte deinen Geist fest auf die Lotusfüße des Herrn. Du wirst im Ozean göttlicher Wonne schwimmen.

Sei ohne Verhaftung an diesen sterblichen Körper aus Fleisch und Knochen. Wirf ihn irgendwo ab, wie eine Schlange ihre Haut abstreift. Entschließe dich, den Körper jederzeit aufzugeben. Werde absolut furchtlos.

Solange das geringste Deha-Adhyasa, Identifikation mit dem Körper, besteht, kannst Du keine Selbstverwirklichung erwarten. Lege kühnen Geist, Furchtlosigkeit und Mannhaftigkeit an den Tag. Triff den festen Vorsatz: »Ich werde sterben oder verwirklichen«.

Geburt und Tod, Bindung und Freiheit, Freude und Schmerz, Gewinn und Verlust sind geistige Gebilde. Transzendiere die Gegensatzpaare. Du bist nie geboren worden. Du wirst niemals sterben. Du bist immer das unsterbliche Selbst, Oh Prem ! Du bist in den drei Zeiträumen immer frei. Der physische Körper kommt und geht.

Erkenne, Oh Prem, daß Du die lebendige Wahrheit bist. Erkenne, daß Du immer untrennbar bist von dem einen Wesentlichen, das allen diesen trügerischen Namen und Formen und falschen schattenhaften Erscheinungen zugrunde liegt. Verwurzle Dich fest in Brahman, dem Licht der Lichter. Nichts kann Dich jetzt beeinträchtigen. Du bist unverwundbar geworden. Fühle dies. Fühle es intuitiv, wenn Du in tiefes Samadhi, die höchste Stille eintrittst, mein Kind!

Der Gott des Todes wird jetzt vor Dir erzittern. Auf dein Gebot hin scheint die Sonne, brennt das Feuer und weht der Wind. Auf dein Geheiß verrichten Indra, Prajapati, Agni und Varuna ihre jeweiligen Aufgaben. Du bist jenseits von Zeit, Raum und Ursächlichkeit.

Du brauchst vor Maya keine Angst mehr zu haben. Sie ist unter deiner vollkommenen Kontrolle. Stehe fest wie der Fels da drüben. Sei unerbittlich. Bewege Dich jetzt in der Welt wie ein Löwe, und erhebe die jungen kämpfenden Seelen aus dem Sumpf von Samsara. Verbreite Wissen um das Selbst. Teile es anderen mit. Sei allumfassend, liberal und universal, alles einbeziehend. Liebe alle. Sei zu allen freundlich. Weite dein Herz aus. Mache in deinem Herzen Platz für alle, auch für den, der plant, Dich zu vergiften, oder der den Dolch zieht, um Dir die Kehle durchzuschneiden. Werde ein praktischer Vedantin. Werde ein Kriya-Advaitin.

Vertraue auf dein Selbst, deine innere geistige Stärke. Steh auf deinen eigenen Füßen. Sei unabhängig von Geld, Freunden oder irgend jemandem. Wenn die Freunde auf die Probe gestellt werden, werden sie Dich im Stich lassen. Buddha traute nicht einmal seinen Schülern. Wenn er ernstlich krank war, hüpfte er selbst wie ein Frosch, um Wasser aus dem Fluß zu trinken. Binde Dich an niemanden, keinen Ort und kein Ding. Habe nicht den Wunsch nach Besitz. Besitz bringt Leid. Werde absolut frei durch die Identifikation mit dem inneren Selbst, deinem inneren Lenker, werde unsterblich. Nimm es jetzt mit der ganzen Welt auf.

Erhebe dich, Oh Prem! Folge mir. Genieße die Wonne des Atman. Der Fluß der Freude des Atman fließt überall. Eine Flut von Wonne ergießt sich aus dem Selbst. Trink diesen Nektar nach Herzenslust. Kümmere Dich nicht um die Welt. Geh deinen Weg. Laß andere Reichtum horten, Millionäre und Fabrikanten werden. Sie sind nur unglücklich. Laß andere Rechtsanwälte, Richter und Minister werden. Sie bleiben doch unwissende Menschen. Kümmere Dich kein bißchen darum. Der Reichtum der drei Welten ist nichts, bloßes Stroh, verglichen mit dem spirituellen Reichtum, dem Reichtum von Atma-Jñana. Die Freude der drei Welten ist ein bloßer Tropfen, verglichen mit dem Meer der Wonne des Selbst. Das Wissen aller weltlichen Wissenschaften ist bloße Streu, verglichen mit dem Wissen um das Selbst. Hier liegen die unbezahlbaren Schätze des Atman für dich. Hier ist der unerschöpfliche Reichtum von Brahma-Jñana. Genieße diese Reichtümer. Kein Dieb oder Räuber kann Dir diesen unvergänglichen Reichtum an Tattva-Jñana rauben. Keine Zahlungsunfähigkeit, kein Bankirrtum und kein Bankraub sind hier möglich. Nimm Besitz von diesem spirituellen Schatz, dem Glanz Brahmans, und frohlocke für immer und ewig. Du bist nun ein wirklicher König unter Königen, Schah unter Schahs und Kaiser unter Kaisern. Indra und Brahma werden Dich nun beneiden, Oh Prem! Geh und verteile diesen unzerstörbaren Reichtum an Wissen um das Selbst nah und fern. Gepriesen seist du! Friede sei mit Dir für immer und ewig!

Ahimsa

Bei der geistigen Erneuerung und Vergöttlichung des Menschen ist der erste Schritt das Aufgeben der animalischen Natur. Der vorherrschende Zug im Tier ist Grausamkeit. Daher geboten die Weisen Ahimsa. Das ist eine überaus wirksame Methode, um dem grausamen Pasu-Svabhava des Menschen entgegenzuwirken und es vollständig auszurotten.

Die Praxis von Ahimsa entwickelt Liebe. Ahimsa ist ein anderes Wort für Wahrheit und Liebe. Ahimsa ist universelle Liebe. Ahimsa ist reine Liebe. Es ist göttliches Prem. Wo Liebe ist, ist Ahimsa. Wo Ahimsa ist, ist Liebe und selbstloses Dienen. Das alles gehört zusammen.

Die gemeinsame Botschaft aller Heiligen und Propheten aller Zeiten und Religionen ist die Botschaft von Liebe, Ahimsa und selbstlosem Dienen. Ahimsa ist der vornehmste und beste Zug, der im täglichen Leben und im Handeln vollkommener Seelen zum Ausdruck kommt. Ahimsa ist das einzige Mittel, nicht nur zur Errettung, sondern auch, um in den Genuß ununterbrochenen Friedens und Wonne zu gelangen. Der Mensch erreicht Frieden, wenn er kein Lebewesen verletzt.

Es gibt nur eine Religion - die Religion der Liebe, des Friedens. Es gibt nur eine Botschaft, die Botschaft von Ahimsa. Ahimsa ist eine erhabene Pflicht des Menschen.

Ahimsa oder das Abstandnehmen davon, einem Lebewesen etwas zuleide zu tun, ist eine besondere Eigenschaft, die von indischen Ethikern betont wird. Ahimsa, Gewaltlosigkeit, war die zentrale Lehre der indischen Kultur seit den frühesten Tagen seiner Geschichte. Ahimsa ist eine große spirituelle Stärke.

Die Bedeutung von Ahimsa

Natürlich bedeutet Ahimsa Gewaltlosigkeit, nicht töten. Aber Gewaltlosigkeit ist nicht nur nicht töten. In seiner umfassenden Bedeutung ist Ahimsa oder Gewaltlosigkeit ein vollkommenes Abstandnehmen davon, irgendeinem Lebewesen Schmerz oder Leid zuzufügen, nicht in Gedanke, Wort oder Tat. Nichtverletzen erfordert Arglosigkeit des Geistes, des Mundes und der Hand.

Ahimsa ist nicht nur negative Gewaltlosigkeit. Es ist tatsächliche kosmische Liebe. Es ist die Entwicklung einer geistigen Haltung, in der Haß durch Liebe ersetzt wird. Ahimsa ist wahres Opfer. Ahimsa ist Nachsichtigkeit. Ahimsa ist Shakti. Ahimsa ist wahre Kraft.

Subtile Formen von Himsa

Nur unbedarfte Menschen meinen, Ahimsa bedeute, kein Lebewesen physisch zu verletzen. Das ist nur die grobe Form von Ahimsa. Das Gelübde von Ahimsa wird auch gebrochen, wenn man nur einem anderen Menschen gegenüber Verachtung zeigt, unbegründete Abneigung oder Vorurteile gegen jemanden hegt, wenn man jemandem finstere Blicke zuwirft, jemanden haßt, beschimpft oder schlecht von ihm spricht, wenn man Gerüchte über jemanden verbreitet oder ihn schlecht macht, wenn man haßerfüllte Gedanken hegt, lügt oder einem anderen auf irgendeine andere Weise schadet.

Jedes grobe, verletzende Wort ist Himsa. Grobe Worte gegenüber Bettlern, Dienstboten und Untergebenen sind Himsa. Die Gefühle anderer durch Gesten, Ausdruck, Tonfall und unfreundliche Worte zu verletzen, ist ebenfalls Himsa. Geringschätzigkeit oder absichtliche Unhöflichkeit gegenüber einer Person in Gegenwart anderer ist böswilliges Himsa.

Das Billigen böser Taten anderer Menschen ist indirektes Himsa. Es zu verabsäumen, die Schmerzen anderer zu lindern, oder es zu unterlassen, zu einem in Not befindlichen Menschen zu gehen, ist eine Form von Himsa. Es ist eine Unterlassungssünde. Vermeide strikt alle Formen direkter oder indirekter Grobheit, positiv oder negativ, unmittelbar oder später. Übe Ahimsa in seiner reinsten Form und werde göttlich. Ahimsa und Göttlichkeit sind eins.

Ahimsa, eine Eigenschaft des Starken

Wenn Du Ahimsa praktizierst, mußt Du mit Beleidigungen, Vorwürfen, Kritik und auch Tätlichkeiten fertigwerden. Du darfst keine Vergeltung üben oder jemanden zu beleidigen wünschen, auch wenn Du noch so sehr provoziert wirst. Du darfst gegen niemanden schlechte Gedanken hegen oder Haß empfinden. Du darfst nicht fluchen. Du mußt bereit sein, um der Wahrheit willen sogar freudig dein Leben zu lassen. Nur durch Ahimsa kann die letzte Wahrheit erreicht werden.

Ahimsa ist der Gipfel des Mutes. Ahimsa ist ohne Furchtlosigkeit unmöglich. Gewaltlosigkeit kann nicht von schwachen Menschen geübt werden. Ahimsa kann nicht von einem Menschen praktiziert werden, der furchtbare Angst vor dem Tod hat und kein Duldungsvermögen und keine Widerstandskraft besitzt. Es ist ein Schild, nicht des Verweichlichten sondern des Starken. Ahimsa ist eine Eigenschaft im Verhalten des Starken. Ahimsa ist eine Waffe des Starken. Wenn Du mit einem Stock geschlagen wirst, sollst Du nicht an Vergeltung denken oder schlechte Gedanken gegenüber dem Peiniger hegen. Ahimsa ist Vollkommenheit im Verzeihen.

Erinnere Dich an die Handlungsweise der Weisen von einst. Jayadeva, der Autor der Gita-Govinda, machte seinen Feinden, die seine Hand abhackten, große und reichhaltige Geschenke und erzielte für sie durch seine aufrichtigen Gebete Mukti. Er sagte: »Oh Gott, Du schenktest Deinen Feinden Ravana und Kamsa Mukti. Warum kannst Du nun nicht auch meinen Feinden Mukti geben?« Ein Heiliger oder ein Weiser hat ein großmütiges Herz.

Pavahari Baba trug den Sack mit Gefäßen hinter dem Dieb her und sagte: »Oh Dieb Narayana! Ich wußte nicht, daß Du meine Hütte aufgesucht hast. Ich bitte dich, nimm diese auch entgegen.« Der Dieb war ziemlich erstaunt. Er gab seine schlechte Gewohnheit von diesem Moment an auf und wurde ein Schüler Pavahari Babas.

Wenn man der noblen Handlungsweise von Heiligen, wie Jayadeva oder Pavahari Baba gedenkt, muß man ihren Prinzipien und Idealen folgen.

Stufenweises Praktizieren von Ahimsa

Wenn Gedanken der Rache und des Hasses aufkommen, versuche zunächst den physischen Körper und deine Sprache zu beherrschen. Sprich keine bösen und harten Worte. Tadle nicht. Versuche nicht, andere zu verletzen. Wenn Du dies in einigen Monaten Übung erreicht hast, werden Rachegedanken von selbst absterben, da sie außen kein Betätigungsfeld finden. Es ist überaus schwierig, solche Gedanken sofort bei ihrem Entstehen zu kontrollieren, ohne zuerst Körper und Sprache zu kontrollieren.

Beherrsche zuerst deinen physischen Körper. Wenn man Dich schlägt, bleib ruhig. Unterdrücke deine Gefühle. Folge den Anweisungen von Jesus Christus in seiner Bergpredigt. Jesus sagt darin: »Wenn man Dich auf die eine Wange schlägt, halte auch die andere hin. Wenn man deinen Mantel nimmt, gib auch dein Hemd.« Das ist am Anfang sehr schwierig.

Die alten Rachesamskaras »Auge um Auge, Zahn um Zahn« und »Mit gleicher Münze zurückzahlen« werden Dich zur Vergeltung veranlassen. Aber Du mußt kühl abwarten. Reflektiere und meditiere. Mache Vichara. Der Geist wird ruhig werden. Der Gegner, der sehr wütend war, wird auch ruhig werden, denn er spürt keinen Widerstand von deiner Seite. Er wird erstaunt und erschreckt sein, denn Du bist standhaft wie ein Weiser. Nach und nach wirst Du unglaubliche Stärke erlangen. Halte Dir das Ideal vor Augen. Versuche, dahin zu gelangen, wenn Du auch am Anfang vielleicht stolperst. Habe eine klare geistige Vorstellung von Ahimsa und seinen unermeßlichen Vorteilen.

Sobald Du deinen Körper beherrscht hast, beherrsche deine Worte. Triff den festen Entschluß: »Von heute an werde ich zu niemandem unfreundlich sprechen.« Du versagst vielleicht hundertmal. Was macht das aus? Langsam wirst Du Kraft gewinnen. Beherrsche den Impuls zu sprechen. Übe Mouna. Praktiziere Kshama, Vergebung. Sage dir: »Er ist eine Kinderseele. Er ist unwissend. Deshalb hat er es getan. Ich vergebe ihm diesmal. Was nützt es mir, wenn ich ihn jetzt ebenso beleidige? Irren ist menschlich; vergeben ist göttlich.« Gib langsam Abhimana auf. Abhimana ist die Grundursache menschlichen Leidens.

Schließlich geh zu den Gedanken und kontrolliere den Gedanken des Verletzens. *Denke* auch nie daran, jemanden zu verletzen. Ein einziges Selbst wohnt in allen. Alle sind Manifestationen des einen Gottes. Wenn Du einen anderen verletzt, verletzt Du bloß dein eigenes Selbst. Wenn Du anderen dienst, dienst Du dem Selbst. Liebe alle. Diene allen. Hasse niemanden. Beleidige niemanden. Verletze niemanden in Gedanke, Wort oder Tat. Versuche, dein eigenes Selbst in allen Wesen zu erkennen. Das wird Ahimsa fördern.

Nutzen aus der Praxis von Ahimsa

Wenn Du in Ahimsa gefestigt bist, hast Du alle Tugenden erreicht. Ahimsa ist der Angelpunkt. Alle Tugenden kreisen um Ahimsa. So wie alle Fußabdrücke in dem des Elefanten Platz finden, so verschmelzen alle religiösen und ethischen Regeln in dem großen Gelübde von Ahimsa.

Ahimsa ist Seelenstärke. Haß schmilzt in der Gegenwart von Liebe. Haß löst sich in der Gegenwart von Ahimsa auf. Es gibt keine größere Kraft als Ahimsa. Die Praxis von Ahimsa entwickelt die Willenskraft in einem beachtlichen Ausmaß. Die Praxis von Ahimsa wird Dich furchtlos machen. Wer Ahimsa mit wirklichem Vertrauen praktiziert, kann die ganze Welt verändern, wilde Tiere zähmen, das Herz aller gewinnen und seine Feinde bezwingen. Er kann Dinge tun und ungeschehen machen. Die Kraft von Ahimsa ist unendlich viel wundervoller und feiner als die der Elektrizität und des Magnetismus.

Das Gesetz von Ahimsa ist genauso exakt und präzise wie jenes der Schwerkraft oder Kohäsion. Du mußt wissen, wie man es intelligent und mit wissenschaftlicher Genauigkeit anwendet. Wenn Du es richtig anzuwenden verstehst, kannst Du Wunder vollbringen. Du kannst den Elementen und auch der Natur befehlen.

Die Kraft von Ahimsa

Die Kraft von Ahimsa ist stärker als die Kraft des Verstandes. Es ist leicht, den Verstand zu entwickeln, aber es ist schwierig, das Herz zu entwickeln. Die Praxis von Ahimsa entwikkelt das Herz in wundervoller Weise.

Wer Ahimsa praktiziert, entwickelt eine starke Willenskraft. In seiner Gegenwart verschwindet Feindschaft. In seiner Gegenwart leben Kobra und Frosch, Wolf und Lamm,

Mungo und Kobra, Katze und Ratte friedlich in tiefer Eintracht zusammen. In seiner Gegenwart werden alle Feindseligkeiten aufgegeben. Der Ausdruck 'Feindseligkeiten werden aufgegeben' bedeutet, daß alle Wesen - Menschen, Tiere, Vögel und giftige Kreaturen - sich dem Praktizierenden furchtlos nähern und ihm nichts zuleide tun. Ihre feindselige Natur verschwindet in seiner Gegenwart. Die Ratte und die Katze, die Schlange und der Mungo und andere Wesen, die von Natur aus Feinde sind, vertragen sich in seiner Gegenwart. Löwen und Tiger können einem solchen Yogi nichts anhaben. Ein solcher Yogi kann Löwen und Tigern befehlen. Sie werden gehorchen. Das ist Bhuta Siddhi und kann durch die Praxis von Ahimsa erreicht werden. Die Praxis von Ahimsa wird letztlich in der Verwirklichung der Einheit des Lebens, in advaitischem Bewußtsein, gipfeln.

Grenzen in der Praxis von Ahimsa

Absolutes Ahimsa ist unmöglich. Es ist auch dem gewissenhaftesten Sannyasin nicht möglich. Um dies zu praktizieren, muß man vermeiden, unzählige Kreaturen beim Gehen, Sitzen, Essen, Atmen, Schlafen und Trinken zu töten. Man findet auf der ganzen Welt keinen einzigen Nichtverletzer. Man muß Leben zerstören, um zu leben. Es ist ganz und gar unmöglich, dem Gesetz des Nichtzerstörens von Leben zu folgen, denn auch die Phagozyten im Blut zerstören Millionen gefährlicher eindringender Bakterien und Keime.

Es gibt eine philosophische Richtung, die sagt, daß das Töten eines Räubers nicht als Himsa betrachtet wird, wenn dadurch tausende Leben gerettet werden können. Ahimsa und Himsa sind relative Begriffe. Manche sagen, daß man sich mit Gegenständen verteidigen und ein wenig Gewalt anwenden kann, wenn man in Gefahr ist; und auch das wird nicht als Himsa betrachtet. Die Engländer erschießen üblicherweise ihre geliebten Pferde oder Hunde, wenn die Tiere große Schmerzen leiden, und wenn es keine Möglichkeit gibt, ihr Leiden zu lindern. Sie möchten die Seele unmittelbar vom physischen Körper befreien. Das Motiv ist der entscheidende Faktor. Es liegt allem zugrunde.

Ein Sannyasin darf sich nicht verteidigen oder Gewalt anwenden, auch wenn er in Lebensgefahr schwebt. Für einen gewöhnlichen Menschen sollte Ahimsa das Ziel sein; aber er wird gegen das Prinzip nicht verstoßen, wenn er manchmal, aus reiner Notwendigkeit und ohne selbstsüchtige Absicht, zu Himsa Zuflucht nimmt. Man darf dem Geist diesbezüglich nicht nachgeben. Wenn man nachgiebig ist, dann wird der Geist das schnell ausnutzen und zu Gewalttätigkeiten Anlaß geben. *Gib einem Dieb den kleinen Finger, und er wird die ganze Hand nehmen*: der Geist übernimmt sofort diese Politik, wenn Du ihn an der langen Leine läßt.

Ahimsa ist niemals Taktieren. Es ist eine erhabene Tugend. Es ist die fundamentale Eigenschaft der Wahrheitssucher. Selbstverwirklichung ist ohne Ahimsa nicht möglich. Nur durch Ahimsa kannst Du das höchste Selbst, Brahman, erreichen. Wer Ahimsa als List betrachtet, wird oft Fehlschläge erleiden. Er wird versucht sein, auch gewaltsam zu handeln. Wer hingegen strikt das Gelübde von Ahimsa als heiligen Glauben und grundlegende Regel im Yoga beachtet, kann nie zu Gewalt verleitet werden.

Ein universelles Gelübde

Ahimsa ist ein Mahavratam, ein großes universelles Gelübde. Es sollte von allen Menschen aller Länder geübt werden. Es betrifft nicht nur Hindus und Inder. Jeder, der die Wahrheit verwirlichen möchte, muß Ahimsa praktizieren. Du wirst vielleicht auf jede Menge

Schwierigkeiten treffen; Du erleidest vielleicht viele Rückschläge; aber Du darfst die Praxis von Ahimsa nicht aufgeben. Prüfungen und Schwierigkeiten werden Dir in jedem Falle begegnen, um deine Stärke zu prüfen. Du mußt felsenfest bleiben. Nur dann werden deine Anstrengungen von zufriedenstellendem Erfolg gekrönt sein.

In Ahimsa steckt eine Kraft, die den Praktizierenden beschützt. Die unsichtbare Hand Gottes bietet Schutz. Es gibt keine Furcht. Was können Pistolen und Schwerter bewirken?

Auch jetzt gibt es noch Menschen, die nicht einmal Fliegen und Ameisen das geringste Leid zufügen. Sie verteilen Zucker und Reis in Ameisenlöchern. Sie verwenden am Abend kein Licht, um nicht die kleinen Insekten zu töten. Sie sind beim Gehen auf der Straße sehr vorsichtig, um nicht kleine Insekten zu zertrampeln. Diese Menschen sind gesegnet. Sie werden bald Gott schauen, denn ihr Herz ist weich.

Ärger und Zorn

Ein Bengale gebrauchte im Zorn einem Sikh gegenüber ein Wort, Sala oder Badmash, während sie den Ganges in einem Boot überquerten. Der Sikh wurde unheimlich zornig, packte den Bengalen am Hals und warf ihn in den Ganges. Der Bengale starb. Wie schwach war doch der Sikh in geistiger Hinsicht, obwohl er doch körperlich sehr stark war! Ein kleiner Ton, ein einziges Wort, erregte seinen Geist und warf ihn aus dem Gleichgewicht. Er wurde ein Sklave des Zorns.

Zorn macht jeden Menschen zu seinem Sklaven und Opfer. Er zerstört die Freundschaft sogar sehr enger Freunden. Er veranlaßt Frauen, mit ihren Ehemännern zu streiten, und bringt sie dazu, Szenen heraufzubeschwören. Er erregt alle. Er hat mehr oder weniger die ganze Welt und auch die Devatas in seiner Gewalt.

Der Zorn zerstört die Vernunft und veranlaßt den Menschen, Dinge zu tun, die man sich nicht einmal erträumen ließe. Ein wütender Mensch kann sogar den Andächtigen töten und den Frommen mit scharfen Worten schlecht machen. Der Zornige kann nicht bestimmen, was er sagt und was er nicht sagt. Es gibt keine Sünde, die er nicht begehen könnte. Unter dem Einfluß von Zorn beschimpft der Mensch, beleidigt und tötet sogar seinen Vater, Bruder, seine Frau, seinen Guru oder König und bereut es nachher.

Der Zorn ist sehr mächtig. Er kann alles Tapas zunichte machen. Er unterwarf Durvasa. Er bemächtigte sich Yajnavalkyas. Er ist der Feind des Friedens. Er ist der Feind des Wissens. Er bringt den Jiva um den Verstand. Er bringt ihn dazu, alle Adharmas zu tun. Er macht ihn vollkommen blind. Er macht ihn zu seinem Sklaven.

Ein Zeichen der Schwäche

Zorn ist eine starke Emotion, die durch eine tatsächliche oder vermeintliche Beleidigung hervorgerufen worden ist, und trägt ein Verlangen nach Vergeltung in sich. Der Zorn erhebt sich aus einem Gedanken des Bösen, das zugefügt oder angedroht worden ist.

Der Zorn ist im Astralkörper, aber er sickert in den physischen Körper, wie Wasser, das durch die Poren der äußeren Oberfläche eines irdenen Gefäßes dringt. Das Blut kocht. Die Augen sind blutunterlaufen. Der Körper ist von großer Hitze erfüllt. Die Glieder zittern. Die Lippen beben. Die Fäuste sind geballt. Und der Mensch stottert und sucht in großer Wut nach Worten.

Das Feuer, das du für deinen Feind entfachst, verbrennt dich selbst. Der Zorn ist wie ein Boomerang, denn er verletzt den Menschen, der zornig wird. Er kommt zum Wütenden zurück und fügt ihm Schaden zu.

Zorn ist ein Zeichen geistiger Schwäche. Er beginnt immer mit Torheit oder Schwäche und endet in Reue und Gewissensbissen. Wenn du den Zorn beherrschst, wirst du grenzenlose Energie in Reserve haben. Wenn der Zorn beherrscht wird, verwandelt er sich in spirituelle Energie, die die ganze Welt bewegen kann.

Wie Zorn verursacht wird

Arjuna fragte Shri Krishna: »Aber was veranlaßt den Menschen dazu, Sünden zu begehen, Oh Krishna, gegen seinen Willen und gleichsam mit Gewalt getrieben ?« Der gepriesene Herr sprach: »Es ist der Wunsch; es ist der Zorn, der aus der Leidenschaft kommt. Wisse, daß er unser Feind hier ist, ein Ungeheuer aus Gier und Sünde.«

Die Ursache für Sünde oder falsches Tun in dieser Welt ist der Wunsch. Zorn ist nur eine Abart oder Form des Wunsches. Zorn ist der Wunsch selbst.

Du denkst an Sinnesobjekte. Eine Verhaftung an diese Objekte entwickelt sich. Aus der Verhaftung entsteht der Wunsch. Wenn ein Wunsch entsteht, schafft er Rajas und drängt den Menschen zu handeln, um das Gewünschte zu besitzen. Wenn der Wunsch nicht erfüllt wird, oder wenn jemand seiner Erfüllung im Wege steht, wird der Mensch zornig. Der Wunsch verwandelt sich in Zorn. So wie sich Milch zu Quark verändert, verändert sich der Wunsch zu Zorn.

Die Grundursache des Zorns ist Unwissenheit und Ichdenken. Zorn entsteht, wenn man beleidigt, beschimpft oder kritisiert wird, wenn Schwächen aufgezeigt werden. Zorn entsteht, wenn jemand der Erfüllung des Wunsches im Wege steht. Zorn zeigt sich in der Liebe zur eigenen Meinung, im Wunsch nach Anerkennung, in der Vorstellung, man sei weiser und besser als alle anderen.

Zorn entsteht in einem Menschen, der an seinen Feind denkt. Auch wenn du das Gefühl des Ärgers vergessen hast, hält es sich im Geist latent verborgen. Die Wirkung ist manchmal zu spüren. Wenn du einige Male denselben Gedanken der Eifersucht, des Neides oder des Hasses gegenüber derselben Person erneuerst, ist die Wirkung dauerhafter. Das Wiederholen von Zorngefühlen verstärkt den Haß. Bloßes Unbehagen schlägt durch wiederholten Zorn in schwere Krankheit um.

Zuviel Samenverlust ist die Hauptursache von Reizbarkeit und Zorn. Ein leidenschaftlicher Mensch ist zorniger als andere. Ein Mensch, der seine Samenenergie verschwendet hat, wird bald auch bei kleinen Angelegenheiten wütend. Ein Brahmachari, der sein Veerya bewahrt hat, behält immer einen ausgeglichenen Geist. Er hat zu jeder Zeit einen kühlen Kopf.

Leidenschaft ist die Wurzel und Zorn ist der Stamm. Zuerst muß die Wurzel, die Leidenschaft, zerstört werden. Dann wird der Stamm, der Zorn, von selbst absterben.

Formen des Zorns

Reizbarkeit, Stirnrunzeln, Abneigung, Empörung, Raserei, Wut, Zorn, das alles sind Varianten, je nach dem Grad der Intensität. Zorn ist ein plötzliches Gefühl des Mißfallens. Er ist scharf, plötzlich und kurz. Abneigung ist von Dauer. Sie ist ständiger Zorn. Sie ist das bittere Brüten über Verletzungen. Wut ist ein gesteigertes Gefühl von Zorn. Raserei treibt den Menschen über die Grenzen der Klugheit und Höflichkeit hinaus. Tobsucht ist noch stärker und fegt den Betreffenden in unkontrollierbare Gewalt.

Reizbarkeit ist eine milde, subtile Form von Zorn. Noch feiner ist Mißfallen. Es ist Stolz mit Zorn vermischt. Mit einem scharfen Wort oder einem Brummen wird die 'Plage' behoben. Das alles sind Formen des Zorns.

Zorn und berechtigter Unmut

Zorn ist persönlich und normalerweise selbstsüchtig. Er entstand aus tatsächlichem oder vermeintlichem Übel, das einem zugefügt wurde. Unmut ist unpersönliches und nicht selbstsüchtiges Mißfallen über unwürdige Taten. Reiner Unmut wird nicht gefolgt von Reue und bedarf keiner Entschuldigung. Er ist auch besser beherrscht als Zorn. Zorn ist gewöhnlich eine Sünde. Unmut ist oft eine Pflicht. Wir sprechen von 'berechtigtem Unmut'.

Wenn ein Mensch einen anderen korrigieren will und leichten Ärger zeigt, der nicht selbstsüchtig ist, als eine Kraft, um ihn zu prüfen oder zu verbessern, dann wird das 'berechtigter

Unmut' oder 'spiritueller Ärger' genannt. Angenommen, ein Mann belästigt eine Frau und versucht, ihr Schamgefühl zu verletzen, und ein Passant erzürnt sich über den Missetäter, heißt dies berechtigter Unmut oder edler Zorn. Das ist nicht schlecht. Nur wenn der Zorn eine Ausgeburt der Gier ist, von selbsüchtigen Motiven, ist er schlecht. Manchmal muß ein spiritueller Lehrer nach außen hin etwas Ärger zeigen, um seine Schüler zu korrigieren. Das ist nichts Schlechtes. Er muß es tun. Aber er muß innerlich kühl bleiben und nach außen hin heiß und antriebsstark. Er darf dem Zorn nicht erlauben, tief und für lange Zeit in seinem Antahkarana Wurzel zu fassen. Er muß augenblicklich vergehen, wie eine Welle im Meer verschwindet.

Der Zorn eines guten Menschen dauert eine Sekunde, der eines mittelmäßigen Menschen drei Stunden, der eines niedrigen Menschen einen Tag und eine Nacht und der eines großen Sünders bis zu seinem Tod.

Pathologische Auswirkungen von Zorn

Zorn beeinträchtigt das Gehirn, das Nervensystem und das Blut. Wenn sich im Geist eine Welle des Zorns erhebt, beginnt das Prana rasch zu vibrieren. Du bist aufgebracht und erregt. Das Blut wird heiß. Viele Giftstoffe bilden sich im Blut. Wenn das Blut in Wallung ist, ist auch der Same in Mitleidenschaft gezogen.

Schon drei Minuten heftiger Wut können so verheerende Wirkung im Nervensystem erzeugen, daß es Wochen und Monate dauert, um den Schaden zu beheben. Im Lichte der modernen Psychologie sind Rheumatismus, Herzerkrankungen und Nervenleiden auf Zorn zurückzuführen.

Einmal trank ein Kind an der Brust seiner Mutter, als diese von einem heftigen Wutanfall ergriffen wurde, und starb sofort an den Folgen einer Vergiftung durch virulente chemische Stoffe, die in das Blut der Mutter abgegeben wurden, als sie sich sehr stark erzürnte. Es gibt Berichte über mehrere derartige Fälle. Solch katastrophale Auswirkungen hat der Zorn.

Wenn die Wut auf dem Thron sitzt, nimmt die Vernunft Reißaus. Wer unter dem Einfluß von Zorn steht, ist wie ein stark Alkoholisierter. Er verliert sein Gedächtnis, sein Verstand umwölkt sich und sein Denkvermögen wird getäuscht.

Zorn trübt das Verstehen. Wenn der Geist hochgradig aufgebracht ist, kannst du keine Zeile in einem Buch klar verstehen. Du kannst nicht richtig und klar denken. Du kannst keinen Brief schreiben ohne einen kühlen Kopf. Wenn die Lampe im Wind flackert, kannst du die Dinge nicht klar erkennen. Wenn Buddhi flackert und durch Ärger aufgebracht ist, entsteht Chaos im Buddhi, und du kannst die Dinge nicht richtig sehen und verstehen.

Alle schlechten Eigenschaften und Taten entspringen aus dem Zorn. Wenn du den Zorn ausrottest, gehen alle bösen Eigenschaften von selbst zugrunde. Zorn schafft Ungerechtigkeit, Voreiligkeit, Schikane, Eifersucht, Inbesitznahme des Eigentums anderer, Mord, rüde Worte und Grausamkeit. Ein wütender Mensch verliert sein normales Bewußtsein für diese Zeit. Er wird zum Opfer seines Zorns.

Ein Mensch, der Sklave des Zorns ist, mag sich sorgfältig gewaschen, gut gecremt, das Haar gekämmt und weiße Kleider angelegt haben; trotzdem ist er häßlich, da der Zorn ihn überwältigt hat. Es gibt Anzeichen im Gesicht, die zeigen, daß Zorn im Geist ist. Wenn dein Geist leicht reizbar ist, kannst du deine täglichen Pflichten und Geschäfte nicht erfolgreich abwickeln. Wenn du leicht wütend wirst, verlierst du im Lebenskampf.

Methoden zur Beherrschung des Zorns

Zorn ist eine Manifestation von Shakti. Es ist sehr schwierig, direkt gegen ihn zu kämpfen. Versuche zuerst, seine Kraft, Vega, seine Häufigkeit und seine Dauer zu verringern. Bemühe dich, diese furchtbare Erscheinung oder Vritti zu verringern und zu schwächen. Erlaube ihr nicht, die Form einer großen Welle an der Oberfläche des bewußten Geistes anzunehmen. Ersticke sie im Keim, wenn sie sich in Form von Reizbarkeit im unterbewußten Geist befindet. Jetzt zerstreue den Geist. Pflege göttliche Gedanken. Praktiziere intensiv Japa oder Kirtan. Wiederhole einige Gebete oder Slokas aus der Bhagavad Gita, dem Ramayana oder den Upanishaden. Entwickle allmählich die entgegengesetzten positiven, göttlichen Tugenden wie Geduld, Liebe und Vergebung. Der Zorn wird allmählich von selbst absterben.

Die Ernährung hat sehr viel mit der Reizbarkeit zu tun. Nimm sattvige Nahrung zu dir wie Milch, Früchte, Dal, Joghurt, Spinat, Gerste, Erdnüsse und Buttermilch. Iß keine Karotten, Zwiebel, keinen Knoblauch, Blumenkohl, Massoor-ki-dal und Hühnerbeinchen. Verzichte auf scharfen Curry und Chutney, Fleisch, Alkohol und Rauchen. Rauchen, Fleischessen und Alkoholgenuß machen das Herz sehr reizbar. Daher muß man gänzlich auf sie verzichten. Tabak verursacht Herzerkrankungen. Er führt zum 'Tabakherz', das sehr reizbar ist.

Immer dann, wenn im Laufe eines Gesprächs oder einer Debatte die Wahrscheinlichkeit eines Wutausbruchs auftritt, höre auf zu reden. Streite nicht. Laß dich nicht auf hitztige Debatten und Diskussionen ein. Versuche immer, sanfte und weiche Worte zu sprechen. Die Worte müssen sanft sein und die Argumente hart; aber wenn die Worte hart sind, führt das zu Unstimmigkeit. Sprich sanft. Sprich wenig. Sei mild. Sei freundlich. Sei weich. Pflege immer wieder Milde, Freundlichkeit und Sanftheit.

Beherrsche deinen Zorn mit dem reinen Verstand. Warum fühlst du dich angegriffen, wenn man dich Hund oder Esel nennt. Hast du deswegen jetzt vier Beine und einen Schwanz wie ein Hund bekommen? Was ist das für eine Beleidigung? Ist das nicht eine bloße Schwingung im Äther?

Wenn du dich über deinen Diener ärgerst, weil er dir an einem Tag deine übliche Milch nicht gebracht hat, stelle dir innerlich die Frage: »Warum sollte ich Sklave meiner Milch sein ?« Dann wird die Welle des Ärgers auf einmal wie von selbst verschwinden. Sie wird auch bei anderen Gelegenheiten nicht entstehen, wenn du vorsichtig und überlegt bist. Man braucht vierzig Muskeln, um die Stirn zu runzeln und nur fünfzehn, um zu lächeln. Warum strengst du dich unnötig und zusätzlich an?

Wenn du es schwierig findest, den Zorn zu beherrschen, verlasse sofort den Ort. Mache einen langen Spaziergang. Trinke kaltes Wasser. Wiederhole hundertachtmal **Om Shanti**. Mache Japa deines Ishta Devata und zähle von eins bis dreißig. Der Zorn wird vergehen.

Selbstbeherrschung und Gelassenheit

Im Menschen ist Gut und Böse. Das menschliche Wesen ist eine Mischung aus beidem. Alle Geschöpfe tragen in sich Kräfte der Tugend und des Bösen. Die Einschränkung des Bösen und das aktive Ausführen des Guten erhebt den Menschen über andere Wesen. Zorn läßt das Böse in gewalttätige Handlung ausbrechen. Selbstbeherrschung hält das Böse unter Kontrolle und bietet Spielraum für das Ausüben von Tugenden. Daher ist das Böse unter Kontrolle, wenn der Zorn unter Kontrolle ist.

Das Gute überwiegt. Zorn ist die Öffnung oder der Kanal, durch die Rohheit, Grausamkeit, Schmerz und Pein, Rache, Gewalt, Krieg und Zerstörung austreten. Wenn die Wut überwunden ist, wird dein Verstehen klar, und das Unterscheidungsvermögen ist aktiv. Du kannst dann zwischen richtig und falsch unterscheiden. Du schreitest ohne Verwirrung, auf dem schmalen, geraden Pfad der moralischen Aufrichtigkeit voran.

Füge keinem Lebewesen Schmerz oder Leid zu aus Gier, Egoismus, Reizbarkeit oder Ärger. Gib Zorn und Mißgunst auf. Gib den Kampfgeist auf. Tue dein Möglichstes, um immer gelassen zu bleiben.

Sei unter allen Umständen heiter und ruhig. Das göttliche Licht wird sich nur auf einen ruhigen Geist senken. Nur ein Aspirant mit einem ruhigen Geist kann in tiefe Meditation und Nirvikalpa Samadhi eintreten. Nur er kann Nishkamya Karma Yoga üben.

Pflege diese Tugend, Gelassenheit oder Sama, immer wieder durch beständiges und festes Bemühen. Gelassenheit ist wie ein Fels; Wellen der Reizbarkeit schlagen vielleicht an ihn, aber sie können ihm nichts anhaben. Meditiere täglich über den stets ruhigen Atman, das Ewige, das sich nicht verändert. Du wirst diese erhabene Tugend allmählich erlangen.

Es ist leicht, Böses mit Bösem zu vergelten und Gutes mit Gutem; aber es ist schwer und erhaben, Böses mit Gutem zu vergelten. Der abwärtsführende Weg zum Übel ist sehr leicht, aber der aufwärtsführende Pfad zum Guten ist sehr schwierig, dornenreich und steil. Menschen, die die Stärke und Weisheit besitzen, Böses mit Gutem zu vergelten, sind in der Tat gesegnete Menschen. Sie sind wirkliche Götter auf Erden.

Avatara

Als Jesus geboren wurde, sangen Engel ein schönes Lied zum Lobe des Herrn und offenbarten so den Zweck seiner Herabkunft.

Ehre sei Gott in der Höhe

Und auf Erden Friede den Menschen ein Wohlgefallen.

Jesus war in diese Welt der Menschen gekommen, um die wahre und höchste Herrlichkeit Gottes wiederherzustellen - Frieden auf Erden und guten Willen in den Herzen der Menschen gegenüber allen Mitwesen.

Das Gesetz, das die Herabkunft des Herrn bestimmt

Das Gesetz, das die Herabkunft des Herrn auf die Erde bestimmt, ist zu allen Zeiten und überall dasselbe. Der Herr steigt hernieder, damit sich der Mensch erhebe. Das Ziel jedes Avatars ist es, die Welt vor großer Gefahr zu retten, die Schlechten zu vernichten und die Tugendhaften zu schützen. Shri Krishna sagt: »Immer wenn Rechtschaffenheit darnieder liegt, komme Ich. Um die Guten zu schützen, die Bösen zu vernichten und Rechtschaffenheit fest zu begründen, werde ich in jedem Zeitalter geboren.«

Wenn Unehrlichkeit wächst und Ehrlichkeit im Abnehmen begriffen ist, wenn die ungöttlichen Kräfte stärker zu sein scheinen als die göttlichen, wenn das Wort Gottes oder die Gebote seiner Abgesandten in Vergessenheit geraten oder mißachtet werden, wenn religiöser Fanatismus den Buchstaben der Schriften folgt und ihren Geist tötet, dann ist der Zeitpunkt gekommen, daß Gott auf der Erden inkarniert, um den Menschen zu retten, um Rechtschaffenheit zu retten. Er nimmt menschliche Gestalt an, wenn Er auf die physische Ebene herniederkommt. Er wird Avatara genannt.

Der Unterschied zwischen einem Jivanmukta und einem Avatar

Ein einfacher Jivanmukta ist wie ein Stern, der in der Nacht strahlt. Er spendet nur ein bißchen Licht. Irgendwie ist er durch Tapas und Sadhana zum anderen Ufer gelangt. Er kann nicht eine große Zahl von Menschen erheben. Wie die Wasser einer kleinen Quelle nur den Durst einiger Pilger löschen können, kann auch dieser Kevala-Jnani nur wenigen Menschen Frieden bringen. Wohingegen ein Avatar eine mächtige Person ist. Er ist wie der große Manasarovarsee. Er entfernt den Schleier der Unwissenheit tausender Männer und Frauen und führt sie ins Land der ewigen Ruhe, Wonne und des ewigen Sonnenscheins.

Avatare sind eins mit dem Höchsten. Sie sind nicht Teile wie die individuellen Seelen. Avatare oder Inkarnationen sind Strahlen Gottes. Wenn das Werk des Lokasangraha getan ist, verschwinden sie aus der Welt.

Arten von Avataren

Es gibt verschiedene Avatare. Es gibt Purna-Avatare mit allen Kalas oder Strahlen. Es gibt Amsa-Avatare, teilweise Inkarnationen. Es gibt Lila-Avatare.

Shri Krishna war ein Purna-Avatar. Shri Shankaracharya war ein Amsa-Avatar. Matsya, Kurma, Narasimha, Vamana, Varaha, Rama und andere waren Lila-Avatare.

Krishna und Rama waren Avatare Gott Vishnus. Dakshinamurti war eine Inkarnation Gott Shivas. Dattatreya war der Avatar der drei Murtis - Brahma, Vishnu und Shiva. Brahma,

Vishnu und Shiva sind drei Aspekte Gottes. Brahma ist der schöpferische Aspekt; Vishnu ist der erhaltende Aspekt; und Shiva ist der zerstörende Aspekt. Es gibt keinen Polytheismus in der Hindureligion. Shiva, Vishnu, Brahma oder Shakti sind verschiedene Aspekte des einen Gottes.

Die zehn Avatare Vishnus

Das Bhagavata Purana ist eine Chronik der verschiedenen Avatare von Gott Vishnu. Es gibt zehn Avatare von Vishnu. Sie sind: Matsya (der Fisch), Kurma (die Schildkröte), Varaha (der Eber), Narasimha (der Löwenmensch), Vamana (der Zwerg), Parasurama (Rama mit der Axt), Ramachandra (der Held des Ramayana), Shri Krishna, Buddha (der Asketenprinz, Begründer des Buddhismus) und Kalki (der Held auf dem weißen Pferd, der am Ende des Kali Yuga kommen soll).

Die Aufgabe des Matsya Avatars war es, Vaivasvata Manu vor der Zerstörung durch eine Sintflut zu bewahren. Die Aufgabe des Kurma Avatars war es, der Welt zu ermöglichen, einige wertvolle Dinge wiederzuerhalten, die sie in der Sintflut verloren hatte. Die Schildkröte stellte ihren Rücken zur Verfügung, um das Butterfaß zu tragen, als die Götter und Asuras das Milchmeer aufquirlten. Die Aufgabe des Varaha Avatars war es, die Erde, die von einem Dämon namens Hiranyaksha hinuntergezogen worden war, vor den Wassern zu retten. Die Aufgabe des Narasimha Avatars war es, halb Löwe und halb Mensch, die Welt vor der Tyrannei Hiranyakashipus zu befreien, einem Dämonen, dem Vater von Bhakta Prahlada. Die Aufgabe des Vamana Avatars war es, die Macht der Götter wiederherzustellen, die durch die Bußübungen und Magie König Balis ausgeschaltet worden war. Die Aufgabe des Parasurama Avatars war es, das Land aus der Unterdrückung der Kshatriya Herrscher zu befreien. Parasurama vernichtete die Kshatriya Rasse einundzwanzigmal. Die Aufgabe des Rama Avatars war es, den bösen Ravana zu vernichten. Die Sache Shri Krishna Avatars war es, Kamsa und andere Dämonen zu vernichten, seine wundervolle Botschaft der Gita zu verkünden und Mittelpunkt der indischen Bhakti Schulen zu werden. Aufgabe des Buddha Avatars war es, Tieropfer zu verbieten. Aufgabe des Kalki Avatars, der vor dem Ende des Kali Yugas erscheinen wird, wird die Vernichtung der Bösen und die Wiedererrichtung der Tugend sein.

Der Grad von Gottes Offenbarung in verschiedenen Avataren

Die Rishis von einst haben die Lehrmeinung dargelegt, daß der Herr des Universums in sechzehn sich ausbreitenden Kalas oder Dimensionen der Offenbarung existiert, daß eine Dimension seines Lebens sich im Pflanzenreich manifestiert, zwei im Tierreich und zwischen fünf und acht im menschlichen Bereich, gemäß der Regel, nach der wir uns von der Primitivität am einen Ende der Skala zum höchstentwickelten Stand am anderen Ende hinbewegen. Das Offenbarwerden des Herrn bewegt sich zwischen neun und sechzehn Strahlen. Die vollen oder Purna-Avatare sind die, in denen alle sechzehn Strahlen vorhanden sind. Shri Krishna war ein Purna Avatar mit sechzehn Strahlen. Gott Rama war ein Avatar mit vierzehn Strahlen. Theosophen nennen auch sieben Strahlen, zwölf Strahlen und so weiter, wenn sie das Stadium spiritueller Entwicklung ihrer Meister und Adepten beschreiben.

Die göttliche Gestalt eines Avatars

Manche Menschen sagen: »Wie können wir Krishna als Herrn oder Bhagavan ansehen? Er wurde geboren und er starb. Er ist nur ein Mensch«. Dies ist eine falsche Behauptung. Das ist die Aussage eines unwissenden Kindes. Shri Krishna nahm nur eine Zeit lang Gestalt an, um Loka-Sangraha Arbeit zu verrichten, die Solidarität und das Wohlergehen der Menschheit zu bewirken, und verschwand dann. Shri Krishna ist Gott Hari selbst. Darüber besteht kein Zweifel.

Gott Rama ist die höchste Seele, der Antaryamin, der Beschützer aller Wesen. Er ist allwissend, allmächtig und allgegenwärtig. Er ist Gott Hari. Er war nie geboren worden. Er starb nie. Gott Hari offenbarte sich einfach in der Form von Rama, um Loka-Sangraha zu verrichten und verschwand dann.

Gott Rama und Gott Krishna hatten keine physischen Körper. Ihre Körper bestanden nicht aus den fünf Elementen. Sie hatten göttliche Gestalten. Sie hatten Chinmayakörper, wenn sie auch aussahen wie Fleisch. Sie hatten keine wirkliche Geburt und keinen wirklichen Tod wie Menschen. Sie erschienen und verschwanden, wie ein Yogi es tut. Ihre Körper verblieben nicht in dieser Welt. Für ihre Körper gibt es keine Zerstörung.

Wie ein Schneider, der für andere Mäntel macht, auch für sich selbst einen Mantel machen kann, kann Gott, der Körper für andere geschaffen hat, auch genausogut einen Körper für Sich Selbst erschaffen. Darin liegt keine Schwierigkeit. Er ist allmächtig und allwissend. Da Er Kontrolle über Maya hat, ist Er Sich Seiner göttlichen Natur völlig bewußt, obwohl er eine Gestalt annimmt. Trotzdem ist er unendlich und ungebunden.

Manchmal besucht der König das Gefängnis und betritt die Zelle eines Gefangenen, um zu sehen, wie die Dinge im Gefängnis laufen. Er tut dies zum Wohl der Gefangenen. Er ist völlig ungebunden, und trotzdem geht er aus freiem Willen selbst in die Zelle. Genauso nimmt ein Avatar aus freiem Willen einen Körper an, um die Menschen zu erheben. Er ist völlig ungebunden und hat absolute Kontrolle über Maya wie der König; während der Jiva ein Sklave von Avidya ist, solange er keine Selbstverwirklichung hat.

Begegnung mit Avataren

Es gibt Menschen, die mit Avataren in Kontakt treten wollen, ohne dafür die richtigen Voraussetzungen zu haben. Selbst wenn ein Avatar vor Dir steht, wirst Du Ihn nicht erkennen können. Du hast nicht die Augen, um Ihn als solchen identifizieren zu können. Du wirst Ihn nur für einen gewöhnlichen Menschen halten. Wieviele konnten die Göttlichkeit Shri Krishnas erahnen ? Erkannten Jarasandha, Sisupala und Duryodhana Ihn als Avatar von Gott Hari ? Sehr wenige Menschen, wie Bhishma, erkannten in Shri Krishna den Avatar. Deshalb sagt der Herr: »Die Toren erkennen Mich nicht, wenn Ich in menschlicher Gestalt erscheine, denn sie kennen nicht Meine höchste Natur als großer Herr der Wesen«.

Nur ein Heiliger kann einen Heiligen verstehen. Nur ein Jesus kann einen Jesus verstehen. Wie kann ein Patient um die Verdienste eines Arztes wissen?

Ein Anfänger auf dem spirituellen Weg muß sich allmählich vorbereiten. Er muß von verschiedenen Upa-Gurus spirituelle Unterweisungen erhalten und sie streng befolgen. Er muß sich darauf vorbereiten, zu einem Brahmanishtha-Guru zu gehen, Meditation zu üben und Gott in der Meditation zu sehen.

Wenn Du über die vier Mittel zur Errettung verfügst, wenn Du so brennendes Vairagya hast wie Gott Buddha oder Raja Bhartrihari, wenn Du vergeben kannst und geduldig bist wie der Avanti Brahmane von Ujjain, wenn Du Hingabe an den Meister besitzt wie Trotaka oder Padmapada, kannst Du sofort mit Avataren und Heiligen in Berührung kommen, in diesem Augenblick.

Kannst Du dienen wie Florence Nightingale? Kannst Du gehorchen wie ein Soldat auf dem Schlachtfeld? Kannst Du großzügig sein wie Ranti Deva? Kannst Du schlaflose Nächte in Hingabe an den Herrn verbringen wie Mira? Kannst Du Tapas üben wie Dhruva? Kannst Du zu deinen Überzeugungen stehen wie Mansoor und Shams Tabriez? Kannst Du furchtlos sein wie der Heilige, den Alexander der Große an den Ufern des Indus traf?

Wenn Du *Ja* sagst, wirst Du auf der Stelle Selbstverwirklichung haben. Du wirst in diesem Augenblick Kontakt mit Avataren und vollerblühten Yogis haben. Sei erst würdig und dann wünsche.

Gottverwirklichung durch Verehrung von Avataren

Du kannst Gottverwirklichung erlangen durch die Verehrung von Avataren wie Shri Krishna und Gott Rama. Viele haben bereits auf diese Weise Gottverwirklichung erreicht. Tukaram, Ramdas, Surdas, Mira Bai und Tulsidas haben Gott von Angesicht zu Angesicht gesehen. Ihre machtvollen Schriften beschreiben ihre hohen spirituellen Erfolge.

Verehre Gott Rama oder Shri Krishna zu allen Zeiten, von ganzem Herzen und aus ganzer Seele. Preise Ihn in deinem Herzen. Er wird sich Dir bald offenbaren und Du wirst Seine Gegenwart fühlen. Du wirst Unsterblichkeit und ewiges Glück erreichen.

Gott offenbart sich denen, die an Ihn glauben, auf vielerlei Art und Weise. Er nimmt die Form an, die der Gläubige zur Verehrung gewählt hat. Wenn Du Ihn als Gott Hari mit vier Händen verehrst, wird er als Hari zu Dir kommen. Wenn Du Ihn als Shiva anbetest, wird Er Dir Darshan als Shiva geben. Wenn Du Ihn als Mutter Durga oder Kali verehrst, wird Er als Durga oder Kali zu Dir kommen. Wenn Du Ihn als Rama, Krishna oder Gott Dattatreya anbetest, wird Er zu Dir als Rama, Krishna oder Dattatreya kommen. Wenn Du Ihn als Christus oder Allah verehrst, wird Er als Christus oder Allah zu Dir kommen.

Alle sind Aspekte des einen Isvara oder Herrn. Egal in welcher Gestalt, die Verehrung gilt immer nur Isvara. Verehrung richtet sich an den Innewohnenden, den Herrn in der Gestalt. Es ist Unwissenheit, zu denken, eine Gestalt sei einer anderen überlegen. Alle Gestalten sind ein und dasselbe. Alle verehren denselben Gott. Die Unterschiede sind nur Unterschiede im Namen, bedingt durch die Unterschiede in den Gläubigen, aber nicht im Gegenstand der Verehrung.

Der wahre Jesus oder Krishna ist in deinem Herzen. Er lebt dort für immer. Er wohnt in dir. Er ist immer dein Partner. Es gibt keinen Freund, wie den, der in Dir wohnt. Verlasse Dich auf Ihn. Nimm Zuflucht bei Ihm. Verwirkliche Ihn und sei frei.

Bhagavata Purana

Die Puranas nehmen eine einzigartige Stellung in der Geschichte der religiösen Literatur der Hindus ein. Sie sind eine wahre Fundgrube an Wissen und Information über alle philosophischen und religiösen Themen. Srutis und Smritis können nicht so leicht von gewöhnlichen Menschen verstanden werden. So verfaßte der barmherzige Veda-Vyasa die achtzehn Puranas zum Wohle der Menschheit und erklärte verständlich die subtilen Wahrheiten und tiefen Problematiken der Srutis. Sie sind in der Tat eine Enzyklopädie der Hindu-Ethik und -Religion. Die Aufgabe der Puranas ist es, die vedischen Wahrheiten durch das Medium von Erzählung, Geschichte und Anekdote allgemein zugänglich zu machen. Die Puranas beinhalten Fabeln, Märchen, Philosophie, Religion, Mythos und Legende.

Der Ursprung des Bhagavata Purana

Shri Vyasa meditierte gerade an den heiligen Ufern des Flusses Sarasvati. Sein Herz war in Aufruhr. Er fand keine Befriedigung und keinen Frieden. Er sagte zu sich: »Ich habe strenges Brahmacharya gehalten. Ich habe dem Studium der Veden und der Verehrung von Lehrern und heiligen Feuern soviel Sorgfalt geschenkt, wie es ihnen zukommt. Ich habe die Gebote meiner Meister befolgt. Ich habe die Bedeutung der Veden in der Form des Mahabharata erklärt, woraus Dharmas und andere Dinge auch von Frauen, Sudras und anderen klar verstanden werden können. Und doch habe ich das Gefühl, daß meine Arbeit noch nicht ganz getan ist.«

In diesem Moment erschien Narada vor Vyasa und sagte: »Du hast alles, was zu erkennen ist, erkannt. Du hast das hervorragende Mahabharata geschrieben, welches alles beinhaltet. Wie kommt es, daß Du Dich unbehaglich und unzufrieden fühlst?«

Shri Vyasa antwortete: »Ich stimme dem völlig zu, was Du sagst. Trotzdem, ich bin nicht zufrieden. Ich möchte den Grund dafür von Dir wissen. Du bist aus Brahma geboren und besitzt unendliches Wissen.«

Narada sagte: »Oh großer Muni! Du hast Dharma und andere Dinge behandelt, aber Du hast nicht vom Ruhme Vasudevas erzählt. Deshalb glaube ich, ist der Herr nicht zufrieden. Deshalb, Oh Gepriesener, schreibe über die zahlreichen ruhmvollen Taten Shri Krishnas, damit alle Menschen endgültige Befreiung erlangen, wenn sie davon hören. Dieses Universum ist auch ein Aspekt Bhagavans, weil seine Schöpfung, Erhaltung und Auflösung von Ihm ausgehen. Du weißt das alles, aber Du hast den anderen nur einen Teil dieser Wahrheit gezeigt. Deshalb, Oh Weiser, besinge den Ruhm des allgegenwärtigen Hari, wodurch sogar die Weisen an das Ziel ihrer Suche gelangen, wenn sie davon wissen. Die Weisen wissen, daß dies allein das einzige Heilmittel gegen das Elend der Wesen ist, die wieder und wieder in Samsara zurückgeworfen werden.« Daraufhin schrieb Shri Vyasa das Srimad Bhagavata, bestehend aus achtzehntausend Versen, dreihundertfünfunddreißig Abschnitten und zwölf Kapiteln. Das Buch heißt Bhagavata, weil es vom Ruhm Bhagavans, Vishnus, berichtet. Es ist eine der maßgeblichsten Hinduschriften. Es ist in Indien ein Buch von hohem Ansehen. Es übt einen sehr direkten und mächtigen Einfluß auf Meinungen und Gefühle der Menschen aus. Es enthält die Quintessenz aller Puranas.

Avatare des Herrn

Das Bhagavata Purana ist eine Chronik der verschiedenen Avatare Gott Vishnus. Die Aufgabe eines jeden Avatars ist es, die Welt jeweils vor einer großen Gefahr zu bewahren, die Bösen zu vernichten und die Tugendhaften zu beschützen. Die zehn großen Avatare sind: Matsya (der Fisch), Kurma (die Schildkröte), Varaha (der Eber), Narasimha (der Löwenmensch), Vamana (der Zwerg), Parasurama (Rama mit der Axt, der Zerstörer der Kshatriyarasse), Ramachandra (der Held des Ramayana - der Sohn Dasarathas und Gemahl Sitas - der Ravana, den zehnköpfigen Rakshasa, das Ungeheue, tötete), Shri Krishna (der Gemahl Rukminis und Lehrer der Gita), Buddha (der Asketenprinz und Begründer des Buddhismus) und Kalki (der Held, der am Ende des Kali Yuga auf einem weißen Pferd kommen wird).

Die Aufgabe des Matsya Avatars war es, Vaisvata Manu vor der Zerstörung durch eine Flut zu retten, und die des Kurma Avatars, es der Welt zu ermöglichen, einige wertvolle Dinge wiederzufinden, die in der Flut verlorengegangen waren. Die Schildkröte gab ihren Rücken, um das Butterfaß zu tragen, als die Götter und Asuras den Milchmeer aufquirlten. Der Zweck des Varaha Avatars (des Ebers) war es, die Erde vor den Wassern zu retten, die von einem Dämon namens Hiranyaksha heruntergebracht worden waren, und die des Narasimha Avatars, halb Mensch und halb Löwe, die Welt von der Tyrannei Hiranyakashipus zu befreien, einem Dämon, Vater von Bhakta Prahlada. Der Vamana Avatar war von Gott gesandt worden, um die Macht der Götter wiederherzustellen, die durch die Bußübungen und die Hingabe König Balis in den Schatten gestellt worden war, und Parasurama Avataras Aufgabe war es, das Land von der Gewaltherrschaft der Kshatriyaherrscher zu erlösen. Parasurama vernichtete die Kshatriyarasse einundzwanzigmal. In Gestalt des Rama Avatars vernichtete Shri Krishna den bösen Ravana. Die Aufgabe von Shri Krishna Avatar war es, Kamsa und andere Dämonen zu vernichten, seine wundervolle Botschaft der Bhagavad Gita zu überbringen und der Mittelpunkt des Bhaktikults zu werden. Die Aufgabe des Buddha Avatars war es, Tieropfer zu verbieten. Die Aufgabe des Kalki Avatars wird es sein, die Bösen zu vernichten und Rechtschaffenheit wiederherzustellen.

Das einzigartige Wesen des Bhagavata Purana

Nur im Bhagavata Purana wird die Geschichte des Universums systematisch abgehandelt. Shri Krishna ist die zentrale Figur dieses einzigartigen Buchs. Es ist ein maßgebliches Werk über Frömmigkeit. Das Bhagavata lehrt Frömmigkeit in Verbindung mit Jñana (Bhaktiyukta-Jñana). Es trennt nicht Wissen von Bhakti. Es lehrt, daß Jñana eine sehr große Hilfe ist, um Bhakti vollkommen zu erreichen. Im Bhagavata wird das Ambrosia von Bhakti mit dem Lebenselixier von Jñana vermischt.

Die Lehre, die Shri Krishna Uddahva am Vorabend Seines Scheidens aus dieser Welt gibt, ist wundervoll. Sie ist im elften Skandha (Kapitel) enthalten. Shri Krishna beseitigt alle Zweifel Uddhavas, der Sein Freund, bester Schüler und Führer der Yadavas ist. Er spricht über viele Punkte, aber die Grundaussage ist: »Sieh Mich in allem. Gib Dich Mir hin. Tu alles um Meinetwillen. Beseitige alle Verhaftungen. Habe vollkommene unerschütterliche Hingabe an Mich. Singe Meinen Ruhm.

Das Bhagavata Purana beschreibt mannigfache Arten der Meditation, um verschiedenen Typen von Aspiranten gerecht zu werden. Einem Anfänger wird empfohlen, über den Virat Purusha zu meditieren. Er muß sich vorstellen, daß das ganze Universum der Körper des

Herrn ist. Das wird im zweiten Skandha beschrieben. Im selben Skandha und auch im dritten wird Meditation auf die Gestalt des Herrn im Herzen beschrieben und auf seine verschiedenen Glieder, beginnend bei den Füßen. Im elften Skandha wird die Meditation auf den Herzlotus mit drei Schichten, Agni als die erste, Surya als die zweite und der Mond als die dritte, eine über der anderen, beschrieben. Im selben Skandha wird empfohlen, zuerst auf die Gestalt Shri Krishnas zu meditieren, dann den Geist auf Äther oder die höchste Ursache zu fixieren und zuletzt im Para Brahman aufzugehen. Das Bhagavata Dharma, wie es die neun Heiligen König Nimi am Anfang des Skandhas gelehrt hatten, ist aufregend und herzergeifend. Das zehnte Skandha enthält alle Lilas des Herrn. Die jugendlichen Spiele und Vergnügungen, die Späße und Scherze des göttlichen Kindes, Kumara Lilas, Brindavan Lilas, Madhura Lilas, Dwaraka Lilas, Kurukshetra Lilas und Prabhasa Lilas werden in diesem Skandha beschrieben. Es enthält neunzig Abschnitte. In diesem Kapitel finden wir die Ergüsse des Herzens und die Äußerungen leidenschaftlicher Liebe der menschlichen Seele, wenn sie von den Unreinheiten des Geistes befreit ist. Wenn die Unreinheiten des Geistes beseitigt sind und das Herz gänzlich gereinigt ist, wird die Seele ganz natürlicherweise zu Gott hingetrieben oder von Ihm angezogen und geht schließlich ganz in Ihm auf. Die im zehnten Skandha verborgenen Wahrheiten können nicht von Menschen verstanden werden, deren Herzen von weltlichen Gedanken erfüllt sind.

Bhagavata Saptahams werden überall in ganz Indien abgehalten, wo das gesamte Bhagavata in sieben Tagen gelesen wird. Dies bietet eine gute Gelegenheit, um das ganze Bhagavata zu hören und zu verstehen. Das Bhagavata ist der Trost des Lebens. Es ist einzigartig in seiner Schönheit und seinem Charme, in seiner Sprache und Philosophie. Es ist ein wertvolles Schatzhaus göttlichen Wissens. Die Lektüre dieses Buches bringt Frömmigkeit und Wissen und läßt wahres Vairagya entstehen. Die Herrlichkeiten Gott Vasudevas werden in diesem Buch lebendig dargestellt.

Bhakti

Bhakti heißt in Gott sein. Bhakti ist das Fließen von Hingabe wie das Fließen eines Flusses. Bhakti ist Kontiunität von Hingabe, so wie Öl kontinuierlich aus einem Gefäß in ein anderes fließt. Bhakti ist das Angezogensein des Jivas vom Herrn, so wie die Nadel vom Magnet angezogen wird.

Bhakti ist Liebe um der Liebe willen. Der Gläubige will Gott und nur Gott. Es liegt darin keine selbstsüchtige Erwartung. Es gibt auch keine Angst. Hat der Sohn Angst vor seinem Vater, der Richter ist ? Hat die Ehefrau Angst vor ihrem Gatten ? So hat auch der Gläubige nicht die mindeste Furcht vor Gott. Die Angst vor Vergeltung verschwindet in ihm. Er spürt, glaubt, denkt und stellt sich vor, daß sein Ishtam ein Ozean von Liebe oder Prem ist.

Bhakti verändert den Menschen zur Göttlichkeit. Sie infiziert den Gläubigen mit göttlicher Prem. Sie gibt ihm ewige Befriedigung. Sie macht ihn vollkommen. Sie lenkt den Geist von Sinnesobjekten weg. Sie läßt ihn in Gott frohlocken.

Emotionale Erregung ist nicht Hingabe an Gott. Hingabe ist reine Liebe. Fanatismus ist keine Hingabe. Er ist Wahnsinn. Er ist bloße Erregung.

Bhakti ist nicht nur Emotionalität, sondern das Einstimmen sowohl des Willens als auch des Denkvermögens auf das Göttliche. Sie ist höchste Liebe zu Gott. Sie erblüht später zu Jñana. Sie führt zu Unsterblichkeit und Gottverwirklichung.

Bhakti ist die direkte Annäherung an das Ideal durch das Herz. Liebe ist für jeden Menschen natürlich.

Bhakti steht jedem offen

Bhakti kann unter allen Umständen und von jedem gleichermaßen praktiziert werden. Lernen, strenge Bußübungen, Studium der Veden und ein brillianter Verstand sind nicht nötig, um Bhakti oder Hingabe zu erlangen. Es bedarf hingegen des ständigen und lebendigen Denkens an Gott gepaart mit Glauben. Daher steht der Pfad von Bhakti jedem offen.

Nishada stammte aus einer niedrigen Kaste; Sabari war eine einfache Frau vom Lande; Dhruva war ein ungebildeter Junge; Vidura und Sudama waren sehr arm; Vibhishana war ein häßlicher Rakshasa; Hanuman war ein Affe; Jatayu war ein Vogel; Gajendra war ein Elefant; die Gopis von Vrindavan waren nicht in die vedischen Riten eingeweiht; aber sie alle erreichten Gottverwirklichung aufgrund ihrer Hingabe und Selbstaufgabe.

Der einfachste Weg zu Gott

Bhakti ist einfacher als irgendein anderer Weg der Annäherung an Gott. In Jñana und Yoga besteht das Risiko, daß man fällt. Auf dem Pfad der Hingabe gibt es kein Risiko, da der Gläubige volle Unterstützung und Hilfe von Gott erhält.

Menschen, die den Weg von Jñana und Yoga beschreiten, sind der Gefahr ausgesetzt, stolz auf ihre Kräfte und ihre Weisheit zu sein. Bhaktas sind bescheiden. Bescheidenheit ist die Grundlage für Bhakti Yoga.

Jñana Yoga ist der Yoga der Weisheit. Es ist der Weg der Analyse und Verneinung. Es ist der Pfad der endlosen Negation. Das ist ein sehr schwieriger Weg.

Raja Yoga ist auch schwierig. Es ist als wollte man die Wellen des Ozeans glätten. Man muß alle Gedankenwellen zum Stillstand bringen. Karma Yoga ist auch schwierig. Es ist wie das Erklimmung des höchsten Gipfels. Man braucht enorme Willenskraft. Nur Bhakti Yoga ist einfach. Gott streckt seine Hände aus, um Dich aus dem Sumpf von Samsara zu erheben. Du mußt seine Hand fest ergreifen. Aber eines ist dabei absolut wesentlich. Du darfst keinen anderen Gedanken haben als den an Gott und Gott allein.

Einpünktigkeit der Hingabe

Das Kind denkt nur an die Mutter. Ein leidenschaftlich liebender Ehemann denkt nur an seine Frau. Ein habgieriger Mensch denkt nur an sein Geld. So sollte auch der Gläubige in seinem Herzen nur das Bild seines Ishtam haben. Dann kann er leicht den Darshan Gottes erhalten.

Objekte sind die Feinde Gottes. Söhne, Frau, Eigentum, Vieh, Häuser, Freunde und Verwandte sind Feinde Gottes. Man muß diesen Objekten völlig gleichgültig gegenüberstehen.

Du darfst nicht zu viel an den Körper und seine Bedürfnisse denken. Gedanken an den Körper, Gedanken an Nahrung und Gedanken an Frau und Kinder lassen Dich Gott vergessen. Du kannst keine göttlichen Gedanken haben, wenn Du Gedanken an Anatma Dinge hast.

Wenn der Gläubige manchmal Gott liebt und manchmal auch Frau, Sohn, Geld, Haus, Vieh und Eigentum, ist er ein Vyabhicharini Bhakta. Die Liebe ist geteilt. Ein kleiner Teil des Geistes gehört Gott. Der Rest gehört der Familie und dem Besitz.

Der Herr wird nur dann Sklave des Bhakta, wenn letzterer sich vollkommen und bereitwillig hingegeben hat. Der Herr ist sehr grausam und unterzieht den Gläubigen strengen Proben und Prüfungen. Er hörte so lange nicht auf die Worte Draupadis, so lange sie ihre eigene Stärke und Spuren von Ichdenken beibehielt. Als sie laut mit vollkommener Aufrichtigkeit und totaler Verzweiflung rief: »Oh Dwarakanath, mein Geliebter! Komm mir zu Hilfe«, rannte Er an den Ort des Geschehens, und sie hatte ausreichend Sarituch, um ihre Unschuld zu retten.

Im allgemeinen verbleiben im Aspiranten, bewußt oder unbewußt, wissentlich oder nicht, Wünsche, die er befriedigen möchte. Er will nicht ganz und gar mit seinen Wünschen brechen. Deswegen wird die Hingabe nicht vollkommen und bedingungslos. Deshalb senkt sich die Gnade des Herrn nicht auf ihn. Wenn auch nur ein Atom von Wunsch oder Ichdenken vorhanden ist, gibt es keine Möglichkeit für göttliche Gnade.

Hingabe und Wunsch

Der Wunsch steht dem Anwachsen von Hingabe im Weg. Die Hingabe an den Herrn wächst, wenn man weltlichen Wünschen entsagt.

Entsagung ist die Quintessenz hingebungsvoller Liebe. Göttliche Liebe trägt kein Element des Wunsches in sich.

Hingabe kann nicht neben irgendeiner Form von Wunsch bestehen, nicht einmal neben dem Wunsch nach Befreiung. Der Gläubige will nur Gott allein und Ihm dienen.

Der Gläubige liebt Gott und dient Ihm und Seiner Schöpfung. Er bemüht sich nicht mehr bewußt um Mukti, aber Gott sendet dem, der an Ihn glaubt, Mukti unaufgefordert.

Die Pflege von Frömmigkeit

Manche Menschen fragen: »Wie können wir Gott lieben, den wir nie gesehen haben?« Lebe in der Gesellschaft von Heiligen. Höre die Lilas Gottes. Lies die heiligen Schriften. Verehre Ihn zuerst in Seinen verschiedenen Formen, die in der Welt offenbar sind. Verehre jedes Bild von Gott oder dem Guru. Wiederhole Seinen Namen. Singe Seinen Ruhm.

Verbringe ein Jahr in Ayodhya oder Vrindavan, Chitrakuta oder Pandharpur, Benares oder Ananda Kutir. Du wirst Liebe zu Gott entwickeln.

Alles muß getan werden, um das Gefühl von Bhakti zu erwecken. Halte den Pujaraum sauber. Schmücke den Raum. Verwende Räucherstäbchen. Zünde eine Lampe an. Halte den Sitzplatz sauber. Nimm ein Bad. Trage saubere Kleidung. Trage Vibhuti oder Bhasma und Kumkum auf die Stirn auf. Trage die Rudraksha- oder Tulsimala. All das wirkt günstig auf den Geist und erhebt ihn. All das erzeugt Frömmigkeit. Es hilft, das nötige Bhava oder Gefühl zu erzeugen, um die Gottheit, die verehrt werden soll, anzurufen. Der Geist wird sich dann leicht konzentrieren.

Die Praxis von rechtem Verhalten, Satsang, Japa, Smarana, Kirtan, Gebet, Gottesdienst, der Dienst an Heiligen, der Aufenthalt an Wallfahrtsorten, der Dienst an Armen und Kranken mit göttlichem Bhava, die Einhaltung der Varnashrama Pflichten, das Opfern aller Handlungen und deren Früchte an den Herrn, das Gefühl, Gott ist in allen Wesen gegenwärtig, das Sichverneigen vor dem Bild und vor Heiligen, der Verzicht auf weltliche Freuden und weltlichen Reichtum, Wohltätigkeit, Mäßigung und Gelübde, das Praktizieren von Ahimsa, Satyam und Brahmacharya - all das wird Dir helfen, Bhakti zu entwickeln.

Bhavas im Bhakti Yoga

Es gibt sechs verschiedene Bhavas im Bhakti. Im Santa Bhava ist der Gläubige Santa, friedvoll. Er hüpft nicht und tanzt nicht. Er ist nicht hochgradig emotional. Sein Herz ist voller Liebe und Freude. Bhishma war ein Santa Bhakta.

Shri Hanuman war ein Dasya Bhakta. Er hatte Dasya Bhava. Er diente Gott Rama mit ganzem Herzen. Er wollte seinen Meister in jeder erdenklichen Weise erfreuen. Er fand Freude und Glück im Dienst an seinem Meister.

Im Sakhya Bhava, ist Gott der Freund des Gläubigen. Arjuna hatte dieses Bhava Shri Krishna gegenüber. Der Gläubige bewegt sich mit Gott auf gleicher Ebene. Arjuna und Krishna pflegten wie enge Freunde zusammenzusitzen, zu essen, zu reden und zu gehen.

In Vatsalya Bhava sieht der Gläubige Gott als sein Kind. Yasoda hatte dieses Bhava zu Shri Krishna. In diesem Bhava ist keine Furcht, denn Gott ist das Kindlein. Der Gläubige dient Gott und füttert und umsorgt Ihn, wie eine Mutter es mit ihrem Kind tut.

Das fünfte Bhava ist Sakhya Bhava. Es wird auch Gopi Bhava genannt. Die Gopis führten Radha und Krishna zusammen, als sie getrennt waren. Sie identifizierten sich mit Radha und Krishna und frohlockten in der Wonne, die aus deren Vereinigung kam.

Das letzte ist Madhurya Bhava oder Kanta Bhava. Dies ist die höchste Form von Bhakti. Dies war die Beziehung zwischen Radha und Krishna. Dies ist Atmasamarpana. Liebender und Geliebte werden eins. Der Gläubige und Gott fühlen sich als eins und halten trotzdem eine Getrenntheit aufrecht, um die Wonne des Liebesspiels miteinander zu erfahren. Dies ist Einheit in Getrenntheit und Getrenntheit in Einheit. Die Beziehung ist die von Ehemann und Gattin. Jayadeva, Mira und Andal hatten dieses Bhava.

Apara Bhakti und Para Bhakti

Es gibt zwei Arten von Bhakti, Apara Bhakti und Para Bhakti. Apara Bhakti ist niedriges Bhakti. In Apara Bhakti ist der Gläubige Anfänger. Er führt Rituale und Zeremonien aus. Sein Herz ist nicht offen. Er gehört einer Sekte an. Er schmäht andere Bhaktas, die andere Devatas verehren.

Ein Gläubiger vom Para Bhakti Typ umfaßt alles und schließt alles mit ein. Er besitzt kosmische Liebe oder Visvaprem. Die ganze Welt ist für ihn Brindavan. Er besucht keine Tempel zum Gottesdienst. Er fühlt, daß die Welt eine Manifestation Gottes ist und alle Bewegungen und Aktivitäten Sein Lila. Er empfindet nicht Ghrina, Ekel, vor Fäkalien und Schmutz, dem Chandala, dem Straßenkehrer, dem Bettler, der Prostituierten oder dem Dieb. Er sagt: »Ich sehe meinen süßen Gott überall. Hari spielt die Rolle der Prostituierten, des Diebes, des Schurken oder des Straßenkehrers !« Seine erhabene innere Einstellung ist allumfassend und alles einschließend. Man kann es mit Worten nicht ausdrücken. Man muß es fühlen. Mira, Gouranga, Hafiz, Tulsidas, Kabir, Ramdas - sie alle erfreuten sich dieses Zustandes.

Namdev sagte zum Hund: »Oh Vittala, mein Lieber, in Gestalt eines Hundes, lauf nicht mit dem trockenen Brot weg. Es wird deinem zarten Hals schaden. Bitte laß mich noch etwas Ghee (Butter) auf das Brot geben.« Er rannte mit einer Tasse voll Ghee zu dem Hund. Shri Ramakrishna Paramahamsa verbeugte sich vor einem unberührbaren Mädchen: »Oh Mutter Kali ! Ich sehe Dich in diesem Mädchen.« Eknath, ein Maharashtrian Bhakta, gab dem Dieb freiwillig auch seinen Ring, als jener in sein Haus kam: »Oh Dieb! Nimm auch diesen Ring. Deine Pflicht ist es, Dinge zu stehlen. Du bist Krishna. Halte dieses Lila aufrecht.« Hast Du den hohen Zustand dieser erhabenen Bhaktas verstanden, die einen neuen Blickwinkel haben? Der Tag wird auch für Dich kommen. Bemühe dich. Kämpfe.

Para Bhakti und Jñana

Para Bhakti ist nichts anderes als Jñana. Para Bhakti und Jñana sind eins. Shri Shankara, ein Kevala-Advaita-Jnani, war ein großer Bhakta von Gott Hari, Hara und Devi. Shri Ramakrishna Paramahamsa betete zu Kali und erhielt Jñana von Swami Totapuri, seinem Advaita Guru. Appayya Dikshitar, ein berühmter Jnani aus Südindien, war ergebener Bhakta von Gott Shiva.

Para Bhakti und Jñana sind eins. Der einzige leichte Unterschied ist: ein Bhakta gebraucht sein Gefühl; ein Jnani gebraucht seinen Willen und seinen Verstand. Bhakti beginnt mit Liebe und Jñana mit Denken und Selbstanalyse. Beide enden gleichermaßen in der Vereinigung mit dem Göttlichen.

Ein Gläubiger zieht sich zusammen. Ein Vedantin weitet sich aus. Jener zieht sich zusammen und geht durch Selbstaufgabe in den Herrn ein. Dieser weitet sich aus und wird eins mit Brahman durch Bemühen und Identifikation.

Die Frucht von Bhakti ist Jñana. Jñana macht Bhakti stärker. Selbst Jnanis wie Shankara, Madhusudana und Suka Deva wandten sich nach ihrer Verwirklichung Bhakti zu, um die Süße der liebenden Beziehung zu Gott zu genießen.

Wissen und Weisheit werden durch die Praxis von Bhaki Yoga von selbst entstehen. Bhakti ist der angenehme, glatte, direkte Weg zu Gott. Bhakti ist süß am Anfang, in der Mitte und am Ende. Sie bringt höchste, unvergängliche Wonne.

Entzünde göttliche Liebe in deinem Herzen, denn das ist der unmittelbare Weg in das Reich Gottes. Bete zum Herrn. Singe Seinen Ruhm. Wiederhole Seinen Namen. Werde ein Mittler Seiner Gnade.

Suche Seinen Willen. Tue Seinen Willen. Unterwirf Dich Seinem Willen. Du wirst eins werden mit dem kosmischen Willen.

Gib Dich dem Herrn hin. Er wird dein Wagenlenker auf dem Schlachtfeld des Lebens werden. Er wird deinen Wagen gut lenken. Du wirst das Ziel erreichen, das Reich unsterblicher Wonne.

Brahmacharya

Brahmacharya ist ein göttliches Wort. Es ist die Summe und Substanz von Yoga. Brahmacharya ist Achara, Verhalten, durch das man Brahman erlangt oder erreicht. Es ist Leben im Absoluten. Es ist die Bewegung zu Gott oder Atman hin. Brahmacharya ist Reinheit in Gedanke, Wort und Tat. Es ist Zölibat und Enthaltsamkeit.

Brahmacharya heißt nicht nur Unverheiratetsein. Es ist strikte Enthaltsamkeit nicht nur im Geschlechtsverkehr, sondern auch in autoerotischen Aktivitäten, Masturbation, homosexuellen Handlungen und allen perversen Sexualpraktiken. Dazu gehört auch ein ständiges Sich-Enthalten von Nachsinnen über erotische Vorstellungen und wollüstige Träumerei.

Im engeren Sinn ist Brahmacharya Zölibat. Im weiteren Sinne meint es die absolute Kontrolle aller Sinne. Das Tor zu Nirvana oder Vollkommenheit ist vollständiges Brahmacharya.

Brahmacharya ist für den Yogi das, was Elektrizität für eine Glühbirne ist. Ohne Brahmacharya ist kein spiritueller Fortschritt möglich.

Es kann keine Sprache ohne Vokale geben. Man kann ohne Leinwand kein Bild malen. Ebenso kann man ohne Brahmacharya keine Gesundheit und kein spirituelles Leben haben.

Ein wahrer Brahmachari wird keinen Unterschied spüren bei der Berührung einer Frau, eines Blatt Papiers, eines Holzscheites oder eines Steinbrockens. Nur ein wahrer Brahmachari kann Bhakti pflegen. Nur ein wahrer Brahmachari kann Yoga praktizieren. Nur ein wahrer Brahmachari kann Jñana erlangen.

Brahmacharya ist für beide Geschlechter, Männer wie Frauen, gedacht. Bhishma, Hanuman, Lakshmana, Mirabai, Sulabha und Gargi waren alle Brahmacharins.

Die Lebensenergie

Ein Schüler Dhanvantaris ging nach Beendung seiner vollen Ausbildung in Ayurveda zu seinem Lehrer und fragte ihn: »Oh Bhagavan, ich bitte dich, teile mir nun das Geheimnis der Gesundheit mit.« Dhanvantari antwortete: »Die Samenenergie ist wahrhaft Atman. Das Geheimnis der Gesundheit liegt in der Bewahrung dieser vitalen Kraft. Wer diese Energie vergeudet, kann keine physische, geistige, moralische und spirituelle Entfaltung erreichen.«

Veerya ist Gott in Bewegung. Veerya ist dynamischer Wille. Veerya ist Seelenkraft. Veerya ist die Essenz des Lebens, des Gedankens, der Intelligenz und des Bewußtseins.

Die Lebensenergie, Veerya, die dein Leben trägt, die das Prana der Pranas ist, die in deinen strahlenden Augen leuchtet, die in deinen leuchtenden Wangen strahlt, ist ein großer Schatz für dich. Sie ist die eigentliche Essenz des Blutes.

Die Nahrung wird zu Darmlymphe. Die Darmlymphe wird zu Blut; Blut wird zu Fleisch; Fleisch wird zu Fett; Fett wird zu Mark; Mark wird zu Samen. Samen ist die letzte Essenz. Er ist die Essenz der Essenzen.

Genauso wie Zucker überall im Zuckerrohr ist oder Butter in Milch, so ist Samen überall im Körper vorhanden. Er existiert in einer subtilen Form im gesamten Körper. Er wird in den Geschlechtsorganen zurückgehalten und in eine grobstoffliche Form umgearbeitet unter dem Einfluß sexuellen Wollens und sexueller Erregung.

Sexuelle Erregung und ihre negativen Folgen

Wenn ein Mensch leidenschaftlich erregt ist, wird das Prana in Bewegung gesetzt. Der Lebensstrom, das Prana, bewegt die innere Flüssigkeit, den Samen. Der Samen wird in Bewegung gesetzt. Er fällt nach unten, so wie die Wolken in Regenwasser ausbrechen; so wie die Früchte, Blüten und Blätter der Bäume durch die Kraft der wehenden Winde fallen.

Wenn Veerya verlorengeht, wird das Prana unstet. Das Prana wird aufgepeitscht. Der Mensch wird nervös. Dann kann auch der Geist nicht richtig arbeiten. Der Mensch wird wankelmütig. Geistige Schwäche tritt auf.

Schlechtes Gedächtnis, frühzeitiges Altern, Impotenz und verschiedene Augen- und verschiedene Nervenleiden sind dem massiven Verlust dieser Lebensflüssigkeit zuzuschreiben.

Ist Veerya einmal verlorengegangen, kann es im ganzen Leben nicht mehr wiedererlangt werden, auch nicht wenn man jede Menge Badam, Nerventonika, Milch, Sahne, Käse, Chyavanaprash oder Makaradhvaja zu sich nimmt.

Befriedigung im Geschlechtsakt ist genauso erschöpfend für das weibliche System und eine ebenso starke Belastung für ihre Vitalität wie beim Mann. Die dabei entstehende Nervenanspannung ist in der Tat beträchtlich. Da ihr System empfindlicher und reizbarer ist, sind Frauen oftmals stärker betroffen als Männer.

Notwendigkeit von Brahmacharya

Wie kann man erwarten, stark und gesund zu sein, wenn die Energie, die man in mannigfacher Weise unter großen Schwierigkeiten ansammelt, täglich verschwendet wird? Es ist unmöglich, stark und gesund zu sein, wenn nicht Männer und Frauen sowie Jungen und Mädchen ihr Möglichstes tun, um Brahmacharya, das Zölibatsgelübde, einzuhalten.

Reine Luft, reines Wasser, gesunde Nahrung, Körperübungen, Spiele im Freien, wie Tennis - all das trägt zur Erhaltung einer guten Gesundheit, Stärke und einem hohen Niveau von Kraft und Vitalität bei. Es gibt in der Tat viele Möglichkeiten, um Gesundheit und Stärke zu erlangen. Diese Möglichkeiten sind zweifellos unbedingt erforderlich. Aber Brahmacharya ist die wichtigste von allen. Es ist das einzige echte Mittel zur Erhaltung wahrer Menschlichkeit.

Der Nutzen aus der Praxis von Brahmacharya

Die Praxis des Zölibats trägt keinerlei Gefahr von Krankheit oder unerwünschte Auswirkungen in sich, wie die diversen 'Komplexe', die ihr fälschlicherweise von westlichen Psychologen zugeschrieben werden. Sie haben darüber kein praktisches Wissen. Sie haben die falsche und schlecht begründete Vorstellung, daß die nicht ausgelebte sexuelle Energie verschiedene Formen von Phobien annimmt, wie die Berührungsphobie. Der Komplex beruht auf anderen Ursachen. Es ist ein krankhafter Geisteszustand, der zurückzuführen ist auf übertriebene Eifersucht, Haß, Zorn, Kummer und Depression, die aus verschiedenen Ursachen herrühren.

Im Gegenteil, schon ein geringes Maß an Selbstbeherrschung oder ein wenig Praxis von Enthaltsamkeit ist ein idealer 'Aufbauer'. Sie gibt innere Stärke und Seelenfrieden. Sie stärkt Geist und Nerven. Sie hilft, physische und geistige Energie zu bewahren. Sie steigert Gedächtnis, Willenskraft und Stärke des Gehirns. Sie gibt ungeheure Kraft, Stärke und Vitalität. Sie regeneriert das System, den körperlichen Zustand, baut Zellen und Gewebe neu auf, stimuliert die Verdauung und gibt die Kraft, Schwierigkeiten im täglichen Lebenskampf zu begegnen. Ein Mensch, der über völlige Beherrschung der Sexualenergie verfügt, erlangt Kräfte, die auf anderem Weg unerreichbar sind.

Wenn ein Mensch ein zölibatäres Leben führt, auch wenn er verheiratet ist, und nur gelegentlich aus Gründen der Fortpflanzung Geschlechtsverkehr hat, kann er gesunde, kluge, starke, schöne und selbstaufopfernde Kinder zeugen. Die Asketen und Erlöser im alten Indien folgten, wenn sie verheiratet waren, dieser vortrefflichen Regel aus diesem Grund sehr sorgfältig und lehrten auch durch ihr Beispiel und ihre Praxis, wie man auch als Familienvater das Leben eines Brahamachari leben kann.

Die Bedeutung richtiger Ernährung

Richtige Ernährung spielt bei der Aufrechterhaltung von Brahmacharya eine wesentliche Rolle. Im Gehirn gibt es verschiedene Bereiche, und jede Nahrung hat ihre eigene Wirkung auf den jeweiligen Bereich und auf den Gesamtorganismus. Ein Gericht aus Sperlingen hat eine aphrodisierende Wirkung. Es stimuliert direkt die Geschlechtsorgane. Knoblauch, Zwiebel, Fleisch, Fisch und Eier stimulieren die Leidenschaft.

Widme der Nahrung die Aufmerksamkeit, die ihr gebührt. Sei mäßig beim Essen. Iß sattvige Nahrung wie Milch, Früchte und Weizen. Gelegentliches Fasten kontrolliert die Leidenschaft, beruhigt die Emotionen, beherrscht die Indriyas und unterstützt Brahmacharya.

Theorie und Praxis

Die Menschen sprechen über Brahmacharya; aber rar in der Tat sind die, die es praktizieren; ein enthaltsames Leben steckt tatsächlich voller Schwierigkeiten. Es ist leicht, einen Tiger, Löwen oder Elefanten zu zähmen. Es ist leicht, mit einer Kobra zu spielen. Es ist leicht, über das Feuer zu gehen. Es ist leicht, den Himalaya emporzuheben. Es ist leicht, auf dem Schlachtfeld zu siegen. Aber es ist schwierig, die *Lust* zu entwurzeln.

Du brauchst deswegen überhaupt nicht zu verzweifeln. Vertraue auf Gott, seinen Namen und seine Gnade. Du mußt einfach siegen, wenn Du an Ihn glaubst.

Bloße menschliche Anstrengung allein wird nicht ausreichen. Die göttliche Gnade ist notwendig. Die Lust kann nicht vollständig aus dem Geist entfernt werden, es sei denn durch die Gnade Gottes. Gott hilft denjenigen, die sich selbst helfen.

Mangel an spirituellem Sadhana ist der Hauptgrund für alle sexuellen Anziehungen. Bloße theoretische Enthaltsamkeit von Sinnlichkeit wird Dir keine guten Ergebnisse zeitigen. Du mußt gnadenlos alle Formalitäten gesellschaftlichen Lebens beseitigen und ein frommes Leben führen. Nachgiebigkeit niederen inneren Neigungen gegenüber wird Dich in den Bereich des Leidens bringen. Da nützen auch Entschuldigungen nichts. Du mußt aufrichtig in deinem Streben nach dem erhabenen Leben in Spiritualität sein. Halbherzigkeit wird Dich in deinem alten Zustand des Elends belassen.

Möglichkeiten, um im Zölibat fest zu werden

Denke nicht an Frauen. Schau nicht nach Frauen. Das Anschauen des anderen Geschlechts entfacht das Verlangen, mit ihnen zu sprechen. Das Gespräch erzeugt den Wunsch, sie zu berühren. Schließlich wird dein Geist unrein und Du fällst ihm zum Opfer. Deswegen schau nie nach dem anderen Geschlecht. Rede nie in vertrauter Weise mit ihnen. Werde nie mit ihnen vertraulich.

Lustvolle Blicke, wollüstiges Denken und feuchte Träume sind Mißerfolge, Brüche des Zölibats. Sei keusch in deinen Blicken. Sei keusch in deinen Gedanken. Sei keusch in deinen

Worten. Sieh die Mutter in allen Frauen. Pflege erhabene, göttliche Gedanken. Wiederhole den Namen Gottes und meditiere regelmäßig. Dann wirst Du fest im Zölibat wurzeln.

Es gibt vier Vorgänge in der Praxis von Brahmacharya. Zuerst *beherrsche* den Geschlechtsimpuls und die geschlechtlichen Vasanas. Dann übe das *Bewahren* der Sexualenergie. Schließe alle Öffnungen, durch die Energie nach außen dringen kann. Dann *lenke* die bewahrte Energie in die richtigen, geistigen Kanäle durch Japa, Kirtan, selbstloses Dienen, Pranayama, Studium, Wachsamkeit, Selbstanalyse, innere Einkehr und Vichara. Dann *verwandle* oder sublimiere die Sexualenergie. Laß sie zu Ojas oder Brahma-Tejas werden durch fortgesetzte Meditation oder Brahma-Chintana.

Die Gefahr einer Reaktion

Du mußt Dich sehr vor der Reaktion in acht nehmen. Die Sinne, auf die für einige Monate oder für ein, zwei Jahre Druck ausgeübt wird, werden rebellieren, wenn Du nicht allzeit wachsam und vorsichtig bist. Sie revoltieren und werfen Dich aus der Bahn, wenn sich Gelegenheiten dazu bieten. Es gibt Menschen, die für ein oder zwei Jahre Brahmacharya halten, dann noch leidenschaftlicher werden und am Ende die Energie erheblich verschwenden. Es gibt auch welche, die zu unbelehrbaren, unmoralischen Nervenbündeln werden.

Man darf nicht der Täuschung unterliegen, die Lust wäre völlig entwurzelt, wenn man die Ernährung ein bißchen anpaßt, Pranayama praktiziert und ein wenig Japa macht, und daß damit alles getan wäre. Die Versuchung, Mara, kann Dich in jedem Moment überkommen. Ewige Wachsamkeit und kompromißloses Sadhana sind sehr wesentlich.

Es ist vielleicht möglich, für Monate und Jahre keinen Geschlechtsverkehr zu haben, es darf aber auch keine sexuelle Sehnsucht und kein sexuelles Verlangen nach Frauen mehr bestehen. Es dürfen auch keine schlechten Gedanken auftauchen, wenn man eine Dame ansieht oder sich in Gesellschaft von Damen befindet.

Der Zustand geistigen Brahmacharyas muß selbst unter Versuchungen und Krankheit aufrecht erhalten werden. Nur dann bist Du sicher. Die Sinne fangen in Zeiten des Leidens an zu revoltieren und auch dann, wenn man mit Sinnesobjekten in Kontakt kommt.

Man kann nicht mit begrenztem Einsatz vollkommenes Brahmacharya erreichen. Genauso wie ein Maschinengewehr notwendig ist, um einen mächtigen Feind zu töten, ist auch beständiges, strenges und kraftvolles Sadhana notwendig, um diesen mächtigen Feind, die Lust, zu eliminieren. Du darfst wegen deines kleinen Erfolgs im Zölibat nicht vor Stolz gebläht sein. Wenn Du auf die Probe gestellt wirst, wirst Du hoffnungslos versagen. Du mußt Dir deiner Unzulänglichkeiten immer bewußt sein und unaufhörlich bemüht sein, Dich ihrer zu entledigen. Die höchste Anstrengung ist notwendig. Nur dann wirst Du vollen Erfolg in dieser Richtung haben.

Brahman

Brahman ist ein großes Geheimnis; und trotzdem ist Es die einfache, simple Wahrheit. Brahman ist die Seele unserer Seelen. Es ist unser wahres Selbst. Es ist der innere Lenker. Es ist das Innewohnende. Brahman ist der Lenker der Welt. Es ist das höchste Selbst. Es ist der Herr. Es ist unveränderlich. Es ist das kosmische Wesen. Es ist das Selbst des Universums. Es ist das große Ziel des Wissens. Es ist die höchste Zuflucht.

Das Wort *Brahman* stammt aus der Wurzel *Brimh*, was anschwellen bedeutet, groß werden, den Raum durchdringen, vollständig und vollkommen sein.

Es gibt eine bleibende Realität inmitten der Veränderung. Diese bleibende Realität ist Brahman, das Absolute. Brahman ist die Kette und der Schuß am Gewebe dieses Universums.

Der riesige Ozean schmeckt nur nach Salz. Genauso hat auch die ganze Welt nur einen Geschmack, den Geschmack des Atman.

Alle Musiknoten, egal ob sie auf einer Trommel oder auf einem Saiteninstrument angeschlagen werden, sind nichts weiter als Klangschwingungen. Ebenso ist alles, was man im Schlaf- oder Wachzustand sieht, nichts als Bewußtsein; und Bewußtsein ist Atman oder Brahman.

Brahman ist unendliche Intelligenz. Es ist eine Fülle von Wonnebewußtsein. Sein Name ist Sat-Chid-Ananda. Sein Sitz ist reines Bewußtsein. Seine Sprache ist das Schweigen. Sei still. Es spricht. Sprich. Es ist stumm. Du kannst Es nicht festhalten.

Der Ozean kann nur mit dem Ozean allein verglichen werden. Akasa kann nur mit Akasa verglichen werden. Genauso kann Brahman, das Absolute, nur mit Brahman allein verglichen werden.

Eine verbale Antwort betreffend das Absolute ist eine Illusion. Das Absolute liegt jenseits von Sprache und Geist.

Brahman übersteigt Zeit, Raum und Ursächlichkeit

Brahman kann nicht nachgewiesen werden. Es besteht vor dem Akt des Nachweisens. Es ist die Grundlage des Beweises. Es beweist sich aus sich selbst.

Brahman, das Absolute, ist die Ursache von allem, ist Selbst aber ohne Ursache. Es ist der Ursprung der gesamten Schöpfung.

Brahman, das Ewige, ist jenseits von Zeit, Raum und Ursächlichkeit. Zeit wird durch die Abfolge von Ereignissen verursacht. Sie ist eine Schöpfung des Geistes. Wie kann es in der Ewigkeit Zeit geben ? Raum ist der Abstand zwischen zwei Objekten. Wie kann es Raum geben, wenn Du das Selbst überall fühlst und wahrnimmst. In dieser Welt hat alles eine Ursache. Der Samen ist die Ursache für den Baum, usw. Wie kann es eine Ursache für Brahman geben, das die Ursache ohne Ursache ist, in sich selbst existiert und nicht die Folge von irgend etwas ist?

Die Lehre von Neti-Neti

Brahman kann nicht wirklich beschrieben werden. Es kann nur durch 'Neti, Neti', 'Nicht dies, nicht das' beschrieben werden. Das, was weder wie dieses noch wie jenes ist, ist Brahman, das Ewige.

Durch die Lehre von 'Neti, Neti' können alle Namen und Formen negiert oder verneint werden, aber man kann nicht Brahman, das Absolute, das Substrat, auslöschen. Das, was nach der Verneinung oder Negation zurückbleibt, Sesha, ist Brahman, das Ewige.

Es gibt in dieser Welt nichts außer dem Selbst, dem Atman. Alles ist allein Brahman »Ich, du, er, dies, hier, dort, jetzt, dann« hat alles keine wirkliche Bedeutung.

Atman ist die Essenz von allem

Atman, das Selbst, ist nicht anderswo. Es ist dein eigenes innerstes Selbst.

Kleiner als klein und größer als groß ist der Atman, der im Herzen wohnt. Er ist die Seele der Ameise. Er ist die Seele des Elefanten. Er ist die Seele des Universums. Er ist auch die Überseele. Er ist die Seele des Sünders und auch des Heiligen. Er ist die Seele der Seele; er ist die höchste Seele. Er ist der höchste Purusha. Er ist Chaitanya.

Der Wissende und das Gewußte sind eins. Gott und ich sind eins im Wissen. Der Jiva und Brahman sind im Wesen eins. Die Seele einer Katze und einer Ratte sind eins. Das Wesen der Sonne und des Mondes ist eins. Es gibt nur die eine homogene Essenz in allen Formen. Diese Essenz ist das Absolute, das Unsterbliche. Diese Essenz ist Atman, Brahman, das Unendliche.

Brahman ist formlos. Bewußtsein ist formlos. Wonne ist formlos. Frieden ist formlos.

Das Substrat hinter allen Namen und Formen

In der sichtbaren Welt von Namen und Formen sind Farbe, Gestalt, Größe und Klänge notwendig, um Dinge zu unterscheiden; aber Brahman ist eine einheitliche Essenz von Wonne, Frieden und Weisheit. Es hat keine Teile und ist unteilbar. Es ist überall dasselbe. Es ist unendlich und bewegungslos; und so ist Es auch farblos, formlos und gestaltlos.

Brahman ist formlos inmitten aller Formen. Es ist körperlos inmitten aller Körper. Er ist namenlos inmitten aller Namen.

Die Leinwand ist das Substrat. Diverse Bilder sind nichts als Farben. Es gibt keine Bilder unabhängig von der Leinwand. Es gibt getrennt von der Filmleinwand keinen Film.

Brahman, das Ewige, ist das Substrat. Namen und Formen werden auf die Leinwand Brahmans gemalt. Es gibt nichts unabhängig von Brahman.

Vor Dir ist ein Tuch. Ein Tuch ist nichts als Fäden. Tuch ist nur ein Name. Es gibt kein Tuch unabhängig vom Faden. Wenn Du die Fäden entfernst, verschwindet das Tuch. Der Faden ist nur Baumwolle. Wenn Du die Fäden verbrennst, werden sie alle zu Asche. Tuch, Faden, Baumwolle und Asche existieren. Sein ist der Sat-Aspekt von Brahman. Sie alle strahlen. Das ist der Chid-Aspekt von Brahman. Du liebst ein Tuch, einen Faden oder Baumwolle. Das ist der Ananda-Aspekt, der Wonneaspekt, von Brahman. Sat-Chid-Ananda ist die einzige Wahrheit. Tuch, Faden und Baumwolle sind falscher Schein. Namen und Formen sind Illusion.

Brahman, das Absolute, ist eins, vollkommen und alldurchdringend. Es geht durch alle Namen und Formen. Es ist allumfassend. Es enthält in sich dieses gesamte Universum. Es ist das innere Licht, reines Bewußtsein.

Die Natur reinen Bewußtseins

Reines Bewußtsein ist reines Erkennen. Es gibt dabei weder Denken noch Wahrnehmung. Es gibt dabei weder 'innen' noch 'außen'. Es ist eine homogene Essenz von Sein und Wonne. Das Erkennen von Tom oder von John kann nicht verschieden sein. Es ist eins.

Unterschiede gibt es nur bei Gegenständen, die im Raum bestehen. In reiner Erkenntnis gibt es weder Raum noch Zeit. Reines Bewußtsein ist unendlich, unveränderlich, jenseits von Ursache und Wirkung und jenseits von Gut und Böse. Es ist wunschlos und dadurch vollkommen, rein und frei. Reines Bewußtsein ist ewig.

Reines Bewußtsein ist weder physisches noch mentales Bewußtsein. Es ist das absolute Bewußtsein, von dem physisches und mentales Bewußtsein abhängen.

Es gibt kein Denken in reinem Bewußtsein. Dessen ist man sich kaum bewußt. Die Sinne arbeiten nicht im reinen Bewußtsein. Man sieht nicht und hört nicht. Es gibt keine Wahrnehmung. Es ist eine Fülle von Weisheit. Es ist Bhuma, das Unendliche, wo es weder einen Sehenden noch einen Wissenden gibt. Es ist eben das Ding selbst. Es ist reines Selbst-Bewußtsein, das Sinne, Geist und Verstand nicht erreichen. Das Ichgefühl ist hier völlig tot. Bewußtsein von Brahman strahlt aus sich selbst, in seiner eigenen ursprünglichen Herrlichkeit.

Turya, der vierte Zustand

Es gibt drei Bewußtseinszustände, Wachen, Träumen und Tiefschlaf. Es gibt ein gemeinsames höchstes Bewußtsein, das die drei Bewußtseinszustände miteinander verbindet und die Grundlage dieser drei Zustände ist. Das ist der Grund, warum man sich beim Erwachen der Wonne des Tiefschlafes erinnert. Dieses verbindende, immerwährende, ewige Bewußtsein ist Brahman, Turiya, der vierte Zustand, reines, absolutes Bewußtsein. Ansonsten wären der Schlafende, der Träumende und der Wachende verschiedene Menschen.

Der Wachzustand verschwindet während des Traumzustandes. Beim Aufwachen gibt es diesen Traumzustand nicht mehr. Im Tiefschlaf gibt es weder Wachzustand noch Traumzustand. Daraus folgt, daß diese Zustände Illusion sind. Sat oder Brahman besteht immer. Der eine verbindende Zustand dieser drei Zustände, nämlich Turiya, besteht immer als den dreien zugrundeliegend. Der Turiyazustand ist die einzige Wirklichkeit. Er ist der stumme Zeuge dieser drei Zustände. Er ist anders als die drei Zustände. Turiya ist Brahman, das Absolute.

Geist und Brahman

Das Absolute ist immer das beobachtende Subjekt. Es kann nie zum Objekt der Wahrnehmung werden. Würde der Atman zum Objekt der Wahrnehmung, würde er zu etwas Vergänglichem. Atman ist immer der Wissende, Erfahrende und Beobachtende.

Der Geist kann nur äußere Objekte wahrnehmen. Wie kann der Geist den Wissenden erfahren? Man kann nicht auf seine eigenen Schultern springen. Feuer kann sich nicht selbst verbrennen.

Brahman ist die Ursache. Der Geist ist die Wirkung. Brahman ist unendlich. Der Geist ist endlich. Wie kann die Wirkung ihre Ursache wahrnehmen? Wie kann ein Teil das Ganze kennen? Wie kann das Endliche das Unendliche kennen?

Buchwissen und Verwirklichung

Man kann Brahman, das Absolute, nicht durch das begrenzte Instrument, den Verstand, erkennen. Der Verstand nimmt seine Kraft und sein Licht von seiner Quelle, Brahman, der höchsten Seele. Der Verstand kann nur die Natur und die Eigenschaften, Farbe, Form, usw. erkennen. Er kann jedoch nicht den Wissenden erkennen. Intellektuelles Begreifen der Natur

Brahmans, bloßes Studium der Upanishaden oder theoretisches Wissen von Brahman kann nicht Selbstverwirklichung oder Freiheit geben. Der Verstand und die Sinne müssen aufhören zu arbeiten. Das Ego muß im Ozean der Wonne aufgehen. Die individuelle Seele muß sich mit der höchsten Seele vereinen. Nur dann erreicht der Aspirant die Errettung.

Brahman, das Absolute, kann nicht erreicht werden wie ein Dorf. Das Dorf liegt außerhalb; Brahman aber ist allgegenwärtig. Es ist überall. Es ist unser innerstes Selbst, Atman. Der Geist geht auf in Brahman. Die individuelle Seele wird eins mit der höchsten Seele, dem Absoluten, so wie der Tropfen eins wird mit dem Ozean.

Das Einssein von Jiva und Brahman

Die individuelle Seele und die höchste Seele sind im wesentlichen ein und dasselbe. Das ist die grundlegende Lehre der Vedanta. Diese Auffassung ist auf den ersten Blick nicht leicht zu begreifen. Maya, die verhüllende Kraft Gottes, verdeckt die wahre Natur des höchsten Selbst und läßt einen Teil davon als individuelle Seele, Jiva, erscheinen. Aber dieser Zustand ist nicht wirklich. Es hat keine wirkliche Veränderung stattgefunden. Es handelt sich nur um eine Erscheinungsform. Das ist ein großes Mysterium.

Ein Funke ist nichts anderes als Feuer. Eine Welle ist nichts anderes als Wasser. Ein Ring oder ein Armband ist nichts anderes als Gold. Ein Prinz ist nichts anderes als ein zukünftiger König. Genauso ist Jiva, das Individuum, nichts anderes als Para Brahman, das Absolute.

Du bist in Wahrheit eine Fülle von Weisheit. Aber Du denkst und fühlst: »Ich bin unwissend«. Das ist auf Avidya zurückzuführen. Du bist in Wahrheit das Schönste vom Schönen. Du verleihst allen Formen Schönheit. Du läßt Sonne, Mond und Sterne erstrahlen, aber Du fühlst Dich von eine wenig Farbe angezogen. Du wurdest zum Sklaven der physischen Form. Was für ein trauriger, beklagenswerter Zustand! Du bist in Wahrheit ein Kaiser unter Kaisern, aber Du wurdest zum Bettler aufgrund diverser Wünsche. Du bist in Wahrheit das Unendliche, aber Du fühlst: »Ich bin ein Meter fünfundsiebzig groß,«, weil Du Dich mit dem Körper identifizierst. In Wahrheit gehst Du über die Zeit hinaus. Du bist Ewigkeit, aber Du sagst: »Ich bin dreißig Jahre alt«. In Wahrheit gibt es für Dich keinen Tod. Gott Yama hat schreckliche Angst vor dir. Er läuft hierhin und dorthin, um deine Befehle auszuführen. Aber Du fürchtest Dich vor dem Tod. Erhebe Dich über alle Begrenzungen und erkenne: »Ich bin das unendliche Brahman.«

Erfülle deinen Geist mit Gedanken an Brahman. Denke über Brahman nach. Reflektiere über Brahman. Meditiere über Brahman. Sei nur Brahman ergeben. Suche Zuflucht in Brahman. Sprich immer mit Suchenden über Brahman. Gehe auf in Brahman. Verwurzle Dich in Brahman. Laß Geist und Prana in Brahman aufgehen. Das ist Brahmabhyasa, Jnanabhyasa, Brahma-Chintana, Vedanta Sadhana.

Buddhismus

Der Buddhismus wurde von Gautama Sakya Muni, dem rebellischen Kind des Hinduismus, gegründet. Er entsprang direkt dem Hinduismus. Buddha hatte nie vor, eine neue Religion zu gründen. Er machte keine neue Entdeckung. Er verkündete nur die alte und reine Form der Religion, die bei den Hindus vorherrschte.

Die reine und edle Religion der Veden und Upanishaden war zu leblosen Formen degeneriert, zu bedeutungslosen Riten und Zeremonien. Die Brahmanen verlangten Verehrung nur aufgrund ihrer Geburt. Sie vernachläßigten das Studium der Veden und die Ausübung von Tugenden. Die Brahmanen wurden mit ungerechtfertigter Nachsicht behandelt und die Sudras mit ungerechtfertigter Strenge. Um den Genuß von Fleisch durch die Religion zu sanktionieren, wurden Tiere geschlachtet und in Yajnas geopfert. In einem derartigen Zustand befand sich die Gesellschaft, als der Buddha kam. Sein sanftes und liebevolles Herz konnte es nicht ertragen, daß soviel unschuldiges Blut im heiligen Namen der Religion vergossen wurde.

Buddha erklärte, daß die Stellung eines Menschen in der Gesellschaft durch seine Verdienste und nicht durch seine Geburt bestimmt wird. Die verfolgten Sudras schloßen sich ihm in großer Zahl an. Er widmete seine Energie und Zeit der Abschaffung aller Kastenunterschiede und Opfer, in denen Tiere geschlachtet wurden. Wäre Buddha zu einer Zeit geboren worden, als diese Übel noch nicht bestanden, hätte er wenig Eindruck gemacht. Es hätte keinen Anlaß für seine Reformen gegeben. Da er aber zu einer Zeit lebte, als diese beiden Übel bestanden, zog er natürlich eine große Menge von Anhängern an und wurde unbewußt zum Gründer eines neuen Glaubens.

Buddhismus ist nicht Agnostizismus

Buddha kam in diese Welt, um den Pfad der Rechtschaffenheit zu zeigen, den Pfad des Irrtums zu vernichten und um Leid auszumerzen. Buddhismus ist nicht Agnostizismus oder Atheismus. Buddhismus ist nicht Nihilismus. Buddha verleugnete Gott nicht. Er sagte nur: »Befasse Dich nicht mit Fragen wie 'Gibt es einen Gott`, `Existiere ich` oder `Ist diese Welt Wirklichkeit oder nicht?`. Vergeude nicht deine Zeit mit zwecklosen Diskussionen. Werde ein religiöser Mensch in der Praxis. Reinige dein Herz. Beherrsche den Geist. Führe ein tugendhaftes Leben. Dann wirst Du Nirvana, die ewige Wonne, erreichen.«

Buddha des Atheismus oder Agnostizismus zu zeihen ist schlichte Dummheit. Buddha fand keinen Sinn in methaphysischen Spekulationen. Er lehnte es ab, sich mit Methaphysik auseinanderzusetzen. Gibt es einen Gott oder gibt es keinen Gott ? Ist das Leben ewig oder nicht ewig ? Diese Fragen wurde beiseite gelassen, da sie zum Erreichen von Nirvana nicht von Belang waren. Das unmittelbare große Problem Buddhas war das Leiden und die Beseitigung des Leidens. Er verlangte von seinen Anhängern, sich nicht mit transzendentalen Fragen auseinanderzusetzen. Er schaffte all das beiseite, was keine Hilfe bei der Erlangung des Zieles darstellte. Er hielt es für klug, seinen Anhängern einen Weg zu zeigen und nicht einen Glauben. Er hielt die Spekulation über die Natur der letzten Wahrheit für eine unnütze Komplikation auf dem Pfade der Wahrheit und des spirituellen Strebens. Das Wesentliche und Grundlegende ist nicht die Diskussion über die letzte Wahrheit, sondern das Beschreiten eines Pfades, der den Mensch aus dieser Welt des Elends und des Leidens hinausführt zum höchsten Sitz ewiger Wonne und zu Unsterblichkeit. Die Natur der höchsten Wahrheit reicht über Geist und Sprache hinaus. Wenn Buddha es ablehnte, die Natur des Absoluten zu definieren, oder wenn er sich auf negative Definitionen beschränkte, geschah das nur, um zu zeigen, daß das Absolute und Höchste über jeder Definition steht.

Der Weg des Selbstvertrauens

Der Buddhismus ist die Religion ernsten und unverzagten Bemühens. Buddha verlangt Glauben an das eigene Selbst, an die eigenen verborgenen Kräfte. Ohne diesen Glauben kann man nichts erreichen. Die ersten Worte Buddhas nach seiner Erleuchtung waren: »Die Tore der Unsterblichkeit stehen weit offen. Ihr, die Ihr Ohren habt zu hören, laßt eurem Glauben freien Lauf.«

Buddha verlangte nicht von seinen Anhängern, seinen Worten zu glauben, sondern sie zu verstehen und sie dazu zu verwenden, selbst zu fragen und Erfahrungen zu machen. Er sagte, daß die Erfahrung nur von dem Menschen gemacht werden kann, der den Pfad der Tugend, der Frömmigkeit und der Selbstdisziplin beschreitet. Er sagte zu den Kalamas: »Akzeptiert nicht, was Euch andere berichten. Akzeptiert nicht Tradition, denn sie ist alt und über viele Generationen überliefert worden. Schließt nicht übereilt, daß es so sein muß. Akzeptiert nicht Behauptungen, daß etwas so sein muß, weil es so in unseren Büchern steht, aufgrund der Annahme, daß es akzeptabel ist, oder weil es eure Priester oder Lehrer so sagen. Alles das, was Euch aufgrund eurer eigenen Erfahrung und nach genauer Überprüfung vernüftig erscheint und zum Wohle und zum Besten für andere Wesen ist, das nehmt als wahr an und gestaltet euer Leben dementsprechend.«

Dieser Ansicht sind auch Freidenker und Rationalisten. Aber das wird den Suchern nicht helfen, das Ziel zu erreichen. Der Verstand ist begrenzt. Er hat seine Beschränkungen. Die Upanishaden sagen klar, daß man Selbstverwirklichung durch die Hilfe eines wunderbaren Lehrers erreichen kann, eines Brahma-Sroti und Brahma-Nishtha, der die theoretische Kenntnis der Schriften hat und auch die direkte Kenntnis der höchsten Wahrheit, Brahmans.

Buddha, der Apostel von Ahimsa und Liebe

Buddha war der gütigste und humanitärste Mensch, den diese Welt je hervorbrachte. Er ist einzigartig. Güte und Menschenliebe sind die Grundlage aller religiösen Bewegungen der Welt; aber die Güte und der humanitäre Geist und das humanitäre Wirken Buddhas stehen einzigartig in der religiösen Geschichte dieser Welt da.

Buddha gab sein Königreich auf, ging um Brot bettelnd durch die Straßen Indiens und predigte zum Wohle von Menschen und Tieren. Sein Herz war so weit wie der Himmel oder der Ozean. Er wollte nicht den Himmel. Er wollte nicht Geld oder den Thron. Was für ein erhabener und selbstloser Yogi er war ! Er war der einzige Mensch, der bereit war, sein Leben für Tiere herzugeben, um ein Opfer anzuhalten. Er sagte einmal zu einem König: »Wenn das Opfern eines Lammes Dir helfen sollte, in den Himmel zu kommen, dann wird Dir das Opfern eines Menschen noch mehr helfen. Deshalb opfere mich.« Er hinterließ auf dieser Welt einen unauslöschlichen Eindruck durch sein außergewöhnliches Opfer, seine große Entsagung und die Reinheit seines Lebens.

Viele Rishis und Propheten haben die Lehre von Liebe und Ahimsa gepredigt, aber nie in der gesamten Geschichte des ethischen Denkens dieser Welt gab es eine größere Betonung des Prinzips von Ahimsa und Liebe als dies durch Buddha geschehen ist. Niemand hat die Lehre von Ahimsa und universeller Liebe weiter verbreitet als Buddha. Niemand hat wie Buddha diese zwei Tugenden von Liebe und Ahimsa geübt. Niemand besaß ein so weiches, gütiges und mitfühlendes Herz, wie Buddha. Deshalb lebt er auch heute noch im Herzen von Millionen von Menschen. Sein Herz schluchzte und schmolz, wenn er auch nur ein wenig Leid bei einer Ameise, einem Wurm oder einem Hund sah. Er gab in einer früheren Geburt seinen Körper als Nahrung für ein hungriges wildes Tier. Verschiedene Handlungen der Güte, die er in früheren Leben vollbracht hatte, machten aus ihm den Buddha in seiner letzten Geburt.

Nicht ein einziger Tropfen Blut wurde je vergossen im Namen des Buddhismus. Religiöse Verfolgung ist im Buddhismus unbekannt. Man schätzt, daß heutzutage mehr als ein Drittel der Weltbevölkerung Buddhisten sind. Der Buddhismus verbreitete sich durch den Geist starker Gnade. Die Geschichte des Buddhismus berichtet nicht über große Kriege, die in seinem Namen geführt wurden, oder über besiegte Länder. Er hat immer friedvolle Methoden angewandt, um seine Lehren zu verbreiten. Toleranz und Gelassenheit charakterisieren den buddhistischen Glauben.

Der Edle Achtfache Pfad

Die Lehre Buddhas ist einfach und doch wunderbar tief. Buddha analysierte alle Erfahrungen und den Weltenlauf, wie sie uns allen erscheinen, mit einem wissenschaftlich denkenden Geist. Er stellte fest, daß alles veränderlich, wechselhaft und unbeständig ist. Es gibt überall im Leben Leid, Unstimmigkeit, Zwist und Unzufriedenheit, durch die Unbeständigkeit der Dinge, die uns umgeben. Diese allgemeine Erfahrung von Leid oder Duhkha ist der Ausgangspunkt im Denken Buddhas. Buddha lehrte nicht Pessimismus. Er war ein wunderbarer Optimist. Er hob besonders hervor, daß es einen Ausweg gibt aus diesem Leid und einen Himmel ewiger Wonne, der für jedermann erreichbar ist.

Die vier Hauptwahrheiten oder Prinzipien, die Buddha lehrte, sind: in dieser Welt gibt es Leid; die Ursache des Leides ist Tanha, die Begierde; das Verlöschen der Begierde führt zum Aufhören des Leides; und dieses Verlöschen der Begierde kann durch den Edlen Achtfachen Pfad erreicht werden.

Der Edle Achtfache Pfad besteht aus dem Üben des rechten Glaubens; dem rechten Verstehen und den rechten Ansichten; dem rechten Streben; dem rechten Sprechen; dem rechten Verhalten und rechten Handeln; dem rechten Leben und den rechten Mitteln des Lebensunterhalts; dem rechten Bemühen; der rechten Achtsamkeit oder Aufmerksamkeit; und der rechten Konzentration und Meditation.

Das sind die acht Stufen der von Buddha dargestellten Lebensweise, die jegliches Leid ausmerzt und zur Erreichung von Nirvana, Befreiung, führt. Der Edle Achtfache Pfad vernichtet Lust, Zorn, Gier, Bosheit und andere Übel und reinigt das Herz. Dann dämmert Bodhi, die Erleuchtung, die vollkommenen ewigen Frieden schenkt und ewige Wonne und Unsterblichkeit gewährt.

Die Bedeutung von Nirvana

Die Religion Buddhas ist ein Weg zur Glückseligkeit von Nirvana. Sie ist ein Weg und nicht ein Glaube. Sie ist ein Schema spiritueller Entwicklung und nicht eine Zusammenstellung von Doktrinen.

Das Wort 'Nirvana' heißt wörtlich 'hinausgehen'. Es bedeutet eine geistige Erfahrung voll Frieden und Wonne, die dadurch charakterisiert wird, daß die drei Feuer der Lust, der Bosheit und der Trägheit aus dem Herzen 'hinausgehen'.

Nirvana ist äußerstes Verlöschen. Nirvana ist das Beseitigen von allem Niedrigen in uns.

Die Welt von heute braucht Buddhas Lehre sehr dringend. Überall sehen wir Vorbereitungen zur Vernichtung der menschlichen Rasse und ihrer Kultur. Die Furcht vor der Atombombe verursacht überall Unruhe. Wissenschafter und Diktatoren haben weder Ruhe noch Frieden. Unter den Führern der Nationen herrscht Mißtrauen. Bosheit, Haß und Voreingenommenheit sind derart angewachsen, daß die Struktur der menschlichen Zivilisation an sich zusammenzubrechen droht. Der einzige große Ehrgeiz aller Nationen ist es, mehr Atombomben zu besitzen. Wissenschafter arbeiten Tag und Nacht in Laboratorien, um zur Vernichtung von Menschen so viel Atomenergie wie möglich zu erzeugen. Was für eine schreckliche Lage! Es ist wirklich schockierend. Die einzige Möglichkeit, wie die Welt gerettet werden kann, ist die Rückkehr zu den großen Prinzipien von Ahimsa und Maitri, wie sie Buddha und Maharishi Patanjali lehrten. Haß kann nie durch Haß geheilt werden. Er kann nur durch Liebe geheilt werden. Das ist eine Lektion, die die Welt immer wieder lernen muß. Lege nun ein feierliches Gelübde ab, daß Du dem Haß mit Liebe begegnen wirst und der Bosheit mit Güte. Das ist der beste Weg, um dem großen Weisen Buddha, dem Apostel von Liebe und Ahimsa, dem Erlöser der Welt, dem Avatar Gott Vishnus, unseren Respekt zu erweisen.

Christentum

Das Christentum hat seinen Namen von Christus. Das Christentum spricht von einem persönlichen Gott. Es gibt im Christentum nicht viel tiefe Philosophie oder Yoga Sadhana. Das hat seinen Grund. Jesus hatte es mit ungebildeten Fischern aus Galilea zu tun. Er gab ihnen nur moralische Anweisungen und zeigte ihnen den Weg eines rechtschaffenen Lebens.

Das Christentum basiert hauptsächlich auf dem Judaismus und zum Teil auf dem Buddhismus. Die Lehre der christlichen Religion ist vollständig aus dem Judentum entnommen. Jesus sagte nie, er würde den Judaismus abschaffen und eine eigene neue Religion begründen. Er sagte: »Glaubt nicht, ich sei gekommen, um das Gesetz oder die Propheten abzuschaffen. Ich bin nicht gekommen, um zu zerstören, sondern um zu erfüllen. Denn wahrlich ich sage euch: 'Solange Himmel und Erde bestehen, soll nicht ein einziges Jota und nicht ein einziger Buchstabe des Gesetzes vergehen, bis alles erfüllt worden ist.' Daher wird jeder, der das kleinste Gesetz bricht oder andere dazu verleitet, der Geringste im Königreich des Himmels genannt werden; wer aber danach lebt und sie lehrt, wird im Königreich des Himmels groß genannt werden.«

Der christliche Glauben entsprang der Weisheit Indiens und überdeckte den alten Stamm des Judentums. Der Buddhismus war in Palästina vorherrschend, als Christus geboren wurde. Christus selbst kam damit durch Johannes den Täufer in Berührung. Es besteht eine auffallende Ähnlichkeit zwischen Buddhismus und Christentum in ihren Geboten, in ihren Formen und Zeremonien, in der Architektur ihrer Tempel und sogar in den Lebensgeschichten ihrer Begründer.

Die Dogmen oder metaphysischen Lehren des Christentums sind dieselben wie die des Judentums, aber seine moralischen Gebote sind viel erhabener und edler als die der jüdischen Propheten. Das Christentum verdankt dem Buddhismus diese höhere Moral, die es vom Judaismus unterscheidet. Die Moralgebote und Lehren des Buddhismus haben viel mit denen des Christentums gemeinsam. Christus selbst lehrte keine Dogmen.

Die Lehre von Jesus, die in erster Linie eine ethische ist, ist in der Bergpredigt enthalten, im »Vater Unse« und in bestimmten Gleichnissen, wie dem Gleichnis vom 'Barmherzigen Samariter', vom 'Verlorenen Sohn' und vom 'Schaf und den Ziegen'.

Philosophie und Lehre

Das Christentum ist im wesentlichen ein leuchtender Weg des Lebens, ein Weg glücklichen und siegreichen Lebens in dieser Welt. Jesus erstaunte die Menschen durch seinen Einblick, wenn er mit den religiösen Führern seiner Zeit über Religion sprach. Drei Jahre lang erklärte er seinen Anspruch auf den »einzigen Sohn Gottes« und belehrte die Menschen über das Wesen seines »Vaters«, Gottes, und die wahren Wege menschlichen Lebens in Form der Bergpredigt, usw. Jesus Christus wurde »Das große Vorbild« genannt. Er erklärte das wahre Wesen Gottes, des Menschen und der Welt, in der er lebte. Er lehrte die Menschen, ihre Art und Weise, die Dinge zu betrachten, zu ändern. Er sagte ihnen, daß sie erkennen würden, daß die Welt, in der sie leben, das Reich Gottes ist, wenn sie die Sicht in ihrem Leben vom materialistischen zum spirituellen Aspekt hin verändern.

Er hat keine schriftlichen Aufzeichnungen seiner wichtigen Lehren hinterlassen. Er verkündete seine gesamte Lehre mündlich. Weder er noch seine Anhänger schrieben auch nur ein einziges Wort, das von ihm gesprochen wurde, zu seinen Lebzeiten nieder.

Seine Worte wurden mißverstanden, falsch kommentiert, abgeändert, verformt und übertragen, und trotzdem haben sie fast zweitausend Jahre überdauert, da sie sehr mächtig waren und aus dem Herzen eines verwirklichten Yogi kamen.

Hier ist der Kern der Lehren Jesu: Gott ist Geist. Er ist allgegenwärtig. Er liebt seine Geschöpfe mit unendlicher Liebe. Er ist der Vater aller. Gott ist in der Welt enthalten. Er ist auch transzendent. Er sandte Seinen Sohn Jesus Christus in die Welt, damit er den Weg zur Erlangung von Unsterblichkeit zeige.

Die theologische Doktrin von Jesus ist der Glaube an die Vaterschaft Gottes und die Bruderschaft des Menschen. In der Göttlichkeit sind drei Personen vereinigt, Vater, Sohn und Heiliger Geist. Dies ist die Dreifaltigkeit der Christen. Alle Menschen sind Brüder, da sie alle der Familie Gottes angehören. Wenn die Lehre Christi in die Tat umgesetzt wird, gibt es keinen Krieg.

Hier ist der Kern seiner Bergpredigt:
Selig sind die Armen im Geist; denn ihrer ist das Himmelreich.
Selig sind die Trauernden; denn sie werden getröstet werden.
Selig sind die Sanftmütigen; denn sie werden die Erde erben.
Selig sind die, die hungern und dürsten nach Gerechtigkeit;
denn sie werden erfüllt werden.
Selig sind die Barmherzigen; denn sie werden Gnade finden.
Selig sind die, die reinen Herzens sind; denn sie werden Gott schauen.
Selig sind die Friedensstifter; denn sie werden Söhne Gottes genannt werden.

Innere Reinheit, Sanftmut, Bereitschaft zur Vergebung, das Vergelten von Bösem mit Gutem - all das sind die Charakteristika des Christentums. Der Mensch lebt nicht von Brot allein, sondern durch jedes Wort, das aus dem Munde Gottes kommt.

Jesus legte große Betonung auf die Liebe zu Gott, die Liebe zu den Mitmenschen und zum Gesetz. Der Glaube an Gott ist die zentrale Lehre von Jesus.

Devi

Devi, Maheshvari oder Parashakti ist die höchste Shakti, die Kraft des höchsten Wesens. Als Vishnu und Mahadeva diverse Asuras vernichteten, stand die Kraft Devis hinter ihnen. Devi nahm Brahma, Vishnu und Rudra und gab ihnen die nötige Shakti, um das Werk der Schöpfung, Erhaltung und Vernichtung auszuführen.

Devi ist die Schöpferin des Universums. Sie ist die Universelle Mutter. Durga, Kali, Bhagvati, Bhavani, Ambal, Ambika, Jagadamba, Kamesvari, Ganga, Uma, Chandi, Chamundi, Lalita, Gauri, Kundalini, Tara, Rajesvari, Tripurasundari, usw., sind alles Ihre Gestalten. Sie wird während der neun Tage des Dusserah als Durga, Lakshmi und Sarasvati verehrt.

Devi ist die Mutter aller. Die Frommen und die Bösen, die Reichen und die Armen, der Heilige und der Sünder - sie alle sind Ihre Kinder.

Devi oder Shakti ist die Mutter der Natur. Sie ist Natur selbst. Die ganze Welt ist ihr Körper. Berge sind Ihre Knochen. Flüsse sind Ihre Venen. Der Ozean ist Ihre Blase. Sonne und Mond sind Ihre Augen. Der Wind ist Ihr Atem. Agni ist Ihr Mund. Sie macht, daß die Welt sich dreht.

Erscheinungsformen von Shakti

Shakti ist symbolisch weiblich; aber in Wahrheit ist sie weder männlich noch weiblich. Es ist nur eine Kraft, die sich in verschiedenen Gestalten zeigt.

Die fünf Elemente und ihre Verbindungen sind die äußeren Erscheinungsformen der Mutter. Klugheit, Unterscheidungskraft, Seelenstärke und Wille sind Ihre inneren Erscheinungsformen. Die Menschheit ist Ihre sichtbare Form.

Sie schlummert im Muladhara Chakra in Gestalt der Schlangenkraft, der aufgerollten Energie, die Kundalini Shakti genannt wird. Sie ist im Zentrum des Lebens des Universums. Sie ist die Urkraft des Lebens, die allem Sein zugrunde liegt. Sie belebt den Körper durch die Sushumna Nadi und die Nerven. Sie ernährt den Körper mit Lymphe und Blut. Sie belebt das Universum durch Ihre Energie. Sie ist die Energie der Sonne, der Duft der Blumen, die Schönheit der Landschaft, das Gayatri, die gesegnete Mutter der Veden, die Farbe im Regenbogen, die Klugheit im Geist, die Potenz in homöopathischen Heilmitteln, die Kraft in Makaradhvaja und Goldoxyd, der Wille und Vichara Shakti in Weisen, die Hingabe in Bhaktas, Samyama und Samadhi in Yogis. Vidya, Shanti, Lust, Zorn, Habsucht, Egoismus und Stolz sind auch Ihre Gestalten. Ihre Erscheinungsformen sind zahllos.

Shiva und Shakti

Der Höchste Herr wird dargestellt als Shiva und Seine Kraft wird dargestellt als Seine Gemahlin - Shakti, Durga oder Kali. Mutter Durga ist der Energieaspekt des Herrn. Ohne Durga hat Shiva keinen Ausdruck; und ohne Shiva hat Durga kein Sein. Shiva ist die Seele Durgas. Durga ist identisch mit Shiva. Gott Shiva ist nur der stumme Zeuge. Er ist bewegungslos, absolut unveränderlich. Er wird vom kosmischen Spiel nicht berührt. Durga macht alles.

Shiva ist allmächtig, unpersönlich, untätig. Er ist reines Bewußtsein. Shakti ist dynamisch. Die Kraft, der aktive Aspekt des immanenten Gottes ist Shakti. Shakti ist die Verkörperung der Kraft.

Shiva und Shakti werden auch Prakasa und Vimarsa genannt. Shakti oder Vimarsa ist die Kraft, die im reinen Bewußtsein verborgen ist. Vimarsa läßt die Welt der Vielfalt entstehen.

Mit anderen Worten, Shakti ist die Möglichkeit des Absoluten, als Vielfalt zu erscheinen, die Möglichkeit Gottes, die Welt entstehen zu lassen. Gott erschafft diese Welt durch Srishti-Shakti, erhält sie durch Sthiti-Shakti und zerstört sie durch Samhara-Shakti.

Es gibt keinen Unterschied zwischen Gott und Seiner Shakti, so wie es keinen Unterschied gibt zwischen dem Feuer und seiner brennenden Kraft. Shakti steckt in Gott. So wie man Hitze nicht von Feuer trennen kann, kann man Shakti nicht von Gott trennen, der der Besitzer von Shakti ist. Shakti ist Brahman Selbst. Shiva und Shakti sind eins. Shiva ist immer mit Shakti. Sie sind untrennbar. Die Verehrung von Durga, Parvati oder Kali ist die Verehrung Gott Shivas.

Materie, Energie und Geist

Die Mutter ist der schöpferische Aspekt des Absoluten. Sie wird sinnbildlich dargestellt als Kosmische Energie. Energie ist das physische Ende aller Materieformen und die Kraft, die den Geist trägt. Energie und Geist sind untrennbar. Sie sind eigentlich eins.

Materie kann zu Energie reduziert werden. Die Prasnopanishad sagt, daß Rayi und Prana - Materie und Energie - die gesamte Schöpfung ausmachen. Materie ist der äußere Hinweis auf die innere Kraft, die von Gott ausgedrückt wird. Die Kraft, die das Universum entstehen läßt und erhält, ist nicht Jada Shakti, die elektrische Energie, welche für die Wissenschafter die letzte Realität ist, sondern Chaitanya Shakti, die Kraft des unveränderlichen Bewußtseins von Brahman. In der Tat ist es nicht eine Kraft *von* Brahman, sondern sie *ist* Brahman.

Die Göttliche Mutter

Shakti kann als das bezeichnet werden, wodurch wir leben und in diesem Universum existieren. In dieser Welt sorgt die Mutter für alle Bedürfnisse des Kindes. Die Mutter kümmert sich um das Wachsen des Kindes, seine Entwicklung und sein Fortkommen. Und genauso hängen alle Notwendigkeiten des Lebens und seiner Aktivitäten in dieser Welt wie auch die Energie, die dazu notwendig ist, von Shakti, der Universellen Mutter, ab. Die menschliche Mutter ist eine Erscheinungsform der Universellen Mutter. Alle Frauen sind Formen der Göttlichen Mutter.

Du fühlst Dich bei deiner Mutter freier als bei irgend jemand anderem. Du öffnest dein Herz leichter deiner Mutter als deinem Vater. Es gibt keinen größeren Gott als die Mutter. Die Mutter schützt dich, ernährt dich, tröstet dich, ermuntert Dich und zieht Dich groß. Sie ist dein erster Guru. Die erste Silbe, die beinahe jeder Vierfüßer oder menschliche Wesen äußerst, ist der geliebte Name der Mutter, *Ma*. Sie opfert alles zum Wohle ihrer Kinder.

Ein Kind ist vertrauter mit der Mutter als mit dem Vater, denn sie ist sehr freundlich, liebevoll, zärtlich und herzlich und sorgt für die Bedürfnisse des Kindes. Immer, wenn das Kind etwas möchte, läuft es mit ausgestreckten Händen eher zur Mutter, als zum Vater. Wenn sie den Ruf des Kindes hört, verläßt sie ihre Hausarbeit und läuft sofort, um sich um das Kind zu kümmmern. Auch im spirituellen Bereich hat der Aspirant oder der Gläubige - das spirituelle Kind - eine engere Beziehung zu Mutter Durga als zu Vater Shiva. Gott Shiva steht der äußeren Welt ziemlich gleichgültig gegenüber. Er ist ein Tyagi und ein Virakta. Er trägt die Girlanden aus den Schädeln seiner Verehrer, reibt seinen ganzen Körper mit heiliger Vibhuti Asche ein und weilt in einem berauschten Zustand im Krematorium. Er geht auf in der Betrachtung des Selbst. Er weilt in einem Zustand von Nirvikalpa Samadhi.

Er hat seiner Gefährtin Durga völlige Handlungsfreiheit gewährt. Mutter Durga allein kümmert sich um die Angelegenheiten der Welt. Gott Shiva schaut auf Durga, Seine Shakti. Sie ist beschäftigt mit Schöpfung, Erhaltung und Zerstörung.

Durga - Lakshmi - Sarasvati

Die Göttliche Mutter ist überall dreifach. Sie besitzt die drei Gunas, Sattva, Rajas und Tamas. Sie manifestiert sich als Wollen oder Iccha-Shakti, Handlung oder Kriya-Shakti und Wissen oder Jñana-Shakti. Sie ist Brahma-Shakti (Sarasvati) in Verbindung mit Brahma, Vishnu-Shakti (Lakshmi) in Verbindung mit Gott Vishnu. Shiva-Shakti (Mahakali, Durga) in Verbindung mit Gott Shiva.

Sarasvati ist kosmische Intelligenz, kosmisches Bewußtsein und kosmisches Wissen. Lakshmi bedeutet nicht nur materiellen Reichtum wie Gold, Rinder, usw. Alle Arten von Wohlstand, Ruhm, Großartigkeit, Freude, Jubel und Größe fallen unter Lakshmi. Appayya Dikshitar nennt auch die letztendliche Befreiung Moksha-Samrajya-Lakshmi. Mahakali ist die umformende Kraft der Göttlichkeit, die Kraft, die Vielfalt zu Einheit auflöst.

Devi nimmt viele Aspekte an, je nach den Aufgaben, die sie zu erfüllen hat - manchmal süß und zart und manchmal schrecklich und verschlingend. Aber ihren Verehrern gegenüber ist sie immer zart und gütig.

Arjuna, der Pandava Held, brachte der Göttin seine Verehrung dar, bevor er den Kampf gegen die übelgesonnenen Kauravas begann. Shri Rama brachte Durga zur Zeit des Kampfes gegen Ravana seine Verehrung dar, um Ihre Hife im Krieg zu erbitten. Er kämpfte und gewann durch Ihre Gande.

Das Fest Navaratri und seine spirituelle Bedeutung

Während Navaratri, den Neun Nächten, betet ganz Indien die Mutter an und verehrt Sie sehr hingebungsvoll. Dusserah, Durga Puja und Navaratri sind dasselbe. In den ersten drei Nächten, wird Durga, der zerstörende Aspekt der Mutter, verehrt. In den folgenden drei Nächten wird der schaffende Aspekt, Lakshmi, verehrt. Und in den letzten drei Nächten wird der Aspekt des Wissens, Sarasvati, angerufen. Der zehnte Tag ist der Vijaya Dasami Tag, der Tag des Sieges.

In dieser Aufeinanderfolge liegt eine besondere Bedeutung. Wenn Devi von einem Gläubigen in dieser Reihenfolge verehrt wird, zerstört Sie zuerst als Durga die schlechten Neigungen, die im Geist lauern. Dann, als Lakshmi, setzt Sie den Daivi Sampat ein, die göttlichen Eigenschaften, die zu spiritueller Entfaltung führen. Dann, als Sarasvati, gibt Sie ihm wahres Wissen.

Der zehnte Tag erinnert an den Sieg des Wissens über die Unwissenheit, des Guten über das Böse. An diesem Tag beginnen Kinder mit der Schule. Aspiranten werden an diesem Tag eingeweiht. An diesem denkwürdigen Vijaya Dasami Tag machen Dachdecker, Schneider, Maurer, Künstler, Sänger, Stenotypist und alle technisch Tätigen Puja mit ihren Werkzeugen und Geräten. Das ist Ayudha Puja. Sie sehen und anerkennen die Shakti oder Kraft in diesen Werkzeugen und verehren Devi für ihren Erfolg, ihren Wohlstand und Frieden.

Die Verehrung der Göttlichen Mutter

Die Verehrung von Devi, der Universellen Mutter, schenkt nicht nur Wohlstand, sondern Befreiung von allen Bindungen. Sie führt zur Erlangung von Selbsterkenntnis. Die Geschichte der Kenopanishad, die als Yaksha-Prasna bekannt ist, unterstützt diese Ansicht. Uma lehrte die Devas die Wahrheit.

Shakti ist alles. Sie kann alles vollbringen. Sie kann schaffen oder zerstören. Sie kann in Gang setzen oder beenden. Um der Fortführung Ihres göttlichen Spieles willen hat Sie Selbst, als Avidya Maya, die Wahrheit vor Dir verborgen und Dich an dieses Samsara gebunden. Wenn Sie durch die Praxis aufrichtiger Hingabe und bedingungsloser Selbstaufgabe versöhnlich gestimmt wird, beseitigt Sie als Vidya Maya den Schleier und läßt Dich die Wahrheit erkennen.

Niemand kann sich aus der Knechtschaft von Geist und Materie befreien ohne die Gnade der Mutter. Die Fesseln der Maya sind zu schwer zu durchbrechen. Wenn Du Sie als die Große Mutter verehrst, kannst Du sehr leicht über Prakriti hinausgehen durch Ihre gütige Gnade und Ihren Segen. Sie wird alle Hindernisse au dem Weg beseitigen, Dich sicher in das unbegrenzte Reich ewiger Wonne führen und absolut frei machen.

Möge Parashakti, Devi - die Universelle Mutter Jagadamba - Euch alle mit Weisheit, Frieden und unsterblicher Wonne segnen.

Dienen

Der göttliche Plan zur menschlichen Entwicklung ist Arbeit.

Liebe zu Gott und Dienst für den Menschen ist das Geheimnis wahren Lebens. Der Sinn wahren Lebens ist Dienst und Opfer.

Das Leben ist zum Dienen da, nicht zur Selbstsucht. Bringe Opfer! Erfülle deine Pflichten vollständig und aufrichtig. Die Vorteile für Dich folgen dann automatisch.

Halte dein Leben zum Dienst an anderen bereit. Je mehr Energie Du aufwendest, um andere zu erheben und ihnen zu dienen, umso mehr göttliche Energie wird Dir zufließen.

Diene. Du wirst herrschen. Diene den Menschen mit göttlichem Bhava. Der Krebs der Individualität wird verschwinden.

Selbstloses Dienen reinigt

Was ist das Ziel von Seva, Dienen? Warum dienst Du den Armen und der leidenden Menschheit im allgemeinen? Warum dienst Du der Gesellschaft und dem Land? Durch Dienen wird das Herz gereinigt. Egoismus, Haß, Eifersucht und Überheblichkeit verschwinden. Demut, reine Liebe, Sympathie, Toleranz und Barmherzigkeit entwickeln sich. Die Vorstellung des Getrenntseins verschwindet. Selbstsucht wird beseitigt. Deine Sicht des Lebens weitet sich. Du beginnst das Einssein und die Einheit des Lebens zu spüren. Dein Herz öffnet sich, und deine Ansichten werden weit und großzügig. Schließlich erlangst Du Selbsterkenntnis. Du erkennst das 'Eine in allem' und 'Alles im Einen'. Deine Freude ist überwältigend.

Der erste Schritt am spirituellen Weg ist der selbstlose Dienst an der Menschheit. Selbstloses Dienen ist der Schlüsselbegriff am Weg zur Rettung. Selbstloser Dienst an der Menschheit bereitet den Aspiranten auf die Erlangung des kosmischen Bewußtseins und auf das Leben von Einheit und Einssein mit Gott vor. Aspiranten müssen am Beginn ihre gesamte Aufmerksamkeit auf die Beseitigung von Selbstsucht durch fortgesetztes selbstloses Dienen richten.

Durch selbstloses Dienen und Barmherzigkeit entwickle das Herz und reinige den niedrigen Geist. Reinige dein Herz durch selbstlosen und demütigen Dienst an den Armen und Bedrängten und mache es zu einem tauglichen Sitz, um Gott darin wohnen zu lassen. Nur selbstloses Dienen kann dein Herz reinigen und es mit göttlichen Tugenden erfüllen. Nur Menschen, die reinen Herzens sind, werden Gott schauen.

Wachse in der Liebe, der Reinheit und der Selbstaufopferung. Lebe für andere. Du wirst gesegnet sein. Selbstloses Dienen und kosmische Liebe sind Ganges und Yamuna, die das Feld des menschlichen Herzens bewässern und Dich die überreiche Ernte von Frieden, Freude, Wohlstand, Unsterblichkeit und Atma-Jñana einbringen lassen.

Gelegenheiten zu selbstlosem Dienen

Die Welt bist Du selbst. Deshalb liebe alle, diene allen, sei freundlich zu allen, beziehe alle mit ein. Sieh den Herrn in den Armen, Unglücklichen, Unterdrückten und Niedrigen.

Werde ein Diener der Menschen. Das ist das Geheimnis zur Erlangung von Gottverwirklichung. Suche die Niedrigen und Bekümmerten; heitere sie auf und bringe ihnen einen Schimmer von Trost, indem Du ihnen großzügig dienst. Tröste die Mutlosen. Beruhige die Verzweifelten. Du wirst gesegnet sein.

Diene deinen Eltern, älteren Menschen, Lehrern und Gästen mit göttlichem Bhava. Wasche die Kleider deiner Eltern, älterer Menschen, Kranker und Mahatmas.

Speise die Hungrigen, pflege die Kranken, tröste die Bedrängten und erleichtere die Sorgen der Sorgenvollen. Gott wird Dich segnen. Bekleide die Nackten. Unterrichte die Ungebildeten. Speise die Armen. Erhebe die Niedergeschlagenen. Die Welt brennt vor Leid und Kummer. Erwache, Oh Mensch ! Diene ! Diene liebevoll. Diene unermüdlich. Gelange zum Frieden des Ewigen.

Eigne Dir Wissen über Homöopathie und die zwölf Gewebsheilmittel von Dr. Schussler an. Dann diene den Kranken und Bedürftigen. Und mit der Kenntnis über Erste Hilfe leiste stets erste Hilfe in Notfällen. Besorge Medizin aus dem Krankenhaus oder der Apotheke für die hilflosen und bedürftigen Nachbarn. Gehe, wenn es Dir möglich ist, täglich oder wöchentlich in ein Krankenhaus, und kümmere Dich so gut Du kannst um die Kranken, die nicht bezahlen können. Wenn es geht, verteile Orangen. Setze Dich zu den Patienten und sprich einige ermutigende Worte. Lächle dabei. Wiederhole, wenn Du kannst, das Sahasranama des Herrn oder etwas Ähnliches. Sage, Du wirst 'morgen' wiederkommen; und komme.

Sammle alte Kleider und verteile sie an die Bedürftigen.

Wenn Du die Straße entlang gehst, verteile Kuchen an Lahme, Blinde und Hungrige.

Diene täglich eine Stunde ohne Bezahlung in einer sozialen Einrichtung.

Triff Dich mit Freunden und Mitgliedern deiner Gruppe einmal pro Woche, oder alle zwei Wochen, an einem öffentlichen Ort zu Satsang und Kirtan. Entwickle ein verständnisvolles Herz. Hilf deinen jüngeren Brüdern am spirituellen Weg. Erhebe sie. Wirf Licht auf ihren Weg. Erwarte von ihnen keine Vollkommenheit. Sei freundlich zu ihnen. Sie tun ihr Bestes, so wie auch Du dein Bestes tust. Du wirst wachsen, wenn Du ihnen hilfst.

Schließlich überlege, wie Du deine Energie, deinen Verstand, deine Bildung, deinen Reichtum, deine Kraft und alles, was Du hast, am besten zur Besserung anderer, die im Leben weit unten stehen, und für die Gesellschaft im allgemeinen einsetzen kannst.

Kein Dienst ist minderwertig

Es gibt im Karma Yoga keinen hochwertigen oder minderwertigen Dienst. Unter Karma Yogis gibt es keine besseren oder schlechteren. In einer Maschine sind der kleinste Bolzen und die kleinste Feder wesentlich, damit die Maschine sich als großes Rad ruhig drehen kann. Genauso ist in einem gemeinsamen Unterfangen derjenige, der die geringste Arbeit macht oder sich um ein unbedeutendes Detail kümmert, genauso am Gelingen der Sache beteiligt wie der Hauptorganisator selbst; denn, wenn ein Fehler auch nur in einem kleinen Detail auftritt, kann nicht der vollständige Erfolg erreicht werden.

Ein roher, ungebildeter Aspirant hat das Gefühl: »Mein Lehrer behandelt mich wie einen Diener oder Lakaien. Er benutzt mich für unbedeutende Arbeiten.« Wer Karma Yoga in seiner wahren Bedeutung verstanden hat, wird jede Arbeit als yogische Aktivität oder Gottesdienst sehen. In seiner Sicht gibt es keine minderwertige Arbeit. Jede Arbeit ist Puja für Narayana. Im Lichte des Karma Yoga sind alle Handlungen geheiligt. Der Aspirant, der immer ungeheure Freude an Arbeiten findet, die von weltlichen Menschen als minderwertige Dienste angesehen werden, und der diese Dinge immer bereitwillig macht, wird ein dynamischer Yogi werden. Er wird völlig frei sein von Selbstgefälligkeit und Egoismus. Er wird keinen Rückschlag erleiden. Der Krebs des Stolzes kann ihm nichts anhaben.

Lies die Autobiographie von Gandhiji. Er machte niemals einen Unterschied zwischen minderwertigem Dienst und wertvoller Arbeit. Straßenkehren und Latrinenputzen waren für ihn höchstes Yoga. Das war für ihn die höchste Puja. Er selbst hat Latrinen geputzt. Er hat dieses unwirkliche kleine 'Ich' durch verschiedenartigstes Dienen ausgelöscht.

Viele hochgebildete Menschen kamen in seinen Ashram, um unter seiner Führung Yoga zu lernen. Sie dachten, Gandhiji würde sie irgendwie auf geheimnisvolle Weise in seinem Privatraum Yoga lehren, ihnen Stunden geben in Pranayama, Meditation, Abstraktion, Erwecken der Kundalini, usw. Sie waren enttäuscht, als von ihnen verlangt wurde, zuerst die Toiletten zu putzen. Sie verließen sofort den Ashram.

Gandhiji selbst flickte Schuhe. Er selbst mahlte Mehl und übernahm die Mahlarbeit von anderen, wenn sie nicht imstande waren, die ihnen zugeteilte Arbeit für den Tag im Ashram zu tun. Wenn ein gebildeter Mensch, ein neuer Ashram-bewohner, sich zum Mahlen zu gut war, tat Gandhiji selbst vor seinen Augen die Arbeit, und dann führte der Mann vom nächsten Tag an bereitwillig die Arbeit aus.

Wie dient man

Laß Dir keine Gelegenheit entgehen, um anderen zu helfen und ihnen zu dienen. Diene freudig und bereitwillig. Zeige nie ein Sonntags- oder ein Rizinusölgesicht.

Nütze jede Minute bestmöglich zum Dienst an anderen. Erwarte nichts, wenn Du einem anderen dienst, oder wenn Du ein Geschenk machst. Danke für die gute Gelegenheit zum Dienen, die Dir gegeben wurde.

Dienst an Menschen ist Dienst an Gott. Der Dienst an der Menschheit darf nicht nur mechanisch erfolgen. Er muß mit Atma Bhava geschehen. Dienen ist Yoga zur Reinigung des Herzens für die Herabkunft des Lichts. Jeder, der tätig ist, muß den Geist mit diesem Bhava drillen und bearbeiten.

Diene anderen im Gefühl, Gott ist in allen und nimmt dein Dienen als Verehrung an. Die Welt ist nur eine Manifestation Gottes. Den Menschen dienen, heißt Gott dienen. Dienen ist Gottesverehrung. Vergiß das nie. Du dienst Gott am besten, wenn Du Ihn durch den Dienst an Seinen Geschöpfen verehrst.

Im Dienen bedenke, daß Du für Gott arbeitest. Mache jede Handlung als Isvararpana, ein Opfer für Gott. Du wirst bald spirituell wachsen. Du wirst bald in Göttlichkeit verwandelt werden. Untersuche immer deine Motive. Beseitige selbstsüchtige Motive.

Denke daran, daß Gott Dich vom Inneren heraus zum Handeln drängt. Du bist nur Sein Werkzeug. Durch Ichdenken ist man der Ansicht, man mache alles selbst, und ist deshalb gebunden. Wirke im Bewußtsein, daß der kosmische Wille Dich treibt. Du wirst mehr Kraft haben und weniger Eitelkeit. Die Arbeit wird Dich nicht binden.

Durch das Licht des selbststrahlenden Herrn in Dir kannst Du wirken. Fühle das in jedem Moment deines Lebens. Handle als Treuhänder und nicht als Besitzer oder Eigentümer. Du wirst nicht gebunden sein, denn es gibt dann kein ›Mein‹.

Ora et labora. Bete und arbeite. Das ist die Formel des Karma Yogis zur Gottverwirklichung.

Hilf und diene, aber kämpfe nicht. Schaffe Harmonie und Frieden und nicht Zwietracht, Unstimmigkeit und Trennung. Stecke Beleidigungen ein, wenn Du auf sie triffst. Lob und Tadel sind nur Schwingungen in der Luft. Erhebe Dich über sie.

Arbeite stets so gut Du kannst, mit Konzentration und Hingabe. Gehe in der Arbeit auf. Gib dein ganzes Herz, deinen Geist und deine Seele. Kümmere Dich nicht um die Ergebnisse. Denke nicht an Erfolg oder Mißerfolg. Denke nicht an Vergangenes. Habe volles Vertrauen. Übe Selbstvertrauen. Sei immer freudvoll. Habe einen kühlen ausgewogenen Geist.

Arbeite um der Arbeit willen. Sei kühn und mutig. Dann wirst Du ganz sicher in jedem Unterfangen Erfolg haben. Das ist das Geheimnis des Erfolgs.

Arbeite systematisch und methodisch. Sei begierig darauf zu dienen. Sei auch aufmerksam im Dienen. Ruhe wenig und schlafe nur kurz. Ohne Fleiß kein Preis.

Verhaftungsloses Wirken

Es ist äußerst schwierig, wirklich selbstlos zu dienen. Viele Menschen steigen im Gewand selbstlos Wirkender auf die öffentliche Bühne, aber sie dienen nur sich selbst. Auch manche Sannyasins tun das. Ist das nicht sehr traurig ?

Es muß ohne Verhaftung gehandelt werden, ohne das Gefühl, man tue es um der eigenen Reinheit willen. Wirke nur um Gottes willen, gib auch Verhaftungen auf wie 'Möge es Gott gefallen'. Man muß bereit sein, die Arbeit jederzeit wieder aufzugeben, wie interessant sie auch sein mag, und wie sehr sie Dir auch gefällt. Immer dann, wenn die innere Stimme der Seele Dir aufträgt, die Arbeit aufzugeben, mußt Du sie sofort aufgeben. Verhaftung an eine Arbeit bindet. Verstehe gut diese subtilen Geheimnisse des Karma Yoga und schreite mutig am Weg des Karma Yoga voran.

Möge es dein Ideal sein, den Armen, Kranken, Heiligen und dem Land zu dienen; die Gefallenene zu erheben; die Blinden zu führen; alles, was Du besitzt, mit anderen zu teilen; den Verzweifelten Trost zu spenden; die Leidenden aufzuheitern! Möge es deine Losung sein, vollkommenes Vertrauen zu Gott zu haben; den Nächsten wie dein eigenes Selbst zu lieben; Gott zu lieben von ganzem Herzen, mit ganzem Geist und ganzer Seele; Kühe, Tiere, Kinder und Frauen zu schützen! Dein Ziel sei Gottverwirklichung! Möget Ihr alle als wundervolle Jivanmuktas und dynamische Yogis noch in dieser Geburt erstrahlen!

Ehe

Die Ehe ist der Eintritt in den zweiten Asrama. Das Familienleben beginnt. Nun nimmt der Mensch seine Pflichten als Mensch wahr und bezahlt seine Schulden durch Opfer, Studium und Nachkommenschaft. Der Bräutigam sagt zur Braut: »Ich nehme deine Hand zu unserem Glück. Ich ergreife deine Hand, auf daß wir eine gute Nachkommenschaft haben, und Du mit mir, deinem Ehemann, bis ins hohe Alter lebst. Der eine Gott, der sich darstellt als Bharga, Aryaman, Savitru und Purandhi, hat Dich mir gegeben, damit ich meine Pflichten als Familienvater ausführen kann. Gebier Helden und verehre den einen Gott, schaffe unser Glück.«

Und dann, beim Garbhadanam, das den Schöpfungsakt heiligt, betet der Ehemann innig aus tiefstem Herzen, daß ein Kind empfangen mögen werde. Er wiederholt heilige Mantras während der Ritusanti Zeremonie, der Eheschließung. Das neue Kind wird in der Schwingung von Mantras empfangen. Gute Eindrücke prägen sich in die Gehirnzellen des Embryo ein. Für einen wahren Hindu mit reinem Verstand und rechtem Verstehen dient die sexuelle Vereinigung nicht dem puren Vergnügen. Er verwendet die göttliche, erschaffende Lebensenergie zur Schaffung eines menschlichen Körpers.

Die ideale Ehe für den Hindu

Für einen Hindu ist die Ehe ein Sakrament. Die Frau ist sein Lebenspartner. Sie ist sein Ardhangini. Er kann ohne sie kein religiöses Ritual ausführen. Sie steht zu seiner Linken, wenn er eine religiöse Handlung ausführt. Das Ideal von Ehemann und Ehefrau sind Rama und Sita.

Was die Frau dem Hindumann bedeutet, wird sehr schön dargestellt in einem Vers des Ramayana, wo Shri Rama über Sita sagt: »Im Rat ist sie mein Berater; im Handeln ist sie mein Diener; in religiösen Handlungen ist sie mein Partner; sie ist tolerant wie die Erde; sie ist zärtlich wie meine Mutter; im Bett ist sie wie die himmlische Rambha; und im Spiel ist sie meine Gefährtin. So, in der Tat, Oh Lakshmana, ist meine Geliebte...«. Das ist das Hinduideal der Frau.

Von allen Asramas ist der Grihasthasrama der wichtigste, denn von ihm hängen alle anderen ab. So wie alle Geschöpfe von der Luft abhängen, so leben die anderen Stände getragen von den Familienvätern. So wie alle Ströme und Flüsse in den Ozean fließen, um dort zu ruhen, so fließen alle Asramas in den des Familienvaters, um dort zu ruhen. Der Grihastha ist das Herz des Arischen Lebens. Alles hängt von ihm ab.

Pflichten eines verheirateten Menschen

Der verheirateter Mensch muß wie ein idealer Grihastha leben. Er muß das Pancha Maha Yajna, das fünffache Opfer, ausführen, das die Hinduschriften vorsehen. Er muß Selbstbeherrschung üben, Barmherzigkeit, Toleranz, Nichtverletzen, Wahrhaftigkeit und Mäßigung in allem.

Ein Familienvater muß auf ehrliche Weise Geld verdienen und es richtig verwenden. Ein Zehntel des Einkommens sollte er spenden. Sexuelles Vergnügen muß sich im Rahmen der Moralgesetze bewegen.

Familienväter haben eine sehr verantwortungsvolle Pflicht in der Ausbildung ihrer Kinder. Wenn sie sich dieser Verantwortung entziehen wollen, hätten sie das Aufreizen der

Lust beherrschen müssen und keine Nachkommenschaft haben, sondern ein Naishthika Brahmachari werden sollen. Strenge Strafen erwarten sie in der nächsten Welt, wenn sie ihre Kinder unausgebildet in dieser Welt zurücklassen. Sie selbst müssen ein ideales Leben leben. Nur dann können ihre Kinder es ihnen gleichtun. Wenn sie falsche und schlechte Gewohnheiten haben, werden ihre Kinder ebenfalls versuchen, sie zu imitieren. Kinder besitzen die Kraft der Nachahmung.

Wenn der Familienvater sieht, daß seine Kinder die Last seiner Pflichten übernehmen können, und seine Enkel ihn umgeben, ist für ihn und seine Frau die Zeit gekommen, sich von der Welt zurückzuziehen und ihre Zeit mit Studium und Meditation zu verbringen.

Das ideale Eheleben

Große Rishis früherer Zeiten waren verheiratet, aber sie lebten nicht in Leidenschaft und Lust. Ihr Leben des Grihasthasrama war einzig und allein ein Leben von Dharma. Wenn Du ihr Leben auch nicht dem Buchstaben getreu nachvollziehen kannst, mußt Du sie doch als ein erstrebenswertes Ideal, als Anhaltspunkte vor Augen haben und den Pfad der Wahrheit beschreiten. Grihasthasrama ist nicht ein Leben der Lust und der Leichtlebigkeit. Es ist ein strenges Leben des selbstlosen Dienens, des reinen und schlichten Dharmas, der Nächstenliebe, Güte, Freundlichkeit, Selbsthilfe und alle dem, was für die Menschheit gut und hilfreich ist. Wenn Du so leben kannst, ist das Leben als Grihastha genauso gut wie das Leben als Sannyasin.

Ein in idealer Weise gelebtes Eheleben ist kein Hindernis zur Erlangung von Mukti. Eine gute Frau ist für den Mann das, was die Ufer für einen Fluß sind. Sie ist der Rhythmus, der ihn zur Wahrheit führt. Ihre Liebe ist die Gnade Gottes.

Da der Hauptzweck der Ehe das Zeugen eines Kindes ist, darf ein Mensch, der geistiges, physisches und spirituelles Wohlbefinden erhofft, nicht die Ehe mit mehreren Frauen praktizieren. Exzessiver Geschlechtsverkehr und die Verschwendung von Energie müssen auf jeden Fall vermieden werden.

Religion im Heim

Manche Männer haben wegen des unklugen Verhaltens ihrer Frauen, und weil sie zu Hause in ihren Yogaübungen behindert wurden, Sannyas genommen. Wenn ihre Frauen ihnen gestattet hätten, ihre Übungen fortzusetzen, und ihnen gehol

fen hätten, wären sie im Grihastha Asrama geblieben. Es ist die Pflicht kluger Frauen, mit ihren Ehemännern zusammenzuarbeiten, indem sie zu Hause ein religiöses Leben führen. Nur dann können Mann und Frau zu Hause friedlich und glücklich leben.

Auch der Ehemann darf sich nicht in die religiösen Praktiken seiner Frau einmischen. Er muß ihr auf jede erdenkliche Art in ihrer spirituellen Entwicklung und der Reinheit des Lebens helfen. Es ist die Pflicht des Mannes, seine Frau in religiöser Hinsicht auszubilden. Sie muß etwas Japa und Kirtan machen. Sie muß religiöse Bücher lesen wie das Ramayana, das Bhagavata und das Mahabharata. Sie muß von Zeit zu Zeit fasten. Er muß sie zu Pilgerorten führen und mit ihr Vorträge und Kathas von Mahatmas besuchen. Nur dann wird das Haus ein angenehmer Ort sein. Die Schriften sagen: »Ohne Religion ist ein Haus eine Begräbnisstätte, auch wenn es ein Palast ist.«

Oh Ram! Behandle deine Frau wie eine Devi. Sie ist die Königin und Lakshmi des Hauses. Wo die Frau geehrt wird, herrscht Wohlstand, Reichtum, Erfolg und Frieden. Oh Lila!

Werde eine Pativrata. Streite nicht mit deinem Ehemann. Werde Savitri, Anasuya oder Sita. Möget Ihr alle mit Frömmigkeit ein reines Leben führen und den höchsten Segen noch in diesem Leben erlangen. Möge charakterliche, psychologische und spirituelle Einheit zwischen Mann und Frau bestehen! Möge der Ehemann der Frau bei den religiösen und yogischen Praktiken helfen und umgekehrt! Möge Gottverwirklichung deine Parole sein! Möge Reinheit deine Maxime sein! Möge Dharma dein Führer sein!

Erziehung

Erziehung ist die Wurzel. Kultur ist die Blume. Weisheit ist die Frucht.

Erziehung heißt, die Pflege der höheren Natur im Menschen zu bewirken. Wirkliche Erziehung ist die Erziehung des Menschen zum Menschen. Erziehung muß die intellektuelle Regsamkeit fördern und die Schüler fromm, aufrichtig, kühn und selbstbeherrscht machen. Es muß eine den Menschen und den Charakter bildende Erziehung sein, die den latenten Kräften von Kindern in ihrem ethischen, intellektuellen, physischen und spirituellen Leben volle Entfaltung bietet.

Erziehung bedeutet Entwicklung des ganzen Menschen. Kopf, Herz und Hand - alle drei müssen durch künstlerische, wissenschaftliche und praktische Erziehung geschult werden. Kopf, Geist, Verstand und Seele müssen eine harmonische Entwicklung erfahren. Nur dann wird eine rasche Evolution stattfinden.

Erziehung muß in bester Weise darauf abzielen, ein erfülltes Leben und hohes Denken zu fördern. Erziehung muß den Schüler befähigen, sich seiner Umgebung anzupassen und ihm helfen, sich für den Lebenskampf und die Erlangung von Selbstverwirklichung zu rüsten.

Erziehung muß die Schüler lehren, Gott und den Menschen zu lieben. Erziehung muß die Schüler darin unterweisen, wahrhaft, moralisch, furchtlos, bescheiden und barmherzig zu sein. Erziehung muß die Schüler lehren, sich richtig zu verhalten, richtig zu denken, richtig zu leben, richtig zu handeln, Selbstaufopferung zu üben und Selbsterkenntnis zu erlangen. Das, was Charakter, Eigeninitiative und den Geist für den Dienst an Gott und der Menschheit fördert, ist wahre Erziehung.

Letztlich ist es das Ziel wahrer Erziehung, die schlafende Göttlichkeit hervorzuholen, die in jedem menschlichen Wesen verborgen liegt. Spirituelle Erleuchtung ist die Frucht wahrer innerer Erziehung. Der höchste Zustand von Glückseligkeit, überbewußter Samadhi, ist der Gipfelpunkt jeder wahren Erziehung und Kultur.

Man kann nicht den richtigen Menschentyp erhalten, wenn man ihn nur mit Vorträgen vollstopft. Es bedarf einer festen und strengen spirituellen Disziplin an Schulen und Universitäten. Vorbildliche Seelen sind das Ergebnis vorbildlicher Institutionen, die vorbildliche Erziehung vermitteln. Die große Verantwortung, Kinder so auszubilden, daß sie zu vorbildlichen Männern und Frauen heranwachsen, liegt in den Händen von Professoren, Lehrern und Eltern.

Die Lehrer-Schüler Beziehung

Im alten Indien bestand eine sehr enge Beziehung zwischen Lehrer und Schüler. Man sollte sie jetzt wiederbeleben. Die Beziehung zwischen Lehrer und Schüler sollte wie die zwischen einem liebenden Vater und einem ergebenen Sohn sein. Sie darf nicht geschäftlich sein. Lehrer und Schüler müssen sich gut verstehen. Zwischen ihnen muß ein festes und tiefes spirituelles Band bestehen.

Der Lehrer muß ein wohlwollender Führer des Schülers sein und niemals ein höherer dominierender Meister. Der Schüler muß den Lehrer lieben und respektieren und nicht fürchten und hassen. Es ist die erste Verantwortlichkeit des Lehrers, den Respekt und die Liebe des Schülers zu gewinnen. Nur dann wird seine Lehre wirkungsvoll sein.

Eine große und schwere Pflicht ruht auf Lehrern und Professoren an Schulen und Universitäten, was die richtige Ausbildung der Schüler betrifft. Sie selbst müssen absolut moralisch und rein sein. Sie sollten ethische Vollkommenheit besitzen. Ihr Umgang mit Schülern und anderen muß absolut ethisch sein. Nur dann können sie die Schüler auf dem richtigen Weg schulen. Jeder Lehrer muß die hohe Verantwortlichkeit seiner Position erkennen, bevor er diesen Beruf ergreift. Rein intellektuelle Qualifikation in der Fähigkeit, trockene Vorträge zu halten, macht noch keinen Professor aus.

Lehrer und Professoren müssen religiös und spirituell sein. Sie müssen spirituelles Sadhana und regelmäßige Meditation üben. Sie müssen ein spirituelles Leben führen. Lehrer müssen würdige Vorbilder sein, die die Schüler nachahmen können. Die Schüler müssen durch das persönliche Leben ihrer Lehrer inspiriert werden.

Lehrer müssen mit einem Geist der Selbsthingabe an die große Aufgabe erfüllt sein, die Bürger von morgen heranzuziehen. Sie müssen geistige Helden mit missionarischem Eifer sein. Der Staat muß die Lehrer mit entsprechenden Mitteln versorgen, um sie völlig frei von finanziellen Sorgen zu halten.

Leiter und Professoren von Universitäten und Hochschuldirektoren müssen von ausgebildeten und verwirklichten Sannyasins und Yogis geführt werden. Nur dann kann den Schülern wirkliche Erziehung vermittelt werden. Wenn Schüler mit wahrer Erziehung jedes Jahr die Universitäten verlassen, werden wir ein glorreiches neues Indien haben und eine neue Ära des Friedens, der Fülle und des Wohlstandes.

Schülerschaft unter den Rishis

Wenn man das gegenwärtige Erziehungssystem mit unserem alten Gurukula-system vergleicht, zeigt sich die tiefe Kluft zwischen den beiden. Erkenne den Unterschied zwischen der weltlichen Erziehung an den Universitäten und der spirituellen Lehre von Sehern. Sieh, wie die Rishis ihre Schüler unterwiesen, wenn diese ihren Ausbildungskurs beendet hatten: »Sprich die Wahrheit. Tu deine Pflicht. Vernachlässige nicht das Studium der Veden. Weiche nicht von der Wahrheit ab. Weiche nicht von der Pflicht ab. Vernachlässige nicht dein Wohlergehen. Vernachlässige nicht deinen Wohlstand. Vernachlässige nicht das Lernen und Lehren der Veden. Vernachlässige nicht die Pflichten Gott und den Vorfahren gegenüber. Möge Gott deine Mutter sein. Möge Gott dein Vater sein. Möge der Lehrer dein Gott sein. Möge der Gast dein Gott sein. Handle untadelig; nicht anders. Mögest Du gute Werke tun; keine anderen.«

Jeder Schüler im Gurukula hatte Kenntnis von Pranayama, Mantra, Yoga, Asana, Moralregeln, Gita, Ramayana, Mahabharata und den Upanishaden. Jeder Schüler besaß Bescheidenheit, Selbstbeherrschung, Gehorsam, Dienstbeflissenheit und Aufopferung, gutes Benehmen, Höflichkeit, Freundlichkeit und nicht zuletzt hatte er den Wunsch, Atma-Jñana zu erlangen.

Jeder Schüler im Gurukula war rein. Jeder Schüler hatte eine vollkommene moralische Ausbildung. Das war der vorherrschende Wesenszug der alten Kultur.

Schüler von heute

Die Universitätsstudenten von heute besitzen keine dieser Tugenden. Selbstbeherrschung ist ihnen unbekannt. Luxusleben und Genußsucht beginnen schon in der Kindheit. Arroganz, Anmaßung und Ungehorsam sind in ihnen tief verwurzelt. Sie sind zu überzeugten Atheisten und krassen Materialisten geworden. Viele schämen sich zu sagen, daß sie an Gott glauben. Sie haben kein Wissen über Brahmacharya und Selbstbeherrschung. Modische Kleider, unerwünschte Nahrung, schlechte Gesellschaft, häufiger Besuch von Theatern und Kinos, sowie schlechte Manieren und Gewohnheiten haben sie schwach und leidenschaftlich gemacht.

Die Studierenden an unseren Universitäten sind zu Geschöpfen wertloser Nachahmung geworden. Sie imitieren den Westen im Rauchen; im Tragen von Hosen, Hüten, Stiefeln, Kravatten und Krägen; im Haarschnitt; im Parfümieren von Taschentüchern, usw. Aber andere wertvolle Tugenden wie Selbstaufopferung, Patriotismus, Dienstbeflissenheit, Pünktlichkeit, Ausdauer, Toleranz, Bildung, usw., die bewundernswerten Eigenschaften westlicher Menschen, haben sie nicht angenommen. Der Zustand mancher junger Männer aus aristokratischen Familien ist äußerst beklagenswert und hoffnungslos. Sie besitzen eine Dauerkarte für das Kino, verbringen ihre Zeit mit Kartenspielen und leben in ihrer Jugend ein morbides, unheiliges Leben. Sie verabscheuen Religion und Philosophie, welche ihnen geistige Verdauungstörungen verursachen. Sie lehnen religiöse Studenten ab. Sie sind Sklaven von Mode und Stil.

Mode, Lebensart, Epikureismus, Unersättlichkeit und Wollust haben vom Geist unserer Studenten Besitz ergriffen. Die Lebensgeschichte mancher Hochschul-studenten ist beklagenswert zu hören. Tatsächlich hat man festgestellt, daß die Gesundheit der Studenten sich in ganz Indien verschlechtert hat. Noch dazu sind Laster und schlechte Gewohnheiten, die ihre Gesundheit zerstören, im Steigen begriffen. Es gibt keine ethische Kultur in modernen Schulen und Hochschulen. Die moderne Zivilisation hat unsere Jungen und Mädchen geschwächt. Sie leben ein künstliches Leben. Das Kino ist zum Fluch geworden.

Die Professoren mancher Universitäten bestehen darauf, daß sich die Studenten modisch kleiden. Sie lehnen sogar Studenten ab, die saubere, aber einfache Kleidung tragen. Eine große Schande! Reinlichkeit ist das eine und Mode das andere. Die sogenannte Mode hat ihre Wurzeln in Weltlichkeit und Sinnlichkeit.

Ruf nach spiritueller Grundlage

Die Erziehung muß auf einer gesunden Lebensphilosophie basieren. Wenn kein Verständnis über das letzte Ziel des Lebens vorliegt, wenn man keine genaue Vorstellung davon hat, wozu der Mensch durch den Lebensprozeß gemacht werden soll, wird kein Erziehungsschema zufriedenstellend und nutzbringend sein.

Erziehung ist Schulung für das Leben, wobei die Ethik die wichtigste Rolle spielt. Bildung des Verstandes ohne moralische Disziplin ist dem Fortkommen des Menschen abträglich. Intelligenz ohne Charakter ist eine Gefahrenquelle, sowohl für das betroffene Individuum als auch für dessen Mitmenschen. Wenn nur Körper und Verstand alleine entwickelt werden, ohne moralische Disziplin, werden selbstsüchtige Menschen geschaffen, die kein Gefühl und Verständnis für die Armen und keinen Respekt vor Älteren, Weisen und dem Leben haben. Die Erziehung muß dazu beitragen, einen starken, reinen und schönen Charakter zu bilden. In unserem gegenwärtigen Erziehungssystem gibt es nichts, was unseren jungen Mädchen und Jungen beibringt, wie man einen festen Charakter bildet.

Ein junger Mensch kann nicht als gut erzogen betrachtet werden, wenn ihm der gesunde Sinn für spirituelle Werte fehlt. Die jungen Männer und Frauen an den Universitäten müssen eine gesunde Schulung in praktischem spirituellen Leben erhalten, welche lebendig, grundlegend und wesentlich ist, und welche sie zur Zeit hoffnungslos vermissen. Wenn spirituelle Unterweisung aus Schulen und Hochschulen ferngehalten wird, wird unter den zukünftigen Bürgern Unreligiosität und Gottlosigkeit herrschen.

Unsere derzeitigen Schulen und Hochschulen vermitteln eine weltliche Erziehung. Es gibt weder ethische Disziplin noch spirituelle Unterweisung. Viele Studenten gehen durch ihre akademische Ausbildung ohne wirkliches Ziel oder Ideal vor Augen. Und wenn sie ein

Ziel haben, ist es das unwürdige Ziel, einen Arbeitsplatz zu finden, um das tägliche Brot zu verdienen ! Sie lernen etwas, um ihren Lebensunterhalt zu verdienen. Sie lernen nur, um Geld zu verdienen. Deshalb erweisen sie sich am Ende als spirituell bankrott.

Nachlässigkeit im moralichen Verhalten unserer jüngeren Generation ist zurückzuführen auf das Fehlen von spiritueller und moralischer Schulung im derzeitigen Lehrplan. Erziehe die Jugend ohne Religion, und Du machst sie zu den größten Schurken.

Der weltliche Staat ist kein gottloser Staat

Der weltliche Staat ist nicht notwendigerweise ein gottloser Staat. Trotzdem, wenn eine Abneigung dagegen besteht, die Lehren irgendeiner bestimmten Religion einzuführen, heißt das nicht, daß eine im weiten Sinne religiöse Schulung aus dem Lehrplan ausgenommen sein muß. Religion sollte die Erziehungsgrundlage sein.

Man darf nicht Bigotterie mit Religion verwechseln. Wenn Religion von Erziehung getrennt wird, wird die Spiritualität sterben.

Moral kann nicht den Platz von Religion einnehmen, sondern Moral ist ein wesentlicher Bestandteil von Religion.

Bekannte Gebete, kurze Meditationen und das Rezitieren allgemeingültiger Lobpreisungen sollten am Beginn stehen und den Schultag wieder beschließen. Kurze Schriftstellen, die eine breite universelle spirituelle Lehre vermitteln, sollten den Studenten täglich vorgelesen werden. Geschichten, die verschiedene Tugenden illustrieren, sollten erzählt werden. Geschichten über die edlen Leben von Heiligen, Weisen und Propheten sind von großer moralischer Bedeutung.

Die Studenten werden eine Atmosphäre von erhabener Lehre und edlen Gefühlen atmen. Die Grundlagen göttlicher Tugenden werden tief und fest in ihre Herzen gesenkt. Sie werden gute Staatsbürger werden.

Die Notwendigkeit einer Neuorientierung unseres Erziehungssystems

Die Erziehungsideale Indiens sind heute im Gären begriffen. Unsere Schulen und Hochschulen sind zu Verlust- und Gewinngeschäften geworden. Unsere Akademiker jagen nach Geld, Bequemlichkeit, Ehre und Titeln. Der Geist der Jugend ist korrumpiert durch eine Menge mißliebiger Literatur.

Die Erziehung hat heute ihren Wert verloren. Sie wird jetzt zu einem Fragment. Sie ist nicht integral, reich und voll. Die verschiedenen intellektuellen Wissenschaften, die an den heutigen Universitäten gelehrt werden, sind ein minderer Ersatz für die integrale Erziehung, die zur Erlangung von Vollkommenheit notwendig ist.

Titel wie 'Doktor' bedeuten nichts. Die Weisheit zählt. Shri Shankara verlieh sich selbst den Titel, nicht an irgendeiner ausländischen Universität oder Akademie, sondern im Wissen Govindapadas und dessen Vorgängern Vyasa, Vasishtha, Suka und Parasara.

Das derzeitige Erziehungssystem Indiens bedarf sofort einer vollständigen drastischen Neuordnung. Das alte Gurukulasystem muß neubelebt und an die Bedürfnisse der Zeit angepaßt werden, damit die Studenten maximalen Nutzen daraus ziehen können.

Erziehung schafft oder zerstört Zivilisation. Universitäten sind tatsächlich Wächter über Charakter, Kultur und Zivilisation einer Nation. Universitäten dürfen nicht bloße Lerneinrichtungen sein. Universitäten müssen Heiligtümer des Lichts und der Weisheit sein.

Es kann viel mehr erreicht werden durch richtige Erziehung als durch die Kraft des

Gesetzes. Solange der innere Mensch nicht erzogen ist, wird das Gesetz ein toter Buchstabe bleiben. Wenn der innere Mensch erzogen ist, werden wir nicht nur dem Menschen selbst und der Nation einen großen Dienst erweisen, sondern auch der gesamten Welt überhaupt.

Ethik

Ethik ist die Wissenschaft von der Moral. Moral bedeutet tugendhaftes Leben. Im engeren Sinn bedeutet es sexuelle Reinheit.

Ohne ethische Vollkommenheit gibt es keinen spirituellen Fortschritt. Ohne spirituellen Fortschritt gibt es keine Befreiung.

Alle Strebenden irren, wenn sie unverzüglich Samadhi und Dhyana erreichen wollen, sobald sie ihr Heim verlassen, ohne sich im geringsten um ethische Vollkommenheit zu kümmern. Ihr Geisteszustand hat sich nicht verändert, obwohl sie fünfzehn Jahre lang Meditation praktizieren. Sie sind genauso eifersüchtig, haßerfüllt, überheblich, stolz, egoistisch, usw. Meditation und Samadhi kommen nicht von selbst, wenn man keine ethische Vollkommenheit besitzt.

Leben ohne Ethik ist lebendiger Tod. Ein Mensch, der für Ethik nichts übrig hat, trägt eher die Zeichen des Todes als ein tatsächlich Toter. Ein ethischer Mensch ist weit besser und vornehmer als ein Mensch mit einem trockenen verdorbenen Verstand. Ein ethischer Mensch ist besser als jemand, der an und für sich religiös ist und okkulte Kräfte besitzt.

Ethik und Religion

Ethik und Moral sind die Basis spirituellen Lebens. Ohne Ethik ist Philosophie reines Wunschdenken und Religion wird bedeutungslos. Spiritualität ohne moralische Prinzipien ist Täuschung. Spiritualität, Religion und Ethik sind gleichbedeutende Begriffe. Es ist falsch, sie trennen zu wollen.

Moral ist praktische Religion; Religion ist prinzipielle Moral. Religion gibt uns die letzten gültigen Daten, auf denen die Wissenschaft der Ethik begründet werden kann. Es gibt keine wahre und dauerhafte Moral, die nicht auf religiösem Streben gegründet ist.

Moral ohne Religion ist ein Baum ohne Wurzeln, ein auf Sand gebautes Haus, ein Fluß ohne Quelle, die ihn speist. Moral ohne Religion hat keine Wurzeln. Sie wird zu einem Brauch, veränderlich, vorübergehend und unverbindlich. Stelle Moral auf ihre richtige Basis, nämlich die Liebe zu Gott. Moral ohne Gott ist wie ein Boot ohne Ruder.

Ethik - in Ost und West

Alle Religionen haben ethische Vorschriften gelehrt, wie z.B. »Du sollst nicht töten. Verletze niemanden. Liebe deinen Nächsten wie Dich selbst«. Aber sie begründen es nicht. Westliche Ethik spricht kein Wort über Atman oder die Seele.

Die Ethik westlicher Philosophen ist oberflächlich. Sie spricht ein wenig über sozialen Dienst, Altruismus, Humanismus und Philanthropie. Es wird ein wenig über 'Gut und Böse' gesprochen, über 'Richtig und Falsch', über 'Verhalten und Benehmen'. Die Ethik der Hindus hingegen ist subtil, erhaben und tiefgehend. Die Hindu-Ethik basiert auf der erhabenen Vedantaphilosophie, die die Lehre von der Einheit des Lebens und des Bewußtseins darlegt.

Atman, das Selbst, ist eins. Ein einziges Leben schwingt in allen Wesen. Leben ist Tieren, Vögeln und Menschen gemeinsam. Das Sein ist allen gemeinsam. Es gibt ein gemeinsames Bewußtsein. Wenn Du ein anderes Geschöpf verletzt, verletzt Du Dich selbst. Wenn Du einem anderen Menschen dienst, dienst Du Dir selbst. Wenn Du anderen dienst, reinigst Du dein Herz und die Läuterung des Herzens führt zur Herabkunft göttlichen Lichtes und zur letztendlichen Befreiung, Mukti. Das ist Hindu-Ethik. Und das ist die grundlegende metaphysische Wahrheit, auf der alle Regeln der Hindu-Ethik basieren.

Die westliche Ethik spricht nicht ausreichend von absoluter Selbstkontrolle und Brahmacharya, von der Entwicklung göttlicher Tugenden und der Beseitigung von Lastern. Es gibt weder Tapas, noch Askese, noch Sinnesbeherrschung. Östliche Ethik ist tiefgehend. Die östliche Ethik mißt Dama, der vollkommenen Mäßigung der Sinne, allergrößte Bedeutung bei. Es gibt intensive Askese. Es gibt eine vollkommene Beherrschung der nach außen gehenden Sinne.

Die westliche Ethik bringt vielleicht einen trockenen Philosophen hervor, aber nicht einen Weisen oder Yogi. Die östliche Ethik formt einen dynamischen Weisen oder Yogi. Sie verändert den Menschen zur Göttlichkeit.

Anleitungen für rechtes Verhalten

Die Anleitungen für rechtes Verhalten sind die Dharma Shastras, die religiösen Schriften, das Beispiel von Heiligen, das innere Selbst oder Gewissen und festgesetzte Gewohnheiten.

Menschen, die nicht entwickelt sind, können nicht für sich selbst denken. Selbstsucht verdunkelt ihr Verstehen. Daher kann ein Mensch, der auch nur eine Spur von Selbstsucht besitzt, nicht feststellen, was richtig oder falsch ist. Dafür ist ein sehr reiner, subtiler, scharfer Verstand nötig. Darum wurden Verhaltensregeln von großen Weisen oder Sehern wie Manu oder dem Weisen Yajnavalkya niedergelegt.

Da Dir sowohl die Fähigkeit wie auch die Zeit fehlt, über die Moralprinzipien und -regeln der Schriften nachzudenken, kannst Du die Moralanweisungen und -vorschriften von Weisen und Heiligen erhalten und sie genau befolgen.

Die Allgemeingültigkeit der Ethik

Jede Religion hat ihre Ethik. Die Bergpredigt von Jesus und die Zehn Gebote enthalten ethische Lehren, um den Menschen zu erheben. Der edle achtfache Pfad Buddhas stellt die Essenz der Ethik dar. Yama und Niyama von Patanjali Maharshi bauen Ethik auf. Manu Smriti, Yajnavalkya Smriti und Parasara Smriti enthalten Verhaltensregeln für den Menschen. Die drei Arten der Askese in der Gita sind nichts anderes als Ethik.

Die grundlegenden Moralprinzipien sind überall gleich, denn sie kommen alle von Gott. Die Gesetze oder großen Gebote kommen direkt von Gott, dem Höchsten.

Allgemeingültigkeit ist die Wurzel aller Moral. Ohne Allgemeingültigkeit wird die Moral sterben.

Tue nichts, was nicht anderen Gutes bringt, nichts, das Du später bereuen oder dessen Du Dich schämen wirst. Tue das Lobenswerte, das Dir und anderen Gutes bringt. Das ist eine kurze Beschreibung rechten Verhaltens. Moralische Vorschriften sind entstanden, um sich gegenseitig vor Verletzungen zu bewahren.

Warum soll der Mensch ein moralisches Leben führen ? Warum soll er das eine tun und das andere nicht ? Weil der Mensch nicht besser ist als ein Tier, wenn er kein moralisches Leben führt. Das Ziel der Moral ist es, den Menschen zum Niveau der Göttlichkeit zu erheben, indem seine tierische Natur umgeformt wird.

Arten von Moral

Es gibt menschliche Moral, Familienmoral, soziale Moral, nationale Moral und Berufsmoral. Ein Arzt hat seine Berufsmoral. Er darf anderen nicht die Geheimnisse seiner Patienten mitteilen. Er muß freundlich und liebevoll zu seinen Patienten sein. Er darf nicht Wasserinjektionen verabreichen und hohe Gebühren dafür berechnen wie für die besten Medikamente. Obwohl der Betreuer des Patienten die Gebühren für die letzte Visite nicht bezahlt hat, muß er freudig hingehen und den Fall behandeln. Er muß die Armen gratis behandeln.

Auch ein Anwalt hat seine Ethik. Er darf nicht zu falscher Zeugenaussage auffordern. Er darf die schwachen Fälle nicht nur wegen der Gebühren übernehmen. Er muß für die Armen gratis streiten. Es gibt auch die Ethik des Geschäftsmannes. Er darf nicht hohe Profite erwarten. Er muß viel spenden. Er darf auch in seinen Geschäften nicht die Unwahrheit sagen.

Ethik ist eine relative Wissenschaft

Ethik ist eine relative Wissenschaft. Richtig und falsch, Dharma und Adharma, sind relative Begriffe. Es ist sehr schwierig, die Begriffe genau zu definieren. Das, was für den einen Menschen gut ist, ist für einen anderen vielleicht nicht gut. Das, was zu einer Zeit gut ist, ist es vielleicht zu einer anderen Zeit oder bei anderer Gelegenheit nicht. Ethik ist relativ, je nach dem Menschen und seiner Umgebung.

Moral ist ein veränderlicher und relativer Begriff. Der leidenschaftliche Mann, der seine ihm gesetzlich angetraute Frau häufig belästigt, um seine Leidenschaft zu befriedigen, ist unmoralischer als der Mann, der einmal in sechs Monaten das Haus einer Prostituierten aufsucht. Der Mann, der sich ständig in unmoralischen Gedanken ergeht, ist der unmoralischste Mann. Siehst Du den feinen Unterschied? Einen Feind zu töten ist recht für einen Kshatriya König. Ein Brahmane oder Sannyasin darf niemanden töten, auch nicht, um sich selbst vor einer Gefahr zu schützen. Er muß striktes Verzeihen und Nachsicht üben. Die Unwahrheit zu sprechen, um das Leben eines Mahatma oder des Gurus zu retten, der von einem ungerechten Staatsbediensteten zu Unrecht beschuldigt wurde, ist recht. Unwahrheit wurde in diesem speziellen Fall zu Wahrheit. Die Wahrheit zu sagen, die vielen Menschen schadet, ist reine Unwahrheit. Einen Schurken zu töten, der täglich die Reisenden ermordet, ist reines Ahimsa. Himsa wird unter bestimmten Umständen zu Ahimsa.

Nachsichtigkeit, Kshama, ziemt sich für einen Asketen oder Sannyasin, der das Leben von Nivritti Marga, Entsagung, lebt. Sie ziemt sich nicht für einen Herrscher. Der Herrscher kann jemandem vergeben, der ihn beleidigt hat, aber er kann nicht jemandem vergeben, der der Öffentlichkeit den größten Schaden zugefügt hat.

Dharma - Sankata

Manchmal weiß man nicht genau, was unter bestimmten Umständen zu tun ist. Es besteht ein Konflikt der Pflicht. Man hat zwischen zwei Alternativen zu wählen, und beide stehen im Widerspruch zu Dharma. Manchmal muß man das geringere Übel wählen und darauf vorbereitet sein, die Ergebnisse dieses Karmas zu tragen. Der Vater eines Mannes lag im Sterben. Er hatte nichts zu essen. Er war am Verhungern. Der Vater würde sterben, wenn er nichts zu essen bekäme. Essen konnte nur durch Stehlen erhalten werden. Was ist das Dharma des Sohnes in dieser kritischen Situation ? Das Leben seines Vaters zu retten, ist sein Dharma. Er stahl etwas Essen und rettete das Leben des Vaters. Er muß für die üble Tat des Diebstahls leiden.

Das Motiv ist wichtig

Es ist das Motiv, das bei einer Handlung zählt. Recht und Unrecht können nicht hinsichtlich der tatsächlichen Folgen bestimmt werden, sondern durch das Wesen der subjektiven Absicht des Handelnden. Gott sieht auf das Motiv des Handelnden.

Gott Rama kämpfte mit Ravana. Ravana war auch an dem Kampf beteiligt. Aber die Motive der beiden waren unterschiedlich, obwohl die Handlung dieselbe war.

Shri Rama kämpfte, um Dharma wiederherzustellen und die Menschen vor der Last und den Verwüstungen des bösen Ravana zu schützen. Er hatte keine selbstsüchtigen Absichten. Aber Ravana hatte üble Motive.

Ein Karma Yogi ist intensiv in der Gesellschaft tätig, mit mehr Eifer als ein weltlicher Mensch. Die Handlung ist dieselbe, aber die Motive sind bei jedem Menschen andere. Der Karma Yogi hat das höchste Gut, das Ziel, vor Augen, aber der weltliche Mensch verstrickt sich durch sein unreines Motiv oder sein Eigeninteresse.

Die inneren Motive eines Menschen sind Same und Wurzel aller Aktivitäten seines Lebens. Wenn das innere Motiv rein ist, sind alle daraus entstehenden Ergebnisse rein und gut. Anderenfalls enstehen nur Übel und Unglück.

Du mußt dein Motiv läutern. Es muß die innere Entscheidung und der Wille vorhanden sein, sich freizumachen von allen unreinen Gefühlen des Stolzes, der Überheblichkeit, usw., wenn man seine Pflicht erfüllt. Nur dann wird das Motiv rein sein.

Moralisches Leben beginnt damit, daß man sich idealen Prinzipien und Maximen widmet. Ein Mensch rechten Verhaltens hat ideale Prinzipien und Mottos. Er folgt ihnen strikt, beseitigt seine Schwächen und Fehler, entwickelt gutes Verhalten und wird so zu einem ethisch vollkommenen Menschen. Zuerst mußt Du rechtschaffene Prinzipien haben, dann wird es Dir gelingen, tugendhaft zu handeln.

Das aktive Üben von Tugenden

Tugend überlebt nur, wenn sie ständig geübt wird. Tugend wird sich nur entwickeln und überleben, wenn sie positiv und beständig praktiziert wird. Geist und Wille müssen geübt und diszipliniert werden durch überlegte Taten der Selbstaufgabe und Selbstaufopferung im täglichen Leben.

Halte strikt Wahrheit und Reinheit in Gedanken, Rede, Handlungen, den inneren Motiven und im allgemeinen Verhalten. Sei liebevoll, tolerant und nächstenliebend in deiner Meinung von Menschen und Dingen und in deinem Umgang mit anderen.

In jeder Hinsicht muß der Mensch danach streben, diese Eigenschaften beizubehalten und sie zu zeigen. So muß dieses Ideal zwischen Eltern und Kindern praktiziert werden, zwischen Jüngeren und Älteren, Lehrer und Schüler, Freund und Freund, Guru und Schüler, Führer und Anhänger, Untergebenem und Herrscher und Nation und Nation.

Gottverwirklichung, die höchste Pflicht des Menschen

Alle Pflichten - häuslich, sozial und dergleichen - sind nur relativ. Die letzte und Hauptpflicht jeden Menschens ist das Erreichen der Wahrheit, Gottverwirklichung. Das Erfüllen aller Pflichten ist in Wahrheit dazu da, um den Menschen für seine höchste Pflicht vorzubereiten.

Das letzte Ziel jeder Ethik ist die Verwirklichung des Selbst. Ethik führt zur Verminderung des niederen Selbst, und dadurch wird der Geist beruhigt. Durch Ruhe des Geistes entsteht Unterscheidungskraft und man erkennt das Selbst in kurzer Zeit.

Man kann nicht einfach durch Güte und die Pflege von Tugend Vollkommenheit erlangen. Man muß intensiv über das Ideal meditieren mit Hilfe der Reinheit, die durch Tugend erlangt worden ist. Tugend und Moral sind Hilfsmittel zur Meditation und zum schließlichen Aufgehen des Individuums im Höchsten.

Tugend ist das Tor zur Glückseligkeit

Ethik gibt dem Leben eine stützende Vitalkraft. Ein Charakter ohne Ethik ist wie ein salzloses Gericht. Es kann keine hochstehende Höflichkeit, Freundlichkeit, Vornehmheit und keine vornehmen Manieren geben ohne einen tiefen Sinn für Moral.

Ethische Praxis trägt dazu bei, mit Nachbarn, Freunden, Familienmitgliedern, Mitmenschen und allen anderen harmonisch zu leben. Sie wird Dir dauerhaftes Glück und schließliche Befreiung bringen, wenn Du die Gnade Gottes anrufst. Dein Herz wird rein werden. Dein Bewußtsein wird klar.

Nichts ist sicherer als ein rechtschaffenes, tugendhaftes Leben, das von einem reinen Gewissen gelenkt wird. Akte der Freundlichkeit, Dienen, Nächstenliebe und Mitgefühl mit den Bekümmerten sind die Wege zur Rechtschaffenheit.

Rechtschaffenheit ist wichtig. Verlasse um keinen Preis den Weg der Rechtschaffenheit. Verlasse nicht den Pfad der Moral, auch wenn Du dein Leben dafür einsetzt.

Der Weg der Wahrheit ist schmal und steil, aber seine Prinzipien sind so klar und genau wie das Gesetz der Schwerkraft. Verlasse nicht den Pfad, denn er führt zu Unsterblichkeit.

Du mußt die Gesetze, die Verhaltensregeln, befolgen. Die Regeln erhältst Du zu deiner Besserung und zu deinem spirituellen Wachstum.

Bei Sadachara zu bleiben, ist ohne Zweifel schwierig. Man muß sich Verspottung, Mißverstandenwerden und Verfolgung stellen. Deshalb sind die Pflege von Nachsicht, Sanftmut des Geistes, stilles Dulden und Verzeihen von großer Wichtigkeit. Halte um jedem Preis die Tugend hoch; ihr zuliebe ertrage jede Verleumdung. Gib das Gute für das Böse.

Es gibt keine höhere Religion als die Tugend. Tugend bringt Frieden. Tugend ist größer als Leben und Wohlstand. Tugend ist das Tor zur Glückseligkeit. Daher sei immer tugendhaft. Mache Tugend zu deiner Hauptstütze.

Befrage die Shastras und die Mahatmas, wenn Du Zweifel hast. Forme deinen Charakter. Wachse. Entwickle dich. Halte Dir dein Ideal immer vor Augen. Halte an Sadachara und dem rechten Verhalten fest. Übe es. Du wirst bald ewige Wonne und Unsterblichkeit erlangen.

Freiheit

Freiheit ist das Geburtsrecht des Menschen. Freiheit ist Sat-Chid-Ananda. Freiheit ist Unsterblichkeit. Freiheit ist Wissen, Frieden und Wonne. Bewußt oder unbewußt, wissentlich oder unwissentlich, strebt jeder nach dieser Freiheit. Nationen kämpfen am Schlachtfeld, um die Freiheit zu erlangen. Ein Räuber raubt, um Freiheit vom Mangel zu erreichen - auch wenn seine Handlungsweise schändlich und ein Umweg sein mag. Jede Bewegung unserer Füße strebt nach Freiheit oder Sat-Chid-Ananda.

Jeder wünscht Unabhängigkeit. Ein kleiner Koch, der in der Kaffeeküche eines Hotels arbeitet, spart Geld, kauft Geschirr und eröffnet ein eigenes Kaffeehaus. Er möchte Unabhängigkeit. Er möchte nicht unter jemandem dienen. Ein Lohnarbeiter, der in einem Kleidergeschäft arbeitet, möchte Unabhängigkeit. Er spart Geld und eröffnet ein eigenes Kleidergeschäft. Ein Professor wünscht Unabhängigkeit. Er möchte Chef werden. Ein Schüler möchte Unabhängigkeit. Er gründet seinen eigenen Ashram und wird ein Guru. In jedem Menschen liegt der innere Drang, unabhängig zu werden und nicht unter einem anderen Menschen zu dienen.

Jeder möchte unabhängig sein. Jeder möchte ein Herrscher sein. Jeder möchte, daß andere seinen Wünschen entsprechen; niemand möchte von den Wünschen anderer gelenkt werden. Jeder wünscht im Innersten seines Herzens, alle anderen zu beherrschen, wenn er nur könnte; niemand möchte einen Rivalen haben.

Der wahre Grund ist, daß in Dir die unsterbliche, selbststrahlende Seele, der Atman, ist, der nicht seinesgleichen und keinen Gegner hat, der der innere Herrscher und der Träger des gesamten Universums ist. In Wahrheit bist Du dieser Atman. Das ist der Grund, warum Du ein solches Gefühl und einen solchen Wunsch hast.

In jedem Herzen liegt der Wunsch nach Freiheit, diese allesverzehrende Leidenschaft nach Freiheit. Freiheit ist das Geburtsrecht des Menschen. Freiheit ist die Natur Brahmans, der ewigen Seele. Brahman ist Nitya-Mukta, ewig frei. Der Wunsch nach Freiheit liegt auch in den niedrigsten von Gottes Geschöpfen. Freiheit ist eine Eigenschaft der Seele. Du bist damit geboren. Keine Macht und kein menschlicher Plan kann diesen Wunsch unterdrücken. Die Flamme der Freiheit strahlt immer hell. Freiheit, Moksha, ist das letzte Ziel des Menschen. Freiheit ist Befreiung von der Knechtschaft von Geist und Materie.

Freiheit - wahr und falsch

Ein lockeres Leben ist nicht vollkommene Freiheit. Überall und aus der Hand jeden Menschens zu essen, überall zu schlafen, wo man will, alles zu sagen, was man will: das alles ist nicht Freiheit. Du wurdest zu einem Sklaven von Körper, Sinnen, Geist, Bequemlichkeit, Essen und Mode.

Freizügige Rede ist nicht Freiheit. Gedankenfreiheit ist nicht Freiheit. Zielloses Herumziehen ist nicht Freiheit. Einfach das zu tun, was man will, ist nicht Freiheit. Nackt zu sein, ist nicht Freiheit. König oder Monarch zu sein, ist nicht Freiheit. Svarajya zu haben, ist nicht Freiheit. Vermögend zu sein, ist nicht Freiheit. Ein bequemens Leben zu haben, ist nicht Freiheit. Große Reichtümer zu besitzen, ist nicht Freiheit. Nationen zu erobern, ist nicht Freiheit. Sich der Verantwortung zu entziehen, ist nicht Freiheit. Der Welt zu entsagen, ist nicht Freiheit. Materielle Unabhängigkeit bringt Dir kein vollkommenes Glück, gibt Dir nicht Vollkommenheit. Brot und Konfitüre geben Dir nicht wirkliches Glück. Diese kleinen Dinge der Welt können Dir keine ewige Freude geben.

Wirkliche Freiheit

Wirkliches Svarajya ist nicht nur politisch oder wirtschaftlich, obwohl politische und wirtschaftliche Freiheit für das Wohlergehen eines Volkes von grundlegender Bedeutung sind. Wirkliches Svarajya ist die Herrschaft über sich selbst. Es ist Atma-Svarajya. Es ist Unsterblichkeit. Es ist Vollkommenheit. Es ist nur durch langsame und schmerzvolle Schritte zu erreichen.

Von der Zeit geh weiter zur Ewigkeit. Das ist Freiheit oder Befreiung. Beruhige den Geist. Darin liegt Freiheit und ewige Glückseligkeit.

Wirkliche Freiheit ist Freisein von Geburt und Tod. Wirkliche Freiheit ist Freisein von den Fesseln von Fleisch und Geist. Wirkliche Freiheit ist Freisein von den Banden des Karma. Wirkliche Freiheit ist Freisein von der Verhaftung an den Körper, usw. Wirkliche Freiheit ist Freisein von Ichgedanken und Wünschen. Wirkliche Freiheit ist Freisein von Gedanken und von Zu- und Abneigungen. Wirkliche Freiheit ist Freisein von Lust, Zorn, Habsucht, usw. Wirkliche Freiheit ist die Identifikation mit dem höchsten Selbst. Wirkliche Freiheit ist Selbstverwirklichung. Wirkliche Freiheit ist das Verschmelzen im Absoluten.

Freiheit liegt im Sichlösen. Freiheit ist Wunschlosigkeit. Freiheit ist Geistlosigkeit. Das Entwurzeln und Auslöschen von Wünschen führt zum erhabenen Zustand höchster Wonne und vollkommener Freiheit.

Die Ursache der Bindung

Du hast Dir selbst deine Bindungen geschaffen, durch deine Wünsche und Verhaftungen durch dein Ichdenken und deine Sehnsüchte; und Du schreist nach Befreiung.

Verhaftung ist Mayas stärkste Waffe, um die Jivas an das samsarische Rad von Geburt und Tod zu binden. Du würdest nie in diese Welt kommen, wenn Du nicht an irgend etwas verhaftet wärest. Die erste Verhaftung beginnt beim physischen Körper. Dann tauchen alle weiteren Verhaftungen auf. Die Identifikation des Selbst mit dem Körper erstreckt sich weiter auf die Menschen, die mit dem Körper in Zusammenhang stehen, wie Frau, Kinder, Haus, Vater, Mutter, Schwester, usw., und die Sorge wird hundertmal größer. Du mußt Dich um all diese Menschen kümmern. Du mußt Dich auch um die Spielsachen deines Sohnes kümmern, denn die Spielsachen haben eine Verbindung zu deinem Sohn. Diese Sorgen und Gedanken sind absolut endlos. Der Mensch schafft sich selbst all diese Sorgen und Nöte. Niemand anderer hat die Schuld. So wie eine Seidenraupe und eine Spinne aus ihrem eigenen Speichel ein Netz zu ihrem Untergang weben, so schafft der Mensch diese Sorgen und Nöte zu seiner eigenen Zerstörung durch seine Unwissenheit.

Das Spiel des Geistes

Der Geist ist die Ursache von Bindung und Errettung des Menschen. Der Geist hat zwei Aspekte: der eine unterscheidet, der andere schafft Vorstellungen. Der Geist in seinem unterscheidenden Aspekt erlöst sich selbst aus der Bindung und erreicht Moksha. In seinem Aspekt der Vorstellung bindet er sich an die Welt.

Der Geist bindet den Menschen an die Welt. Wo kein Geist ist, ist keine Bindung. Der Geist schafft durch Nichtunterscheidung und Unwissenheit die Vorstellung, daß die Seele begrenzt worden ist und in diesem Körper wohnt, und daher nimmt er die Seele gebunden wahr. Der Geist identifiziert sich genau mit dem Jivatman, spürt sich selbst als 'Ich' und denkt daher »Ich bin gebunden«. Der ichdenkende Geist ist die Wurzel der Bindung. Der nichtichdenkende Geist ist die Wurzel von Moksha.

Wenn es kein 'Ich' oder kein Ichdenken gibt, tritt Befreiung ein. Wenn es 'Ich' oder Ichdenken gibt, tritt Bindung, Geburt und Tod ein. Es ist Bindung, wenn der Geist an einem Objekt oder Sinnesorgan hängt. Es ist Befreiung, wenn der Geist nicht an einem Objekt oder Sinnesorgan hängt. Es ist Bindung, wenn der Geist wünscht und sich nach irgend etwas sehnt, irgend etwas annimmt oder zurückweist, sich angesichts von irgend etwas zornig oder glücklich fühlt. Es ist Befreiung, wenn der Geist nicht wünscht, ablehnt oder annimmt, sich glücklich oder zornig fühlt. Befreiung ist die Erlösung aus den Banden des Egos und seiner Wünsche, des Egos und seiner Neigungen und Sehnsüchte nach dem Sinnlichen.

Ausrottung der Krankheit des Geistes

Das allerbeste Heilmittel, das die Weisen zur Beseitigung der Krankheit des Geistes nennen, kann ganz leicht durch den Geist selbst erhalten werden. Wer klug ist, reinigt ein schmutziges Tuch nur mit schmutziger Erde. Ein mörderisches Agni-Astra, eine Rakete, kann nur mit Varuna-Astra, einer anderen Rakete, bekämpft werden. Das Gift von einem Schlangenbiß wird durch das Gegengift eines genießbaren Giftes beseitigt. So ist es auch mit dem Jiva. Nachdem Du Unterscheidungskraft entwickelt hast, zerstöre die Täuschung des vielfältigen Geistes durch einpünktigen Manas, so wie ein Eisen mit einem anderen Eisen durchtrennt wird.

Gereinigtes und in richtiger Dosis verabreichtes Arsen ist ein Segen. Es beseitigt viele Krankheiten. Es verbessert das Blut. Wenn es nicht richtig gereinigt ist und in zu hohen Dosen verabreicht wird, hat es viele schlechte Wirkungen. Genauso, wenn der Geist rein und Nirvishaya ist, führt er zu Moksha. Wenn er unrein ist, Vishayasakta, oder sich an Sinnesobjekten erfreut, führt er zu Bindung.

Auf der einen Seite ist Materie. Auf der anderen Seite ist reine Geistigkeit, Atman, Brahman. Der Geist stellt eine Brücke zwischen den beiden her. Gehe über die Brücke. Beherrsche den Geist. Du wirst Brahman erreichen. Du wirst Befreiung finden. Du wirst frei sein von den Fesseln von Geburt und Tod. Die Differenzierungen wie 'Ich', 'Du' oder 'Er' werden verschwinden. Alle Leiden, Widerwärtigkeiten, Sorgen und Kummer werden enden.

Derjenige ist ein wahrer Potentat und Maharaj, der seinen Geist besiegt hat. Er kann alles tun. Er kann gehen, wohin er will. Er ist so frei wie die Luft in der Atmosphäre. Sein Glück, seine Freiheit und sein Frieden sind grenzenlos. Arme kleinmütige Weltlinge können sich die Freiheit und Freude eines solchen Yogis nicht vorstellen. Verhaftung und Luxus haben sie geschwächt.

Ein bedauerlicher Irrtum

Erkenne deine wahre göttliche Natur. Löse Dich aus diesem Erdentrott. Ihr seid Löwen, keine Schafe. Ihr seid wahre Kaiser, keine Bettler. Ihr seid Kinder Gottes, nicht Schwächlinge, die an diese vergängliche Erde gebunden sind.

Du denkst an deinen Körper, deine Frau, dein Essen, deinen Sohn, deinen Freund, usw., aber Du wendest den Geist nicht nach innen, um herauszufinden, was in Dir liegt. Du meinst, dein Körper - dieser Klumpen Fleisch und Knochen - ist real, und auf dieser Grundlage baust Du die ganze Zitadelle deines Strebens und deiner Lebenshaktivitäten. Du hältst irrtümlich den Schatten für die Substanz. Du bist zufrieden mit Oberflächlichem.

Obwohl Du Gedankenkraft besitzt, möchtest Du diese Kraft nicht für die Suche nach dem unsterblichen Selbst einsetzen. Du hast das kostbare Juwel des Atman aufgegeben und ein zerbrochenes Stück Glas ergriffen. Ist es nicht töricht, so zu handeln?

Warum blökst Du wie ein Schaf? Behaupte dich. Erkenne und verwirkliche deine brahmanische Natur. Ich werde eine kleine Geschichte erzählen. Höre aufmerksam zu. Es war einmal ein Löwenjunges, das von seiner sterbenden Mutter unter Schafen zurückgelassen worden war. Die Schafe kümmerten sich um das Löwenjunge. Das Löwenjunge wuchs rasch zu einem großen Löwen heran und blökte ba ba ba, wenn die Schafe ba ba ba blökten.

Eines Tages kam ein anderer Löwe und hörte den Schafslöwen laut mit den anderen Schafen blöken. Er war äußerst erstaunt. Er fragte den Schafslöwen: »Bruder! Was ist mit dir? Warum bist Du in einem so niedrigen Zustand?« Der Schafslöwe antwortete: »Ich bin ein Schaf. Ich bin glücklich hier unter meinen Brüdern und Schwestern.« »Unsinn«, brüllte der andere Löwe. »Komm mit mir. Ich werde Dir etwas zeigen. Du unterliegst einer Täuschung.« Er nahm den Schafslöwen mit zu einem Fluß und zeigte ihm sein Spiegelbild im Wasser. Er sagte zum Schafslöwen: »Sieh nun dein Spiegelbild an. Du bist ein Löwe. Ich bin ein Löwe.« Der Schafslöwe betrachtet sein Spiegelbild und sagte dann erfreut: »Was für einen schrecklichen Irrtum habe ich begangen! Ich bin tatsächlich wirklich ein Löwe. Ich bin gar kein Schaf.« Er brüllte ganz fürchterlich und ging mit dem anderen Löwen fort.

Bruder! Auch Du blökst wie der Schafslöwe. Du hast deine wahre göttliche Natur vergessen. Herrschaftlichkeit ist für Dich ganz natürlich. Herrschaftlichkeit ist das Wesen Atmans. Aufgrund von Unwissenheit hältst Du irrtümlich den Körper für den Atman, und Du versuchst, keine Rivalen im Körper, im Geschäft, im Büro, in der Schule, bei Spielen, in deinen Herrschaftsgebieten und in allen anderen Aktivitätsbereichen zu haben. Du kannst absolute Herrschaftlichkeit nur dann haben, wenn Du den Atman verwirklichst. Atma-Svarajya allein kann Dich zum erhabenen Herrscher, dem absoluten Monarchen des gesamten Universums machen. Daher verwirkliche diesen wunderbaren Atman und werde ein wirklicher mächtiger Potentat der drei Welten.

Friede

Friede ist etwas Göttliches. Er ist die Eigenschaft der Seele. Er kann sich nicht bei habsüchtigen Menschen aufhalten. Er erfüllt das reine Herz. Er flieht den Lüsternen. Er verläßt den Selbstsüchtigen. Er ist der Schmuck des Paramahamsa.

Friede ist ein Zustand der Stille. Er ist das Freisein von Störung, Angst, Erregung, Aufruhr und Gewalttätigkeit. Er ist Harmonie, Stille, Ruhe, Gemütsruhe und Erholung. Im Speziellen ist damit das Fehlen oder Aufhören von Krieg gemeint.

Friede ist der glückliche natürliche Zustand des Menschen. Er ist sein Geburtsrecht. Krieg ist seine Schmach.

Jeder Mensch wünscht Frieden und schreit nach Frieden; aber Friede kommt nicht leicht. Selbst wenn er kommt, währt er nicht lange.

Der Sitz des Friedens

Friede findet sich nicht im Herzen sinnlicher Menschen. Friede ist nicht im Herzen von Ministern, Anwälten, Geschäftsleuten, Diktatoren, Königen und Kaisern. Friede ist im Herzen von Yogis, Weisen, Heiligen und spirituellen Menschen. Er ist im Herzen des Wunschlosen, der Sinne und Geist kontrolliert hat. Habsucht, Lust, Eifersucht, Neid, Zorn, Stolz und Egoismus sind Feinde des Friedens. Erschlage diese Feinde mit dem Schwert der Leidenschaftslosigkeit, der Unterscheidungskraft und der Verhaftungslosigkeit. Du wirst dauerhaften Frieden genießen.

Friede liegt nicht in Geld, Anwesen, Haus und Besitzungen. Friede liegt nicht in äußeren Dingen, sondern in der Seele.

Geld kann Dir keinen Frieden bringen. Du kannst viel Dinge erwerben, aber Du kannst keinen Frieden kaufen. Du kannst weiche Betten kaufen, aber Du kannst keinen Schlaf kaufen. Du kannst gute Speisen kaufen, aber Du kannst keinen guten Appetit kaufen. Du kannst gute Stärkungsmittel kaufen, aber Du kannst nicht gute Gesundheit kaufen. Du kannst gute Bücher kaufen, aber Du kannst nicht Weisheit kaufen.

Wende Dich ab von den äußeren Dingen. Meditiere, und ruhe in deiner Seele. Nun wirst Du immerwährenden Frieden verwirklichen.

Nichts außer Du selbst kann Dir Frieden bringen. Nichts kann Dir Frieden bringen, außer der Triumph über dein niederes Selbst, der Triumph über Sinne, Geist, Wünsche und Sehnsüchte. Wenn Du den Frieden nicht in Dir trägst, ist es vergeblich, ihn in äußeren Objekten und äußeren Quellen zu suchen.

Innerer Friede

Vollkommene Sicherheit und vollen Frieden kann es in dieser Welt nicht geben, denn dies ist eine relative Ebene. Alle Dinge sind bedingt durch Zeit, Raum und Ursächlichkeit. Sie sind vergänglich. Wo kannst Du dann volle Sicherheit und vollkommenen Frieden finden ? Du findest sie im unsterblichen Selbst. Es ist eine Verkörperung von Frieden. Es ist jenseits von Zeit, Raum und Ursächlichkeit.

Wahrer tiefer Friede ist unabhängig von äußeren Umständen. Wahrer bleibender Friede ist die beeindruckende Stille der unsterblichen Seele im Innern. Wenn Du in diesem Ozean von Frieden ruhen kannst, können Dich alle üblichen Geräusche der Welt kaum berühren. Wenn Du die Stille, die wundervolle Ruhe göttlichen Friedens betrittst, indem Du den plappernden Geist beruhigst, die Gedanken einschränkst und die nach außen gehenden Sinne zurückziehst, werden alle störenden Geräusche absterben. Motorfahrzeuge fahren vielleicht über Straßen; Kinder schreien vielleicht aus vollem Hals; Eisenbahnen mögen vor deinem Haus vorbeifahren; etliche Mühlen sind vielleicht in der Umgebung in Betrieb - und doch, all diese Geräusche werden Dich kein bißchen stören.

Friede ist von grundlegender Bedeutung für das Wachstum

Friede ist der begehrenswerteste Besitz auf Erden. Er ist der größte Schatz im ganzen Uniersum. Friede ist der wichtigste und unerläßlichste Faktor für Wachstum und Entwicklung. In der Stille und Ruhe der Nacht keimt der Same langsam aus der Erde. Die Knospe öffnet sich in der Tiefe der stillsten Stunden. Genauso entwickeln sich die Menschen in einem Zustand von Frieden und Liebe, wachsen in ihrer jeweiligen Kultur und entwickeln vollkommene Zivilisation. In Frieden und Stille geht auch die spirituelle Entwicklung leichter von statten.

Auswirkung von Politik und sozialen Reformen

Der heute herrschende 'Friede' ist ein Friede der Angst und ein Friede der Vorbereitung. Die großen Nationen der Welt mißachten die ernstgemeinten Ratschläge weiser Menschen und wollen ihre zerstörerische Kraft unter Beweis stellen. So entsteht Krieg nicht Frieden.

Kein politischer Ismus kann je das Problem lösen und Frieden bringen. Alle Ismen sind nur die einzelnen Hauben des hydraköpfigen Monsters von Selbstsucht gepaart mit Egoismus. Als autokratische Herrscher die Nationen regierten, dachten die Menschen, daß die Demokratie Frieden, Fülle und Wohlstand auf der Erde bringen würde. Sie entthronten die Könige. Die Demokratie konnte auch nicht die Frucht des Friedens bringen. Manche versuchten es mit Totalitarismus, Sozialismus, Kommunismus - so vielen Ismen. Jeder dachte, seine Lösung wäre die einzige und beste für die Welt! Und jeder neue Ismus schuf nur mehr Probleme und Streitigkeiten.

Viele Menschen arbeiten heute für den Weltfrieden, ohne in sich selbst Frieden zu haben. Ihre laute Propaganda, ihre großen Reden und ihre Vorträge schaffen immer mehr Verwirrung, Konflikte und Unstimmigkeiten.

Auf der ganzen Welt werden große Konferenzen abgehalten, um allgemeinen Frieden, universelle Brüderlichkeit und universelle Religion zu bringen. Es ist Eitelkeit, die den Menschen dazu treibt, die Gesellschaft zu reformieren, ohne vorher sich selbst zu reformieren. Eitelkeit regiert die Welt. Wenn zwei eitle Menschen aufeinandertreffen, kommt es zu Reibung und Streit.

Dasselbe gilt für Sozialreformen. Erleuchtete von eigenen Gnaden begannen sich in Sitten und Gebräche der Menschen einzumischen im Bemühen, sie zu zivilisieren. Die Menschen verloren ihre alten Verankerungen, und die Reformer hatten ihnen keine gesunden neuen zu bieten. Menschenmassen schlitterten ins Chaos. Wie können Blinde Blinde führen? Zuerst muß man das höchste Wissen über die Wirklichkeit erlangen. Dann, und nicht früher, kann man einen anderen auf den richtigen Weg führen.

Du kannst nur dann andere erheben, wenn Du Dich selbst erhoben hast. Diese Welt kann nur von denen gerettet werden, die sich bereits selbst gerettet haben. Ein Gefangener kann nicht andere Gefangene befreien. Ein einziger verwirklichter Weiser kann mehr für den Frieden tun als tausend Missionare, die tagaus tagein predigen und reden.

Politik ist in Soziologie begründet; Soziologie ist in der individuellen persönlichen Entwicklung begründet; individuelle persönliche Entwicklung ist gelenkt von der Philosophie und der Religion, der jeder Mensch folgt. Die östliche Philosophie sieht den Menschen als Einheit. Vom Menschen wird verlangt, sich zu vervollkommnen.

Individuelle Besserung und soziale Umwandlung

Bessere Dich selbst. Dann wird sich die Gesellschaft bessern. Beseitige Weltlichkeit aus deinem Herzen. Die Welt wird sich um sich selbst kümmern. Beseitige die Welt aus deinem Geist. Die Welt wird friedvoll sein. Das ist die einzige Lösung. Das ist nicht Pessimismus. Das ist herrlicher Optimismus. Das ist nicht Ausflucht. Es ist die einzige Möglichkeit, der Situation zu begegnen. Wenn jeder Mensch an seiner eigenen Rettung arbeitet, gibt es niemanden mehr, der Probleme schafft ! Wenn jeder sich mit Leib und Seele darum bemüht, Religion zu üben, Sadhana zu machen und Gottverwirklichung zu erlangen, wird er wenig geneigt sein und wenig Zeit haben, Streitereien zu verursachen. Automatisch wird Frieden auf Erden herrschen.

Die Rolle der Religion

Ein Christ denkt: »Es wird Frieden herrschen, wenn alle Menschen Christen werden«. Ein Moslem denkt: »Es wird Frieden herrschen, wenn sich alle Menschen zum Islam bekehren.« Dieser Gedanke ist ein Irrtum. Warum kämpfen die Menschen auf der Welt? Warum kämpfen Katholiken gegen Protestanten? Warum kämpfen Shivaiten gegen Visnuiten? Warum kämpfen Brüder untereinander? Das Herz muß sich ändern. Habsucht und Selbstsucht müssen verschwinden. Nur dann wird auf der Erde Frieden herrschen.

Die Menschen sprechen nur von Religion. Sie sind nicht daran interessiert, sie zu praktizieren oder zu leben. Wenn die Christen nach der Bergpredigt lebten, die Buddhisten dem edlen achtfachen Pfad folgten, die Moslems wirklich den Lehren des Propheten folgten und die Hindus ihr Leben nach der Lehre des Herrn, und der Heiligen und Weisen ausrichteten, würde überall Frieden herrschen.

Wenn der Friede dauerhaft und konstruktiv sein soll, muß er durch Gott erlangt werden. Es kann ohne den Herrn, Gott, keinen Frieden geben. Gott ist Friede. Verwurzle Dich im Frieden Gottes. Nun kannst Du Frieden ausstrahlen.

Furcht

Furcht ist ein Instinkt, den jeder Mensch hat. Furcht ist universell. Sie kann überall auftreten. Sie kann zu jeder Zeit kommen.

Der König fürchtet sich vor seinem Feind. Der Pandit fürchtet sich vor seinem Widerstreiter. Eine schöne Frau fürchtet sich vor dem Alter. Ein Anwalt fürchtet sich vor dem Richter und vor seinen Klienten. Die Frau fürchtet sich vor ihrem Mann. Der Schüler fürchtet sich vor dem Lehrer. Der Polizeiinspektor fürchtet sich vor seinem Vorgesetzten. Der Frosch fürchtet sich vor der Schlange. Die Kobra fürchtet sich vor dem Mungo. Niemand ist absolut frei von jeder Furcht.

Was ist Furcht?

Furcht ist eine schmerzvolle Emotion, die von Gefahr ausgelöst wird. Es ist das Erfassen von Gefahr oder Schmerz. Furcht ist eine Emotion, die durch drohendes Übel oder einen bevorstehenden Schmerz ausgelöst wird und begleitet ist von dem Wunsch, ihm zu entkommen oder ihn zu vermeiden und für die eigene Sicherheit zu sorgen.

Es gibt Grade der Furcht; einfaches Erschrecken, Schüchternheit, Bestürzung, Schrecken und fürchterliche Angst. Bei fürchterlicher Angst schwitzt der ganze Körper; Urin und Fäkalien werden unwillkürlich ausgeschieden. Der Geist wird wie ein Stück Holz. Manchmal kommt es zu einem Schock und einem plötzlichen Zusammenbruch, und der Mensch stirbt an plötzlichem Herzversagen.

Furcht nimmt verschiedene Formen an. Der Gurkha Soldat fürchtet sich nicht vor einem Messer oder einer Kugel; aber er fürchtet sich vor einem Skorpion. Ein Jäger fürchtet sich nicht vor Tigern im Wald, aber er fürchtet sich vor dem Messer des Chirurgen. Der Mann an der Grenze fürchtet sich nicht vor dem Messer; er kann dem Chirurgen sogar gestatten, seine Eingeweide ohne Betäubungsmittel zu öffnen; aber er hat schreckliche Angst vor Schlangen. Manche Menschen fürchten sich vor Geistern. Manche Menschen fürchten sich vor Krankheiten. Die meisten Menschen fürchten öffentliche Kritik.

Normale Angst und eingebildete Angst

Es gibt zwei Arten von Angst, normale Angst und eingebildete Angst. Nur fünf Prozent sind normale Angst. Eingebildete Angst macht sicher neunzig Prozent aus.

Normale Furcht ist gesund. Sie pflastert den Weg zum Fortschritt. Sie erhält das Leben. Ein Schuldirektor fürchtet sich vor dem Schulinspektor. Er hat großes Interesse daran, die Kinder auszubilden. Alle Kinder bestehen die Prüfung. Ein Lokführer auf der Eisenbahn fürchtet sich vor dem vorgesetzten Beamten. Er führt seine Pflichten sehr sorgfältig aus. Es kommt zu keinem Zustammenstoß. Ein Arzt fürchtet sich vor schlechtem Ruf. Er kümmert sich sehr gut um seine Patienten. Er forscht. Er rettet viele Leben. Er wird auch ein berühmter Arzt.

Eingebildete Furcht verursacht Krankheiten, erschöpft die Energie des Menschen und verursacht alle möglichen fieberhaften Erregungen, geringe Vitalität, Unbehagen, Ungleichgewicht, usw. Bei einer Cholera- oder Thyphusepidemie ist Furcht die vorherrschende Ursache. Der Mensch fürchtet sich ungemein vor Cholera, sorgt sich und stellt sich vor, die Bakterien wären in seinen Körper eingedrungen. Einbildung richtet ernsthaften Schaden an. Er wird tatsächlich ein Opfer der Krankheit.

Beispiele für eingebildete Furcht

Ein Student bereitet sich Tag und Nacht auf die bevorstehende Prüfung vor. Er hat bei allen Klassenarbeiten rühmlich bestanden. Aber er entwickelt eine Art eingebildeter Furcht - Prüfungsangst - sobald er den Prüfungsraum betritt, wird nervös und verwirrt. Seine Hände zittern. Er kann nicht schreiben. Er fällt bei der Prüfung durch.

Shri R.S. Bannerjee schlief in einem Zimmer im Haus seines Freundes in Dehra Dun. Er und seine Freunde hatten an diesem Abend über die Belästigungen durch böse Geister gesprochen. Diese Gedanken drangen tief in seinen unterbewußten Geist. Er träumte, daß der Raum, in dem er schlief, voller Geister wäre, und daß einige Geister ihm übel mitgespielt hätten. Von diesem Tag an begann er allmählich seine Gesundheit einzubüßen. Das war auf irgendeine eingebildete Furcht zurückzuführen.

Jeder Mensch hat eingebildete Ängste. Manche Menschen haben die eingebildete Angst, ihren Arbeitplatz zu verlieren. Manche stellen sich vor und denken: »Was wird aus mir, wenn meine Frau jetzt stirbt? Dann muß ich mich um neun Kinder kümmern.« Manche Menschen haben die eingebildete Angst: »Was kann ich machen, wenn mein Geschäft zugrunde geht?« oder »Was wird aus dem Hinduismus, wenn ganz Indien Pakistan wird? Wenn der Kommunismus in ganz Indien eindringt ?« Solche eingebildeten Ängste sind endlos.

Phobien

Unübliche, private, irrationale und unnatürliche Ängste nennt man Phobien. Eine Phobie ist eine unnatürliche Form der Angst. Phobien haben keine objektive Realität. Es gibt nichts, was die Menschen erschrecken könnte. Es gibt in ihrer Umgebung keine bedrohliche Situation, die in ihnen Furcht auslösen könnte, und doch können sie sich nicht von Ängsten und negativen Gefühlen freimachen.

Manche Menschen fürchten sich vor Ratten. Das ist eine Rattenphobie. Manche Menschen fürchten sich vor Donner. Manche fürchten sich davor, im Dunkeln zu gehen. Manche fürchten sich vor großen Menschenmengen. Das ist eine Massenphobie. Manche Brahmacharis fürchten sich davor, eine Gruppe von Frauen zu sehen. Manche fürchten sich vor dem Alleinsein. Manche fürchten sich davor, in einem Raum ohne Licht zu schlafen. Manche fürchten sich vor geschlossenen Räumen wie Tunnel, usw. Das ist Klaustrophobie. Manche fürchten sich vor offenen Plätzen. Das ist Agoraphobie. Obwohl der Arzt ausdrücklich gesagt hat, daß ihnen organisch nichts fehlt, glauben manche Patienten doch weiterhin, sie hätten einen Herzfehler, eine Nierenerkrankung oder einen Leberschaden. Das sind die Phobien des Körpers.

Manche Menschen fürchten sich vor allem und jedem. Die Amerikaner fürchten sich vor den Russen. Die Russen fürchten sich vor den Amerikanern. Die Menschen, die an den Grenzen Indiens leben, fürchten sich vor den Angehörigen der Stämme. Phobien sind endlos.

Die Ursachen für Phobien sind Nervosität, kleinere oder größere Dummheit und Mangel an richtigem Denken und Verstehen.

Ein Wort an Eltern und Lehrer

Der Ursprung der meisten neurotischen Ängste kann in der Kindheit aufgespürt werden. Die Samen für Ängste können in der Kindheit im unterbewußten Geist schlummern. Sie keimen nach einiger Zeit in Phasen von Krisen oder Streß.

Der Geist von Kindern ist sehr leicht zu beeindrucken. Er ist sehr plastisch. Mütter und Lehrer müssen im Umgang mit Kindern sehr vorsichtig sein. Sie dürfen ihnen nichts erzählen, was sie erschrecken könnte. Im Gegenteil, sie sollten ihnen Geschichten von ritterlichen Menschen erzählen, die sie kühn und mutig machen. Auch in der Schwangerschaft sollten Mütter inspirierende Bücher lesen wie das Ramayana, das Bhagavata und das Mahabharata, wenn sie kluge und tapfere Kinder gebären wollen.

Mütter, Väter und Lehrer müssen wenigsten etwas psychologisches Wissen haben. Nur dann können sie die Kinder richtig formen.

Krankhafte Auswirkungen von Furcht

Furcht ist der Beginn jeden Übels. Aus Furcht entsteht Unglück. Die Ängste des Feiglings setzen ihm Gefahren aus.

Ständige Furcht erschöpft deine Lebenskraft, erschüttert das Vertrauen und zerstört deine Fähigkeiten. Sie macht Dich kraftlos. Sie ist ein Feind deines Erfolges.

Was Lähmung für den physischen Körper ist, ist Furcht für den Geist. Sie lähmt den Geist und macht Dich kraftlos. Furcht ist die zerstörerischste Emotion. Sie zerstört das Nervensystem und unterminiert deine Gesundheit. Sie schafft Sorge und macht Glück und Seelenfrieden unmöglich.

Furcht in all ihren verschiedenen Phasen ist der größte Feind des Menschen. Sie hat das Glück und die Leistungsfähigkeit des Menschen zerstört. Sie hat viele Menschen zu Feiglingen gemacht und viele zu Versagern. Furcht tötet jede Anstrengung und macht Eifer wirkungslos. Armut und Mißerfolg sind auf Gedanken von Furcht zurückzuführen.

Furcht ist ein großer Fluch der Menschheit. Furcht erstickt viele Leben und macht Menschen unglücklich und erfolglos. Furcht ist ein negativer Gedanke. Furcht ist dein schlimmste Feind.

Ursache der Furcht

Raga, Verhaftung, ist ein alter Begleiter der Angst. Du hängst an einer Füllfeder, einem Gehstock, einem Buch, einer Uhr, einem Handtuch, einem Kleid. Langsam schleicht sich Furcht ein. Es besteht die Furcht, sie zu verlieren.

Wo Raga ist, ist Furcht. Furcht und Raga bestehen nebeneinander. Der Mann ist an seine Frau verhaftet. Der Körper seiner Frau ist für ihn das größte Zentrum des Vergnügens. Also besteht in ihm Furcht, die Furcht, sie zu verlieren, die Furcht vor dem Tod, die Furcht, daß sie mit einem anderen Mann wegläuft, die Furcht, daß sie sich von ihm trennt, die Furcht, daß sie keinen Gefallen an ihm findet, usw. Da er an seinen Kindern hängt, seinem Haus und seinem Eigentum, hat er Angst, sein Haus, sein Eigentum und seine Kinder zu verlieren. Er versinkt in Sorge und hat einen schrecklichen Schock, wenn die Dinge zerstört werden oder verloren gehen.

Verhaftung an Dinge verursacht Furcht. Jede Verhaftung ist der Schoß schrecklicher Angst. Wer besitzt, fürchtet. Wer allem entsagt hat und den Atman in allem erkennt, fürchtet nicht.

Wenn es kein Raga gibt, gibt es keine Furcht. Das erste Glied in der Kette von Raga ist die Verhaftung des Menschen an seinen Körper. Alle Arten von Raga beginnen mit diesem Raga an den physischen Körper. Das Hängen an Leben und Körper und die Liebe zum irdischen Leben sind die Hauptursache jeder Furcht.

Schlimmer als im Wachzustand erfährt der Mensch drastische alarmierende Abnormalität im Schlaf. Das ist alles dadurch bedingt, daß der Geist mit herumirrenden Gedanken beladen ist, wenn man sich zurückzieht. Man sollte niemals in einem Zustand von Sorge oder Furcht zu Bett gehen, auch nicht schweren Herzens und auch nicht, wenn man über ein drohendes Übel brütet. Vor dem Zubettgehen muß jeder Mensch solche Gedanke beseitigen und über Gott meditieren, bis er von ihnen befreit ist. Er muß vollkommenen Frieden der Seele und des Geistes haben. Wenn man nicht über Gott meditieren kann, kann man laut sein Lob singen oder ein Gedicht rezitieren, bis man ins Bett fällt. Dann ist man sicher, einen friedlichen, tiefen Schlaf zu haben.

Ertränkende Wellen der Furcht mögen uns zu gewissen Zeiten heimsuchen. Wir verlieren vielleicht für einige Zeit das geistige Gleichgewicht. Wir sind vielleicht überempfindlich und erregt. Eine Kette böser Ereignisse taucht vor uns auf, eines nach dem anderen, in rascher Abfolge. Die Erinnerung an Vergangenes galoppiert in geflügelter Geschwindigkeit dahin. Die Einbildung taucht auf, und wir stellen uns Unheil über Unheil vor, das uns erwartet. Und doch, unter all diesen Umständen, müssen wir unser vollstes Vertrauen in Gott setzen, bei Ihm Zuflucht suchen und vollständig daran glauben, daß Er allein uns erlösen kann.

Überwindung der Furcht

Erfolg auf diese Art und Weise wird nicht genügen. Es muß in die Praxis umgesetzt werden. Wir müssen uns zuerst denen stellen, vor denen wir uns fürchten. Wenn ein Mann davor Angst hat, sich einer Zuhörerschaft zu stellen, muß er es zu seiner ersten und vordersten Pflicht machen, die er ausführt, bis er von Lampenfieber und Nervosität frei ist. Wenn man in Gegenwart des Vorgesetzten oder eines anderen Menschen, von dem man meint, er hätte größere Macht, zittert, muß man das täglich als seine erste Pflicht ausführen, bis man genug moralische Stärke hat. Wenn Du Dich vor etwas fürchtest, sieh ihm ins Gesicht. Die Furcht wird vergehen.

Setze Dich eine Weile hin. Denke gut nach. Schau nach innen. Jede eingebildete Furcht wird sich davonmachen. Sie wird in einem luftigen Nichts dahinschwinden. Der Geist täuscht Dich durch eingebildete Ängste. Lerne zu unterscheiden, denke nach, reflektiere und meditiere. Der Geist wird sich davonstehlen wie ein Dieb. Du wirst jetzt spüren, daß Du all diese Jahre von diesem ungezogenen Geist zum Narren gehalten worden bist, und daß Furcht eine Nichtwesenheit ist, eine große Null.

Lege die Samen des Mutes in dein Herz. Laß den Mut wachsen. Die Furcht wird von selbst sterben. Das Positive ist immer stärker als das Negative. Das ist ein unabänderliches psychisches Gesetz. Das ist die Pratipakshabhavana Methode der Raja Yogis. Versuche diese Methode immer und immer wieder. Du mußt einfach Erfolg haben.

Entwickle Willenskraft. Pflege Mut und Stärke. Entwickle die geistige Kraft der Ausdauer, Festigkeit im Begegnen von Gefahren und Widerstandsfähigkeit. Sei mutig und geduldig in heftigen Schmerzen, wenn Du Kinder oder Eigentum verlierst, und wenn Du ernstlich krank bist. Habe Mut und einen männlichen Charakter. Denke an die Heiligen und ihre tugendhaften Handlungen. Lebe in Gemeinschaft von Weisen und Yogis. Meditiere über den furchtlosen Atman. Du wirst Mut entwicklen, einen männlichen Charakter und andere Tugenden. Alle Phobien werden verschwinden.

Gott schenkt seinen Verehrern vollkommene Sicherheit und nimmt jede Furcht von ihnen. Er verwandelt das Gefühl der Unsicherheit und Furcht in ein Gefühl des Vertrauens und Glaubens. Er rettet vor Panik und Verzweiflung. Suche Zuflucht beim Herrn, bei Seinem

Namen und Seiner Gnade. Alle Ängste werden vollständig verschwinden. Er wird Dir Stärke, Kraft, Mut, Geistesgegenwart, usw. einflößen.

Gib Verhaftung durch das Üben von Verhaftungslosigkeit, Vairagya auf, und ersetze sie durch die Verhaftung an die Lotusfüße des Herrn. Jede Furcht wird verschwinden. Habe immer den Gedanken: »Alle Dinge sind nur Illusion, vergänglich und schmerzlich.« Dann wirst Du keine Verhaftung haben. Und auch wenn es Verhaftung gibt, wird sie nur schwach sein. Du kannst sie mit ein wenig Nachdenken und Unterscheidung vertreiben. Der Verzicht auf alles und die Entwicklung von Brahma-Bhava ist das beste Hilfsmittel, um jede Furcht zu überwinden.

Ein Irrtum der Psychologen

Psychologen sind der Ansicht, daß es keine absolute Furchtlosigkeit geben kann, und daß man sich nur sehr bemühen kann, die Furcht zu besiegen. Das stimmt nicht. Psychologen haben keine transzendentale Erfahrung. Ein vollkommener Weiser, der das Wissen von Brahman besitzt, ist absolut furchtlos. Die Upanishaden erklären mit donnernder Stimme: »Wer das furchtlose Brahman kennt, wird selbst absolut furchtlos.«

Es kann nur Furcht geben, wenn es Dualität gibt. Wenn man spürt, daß es etwas zweites neben einem selbst gibt, löst das sofort Furcht aus. Man fürchtet sich vor dem anderen Menschen. Wie kann es Furcht geben für jemanden, der Nichtdualität empfindet? Der vollkommene Weise, der in Nichtdualität fest verwurzelt ist, ist der mutigste Mensch. Der Mut eines Soldaten am Schlachtfeld oder eines Schurken ist nur tamasiger Mut. Es ist eigentlich kein Mut. Es ist nur brutale Gewalttätigkeit, die aus Haß und Eifersucht entstand. Nur der sattvige Mut, der aus Weisheit um das Selbst entstand, ist Mut.

Es darf im Geist keinen Dualismus geben. Es muß immer kosmische Liebe und universelle Brüderlichkeit entwickelt werden. Wenn Liebe und Brüderlichekit vorhanden sind, gibt es keine Feindschaft. Es gibt keine Überlegenheit oder Unterlegenheit der Kraft. Natürlich ist das nur ein Teilabschnitt. Die letzte Phase ist das Gefühl der Einheit von allem. Alle sind Brahman. Alle verschmelzen in Brahman. Brahman allein durchströmt das Universum. Es gibt nichts zweites in Seiner Schöpfung. Dieses Wissen entwurzelt vollständig die Furcht und führt den Menschen zu ewigem Frieden.

Ganges

Der Ganges ist der heiligste Fluß Indiens. Der Ursprung des Ganges wird himmlischer Herrlichkeit zugeschrieben. Shri Krishna sagt in der Bhagavad Gita: »Ich bin der Ganges unter den Flüssen.«

Für einen Hindu hat das Wort Ganges eine eigene geheiligte Bedeutung. Jeder Hindu dürstet nach einem Untertauchen im Ganges, nach einem Tropfen seines Wassers zur Stunde seines Todes. Aspiranten und Bettler bauen ihre Hütten am Gangesufer, um Bußübungen und Meditation zu praktizieren. Bishma sprach in seinen letzten Anweisungen an die Pandavas von seinem Bett aus Pfeilen in sehr hohen Worten über die Herrlichkeit des Ganges.

Im Satya Yuga waren alle Orte heilig. Im Tetra Yuga, wurde Pushkara als der heiligste Ort angesehen. Im Dvapara Yuga wurde Kurukshetra als der heiligste Ort betrachtet. Im Kali Yuga hat der Ganges diesen Ruhm. Das Devi Bhagavata sagt: »Wer den Namen des Ganges auch aus einer Entferung von Hunderten von Kilometern ausspricht, findet Befreiung von Sünde und kommt zum Sitz Gott Haris.«

Das Gangesbad

Tausende von Pilgern kommen jedes Jahr nach Hardwar und Rishikesh und tauchen in dem heiligen Fluß unter. Sie haben gewaltiges Vertrauen in die Herrlichkeit von Mutter Ganges. Sie glauben, daß all ihre Sünden weggewaschen werden, wenn sie in dieses heilige Gangeswasser tauchen. Sie werden tatsächlich abgewaschen. Das Eintauchen im Ganges reinigt sofort. Darüber besteht kein Zweifel. Auch überzeugte Atheisten und Rationalisten kommen nach Hardwar, um ein erfrischendes Bad im Ganges zu nehmen.

Wo auch immer ein gläubiger Hindu sein Bad nimmt, ruft er zuerst den Ganges an und spürt Seine Gegenwart im Wasser, bevor er in den Fluß taucht. Wenn er weit vom Ganges entfernt wohnt, spürt er eine starke Sehnsucht danach, Ihn eines Tages zu sehen und seine Existenz dadurch zu segnen, daß er in seinen heiligen Wassern badet. Wenn er den Segen hat, ein Bad im Ganges zu nehmen, nimmt er etwas Wasser mit nach Hause und bewahrt es sorgsam in einem Gefäß auf, damit er es zum Zwecke der Reinigung verwenden kann.

Der Ganges - eine Form des höchsten Wesens

Der Ganges ist eine Form von Vishnu. Er kam aus dem höchsten Wesen. Sein Anblick ist betörend und erhebend. Er fließt in den Tälern und lebt neben Parvati, der Tochter von Himavan. Wie großartig ist er, wenn er durch das Tal von Rishikesh fließt! Er ist blau wie der Ozean. Das Wasser ist überaus klar und süß. Reiche Menschen aus den Ebenen holen sich Wasser aus Rishikesh. Es wird in großen Kupfergefäßen an entlegene Orte Indiens gebracht.

Den Ganges in Rishikesh zu betrachten, erhebt die Seele. Einige Minuten auf einem Stein neben dem Ganges zu sitzen, ist eine Gnade. Einige Monate in Rishikesh am Ufer des Ganges zu leben und Anushthana oder Purascharana zu üben, ist großes Tapas, das den Aspiranten zum Sitz Shri Haris bringt. Ständig an den Ufern des Ganges zu weilen und das Leben in Meditation zuzubringen, ist Shivanandam.

Mutter Ganges gibt denen, die sich nach Ihrer Gnade sehnen, sichtbare und unsichtbare Kräfte. Sitze alleine am Ufer des Ganges. Konzentriere dich. Meditiere. Sieh, wie spirituelle Schwingungen dein Herz im Inneren anregen und sogar dein schlechtes Gewissen zunichte machen. Woher kam plötzlich die höchste Freude, die Dich jetzt so vollständig erfüllt! Wie sie sofort deinen Geist und dein Bewußtsein von der physischen Welt wegzieht in die Bereiche der Unsterblichkeit, nur um Dich in Wonne und Glückseligkeit zu wiegen!

Die Reinheit des Gangeswassers

Das Gangeswasser ist überaus rein und läuternd. Keine Bakterien können darin gedeihen. Das ist von diversen Wissenschaftern im Laboratorium getestet worden. Dieses mineralreiche Wasser heilt beinahe alle Krankheiten.

Der Ganges ist voll von antiseptischen Mineralien. Sogar im Westen verschreiben Ärzte Gangeswasser, um damit Hauterkrankungen zu behandeln. Der Ganges ist nicht bloß ein Fluß. Er ist ein heiliger Tirtha. Er besitzt geheimnisvolle Kräfte, die man in keinem anderen Fluß der Erde findet. Auch Wissenschafter haben die Wirksamkeit des Gangeswassers anerkannt.

Dr.F.C. Harrison von der McGill Universität in Kanada schreibt: »Ein eigenartiges Faktum, das niemals vollständig erklärt werden konnte, ist, daß der Choleravirus im Gangeswasser sehr rasch, binnen drei, vier Stunden abstirbt. Wenn man bedenkt, daß zahlreiche Leichen von Bewohnern, häufig Choleraopfer, darin treiben, und daß Tausende von Bewohnern darin baden, scheint es bemerkenswert, daß der Glaube der Hindus, das Wasser dieses Flusses sei rein und könne nicht beeinträchtigt werden, und daß man es unbeschadet trinken und darin baden könne, mit Mitteln moderner bakteriologischer Forschung bestätigt werden sollte.«

Ein bekannter französischer Physiker, Dr.D.Herrelle, stellte ähnliche Untersuchungen über das Geheimnis des Ganges an. Er beobachtete einiger der dahintreibenden Leichen, die an Ruhr und Cholera gestorben waren, und war überrascht, festzustellen, daß »bereits einen knappen Meter unter den Leichen, wo man erwarten würde, Millionen dieser Ruhr- und Cholerabakterien vorzufinden, es überhaupt keine Keime gab.« Dann zog er Keime von Patienten heran, die diese Krankheit hatten, und setzte diesen Kulturen Gangeswasser bei. Nachdem er das Ganze eine Zeitlang brüten hatte lassen, waren die Keime zu seiner größten Überraschung vollkommen vernichtet.

Ein englischer Physiker, Dr.C.E. Nelson, Mitglied des Königlichen Chirurgenverbandes, berichtete von einem weiteren beeindruckenden Umstand. Er sagte, »daß Schiffe, die von Kalkutta aus nach England fahren, ihr Wasser aus dem Hooghly Fluß aufnehmen, der einer der Mündungen des schmutzigen Ganges ist, und daß dieses Gangeswasser den ganzen weiten Weg bis nach England frisch bleibt. Andererseits stellt man auf Schiffen, die von England nach Indien fahren, fest, daß das Wasser, das sie in London aufnehmen, nicht frisch bleibt, bis sie Bombay erreichen, das eine Woche näher zu England liegt als Kalkutta. Sie müssen ihre Tanks in Port Said, Suez oder Aden am Roten Meer auffüllen.« Es ist nicht verwunderlich, daß die Inder den Ganges für einen sehr heiligen Fluß mit geheimnisvollen Kräften halten.

Ein stummer Lehrer

Der Ganges entspringt in Gangotri im Himalaya. Er trifft auf seinem Weg auf zahlreiche Hindernisse, bis er schließlich sein Ziel, den Ozean, erreicht. In gleicher Weise sollte der Sadhaka niemals seinen Kampf aufgeben, wie unüberwindlich die Hindernisse auf seinem Weg auch zu sein scheinen. Alle Hindernisse und Schwierigkeiten werden durch die Gnade des Herrn beseitigt, wenn er aufrichtig seine Yogapraktiken fortsetzt, und er wird das Ziel erreichen.

Der Ganges gibt immer frisches reines Wasser. Er erwartet nichts dafür als Gegenleistung. Die Sonne spendet ihr Licht allen, ohne dafür einen Lohn zu erwarten. Lerne daraus. Immer gib, gib. Verlange nichts dafür. Erwarte nichts dafür. Erwarte nicht einmal Wertschätzung, Anerkennung oder Lob.

Ein Schurke und ein Heiliger können das Gangeswasser trinken. Die Sonne läßt ihr Licht auf den Bösen und auf den Guten scheinen. Der Mangobaum gibt seine Früchte sowohl dem, der sich um ihn kümmert, wie auch dem, der seine Äste abschneidet. Entwickle eine universelle Sicht wie der Ganges, die Sonne und der Mangobaum.

Ich liebe den Ganges und den Himalaya. Der Ganges ist meine göttliche Mutter. Der Himalaya ist mein göttlicher Vater. Sie inspirieren und führen mich. Ich bade im Ganges. Ich schwimme im Ganges. Ich verehre den Ganges. Ich füttere die Fische im Ganges.

Ich schwenke Licht vor Mutter Ganges. Ich bete zum Ganges. Ich grüße den Ganges. Ich besinge die Herrlichkeit des Ganges. Ich schreibe über die Pracht und die Herrlichkeit des Ganges.

Der Ganges hat mich genährt. Der Ganges hat mich getröstet. Der Ganges hat mich die Wahrheit der Upanishaden gelehrt.

Oh Freund! Folge den Spuren von Mutter Ganges. Sei rein. Sei anpassungsfähig. Sei tolerant. Sei verzeihend. Sei süß. Ergieße deine Liebe über alle. Teile das, was Du hast - physisch, moralisch, geistig und spirituell - mit der ganzen Menschheit. Je mehr Du gibst, desto mehr erhältst du. Gib ohne selbstsüchtiges Motiv, ohne einen Lohn zu erwarten. Umfasse alle. Entwickle universelle Sicht.

Alle Herrlichkeit sei der Mutter Ganges, die Leben, Licht und Liebe gibt. Verehre sie mit Glauben, Hingabe und Frömmigkeit. Verehre sie mit den Blumen der Reinheit, der Liebe, der Selbstbeherrschung und der universellen Sicht. Singe Ihre Namen. Erreiche Brahman durch Ihre Gnade. Möge Mutter Ganges Euch alle segnen! Möge sie Euch helfen, an ihren Ufern zu leben und Yoga und Tapas zu üben!

Gebet

Das Kätzchen miaut und die Katze läuft hin, um es wegzutragen. Genauso ruft der Gläubige, und der Herr kommt ihm zu Hilfe.

Gebet ist das Anrufen Gottes um Hilfe in der Verzweiflung. Gebet ist, Gott die Möglichkeit zu geben, den Gläubigen zu trösten. Gebet ist das Erleichtern des Gewichts auf deinem Herzen, indem Du es Gott öffnest. Gebet heißt, Gott die Entscheidung zu überlassen, was das Beste für Dich ist, wenn Du Dich in einem Konflikt befindest. Durch Verzweiflung lernt der Mensch beten.

Ein mystischer Zustand

Beten ist nicht Bitten. Beten ist Gemeinschaft mit Gott durch aufrichtige Hingabe.

Gebet ist Nähe zu Gott. Gebet ist das Hinwenden des Geistes zu Gott. Gebet ist das Fixieren des Geistes auf Gott. Gebet ist Meditation über Gott. Gebet ist die vollständige Hingabe an Gott. Gebet ist das Aufgehen von Geist und Ego in der Stille in Gott. Gebet ist ein mystischer Zustand, wenn das individuelle Bewußtsein in Gott aufgeht.

Gebet ist das Erheben der Seele Gott entgegen. Es ist ein Akt der Liebe und der Verehrung für Ihn. Gebet ist Verehrung Gottes. Gebet ist Verherrlichung Gottes. Gebet ist der Dank an Gott für Seinen Segen. Gebet ist Anrufung, das Aufrufen der spirituellen Kräfte, die ständig durch das menschliche Herz, den Geist und die Seele fließen. Gebet ist eine mächtige spirituelle Kraft. Es ist so real wie die Schwerkraft oder die Anziehungskraft.

Gebet ist Seele und Essenz der Religion. Es ist das absolute Zentrum im Leben des Menschen. Niemand kann ohne Gebet leben.

Jeder kann beten

Der Blinde, der Taube und der Lahme, der Armlose, der Schwache, der Unwissende, der Niedrigste und der Verlorene - jeder kann zu Gott beten, denn Gebet gehört zum Herzen und seinem Fühlen und nicht zum Körper.

Gebet verlangt keine hohe Intelligenz oder Beredsamkeit. Gott möchte dein Herz, wenn Du betest. Schon wenige Worte aus einer demütigen reinen Seele - auch wenn sie ungebildet sind - werden dem Herrn mehr gefallen als der beredte Wortfluß eines Redners oder Pandits.

Das Kind kennt nicht Grammatik und Betonung: es stößt ein paar Laute aus, aber die Mutter versteht! Der indische Butler eines europäischen Offiziers ist kein Englischprofessor: er spricht ein paar Sätze ohne Zeitwort, aber der Offizier versteht! Wenn andere die Sprache des Herzens verstehen können, was soll man dann vom Antaryamin sagen ? Er weiß, was Du sagen möchtest ! Auch wenn Du im Gebet an Ihn Fehler machst, auch wenn Fehler im Mantra sind, das Du wiederholst, wenn Du aufrichtg bist und das Gebet aus deinem Herzen kommt, hört Er es, denn Er versteht die Sprache deines Herzens.

Wessen Gebet wird erhört?

Das Gebet muß von Herzen kommen. Es darf kein Lippenbekenntnis sein. Ein leeres Gebet ist wie Messingklang oder das Klingen von Schellen.

Ein Gebet aus einem aufrichtigen reinen Herzen wird vom Herrn sofort erhört. Das Gebet eines Schurkens wird nie erhört.

Gott antwortet immer auf die Anliegen derer, die Ihm aufrichtig ergeben sind. Nur der unaufrichtige Mensch sagt, Gott ist taub.

Gott hält immer nach den Signalen der Verzweiflung Seiner Kinder Ausschau. Öffne Ihm dein Herz vorbehaltslos. Die Antwort wird sogleich folgen.

Die Gebetspraxis

Der Herr hat Dir den Atem gegeben, damit Du ihn zum Beten verwendest. Knie nieder und bete; aber laß das Gebet nicht aufhören, wenn Du Dich erhebst. Das Gebet muß das ganze Leben lang währen, und dein Leben muß ein einziges langes Gebet sein.

Es gibt kein Problem, das nicht durch Gebet gelöst werden könnte, kein Leid, das nicht durch Gebet überwunden werden kann, und kein Übel, das nicht durch Gebet behoben werden kann. Gebet ist das in Verbindung treten mit Gott. Gebet ist das Wunder, durch das die Kraft Gottes in menschliche Venen strömt. Daher knie nieder und bete.

Wenn in deiner Brust die Stürme von Lust und Zorn, von Eitelkeit und Lasterhaftigkeit toben, knie nieder und bete. Denn der Herr - und nur Er - hat Gewalt über die Elemente. In deinem Flehen liegt deine Stärke. Sein Segen wird Dich erfüllen, Seine Gnade Dich schützen, Seine Barmherzigkeit Dich umgeben und durch Seinen göttlichen Willen auf dem Weg der Rechtschaffenheit anspornen.

Daher knie nieder und bete. Nicht um irdische Güter, nicht um himmlische Freuden, sondern um Seine Gnade. »Dein Wille geschehe, mein Herr! Ich wünsche nichts«, soll dein Gebet sein. Denn Du weißt nicht, was für Dich gut ist; und Du bittest vielleicht um Schwierigkeiten und betest um Verderbnis. Bete um Gnade. Bete, daß Seine Rechtschaffenheit sich auf die Seele aller Menschen senken möge.

Begrüße den Tagesanbruch und verabschiede Dich bei der untergehenden Sonne mit einem Gebet der Dankbarkeit; zuerst für den neuen Tag, der Dir gewährt wird, und zuletzt für die Gnade, die Du erhalten hast. So wird dein Leben gesegnet sein, und so wirst Du Seinen Segen ausstrahlen.

Nutzen des Gebets

Gebet ist eine mächtige spirituelle Kraft. Gebet ist spirituelle Nahrung für die Seele. Gebet ist ein spirituelles Stärkungsmittel.

Gebete sind mächtige spirituelle Ströme. Es gibt nichts Reinigenderes als das Gebet. Wenn Du regelmäßig betest, wird sich dein Leben allmählich verändern und formen. Das Gebet muß zur Gewohnheit werden. Du wirst das Gefühl haben, Du kannst ohne Gebet nicht leben, wenn das Gebet Dir zur Gewohnheit wird.

Das Gebet erleichtert das Herz und erfüllt den Geist mit Frieden, Kraft und Reinheit. Wenn der Geist durch die Kraft des Gebets rein und sattvig wird, wird der Intellekt scharf und genau. Das Gebet erhebt den Geist. Wenn Du betest, verbindest Du Dich mit dem unerschöpflichen kosmischen Kraftwerk - Hiranyagarbha - und schöpfst Kraft, Energie, Licht und Stärke aus Ihm.

Das Gebet ist der verläßliche Gefährte am beschwerlichen Weg zu Moksha. Das Gebet ist der Fels, an den sich der Mensch halten kann, wenn er im Ozean von Samsara untergeht. Das Gebet befreit den Gläubigen von der Furcht vor dem Tod. Es bringt ihn näher zu Gott und läßt ihn das göttliche Bewußtsein und seine wahre, unsterbliche und wonnevolle Natur erfahren.

Das Gebet wirkt Wunder. Das Gebet versetzt Berge. Auch wenn die Ärzteschaft einen Fall als hoffnungslos bezeichnet hat, kommt das Gebet zu Hilfe, und der Patient wird auf wunderbare Weise geheilt. Es gab viele derartige Fälle. Vielleicht bist Du Dir dessen bewußt. Heilen durch Gebete ist wirklich wunderbar und mysteriös.

Das Gebet ist ein unfehlbares Hilfsmittel in jeder Situation. Oftmals habe ich seine wundervolle Kraft erfahren. Auch Du kannst diese Erfahrung machen.

Bete und erblühe

Du weinst, wenn in dein Haus eingebrochen wird. Du weinst und wehklagst, wenn dein Kind stirbt. Du krümmst Dich vor Schmerz, wenn Du Dir etwas brichst. Oh Ram! Weinst Du jemals um Gott? Weine immer um Ihn. Er wird alles Leiden abwenden. Schlinge Dich um Gott und bitte um Seine Hilfe. Du wirst frei sein von den Verletzungen des Lebens. Wende diese Methode an und ernte die Früchte. Bete und erblühe.

Nichts in dieser Welt wird Dich retten. Gott liebt Dich am meisten. Berufe Dich auf Ihn. Er wird Dir entgegenlaufen. Suche Seine Führung. Lobe Seine Herrlichkeit. Rufe Seine Gnade an.

Draupadi betete inbrünstig. Shri Krishna kam von Dvaraka angelaufen, um ihr Leiden zu lindern. Gajendra betete glühend; Gott Hari kam mit Seinem Diskus, um ihn zu beschützen. Es war Miras Gebet, das das Nagelbett in ein Rosenlager verwandelte und die Kobra in eine Blumengirlande. Es war Pralahdas Gebet, das das kochende Öl abkühlte, als es über seinen Kopf gegossen wurde. Namdev betete, und Vitthal stieg aus seinem Bild, um sein Essen zu sich zu nehmen. Eknath betete, und Gott Hari zeigte ihm Seine Gestalt mit vier Händen. Damaji betete, und Shri Krishna spielte die Rolle des Dieners und zahlte Seine Schulden an die Badshaw. Narada betet noch immer. Was willst Du mehr? Bete inbrünstig jetzt sofort, von dieser Sekunde an. Du wirst ewige Wonne erreichen.

Gedanke

Der Gedanke ist eine vitale, lebendige Kraft, die vitalste, subtilste und unwiderstehlichste Kraft, die es im Universum gibt.

Der Gedanke ist eine starke Kraft. Der Gedanke ist eine dynamische Kraft. Er entsteht durch die Schwingungen des physischen Pranas, des Sukshma Pranas, auf der Geistsubstanz. Er ist eine Kraft wie Schwerkraft, Kohesion oder Abstoßung.

Du bist umgeben von einem Ozean von Gedanken. Du treibst im Ozean der Gedanken. Du nimmst bestimmte Gedanken auf und gibst andere in die Gedankenwelt ab. Die Gedankenwelt ist auf der relativen Ebene realer als das physische Universum.

Gedanken sind lebendige Dinge. Jede Veränderung im Gedanken wird von einer Schwingung seiner Geistmaterie begleitet.

Jeder Gedanke hat einen bestimmten Namen und eine bestimmte Form. Die Form ist der grobstofflichere und der Name ist der feinere Zustand einer einzigen sich manifestierenden Kraft, die Gedanke heißt.

Gedanke ist feinstoffliche Materie

Der Gedanke ist feinstoffliche Materie. Der Gedanke ist genauso ein Ding wie das Stück Stein da drüben. Der Gedanke hat Form, Gestalt, Größe, Farbe, Eigenschaft, Substanz, Kraft und Gewicht. Ein spiritueller Gedanke ist gelb; ein haß- und zornerfüllter Gedanke ist dunkelrot; ein selbstsüchtiger Gedanke ist braun; und so weiter.

Man stirbt, aber die Gedanken können nie sterben. Die machtvollen Gedanke von großen Weisen und Rishis vergangener Zeiten sind noch immer in der Akasa-Erinnerung. Hellsichtige Yogis können diese Gedankenbilder wahrnehmen. Sie können sie lesen.

Der Gedanke kommt durch die Nahrung zu uns. Wenn die Nahrung rein ist, wird auch der Gedanke rein. Wer reine Gedanken hat, spricht mit viel Kraft und hinterläßt einen starken Eindruck im Geist des Zuhörers. Er beeinflußt tausende Menschen durch seine reinen Gedanken. Ein reiner Gedanke ist schärfer als eine Rasierklinge. Habe immer reine erhabene Gedanken.

Der Gedanke formt den Charakter

Jeder deiner Gedanken hat auf jede erdenkliche Weise einen tatsächlichen Wert für dich. Die Kraft deines Körpers, die Kraft deines Geistes, dein Erfolg im Leben und die Freude, die deine Gesellschaft anderen bereitet - alles hängt von der Natur und Eigenschaft deiner Gedanken ab. Du mußt wissen, wie Du mit den Gedanken umgehen mußt. Der Umgang mit den Gedanken ist eine exakte Wissenschaft.

Der Mensch wird vom Gedanken geschaffen. Ein Mensch wird das, woran er denkt. Denke, Du bist stark; Du wirst stark werden. Denke, Du bist schwach; Du wirst schwach werden. Denke, Du bist töricht; Du wirst ein Dummkopf werden. Denke, Du bist Gott; Du wirst Gott. Ein Mensch formt seinen Charakter, er wird das, was er denkt. Wenn Du über Mut meditierst, wird dein Charakter mutig werden. Genauso verhält es sich mit Reinheit, Geduld, Selbstlosigkeit und Selbstbeherrschung. Wenn Du edel denkst, wird dein Charakter allmählich edel. Wenn Du niedrig denkst, wird sich ein niedriger Charakter bilden. Du kannst genauso sicher deinen Charakter aufbauen, wie ein Maurer eine Mauer errichten kann, da er mit dem Gesetz und durch das Gesetz arbeitet.

Der Geist hat eine 'Anziehungskraft'. Du ziehst ständig sowohl von der sichtbaren wie auch von der unsichtbaren Seite der Lebenskräfte Gedanken, Einflüsse und Bedingungen an, die deinen eigenen Gedanken und Linien sehr ähnlich sind. Nimm jeden beliebigen Gedanken mit dir, und so lange Du ihn bei Dir trägst, egal wie weit Du über Berg und Tal gehst, wirst Du ohne Unterlaß, ob Du es weißt oder nicht, eben nur das anziehen, was der in Dir vorherrschenden Gedankeneigenschaft entspricht.

Die Frucht von Gedanken

Ein guter Gedanke ist ein dreifacher Segen. Zuerst nützt er dem, der ihn denkt, indem er seinen Geistkörper verbessert. Zweitens nützt er dem, über den gedacht wird. Letztlich nützt er der ganzen Menschheit, da die allgemeine geistige Atmosphäre verbessert wird.

Ein schlechter Gedanke jedoch ist ein dreifacher Fluch. Zuerst schadet er dem Denkenden, denn er verletzt seinen Geistkörer. Zweitens schadet er dem Menschen, den er zum Gegenstand hat. Letztlich schadet er der ganzen Menschheit, denn er verdirbt die ganze geistige Atmosphäre.

Gedanken sind deine wirklichen Kinder. Sei vorsichtig mit deiner Gedankennachkommenschaft. Ein guter Sohn bringt dem Vater Glück, Ruhm und Ehre. Ein schlechter Sohn bringt seinem Vater Schande und Mißachtung. Genauso bringt Dir ein edler Gedanke Glück und Freude. Ein schlechter Gedanke bringt Dir Kummer und Schmerz. So wie Du deine Kinder mit großer Sorgfalt aufziehst, genauso mußt Du gute erhabene Gedanken mit großer Sorgfalt aufziehen.

Gedanken führen zu Handlung. Schlechte Gedanken schaffen schlechte Taten. Gute Gedanken schaffen gute Taten. Gedanken sind die Quelle aller Taten. Der Gedanke ist das wahre Karma. Denken ist das wahre Handeln. Wenn Du alle schlechten Gedanken am Beginn ausrotten kannst, wirst Du nichts Böses tun. Wenn Du sie in der Knospe vernichten kannst, wirst Du frei sein von Elend und von den Unbilden dieser Welt. Beobachte deine Gedanken sorgfältig und aufmerksam.

Ausrotten von schlechten Gedanken

Zuerst kommt ein schlechter Gedanke in den Geist. Dann hat man eine feste Vorstellung. Man erfreut sich daran, diesem schlechten Gedanken nachzuhängen. Man läßt ihn im Geist verweilen. Allmählich faßt der schlechte Gedanke, wenn ihm kein Widerstand gleistet wird, im Geist festen Fuß. Dann wird es sehr schwierig, ihn wieder zu vertreiben. Gedanken werden durch Wiederholung stärker. Wenn man einen schlechten oder einen guten Gedanken einmal hat, hat dieser schlechte oder gute Gedanke die Tendenz, wieder aufzutauchen.

Gedanken der selben Art rotten sich zusammen, wie sich Vögel der selben Art zusammenfinden. Wenn Du einen einzigen schlechten Gedanken hast, kommen alle möglichen schlechten Gedanken dazu und ziehen Dich nach unten. Wenn Du einen guten Gedanken hast, kommen alle guten Gedanke zusammen und erheben dich.

Kontrolliere deine Gedanken. So wie man nur die guten Früchte aus dem Korb nimmt und die schlechten weggibt, so bewahre auch die guten Gedanken im Geist und weise die schlechten zurück. Märze Lust, Habgier und Egoismus aus. Bewahre nur reine heilige Gedanken. Obwohl diese Aufgabe schwierig ist, mußt Du sie üben. Ohne Schweiß kein Preis.

So wie Du Tür und Tor schließt, wenn ein Hund oder Esel hereinzukommen versucht, so schließe auch deinen Geist, bevor ein schlechter Gedanke eindringen und einen Eindruck im physischen Gehirn hinterlassen kann. Du wirst bald weise werden und ewigen, unendlichen Frieden und Wonne erlangen.

Gedanken sind wie die Wellen am Meer. Sie sind zahllos. Am Anfang verzweifelt man vielleicht. Manche Gedanken vergehen, während andere wie ein Strom hervorquellen. Dieselben alten Gedanken, die einmal unterdrückt waren, zeigen nach einiger Zeit wieder ihr Gesicht. Verzweifle in keiner Phase der Praxis. Innere spirituelle Stärke wird sich allmählich in Dir manifestieren. Das kannst Du spüren. Am Ende ist Dir der Erfolg sicher. Alle Yogis von einst hatten dieselben Schwierigkeiten, die Du nun erlebst.

Erkenne klar die schwerwiegenden und zerstörerischen Folgen schlechter Gedanken für dich. Das wird Dich achtsam machen, wenn die schlechten Gedanken kommen sollten. In dem Augenblick, in dem sie kommen, bemühe dich, den Geist auf ein anderes Objekt göttlicher Gedanken, Gebet oder Japa zu richten. Eine wirklich ernsthafte Absicht, die schlechten Gedanken vertreiben zu wollen, wird Dich so achtsam sein lassen, daß Du sofort aufwachen wirst, selbst wenn sie im Traum auftauchen.

Halte den Geist vollauf beschäftigt. Dann werden keine schlechten Gedanken kommen. Ein untätiges Gehirn ist die Werkstatt des Teufels. Beobachte den Geist in jeder Minute. Sei immer mit einer Arbeit beschäftigt. Vermeide unnötige Gespräche und Geschwätz. Erfülle den Geist mit erhabenen Gedanken, so wie Du sie in der Gita, den Upanishaden oder dem Yoga Vasishtha findest.

Bewahrung und Einsatz der Gedankenenergie

So wie Energie in müßigen Gesprächen und Geschwätz verschwendet wird, so wird Energie auch durch nutzlose Gedanken verschwendet. Daher darf kein einziger Gedanke verschwendet werden. Verschwende kein Jota Energie mit unnötigem Denken. Bewahre alle geistige Kraft und verwende sie zur Meditation und hilfreichem Dienst an der Menschheit.

Speichere keine unnötigen Informationen in deinem Gehirn. Lerne es, den Geist zu entgeistigen. Verlerne alles Gelernte. Es ist nun nutzlos für dich. Nur dann kannst Du den Geist mit göttlichen Gedanken erfüllen. Du wirst neue geistige Kraft erlangen, da nun alle zerstreuten Geiststrahlen gesammelt sind.

Vetreibe alle unnötigen, sinnlosen und mißliebigen Gedanken aus deinem Geist. Unnütze Gedanken behindern dein spirituelles Wachstum; mißliebige Gedanken sind Stolpersteine beim spirituellen Fortschritt. Du entfernst Dich von Gott, wenn Du unnötige Gedanken hast. Ersetze sie durch Gedanken an Gott. Bewahre nur Gedanken, die hilfreich und sinnvoll sind. Sinnvolle Gedanken sind die Sprungbretter zu spirituellem Wachstum und Fortschritt. Laß den Geist nicht in den alten Furchen gehen und sein eigenes Verhalten und seine Gewohnheiten haben. Sei stets auf der Hut.

Du mußt durch Innenschau jede Art von gemeinen Gedanken, unnötigen Gedanken, unwerten Gedanken, unreinen Gedanken, alle sexuellen Gedanken, Gedanken der Eifersucht, des Hasses und der Selbstsucht ausrotten. Du mußt alle destruktiven Gedanken der Zwietracht und der Uneinigkeit ausrotten. Du mußt gute, liebevolle, erhabene und göttliche Gedanken entwickeln. Jeder Gedanke muß konstruktiv sein. Er muß stark sein, positiv und entschlossen. Das geistige Bild muß klar umrissen und abgegrenzt sein. Du mußt richtiges Denken entwickeln. Jeder Gedanke muß anderen Frieden und Trost bringen. Er darf niemandem den leisesten Schmerz oder Unglück bringen. Dann bist Du eine gesegnete Seele auf Erden. Du bist eine starke Kraft auf Erden. Du kannst vielen Menschen helfen, Tausende heilen und eine große Zahl von Menschen spiritualisieren und erheben, so wie es Jesus oder Buddha taten.

Gedankenübertragung oder Telepathie

Der Gedanke ist sehr ansteckend, noch ansteckender als die spanische Grippe. Der Gedanke bewegt sich. Er verläßt tatsächlich das Gehirn und schwebt herum. Er gelangt auch in die Gehirne anderer.

Das Medium, durch welches sich der Gedanke von einem Geist zu einem anderen bewegt, ist Manas. Manas, die Geistsubstanz, erfüllt den ganzen Raum wie Äther und dient als Fortbewegungsmittel für Gedanken, so wie Prana das Fortbewegungsmittel ist für Gefühle, Äther das Vehikel für Hitze, Licht und Elektrizität, und Luft ist das Vehikel für Töne. Der Geist ist alldurchdringend wie Akasa. Daher ist Gedankenübertragung möglich. Gedankenübertragung ist Telepathie.

Wenn wir ein Stück Stein in einen Tank oder Wasserbehälter werfen, erzeugt er eine Aufeinanderfolge von konzentrischen Wellen, die sich von der Stelle des Auftreffens aus weiterbewegen. Das Licht einer Kerze läßt ebenso Wellen von ätherischen Schwingungen entstehen, die sich in alle Richtungen hin von der Kerze wegbewegen. Ebenso, wenn ein Gedanke, sei er gut oder schlecht, durch den Geist eines Menschen läuft, läßt er in der geistigen Atmosphäre Schwingungen entstehen, die sich in alle Richtungen hin weit und breit fortpflanzen.

Die Gedankengeschwindigkeit ist unvorstellbar. Während sich die Elektrizität mit einer Geschwindigkeit von 1,86000 Meilen pro Sekunde bewegt, bewegt sich der Gedanke buchstäblich ohne Zeitverlust, die Geschwindigkeit ist sehr viel höher als die der Elektrizität, da das Fortbewegungsmittel, Manas, feiner ist als Äther, das Medium für die Elektrizität.

Wenn Du einen nützlichen Gedanken aussendest, der anderen helfen soll, muß er eine ganz bestimmte Absicht und ein klares Ziel haben. Nur dann wird er den gewünschten Effekt haben.

Je stärker die Gedanken sind, desto rascher tragen sie Früchte. Der Gedanke wird konzentriert und erhält eine bestimmte Richtung, und in dem Maß, in dem der Gedanke auf diese Weise konzentriert und in eine Richtung gelenkt wird, ist er wirksam für die Absicht, in der er ausgesandt wurde.

Die Methode, hilfreiche und liebevolle Gedanken an andere und überhaupt in die ganze Welt zu schicken, muß gelernt werden. Man muß wissen, wie man Zerstreutheit beseitigt, alle Gedanken sammelt und sie als ein Battaillon hilfreicher Kräfte ausschickt, um der leidenden Menschheit Gutes zu tun.

Klares Denken

Der gewöhnliche Mensch weiß nicht, was es heißt, tief nachzudenken. Seine Gedanken laufen wild herum. Manchmal herrscht im Geist Verwirrung. Die geistigen Bilder sind sehr trüb. Nur Denker, Philosophen und Yogis haben klar umrissene und eindeutige geistige Bilder.

Es gibt sehr wenige Denker auf dieser Welt. Denken ist bei den meisten Menschen belanglos und oberflächlich. Tiefes Denken benötigt intensives Sadhana, Übung. Es bedarf unzähliger Geburten, bis der Geist richtig entwickelt ist. Nur dann kann man richtig und tief denken. Ein Mensch, der die Wahrheit spricht und moralisch rein ist, hat immer machtvolle Gedanken. Ein Mensch, der seinen Zorn durch lange Übung beherrscht hat, hat ungeheure Gedankenkraft.

Der wellenlose Jnani

Je weniger Gedanken vorhanden sind, desto größer ist der Friede. Je weniger Wünsche vorhanden sind, desto weniger Gedanken sind da. Denke immer daran.

Ein reicher Mensch, der in einer großen Stadt beschäftigt ist und sehr viele Gedanken hat, hat einen ruhelosen Geist trotz all seiner Annehmlichkeiten; ein Sadhu dagegen, der in einer Höhle im Himalaya lebt und Gedankenkontrolle übt, ist sehr glücklich, obwohl er arm ist.

Jeder Gedanke weniger gibt dem Geist mehr Kraft und Frieden. Das Reduzieren auch nur um einen einzigen Gedanken gibt geistige Kraft und Frieden im Geist. Am Anfang empfindet man das vielleicht nicht so, da der Verstand nicht subtil ist; es gibt aber im Inneren ein spirituelles Barometer, das die Verminderung auch nur um einen einzigen Gedanken feststellt. Wenn man einen einzigen Gedanken weniger hat, wird die geistige Kraft, die man durch diese Verminderung erreicht hat, helfen, um den zweiten Gedanken leicht zu beseitigen.

Durch ständiges intensives Üben kann man wellenlos oder gedankenfrei werden. Der wellenlose Yogi hilft der Welt mehr als der Mensch am Rednerpult. Gewöhnliche Menschen können diesen Punkt kaum verstehen. Wenn Du ohne Wellen bist, durchdringst und erfüllst Du tatsächlich jedes Atom des Universums, Du reinigst und erhebst die ganze Welt. Die Namen von wellenlosen Jnanis wie Jada Bharata und Vamadeva sind auch jetzt noch nicht vergessen. Sie errichteten niemals Ashrams. Sie hielten keine Vorträge. Sie veröffentlichten keine Bücher. Sie hatten keine Schüler. Und doch, welch ungeheuren Einfluß hatten diese wellenlosen Jnanis auf den Geist der Menschen! Gepriesen seien solche wellenlose Jnanis!

Geist

Das, was Dich von Gott trennt, ist der Geist. Die Mauer, die zwischen Dir und Gott steht, ist der Geist.

Der Geist ist nicht grobstofflich, sichtbar oder greifbar. Seine Existenz ist nirgends sichtbar. Seine Größe kann nicht gemessen werden. Er braucht keinen Raum, um darin zu existieren. Der Geist besteht aus subtiler Materie von verschiedenen Dichtegraden mit verschiedenen Schwingungsstufen.

Der Geistkörper ist bei den einzelnen Menschen sehr unterschiedlich. Er setzt sich zusammen aus grober und feiner Materie, je nach den Bedürfnissen des mehr oder minder entfalteten Bewußtseins, mit dem er in Verbindung steht. Beim Gebildeten ist er aktiv und klar umrissen; beim weniger Entwickelten ist er umwölkt und ungenau.

Die Aspekte der Geistfunktionen

Manas, Buddhi, Chitta und Ahankara sind nur funktionale Aspekte des Geistes. Wenn der Geist Sankalpa-Vikalpa ausführt oder Wollen, Gedanke und Zweifel, heißt er Geist. Wenn er unterscheidet und entscheidet, ist er Buddhi; wenn er sich selbst behauptet, ist er Ahankara; wenn er der Speicher von Samskaras und der Sitz der Erinnerung ist, ist er Chitta; auch wenn er Dharana und Anusandhana macht.

Geist, Buddhi und Verstehen befinden sich in der Linga Sarira; aber sie arbeiten durch entsprechende Zentren im Gehirn. Das Gehirn ist nicht der Geist, wie westliche Menschen denken. Der Geist hat seinen Sitz im physischen Gehirn. Er erfährt das physische Universum durch die Schwingungen im Gehirn.

Obwohl der Geist alldurchdringend im ganzen Körper ist, hat er drei Orte, wo er sich in den drei Seinszuständen aufhalten kann. Der Sitz des Geistes im Tiefschlaf ist das Herz. Im Traum ist der Sitz des Geistes im Genick. Im Wachzustand ist der Sitz des Geistes im Ajña Chakra. Beobachte einfach, was Du bei tiefem Nachdenken machst. Du hälst die Finger an das Kinn, legst den Kopf nach rechts, wendest den Blick zum Raum zwischen den beiden Augenbrauen und beginnst dann ernsthaft über das anliegende Problem nachzudenken.

Geistaura

Die Lebenshülle ist subtiler als der physische Körper. Sie überlappt die physische Hülle und ist größer als sie. Die geistige Hülle ist subtiler als die vitale Hülle und ist größer als sie.

Man muß den Körper eines anderen Menschen berühren, um einen physischen Einfluß auf ihn zu haben. Dagegen kann man von ihm entfernt sein und ihm Prana durch bloßes 'Weitergeben' übertragen, denn Prana ist subtiler als der Körper. Man kann einen Menschen geistig durch Gedanken beeinflussen, auch wenn er tausende Kilomenter weit weg lebt, denn die geistige Kraft ist subtiler als das Prana.

Der Geist hat eine Aura, eine geistige oder psychische Aura. Aura ist Tejas, Strahlen, ein Schein, der aus dem Geist kommt. Die Aura von Menschen, die ihren Geist entwickelt haben, ist äußerst hell. Sie kann sich über Entfernungen bewegen und viele Menschen günstig beeinflussen, die damit in Berührung kommen.

Wer seinen Geist gereinigt hat, wird zu einem Zentrum von Kraft. Alle schwächeren, geringeren und unreineren Geiste werden unbewußt vom reineren und stärkeren Geist angezogen, denn sie schöpfen Frieden, Kraft und Stärke aus dem größeren und reineren Geist.

Unstetigkeit und Einbildung

So wie Hitze untrennbar mit Feuer verbunden ist, so ist auch Unstetigkeit nicht vom Geist zu trennen. Sie macht den Geist ruhelos. Diese Unstetigkeit verursacht Asanti, das Fehlen von Seelenfrieden.

Die Möglichkeit zur Unrast ist der Geist selbst. Nichts anderes als dieser schwankende Geist ist die Welt. Der Geist ist kein Geist mehr, wenn die Unstetigkeit verschwindet. Der Geist hört auf zu sein, wenn er dieser Unrast beraubt ist.

Durch die Möglichkeit des Schwankens richtet der Geist Schaden an. Die Unrast ist Mara, Satan. Diese Unrast hat Visvamitra in Versuchung geführt. Diese Unrast bringt den Rückschlag für den strebenden Aspiranten.

Sobald Unstetigkeit einsetzt, tauchen verschiedene Vorstellungen auf. Vorstellung und Unstetigkeit gehören zusammen. Die Vorstellung ist ebenso gefährlich wie die Unstetigkeit. Die Unstetigkeit bewegt den Geist. Die Vorstellung mästet den Geist. Geist ohne Unstetigkeit und Vorstellung ist einfach null.

Unstetigkeit und Vorstellung sind die beiden Samen des Geistes. Unstetigkeit ist der Brennstoff. Vorstellung ist das Feuer. Das unaufhörliche Feuer der Vorstellung wird durch den Brennstoff der Unstetigkeit aufrechterhalten. Wenn der Brennstoff der Unstetigkeit weggenommen wird, erlischt das Feuer der Vorstellung. Der Geist wird still. Er wird in die Quelle, den Atman, zurückgezogen.

Wunsch und Vergnügen

Der Wunsch erregt Geist und Sinne. So wie ein Chinese von seinen fünf Frauen hin und her gerissen wird, so wird auch der Geist von den fünf Indriyas hin und her gerüttelt. Er ist immer rastlos.

Die Wünsche sind zahllos, unstillbar und unüberwindlich. Vergnügen kann keine Befriedigung bringen. Es ist ein Fehler, das zu glauben. Vergnügen schürt den Wunsch. Es ist, als gösse man Ghee ins Feuer. Vergnügen macht einen Wunsch stärker, kräftiger und intensiver.

Du magst altern; das Haar mag ergrauen; aber der Geist bleibt immer jung. Die Leistungsfähigkeit mag schwinden, aber die Sehnsüchte bleiben auch dann, wenn fortgeschrittene Altersschwäche eingesetzt hat. Sehnsüchte sind die wahren Samen der Geburt. Diese Sehnsuchtssamen lassen Sankalpa und Handlung entstehen. Das Rad von Samsara wird durch diese Sehnsüchte in Bewegung gehalten.

Zerstörung von Wünschen

Der Geist liebt Bequemlichkeit, ist unbekümmert und sorglos. Man muß sein Wesen erkennen. Der Wunsch nach Bequemlichkeit und Sorglosigkeit ist im Geist verwurzelt. Aspiranten müssen sehr vorsichtig und achtsam sein. Versuche, deine Wünsche unerfüllt zu lassen. Das ist eine Möglichkeit, den Geist zu beherrschen.

Du darfst dem Geist gegenüber nicht nachsichtig und tolerant sein. Wenn Du deine Bedürfnisse auch nur um ein einziges Ding vermehrst, werden die Dinge immer zahlreicher werden. Ein Genuß nach dem anderen wird auftauchen.

Das, was der Geist am meisten schätzt, muß aufgegeben werden. Auf das, woran sich der Geist immer wieder hängt, und woran er oft denkt, muß verzichtet werden.

Wenn Du Äpfel besonders magst, verzichte zuerst auf sie. Du wirst großen Frieden erfahren, Willenskraft und Geisteskontrolle.

Du darfst die Dinge, auf die Du einmal verzichtet hast, nicht wieder aufnehmen. Immer, wenn Du etwas aufgibst, wird der Wunsch nach diesem bestimmten Ding einige Tage lang heftig und stark. Es beschäftigt deinen Geist. Bleibe ruhig. Bleibe fest. Es wird schwächer und stirbt schließlich. Immer, wenn der Geist zischt, um die Dinge zurückzubekommen, die weggegeben wurden, erhebe die Rute von Viveka. Er wird seinen Kopf senken. Er wird schweigen.

Nimm alles so, wie es kommt, anstatt Dich zu beklagen. So ergreift man jede Gelegenheit. Man entwickelt sich leicht, erwirbt viel geistige Kraft und Gelassenheit des Geistes. Gereiztheit verschwindet. Ausdauerfähigkeit und Geduld entwickeln sich.

Der Geist hat die Gewohnheit zu wandern

Die große Mehrheit der Menschen ließ den Geist wild herumlaufen und seinem eigenen süßen Willen und seinen Wünschen folgen. Ständig ist er in Veränderung und wandert. Er springt von einem Ding zum anderen. Er ist unbeständig. Er wünscht Abwechslung. Monotonie ist ihm zuwider. Er ist wie ein verwöhntes Kind, das von seinen Eltern zu nachsichtig behandelt worden ist, oder wie ein schlecht abgerichtetes Tier. Der Geist von vielen von uns ist wie eine Menagerie wilder Tiere, wo jedes seinem Naturtrieb nachgibt und seinen eigenen Weg geht. Beherrschung des Geistes ist den allermeisten Menschen unbekannt.

Dieser Wandertrieb des Geistes zeigt sich auf verschiedene Weise. Der Geist eines Familienvaters geht zu Kino, Theater, Zirkus, usw. Der Geist eines Sadhus geht nach Varanasi, Vrindavana und Nasik. Viele Sadhus bleiben während des Sadhanas nicht an einem Ort. Der Wandertrieb des Geistes muß beherrscht werden, indem er durch Vichara rein und fest gehalten wird. Der Geist muß darin geübt werden, in der Zeit des meditativen Lebens fünf Jahre lang an einem Ort zu bleiben, bei einer Sadhanamethode, bei einem Yogaweg, bei einem spirituellen Ziel und bei einem Führer.

Wenn Du ein Buch zu lesen beginnst, mußt Du es beenden, bevor Du ein anderes nimmst. Wenn Du mit einer Arbeit beginnst, mußt Du deine gesamte Aufmerksamkeit in diese Arbeit legen und sie beenden, bevor Du mit einer anderen Arbeit beginnst. »Alles zu seiner Zeit und gut getan, ist eine wertvolle Regel, wie mancher Mensch Dir sagen kann.« So handelt ein Yogi. Das ist eine sehr gute Regel für Erfolg im Leben.

Gestatte dem Geist nicht, hierhin und dorthin zu streifen wie ein streunender Straßenhund. Halte ihn immer unter Kontrolle. Nur dann kannst Du glücklich sein. Er muß immer bereit sein, Dir zu gehorchen, dein Geheiß auszuführen. Wenn der Geist Dir sagt: »Geh nach Osten«, dann geh nach Westen. Wenn der Geist Dir sagt: »Geh nach Süden«, dann geh nach Norden. Wenn der Geist Dir sagt: »Trinke eine heiße Tasse Tee im Winter«, dann trinke eine Tasse eiskaltes Wasser. Schwimme wie ein Fisch gegen den Strom des Geistes. Dann wird der Geist ganz leicht beherrschbar sein.

Beherrschung des Geistes - das einzige Tor zu Moksha

Wahre Freiheit entsteht aus der Befreiung von der Knechtschaft des Geistes. Wer den Geist bezwungen hat, ist ein wahrer Herrscher und Maharaja. Wer Wünsche, Leidenschaften und den Geist bezwungen hat, ist der reichste Mensch. Wenn der Geist kontrolliert ist, macht es wenig aus, ob man sich in einem Palast oder in einer Höhle im Himalaya befindet, ob man aktiv Vyavahara macht oder stillsitzt.

Um den Geist zu beherrschen, braucht man ebenso unermüdliche Ausdauer und Geduld, als würde man mit der Spitze eines Grashalms den Ozean Tropfen für Tropfen leeren. Das Zähmen eines Löwen oder eines Tigers ist weit einfacher als das Zähmen des eigenen Geistes. Zähme zuerst deinen Geist. Dann kannst Du die Geiste anderer leicht zähmen.

Wie man den Geist beherrscht

Denke ständig an Gott. Dann kannst Du den Geist sehr leicht beherrschen. Das ständige Denken an Gott schwächt den Geist.

Der Geist kann sehr leicht an weltliche Dinge denken. Das ist sein Svabhava. Die Geisteskraft kann leicht in den alten Furchen und Bahnen weltlicher Gedanken fließen. Er findet es überaus schwierig, an Gott zu denken.

Es ist ebenso schwierig, den Geist von Objekten wegzubringen und ihn auf Gott zu heften, wie den Ganges nach Badrinarayan fließen lassen zu wollen, anstatt nach Ganga-Sagar, wie sein natürlicher Lauf ist. Es ist, als würde man gegen den Strom des Yamuna anrudern. Und doch, durch festes Bemühen und Tyaga muß der Geist geschult werden, zu Gott zu fließen, sehr gegen seinen Willen, wenn man von Geburt und Tod befreit werden will. Es gibt nichts anderes, wenn man den weltlichen Sorgen und Nöten entkommen möchte.

Halte Innenschau. Habe immer ein inneres Leben. Lasse die Hände ihre Arbeit mechanisch tun und halte einen Teil des Geistes frei. Eine Akrobatin hat während ihrer Vorführung ihre Aufmerksamkeit auf die Wasserkrüge geheftet, die sie auf dem Kopf trägt, obwohl sie die ganze Zeit zu verschiedenen Melodien tanzt. Genauso macht es der wirklich fromme Mensch, der sich um all seine Geschäfte kümmert, das Auge seines Geistes aber auf die wonnevollen Füße des Herrn geheftet hält. Das ist Gleichgewicht. Das wird zu einer integralen Entwicklung führen.

Die Welt - eine Projektion des Geistes

Die gesamte Erfahrung der Dualität des Wahrnehmenden und des Wahrgenommenen ist reine Einbildung. Es gibt außerhalb des Geistes keine Welt. Bei der Zerstörung des Geistes wird alles zerstört.

Die Aktivität des Geistes ist die Ursache alles Wahrnehmbaren. Aufgrund von Unwissenheit oder Täuschung im Geist nimmt man die Objekte, Bäume, usw. außen wahr und hat das Gefühl, sie wären getrennt von einem selbst und real.

Solange es Geist gibt, gibt es all diese Unterscheidungen von klein und groß, hoch und niedrig, überlegen und unterlegen, gut und schlecht, usw. Die höchste Wahrheit ist diejenige, in der es keine Relativität gibt. Wenn man den Geist durch ständige und tiefe Meditation über den Atman transzendieren kann, wird man den Zustand jenseits der Gegensatzpaare erreichen können, wo höchster Friede und höchste Erkenntnis liegen.

Geist und Mensch

Der Denkende ist nicht der Gedanke. Der Geist ist genauso dein Eigentum und außerhalb von Dir wie deine Glieder, das Gewand, das Du trägst, und das Gebäude, in dem Du wohnst. Du sagst immer: »Mein Geist,« als wäre der Geist eines deiner Instrumente, wie dein Gehstock oder dein Schirm. Auch in Fällen von Delirium oder in Fällen der Lähmung von geistigen Funktionen, wo ein Mensch sein Gedächtnis oder andere Fähigkeiten zum Teil oder gänzlich verliert, bleibt er. Das 'Ich' existiert. Daher ist der Geist nicht das 'Ich'. Der Geist ist nur dein Werkzeug oder Instrument. Du mußt wissen, wie Du ihn richtig bedienst.

Wenn Emotionen, Launen oder Gefühle sich im Geist erheben, isoliere sie, untersuche ihr Wesen, zerteile und analysiere sie. Identifiziere Dich nicht damit. Das wahre 'Ich' unterscheidet sich völlig von ihnen. Es ist der stille Zeuge. Beherrsche deine Impulse, Emotionen und Launen, und erhebe Dich aus dem Zustand der Sklaverei zu einem spirituellen König, der über sie mit Kraft und Stärke herrschen kann.

Du bist in Wahrheit der ewige alldurchdringende Atman. Du bist reines Bewußtsein, Selbst. Der Geist ist nur ein Bettler. Er nimmt sein Licht und seine Intelligenz vom inneren Lenker, dem selbstleuchtenden Atman, so wie der Eisenstab seine Hitze und seinen Glanz vom Feuer nimmt. Der Geist ist nicht intelligent, scheint aber intelligent zu sein, indem er sein Licht von Brahman nimmt, wie Wasser, das der Sonne ausgesetzt ist, seine Wärme von der Sonne nimmt.

Schüttle daher die Tyrannei des Geistes ab, der Dich so lange unterdrückt hat, über Dich herrschte und Dich bis jetzt ausgenützt hat. Erhebe Dich kühn wie ein Löwe. Erhebe Anspruch auf die Großartigkeit deines wahren Selbst und sei frei.

Gesundheit

Das gesamte Universum, von der mächtigsten Sonne bis zum winzigsten Atom, wird von einem Gesetz beherrscht. Überall herrscht vollkommene Ordnung. Die Sonne erfüllt ihre Pflichten mit Regelmäßigkeit. Sie geht zur richtigen Zeit auf und sinkt zur richtigen Zeit. Die Sterne und Planeten drehen sich in geordneten Bahnen. Sie werden von Gesetzen gesteuert.

Es gibt Gesetze auf geistiger Ebene. Es gibt Gesetze in Physik, Astronomie und Mathematik. Es gibt Gesetze der Hygiene und der Gesundheit, die unser Wesen steuern.

Im großen Universum bricht nur der Mensch ständig alle Regeln und Gesetze. Er ist das einzige Beispiel von Gesetzlosigkeit und Disharmonie. Er mißachtet bewußt die Gesetze der Gesundheit, lebt ausschweifend und ist dann erstaunt, warum er an Krankheiten und Unausgewogenheit leidet. Er mißachtet absichtlich die Regeln der Hygiene und des richtigen Lebens und weint dann, wenn er an einer unheilbaren schweren Krankheit leidet.

Jeder Mensch ist für seine Krankheit oder Gesundheit selbst verantwortlich. Krankheit ist das Ergebnis des Ungehorsams gegenüber den unwandelbaren Gesetzen der Gesundheit, die das Leben steuern.

Die Gesetze der Gesundheit sind Naturgesetze. Sie dürfen nicht ungestraft übertreten werden. Wer diese Gesetze mißachtet, wird zum Opfer unheilbarer Krankheiten und hat ein trauriges Leben.

Gesundheit, die erste Voraussetzung

Ein Leben ohne gute Gesundheit ist ein beklagenswerter Zustand, auch wenn man der Herr über die ganze Erde ist. Was nützt Reichtum und Besitz, wenn ein Mensch wegen einer Magenkrankheit nicht richtig essen kann, wenn er aufgrund von Rheumatismus oder Lähmung nicht gehen kann oder wenn er die schöne Natur wegen eines grauen Stars oder einer anderen Sehstörung nicht sehen kann ?

Der erste Reichtum ist Gesundheit. Sie ist der allergrößte Besitz. Sie ist die Grundlage jeder Tugend. Ohne Gesundheit ist Leben nicht Leben. Es ist dann nur ein Vegetieren, Leiden und Halbtod. Die Schwierigkeiten und Nöte, an denen die Menschen leiden, stammen aus einer schlechten Gesundheit. Ein Mensch mit guter Gesundheit hat Hoffnung. Wer Hoffnung hat, hat alles.

Die erste Voraussetzung im Leben ist eine gute Gesundheit. Eine gute Gesundheit ist ein wertvoller Besitz für jeden. Man muß physisch und auch geistig gesund sein. Wenn man keine gute Gesundheit hat, kann man in keinem Lebensbereich erfolgreich sein.

Auch für spirituelles Streben ist Gesundheit eine Voraussetzung. Ohne gute Gesundheit kannst Du nicht in die verborgenen Tiefen des weiten Ozean des inneren Lebens vordringen und die letztendliche Glückseligkeit des Lebens erlangen. Ohne gute Gesundheit kannst Du keinen Krieg führen gegen die ungestümen Sinne und den lärmenden Geist.

Ohne gute Gesundheit kannst Du nichts erreichen. Ohne gute Gesundheit kannst Du nicht dienen oder Nishkama Karma Yoga ausführen. Ohne gute Gesundheit kannst Du nicht beten und meditieren. Ohne gute Gesundheit kannst Du weder Asanas noch Pranayama üben. Deshalb sagen die Schriften, daß dieser Körper ein Boot ist, um den Ozean von Samsara zu überqueren, ein Werkzeug, um tugendhafte Handlungen auszuführen und Moksha zu erreichen.

Das Werkzeug muß sauber, stark und gesund gehalten werden. Dieser Körper ist für

Dich ein Pferd, um Dich ans Ziel zu bringen. Wenn das Pferd strauchelt, kannst Du dein Ziel nicht erreichen. Wenn dieses Werkzeug kaputt geht, wirst Du nicht das Ziel von Atma-Sakshatkara erreichen.

Gesundheit ist ein positiver Zustand

Gesundheit ist der Zustand, in dem ein Mensch gut schläft, seine Nahrung gut verdaut, sich im allgemeinen wohl fühlt und frei ist von jeder Krankheit und jedem Unbehagen. Wenn Du vollkommen gesund bist, arbeiten alle Organe, Herz, Lunge, Gehirn, Nieren, Leber und Darm in vollkommener Harmonie und im Gleichklang und führen ihre jeweiligen Funktionen zufriedenstellend aus. Der Puls und der Atemrhythmus sind vollkommen in Ordnung. Die Körpertemperatur ist normal.

Ein gesunder Mensch lächelt und lacht. Er ist fröhlich und glücklich. Er kann seine täglichen Pflichten leicht und bequem ausführen. Ein gesunder Mensch ist imstande, lange zu arbeiten, ohne zu ermüden. Seine Eingeweide bewegen sich jeden Tag sehr frei. Er hat die höchste geistige und körperliche Effizienz.

Gesundheit ist ein positiver Zustand. Es ist nicht nur die Verneinung von Krankheit. Ein gesunder Mensch kann mehr geistige und physische Arbeit leisten. Er kann lange Zeit gut meditieren. Gesundheit ist eine Gabe von Mutter Natur, die die Kraft hinter dem Leben ist. Gesundheit ist dein Geburtsrecht, nicht Krankheit. Sie ist so natürlich, wie der Umstand, daß Du geboren worden bist.

Wie man sich gesund erhält

Sei besonnen und mäßig. Dann wirst Du gesund sein. Bade in der Sonne. Lebe im Freien. Schlafe im Freien. Sonne und frische Luft sind deine guten Ärzte. Deine Nahrung soll einfach sein. Iß niemals zu viel. Bewege Dich ausreichend. Wenn Du Dich nicht gut fühlst, faste, bis es Dir wieder besser geht.

Werde dein eigener Arzt. Unterstütze die Natur, aber zwinge sie nicht. Laß die Natur Dich heilen. Die Natur ist das beste Heilmittel. Medikamente und Ärzte helfen der Natur nur bei ihrer Heilaufgabe. Ein uneinsichtiger Arzt, der das Wirken der Natur stört, schadet mehr als er nützt.

Durch das Trinken reinen Wassers, das Essen reiner und gesunder Nahrung, durch das Einhalten der Gesetze von Gesundheit und Hygiene, durch regelmäßige Körperübungen und kalte Bäder am Morgen, durch die Praxis von Japa und Meditation, durch richtiges Leben, richtiges Denken, richtiges Handeln, richtiges Verhalten, durch das Einhalten von Brahmacharya und dadurch, daß Du Dich täglich für einige Zeit an frischer Luft und Sonne aufhältst, kannst Du wunderbare Gesundheit, Stärke und Vitalität erlangen. Ein gesunder Mensch muß nicht unbedingt stark sein, und ein starker Mensch muß nicht unbedingt gesund sein. Ein sehr starker Mensch kann an vielen Krankheiten leiden. Ein gesunder und starker Mensch wird zu einem großen Anziehungspunkt. Er strahlt Gesundheit und Kraft zu all den Menschen, mit denen er Kontakt hat.

Gesundheit und Ernährung

Das Geheimnis von Gesundheit und ewigem Glück liegt darin, sich immer ein wenig hungrig zu fühlen. Überlade den Magen nicht. Zuviel-Essen ist der Hauptgrund für die meisten Krankheiten. Die meisten Menschen graben ihr Grab mit den Zähnen. Dem Magen wird keine Ruhe gegönnt. Obwohl wir von uns behaupten, zivilisierte Menschen zu sein, machen wir doch, wenn es ums Essen geht, viele unbemerkte Fehler. Der Mensch ißt im allgemeinen doppelt soviel, wie sein Organismus braucht. Das beeinträchtigt die Ausscheidung, die Aufnahme und das Wachstum. Alle Organe werden überfordert und erkranken schnell. Deswegen vermeide es, Dich zu überessen, und sei sehr mäßig in deiner Ernährung.

Die richtige Art der Nahrung ist sehr wichtig. Die Hälfte der Krankheiten der Menschen sind auf eine unausgewogene Ernährung zurückzuführen. Richtige Ernährung ist kein Geheimnis. Man kann sie sehr leicht erlernen. Eine richtige Ernährung ist ein grundlegender Faktor zur Erhaltung vollkommener Gesundheit und eines hohen Niveaus von Vitalität. Gutes Essen ist nicht teuer. Wir vermissen nur hoffnugslos Kenntnisse über Ernährung.

Ernährung ist ein lebenswichter Punkt. Habe gute Kenntnis über Ernährung und Diät. Du kannst Arztrechnungen sparen. Du kannst eine gesunde Konstitution entwickeln.

Iß mäßig von dem, was für Dich zuträglich und leicht verdaulich ist. Eine einfache Ernährung ist die beste.

Physische Gesundheit und geistige Gesundheit

Es besteht eine enge Verbindung zwischen Geist und Körper. Was Du im Geist hast, schlägt sich im Körper nieder. Jede Mißstimmung oder Bitterkeit einem Menschen gegenüber beeinflußt den Körper direkt und ruft eine physische Erkrankung hervor. Heftige Leidenschaft, Haß, lang andauernde bittere Eifersucht, nagende Angst oder Wutanfälle zerstören tatsächlich die Zellen des Körpers und führen zu Erkrankungen von Herz, Leber, Nieren, Milz und Magen. Sorgen haben neue tödliche Krankheiten entstehen lassen wie Bluthochdruck, Herzbeschwerden, Nervenzusammenbrüche, usw.

Alle Krankheiten beginnen im Geist. Die Schmerzen, die den physischen Körper betreffen, sind sekundäre Erktankungen, während die Vasanas, die den Geist betreffen, geistige oder primäre Krankheiten genannt werden. Wenn üble Gedanken zerstört werden, werden alle physischen Erkrankungen verschwinden.

Behandle zuerst den Geist. Geistige Gesundheit ist wichtiger als physische Gesundheit.

Die Beseitigung von Haß durch kosmische Liebe, Dienen, Freundlichkeit, Barmherzigkeit, Sympathie und Mitgefühl; die Beseitigung von Habsucht durch selbstloses Dienen, Akte der Großzügigkeit und Nächstenliebe; Beseitigung von Stolz durch Demut - das wird Dir sehr dabei helfen, eine gute geistige Gesundheit zu erlangen.

Du mußt immer heiter sein. Du mußt diese Tugend immer wieder pflegen. Lachen und Fröhlichkeit fördern den Blutkreislauf. Sie sind anregend.

Sei mutig. Sei fröhlich. Sei freundlich. Sei tolerant. Bete. Singe. Meditiere über den Herrn. Mache Japa, Pranayama, und Asanas. Du wirst wunderbare physische und geistige Gesundheit erlangen. Du wirst immer einen frohen und ausgewogenen Geist haben.

Wenn Du Kontrolle über den Geist erlangt hast, hast Du vollständige Kontrolle über den Körper. Der Körper ist nur ein Schatten des Geistes. Es ist die Form, die sich der Geist gegeben hat, um sich auszudrücken. Der Körper wird zu deinem Sklaven, wenn Du den Geist besiegt hast.

Kränklichkeit ist ein Märchen

Werde nicht zum Opfer eingebildeter Krankheiten und Beschwerden. Auch wenn Du krank bist, wird das ständige Denken an die Krankheit sie nur stärker machen. So wie Du denkst, so wirst du. Fühle immer: »Ich bin gesund an Körper und Geist.«

Kränklichkeit ist ein Märchen. Sie ist jenseits der Ebene von körperlichen und geistigen Hüllen nicht vorhanden. Nur Körper und Geist sind Krankheiten unterworfen. Der Atman, dein wahres inneres Selbst in deinem Herzen ist der Speicher von Gesundheit, Kraft, Stärke und Vitalität. Er kann nicht berührt werden von Keimen, Mikroben, Bazillen, Cholera, Eiterfluß, Pest, usw. Schwäche, Drepression, Unbehagen, Unpäßlichkeit und Kränkeln haben da keinen Platz. Keime und Krankheiten flüchten, wenn man einfach nur an den Atman, das Selbst, denkt.

Während der Krankheit löse Dich vom Körper. Verbinde den Geist mit Buddhi und Seele. Stelle immer wieder fest: »Ich bin die körperlose, krankheitslose, alles durchdringende unsterbliche Seele, der Atman.« Die Krankheit wird sich aus dem Staub machen.

Die Tragödie der Zeit

Die meisten Menschen machen sich dieses rare Heilmittel nicht zunutze, obwohl sie oft von Heiligen und aus spirituellen Büchern darüber gehört haben. Das ist auf tiefverwurzelte Unwissenheit und Mangel an Glauben zurückzuführen. Die Menschen versinken in Weltlichkeit. Sie sind völlig von Leidenschaft und samsarischen Aktivitäten in Anspruch genommen. Sie haben keine Zeit, um an dieses innere, reale und unfehlbare Heilmittel zu denken. Sie haben weder Muße noch Interesse, um Innenschau und Analyse zu betreiben.

Die Welt ist heute überflutet von den verschiedensten Injektionen und Stärkungsmitteln. Die Menschen werden mitgerissen von großangelegten Werbungen. Unheimlich viel Geld wird für Arztrechnungen verschwendet. Sie laufen sofort, um durch äußere Dinge und von Körperärzten Erleichterung zu finden, die trotz ihrer Ausbildung und Titel noch immer in vielerlei Hinsicht unwissend sind, die noch immer im Dunkeln tappen, die keine Diagnose stellen können, wenn eine Komplikation auftritt, die keine wirklichen tatsächlichen Heilmittel haben, um Krankheiten wie Asthma, Malaria, Hexenschuß, Schwindsucht, Gehirnhautentzündung, Typhus, Diabetes, Bluthochdruck, usw. zu heilen, die nach wie vor nichts anderes tun, als an den Patienten herumzuexperimentieren.

Früher heilte ein einfacher Vaidya eine Krankheit mit irgendwelchen Mitteln aus dem Basar, die vielleicht einige Groschen wert waren. In dieser Zeit moderner Zivilisation und wissenschaftlichen Fortschritts ist allopathische Behandlung sehr kostspielig geworden. Arme Menschen können es sich nicht leisten. Der Patient muß Blut, Urin, Exkremente und Speichel untersuchen lassen. Er muß die Saptarishis des Ärztestandes aufsuchen. Er muß zu diesem Zweck zuerst einen Bakteriologen aufsuchen und etwas auf den Tisch blättern. Der Bakteriologe schickt den Patienten zu einem Zahnarzt, um seinen Zahnstein entfernen zu lassen und seine Parodontose zu behandeln, die, wie man meint, an der Wurzel jeder Krankheit ist. Er muß dafür 10 Rupis bezahlen. Dann muß er zum Röntgenarzt, um eine Durchleuchtung vornehmen zu lassen. Er muß ihm 25 Rupis bezahlen. Manchmal muß er eine ganze Reihe von Ärzten bezahlen, um eine richtige Diagnose zu erhalten. Er findet keine wirkliche Erleichterung, auch nachdem er soviel Geld ausgegeben hat.

Vedanta zum Gesundsein

Die beste Medizin, das beste Tonikum gegen alle körperlichen und geistigen Beschwerden ist der ständige Gedanke: »Ich bin Geist, Atman, der unabhängig ist von Körper und Geist und Anamaya, ohne Krankheit.« Wiederhole im Geist diese Formel einige Male täglich. Meditiere über ihre Bedeutung. Chronische unheilbare Krankheiten, die viele hervorragende Ärzte für hoffnungslos erklärten, können mit dieser Methode geheilt werden. Das ist ein unfehlbares und unbedingt wirksames göttliches Heilmittel. Manchmal muß man allerdings geduldig auf Ergebnisse warten.

Autosuggestion ist nur ein Ausläufer des Vedanta. Die Formel dieser Schule: »Durch die Gnade Gottes geht es mir in jeder Hinsicht von Tag zu Tag immer besser!« - ist nur eine vedantische Feststellung und Bestätigung.

Manche Menschen sagen: »Ein Apfel am Tag hält den Doktor fern!« Das ist kostspielig. Das ist zweifelhaft. Ich sage: »Lebe im Geist der vedantischen Formel. Das allein kann den Doktor fernhalten. Das ist spottbillig. Das ist ein sicheres und unübertroffenes Spezialmittel, ein Notanker und ein Allheilmittel. Das ist eine wirksame und leicht zu erwerbende Medizin, die deinem Befehl gehorcht, die Dir sehr nahe ist, und die Du leicht erhalten oder erreichen kannst. Arztrechnungen und Geld können gespart werden. Das wird Dir auch Selbstverwirklichung bringen.« Glaube mir. Höre auf zu zweifeln. Ich garantiere es dir, mein lieber Bruder! Du bist nicht dieser vergängliche Körper. Du bist die unsterbliche, alles durchdringende Seele. *Tat Twam Asi*: Du bist Das. Erfreue Dich im Satchidananda Atman im Innern und werde noch in dieser Geburt ein Jivanmukta.

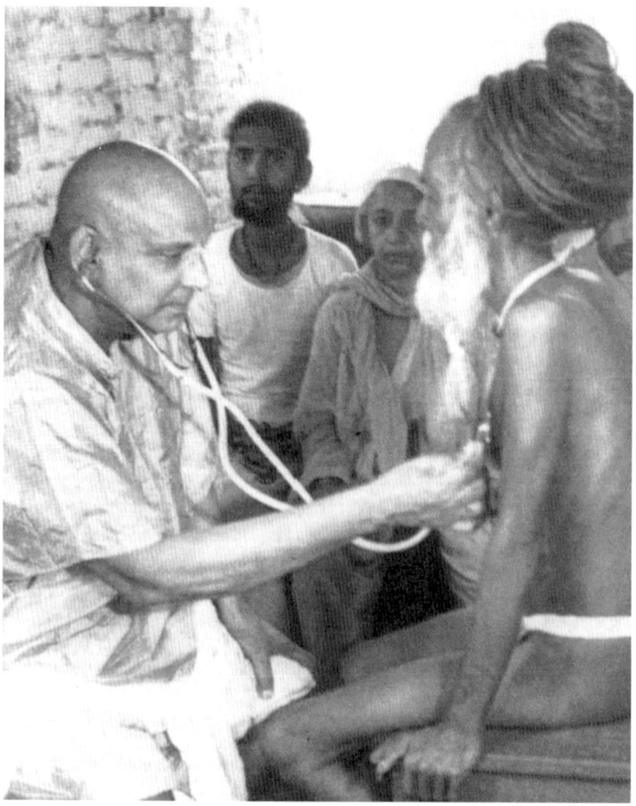

Gewissen

Das Gewissen ist das Licht der Seele, das im Innersten deines Herzens brennt. Es ist der kleine Funke himmlischen Feuers, der Dich die Gegenwart des Innewohnenden erfahren läßt, des Urhebers der göttlichen Gesetze von Wahrheit und Heiligkeit. Es erhebt seine protestierende Stimme immer dann, wenn etwas gedacht oder getan wird, das dem Interesse seines Meisters widerspricht.

Das Gewissen ist die Stimme des Selbst, das 'Ja' oder 'Nein' sagt, wenn Du Dich in einem moralischen Kampf befindest. Es ist ein Ruf von innen, etwas zu tun oder es zu unterlassen. Das Gewissen ist der innerer Mahner.

Das Gewissen ist eine Form der Wahrheit. Es ist das Erkennen unserer Handlungen und Gefühle als richtig oder falsch. Es ist eine empfindliche Waage, um Handlungen abzuwiegen. Es ist die Fähigkeit oder das Prinzip, durch das wir richtig und falsch unterscheiden. Es ist eine führende Stimme aus dem Inneren. Pflichbewußtsein ist Gewissen. Das Gewissen ist wie ein stiller Lehrer.

Das Gewissen ist eine moralische Fähigkeit. Es ist ein feines Instrument, ein Sinn, der Dir sofort sagt, was richtig und was falsch ist. Es ist eine innere Stimme ohne Klang, die Dir den Weg der Tugend und der Göttlichkeit zeigt. Es ist in der Tat sehr sehr fein. Es ist sehr leicht, es zu unterdrücken. Es ist so klar, daß es nicht mißverstanden werden kann. Das Gewissen steht über Vernunft und Diskussion. Es ist ein unmittelbarer gebieterischer Befehl, tief in die Tiefen der Tugend einzutauchen oder sich über die Ebene des Lasters zu erheben. Die positiven Elemente, die das Gewissen umgeben, sind Wahrheit, Mut und Gerechtigkeit.

Das Gewissen ist das Bewußtsein von moralisch gut oder schlecht im eigenen Verhalten und den Motiven, verbunden mit einem Gefühl der Verpflichtung, Gutes zu tun oder gut zu sein. Das Gewissen ist eine Magnetnadel, die dauernd auf den Polarstern Gottes ewiger Gerechtigkeit zeigt. Das Gewissen ist dein Lehrer. Es befiehlt dir: »Tu diese Handlung. Sie ist richtig«. Es warnt dich: »Das ist falsch. Mache das nicht.«

Das Gewissen ist ein großes Hauptbuch. All deine Verstöße sind in diesem Hauptbuch verzeichnet und registriert. Es ist ein unerbittlicher Beobachter.

Das Gewissen ist der beste Justizminister. Es droht, verspricht, belohnt, bestraft und hält alles unter seiner Kontrolle. Wenn Dich dein Gewissen einmal beunruhigt, ist es eine Warnung; geschieht es zweimal, ist es eine Verurteilung. Gegen das Gewissen zu handeln, bedeutet gegen die Vernunft und gegen das göttliche Gesetz zu handeln.

Wie das Gewissen arbeitet

Wenn Du etwas Falsches tust, rügt Dich dein Gewissen. Du fühlst Nadelstiche. Es sagt Dir mit klarer, leiser und durchdringender Stimme: »Tu nicht diese schlechte Handlung, mein Freund. Sie wird Dir Unglück bringen«. Ein gewissenhafter Mensch wird sofort die Handlung unterbrechen und weise werden.

Das Gewissen warnt Dich wie ein Lehrer oder Freund, bevor es wie ein Richter straft. Es fordert Dich zuerst auf, das Richtige zu tun.

Die Feigheit fragt: »Ist es ungefährlich?«. Die Habsucht fragt: »Steckt irgendein Gewinn darin?« Die Eitelkeit fragt: »Kann ich berühmt werden« ? Die Lust fragt: »Schenkt es mir Vergnügen?« Aber das Gewissen fragt: »Ist es richtig ?« Das Gewissen veranlaßt dich, das Richtige statt dem Falschen zu wählen, und sagt dir, daß Du das Richtige tun sollst.

Der erste Impuls des Gewissens ist sicher richtig.

Wenn Dich dein Gewissen sticht und bohrt, wenn Du Dich schämst oder niedergeschlagen bist, dann wisse, daß Du das Falsche getan hast. Wenn Du jubelst und heiter bist, dann fühle, daß Du tugendhaft gehandelt hast.

Wann man sich auf das Gewissen verlassen kann

Deute nicht die Eingebungen des niederen Geistes als die Stimme der Seele. Der Geist, der zu Luxus und Übel neigt, ist der niedere, rajasig-tamasige Geist. Es ist der unreine Geist, der instinktive Geist, der Wunschgeist. Die Stimme dieses instinktiven Geistes wird Dich irreführen. Dieser niedere Geist ist der Grund für einen Rückschritt.

Der höhere Geist, der zu Tugend neigt, ist der sattvige Geist, Suddha Manas. Dieser höhere Geist erhebt den Menschen. Er führt ihn. Er ist ein wahrer Lehrer. Man muß versuchen, die Stimme des sattvigen Geistes zu hören. Vernichte Rajas und Tamas durch das Steigern von Sattva. Dann wirst Du sicher sein.

Das Gewissen kann nur dann frei und vollkommen handeln, wenn man jede Selbstsucht in allen Handlungen aufgegeben hat.

Das Gewissen von Mukherji wird ihm nicht erlauben, etwas Bestimmtes zu tun, aber das Gewissen von Chatterji erlaubt es ihm vielleicht, eben dies zu tun. Deshalb kannst Du Dich auf das Gewissen nicht völlig verlassen, bevor nicht Geist und Gefühl von persönlicher Voreingenommenheit und von Vorlieben geklärt sind.

Wie das Gewissen unterdrückt und zerstört wird

Das Gewissen wird durch menschliche Sünde und Schwäche getrübt. Die schwache innere Stimme des Geistes wird durch das Grollen emotionaler Konflikte, durch niedere Impulse und das Diktat des Fleisches unterdrückt. Sie wird erweckt und geschärft durch reines Verhalten und die Praxis ethischer Tugenden.

Wenn man das Gewissen falsch gebraucht, wird es stumpf. Durch falschen Gebrauch oder Mißbrauch wird es sogar zerstört. Durch Schlechtigkeit wird das Gewissen verdreht. Lügen und das Annehmen von Bestechungsgeldern zerstören das Gewissen total.

In der Welt denken die Menschen das eine, sagen etwas anderes und tun wieder etwas anderes. Das ist schrecklich. Das ist reine Schurkerei. Man muß seine Gedanken, Worte und Taten sorgfältig beobachten. Der kleine Gewinn, den man durch Lügen erzielt, ist gar kein Gewinn. Man verdirbt sein Gewissen und beeinträchtigt den unterbewußten Geist. Die Gewohnheit des Lügens wird auch in die nächste Geburt übernommen und Du leidest in jeder Geburt.

Du bist unaufrichtig geworden, weil Selbstsucht und Gier Dich vergiftet haben. Du weißt nicht, was Du tust. Dein Verstand ist getrübt. Dein Gewissen wird Dir einmal gehörig zu schaffen machen. Dein Herz wird bluten, wenn Du wieder bei Sinnen bist. Dein Herz muß vor Reue und Zerknirschung bluten. Erst dann kannst Du Dich reinigen.

Die Gewohnheit, Bestechungsgelder zu nehmen, ist sehr verbreitet. Wenn Du jemanden fragst, der in einem Büro arbeitet: »Was verdienen Sie, Herr Jayadev ?«, sagt er: »Nun, mein Gehalt beträgt nur 50.- Rupis, aber mein Einkommen beträgt etwa 75.- Rupis.« Dieses Einkommen ist nichts anderes als Bestechungsgeld. Die Menschen sind unwissend. Selbst die sogenannten gebildeten Leute haben keine Ahnung vom Gesetz von Aktion und Reaktion oder von Samskaras und ihrer Kraft. Wenn Du Bestechungsgelder nimmst, wirst Du für diese üble Tat bestraft, und die Samskaras der Bestechlichkeit werden Dich veranlassen, auch in der nächsten Geburt wieder bestechlich zu sein. Du wirst auch in der nächsten Geburt wieder ein unehrlicher Mensch sein. Deine Gedanken und Handlungen sind im unterbewußten Geist verzeichnet. Du nimmst die Unehrlichkeit von einer Geburt in die nächste mit und leidest ungeheuer.

Verringere deine Bedürfnisse und lebe ehrenhaft, so wie es deine Möglichkeiten Dir gestatten. Du wirst ein reines Gewissen haben. Du wirst immer frei sein von Ängsten und Sorgen. Du wirst einen friedvollen Tod haben. Ich nehme an, Du verstehst jetzt die Gewichtigkeit des Gesetzes. Werde ein ehrenhafter Mensch und sei von der Sekunde an, in der Du diese Zeilen liest, aufrichtig. Niemals, niemals mehr betritt jene Büros, die der Korruption und den Versuchungen zugänglich sind. Du wirst verdorben werden.

Die besten Berufe

Wünsche nie, Polizeibeamter zu werden. Das ganze Spiel der Maya ist dort. Du wirst zum Mörder des Atman werden. Du kannst nicht einmal eine Sekunde lang inneren Frieden haben. Anwälte töten ihr Gewissen und ihre Seele, indem sie die Wahrheit verdrehen und absichtlich die Unwahrheit sagen.

Der Beruf des Arztes ist eigentlich edel; aber Habgier läßt Ärzte weltlich werden. Der habgierige Arzt füllt eine Flasche mit Wasser und gefärbten Tinkturen und verlangt dafür Wucherpreise. Er preßt Geld aus den Menschen, indem er zuviel für Injektionen und Visiten verlangt. Barmherzigkeit, Mitgefühl und Ehrlichkeit sind aus seinem Herzen gewichen. Wenn der Geist erfüllt ist mit Gier, Leidenschaft und Unehrlichkeit, wird das Gewissen zerstört.

Im Geschäftsleben herrscht viel Korruption. Von morgens bis abends wirst Du nur Lügen erzählen. Gott ist weit weg von einem Geschäftsmann.

Der Lehrberuf ist sehr gut. Hier gibt es nur wenig Möglichkeiten, Bestechungsgelder zu kassieren oder Sünden zu begehen. Du kannst in Ruhe leben.

Der Beruf des Landwirtes wird Dich ziemlich unabhängig machen. Du wirst frei sein von den Zerstreuungen einer modernen Stadt. Du kannst ein sehr friedvolles Leben führen.

Werde deshalb Lehrer, Professor oder Landwirt. Dann kannst Du tugendhaft bleiben.

Der feine Mechanismus des Gewissens

Nur ein tugendhafter Mensch kann sich des Instruments des Gewissens bedienen. Er allein kann klar die innere Stimme der Seele vernehmen. In einem schlechten Menschen stirbt diese Möglichkeit. Die empfindsame Natur des Gewissens wird durch Sünde und Korruption zerstört. Deshalb ist derjenige dann nicht mehr in der Lage, das Richtige vom Falschen zu unterscheiden.

Wenn Du schlechte Handlungen und sündhafte Taten tust und sie heute auf die leichte Schulter nimmst, wirst Du am nächsten Tag nicht zögern, ernsthafte Verbrechen zu begehen. Wenn Du einer Sünde Einlaß gewährst und sie sich in deinem Gewissen aufhalten läßt, pflasterst Du mit Sicherheit Tausenden von Sünden den Weg nach innen. Dein Gewissen wird schadhaft werden. Es wird seine Feinfühligkeit verlieren. Die Gewohnheit, üble Taten zu begehen, wird deinen ganzen Körper durchdringen wie das Gift des Skorpions oder der Kobra.

Wenn ein ehrenhafter Mensch anfängt, zum ersten Mal Bestechungsgelder zu nehmen, wird er schaudern. Sein Gewissen bebt und zittert. Er fühlt ein starkes Unbehagen. Wenn er es mehrmals wiederholt, wird sein Gewissen fehlerhaft. Er spürt überhaupt kein Unbehagen.

Wenn ein unschuldiger Mensch anfängt, zum ersten Mal ein Freudenhaus zu besuchen, quält ihn sein Gewissen; sein Gewissen erschaudert. Wenn er diese Besuche fortsetzt, wird sein Gewissen stumpf. Er wird nichts empfinden. Der innere Mechanismus des Gewissens ist sehr fein. Erhalte es empfindsam, indem Du nur tugendhaft handelst.

Wie man ein reines Gewissen entwickelt

Erhalte das Gewissen immer hell und scharf, indem Du Dich an die Wahrheit hältst, an Dharma und Tugend. Es wird dein beständiger, erhebender Begleiter sein.

Tugendhafte Handlungen, Nächstenliebe, Wohlwollen, Edelmut, Großzügigkeit, Akte der Barmherzigkeit und Übung von Wahrhaftigkeit, Brahmacharya und Ahimsa schärfen das Gewissen.

Die Ernährung spielt eine wichtige Rolle bei der Enfaltung eines reinen Gewissens. Sattvige Nahrung hilft dem Menschen, ein sauberes Gewissen zu haben. Tierische Nahrung macht das Gewissen unrein. Es erzeugt an der Oberfläche des Gewissens eine harte Kruste und verdirbt es vollständig.

Das reine und das schuldhafte Gewissen

Ein Mensch mit klarem Gewissen ist immer rein, freudvoll und heiter. Ein Mensch mit schuldhaftem Gewissen ist mürrisch und freudlos.

Ein Mensch mit reinem und klarem Gewissen schläft glücklich, wacht glücklich auf und bewegt sich glücklich in dieser Welt. Er erlangt in dieser Welt und in der nächsten Glück. Ein Mensch mit schuldhaftem Gewissen ist immer ruhelos und unglücklich in dieser Welt und auch in der nächsten.

Ein Mensch mit schuldhaftem Gewissen ist tot, obwohl er eigentlich lebt. Ein Mensch mit reinem Gewissen ist ein wahrer Gott auf dieser Erde.

Gesundheit der Seele

Ein reines Gewissen erkennt das Böse rasch und vermeidet es. Ein gutes Gewissen verleiht Dir Leichtigkeit, Heiterkeit, Freude und Glück. Es hält Unglück, Schwierigkeiten, Betrübnis und Leiden fern.

Der edle Mensch, der ein klares reines Gewissen hat, fürchtet sich vor niemandem auf dieser Welt. Er hat nicht einmal Angst vor dem Tod.

Ein gutes, klares Gewissen ist der Tempel Gottes. Es ist das Paradies der Wonne. Es hilft dem Aspiranten, das Ziel schnell zu erreichen.

Was gute Gesundheit für den Körper ist, ist das gute Gewissen für die Seele. Es herrscht innere Zufriedenheit im Gewissen, wenn man etwas Gutes getan hat, wenn man Tugend geübt hat, wenn man ein tugendhaftes Leben führt.

Die natürlichste Schönheit in der Welt ist ehrliche und moralische Wahrheit. Sei schön im Inneren. Habe ein reines Gewissen. Sei tugendhaft. Physische Schönheit vergeht.

Das Gewissen, die Stimme der Weisheit, spricht in der gesamten Schöpfung des Herrn, aber der kleine, begrenzte, unreine menschliche Verstand versteht es nicht. Reinige deinen Geist, Oh anmaßender selbstbestimmter Mensch ! Stelle das Empfangsgerät deines Geistes ein, indem Du ihn klärst, höre Seine Stimme und werde weise. Die Stimme der Seele wird Dich zu Sicherheit, Wahrheit, Frieden und unsterblicher Wonne führen.

Gita

Mahatma Gandhi ging einmal in eine der größten Bibliotheken Londons und fragte den Bibliothekar: »Welches spirituelle Buch wurde häufig aufgelegt?« Der Bibliothekar antwortete: »Die Gita.« Das größte Geschenk, der größte Segen, den Indien der Welt, ja der ganzen Menschheit gegeben hat, ist diese erhabene und doch wunderbar sachliche, allumfassende Botschaft der Srimad Bhagavad Gita. Die größten westlichen Denker und Philosophen haben miteinander gewetteifert, am Schrein der Gita ihre ergebene Hochachtung zu bezeigen. Wilhelm von Humboldt, der berühmte westliche Gelehrte, sagt: »Die Bhagavad Gita ist das tiefgreifendste und großartigste Werk, das die Welt besitzt.« Emerson, der große amerikanische Weise, hatte immer eine Ausgabe der Gita auf seinem Tisch.

Die Gita ist die Stimme Gottes. Sie ist der Gesang uralter Weisheit. Sie ist ein großartiges Lehrbuch geistiger Kultur. Sie ist ein Buch der Ewigkeit. Sie ist mein ständiger Lebensbegleiter gewesen. Sie ist eine Botschaft für die ganze Welt.

Der göttliche Gesang

Die Srimad Bhagavad Gita ist ein Dialog zwischen Shri Krishna und Arjuna, der im Bishma Parva des Mahabharata berichtet wird. Sie umfaßt achtzehn Kapitel mit siebenhunderteins Sanskritversen. Ein beachtlicher Inhalt ist in diesen Slokas dicht zusammengefaßt. Mitten auf dem Schlachtfeld von Kurukshetra offenbarte Shri Krishna in seinem hochinteressanten und lehrreichen Gespräch mit Arjuna die tiefen, erhabenen und ergreifenden spirituelle Wahrheiten und erklärte Arjuna die ungewöhnlichen Geheimnisse von Yoga, Vedanta, Bhakti und Karma. Alle Lehren von Shri Krishna wurden in der Folge als der göttliche Gesang, Srimad Bhagavad Gita, von Shri Bhagavan Vyasa zum Wohle der gesamten Menschheit aufgezeichnet.

Es gibt heute zahllose Kommentare zur Gita. Über jeden Sloka kann eine ganzer Band geschrieben werden. Ein betriebsamer Mensch mit Neigungen zu Karma Yoga wird von der 'Gita Rahasya', dem Kommentar von Shri Bal Gangadhar Tilak, profitieren; ein Mensch, der eher devotional veranlagt ist, vom Kommentar Sridharas; und ein vernunftbetonter Mensch von Shri Sankaras Kommentar.

Ein Lehrer ist notwendig

Da die Gita sehr subtile und tiefe Lehren enthält, muß man sie mit einem qualifizierten Lehrer, einem Brahma-Nishta Guru, studieren, mit großem Vertrauen, einpünktiger Hingabe und Reinheit. Nur dann werden sich die Wahrheiten der Gita enthüllen wie eine Amalakafrucht auf der Hand. Gute Kommentare, wie die Gita von Swami Madhusudana, Shri Swami Sankarananda, der Kommentar Shri Sankaras, usw., die von verwirklichten Weisen geschrieben worden sind, stellen eine immense Hilfe dar.

Shri Krishna spricht von verschiedenen Bewußtseinsebenen aus. Daher ist die Hilfe eines Lehrers notwendig, wenn man die richtige Bedeutung der Slokas erkennen möchte. Ohne die Hilfe eines Lehrers kann man die Bedeutung der Verse nicht richtig verstehen. Sonst ist man wie der Mann, der jemandem, der 'Saindhava' verlangte, zum Essen ein Pferd brachte. 'Saindhava' bedeutet sowohl 'Salz' als auch 'Pferd'.

Eine Schrift für jeden

Die Gita ist eine universelle, für jeden Menschen, gleich welchen Alters, welcher Religion oder Rasse, geeignete Botschaft. Sie hat eine Allgemeingültigkeit, die jeden Aspekt menschlichen Tuns umfaßt, die für jede Phase menschlicher Entwicklung paßt und erhebend ist. Daher haben hervorragende Gelehrte auf der ganze Welt die Gita immer hochgeschätzt.

Die Bhagavad Gita handelt von Yoga. Und Yoga ist weder westlich noch östlich; er gehört der Welt, der ganzen Menschheit. Yoga ist die Wissenschaft vom rechten Leben. Das hat nichts zu tun mit religiösem Glauben, traditionellem Glauben, Farbe, Bestimmung oder Klima.

Krishna ist nicht nur ein Hindugott; Er repräsentiert die innere Wirklichkeit, die unterschiedslos in jedem ist. Er gab seine Gita nicht nur Arjuna, sondern durch Arjuna der ganzen Welt. Die Problme, denen Arjuna gegenüberstand, sind die Probleme aller Menschen. Die Gita ist die Antwort auf die universelle Frage des Lebens in seiner Gesamtheit.

Leben heißt kämpfen, denn das Leben ist ein Kampf, in dem die Kräfte des Guten und die Kräfte des Bösen, des Göttlichen und des Dämonischen, der Reinheit und der Leidenschaft, unaufhörlich im Kriegszustand sind. Der Kampf des Mahabharata tobt in uns weiter. Unwissenheit, Avidya, ist Dhritarashtra. Die individuelle Seele ist Arjuna. Der Innewohnende, der in deinem Herzen ist, ist Shri Krishna, der Wagenlenker. Der Körper ist dein Streitwagen. Die Indriyas sind die Pferde. Der Geist, das Ichbewußtsein, die Sinne, die Samskaras, die Vasanas, die Sehnsüchte, Raga-Dvesha, Lust, Eifersucht, Habgier, Stolz und Heuchelei sind deine erbitterten Feinde.

Die Gita ist ein Symbol für die Lösung dieses ewigen Kampfes zwischen dem Spirituellen und dem Materiellen in jedem Menschen. Kein Wesen ist davon ausgeschlossen, ihre Botschaft und daraus ihren Segen zu erhalten. Sie ist auf keinen Fall für eine Sekte bestimmt und in erster Linie ein praktisches Evangelium. Sie enthält eine Botschaft, die anwendbar ist für dich, für mich und für jeden Mann und jede Frau, die ihr normales Leben in der geschäftigen Welt des Alltags leben.

Ein praktischer Führer zur Gestaltung von Leben und Verhalten im Alltag

Die Gita enthält eher eine Lösung als eine Darlegung oder Enthüllung. Sie verkörpert in sich eine Lösung für die vordringlichen Probleme des Menschen und vermittelt eine wunderbare Botschaft der Ermutigung, der Hoffnung, der Freude und des Trostes. Es ist eine direkte Aufforderung, die ganze menschliche Natur zu vergöttlichen.

Die Gita ist eine zugleich erhebende und inspirierende Botschaft, die eine Flut von Licht über die vordringlichsten Probleme des Lebens ergießt, die dunklen Ecken der Düsternis, Verzweiflung und Mutlosigkeit mit hellen Strahlen der Hoffnung und Sicherheit erhellt und den Leser sofort von Schwachheit zu Stärke, und von Mißtrauen zu festem Vertrauen in seine unendlichen Kräfte und seine unvergängliche Natur erhebt.

Sie bringt die ermutigende Botschaft, daß vom Menschen nicht verlangt wird, daß er sich zurückzieht und von Familie und Freunden abwendet oder sich weit von der Gesellschaft entfernt, um seine unsterbliche Natur zu verwirklichen; daß Einheit mit dem göttlichen Selbst auch inmitten weltlicher Arbeit und Aktivität erhalten und bewahrt werden kann.

Die Hindernisse, die dieser wonnevollen Vereinigung entgegenstehen, liegen in uns und nicht in der äußeren Umgebung. Das ist die zentrale Lehre dieses einzigartigen und segensreichen Buches.

Die Gita gibt eine praktische Anleitung zur Gestaltung von täglichem Leben und Verhalten. Sie sagt dir, Du mußt Adharam widerstehen, um göttliche Tugenden zu entwicklen, die Dir helfen werden, Gottbewußtsein zu erreichen. Die Botschaft der Gita ist die Botschaft des Opfers, der Liebe und der Pflicht. Liebe jeden. Teile das, was Du hast, mit anderen. Erfülle deine Pflichten gut. Erhebe Dich über kleinliche Zu- und Abneigungen. Halte die Pforten deines Herzens offen, indem Du Selbstsucht, Habgier und Lust beseitigst, damit der höchste Herr selbst kommen und darin wohnen kann. Das sind die Lektionen der Gita.

Die Gita verlangt von niemandem, etwas zu tun, was für einen Menschen durchschnittlicher Fähigkeiten unmöglich ist. Der Herr sagt: »Ich erwarte von Dir nicht, daß Du riesenhafte Dinge unternimmst. Ich möchte Bhava; ich möchte das Herz. Finde das heraus, was Dir leicht möglich ist, und tue es. Ich werde es erfüllen; die Erfüllung liegt in meinen Händen.« Die Gita gibt dem Menschen das sichere Versprechen der Rettung und macht ihn furchtlos. Darin liegt der hohe Wert der Gita.

Harmonie in der Gita

Srimad Bhagavad Gita formuliert die Theorie der drei Margas oder Wege, nämlich Jñana Marga, Bhakti Marga und Karma Marga. Die Lehre der Gita besagt, daß zwischen den dreien kein Konflikt besteht. Die Gita schafft auf wunderbare Weise Harmonie zwischen den Philosophien von Handlung, Hingabe und Wissen.

Liebe ist Wissen in einem weitfassenden Ausdruck. Wissen ist Liebe in konzentrierter Essenz. Dienen ist Liebe ausgedrückt durch Handlung. Liebe, Wissen und Dienen sind in gleicher Weise notwendig, wenn ein vollständig göttliches Leben gestaltet werden soll. Herz, Kopf und Hand müssen in harmonischer Weise entwickelt werden. Nur dann gelangt man zu Vollkommenheit.

Man muß den Kopf Shri Sankaras besitzen, das Herz Buddhas und die Hand Shri Janakas. Die drei Pferde dieses Körperwagens - Handlung, Gefühl und Verstand - müssen in vollkommener Harmonie zusammenarbeiten. Nur dann wird sich dieser Körperwagen problemlos bewegen, und Du kannst dein Ziel sicher und rasch erreichen. Nur dann kannst Du das Selbst im Innern genießen. Nur dann kannst Du das Lied von Soham singen. Nur dann kannst Du in Harmonie mit dem Unendlichen sein. Nur dann kannst Du die geräuschlose Stimme der Seele hören und die süße innere Musik des Atman genießen.

Vorschrift und Praxis

Manche unüberlegte Menschen beginnen zu zweifeln und sagen: »Wie kann die Gita Arjuna in so kurzer Zeit auf dem Schlachtfeld mitgeteilt worden sein ? Dies ist unmöglich.« Das ist falsch. Es war eine Offenbarung für Arjuna. Shri Krishna gab Arjuna das göttliche Auge der Intuition. Der allwissende, allmächtige Herr kann alles vollbringen. Seine Gnade kann den Stummen sprechen lassen und den Krüppel zu einem Bergsteiger machen.

Gita Jayanti, der Geburtstag der Srimad Bhagavad Gita, wird in ganz Indien von allen Bewunderern und Liebhabern dieses einzigartigen Buches am elften Tag der hellen Hälfte des *Marga Sirsha* Monats gemäß dem Hindukalender gefeiert. Es war der Tag, an dem vor über fünftausend Jahren Shri Krishna Seinem Schüler Arjuna den Göttlichen Gesang mitteilte.

Eine Schatztruhe der Weisheit

Die Gita ist die Creme der Veden. Sie ist die Quintessenz der Upanishaden. Sie ist das Kronjuwel des Mahabharata. Sie ist ein Buch, das unter die Kategorie Prasthanatraya fällt, der für die Hindureligion maßgeblichen Bücher.

Es findet sich darin eine Lösung für jeden Zweifel. Je mehr Du mit Hingabe und Glauben liest, desto mehr wirst Du tieferes Wissen erlangen, Einsicht und richtiges klares Denken. Bitte und Dir wird gegeben werden. Suche und Du wirst finden. Klopfe an und Dir wird geöffnet werden. Das ist die unwiderlegte Qualität dieser Schrift. Du erlangst mit einem Schlag Zugang zur gesamten Skala der menschlichen wie der göttlichen Weisheit.

Der Herr in Seiner Verkörperung als Krishna gab Seinen Göttlichen Gesang aus tiefster Weisheit. Und welchen Bereich des Wissens umfaßt sie nicht! Welchen Yoga sollte sie nicht umfassen! In Wirklichkeit heißt sie: *Sarvashastramayee Gita*. Die Gita ist eine Verkörperung aller Wissenschaften, Schriften und Erkenntnis. Ihr Wort ist Gesetz.

Die Gita ist wie der See von Manasarovar für die Paramahamsas und durstigen Aspiranten, die sich darin tummeln können. Sie ist ein Ozean der Wonne, in dem die Wahrheitssuchenden mit Freude und in Extase schwimmen. Wenn der Stein des Weisen ein Stück Eisen berührt, sei es auch nur an einem Punkt, wird das ganze in Gold verwandelt. Auch wenn Du im Geist nur eines einzigen Verses der Gita lebst, wirst Du zweifellos in Göttlichkeit verwandelt.

Verehre die Srimad Bhagavad Gita als eine heilige Schrift. Lies täglich ein Kapitel. Aber laß es nicht dabei bewenden. Lebe im Geiste der Lehren der Gita. Bloßes Reden und Lektüre wird Dir in keiner Weise helfen. Du kannst die gesamte Gita auswendig kennen; Du kannst stundenlange Vorträge über die Gita halten; und doch besitzt Du vielleicht keinen Strahl von der Weisheit der Gita. Es bedarf der regelmäßigen Praxis der Lehre der Gita. Werde zu einem intensiv Praktizierenden. Laß die Gita deine Gedanken lenken, deine Rede bestimmen und deine Handlungen leiten. Dann wird deine ganze Haltung dem Leben gegenüber allmählich verändert werden. Du wirst zu einem Gottmenschen mit göttlicher Sicht. Du wirst nie mehr behelligt werden von Erfolg oder Mißerfolg, Freude oder Schmerz, Verlust oder Gewinn. Du wirst Mut erlangen, Stärke, Frieden und Wonne noch in diesem Leben, genau da, wo Du bist.

Glück

Der Mensch möchte glücklich sein. Er scheut den Schmerz. Er setzt Himmel und Erde in Bewegung, um aus den Sinnesobjekten das Glück zu erlangen, das er sich wünscht, und wehe, er verwickelt sich in den unentwirrbaren Maschen von Maya. Armer Mensch ! Er weiß nicht, daß diese Dinge vergänglich sind und dahinschwinden, daß sie begrenzt sind und durch Raum, Zeit und Ursächlichkeit bedingt. Und noch dazu erfährt er nicht das gewünschte Glück aus ihnen.

Sinnesvergnügen ist frustrierend. Die Verzauberung hält so lange an, wie der Mensch die Dinge nicht besitzt. Sobald er sie besitzt, verfliegt der Zauber. Er stellt fest, daß er gefesselt ist.

Der Junggeselle denkt Tag und Nacht an Heirat. Nachdem er geheiratet hat, fühlt er sich gefangen. Er kann die ausgefallenen Wünsche seiner Frau nicht zufriedenstellen. Er möchte von zu Hause weg und in den Wald laufen. Der reiche aber kinderlose Mann denkt, er wird glücklicher sein, wenn er einen Sohn hat; er denkt Tag und Nacht daran, einen Sohn zu bekommen, macht Pilgerreisen nach Ramesvaram und Kasi und führt religiöse Riten aus. Wenn er aber ein Kind hat, ist er unglücklich; das Kind hat epileptische Anfälle, und er gibt all sein Geld für Ärzte aus. Auch dann gibt es keine Heilung. Das ist das Ränkespiel der Maya. Die ganze Welt ist durchsetzt mit Versuchung.

Ein Schauspiel von Sorge

Ein weltlicher Mensch ist immer voller Sorgen. Immer ist er bemüht, etwas zu erlangen, Geld, Macht, Stellung, usw. Er macht sich stets Sorgen darum, ob er es bekommen wird oder nicht. Auch wenn er das, wonach er sich so leidenschaftlich gesehnt hat, tatsächlich besitzt, ist er sehr besorgt, da er es verlieren könnte.

Ein reicher Mensch hat ein großes Vermögen, aber er hat keine Kinder. Und so ist sein Herz bekümmert. Ein armer Mensch hat vierzehn Kinder aber nichts zu essen und ist daher unglücklich. Einer hat Reichtum und Kinder, aber sein Sohn ist ein Gauner, und so macht er sich Sorgen. Einer hat Reichtümer und gute Söhne, aber seine Frau ist sehr streitsüchtig. Niemand ist in dieser Welt glücklich.

Der Bezirksrichter ist sehr unzufrieden. Er möchte ein Richter am obersten Gerichtshof werden. Der Minister ist auch unzufrieden. Er möchte Premierminister werden. Ein Millionär ist unzufrieden; er sehnt sich danach, ein Croropati zu werden. Der Ehemann ist unzufrieden; seine Frau ist dunkelhäutig und dünn; er möchte eine andere Frau mit gutem Aussehen heiraten. Die Frau ist unzufrieden; sie möchte die Scheidung und einen reichen jungen Mann heiraten. Der Magere ist unzufrieden; er möchte Fett ansetzen und verschlingt Lebertran. Der Dicke ist unzufrieden; er möchte abnehmen und nimmt Antifettpillen. Niemand ist in dieser Welt glücklich.

Ein Kaiser ist nicht glücklich. Ein Diktator ist nicht glücklich. Ein Staatspräsident ist nicht glücklich. Gott Indra ist nicht glücklich.

Wer ist dann glücklich? Der Weise ist glücklich. Der Yogi ist glücklich. Derjenige, der seinen Geist beherrscht, ist glücklich.

Glück kommt aus Seelenfrieden. Seelenfrieden kommt aus einem Geisteszustand, wo es keine Wünsche, Moha, Vishaya und keine Gedanken an Objekte gibt. Du mußt alle Gedanken an Vergnügen aufgeben, bevor Du das Reich des Friedens betrittst.

Vergnügen ist vermischt mit Schmerz

Es kann keine Freude ohne Schmerz geben. Überall, wo Freude ist, ist auch Schmerz. Du suchst umsonst Freude in Gold, Frauen und in dieser weltlichen Existenz. Du kannst kein absolutes Glück in der relativen physischen Ebene der Gegensatzpaare finden. Die Gegensatzpaare drehen sich im Kreis. Der Tod folgt dem Leben. Die Nacht folgt dem Tag. Das Licht folgt der Dunkelheit. Der Schmerz folgt der Freude.

Ein Gramm Freude ist vermengt mit fünfzehn Gramm Schmerz. Freude, die mit Schmerz, Furcht und Sorge vermischt ist, ist gar keine Freude. Wenn Du beginnst, dieses Gramm Freude sorgfältig zu untersuchen, wird es sich in ein luftiges Nichts auflösen. Du wirst feststellen, daß es ein bloßes Spiel des Geistes war.

Freude und Schmerz sind nur relative Begriffe. Sie sind nicht zwei verschiedene Dinge. Sie sind die beiden Seiten derselben Münze. Der Unterschied liegt nicht in der Art, sondern nur im Grad.

Freude und Schmerz sind zwei Namen für ein und dasselbe. Für einen weltlichen Menschen ohne philosophisches Wissen scheinen es zwei verschiedene Dinge zu sein.

Freude und Schmerz liegen im Geist

Des einen Freud, des anderen Leid. Was jetzt für Dich Freude ist, ist nach einiger Zeit Schmerz. Die ersten beiden Tassen Milch sind Dir angenehm. Die dritte Tasse empfindest Du als ekelhaft, widerlich und zum Erbrechen. Milch ist bei Fieber nicht gut. Daher liegt die Freude nicht in den Dingen, sondern in der Vorstellung oder Tendenz des Geistes.

Freude und Schmerz oder schön und häßlich sind alles falsche Vorstellungen des Geistes. Der Geist ist ein falsches Produkt der Illusion. Vorstellungen des Geistes müssen daher auch falsch sein.

Freude und Schmerz liegen nur im Geist. Es ist subjektiv. Dinge sind angenehm, wenn man sich danach sehnt; aber sie sind bitter, wenn man sich nicht danach sehnt. Wünsche sind die Ursache für Freude.

Durch Denken, Bhavana und Vorstellung kann Freude in Schmerz und Schmerz in Freude verwandelt werden. Viele vegetarische Schüler, die nach England gegangen sind, um ihre Studien fortzusetzen, sind zu hartnäckigen Fleischessern geworden. In Indien war Fleisch für sie abstoßend. Der bloße Anblick verursachte ihnen damals Übelkeit. Wie kann es sein, daß sie jetzt mit Gier, Hingabe und voller Dummheit Fleisch verschlingen ? Einfach durch eine Änderung des Denkens.

Unwissende Menschen schreiben ihre Freuden äußeren Objekten zu. Das ist tasächlich ein schwerer Fehler. In Wirklichkeit liegt in den Objekten keine Freude. In Objekten ist weder Freude noch Schmerz. Das alles ist eine Schöpfung des Geistes, eine Wahrnehmung des Geistes, eine Spielerei des Geistes. Es ist nur die geistige Einstellung oder ein bestimmtes geistiges Verhalten gegenüber Objekten, die Freude oder Schmerz, Glück oder Kummer bringen. Maya hat ihren mächtigen Sitz in der geistigen Vorstellung.

Wenn Du an einer akuten Krankheit leidest, bereitet Dir eine Tasse Kaffe, Milch oder Tee kein Vergnügen. Wenn Du sehr schwer krank bist, scheint die ganze Welt, die dir, als Du gesund warst, voller Wonne zu sein schien, ziemlich düster. Die Welt verliert all ihren Zauber, wenn Du schwer krank bist. Etwas Reales müßte doch jedem und zu jeder Zeit Freude bringen. Oder nicht?

Vergnügen ist die Ursache für Schmerz

Die Ursache von Schmerz ist Vergnügen. Der Mensch, der auf Tee süchtig ist, oder gewohnt ist, nach der Mahlzeit Früchte und Milch zu essen, fühlt sich sehr traurig, wenn er irgendwo keinen Tee, keine Früchte oder keine Milch erhalten kann. Wenn die Frau stirbt, versinkt der Gatte in Kummer, nicht wegen seiner geliebten Lebensgefährtin, sondern weil er jetzt kein sexuelles Vergnügen mehr haben kann.

Der Grund für Schmerz ist Vergnügen. Der Grund für den Tod ist die Liebe zum Sinnesleben. Gib alle Sinnesvergnügungen auf, wenn Du keinen Schmerz haben willst. Gib Sinnesleben auf, wenn Du den Tod nicht willst.

Vergnügen kann die Wünsche nicht befriedigen. Im Gegenteil, es verstärkt und verschärft die Wünsche und macht den Geist noch ruheloser durch das Hängen an den Sinnen, Trishna, so wie das Feuer stärker wird, wenn man Ghee darauf gießt. Je weniger Wünsche da sind, desto größer ist das Glück.

Viele reiche Menschen sind trotz ihres großen Reichtums und trotz des Umstandes, daß sie zwei oder drei Frauen haben, voll Kummer und Trübsal. Ich hatte mit einigen reichen Hausbesitzern zu tun. Sie sind alle unzufrieden, ruhelos, verdrossen und sehr kummerbeladen. Es ist daher klar, daß das Glück weder in Geld, noch in Frauen, noch in irgendwelchen Objekten liegt.

Die Quelle des Glücks

Es liegt keinerlei Glück in all den Objekten der Welt. Es liegt kein Gramm Glück in Objekten, denn sie sind empfindungslos. Auch Sinnesvergnügen ist nur eine Reflexion der Wonne Atmans. Es ist bloße Unwissenheit zu denken, daß wir irgendein Vergnügen aus den Sinnesobjekten oder dem Geist schöpfen.

Wenn im Geist ein Wunsch vorhanden ist, ist der Geist erfüllt mit Rajas. Er ist aufgewühlt. Er ist ruhe- und friedlos. Er wird so lange ruhelos sein, bis das Gewünschte erreicht worden ist. Wenn das Objekt erreicht und genossen worden ist, wenn der Wunsch befriedigt ist, bewegt sich der Geist auf die innere Seele zu. Er hört auf zu arbeiten. Er ist erfüllt mit Sattva, alle Gedanken hören in einem Sekundenbruchteil auf; der Geist ruht in der Seele im Inneren. Die Wonne der Seele reflektiert sich im Verstand. Aber der unwissende Mensch meint, das Glück käme aus den Objekten; so wie der Hund, der auf einen trockenen Knochen beißt, sich einbildet, sein Genuß käme aus dem Knochen, das Blut fließe aus dem Knochen, obwohl es eigentlich das Blut seines eigenen Gaumens ist.

Wahres Glück liegt im Innern

Wahres Glück liegt in dir. Es ist im Atman. Es ist subjektiv. Es manifestiert sich, wenn der Geist konzentriert ist. Wenn die Indriyas von den äußeren Objekten abgezogen sind, wenn der Geist einpünktig ist, wenn Vasana-Kshaya und Manonasa vorliegen und wenn Du wunsch- und gedankenlos wirst, beginnt die Wonne Atmans zu dämmern und sprituelles Ananda läßt Dich erschaudern.

Der Moschus ist im Nabel des Rehs, aber es läuft herum, um ihn zu riechen. Die Kette liegt am Hals der Dame, aber sie läuft hin und her auf der Suche danach. Der wertvolle Diamant ist in dir, aber Du läufst vergeblich den Glassplittern hinterher. Genauso ist der Ozean der Wonne in dir; die Quelle der Freude ist in dir; und doch läufst Du hierhin und dorthin auf der Suche danach. Die Sonne der Sonnen strahlt immer in dir, aber deine blinden Augen können sie nicht sehen. Der ewige Klang klingt in dir, aber deine tauben Ohren können ihn nicht hören.

Geh, wohin Du willst, nach Gulmarg oder Pahalgam in Kashmir, nach Darjeeling oder Simla, nach Wien oder in die Alpen. Es ist alles dasselbe. Du wirst keine wahre Ruhe finden. Die bezaubernde Landschaft gefällt vielleicht der Retina eine Sekunde lang. Raga, Dvesha, Eifersucht, Leidenschaft und Habsucht sind überall. Du findest dieselbe Erde, denselben Himmel, dieselbe Luft und dasselbe Wasser. Und Du trägst denselben Geist mit dir. Einbildung und Ortswechsel haben schon so manchen getäuscht. Oh Mensch! Sei zufrieden. Lebe, wo Du magst, aber diszipliniere Geist und Sinne. Meditiere unaufhörlich über das Selbst im Inneren, den Antaratman. Hier findest Du immerwährenden Frieden. Der Geist wird jetzt aufhören, Dich zu täuschen.

Raja Bhartrihari, Raja Gopichand und Buddha verließen das Königreich und alle Genußobjekte, Paläste, Musik, Kinder, Frau, usw., um die Wonne des Atman zu erreichen, die immerwährend ist. Sie erreichten Unsterblichkeit. Sie sind keine Dummköpfe. Wäre wirkliches Glück in den Objekten gelegen, wären sie in dieser Welt geblieben. Die Schwierigkeit ist, daß weltliche Menschen mit grobstofflichem, vyavaharischem Buddhi nicht in der Lage sind, übersinnliche spirituelle Wonne zu verstehen und zu erfassen, die jenseits von Sinnen, Geist und Verstand liegt.

Sinnesvergnügen und spirituelle Wonne

Spirituelle Wonne ist höchste Wonne. Spirituelle Wonne ist die Wonne der Seele. Sie ist transzendentale Wonne. Sie ist von Objekten unabhängig. Sie ist dauerhaft, einförmig und ewig. Nur der Weise erlebt sie.

Sinnesvergnügen kommt aus Emotion. Aber die Wonne der Seele ist Freude an sich. Sie ist die Natur des Atman. Vergnügen ist zeitlich begrenzt und flüchtig. Wonne ist ewig und immerwährend. Freude ist vermengt mit Schmerz. Wonne ist ungetrübtes Glück. Vergnügen ist abhängig von Nerven, Geist und Objekten. Wonne ist unabhängig und existiert aus sich selbst. Es bedarf einer Anstrengung, wenn man Sinnesfreude erfahren will, aber es liegt keine Anstrengung darin, die Wonne der Seele zu erfahren. Der Tropfen fließt in den Ozean. Der Jiva fließt in den Ozean der Wonne.

Reinige den Geist durch Japa, Satsang, Nächstenliebe, Geisteskontrolle, Selbstbeherrschung, selbstloses Dienen, Studium der Gita, der Upanishaden, der Yoga-Vasishtha, der Praxis von Yama und Niyama, Pranayama, Vairagya und Tyaga. Dann wirst Du ein für die Meditation geeignetes Instrument erhalten, einen ruhigen, scharfen, feinen und einpünktigen Geist. Beginne die Meditation mit Hilfe dieses Instruments drei Stunden am Morgen und drei Stunden am Abend. Dann wird eine neue Art unbeschreibliches Ananda in Dir aufdämmern. Du wirst von übersinnlicher spiritueller Wonne überzeugt sein. Du mußt dieses spirituelle Ananda selbst spüren. Du mußt es selbst erleben. Du mußt es selbst verzehren. Kannst Du einem zwölfjährigen Jungen sexuelles Glück erklären? Kannst Du das Glück von Kandiszucker einem Kind beschreiben, das ihn nie gekostet hat? Nein, das kannst Du nicht. Das Kind muß selbst den Kandiszucker essen. Es muß, wenn es erwachsen ist, den fleischlichen Genuß erleben.

Weltliche Menschen meinen, sie wären recht glücklich, weil sie ein paar Ingwerkekse bekommen, etwas Geld und eine Frau. Oh, wenn sie nur den Nektar der Unsterblichkeit kosteten, wie intensiv wäre das Glück, das sie empfänden!

Der Körper ist eine Stätte von Elend und Krankheit. Reichtum bringt viele Sorgen, um ihn zu bewahren und sicherzustellen. Sorge kommt aus jeder Verbindung. Die Frau ist eine ständige Quelle der Qual. Leider! Die Menschen ziehen diesen Pfad des Elends dem Pfad spiritueller Freude vor.

Genug, genug Tee und Kaffee, genug Soda und Limonade, genug Vater, Mutter, Sohn, Tochter, Schwester und Verwandte. Du hast bereits unzählige Väter und Mütter, Frauen und Kinder in der Vergangenheit gehabt. Du bist alleine gekommen. Du wirst alleine gehen. Niemand wird Dir folgen, nur deine Handlungen. Verwirkliche Gott. Alles Leid wird enden.

Obwohl Du umgeben bist von freudvollen oder leidbringenden Dingen, die dein geistiges Gleichgewicht stören, bleibe unbewegt wie ein Fels und nimm alle Dinge gleichmütig an. Sei immer heiter. Lache und lächle. Wie kann ein Geist, der düster und dumpf ist, an Gott denken? Versuche immer, glücklich zu sein. Glück ist deine wahre Natur. Das heißt Fröhlichkeit. Dieser Geist der Fröhlichkeit muß von allen Aspiranten gepflegt werden.

Halte den Geist in einem Zustand der Mäßigung, in der glücklichen goldenen Mitte. Laß ihn niemals in Exzesse gehen. Menschen sterben am Schock aus extremer Depression aber auch aus extremer Freude. Laß nicht Uddharsha sich in deinen Geist einschleichen. Es ist übertriebene Heiterkeit. Der Geist geht immer in Extreme, entweder zu extremer Depression oder zu extremer Freude. Die Extreme treffen sich. Extreme bringen Reaktion. Der Geist kann nie in exzessiver Freude ruhig sein. Der Geist soll heiter sein, aber ruhig.

Diese Welt ist bloßer Schein. Der Geist und die Sinne täuschen Dich in jedem Moment. Du hältst irrtümlich Schmerz für Freude. Im Universum der Sinne liegt kein Quäntchen Glück. Gib diese selbstsüchtigen Kämpfe und Denkmuster zur Erlangung von Reichtum auf. Geh direkt auf den Drahtzieher zu, der diese Puppen der fleischlich menschlichen Körper bewegt, der diese Show weitergehen läßt, der hinter der Show steht. In Ihm allein findest Du dauerhaftes Glück und ewige Freude. Gehe in Ihm auf, indem Du täglich Meditation und Japa praktizierst.

Gott

Wer ist Gott? Was ist Gott? Gibt es einen Gott? Wo ist Gott? Wie kann man Gott verwirklichen? Der Mensch möchte eine Antwort auf diese ewigen Fragen. Natürlich gibt es einen Gott. Gott existiert. Er ist die einzige Realität.

Gott ist dein Schöpfer, Retter und Erlöser. Er ist alldurchdringend. Er wohnt in deinem Herzen. Er ist immer in deiner Nähe. Er ist Dir näher als deine Halsschlagader oder deine Nase. Er liebt dich. Er kann mit Dir sprechen. Du kannst Gott nicht mit dem Verstand aufspüren. Aber Du kannst Ihn durch Fühlen, Meditation, Erfahrung und Verwirklichung finden.

Wer ist Gott?

Die Petroleumlampe spricht nicht, aber sie strahlt und verbreitet Licht um sich herum. Der Jasmin spricht nicht, aber er verbreitet seinen Duft nach allen Seiten. Der Leuchtturm schlägt keine Trommel, aber er schickt dem Seefahrer sein freundliches Licht. Das Ungesehene schlägt keinen Gong, aber Seine Allgegenwart kann vom leidenschaftslosen Menschen, der Unterscheidungskraft besitzt, erfahren werden.

Hinter allen Namen und Formen steht die eine namen- und formlose Essenz. Hinter allen Herrschern steht der eine höchste Herrscher der Herrscher. Hinter allen Lichtern steht das eine Licht des Lichtes. Hinter allen Klängen steht die klanglose erhabene Stille. Hinter allen Lehrern ist der eine erhabene Guru der Gurus.

Hinter all diesem Vergänglichen ist das eine unvergängliche Absolute. Hinter all diesen Bewegungen ist das eine bewegungslose Unendliche. Hinter Zeit, Minuten und Tagen ist die eine zeitlose Ewigkeit. Hinter dem Haß, den Aufständen und Kriegen steht die eine verborgene Liebe.

Gott ist die Gesamtheit all dessen, was existiert, des Unbelebten wie des Belebten, des Bewußten wie des Unbewußten. Er ist frei von Übel und Begrenzungen. Er ist allgegenwärtig, allmächtig, allwissend. Er hat keinen Anfang, keine Mitte und kein Ende. Er weilt in allen Wesen. Er kontrolliert von innen.

Gott ist das Vollkommene. Gott ist die einzige Realität in diesem Universum. Die Dinge existieren durch das Licht Gottes.

Gott ist immer lebendig. Alles beruht auf Ihm. Er ist von nichts abhängig. Er ist die Wahrheit.

Gott ist Ende und Ziel jeden Yoga Sadhanas. Er ist das Zentrum, dem alles zustrebt. Er ist die höchste Absicht und das höchste Gut der Welt. Du hast Hunger. Es gibt Nahrung, um den Hunger zu stillen. Du hast Durst. Es gibt Wasser, um den Durst zu löschen. Du möchtest immer glücklich sein. Es muß etwas geben, um dieses Bedürfnis zu befriedigen. Dieses Etwas ist Gott, eine Verkörperung von Glück. Gott, Unsterblichkeit, Freiheit, Vollkommenheit, Friede, Wonne und Liebe sind gleichbedeutende Begriffe.

Was ist Gott?

Was ist Gott? Schwer zu sagen. Aber wenn ich den Ganges ansehe, weiß ich, es ist Gott. Wenn ich den Jasmin sehe, weiß ich, es ist Gott. Wenn ich den blauen Himmel sehe, weiß ich, es ist Gott. Wenn ich das Zwitschern der Vögel höre, weiß ich, es ist Gott. Wenn ich Honig schmecke, weiß ich, es ist Gott.

Das Höchste ist nicht zu erklären, obwohl Gelehrte intellektuell darüber sprechen, jedoch nicht absolut das Wahre ausdrücken.

Jeder Mensch hat seine eigene Vorstellung von Gott. Der Gott eines Militaristen trägt einen Helm. Der Gott eines Chinesen hat eine flache Nase und eine Opiumpfeife. Der Gott eines Hindu hat Zeichen auf der Stirn und trägt einen Rosenkranz und eine Blumengirlande. Der Gott eines Christen trägt ein Kreuz. Für manche Menschen hat Gott Flügel. Ein Büffel wird denken, Gott ist ein sehr großer Büffel.

Eine solche menschenähnliche Vorstellung von Gott ist natürlich albern. Das Größte und Wichtigste auf der ganzen Welt ist es, die richtige Vorstellung von Gott zu entwickeln, denn dein Glaube an Gott lenkt dein ganzes Leben.

Gibt es einen Gott?

Gott ist jenseits menschlichen Vorstellungsvermögens, aber Er ist eine lebendige Wirklichkeit. Brahman ist keine metaphysische Abstraktion. Es ist das vollste und realste Wesen.

Die Gotteserfahrung kann nicht durch wissenschaftliche Experimente bewiesen werden. Das Absolute sprengt das Fassungsvermögen auch des größten Gelehrten. Es entzieht sich dem Zugriff auch des stärksten Intellekts. Es wird erfahren als reines Bewußtsein, wo der Intellekt stirbt, Gelehrtheit stirbt und das gesamte Wesen als solches sich vollständig in Ihm verliert. Alles wird verloren und alles wird gefunden.

Du möchtest Laborbeweise? Wirklich sehr gut! Du möchtest den grenzenlosen, alldurchdringenden Gott in deiner Proberöhre, Eprouvette und in deinen Chemikalien begrenzen. Gott ist die Quelle deiner Chemikalien. Er ist das Substrat deiner Atome, Elektronen und Moleküle. Ohne Ihn bewegt sich kein Atom und kein Elektron. Er ist der innere Lenker.

Gott verleiht unseren Sinnen Kraft, unserem Geist Wahrnehmungsvermögen, unserem Verstand Unterscheidung, unseren Gliedern Kraft. Durch Seinen Willen leben und sterben wir. Aber der Mensch stellt sich selbstgefällig vor, daß er der Handelnde und der Erlebende sei. Der Mensch ist ein bloßes Nichts vor dem Allmächtigen, der lenkenden Kraft, die die Bewegung des Universums steuert.

Gottes Wille drückt sich überall als Gesetz aus. Die Gesetze von Schwerkaft, Kohäsion, Relativität, Ursache und Wirkung, die Gesetze von Elektrizität, Chemie und Physik sowie alle Naturgesetze sind Ausdruck des Willens Gottes.

Da wir alles in der Natur mit dem Gesetz von Ursache und Wirkung erklären, muß auch die Natur in ihrer Gesamtheit erklärt werden. Sie muß eine Ursache haben. Diese Ursache muß etwas anderes sein als die Wirkung. Es muß sich um eine übernatürliche Wesenheit handeln, nämlich um Gott.

Natur ist nicht ein zufälliges Zusammentreffen von Ereignissen, ein Durcheinander von Zufällen, sondern etwas Geordnetes. Die Planeten bewegen sich geordnet in ihren Umlaufbahnen; Samen wachsen regelmäßig zu Bäumen heran; die Jahreszeiten folgen in einer Reihenfolge aufeinander. Nun ist die Natur aber Jada, unbewußt. Sie kann sich nicht selbst regeln. Es bedarf der Existenz eines intelligenten Wesens - Gottes - das dafür verantwortlich ist. Sogar Einstein, der Wissenschafter, war fest davon überzeugt, daß das Universum von einer höheren Intelligenz erschaffen worden ist.

Obwohl Du bei Tag die Sterne nicht siehst, gibt es sie. Obwohl Du an einem bewölkten Tag die Sonne nicht sehen kannst, gibt es sie. Ebenso, obwohl Du Gott nicht mit deinen physischen Augen sehen kannst, gibt es Ihn. Wenn Du durch Meditationspraxis das göttliche Auge, die Sicht der Intuition, erlangst, wirst Du Ihn wahrnehmen.

Gott beweist sich aus sich selbst. Er bedarf keines Beweises, denn Er ist die Basis der Handlung oder des Vorganges des Beweisens.

Wo ist Gott?

Wo ist Gott? Es gibt keinen Ort, an dem Er nicht ist. So wie ein einziger Faden alle Blumen einer Girlande durchzieht, so durchdringt auch das eine Selbst alles Lebendige. Er ist in allen Wesen und Formen verborgen wie Öl in der Saat, Butter in der Milch, Geist im Gehirn, Prana im Körper, der Fötus im Mutterschoß, die Sonne hinter den Wolken, das Feuer im Holz, der Dampf in der Atmosphäre, das Salz im Wasser, der Duft in Blumen, der Klang in Schallplatten, Gold im Quarz oder Mikroben im Blut.

Gott ist in allen Wesen als Leben und Bewußtsein vorhanden. Gott ist im Brüllen des Löwen, im Gesang des Vogels und im Schreien des Babys. Fühle Seine Gegenwart überall.

Sieh Gott in den Flügeln eines Schmetterlings, in den Buchstaben Alpha und Omega, im Husten eines Patienten, im Rauschen eines Baches, im Klang einer Glocke. Nimm das Wunder von Gottes Antlitz in jedem Objekt dieser Welt wahr.

Jeder Atem, der in der Nase fließt, jeder Herzschlag, jede Arterie, die im Körper pulsiert, jeder Gedanke, der im Geist auftritt, sagt dir, Gott ist nahe.

Jede Blume, die ihren Duft verströmt, jede Frucht, die Dir gefällt, jede sanfte Brise, die weht, und jeder Fluß, der dahingleitet, spricht von Gott und Seiner Barmherzigkeit.

Der weite Ozean mit seinen hohen Wellen, der große Himalaya mit seinen Gletschern, die helle Sonne und die Sterne am weiten Himmel, der hohe Baum mit seinen Zweigen, die kühlen Quellen in den Hügeln und Tälern erzählen Dir von Seiner Allmacht.

Die Musik lieblicher Sänger, die Vorträge eindrucksvoller Redner, die Gedichte berühmter Dichter, die Feststellungen wissenschaftlicher Kapazitäten, die Operationen geschickter Chirurgen, die Äußerungen großer Heiliger, die Gedanken der Bhagavad Gita und die Offenbarungen der Upanishaden sprechen von Gott und Seiner Weisheit.

Alles ist Gott. Das Gute ist Gott. Das Mißgeschick ist Gott. Grüße Ihn in allem und verweile friedvoll in Wonne.

Gott erfüllt das gesamte Universum. Er bewegt sich im Bettlergewand. Er stöhnt vor Schmerz in der Verkleidung eines Kranken. Er wandert im Wald in Lumpen gehüllt. Öffne deine Augen. Sieh Ihn in allem. Diene allen. Liebe alle.

Fühle die göttliche Gegenwart überall - in jeder Form, in jedem Gedanken, in jedem Gefühl und in jeder Empfindung, in jeder Bewegung, in jeder Emotion.

Gott durch die Sinne wahrgenommen ist Materie. Gott durch den Verstand wahrgenommen ist Geist. Gott durch den Geist gesehen ist Atman, das Selbst.

Der Herr wohnt in dir. Er ist der innere Lenker, Antaryamin, der dein Leben bestimmt und lenkt. Er ist in Dir und Du bist in Ihm. Er ist Dir ganz nahe. Er ist nicht sehr weit weg, sondern Er ist Dir näher als Du es Dir selbst bist. Anfänglich dachtest du, er sei nur auf dem Berg Kailash, in Rameshvaram, Mekka, Jerusalem, im Himmel oder am Firmament. Du hattest sehr vage Vorstellungen.

Dieser Körper ist Sein sich bewegender Tempel. Das Allerheiligste ist dein Herz. Schließe die Augen. Ziehe die Indriyas von den Sinnesobjekten ab. Suche Ihn in deinem Herzen mit einpünktigem Geist, Hingabe und reiner Liebe. Du wirst Ihn sicher finden. Er wartet hier mit offenen Armen, um Dich zu umarmen. Wenn Du Ihn hier nicht finden kannst, kannst Du Ihn auch nirgendwo sonst finden.

Wie kann man Gott verwirklichen?

Gott ist eine Sache von Angebot und Nachfrage. Wenn Du Dich wirklich nach Seinem Darshan sehnst, wird Er sich Dir in einem Moment enthüllen.

Du brauchst zur Gottverwirklichung weder Kunst noch Wissenschaft, weder Studium noch Gelehrsamkeit, sondern Glauben, Reinheit und Hingabe.

Fasse alle Liebe, die Du weltlichen Dingen gegenüber hegst - Frau, Sohn, Vermögen, Besitz, Verwandte, Freunde - zusammen und richte dann diese zusammengefaßte Liebe auf Gott. Du wirst noch in dieser Sekunde verwirklichen.

Gleichzeitig Gott und dem Mammon zu dienen, ist unmöglich. Du kannst nicht in derselben Tasse die Wonne des Selbst und Sinnesvergnügen genießen. Du kannst nicht gleichzeitig Licht und Dunkelheit haben.

Der Herr verlangt dein ganzes Herz.

Schrumpfe vor Gott auf null. Erst dann wird sich Gott vollständig deiner annehmen und Dich führen. Nur dann wird die Hingabe vollkommen.

Vergiß deine eigenen Interessen, Sehnsüchte und Wünsche. Du wirst die Wonne des höchsten Selbst erlangen.

Kreuzige und opfere das niedere Selbst, wenn Du Einheit mit Gott haben willst.

Leere Dich von Egoismus. Du wirst mit Gott erfüllt werden. Verliere deine Persönlichkeit. Du wirst das göttliche Leben finden. Du wirst Gott verwirklichen.

Der Guru

Der Guru ist Gott Selbst, der sich in einer persönlichen Form zeigt, um den Aspiranten zu führen. Die Gnade Gottes nimmt die Gestalt des Gurus an. Den Guru sehen heißt Gott sehen. Der Guru ist eins mit Gott. Er erweckt Hingabe in anderen. Seine Gegenwart reinigt alles.

Der Guru ist wahrlich ein Bindeglied zwischen dem Individuum und dem Unsterblichen. Er ist ein Wesen, das sich von *diesem* zu *Jenem* erhoben hat und demgemäß einen freien und ungehinderten Zugang zu beiden Bereichen hat. Er steht, könnte man sagen, an der Schwelle der Unsterblichkeit; und indem er sich niederbeugt, hebt er die ringenden Individuen mit der einen Hand empor und erhöht sie mit der anderen zum Imperium immerwährender Freude und unendlichen Bewußtseins der Wahrheit.

Der Sadguru

Um Guru zu sein, muß an einen Auftrag von Gott haben.

Bloßes Bücherstudium kann niemanden zum Guru machen. Ein Mensch, der die Veden studiert und durch Anubhava direkte Kenntnis von Atman hat, kann als Guru eingesetzt werden. Ein Jivanmukta, ein befreiter Weiser, ist der wahre Guru oder spirituelle Lehrer. Er ist der Sadguru. Er ist eins mit Brahman, dem höchsten Selbst. Er kennt Brahman.

Ein Sadguru hat zahllose Siddhis. Er besitzt allen göttlichen Aiswarya, allen Reichtum des Herrn.

Der Besitz von Siddhis ist jedoch kein Test, um die Größe eines Weisen darzulegen oder um zu beweisen, daß er Selbstverwirklichung erreicht hat. Sadgurus zeigen im allgemeinen kein einziges Wunder, keine Siddhi. Manchmal jedoch tun sie es vielleicht, um Aspiranten von der Existenz übernatürlicher Dinge zu überzeugen, sie zu ermutigen und Glauben in ihre Herzen einzuflößen.

Der Sadguru ist Brahman selbst. Er ist ein Ozean von Wonne, Wissen und Gnade. Er ist der Kapitän deiner Seele. Er ist ein Quell der Freude. Er beseitigt all deine Sorgen, Nöte und Hindernisse. Er zeigt Dir den richtigen, göttlichen Weg. Er beseitigt den Schleier deiner Unwissenheit. Er macht Dich unsterblich und göttlich. Er verwandelt deine niedere diabolische Natur. Er gibt Dir das Seil des Wissens und zieht Dich empor, wenn Du im Ozean von Samsara versinkst. Sieh ihn nicht nur als Mensch an. Wenn Du ihn als Menschen siehst, bist Du ein Tier. Verehre deinen Guru und verneige Dich ehrfurchtsvoll vor ihm.

Der Guru ist Gott. Ein Wort von ihm ist ein Wort von Gott. Er braucht nichts zu lehren. Schon seine Anwesenheit und Gesellschaft sind erhebend, inspirierend und bewegend. Seine bloße Gegenwart ist Selbsterleuchtung. In seiner Gegenwart zu leben, ist spirituelle Unterweisung. Lies das Granth-Saheb. Du wirst die Großartigkeit des Gurus erkennen.

Der Mensch kann nur von einem Menschen lernen, und daher lehrt Gott durch einen menschlichen Körper. In deinem Guru hast Du dein menschliches Ideal der Vollkommenheit. Er ist die Form, in die Du gegossen werden möchtest. Dein Geist wird gerne überzeugt sein, daß solch eine große Seele der Verehrung und Hochachtung würdig ist.

Der Guru ist das Moksha-Dvara. Er ist das Tor zum transzendentalen Wahrheitsbewußtsein. Aber der Aspirant muß es durchschreiten. Der Guru ist eine Hilfe, aber die wirkliche Aufgabe des praktischen Sadhana bleibt dem Aspiranten selbst überlassen.

Ein Guru ist notwendig

Für einen Anfänger am spirituellen Weg ist ein Guru notwendig. Um eine Kerze zu entzünden, braucht man eine brennende Kerze. Genauso kann nur eine erleuchtete Seele eine andere Seele erleuchten.

Manche Menschen meditieren jahrelang allein. Später fühlen sie tatsächlich die Notwendigkeit, einen Guru zu haben. Sie stoßen auf ihrem Weg auf Hindernisse. Sie können diesen Hindernissen und Stolpersteinen nicht begegnen. Dann beginnen sie, einen Meister zu suchen.

Nur der Mann, der bereits in Badrinath war, kann Dir den Weg sagen. Im Fall des spirituellen Weges ist es noch schwieriger, den Weg zu finden. Der Geist wird sehr oft irregeführt werden. Der Guru kann Fallen und Hindernisse beseitigen und Dir den richtigen Weg weisen. Er wird Dir sagen: »Diese Straße führt Dich zu Moksha; diese führt Dich zu Bindung.« Ohne diese Führung möchtest Du vielleicht nach Badrinath gehen, aber Du landest in Delhi!

Die Schriften sind wie ein Wald. Es gibt zweideutige Stellen. Es gibt Stellen, die scheinbar widersprüchlich sind. Es gibt Stellen, die eine esoterische Bedeutung haben, verschiedene Bedeutungen und verborgene Erklärungen. Es gibt Querverweise. Du brauchst einen Guru oder Lehrer, der Dir die richtige Bedeutung erklärt, der Zweifel und Zweideutigkeiten beseitigt, und der Dir die Essenz der Lehre präsentieren wird.

Der Guru ist für jeden Strebenden auf dem spirituellen Weg absolut notwendig. Nur der Guru kann deine Fehler herausfinden. Das Ichbewußtsein ist so beschaffen, daß Du deine Fehler nicht feststellen kannst. So wie ein Mensch nicht seinen Rücken sehen kann, kann er auch seine eigenen Irrtümer nicht sehen. Er muß mit einem Guru leben, damit seine schlechten Eigenschaften und Fehler ausgemerzt werden.

Der Aspirant, der unter der Führung eines Meisters oder Gurus ist, ist davor sicher, in die Irre zu gehen. Satsang, die Gemeinschaft mit dem Guru, ist eine Rüstung und Festung, die Dich gegen alle Versuchungen und ungünstigen Kräfte der materiellen Welt schützt.

Fälle von Menschen, die Vollkommenheit erreicht haben, ohne unter einem Guru zu lernen, sollten nicht als Beweis gegen die Notwendigkeit eines Guru zitiert werden; denn diese großen Menschen sind die Ausnahmen im spirituellen Leben und nicht die Regel. Sie kommen als spirituelle Meister als Ergebnis ihres intensiven Dienens, Studiums und der Meditation, die sie in früheren Geburten praktiziert haben, in die Existenz. Sie haben schon bei einem Guru gelernt. Die gegenwärtige Geburt ist nur eine spirituelle Folge. Daher ist dadurch die Bedeutung eines Gurus nicht verringert. Manche Lehrer führen ihre Aspiranten in die Irre. Sie sagen zu allen: »Denke selbst. Gib Dich nicht einem Guru hin.« Wenn jemand sagt: »Folge keinem Guru!«, will er damit sagen, daß er selbst der Guru seiner Zuhörer ist. Geh nicht zu solchen Pseudogurus. Höre nicht ihre Vorträge.

Alle Großen haben ihre Lehrer. Alle Weisen, Heiligen, Propheten, Weltenlehrer, Inkarnationen und großen Menschen haben ihre Gurus, wie großartig sie auch gewesen sein mögen. Svetaketu lernte von der Natur der Wahrheit von Uddalaka, Maitreyi von Yajnavalkya, Brighu von Varuna, Narada von Sanatkumara, Nachiketas von Yama, Indra von Prachapati; und einige andere gingen demütig zu Weisen, hielten striktes Brahmacharya, praktizierten strenge Disziplin und lernten Brahma-Vidya von ihnen.

Shri Krishna saß zu Füßen Seines Gurus Sandeepani. Gott Rama hatte Guru Vasishta, der ihm Upadesha gab. Jesus suchte Johannes den Täufer auf, um von ihm an den Ufern des Jordan getauft zu werden. Auch die Devas hatten Brihaspati als ihren Guru. Auch die größten unter den göttlichen Wesen saßen zu Füßen des Guru Dakshinamurti.

Ein Anfänger muß zuerst einen persönlichen Guru haben. Er kann nicht am Anfang Gott als Guru haben. Er muß einen reinen Geist haben. Er muß ethisch vollkommen sein. Er muß sehr tugendhaft sein. Er muß über dem Körperbewußtsein stehen. Nur dann kann er Gott als Guru haben.

Die Wahl des Gurus

Wenn Du in der Gegenwart eines Mahatmas Frieden findest, wenn seine Rede Dich inspiriert, wenn er deine Zweifel beseitigen kann, wenn er frei ist von Habgier, Zorn und Lust, wenn er selbstlos ist, liebevoll und ichlos, kannst Du ihn als deinen Guru annehmen. Derjenige, der deine Zweifel zerstreuen kann, deinem Sadhana mit Wohlwollen begegnet und deinen Glauben nicht stört, sondern Dir von dem Punkt an hilft, an dem Du Dich befindest, derjenige, in dessen bloßer Anwesenheit Du Dich spirituell erhoben fühlst - der ist dein Guru. Wenn Du einmal deinen Guru gewählt hast, folge ihm bedingungslos. Gott wird Dich durch den Guru führen.

Setze deinen Verstand bei der Wahl des Gurus nicht zu stark ein. Du wirst scheitern, wenn Du es tust. Wenn Du keinen erstklassigen Guru bekommen kannst, versuche, den Anweisungen des Sadhus zu folgen, der sich schon seit einigen Jahren auf dem Weg befindet, der Reinheit und andere Vorzüge besitzt, und der ein wenig Kenntnis der Schriften hat. So wie ein Student der mittleren Stufe einen Studenten am Beginn unterrichten kann, wenn kein akademischer Professor erreichbar ist, so wie ein Hilfschirurg in der Lage ist, einen Patienten zu behandeln, wenn der erste Chirurg nicht verfügbar ist, so kann diese zweite Kategorie von Guru Dir helfen.

Wenn Du nicht einmal einen solchen Guru zweiter Klasse finden kannst, kannst Du den Lehren aus Büchern von verwirklichten Heiligen wie Shankara, Dattatreya und andere folgen. Du kannst das Bild eines solchen verwirklichten Gurus bei Dir tragen, wenn Du eines bekommen kannst, und es mit Glauben und Hingabe verehren. Allmählich wirst Du Inspiration erfahren, und der Guru taucht vielleicht in einem Traum auf, um Dich zur rechten Zeit einzuweihen und zu inspirieren. Für einen aufrichtigen Sadhak kommt die Hilfe auf geheimnisvolle Weise. Wenn die Zeit reif ist, werden Guru und Schüler vom Herrn auf geheimnisvolle Weise zusammengeführt.

Geheimnisvolle Hilfe vom Herrn

Sieh nur, wie der Herr den Gläubigen in folgenden Fällen geholfen hat. Eknath hörte eine Akasavani, eine Stimme aus dem Himmel. Sie sagte: »Geh zu Janardan Pant in Deva Giri. Er wird Dich auf den rechten Weg bringen und Dich führen.« Eknath tat, wie ihm geheißen, und fand seinen Guru. Tukaram erhielt sein Mantra, *Rama Krishna Hari*, im Traum. Er wiederholte dieses Mantra und hatte den Darshan von Gott Krishna. Shri Krishna wies Namdev an, seine höhere Einweihung von einem Sannyasin in Mallikarjuna zu erhalten. Die Königin Chudalai nahm die Gestalt von Kumbha Muni an, erschien ihrem Mann Sikhidhwaja im Wald und weihte ihn in die Geheimnisse von Kaivalya ein. Madhura Kavi sah an drei aufeinanderfolgenden Tagen ein Licht am Himmel. Es führte ihn und brachte ihn zu seinem Guru Nammalvar, der in Samadhi unter einem Tamarindenbaum bei Tinnevelly saß. Vilvamangal war sehr angezogen von Chintamani, der tanzenden Frau. Letztere wurde sein Guru. Tulsidas erhielt von einem unsichtbaren Wesen die Anweisung, Hanuman aufzusuchen und durch Hanuman den Darshan von Shri Rama zu erlangen.

Tüchtige Schüler sind niemals um einen tüchtigen Lehrer verlegen. Verwirklichte Seelen sind nicht selten. Gewöhnliche unwissende Menschen können sie nicht leicht erkennen. Nur wenige Menschen, die rein sind und alle Tugenden in sich verkörpern, können verwirklichte Seelen verstehen, und nur für sie wird ihre Gesellschaft nutzbringend sein.

Solange es eine Welt gibt, gibt es Gurus und Veden, um die suchenden Seelen am Weg der Selbstverwirklichung zu führen. Die Anzahl der verwirklichten Seelen ist im eisernen Zeitalter vielleicht geringer als im Satya Yuga, aber sie sind immer da, um den Aspiranten zu helfen. Möge jeder Mensch seinen Weg aufnehmen, je nach seinen Fähigkeiten, seinem Temperament und seinem Verstehen. Sein Sadguru wird seinen Weg kreuzen.

Siksha Gurus und Diksha Guru

Der Mensch hat eine doppelte Pflicht hier auf Erden - Erhaltung seines Lebens und Verwirklichung seines Selbst. Um sein Leben zu erhalten, muß er lernen, für sein tägliches Brot zu arbeiten. Um das Selbst zu verwirklichen, muß er dienen, lieben und meditieren. Der Guru, der ihm das Wissen um weltliche Künste beibringt, ist der Siksha Guru. Der Guru, der ihm den Weg der Verwirklichung zeigt, ist der Diksha Guru. Siksha Gurus können viele sein - so viele wie die Anzahl der Dinge, die er lernen möchte. Der Diksha Guru kann nur einer sein - derjenige, der ihn zu Moksha führt.

Bleibe bei einem Guru

Grabe nicht hier und dort seichte Löcher, wenn Du auf Wasser stoßen möchtest. Die Brunnen werden rasch wieder vertrocknen. Grabe einen sehr tiefen Brunnen an einem einzigen Ort. Richte all deine Bemühungen darauf. Du wirst gutes Wasser erhalten, das Dich das ganze Jahr über versorgen kann. Genauso versuche, die spirituelle Lehre nur von einem einzigen Guru in Dich aufzunehmen. Trinke tief von einem Menschen. Sitze einige Jahre lang zu seinen Füßen. Es nützt nichts, aus Neugier von einem zum anderen zu ziehen und so binnen kurzer Zeit das Vertrauen zu verlieren. Sei nicht wankelmütig wie der Geist einer Prostituierten. Folge den spirituellen Anweisungen nur eines Menschen. Wenn Du zu mehreren Menschen gehst und den Anweisungen mehrerer Menschen folgst, wird Dich das verwirren. Du wirst in einem Dilemma sein.

Von einem Arzt bekommst Du ein Rezept. Von zwei Ärzten bekommst Du einen Rat. Von drei Ärzten bekommst Du deine Einäscherung. Genauso, wenn Du viele Gurus hast, wirst Du verwirrt sein. Du wirst nicht wissen, was Du tun sollst. Ein Guru wird Dir sagen: »Mach Soham Japa.« Ein anderer wird Dir sagen: »Mache Japa von *Shri Ram*.« Ein dritter Guru wird Dir sagen: »Höre Anahataklänge.« Du wirst verwirrt sein. Bleibe bei einem Guru und folge seinen Anweisungen.

Höre alle an, aber folge einem. Respektiere alle, aber verehre einen. Sammle Wissen von allen, aber nimm die Lehre eines einzigen Meisters an. Dann wirst Du rasche spirituelle Fortschritte machen.

Guruparampara

Spirituelles Wissen ist eine Frage der Guruparampara. Sie wird von Guru an Schüler weitergegeben. Gaudapadacharya teilte spirituelles Wissen seinem Schüler Govindacharya mit; Govindachraya seinem Schüler Sankaracharya; Shankaracharya seinem Schüler Suresvaracharya. Matsyendranath gab Wissen an seinen Schüler Gorakhnath weiter; Gorakhnath an Nivrittinath; Nivrittinath an Jnanadeva. Totapuri teilte spirituelles Wissen Ramakrishna mit und Ramakrishna Swami Vivekananda. Ashtavakra formte das Leben von König Janaka. Gorakhnath wurde vom spirituellen Geschick Raja Bhartriharis geformt. Shri Krishna ließ Arjuna und Uddhava am spirituellen Pfad fest Fuß fassen, als ihr Geist ungeordnet war.

Die Bedeutung der Einweihung

Ein Bhakta wird von einem Bhakta Heiligen in den Pfad der Hingabe eingeweiht. Ein Jnani wird einen Vedantaschüler in die Mahavakyas einweihen. Ein Hatha Yogi oder ein Raja Yogi können sich gegenseitig im jeweiligen Pfad einweihen. Aber ein Weiser vollkommener Verwirklichung, ein Purnajnani oder Purnayogi kann in jeden Pfad einweihen. Ein Weiser oder Heiliger wie Shri Shankara oder Madhusudana Sarsavati kann einen Sadhak in jeden Pfad einweihen, für den der Aspirant bereit ist. Der Guru wird durch genaue Prüfung des Aspiranten dessen Geschmäcker, Temperamente und Fähigkeiten kennenlernen und den für ihn am besten geeigneten Pfad feststellen. Wenn sein Herz unrein ist, wird der Lehrer ihm selbstlosen Dienst für eine gewisse Zahl von Jahren vorschreiben. Dann wird der Guru herausfinden, für welchen bestimmten Pfad der Schüler geeignet ist und ihn darin einweihen.

Einweihung bedeutet nicht, jemandem ein Mantra ins Ohr zu flüstern. Wenn Rama von den Gedanken Krishnas beeinflußt wird, hat er bereits Einweihung von ihm erhalten. Wenn der Aspirant den Weg der Wahrheit beschreitet, nachdem er die Bücher eines Heiligen gelesen hat und seine Lehren annimmt, ist dieser Heilige bereits sein Guru geworden.

Shakti-Sanchar

Wie eine Orange weitergegeben werden kann, so kann auch spirituelle Kraft von einem zum anderen übertragen werden. Diese Methode der Übertragung spiritueller Kraft heißt Shakti-Sanchar. In Shakti-Sanchar wird eine bestimmte spirituelle Schwingung des Sadgurus tatsächlich zum Geist des Schülers übertragen.

Spirituelle Kraft wird vom Guru an den würdigen Schüler, den er für Shakti-Sanchar als geeignet betrachtet, weitergegeben. Der Guru kann den Schüler durch einen Blick, eine Berührung, einen Gedanken, ein Wort oder durch bloßes Wollen umformen.

Shakti-Sanchar kommt durch Parampara. Es ist eine verborgene mystische Wissenschaft. Sie wird von Guru an Schüler weitergegeben.

Jesus übertrug seine spirituelle Kraft durch Berührung an einige seiner Schüler. Ein Schüler von Samartha Ramdas übertrug seine Kraft an die Tochter der Tänzerin, die eine große Leidenschaft für ihn empfand. Der Schüler sah sie an und gab ihr Samadhi. Ihre Leidenschaft schwand. Sie wurde sehr religiös und spirituell. Shri Krishna berührte die blinden Augen von Surdas. Das innere Auge von Surdas öffnete sich, er hatte Bhava Samadhi. Shri Gouranga rief durch seine Berührung in vielen Menschen göttliche Verzückung hervor und brachte sie auf seine Seite. Selbst Atheisten tanzten nach seiner Berührung in Ekstase auf den Straßen und sangen Lieder von Hari.

Der Schüler darf sich nicht mit der Übertragung von Kraft durch seinen Guru zufriedengeben. Er muß große Anstrengungen in seinem Sadhana machen, um weitere Vervollkommnung und Erfolge zu erlangen. Shri Ramakrishna Paramahamsa berührte Swami Vivekananda. Swami Vivekananda hatte eine überbewußte Erfahrung. Weitere sieben Jahre arbeitete er hart, auch noch nach dieser Berührung, um Vollkommenheit zu erlangen.

Gnade und eigene Anstrengung

Verwirklichung kann Dich nicht als ein Wunder erreichen, das dein Guru vollbringt. Buddha, Jesus, Rama Thirta, alle machten Sadhana. Shri Krishna verlangte von Arjuna, Vairagya und Abhyasa zu entwickeln. Er sagte ihm nicht: »Ich gebe Dir jetzt Mukti.« Daher gib die falsche Vorstellung auf, daß dein Guru Dir Samadhi und Mukti geben wird. Bemühe dich, reinige dich, meditiere und verwirkliche.

Guru-Kripa - die Gnade des Gurus - ist überaus notwendig. Das heißt nicht, daß der Schüler müßig dasitzen soll. Er muß strenges Purusharta, spirituelle Praktiken, üben. Der Schüler muß die ganze Arbeit leisten. Heutzutage wünschen die Menschen, einen Tropfen Wasser aus dem Kamandalu eines Sannyasin zu haben und sofort in Samadhi einzutreten. Sie sind nicht darauf eingestellt, sich irgendeinem Sadhana zur Reinigung und Selbstverwirklichung zu unterziehen. Sie wollen eine Zauberpille, die sie in Samadhi befördert. Wenn Du Dir derartige Illusionen machst, gib sie sofort auf.

Der Guru und die Sastras können Dir den Weg zeigen und deine Zweifel beseitigen. Aparoksha-Anubhava, direktes intuitives Wissen, bleibt deiner eigenen Erfahrung vorbehalten. Ein hungriger Mensch muß selbst essen. Wer ein starkes Jucken verspürt, muß sich selbst kratzen.

Kein Zweifel, der Segen des Gurus kann alles vollbringen. Aber wie kann man seinen Segen erhalten? Indem man dem Guru gefällt. Ein Schüler kann seinem Guru nur gefallen, wenn er seine spirituellen Anweisungen genau ausführt. Daher folge sorgfältig den Anleitungen deines Gurus. Handle nach seinen Anordnungen. Nur dann verdienst Du seinen Segen, und nur dann kann sein Segen alles bewirken.

Heilige

Ein Heiliger ist ein Gott auf Erden. Für ihn ist die ganze Welt nur Stroh. Ihm sind Gold und Stein gleichviel. Ihm sind Freude und Schmerz gleichbedeutend.

Ein Heiliger lebt in Gott. Er hat Gott verwirklicht. Er kennt Gott. Er ist Gott geworden. Er spricht von Gott. Er zeigt den Weg zu Gott. Er ist berauscht von Gott. Er ist Gott Selbst. Er ist eins mit Gott.

Heilige sind Gottes Vertreter auf Erden. Gott offenbart sich in einem Heiligen in Seiner ganzen Herrlichkeit, unendlichen Kraft, Weisheit und Wonne.

Die Heiligen bilden für die Pilger eine Leiter zum Altar Gottes. Überall, wo sich Heilige und Weise auch nur eine halbe Sekunde lang aufhalten, dort sind heilige Plätze wie Varanasi, Prayag und Brindavan.

Ein Heiliger ist ein Segen für die Erde. Heilige sind lebendige Zeichen von Religion und die wahren Wohltäter der Menschheit. Stets in der Geschichte spielten Heilige eine große Rolle in der Bewahrung geistiger Werte in der Welt.

Ein Heiliger ist ein spiritueller Wäscher. Er verwendet die Seife der Hingabe und des Wissens und beseitigt die Flecken der Sünde in weltlichen Menschen. In seiner Gegenwart wird der Mensch heilig.

In dem Moment, in dem der Geist an einen Weisen denkt, werden sofort alle schlechten Begierden und niedrigen Leidenschaften weggewischt. Meditation über das Leben von Heiligen kommt heiliger Gesellschaft gleich. Das Studium ihrer Lehre ist gleichbedeutend mit heiliger Gesellschaft.

Denken an das Leben von Heiligen, leben in ihrer Gesellschaft und das große Glück, ihren Segen zu empfangen, lenkt einen Regen der Reinheit, Inspiration und des göttlichen Bewußtseins auf dich.

Das Wesen eines Heiligen

Ein Heiliger ist frei vom Gedanken an Ich und Mein. Er ist frei von Lust, Zorn und Habgier. Er liebt alle Wesen als sein Selbst. Er besitzt Leidenschaftslosigkeit und Barmherzigkeit. Er spricht die Wahrheit und dient allen. Er meditiert immer über den Herrn. Er spricht nicht schlecht über andere. Er hat universelle Sicht. Er sieht Devi, die Mutter, in allen Frauen. Er ist immer voll Frieden und Freude. Er besingt die Herrlichkeit Gottes. Er hat göttliches Wissen. Er ist furchtlos und großzügig. Er bittet nie, er gibt. Er ist majestätisch und herrschaftlich. Ein solcher Mensch ist auf der ganzen Welt selten. Man findet ihn nicht leicht. Er wird nicht überall geboren.

Liebe ist der Atem eines Heiligen. Barmherzigkeit ist seine Natur. Sein Herz fließt über von Mitleid. Er sieht nicht die Fehler der anderen. Er gibt Gutes für Schlechtes und segnet die, die ihn verfluchen.

Das Herz eines Weisen ist eine Flamme der Liebe, und sein ganzes Wesen dürstet danach, die leidende Menschheit zu erheben. Er vergißt sich selbst vollständig und lebt nur für andere.

Ein Heiliger sieht die ganze Welt als Projektion seiner eigenen Seele. Ein Weiser sieht Einheit in Verschiedenheit. Er wird eins mit der ganzen Welt.

Ein Weiser ist jung mit Jungen, alt mit Alten, mutig mit Mutigen und Kind mit Kindern. Er fühlt den Schmerz und das Leiden der Leidenden.

Das Leben eines Heiligen

Das Leben eines Heiligen ist aufrecht, einfach und anziehend. Es ist voll Anmut. Es ist methodisch. Ein Heiliger ist immer guter Laune. Er kennt nichts Böses im Leben. Für ihn ist das Leben Freude. Er wird nicht von Kummer geprüft. Er ist furchtlos. Kein Monarch hat Macht über ihn.

Das Leben eines Heiligen ist immer ein Leben der Stille, der Einkehr, der Einsamkeit und Abgeschiedenheit. Er bleibt unberührt von den Veränderungen der Welt. Kein äußeres Ereignis kann ihn aus der Bahn werfen. Er ist in seinem Atman, dem Absoluten Bewußtsein, zentriert.

Ein Weiser ist wunschlos und daher immer glücklich. Ein König besitzt alles und ist daher glücklich. Aber das Glück eines Weisen ist grenzenlos, denn er lebt in seinem Atman, dem Ozean der Wonne Brahmans. Ein König ist voller Ängste und Sorgen. Er fürchtet, daß seine Feinde ihn eines Tages bezwingen werden, und deshalb ist er ruhelos und unglücklich.

Das Glück eines befreiten Weisen ist kein sinnliches Vergnügen. Es ist die Wonne Atmans, des Selbst. Er erlebt die ganze Welt gleichzeitig als das Selbst aller Dinge. Sein Glück hat nichts mit Zeit zu tun. Es ist transzendentale Wonne.

Nur ein Weiser ist wirklich reich. Multimillionäre mit Sehnsüchten und Wünschen sind Bettler. Ein Heiliger ist einem Kaiser überlegen und auch Indra, dem Herrn des Himmels.

Ein Weiser ist vom Traum des Lebens erwacht. Er genießt ewige Wonne. Einem erleuchteten Weisen unterwirft sich die ganze Welt.

Ein Weiser braucht kein Genie zu sein

Der Weise bewegt sich unter den Menschen, aber er bleibt allen Menschen unsichtbar; man hält ihn für einen normalen Menschen.

Nur ein Weiser kann einen Weisen erkennen. Manchmal ist er wie ein Sarvajna, jemand, der alles weiß. Manchmal ist er wie ein Ajnani, ein Unwissender. Er weiß, wann er wie ein Brahma Nishta zu handeln hat, und wann er sich wie ein Narr betragen muß. Urteile nicht über ihn. Wenn Du Dich ihm mit dem richtigen Bhava, mit Vertrauen, Hingabe und spirituellem Durst näherst, wird er Dir höchstes Wissen vermitteln. Wenn Du mit einem schlechten Motiv zu ihm kommst, wird er sich verhalten wie ein Verrückter, und Du wirst enttäuscht sein. Dann erleidest Du einen großen Verlust.

Ein Brahma Jnani, ein befreiter Weiser, braucht kein Genie zu sein. Er muß nicht beredt sein, kein großer Rhetoriker, Vortragender oder Professor. Aber er ist ruhig, gelassen und still. Er ist schweigsam und wortkarg. Sein Schweigen ist höchste Beredsamkeit. Er besitzt Gleichmut und einen ausgewogenen Geist. Er hat universelle Sicht. Er hat Samata und Samata Drishti. Er ist ein Mouni, Maha Mouni und Muni. Er hat göttliche Weisheit und intuitives Wissen. In seiner Gegenwart klären sich alle Zweifel.

Heilige haben keine Kaste

Es gibt keine Kaste unter Heiligen und Weisen. Ein Weiser ist wie ein Löwe, der aus dem Käfig ist, frei von den Fesseln von Kaste, Glauben, Beruf, Tradition und Schriften. Schau nicht nach der Kaste von Heiligen und Weisen. Das bringt Dir keinen Nutzen. Du kannst ihre Tugenden nicht übernehmen. In höherer Religion gibt es weder Kaste noch Glaubensbekenntnis. Schuster, Weber und Unberührbare sind vorzügliche Heilige geworden.

Es besteht kein wirklicher Unterschied zwischen einem christlichen Mystiker und einem hinduistischen Heiligen. Ihre Aussagen sind nie widersprüchlich. Die Botschaften der Heiligen sind im wesentlichen identisch. Sie waren immer ein Aufruf an die Menschen, die Weisheit des Selbst, des Atman, zu entdecken.

Weise unterscheiden sich in ihrem Verhalten

Die Erkenntnis ist in allen Weisen dieselbe, aber ihr Verhalten ist unterschiedlich. Shri Vasishta war ein Karma Kandi; er führte Havas und Opfer aus. Raja Janaka war ein Bhogi; er herrschte über sein Reich; er genoß königliche Freuden. Shri Dattatreya war ein Wanderer; er war ein Avadhuta, ein nackter Fakir. Kakabhusundhi war ein Yogi. Manche heiraten sogar.

Weise wie Dattatreya und Jadabharata ziehen glücklich umher. Sie besitzen weder Haus noch Kleider. Alle Dualitäten sind ausgelöscht. Sie können nicht für das Wohlergehen der Welt arbeiten wie Raja Janaka oder Shri Shankara. Aber ihre bloße Gegenwart erhebt die Menschen.

Der andere Typ des Weisen ist der wohltätige Weise - wie Raja Janaka und Shri Shankara - der für die Solidarität der Welt wirkt. Er fühlt mit allen. Er schreibt Bücher, unterrichtet und baut Mutts und Ashrams. Du fragst vielleicht: »Welche der beiden Arten ist besser?« Die Antwort ist: »Beide sind gleich gut.«

Ein Weiser ist nicht selbstsüchtig

Unwissende Menschen sagen: »Ein Weiser strebt nach seiner eigenen Selbstverwirklichung. Er ist sehr selbstsüchtig. Er bringt keinen Nutzen für die Gesellschaft.« Das ist ein schwerer Irrtum. Ein Weiser ist der wohltätigste Übermensch. Er ist äußerst freundlich und mitfühlend. Er erhebt sofort alle Menschen, die mit ihm in Berührung kommen. Auch macht er Shakti Sanchar durch sein Divya Drishti. Er findet würdige Aspiranten und erhebt sie durch Sankalpa Shakti, auch wenn er sich in einer Höhle oder in einem Kutir im fernen Himalaya aufhält.

Ein Jnani ist kein selbstsüchtiger Mensch, wie weltliche Menschen meinen. Seine spirituellen Schwingungen reinigen die Welt. Sein ganzes Leben ist beispielgebend und erhebend. Er gibt anderen Hoffnung und Ermutigung, damit sie den spirituellen Weg aufnehmen. Er ist der einzige, der die Menschen wirklich liebt. Er spürt die Gegenwart Gottes in jedem. Er liebt seinen Nächsten wie sich selbst. Nur ein Jnani dient wirklich selbstlos, denn er fühlt die Gegenwart Gottes in allen Wesen. Er ist der wahre Altruist und Humanist.

Erlaube Dir kein Urteil über einen Heiligen

Du kannst nicht das weltliche Maß anlegen, um die Größe von Heiligen zu messen. Überlagere nicht auf sie Fehler aufgrund deines üblen Blicks. Du kannst ihre Verdienste nicht beurteilen.

Brahma Nishthas sind wie Feuer. Sie können alles verzehren. Ihre bloße Berührung reinigt alles. Sie sind jenseits von gut und böse; sie sind selbst die höchste Güte. Ahme ihr Tun nicht nach. Ihre Handlungen sind seltsam und geheimnisvoll. Sie übersteigen dein Verstehen. Wenn Du einen Einbruch begehst und sagst: »Hat Krishna nicht Butter gestohlen?«, wirst Du hoffnungslos zerstört werden. Krishna hob den Govardhana Hügel mit Seinem kleinen Finger hoch.

Kannst Du auch nur einen großen Stein mit all deiner Kraft hochheben? Folge dem Upadesha von Heiligen und Mahapurushas; Du wirst hier und jetzt Brahma Jñana erlangen.

Wie die Gesellschaft von Heiligen Nutzen bringt

Um Nutzen von der Gesellschaft von Heiligen zu haben, mußt Du Dich zuerst vorbereiten. Habe weder irgendeine vorgefaßte Meinung noch ein Vorurteil. Nähere Dich mit offenem und aufnahmebereitem Geist. Nähere Dich ohne Erwartungen. Nähere Dich bescheiden und respektvoll. Nimm das an, was Dir entspricht. Wenn ein Teil ihrer Lehre Dir nicht entspricht, bilde Dir keine voreilige Meinung. Wenn sie Dir nicht gefällt, brauchst Du sie Dir nicht zu Herzen zu nehmen. Was für einen anderen richtig ist, muß nicht für Dich richtig sein. Und doch, in Anbetracht der breiten Basis kann es keinen Meinungsunterschied geben.

Wenn Du vor das Angesicht eines Weisen trittst, stelle ihm keine Fragen aus bloßer Neugierde. Sitze bescheiden in seiner Gegenwart. Beobachte ihn. Höre ihm vorurteilsfrei zu. Stelle ihm nur Fragen, auf die Du tatsächlich eine Antwort suchst. Stelle ihm nur dringende Fragen. Verwickle ihn nicht in Politik oder öffentliches Gezänk.

Meditiere in der Gegenwart eines Weisen. Du wirst das innere Licht erhalten, das deine Zweifel beseitigt.

Heilige als Ratgeber

Die Gesellschaft von Weisen und Heiligen hat eine überaus verwandelnde Wirkung auf das Leben von wirklich Suchenden. Sie erhebt sie zu erhabenen Höhen, zu Reinheit und Spiritualität. Sie verfehlt ihre Wirkung nicht einmal auf krasse Materialisten.

Jede Schule, jede Hochschule, jedes Seniorenheim, jedes Gefängnis, jede Institution und jedes Haus sollte einen Weisen zu seiner Verfügung haben, der die Mitglieder führt.

Nur Heilige und Weise können wirkliche Ratgeber für Könige werden, denn sie sind selbstlos und besitzen höchste Weisheit. Nur sie können die allgemeine Moral verbessern. Nur sie können den Weg zur Erlangung ewiger Wonne und Unsterblichkeit zeigen. Shivaji hatte Swami Ramdas als Ratgeber. König Dasaratha hatte Maharshi Vasishtha als Ratgeber.

Es gibt sehr viele Heilige. Du hast nicht das Verlangen nach ihnen. Du willst nicht zu ihnen gehen. Du willst ihnen nicht dienen. Du strebst nicht nach Höherem. Du bist völlig zufrieden mit ein paar zerbrochenen Muscheln und Glasscherben. In Dir ist nicht der spirituelle Hunger oder Durst, höheres göttliches Wissen und inneren Frieden zu erlangen.

Eine spirituelle Gelegenheit ist ein seltenes Privileg. Vergib solche Gelegenheiten nicht. Nimm Zuflucht zur Gesellschaft von Weisen und Heiligen. Ein Augenblick der Gesellschaft von Heiligkeit ist ein Schiff, um diesen Ozean des Lebens zu überqueren.

Gott ist die größte Läuterung. Ein Heiliger ist auch eine große Läuterung. Gott inkarniert sich in Heiligen und Weisen, wenn man ihrer am meisten bedarf.

Beschäftige Dich mit den Leben von Heiligen. Du fühlst Dich sofort inspiriert. Gedenke ihrer Worte. Du fühlst Dich sofort erhoben. Trete in ihre Fußstapfen und Du wirst von Schmerz und Sorgen befreit sein.

Suche die Gesellschaft von Weisen und entfalte dich. Satsang mit Heiligen verfehlt seine Wirkung nicht.

Hinduismus

Hinduismus ist die Religion der Hindus. Sie ist die älteste aller lebenden Religionen. Der Hinduismus wurde nicht von einem Menschen gemacht. Er wurde nicht von einem einzelnen gegründet. Er basiert nicht auf einer Reihe von Dogmas, die von einer Reihe von Lehrern gepredigt werden. Er begann nicht als ein System wie der Islam oder das Christentum. Er ist ein Produkt der vedischen Seher. Er wurde von Zeitalter zu Zeitalter durch die Lehren der Avatars, Rishis, Veden, Upanishaden, der Gita und der Itihastas entwickelt. Es wird ihn so lange geben wie es die Welt geben wird. Im Herzen jedes Hindus liegt eine eigenartige geheimnisvolle spirituelle Kraft.

Der Hinduismus wird auch Sanatana Dharma und Vaidika Dharma genannt. Sanatana Dharma bedeutet die ewige Religion, das alte Gesetz. Vaidika Dharma bedeutet die Religion der Veden.

Der Hinduismus ist so alt wie die Welt. Der Hinduismus ist die Mutter aller Religionen. Buddha, der innerhalb der Hindureligion geboren und danach erzogen wurde, brachte hier und dort einige Veränderungen an und ließ eine neue Religion, den Buddhismus, entstehen, um dem Temperament und Entwicklungsstand der zu dieser Zeit lebenden Menschen zu entsprechen. Der Buddhismus ist nur ein Ausläufer des Hinduismus. Jesus, der in Kashmir und Benares Tapas übte, nahm Lehre und Prinzipien des Hinduismus auf und rief eine den palästinensischen Fischern entsprechende Religion ins Leben. Mahavira brachte hier und dort einige Veränderungen an und ließ eine Religion entstehen. Den Jainismus, der nur ein Ausläufer des Hinduismus ist. Der Parsismus, das Christentum und alle Ismen sind tatsächlich Abkömmlinge des Hinduismus.

Eine Religion der Freiheit

Der Hinduismus gestattet dem rationalen Geist des Menschen absolute Freiheit. Der Hinduismus verlangt niemals eine sinnlose Einschränkung der Freiheit des menschlichen Verstandes. Er bietet dem menschlichen Verstand und dem Herzen weitestgehende Freiheit in Fragen wie die Natur Gottes, die Seele, die Schöpfung, die Form des Gottesdienstes und das Ziel des Lebens. Er zwingt niemanden dazu, bestimmte Dogmen oder Formen der Verehrung anzunehmen. Er gestattet jedem, zu überlegen, zu forschen, Fragen zu stellen und nachzudenken. Daher haben alle Arten religiösen Glaubens, verschiedene Formen von Gottesdienst oder Sadhana und verschiedene Arten von Ritual und Gebräuchen nebeneinander einen ehrenvollen Platz innerhalb des Hinduismus gefunden und werden in harmonischer Beziehung zueinander gepflegt und entwickelt.

Der Hinduismus nimmt anders als andere Religionen nicht dogmatisch für sich in Anspruch, daß die letztendliche Befreiung nur mit seinen Mittel möglich ist und durch keine anderen. Er ist nur Mittel zum Zweck, und alle Mittel, die letztlich zum Ziel führen, sind in gleicher Weise anzuerkennen.

Die religiöse Gastfreundschaft des Hinduismus ist sprichwörtlich. Der Hinduismus ist äußerst allumfassend und liberal. Das ist der grundlegende Wesenszug des Hinduismus. Der Hinduismus respektiert alle Religionen. Er schmäht keine andere Religion. Er anerkennt und ehrt Wahrheit, woher sie auch stammen mag, und welches Kleid sie auch tragen mag.

Die Hinduschriften

Die Srutis und die Smritis sind die beiden maßgeblichen Quellen des Hinduismus. 'Sruti' bedeutet wörtlich, 'das, was man hört', und 'Smriti' bedeutet 'das, woran man sich erinnert'. Sruti ist Offenbarung; Smriti ist Tradition. Das Offenbarte ist Sruti. Eine Upanishad ist Sruti. Das, was erzählt wird, ist Smriti. Die Bhagavad Gita ist Smriti.

Sruti ist direkte Erfahrung. Große Rishis hörten die ewigen Wahrheiten über Religion und gaben sie zum Wohle der Nachwelt weiter. Diese Berichte bilden die Veden. Daher ist Sruti die erste Autorität. Smriti ist eine Sammlung dieser Erfahrung. Daher ist sie von zweitrangiger Autorität. Die Smritis oder Dharma Sastras stehen in den Srutis. Sie sind ebenfalls von Weisen geschriebene Bücher, aber sie sind nicht von letzter Autorität. Wenn in einem Smriti etwas steht, was einem Sruti widerspricht, muß das Smriti zurückgewiesen werden. Die Bahgavad Gita ist Smriti. Das Mahabharata ebenfalls.

Die Veden und Upanishaden

Die Srutis werden Veden oder Amnaya genannt. Es sind direkte intuitive Enthüllungen und gelten als Apaurusheya, vollständig übermenschlich, ohne spezifischen Autor.

Die Veden sind ewige Wahrheiten, die Gott den großen alten Rishis Indiens enthüllte. Das Wort 'Rishi' bedeutet 'Seher'. Er sieht Gedanken. Der Gedanke war nicht sein eigener. Die Rishis sahen oder hörten die Wahrheiten. Daher sind die Veden Sruti, das, was gehört wird. Der Rishi schrieb nicht. Er schuf nicht aus seinem Geist. Er sah einen Gedanken, der bereits da war. Er war nur der spirituelle Entdecker des Gedankens.

Der Rishi hat den Veda nicht erfunden. Er ist nur Mittler oder Überbringer, um den Menschen die intuitiven Erfahrungen mitzuteilen, die er erhalten hat. Die Wahrheiten der Veden sind Offenbarungen. Alle anderen Weltreligionen beziehen sich auf Autoritäten, die von speziellen Sendboten Gottes an bestimmte Personen übermittelt wurden, aber die Veden schöpfen ihre Autorität von niemandem. Sie sind selbst die Autorität, da sie ewig und das Wissen des Herrn sind.

Die Veden sind die ältesten Bücher in der Bibliothek des Menschen. Die Veden sind die letzte Quelle, auf die alles religiöse Wissen zurückgeführt werden kann. Religion ist göttlichen Ursprungs. Sie wurde dem Menschen von Gott in früher Zeit enthüllt. Sie findet in den Veden ihre Verkörperung.

Die Upanishaden sind der letzte Teil der Veden, das Ende der Veden. Die Lehre, die sich darauf gründet, heißt Vedanta. Die Upanishaden sind der Kern, das Ende der Veden. Sie bilden die absolute Grundlage des Hinduismus.

Die wichtigsten Upanishaden sind Isa, Kena, Katha, Prasna, Mundaka, Mandukya, Aitareya, Taittiriya, Chhandogya, Brihadaranyaka, Kaushitaki und Svetasvatara. Sie sind höchste Autorität.

Die verschiedenen indischen Philosophen, die den einzelnen Schulen angehören wie Advaita, Monismus mit Eigenschaften oder Visishtadvaita, Dualismus, reiner Monismus, Bhedabheda, usw. haben die höchste Autorität der Upanishaden anerkannt. Sie haben ihre eigenen Interpretationen gebracht, aber sie haben der Autorität gehorcht. Sie haben ihre Philosophie auf die Grundlage der Upanishaden gestellt.

Die Philosophie der Upanishaden ist erhaben, tief, eindrucksvoll und ergreifend. Die Upanishaden enthüllen die subtilsten spirituellen Wahrheiten. Auch westliche Gelehrte haben den upanishadischen Sehern ihren Tribut gezollt. Sie waren erstaunt über die beeindruckenden

Höhen, die die Upanishaden erreichen. Schopenhauer studierte die Upanishaden und meditierte über die upanishadischen Gedanken, bevor er zu Bett ging. Er sagte: »Die Upanishaden sind der Trost meines Lebens, und sie werden mir auch nach meinem Tod Trost sein.»

Die Lehren der Rishis von einst gehören nicht nur dem Hinduismus. Sie sind allumfassend und universell. Sie sind für die Menschen der ganzen Welt gültig. Die Gita und die Upanishaden sind Bücher für Menschen der ganzen Welt.

Hindu-Mythologie

Jede Religion hat drei Teile, nämlich Philosophie, Mythologie und Ritual. Die Philosophie ist die Essenz der Religion. Sie stellt ihre Grundprinzipien auf, die grundlegenden Lehren oder Thesen, das Ziel und die Mittel, um es zu erreichen. Die Mythologie erklärt und illustriert die Philosophie durch das Mittel legendärer Leben von großen Menschen oder übernatürlichen Wesen. Das Ritual gibt der Philosophie eine noch konkretere Form, damit jeder sie verstehen kann. Das Ritual besteht aus Formen und Zeremonien.

Die Mythologie ist ein Teil jeder Religion. Die Mythologie ist konkrete Philosophie. Die Mythologie ist die Wissenschaft, die Mythen, Fabeln und Legenden untersucht, denen Ereignisse aus lange vergangener Zeit zugrunde liegen, im speziellen aus der frühen Zeit menschlicher Existenz. Die Mythologie inspiriert den Leser durch Lebensregeln und lobenswerte Beispiele und spornt dazu an, Vollkommenheit, das höchste Ziel, zu erreichen. Die abstrakte Lehre und die subtilen Gedanken werden durch das Kleid von Geschichten, Parabeln, Legenden, Allegorien und Erzählungen überaus interessant gemacht. Die erhabenen und abstrakten philosophischen Gedanken und Ideale des Hinduismus finden durch eindrucksvolle Geschichten geradewegs in den Herzen der Massen Eingang.

Die Mythologie ist etwas vermischt mit Geschichte. Es ist schwierig, exakt zwischen Geschichte und Mythologie zu trennen.

Hinter der alten Hindu-Mmythologie stehen große Wahrheiten. Man kann nicht etwas ignorieren, einfach deshalb, weil es in einem mythologischen Kleid steckt. Streite nicht. Schweige. Halte deinen Verstand in respektvollem Abstand, wenn Du Dich mit Mythologie beschäftigst. Der Verstand ist ein Hindernis. Er wird Dich täuschen. Gib Arroganz und Eitelkeit auf. Pflege die Liebe zum Imaginären. Setz Dich hin wie ein Kind, und öffne einfach dein Herz. Dann wirst Du die großen Wahrheiten verstehen, die durch die Mythologie enthüllt werden. Du wirst in das Herz der Rishis und Weisen vorstoßen, die die Mythologie niedergeschrieben haben. Du wirst dann wirklich Freude an der Mythologie haben.

Du lernst Geographie mit Landkarten. Es gibt auf der Landkarte keine wirklichen Länder oder Städte, aber es hilft dir, viel über die einzelnen Länder zu erfahren. Genauso verhält es sich mit den Mythen. Man kann die subtilen philosophischen Wahrheiten nur durch Mythen ausdrücken. Das Thema von Mythos und Legende ist nur dazu da, um den Geist für die Wahrheiten der Religion zu interessieren.

Durch die Beschäftigung mit der Mythologie erhältst Du verschiedene gegenständliche Lektionen, um deinen Charakter zu formen und um ein ideales göttliches Leben zu leben. Die Leben von Shri Rama, Shri Krishna, Bishma, Nala, Harischandra, Lakshmana, Bharata, Hanuman, Yudhishthira, Arjuna, Sita, Savitri, Damayanti oder Radha sind Quellen großer spiritueller Inspiration, um dein Leben, dein Verhalten und deinen Charakter zu formen. Wenn Du in einem Zwiespalt bist, was in heiklen Situationen zu tun ist, oder wenn ein Konflikt der Pflichten besteht, wirst Du durch das Studium der Mythologie genaue Lösungen erhalten.

Puranas enthalten Mythen. Die Religion wird durch diese Puranas auf sehr einfache und interessante Weise weitergegeben. Auch heute noch sind die Puranas beliebt. Die Puranas erzählen die Geschichte längst vergangener Zeit. Sie beschreiben auch die für das normale physische Auge unsichtbaren Bereiche des Universums. Sie sind sehr interessant zu lesen und stecken voll Informationen jeder Art. Die Kinder hören die Geschichten von ihren Großmüttern. Die Pandits und die Purohits halten Kathas in Templen, an Flußufern und an anderen wichtigen Orten. Bauern, Arbeiter und Basarhändler hören die Geschichten. So wird der Geist der Menschen mit Hindu-Idealen und -Gedanken erfüllt und zu großen spirituellen Höhen erhoben.

Betonung der Praxis

Der Hinduismus versorgt mit spiritueller Nahrung und Yoga ist in erster Linie praktisch. In keiner Religion findet man eine solche Vielfalt von Yogapraktiken und die Darlegung einer solch erhabenen einzigartigen Philosophie.

Der Hinduismus gibt spirituelle Nahrung und Yoga Sadhana für jeden Menschen, um dem jeweiligen Temperament, den Fähigkeiten, Geschmäckern, dem spirituellen Entwicklungsstand und den Lebensumständen zu entsprechen. Er schreibt Yoga Sadhana auch dem Straßenkehrer und Schuster vor, die ihrer normalen Beschäftigung in der Welt nachgehen, damit sie Gottverwirklichung erlangen. Hindu-, Yoga- und Vedantalehrer betonen besonders Selbstbeherrschung, Tapas, Entsagung und praktisches Sadhana, das am besten dazu geeignet ist, Geist und Sinne zu kontrollieren, die innere Göttlichkeit zu entfalten und Selbstverwirklichung zu erreichen.

Religion ist der praktische Aspekt von Philosophie. Philosophie ist der rationale Aspekt von Religion. Die Philosophie des Hinduismus ist keine Lehnsessel-Philososphie. Sie ist nicht gedacht für intellektuelle Neugier und sinnlose Debatten. Die Hindu-Philosophie ist ein Lebensstil. Der Hindu-Philosoph reflektiert ernsthaft nach dem Hören der Srutis, macht Atma-Vichara, meditiert ständig und erlangt dann Selbstverwirklichung, Atma-Sakshatkara. Moksha ist sein Ziel. Er versucht Jivanmukti hier und jetzt zu erreichen.

Hindu-Sekten

Ein Fremder ist äußerst erstaunt, wenn er von den verschiedenen Sekten und Glaubensrichtungen hört, die es im Hinduismus gibt. Diese Vielfalt ist aber nur ein Schmuck des Hinduismus. Sie sind sicher nicht sein Fehler. Es gibt verschiedene Arten von Geist und Temperament. Daher muß es auch verschiedene Glaubensrichtungen geben. Das ist nur natürlich. Das ist die Hauptthese des Hinduismus. Es ist im Hinduismus Platz für jede Seele - von der höchsten zur niedrigsten - damit sie wächst und sich entwickelt.

Der Begriff Hinduismus ist sehr dehnbar. Er schließt eine große Zahl von Sekten und Glaubensrichtungen ein, die miteinander in Verbindung stehen, sich aber in vielen wichtigen Punkten unterscheiden. Der Hinduismus hat in seinem Gefolge verschiedene vedantische Schulen, Shivaismus, Shaktismus, Vishnuismus, usw. Er hat verschiedene Kulte und Glaubensrichtungen. Er ist eher eine Bruderschaft von Glaubensrichtungen, als eine Einzelreligion mit einem bestimmten Glauben. Er ist eine Gemeinschaft von Glaubensrichtungen. Er ist ein Zusammenschluß von Philosophien. Er entspricht allen Menschen. Er gibt spirituelle Nahrung für jeden, je nach seiner Qualifikation und seiner Entwicklung. Das ist das Schöne an dieser großartigen Religion. Das ist die Herrlichkeit des Hinduismus.

Daher gibt es keinen Konflikt zwischen den verschiedenen Kulten und Glaubensrichtungen. Shri Krishna sagt in der Gita: »In welcher Weise der Mensch sich mir auch nähert, so heiße ich ihn willkommen, denn der Weg, den die Menschen von jeder Richtung her aufnehmen, führt zu mir.« Alle Unterschiedlichkeiten werden im Körper des Hinduismus zusammengeführt und vereint.

Anhänger des Sanatana Dharma, des Arya Sama, des Deva Sama, Jains, Sikhs und Anhänger des Brahmo Samaj sind alle einfach Hindus. Trotz aller Unterschiede in metaphysischen Doktrinen, Arten religiöser Disziplinen, Formen ritueller Praktiken und sozialen Gewohnheiten, die es in der Hindugesellschaft gibt, herrscht grundlegende Gleichförmigkeit in der Konzeption von Religion und in den Ansichten über das Leben und die Welt in allen Hindugruppierungen.

Gründe für das Überleben der Hindu-Religion

Mohammedanische Kaiser herrschten siebenhundert Jahre lang in Indien. Die Briten beherrschten Indien zweihundert Jahre lang. Manche traten zwangsweise zum Islam über. Die Zahl der Mohammedaner im ungeteilten Indien betrug neunzig Millionen. Die Christen in Indien sind zehn Millionen. Die mohammedanischen Herrscher und die Briten waren nicht in der Lage, ganz Indien zu konvertieren. Die Herrlichkeit des Hinduismus besteht nach wie vor. Die hinduistische Kultur ist vorherrschend. Nichts kann ihre Größe und Wurzel erschüttern.

Hinduismus ist weder Asketentum noch Schwärmerei, weder Polytheismus noch Pantheismus. Er ist eine Synthese aller möglichen religiösen Erfahrungen. Er ist ein ganzheitlicher und vollständiger Blick auf das Leben. Er zeichnet sich aus durch Toleranz, tiefe Menschlichkeit und hohe spirituelle Ziele. Er ist ohne Fanatismus. Deshalb hat er die Angriffe der Anhänger anderer großer Weltreligionen überlebt.

Der Hinduismus ist äußerst allumfassend, liberal, tolerant und flexibel. Keine Religion ist so flexibel und tolerant wie der Hinduismus. Der Hinduismus ist sehr streng und unnachgiebig, wenn es um die grundlegende Lehre geht. Er ist sehr flexibel in der Anpassung an äußere Umstände und an Dinge, die nicht grundlegend sind. Das ist der Grund, warum er Jahrtausende überlebt hat.

Die Grundlage des Hinduismus wurde auf den Grundstein spiritueller Wahrheiten gelegt. Die gesamte Struktur des Hindu-Lebens ist aufgebaut auf ewige Wahrheiten, die Hindu-Rishis und -Seher erfahren hatten. Deshalb hat diese Struktur Jahrtausende überdauert.

Der Hinduismus ist unangefochten hinsichtlich der Tiefe und Großartigkeit seiner Philosophie. Seine ethischen Lehren sind hochstehend, einzigartig und erhaben. Er ist sehr flexibel und an jedes menschliche Bedürfnis angepaßt. Er ist eine vollkommene Religion an sich. Er braucht nichts von irgendeiner anderen Religion. Keine andere Religion hat so viele große Heilige, große Patrioten, große Herrscher und große Pativratas hervorgebracht. Je mehr man über die Hindureligion weiß, desto mehr wird man sie ehren und schätzen. Je mehr man davon lernt, desto mehr wird sie erleuchten und das Herz zufriedenstellen.

Indien

Indien ist das heilige Land, in dem zahllose Rishis, Yogis, Heilige und Propheten geboren wurden. Indien ist das Land, das viele Acharyas, spirituelle Lehrer, hervorgebracht hat wie Shri Shankara oder Shri Ramanuja; viele Heilige wie Kabir, Ramdas, Tukaram, Gouranga Mahaprabhu; viele Yogis wie Jñana Dev, Dattatreya, Sadashiva Brahman; viele Propheten wie Buddha und Guru Nanak. Buddha ist unser Fleisch und Blut.

Indien ist stolz auf Guru Govind Singh und Shivaji. Indien ist stolz auf König Bhoja und Vikramaditya. Indien ist stolz auf Shankara und Kabir. Indien ist stolz auf Kalidasa und Valmiki. Krishna, Rama und alle Avatare wurden in Indien geboren. Wie heilig ist Indien! Wie erhaben ist Indien ! Der Staub von Brindavan und Ayodhya, das Land, das die heiligen Füße von Krishna und Rama beschritten haben, reinigt noch immer die Herzen zahlloser Menschen. Auch Jesus lebte in der Zeit seines Lebens, über die nichts bekannt ist, in Kashmir und lernte Yoga von den indischen Yogis.

Indien ist das gesegnete Land mit heiligen Flüssen und starken spirituellen Schwingungen. Es ist ein Land, das sich besonders anbietet für Kontemplation über Gott und Yogapraktiken. Der erhabene Himalaya zieht Menschen aus aller Welt an.

Wie beeindruckend ist die Landschaft des Himalaya! Wie süß ist Mutter Ganges! Wie mild und erhaben sind ihre Schwingungen! Wie herzergreifend ist die Gesellschaft der Yogis! Wie schön und lieblich ist Rishikesh mit Yogis, Ganges und Himalaya!

Indien ist ein spirituelles Land. Die Religion lenkt alle Bereiche des Hindu-Lebens. Der Hindu muß die Freiheit der Seele in jedem Lebensbereich verwirklichen. Die Religion bietet ihm den größten Freiraum zur Kultivierung wahrer Freiheit.

Einzig und allein in Indien weiß jeder etwas über Philosophie. Der Kuhhirte, der die Rinder hütet, der Bauer, der die Felder pflügt, und der Bootsmann, der an seinem Ruder zieht, singen Lieder voller philosophischer Wahrheiten. Sogar der Friseur wiederholt *Om Namah Shivaya, Shivoham*, bevor er den Rasierapparat zur Hand nimmt. Die Paramahamsa Sannyasins, die hinduistischen Wandermönche, haben den höchsten Vedanta von Tür zu Tür getragen. Für eine Handvoll Reis haben sie von Tür zu Tür mit dem Mittel religiöser Lieder die unbezahlbaren Juwelen der Hindu-Religion und Philosophie verbreitet.

Geschichte der indischen Zivilisation

Die indische Zivilisation hatte eine lange Geschichte. Sie hat in jeder Phase die Geschichte der Welt beeinflußt.

Die Hindus besaßen eine Kultur, eine Zivilisation und eine Religion, die Jahrtausende älter ist als die von anderen Ländern oder Völkern. Als die Vorfahren der westlichen Menschen noch vollkommen unzivilisierte Wilde waren, war Indien voll von Heiligen, Weisen, Yogis, Sehern und Maharishis mit Selbstverwirklichung und höchster Kultur und Zivilisation. Hindu-Kultur und Hindu-Zivilisation waren in früheren Zeiten an ihren Höhepunkt. Griechen und Römer ahmten die Hindus nach und nahmen Hindu-Gedankengut auf.

Das Ramayana und das Mahabharata erzählen uns klar vom alten Indien, von seinen Menschen und Gebräuchen, von seinem Lebensstil und seinen Künsten, seiner Zivilisation und Kultur und von seinen produktiven Leistungen. Auch heuten noch sind unsere häuslichen, sozialen und nationalen Ideale den edlen Charakteren des Ramayana und Mahabharata nachempfunden. Die großen Nationalhelden sind auch heuten noch Leuchtfeuer, um Menschen auf der ganzen Welt zu führen und zu inspirieren. Wenn man diese beiden Bücher liest, wird man verstehen, wie groß Indien früher war, und dazu inspiriert sein, es wieder groß zu machen. Dieses Land hat so viele bedeutende Menschen hervorgebracht, große Lehrer, große Yogis, große Seher, große Rishis, große Propheten, große Acharyas, große Könige, große Helden, große Staatsmänner, große Patrioten und große Wohltäter. Jede einzelne Provinz des Landes hat intellektuelle Giganten, Dichter und Heilige hervorgebracht. Auch heute noch gibt es in Indien eine Fülle von Weisen und großen Seelen. Je mehr man von Indien und vom Hinduismus weiß, umso mehr wird man es lieben und verehren, und umso dankbarer wird man dem Herrn dafür sein, in Indien als Hindu geboren worden zu sein.

Spiritualität - der Grundstein indischer Kultur

England ist berühmt für Kohle und Eisen, Amerika für Dollars, Italien für Skulpturen; aber Indien ist berühmt für seine Religiosität, seine Yogis und Heiligen. Die Geschichte Indiens ist eine Religionsgeschichte. Seine sozialen Regeln und Vorschriften sind auf Religion begründet. Ohne seinen Yoga, seine Religion und seine Regeln ist Indien nicht das, was es Jahrtausende lang war. Indien kann nicht Indien sein ohne Gita und Upanishaden.

Die indische Kultur ist um die zentralen Gedanken von Dharma und Rechtschaffenheit herum aufgebaut. Indien ist das Land des Dharma. Sein Atem ist Dharma. Sein Leben und sein Licht sind Dharma. Es bewegt sich und es existiert in Dharma. Das Dharma schützt Indien, und Indien muß das Dharma schützen.

Die feste Grundlage indischer Kultur hat das Land in die Lage versetzt, den Unbillen politischen Haders und fremdem Eindringen zu widerstehen. Vorübergehende Phasen von politischem Gebundensein haben die Seele Indiens nicht befleckt. Die Zeit hat den Ruhm der indischen Kultur nicht vermindert. Die Zivilisationen des alten Ägypten, Assyrien, Babylonien, Griechenland und Rom sind vergangen; aber die alte indische Zivilisation lebt zu jeder Zeit.

Selbstbeherrschung und Sinneskontrolle sind von den frühesten Zeiten seiner Geschichte an die Schlüsselbegriffe indischer Kultur gewesen. Das Ziel Indiens ist Selbstverwirklichung durch Entsagung und Erkenntnis. Die nationalen Ideale Indiens sind Entsagung und Dienen. Das Ideal von Entsagung und Verhaftungs-losigkeit ist der Faktor, der die Kraft von Bharatavarsha als Nation intakt gehalten hat.

Indien ist ein Garten, der duftet vom Geruch der Blumen von Toleranz, Tugend, Liebe und Güte, die aus den Samen der Anerkennung universeller Brüderlichkeit und Einheit der Menschheit gezogen werden. Die Einheit der Menschheit und die Universalität der Religion sind die Voraussetzungen indischer Tradition.

Indien ist ein tolerantes Land. Es hat ein sehr weites Herz. Es schließt alle Nationen in liebevoller Umarmung ein. Mehr als acht Jahrhunderte lang wurde es von habsüchtigen Menschen unterdrückt. Und doch diente es ihnen und machte sie glücklich und reich. Es ist immer reich, liberal und allumfassend. Es nährt die ganze Welt. Seine Reserven sind unerschöpflich.

Die indische Kultur ist keine tote Kultur. Sie hat eine unsterbliche Vitalität. Sie kann zu jeder Zeit neu belebt werden, um sich den Bedürfnissen der sich verändernden Zeiten anzupassen. Es gibt eine grundlegende Vitalität, die es Indien ermöglichte, trotz seiner Schwächen all diese Jahrtausende durchzuhalten.

Islam

Islam ist der Name, den Mohammed, der Prophet Arabiens, der von ihm gegründeten Religion gegeben hat. Islam ist ein arabisches Wort, das Frieden bedeutet. Es bedeutet Unterwerfung unter den Willen Gottes. Es bedeutet Hingabe, Annahme der Offenbarung und der Gebote Gottes. Der persönliche Name Gottes ist Allah. Das Ziel der Predigten Mohammeds war die Begründung der Religion des einen Gottes, Allah. Der Islam ist eine Religion der universellen Brüderlichkeit. Der feste unerschütterliche Glaube an einen Gott ist nach islamischem Glauben das Wesentliche einer wahren Religion. Er macht keinen Unterschied zwischen Kasten und Glaubensrichtungen.

»Es gibt keinen Gott außer Allah, und Mohammed ist sein Prophet.« Das ist die wesentliche Lehre des Propheten des Islam. Das ist die Doktrin des Islam. Die Religion des Islam drückt sich in dieser knappen Formel aus. Mohammed predigte die Einheit Gottes. Er lehrte die Liebe Gottes, den Respekt gegenüber Eltern und Alten, die Verehrung der Frauen und eine edle Lebensart. Almosengeben und Nächstenliebe war eine religiöse Pflicht. Er sagte: »Jede gute Tat ist Nächstenliebe. Wenn Du deinem Bruder zulächelst, dann ist das Nächstenliebe. Einem Wanderer den richtigen Weg zu zeigen, ist Nächstenliebe.«

Die Schönheit dieser Religion wird verdorben vom unislamischen Verhalten einiger Anhänger des Islams. Im Koran heißt es klar und deutlich: »Niemand ist rechtgläubig, wenn er nicht seinem Bruder das wünscht, was er für sich selbst wünscht. Gott wird den Menschen nicht lieben, der nicht Gottes Geschöpfe liebt. Denjenigen liebt Gott am meisten, von dem das meiste Gute für Seine Geschöpfe ausgeht. Der beste Mensch ist der, von dem der Menschheit Gutes erwächst. Alle Geschöpfe Gottes sind seine Familie. Denjenigen liebt Gott am meisten, der versucht, den Geschöpfen Gottes mehr Gutes zu tun. Gib den Hungrigen zu essen, kümmere Dich um die Kranken, und befreie den Gefangenen, wenn er ungerechtfertigt festgehalten wird. Stehe jedem Menschen in Not bei, egal ob er Mohammedaner oder Nichtmohammedaner ist. Liebe zuallererst deinen Nächsten.«

Der Prophet Mohammed lehrte die Menschen mehr Ethik als tiefe Philosophie, da sie dafür nicht die richtige Kultur hatten.

Ein Moslem glaubt an Gott, Seine Engel, Seine Bücher, Seine Boten, den Letzten Tag, die Auferstehung vom Tode, die Vorbestimmung durch Gott, Gut und Böse, das Gericht, die götttliche Waagschale, das Paradies und Höllenfeuer, die göttliche Inspiration Mohammeds, den Ursprung des Korans aus göttlicher Inspiration und den zukünftigen Staat. Er ist bereit, in den heiligen Krieg (Jihad) zu gehen, wenn es vom Göttlichen als religiöse Pflicht aufgetragen ist.

Das erste Prinzip im Islam ist »Gott hat der Menschheit zu allen Zeiten Boten gesandt, um sie zu lehren, daß alle Boten und alle heiligen Bücher wahr sind.«

Die Lehre

Die fünf Hauptregeln des Islam sind: 1) Die Einheit Gottes und die Offenbarung des göttlichen Willens an den Menschen durch eine Reihe von Propheten, deren letzter Mohammed war, 2) Gebet, 3) Fasten, 4) Almosengeben und Spenden und 5) Haj (die Pilgerreise nach Mekka). Das sind die fünf Säulen des Islam.

Gebet, Fasten, Zakat (Almosengeben) und die Pilgerfahrt nach Mekka sind die vier Pflichten oder Gebote, die jedem Mohammedaner obliegen. Haj ist nur für diejenigen verbindlich, die es sich leisten können, nach Mekka zu reisen.

Das heilige Buch der Moslems ist der Koran. Dieses Buch behandelt verschiedene Themen, Lehren, Moral, gesetzliche Anordnugen, Staatsangelegenheiten, Verhalten und Fragen von privater Bedeutung. Sie sind in Kapitel zusammengefaßt. Für den Moslem ist das Wort Gottes ewig und ungeschaffen dem Propheten in arabischer Sprache vom Engel Gabriel mitgeteilt worden.

Der Koran sagt: »Jeder Mensch kann durch seinen Glauben und seine guten Taten Befreiung erlangen. Das Fleisch und Blut geopferter Tiere wird niemals Gott erreichen, aber deine Reinheit wird Gott erreichen. Das Fleisch und Blut von Dir getöteter Tiere wird Dir keine Rettung bringen. Töte dieses Ego. Diene der leidenden Menschheit. Opfere dein Geld, deine Zeit und deine Energie im Dienst an den Armen und Unterdrückten. Das wird Dir Rettung und Freiheit bringen.«

Im Koran wird die Bruderschaft unter den Menschen und die Gleichstellung von Frau und Mann in sozialer, wirtschaftlicher und spiritueller Hinsicht betont. Der Mensch ist ein Mitglied der großen Bruderschaft. Die Frau ist das Gegenstück des Mannes.

Selbstlosigkeit und Dienen sind die Ideale, die ein Moslem verfolgen muß. Die Essenz des Islam ist der Dienst an der leidenden Menschheit. Der heilige Koran sagt: »Wehe denen, die beten und dabei unaufmerksam sind, die sich nur den Anschein geben und den Bedürftigen ihre Hilfe versagen.«

Der Prophet des Islam war auch ein großer Verfechter der Lehre von Ahimsa. Menschen in jeglicher Form zu verletzen oder ein Lebewesen zu vernichten, ist tadelnswert. Er lehrte, daß die Menschen am Tage des Gerichts besonders deshalb gerichtet werden, weil sie unintelligente Wesen grausam behandelt haben.

Der Prophet hat seinen Anhängern volle und weitreichende Toleranz gegenüber den Ansichten und Meinungen von anderen als Menschen aus dem eigenen Volk vorgeschrieben. Der Koran sagt: »Es möge keinen Streit unter den Religionen geben.«

Es gibt im Islam kein Asketentum. Strenge asketische Praktiken, die den menschlichen Körper quälen, sind streng untersagt. Es wird Wert gelegt auf ein reuevolles Herz, aufrichtiges Bedauern und ernsthaftes Fortsetzen der Bemühung, Böses zu vermeiden und Tugend zu üben.

Das große Fasten der Moslems ist Ramzan. Es ist eine einmonatige Fastenzeit. Während des Tages ist es verboten, zu essen und zu trinken, es ist nur in der Nacht gestattet.

Jihad ist das Sicheinsetzen für eine religiöse Sache. Es ist nicht die Teilnahme am Krieg gegen Ungläubige. Der Islam verbietet strikt die Anwendung von Gewalt zu seiner Einhaltung. Es gibt keinen religiösen Zwang.

Der Islam lehrt, daß seine Anhänger die mannigfaltigen Eigenschaften Allahs erlangen sollen. Niemand kann ein Moslem sein, und niemand kann Allah erreichen, wenn er nicht die grundlegenden Wahrheiten aller Religionen anerkennt.

Allah ist der Beschützer des Universums. Allah ist vollkommen mitleidig. Allah ist der höchste Richter, der Gerechtigkeit walten läßt je nach den Verdiensten und Mängeln eines Menschen. Allah ist Rahim. Rahim ist jemand, der Mitgefühl und Wohlwollen für tugendhafte Handlungen und edle Tugenden zeigt.

Nichts im Islam besagt, daß ein Moslem kämpfen muß, damit seine Religion überlebt. Der Islam verbietet den Kampf. Der Islam sagt: »Du darfst keine Waffen aufnehmen, außer zur Selbstverteidigung.« In jedem Satz des Korans wird den Tyrannen gesagt: »Wenn Du andere Menschen tyrannisierst und sie grausam behandelst, wirst Du bestraft werden.«

Der Islam ist eine Religion des Friedens. Es ist die Unterwerfung unter den göttlichen Willen. Ein wahrer Muslime muß tolerant sein. Der Islam lehrt, daß jede Religion wahr ist.

Der Islam lehrt, daß Gott den Menschen Propheten und religiöse Lehrer gesandt hat, um sie auf den Weg des Guten zu führen, um sie die edlen Dinge des Lebens zu lehren, freundlich zu sein, edel, barmherzig, gut und gerecht. Der Islam lehrt, nicht nur Menschen mit Freundlichkeit und Toleranz zu begegnen, sondern auch Tiere gut zu behandeln.

Gebete

An Freitagen, dem moslemischen Sabbath, werden zu Mittag anstatt des normalen Salat-i-Zuhr besondere Gebete, die Salat-i-Juma, gebetet. Zu dieser Gelegenheit wird eine Ansprache gehalten.

Die Pflichtgebete (Salat), die fünfmal täglich gebetet werden, müssen gemeinschaftlich unter Anleitung eines Imam (eines religiösen Führers) gebetet werden.

Salat-i-Fajr ist das Morgengebet; Salat-i-Zuhr ist das Mittagsgebet; Salat-i-Asr ist das Abendgebet; Salat-i-Maghrib ist das Gebet zu Sonnenuntergang; Salat-i-Asha ist das Nachtgebet.

Zusammenfassung

Die philosophische Seite des Islam ist sehr erhaben. Sie lehrt, daß alles von Gott kommt, daß es nichts Schönes auf der Welt gibt, was nicht Seine Schönheit ist, und daß es im Herzen der Menschen keine Liebe gibt, die nicht ein Atemzug Seiner Liebe ist.

Sufismus

Der Sufismus ist liberaler Mohammedanismus mit einet vedantischen Grundhaltung. Sufismus ist im Ursprung islamisch. Der Sufismus ist die Religion der Liebe mit Madhurya Bhava, dem Konzept von Liebendem und Geliebter.

Die Mohammedaner sind der Ansicht, daß der Sufismus dem Islam angeboren ist. Andere großzügige Gelehrte haben der Bewegung eine indische Herkunft zugesprochen. Der indischen Mystizismus und der orientalisch christliche Mystizismus haben die spätere Entwicklung des Sufismus beeinflußt. Der indische Sufismus ist eine Mischung aus persischem Sufismus und Hindu-Mystizismus.

Sufi-Heilige

Lal Shahbaz, Mansoor, Shamas Tabriez, Sachal, Rohal, Dalpat, Shah Inayet, Shah Latif, Bulleh Shah, Haifiz, Rumi und Jami waren Sufi-Mystiker.

Die Sufiheiligen sind so liberal und allumfassend wie die vedantischen Sannyasins. Sie sind mystische Heilige. Sie sind fromm. Ihre Aussprüche haben eine wunderbare Direktheit, Frische, spontane Liebenswürdigkeit und bezaubern.

Der Sufimystiker sieht den Herrn in allem. Er hat die kosmische Sicht. Er sieht seinen Geliebten überall und in allen Dingen. Er denkt nicht an Besitz. Er ist frei von Selbstsucht, Lust, Habgier, Zorn und Stolz. Er ist vollkommen leidenschaftslos und erfährt vollkommenen Frieden und Ausgewogenheit. Sein Zustand kann nicht beschrieben werden. Er ist wie der Jivanmukta, der befreite Weise. Er nennt das Herz den Palast des Geliebten. Er kümmert sich nicht um Dogmas und Doktrinen, Glauben und Sekten. Er hat Para Bhakti erlangt, die höchste Hingabe.

Die Lehre

Asketentum ist ein wesentliches Merkmal des Sufismus. Der Sufi weiht alle seine physischen, geistigen und spirituellen Handlungen dem Willen Gottes. Die Einheit Gottes, die Bruderschaft der Menschen und die Hingabe an Gott sind die grundlegenden Lehren des Sufismus. Im Sufismus hat Gott eine Form. Die Sufis anerkennen auch seinen formlosen Aspekt.

Der Sufismus verbindet Ekstase und den Dienst am Menschen. Ein Sufi möchte in der Welt bleiben und der Menschheit dienen, aber über der Weltlichkeit sein.

Die Sufi-Sprache der Ekstase beschreibt die göttliche Erfahrung auf verschiedene Weise wie Süße, Rausch, Duft, Schlaf und Tod. Der Wein ist ein Symbol göttlicher Berauschung. Im Sufismus führt Schönheit zu Liebe und Liebe zu Wonne. Jede Dualität verschwindet. Liebender und Geliebte werden eins. Die Sufis streben danach, absolute Schönheit, absolute Liebe und absolute Wonne zu erlangen. Für einen Sufi ist Musik ein Mittel zur Ekstase. Musik spielt in den religiösen Praktiken der Sufis eine sehr wichtige Rolle. Sufis verehren die Schönheit.

Sadhana

Konzentration, Meditation, Gehorsam gegenüber dem Guru, Armut, Disziplin, Fasten, Buße-Übungen, Japa, das Wiederholen des heiligen Wortes (Zikr), die Verwendung eines Rosenkranzes, rhythmisches und kontrolliertes Atmen, Verhaftungslosigkeit, Innenschau, Leidenschaftslosigkeit, Reinheit des Herzens und Selbstbeherrschung sind die Mittel, um Gott, den Geliebten, durch die göttliche Gnade zu erlangen.

Der Sufi-Schüler schaut in einen Spiegel und konzentriert sich auf das Trikute, die Stelle zwischen den Augenbrauen, auf seiner eigenen Reflexion im Spiegel.

Es ist sehr schwierig, das Bhava von Liebendem und Geliebtem zu praktizieren. Diese Art von Sufi-Sadhana stellt sich im Fall von sündigen und leidenschaftlichen Übenden als gefährlich heraus und führt zu Verderbtheit. Sie halten irrtümlicherweise den durch Trinken erzeugten Rausch für einen göttlichen Rausch und ergehen sich in Berauschung und Sinnlichkeit. Der Aspirant sollte während seines Sadhanas unter der strikten Anleitung eines Gurus bleiben.

Jainismus

»Jain« oder genauer gesagt »Jaina« bedeutet Anhänger von Jina, und damit sind Menschen gemeint, die die niedere Natur, Leidenschaft, Haß, usw. bezwungen haben. Das Wort 'Jain' kommt von 'Jina', Eroberer. 'Jina' kommt aus der Wurzel 'Ji' - 'erobern'. Es bedeutet das Bezwingen der Leidenschaften. Es bedeutet nicht das Erobern von Nationen. Die Leidenschaften werden als die Feinde der Seele betrachtet. Sie verderben die natürlichen Eigenschaften der Seele, verdüstern rechten Glauben und verursachen falsches Wissen und falsches Verhalten. Lust, Zorn, Stolz und Habsucht werden als die Hauptleidenschaften betrachtet.

Die Jaintheorie basiert auf Vernunft. Sie basiert auf rechtem Glauben, rechtem Wissen und rechtem Verhalten vermischt mit Güte. Der Jainismus ist kein theistisches System im Sinne eines Glaubens an die Existenz eines Gottes als Schöpfer und Beherrscher der Welt. Das höchste Wesen in der Jainphilosophie ist eine Person und kein eigenschaftsloses Wesen wie das Brahman der Vedanta.

Der Hauptpunkt im Jainaglauben ist die Ehrfurcht vor heiligen Menschen, die sich durch lange Disziplin zu göttlicher Vollkommenheit erhoben haben. Der Jina, der 'siegreiche Heilige', der alle weltlichen Wünsche bezwungen hat, ist für die Jains das, was der Buddha, der vollkommen erleuchtete Heilige, für die Buddhisten ist. Er heißt auch Jinesvara (Höchster der Jinas), Arhata (der Verehrungswürdige), Tirthankara (der Heilige, der der Welt den Weg bereitet hat), Sarvajna (allwissend) und Bhagavan (der Heilige). 'Tirtha' bedeutet wörtlich Furt, eine Möglichkeit zum Überqueren. Methaphorisch bezeichnet es einen spirituellen Führer oder eine Philosophie, die den Menschen in die Lage versetzt, den Ozean der wiederkehrenden Geburten in dieser Welt zu überqueren. 'Kara' bedeutet 'der Handelnde'. Das Wort Tirthankara bedeutet ein 'heiliger Jainlehrer'.

Nach dem Jainglauben können nur die Allwissenden richtige Verhaltensregeln für das Leben geben. Sie sind reine göttliche Seelen, die zur Vollkommenheit gelangt sind. Sie nehmen nie mehr eine menschliche Geburt an.

Mahavira ist nicht der Begründer des Jainismus. Er belebte die Jainlehren neu. Er war eher ein Reformer als ein Glaubensgründer. Er war der erste aktive Verbreiter. Er war der vierundzwanzigste Tirthankara. Es wird von ihm behauptet, er wäre allwissend gewesen. 'Maha' bedeutet 'groß' und 'Vira' bedeutet 'Held'. Parasvanath war der dreiundzwanzigste. Der erste von den vierundzwanzig hieß Rishabha Dev.

Die Zeit wird in Zyklen unterteilt. In jedem halben Zyklus, predigen vierundzwanzig Tirthankaras in langen Abständen von neuem die Lehre.

Die Zeit verläuft für Jains in zwei immer wiederkehrenden Zyklen von ungeheuer langer Dauer, die jede menschliche Kalkulation übersteigt: 1) Utsarpini, der aufsteigende Zyklus. 2) Avasarpini, der absteigende Zyklus. Jeder hat sechs Phasen.

Die Darstellungen der Tirthankaras sind wie die des Buddha in Meditationsstellung. Der Jainismus ist ein Repräsentant buddhistischer Gedanken. Er hat viel mit dem Buddhismus gemein. Er ist ein naher Verwandter des Buddhismus, wenn nicht überhaupt ein Nachkomme.

Es gibt zwei Arten von Jainas, nämlich Sravakas (in der Welt Beschäftigte) und Yatis (Mönche, Asketen, Sadhus, die ihr Haupt rasieren und in Mathas, Klöstern, leben.) Die Mönche geben jede weltliche Verbindung auf. Sie legen lebenslange Gelübde absoluter Entsagung ab. Sie legen fünf Gelübde ab. Sie teilen sich in zwei Hauptsekten, die Svetambaras (in weiße Gewänder Gekleidete) und Digambaras (Unbekleidete, Nackte).

Die Jain-Philosophie

Die Jain-Philosophie basiert ihre Lehre darauf, daß es absolut notwendig ist, die niedere Natur zu bezwingen, um die Wahrheit zu verwirklichen.

Die Jains anerkennen die Veden nicht als Autorität.

Der Jainismus teilt das gesamte Universum in zwei Hauptteile, nämlich Wesen mit Bewußtsein (Chetana, auch Jiva oder Seele genannt) und Dinge ohne Bewußtsein (Jada, auch Ajiva, Nichtseele, genannt). Die Seele ist das Element, das denkt, weiß und fühlt. Es ist das göttliche Element im Lebewesen. Die wahre Natur der Seele ist rechtes Erkennen, rechter Glaube und rechtes Verhalten. Die Seele unterliegt der Evolution und der Involution, solange sie der Seelenwanderung unterworfen ist. Das, was nicht Seele ist, ist Nichtseele (Ajiva).

Die Verbindung von Jiva und Ajiva verursacht alle Unterschiede in diesem Universum. Ihr Zusammenwirken oder Zusammenspiel ist die Ursache des Weltenlaufes, der Evolution. Wenn die Seele von all ihren Ajivabindungen befreit ist, wird sie rein und erlangt endgültig Mukti.

Es gibt fünf Tore des Wissens. Das erste sind die Sinne. In der niedrigsten Lebensform gibt es nur einen Sinn, den Tastsinn. Es gibt zwei, drei, vier und fünf Sinne in höheren Lebensformen. Die zweite Quelle ist Studium. Die dritte ist Avadhi, die psychische Fähigkeit, durch die Subtileres erfahren wird. Die vierte ist der Geist; wenn man ihn kennt, kennt man die geistigen Vorgänge anderer. Die fünfte ist absolutes Wissen.

Die Jainkanon teilt sich in zwei Teile, nämlich 1) Sruta Dharma, die Philosophie und 2) Charitra Dharma, die Ethik. Das Sruta Dharma hinterfragt die Natur der neun Prinzipien, der sechs Arten von Lebewesen und die vier Seinszustände. Die ersten vier Prinzipien sind: Seele (Jiva), Nichtseele (Ajiva), Verdienst, der den Menschen glücklich macht, und Fehler, durch den der Mensch Kummer leidet. Der fünfte ist der Zustand, der Verdienst und Schuld bringt. Der sechste ist Samvara, der das Einfließen fremder Energien anhält. Der siebente ist die Zerstörung von Handlung. Der achte ist die Bindung der Seele an die Handlungen. Der neunte ist völlige und dauerhafte Freiheit der Seele von jeder Handlung.

Dharma ist das, was die Seele vor dem Fallen bewahrt. Die Bande, die sie an das Universum ketten, sind die des Karmas, der guten und schlechten Handlungen.

Die vier Seinszustände sind Devas (himmlische Wesen), Manushyas (menschliche Wesen), Tiryanch (untermenschliche Wesen, Pflanzen, Tiere, Vögel, usw.) und Naraka (der niedrigste Seinszustand, der der Höllenbewohner).

Die Lebewesen teilen sich in sechs Gruppen, nämlich Einorganer (die nur den Körper haben); Zweiorganer (mit Körper und Geschmackssinn); Dreiorganer (mit Körper, Geschmacks- und Geruchssinn); Vierorganer (mit Körper, Geschmacks-, Geruchs-und Sehsinn); Fünforganer (mit Körper, Geschmacks-, Geruchs-, Sehsinn und Gehör); und Tiere und Menschen.

Jiva-Ajiva (Seele-Nichtseele)

Das, was weiß, ist die Seele. Das, was nicht weiß, ist die Nichtseele. Jiva und Ajiva haben keinen Ursprung. Sie haben in der Vergangenheit existiert. Sie existieren jetzt. Sie werden auch in der Zukunft existieren. Man kann nicht sagen, wann die Verbindung der beiden stattgefunden hat. Sie wurden vor unerdenklicher Zeit bereits verflochten vorgefunden. Jivas und Ajivas sind unzählbar. Die Seelen sind unendlich. Jede Seele bewahrt ihre Individualität. Jede Seele muß Geburten und Wiedergeburten annehmen, bis sie alles Karma zerstört hat.

Mit Hilfe von richtigem Wissen, richtiger Erkenntnis, richtiger Lebensweise und Selbstkontrolle oder Buße können die Fesseln der angesammelten Karmas gelockert und zerstört werden.

Jiva (Seele): Jivas, die Lebewesen oder Seelen, werden in zwei Gruppen geteilt: 1) Siddha, befreit, und 2) Samsari, weltliche Wesen.

Die Jainphilosophie lehrt, daß jede Seele eine andere Individualität besitzt, unerschaffen ist und von ewiger Existenz. Die Seele entwickelt sich durch das Gesetz des Karma, Ursache und Wirkung, von einem niedrigen zu einem höheren Zustand. Sie nimmt nach dem Tod solange neue Körper an, bis die Karmas, die in früheren Leben erzeugten Kräfte, völlig abgebaut sind. Schließlich entfaltet sie ihre absolute Reinheit, indem sie die Fesseln des Karmas zerstört und Vollkommenheit, Nirvana, Mukti erlangt. Die Individualität geht nicht in irgend etwas auf. Sie wird auch nicht zerstört. Die vollkommen gewordene Seele ist weder männlich noch weiblich noch sächlich. Jede Seele ist potentiell allwissend. Bewußtsein ist die eigentliche Natur der Seele. Die Seele ist die reine Verkörperung von Wissen. Die Seele hat unendlich viele Entwicklungsmöglichkeiten. Sie hat unendliche Fähigkeiten zur Beseitigung von Karma.

Ajiva (Nichtseele): Es gibt fünf Hauptunterteilungen, nämlich Dharmastikaya (die Substanz, die Seele und Materie sich bewegen läßt), Adharmastikaya (die Substanz, die Seele und Materie zur Ruhe bringt), Akasasti, der Raum (die Substanz, die den Lebenden und Nichtlebenden Schutz bietet), Kala (Zeit) und Pudgala (Materie).

Gott

Gott im Sinne eines zusätzlichen kosmischen personenhaften Schöpfers findet in der Jainphilosophie keinen Platz. Aber es gibt eine subtile Essenz, die allen anderen Substanzen, bewußten und unbewußten, zugrundeliegt, und die zur Ursache aller Modifikationen wird. Das wird als Gott bezeichnet. Die Vorstellung von Göttlichkeit ist in der Jainphilosophie die vollkommene Seele (Siddha), die befreite Seele (Mukta). Die Jains verehren diese befreiten Seelen (Tirthankaras), die alle Karmas zerstört und Erlösung erlangt haben, als ihren Gott. Sie akzeptieren nur jene erleuchteten Seelen, die alle weltlichen Verbindungen aufgegeben haben, die als wahre Sadhus leben und alle selbstsüchtigen Wünsche unter ihrer Kontrolle haben, als ihre spirituellen Lehrer. Sie akzeptieren nur das als wahre Religion, was sie verkünden.

Tirthankaras

Der Jain Tirthankara ist ohne jeden Fehler. Er ist wahrhaftiger Gott. Er weiß alles und ist der Verkünder von Dharma. Er ist frei von den achtzehn Arten des Makels, nämlich Hunger, Durst, Altersschwäche, Krankheit, Geburt, Tod, Furcht, Stolz, Bindung, Abneigung, Verblendung, Sorge, Eitelkeit, Haß, Unbehaglichkeit, Schweiß, Schlaf und Überraschung.

Die Welt

Der Jainismus sieht die Dinge auf zwei Arten, die eine heißt Dravyarthi Kanaya, die andere Paryayarthi Kanaya. Die erste besagt, daß die Welt ohne Anfang und Ende ist, die zweite aber behauptet, daß es in jedem Moment Schöpfung und Zerstörung gibt. Die Jains sagen, daß das Universum, da es aus ewigen Atomen besteht, immer bestanden hat und ewig existieren wird.

Die Welt baut sich aus sechs realen Substanzen auf. Das sind Raum, Zeit, Materie, Seelen, Dharmastikaya (der Drehpunkt der Bewegung) und Adharmastikaya (der Ruhedrehpunkt). Der Raum dient als Behälter für andere Substanzen. Er ist unendlich. Die Zeit ist real. Sie ist ohne Anfang und ohne Ende. Materielle Dinge bestehen aus Atomen. Es gibt keinen außerkosmischen Schöpfer oder Beherrscher der Welt. Es gibt in der Welt nichts außer Substanz. Es gibt viele Arten von Substanz. Existenz kann nicht von Substanz getrennt werden.

Die Karmalehre

Die Karmalehre nimmt in der Jain-Philosophie einen sehr wesentlichen Platz ein. Ein Schüler der Karmaphilosophie der Jains kann jede Wirkung auf ein bestimmtes Karma zurückführen. Wer durch rechten Glauben, rechtes Wissen und rechtes Verhalten alle Karmas zerstört, erlangt Vollkommenheit. Er wird göttlich und heißt Jina. Diese Jinas, die in jedem Zeitalter das Gesetz predigen und die Ordnung wiederherstellen, heißen Tirthankaras.

Die Jain-Lehren werden in einem Lehrsatz zusammengefaßt: *'Ahimsa Paramo Dharmah'*. Ahimsa ist die grundlegende Stütze des Jainismus. Der Jainismus versucht immer, die Interessen aller Lebewsen zu schützen und zu fördern. Die universellen Prinzipien des Jainismus sind Ahimsa, Satya, Asteya, Brahmacharya und Aparigraha.

Rechter Glaube, rechtes Wissen und rechtes Verhalten stellen das dreifache Juwel dar, den Weg zu Nirvana.

Die Jainphilosophie besagt, daß alle Übel auf Raga und Dvesha beruhen (auf Verhaftung und Haß). Alle Verhaltensregeln basieren auf Daya (Barmherzigkeit). Daya hat vier Formen: 1) liebevoll handeln, und dafür keinen Lohn erwarten 2) sich am Wohlstand anderer erfreuen 3) mitfühlen mit Verzweifelten, und ihre Probleme beseitigen 4) Erbarmen haben mit den Kriminellen.

Der Jainismus predigt universelle Brüderlichkeit und die Gleichheit aller Wesen. Er verlangt von allen Anhängern die Praxis größtmöglicher Selbstbeherrschung. Das Individuum setzt durch seine eigenen Bemühungen alle verborgenen Eigenschaften frei, die durch Fremdelemente verdüstert sind. Der Zustand der Reinheit oder Vollkommenheit wird im menschlichen Leben nur durch das dreifach Juwel, nämlich rechter Glaube, rechtes Wissen und rechtes Verhalten erlangt. Die befreite Seele geht zum Sitz von Siddhakshetra, der sich an der Spitze dieser Welt befindet.

Japa

Die Kraft des göttlichen Namens

In jedem Wort ist eine Shakti. Wenn man Worte wie 'Exkremente' oder 'Urin' ausspricht, während der Freund ißt, wird er vielleicht auf der Stelle sein Essen erbrechen. Wenn Du an 'Garam Pakoda', 'heiße Pakoda' denkst, wird dein Mund wässerig werden. Wenn jemand plötzlich ruft 'Skorpion! Skorpion!' oder 'Schlange! Schlange!', dann siehst Du sofort einen Skorpion oder eine Schlange und springst erschreckt auf. Wenn jemand Dich 'Esel' nennt, bist Du verärgert und zeigst deinen Zorn.

Wenn schon in den Namen gewöhnlicher Dinge dieser Welt eine solche Kraft liegt, wie groß muß dann die Kraft sein, die im Namen Gottes liegt! Gott ist die Vollendung oder die Fülle der Existenz. Daher ist auch der Name, der Ihn bezeichnet, voll und vollkommen. Daher ist die Kraft des Namens Gottes nicht berechenbar, denn er ist die Spitze oder der Zenit der Kraft. Der Name Gottes kann alles erreichen. Für ihn ist nichts unmöglich. Er ist das Mittel, um Gott Selbst zu erreichen. So wie der Name eines Dinges dieser Welt das Bewußtsein dieses Dinges im Geist entstehen läßt, läßt der Name Gottes Gottesbewußtsein im gereinigten Geist entstehen und wird zur direkten Ursache der Verwirklichung der höchsten Vollkommenheit, Gottes.

Der Name Gottes, egal ob er korrekt oder unkorrekt, wissentlich oder unwissentlich, sorgfältig oder unsorgfältig gesagt wird, gibt sicherlich das gewünschte Ergebnis. So wie die Eigenschaft des Brennens für das Feuer natürlich und ihm innewohnend ist, so ist auch die Kraft, Sünden mit ihren Wurzeln und Verzweigungen zu zerstören und den Aspiranten durch Bhava Samadhi in wonnevolle Vereinigung mit dem Herrn zu bringen, dem Namen Gottes natürlich und innewohnend. Die Herrlichkeit des göttlichen Namens kann nicht durch Überlegung und Verstand nachvollzogen werden. Sie kann nur durch Hingabe, Glauben und ständige Wiederholung des Namens verwirklicht werden.

Pingala war eine Ganika, eine Prostituierte. Sie erhielt von einem Dieb einen Papagei als Geschenk der Liebe. Der Papagei war darauf abgerichtet, den Namen 'Shri Rama, Shri Rama' zu sagen. Pingala wußte überhaupt nichts von Ramanama. Sie hörte den Klang *Rama, Rama* durch den Mund des Papageis. Es war sehr melodiös und bezaubernd. Pingala mochte es sehr. Sie heftete ihren Geist auf das vom Papagei wiederholte Ramanama und trat auf geheimnisvolle Weise in Bahva Samadhi ein, die Vereinigung mit Rama.

Ajamila war zuerst ein rechtschaffener Brahmane. Er verliebte sich in ein Mädchen aus einer unteren Kaste und beging ein Reihe schrecklicher Verbrechen. Als er starb, nannte er den Namen seines Sohnes Narayana; da kamen die Sendboten von Gott Narayana Selbst ihm zu Hilfe, und Ajamila war für immer aus dieser Welt befreit.

Die größten Sünder können durch den Segen des Namens Gottverwirklichung erlangen. Es gibt nichts, was nicht durch den göttlichen Namen zu erreichen wäre. Der Name des Herrn ist allmächtig.

Der Nutzen von Japa

Die Wiederholung eines Mantras oder Namen des Herrn heißt Japa. Japa ist ein wichtiges Anga im Yoga. Es ist spirituelle Nahrung für die hungrige Seele. Japa ist der Stock in der Hand des blinden Sadhaka, um sich auf der Straße zur Verwirklichung voranzuschleppen. Japa ist der Stein des Weisen, das göttliche Elixier, das Gottgleichheit schenkt.

In diesem eisernen Zeitalter ist Namasmarana, Japa, der einfachste, rascheste und sicherste Weg, um zu Gott zu kommen und Unsterblichkeit und ewige Freude zu erlangen.

Japa reinigt das Herz. Japa beruhigt den Geist. Japa zerstört Geburt und Tod. Japa verbrennt Sünden. Japa verzehrt Samskaras. Japa beseitigt Verhaftung. Japa bringt Vairagya. Japa entwurzelt alle Wünsche. Japa macht furchtlos. Japa beseitigt Täuschung. Japa gibt höchsten Frieden. Japa entwickelt Prem. Japa verbindet den Gläubigen mit Gott. Japa schenkt Gesundheit, Wohlstand, Stärke und langes Leben. Japa bringt Gottesbewußtsein. Japa erweckt die Kundalini. Japa bringt ewige Wonne.

Japa ist wie ein schönes, erfrischendes und anregendes spirituelles Bad. Es wäscht auf wunderbare Weise den subtilen Astralkörper.

Mantrayoga - eine exakte Wissenschaft

Ein Mantra ist in eine Klangstruktur eingeschlossene Göttlichkeit. Es ist göttliche Kraft, Daivi Shakti, die sich in einem Klangkörper manifestiert.

Das heilige Mantra, der göttliche Name, ist ein lebendiges Symbol für die erhabene Göttlichkeit, das sich selbstverwirklichten Weisen in den hehren vedischen und upanishadischen Zeiten in den tiefsten Tiefen göttlicher Vereinigung direkt enthüllt hat. Diese Symbole sind in der Natur unfehlbare Schlüssel, um Zutritt zu den transzendentalen Bereichen absoluter Erfahrung zu erhalten.

Mantrayoga ist eine exakte Wissenschaft. In der Hindureligion hat ein Mantra folgende sechs Teile. Es hat einen Rishi, der zum ersten Mal durch dieses Mantra Selbstverwirklichung erfuhr, und der dieses Mantra der Welt gab. Für dieses Mantra ist er der Seher. Der Weise Visvamitra ist der Rishi des Gayatri. Zweitens hat das Mantra ein Versmaß, das die Modulation der Stimme bestimmt. Drittens hat das Mantra einen bestimmten Devata, ein übernatürliches Wesen, eine höhere oder niedrigere innewohnende Kraft. Dieser Devata ist die dem Mantra vorstehende Gottheit. Viertens hat das Mantra ein Bija, einen Samen. Der Same ist ein bedeutungsvolles Wort oder eine Reihe von Worten, die dem Mantra eine spezielle Kraft geben. Das Bija ist die Essenz des Mantras. Fünftens hat jedes Mantra eine Shakti. Die Shakti ist die Energie in der Form des Mantras, nämlich der Schwingungsformen, die durch seine Klänge erzeugt werden. Diese führen den Menschen zu dem Devata, der verehrt wird. Letztenendes hat das Mantra ein Kilaka - eine Stütze oder Nadel. Es verschließt das im Mantra verborgene Mantrachaitanya. Sobald der Verschluß durch fortgesetze und lange Wiederholung des Namens beseitigt worden ist, enthüllt sich das verborgenen Chaitanya. Der Gläubige erlangt den Darshan des Ishta Devata.

Klang und Bild

Klänge sind Schwingungen. Sie lassen bestimmte Formen entstehen. Jeder Klang schafft eine Form in der unsichtbaren Welt, und Klangkombinationen schaffen komplexe Formen.

Mantrawiederholung hat eine geheimnisvolle Kraft, die die Manifestation der Göttlichkeit bewirken kann, so wie die Spaltung des Atoms die ungeheuren Kräfte zur Manifestation bringt, die in ihm enthalten sind. Wenn ein bestimmtes Mantra, das einem bestimmten Gott angehört, richtig wiederholt wird, schaffen die so entstehenden Schwingungen in den höheren Ebenen eine spezielle Form, die diesen Gott vorläufig beinhaltet. Die Wiederholung des Panchakshara Mantras - *Om Namah Shivaya* - erzeugt die Form Shivas. Die Wiederholung von *Om Namo Narayanaya*, des Ashtakshara Mantras von Vishnu, läßt die Form Vishnus entstehen.

Die Kraft verschiedener Mantras

Mantras können Lob und Bitte an die Gottheiten sein, wenn man der Hilfe und Gnade bedarf. Manche Mantras beherrschen die bösen Geister und bestimmen über sie. Durch die fortwährende Wiederholung des Mantras nimmt der Sadhaka die Tugenden und Kräfte der Gottheit in sich auf, die das Mantra beherrscht.

Das Wiederholen des Surya Mantras gibt Gesundheit, langes Leben, Kraft, Vitalität und Tejas, Strahlen. Es beseitigt alle Krankheiten von Körper und Auge. Ein Feind kann keinen Schaden zufügen.

Das Wiederholen des Sarasvati Mantras schenkt Weisheit, Klugheit und Gelehrsamkeit. Man ist inspiriert und schreibt Gedichte. Man wird ein großer Gelehrter.

Die Wiederholung des Mahalakshmi Mantras schenkt Wohlstand und beseitigt Armut.

Das Ganesha Mantra beseitigt alle Hindernisse bei jedem Unterfangen. Es schenkt Weisheit und auch Siddhi, Wohlstand, usw.

Das Maha Mrityunjaya Mantra bewahrt vor Unfällen, unheilbaren Krankheiten und Notfällen und schenkt langes Leben und Unsterblichkeit. Es ist auch ein Moksha Mantra. Wer täglich Japa dieses Mantras macht, wird sich guter Gesundheit und langen Lebens erfreuen und am Ende Moksha erlangen.

Die Wiederholung des Subrahmanya Mantras schenkt Erfolg bei jedem Unternehmen und macht ruhmvoll. Es beseitigt schlechte Einflüsse und böse Geister.

Das Wiederholen des Shri Hanuman Mantras schenkt Sieg und Stärke.

Die Wiederholung von ein und ein Viertel Lakh (125000) von *Gayatri*, *Pranava*, *Om namah Shivaya*, *Om namo Narayanaya*, *Om namo Bhagavate Vasudevaya* mit Bhava, Vertrauen und Hingabe wird Mantra Siddhi schenken.

Om, *Soham*, *Sivoham* und *Aham Brahmasmi* sind Moksha Mantras. Sie helfen zur Erlangung von Selbstverwirklichung.

Om Shri Ramaya Namah oder *Om Namo Bhagavate Vasudevaya* sind Saguna Mantras, die zuerst Saguna Verwirklichung ermöglichen und dann Nirguna Verwirklichung.

Man kann durch Japa jeden Mantras Gottverwirklichung erreichen. Alle Mantras haben dieselbe Kraft oder Wirksamkeit.

Der Schurke Ratnakara wurde zum Weisen Valmiki da er 'Mara, Mara', die umgekehrte Form vom Rama, wiederholte. Tukaram, der Maharashtra Heilige, hatte wiederholt direkten Darshan von Shri Krishna, indem er einfach 'Vitthal, Vitthal', den Namen von Krishnas Gottheit in Pandharpur, wiederholte. Dhruva, der wunderbare fromme Knabe, wiederholte *Om Namo Bhagavate Vasudevaya*, das Dvadasakshara Mantra Krishnas, und erfuhr Seinen Darshan. Prahlada sprach 'Narayana, Narayana' und sah Hari von Angesicht zu Angesicht. Ramdas, der spirituelle Lehrer von Shivaji, wiederholte drei Kror (30 Millionen) des Rama Mantras »*Shri Ram, Jaya Ram, Jaya Jaya Ram*«, wobei er im Wasser des Govadari stand. Er wurde ein großer Heiliger. Der berühmte Swami Vidyaranya, der Verfasser des Panchadasi, hatte den direkten Darshan von Mutter Gayatri durch das Japa des Gayatri Mantras.

Mantra-Diksha, die Einweihung in den göttlichen Namen

Es ist besser, wenn man sein Mantra von seinem Guru erhält. Das hat eine unglaubliche Wirkung auf den Schüler. Der Guru gibt seine Shakti mit dem Mantra. Mantra-Chaitanya, die im Mantra verborgene Kraft, wird leicht erweckt.

Wenn man keinen Guru bekommen kann, kann man nach Vorliebe und Geschmack irgendein Mantra wählen und es täglich mit Sraddha und Bhava wiederholen. Das hat auch einen sehr reinigenden Effekt. Man erreicht Gottverwirklichung.

Es ist besser, bei nur einem Mantra zu bleiben. Wenn man Krishna liebt, soll man ihn allein bis zum Ende lieben. Sieh Krishna in Rama, Shiva, Durga, Gayatri und in jedem. Shri Krishna drei Monate lang zu lieben, weitere drei Monate Rama, Shakti sechs Monate, Hanuman einige Zeit lang und Gott Shiva einige Zeit, ist nicht gut.

Praktische Hilfen für Japa

Die beste Zeit für Japa ist der frühe Morgen und die Abenddämmerung, wenn Sattva vorherrscht.

Richte das Gesicht nach Norden oder nach Osten. Das bewirkt einen subtilen Einfluß und steigert die Wirkung des Mantras. Wenn man sich nach Norden richtet, befindet man sich in Gemeinschaft der Rishis des Himalaya und kann auf mysteriöse Weise ihre spirituellen Strömungen nützen. Ein spiritueller Anfänger sollte sich an diese Regel halten.

Man bereite einen Sitz aus Kusagras, Hirschhaut oder einer Wolldecke. Darauf lege man ein Tuch. Das bewahrt die Elektrizität des Körpers.

Der Sitz soll fest sein. Das begünstigt die Festigung des Geistes und Konzentration.

Bete, bevor Du mit dem Japa beginnst. Mit dem passenden Gebet um die Hilfe des Ishta Devata zu bitten, bringt das rechte sattvige Bhava.

Nun beginne mit dem Japa, wobei jeder Buchstabe des Mantras richtig und genau ausgesprochen werden muß. Das Mantra darf weder zu langsam noch zu rasch wiederholt werden. Die Geschwindigkeit soll nur dann gesteigert werden, wenn der Geist zu wandern beginnt. Man soll Japa nicht in Eile machen, so wie ein Unternehmer seine Arbeit eilig beenden will. Es liegt nicht an der Anzahl der Japas sondern an der Reinheit, der Konzentration, dem Bhava, dem Gefühl und der Einpünktigkeit des Geistes, die dem Aspiranten helfen, Gottesbewußtsein zu erlangen.

Übe Japa mit Gefühl. Man muß denselben Fluß von Liebe und Respekt im Herzen spüren, wenn man sich Seiner besinnt oder an Ihn denkt, wie in dem Moment, da man Ihn tatsächlich sieht.

Die Verwendung einer Mala hilft der Aufmerksamkeit und dient als Ansporn, um das Japa beständig fortzusetzen; aber sie ist für einen fortgeschrittenen Aspiranten nicht notwendig.

Abwechslung im Japa ist notwendig, um das Interesse aufrecht zu halten, Müdigkeit zu vermeiden und der Eintönigkeit entgegenzuwirken. Wiederhole es eine Zeit lang laut, dann flüstere das Mantra und wiederhole es einige Zeit lang geistig.

Erbettle von Gott nichts Weltliches, während Du Japa machst. Fühle, daß dein Herz gereinigt wird, und daß der Geist stetig wird durch die Kraft des Mantras mit der Gnade Gottes.

Halte dein Guru Mantra geheim. Enthülle es keinem.

Wenn Du dein Japa beendet hast, verlasse nicht sofort den Platz, begib Dich nicht in Gesellschaft und stürze Dich nicht in weltliche Aktivitäten. Bleibe mindestens zehn Minuten lang ganz still sitzen, flüstere ein Gebet, erinnere Dich an den Herrn oder denke über Seine unendliche Liebe nach. Dann, nach einer frommen Verbeugung, verlasse den Platz und beginne deine täglichen Pflichten. Spirituelle Schwingungen werden ungestört sein.

Likhita Japa

Schreibe täglich eine halbe Stunde lang dein Ishta Mantra oder Guru Mantra in ein Notizbuch. Beim Schreiben des Mantras halte Mauna. Schreibe das Mantra deutlich mit Tinte. An Sonn- und Feiertagen schreibe eine Stunde lang. Das ist Likhita Japa. Du kannst wunderbare Konzentrationskraft erlangen. Unschätzbarer spiritueller Nutzen erwächst aus Likhita Japa.

Beim Mantraschreiben gibt es keine Beschränkungen, was die Schrift betrifft. Es kann in jeder Sprache geschrieben werden.

Japa Sadhana bei der Arbeit

Regelmäßigkeit beim Japa Sadhana ist sehr wichtig. Sitze immer am selben Ort und zur selben Zeit. Japa muß zu einer Gewohnheit werden.

Trage den Japastrom geistig auch zu anderen Zeiten mit dir, egal in welcher Arbeit Du gerade tätig bist. Gib nur deine Hände der Arbeit, gib den Geist an Gott - mache geistig Japa - wie der Schreibmaschinenschreiber tippt oder der Harmoniumspieler spielt und mit Dir spricht, oder wie die Dame, die strickt und mit ihren Freunden spricht und scherzt, während sie die Straße entlanggeht.

Man kann selbst auf der Toilette Japa machen. Aber mache es geistig. Damen können auch während ihrer Monatsperiode Japa machen. Es gibt keine Einschränkung bei Mantra Japa für Menschen, die es mit Nishkama Bhava ausführen, um Moksha zu erlangen. Einschränkungen gibt es nur, wenn Menschen ein Mantra mit Sakama Bhava wiederholen, um Früchte wie Wohlstand, Svarga, einen Sohn, usw. zu erhalten.

Denke bei jeder Einatmung und bei jeder Ausatmung an den Herrn. Mache aus der Wiederholung des göttlichen Namens eine starke Gewohnheit. Auch im Traum muß Japa gemacht werden. Nur dann wird es leicht sein, in der Stunde des Todes an Ihn zu denken.

Jesus

Vor zweitausend Jahren inkarnierte Gott auf diesem Planeten, um der ganzen Menschheit den ruhmvollen Pfad zu ewigem Leben zu zeigen, indem Er tatsächlich das göttliche Leben auf dieser Erde lebte. Jesus war kein gewöhnlicher Mensch. Er war die göttliche Kraft und Liebe, die auf diesem Globus aus einer bestimmten göttlichen Absicht inkarniert hatte. Seine Ankunft stand im Zeichen der Erfüllung des göttlichen Plans zum Ablauf dieser Welt. Das wird aus der Art seiner Geburt und ihrem Hintergrund deutlich.

Die Art der Geburt Christi und ihre Bedeutung

Zeit und Umstände der Geburt Jesu enthüllen ein tiefes spirituelles Gesetz. Jesus Christus wurde nicht in einem großartigen Palast geboren. Er wurde nicht reichen und gebildeten Eltern geboren. Er wurde auch nicht im strahlenden Tageslicht mit Kenntnis der ganzen Menschheit geboren. Jesus Christus wurde an einem einfachen bescheidenen Ort geboren - in der Ecke eines Stalls. Er wurde einfachen und armen Eltern geboren, die nichts hatten, dessen sie sich hätten rühmen können, mit Ausnahme ihres makellosen Charakters und ihrer Heiligkeit. Auch wurde er in Dunkelheit geboren, in der dunkelsten Stunde der Mitternacht, als wirklich niemand etwas davon wußte, außer ein paar von Gott gesegnete Menschen.

Der oben erwähnte sehr bedeutungsvolle Punkt besagt, daß das spirituelle Erwachen zu dem Suchenden kommt, der vollkommen bescheiden, 'demütig' und 'arm im Geiste' ist. Die Eigenschaft wahrer Demut ist eine der unerläßlichsten Grundlagen. Dann kommen Einfachheit, Frömmigkeit und das Verzichten auf jeden Wunsch nach weltlichem Wohlstand und den Stolz der Gelehrsamkeit. Drittens, so wie Christus geboren wurde, ohne daß die Welt davon Kenntnis hatte und in der Finsternis der Dunkelheit, findet die Ankunft des Christusbewußtseins im Innern des Menschen statt, wenn völlige Selbstauslöschung, Selbstverneinung, herrscht.

Das ist die Geburt zum göttlichen Leben. Vom Geheimnis dieser Geburt sprach Jesus vor Jahrhunderten in sanften Worten zum guten Nikodemus. Der gute Mann verstand nicht ganz, was Christus meinte, als er lehrte, daß der Mensch wiedergeboren werden muß, wenn er das Reich Gottes erreichen soll. »Wie kann das sein«, fragte Nikodemus. Dann erklärte Christus, daß diese Geburt im Innern war, nicht den Körper betraf, sondern den Geist. Eine solche innere geistige Geburt ist wesentlich, wenn das Höchste erreicht und wahres Glück erfahren werden soll.

Die Einfachheit und Kraft von Jesu Worten

Die Art, wie Jesus lebte und lehrte, war einfach und trotzdem erhaben. Seine Lehrmethode war etwas Besonderes. Jesus war kein akademischer Gelehrter. Er konnte weder Anspruch auf akademische Grade, noch auf Doktortitel erheben. Er war kein Pandit oder Gelehrter. Er hatte keine erlernte Fähigkeit oder Meisterschaft in irgendeiner Handwerkskunst oder Wissenschaft erlangt. Weder erging er sich in gewandter Rhetorik, noch hielt er gelehrte Reden von der Kanzel. Wenn er sprach, sprach er nur kurz, und seine kurzen Worte waren wenige. Seine Aussagen waren knapp, prägnant und fast wie Aphorismen. Aber in seinen Worten schwang eine außergewöhnliche Kraft, die nicht von dieser Welt war. Die Worte Jesu waren lebendig und brennend. Sie brannten sich in die Tiefen des Bewußtseins seiner Hörer.

Und wieso? Wenn Jesus sprach, kamen seine gesegneten Worte aus den Tiefen einer grenzenlosen Liebe und eines unendlichen göttlichen Mitgefühls, das immer und immer wieder erschauderte von einem allesverzehrenden mächtigen Verlangen, den Menschen Gutes zu tun, zu dienen, zu helfen und sie zu retten. Dieses Mitleid, zu reinigen und die Menschen zu erheben und zu retten, stellt wahrlich das heilige Herz Jesu, des Christus, dar. Diese Liebe belebte seine Worte mit einer göttlichen Kraft, die sie für immer in den Herzen seiner vom Glück begünstigten Zuhörer einschloß.

Das Christentum

Es gibt nicht viel komplizierte Philosophie oder Yoga Sadhana im Christentum. Das hat seinen Grund. Jesus hatte es mit den ungebildeten Fischern aus Galiläa zu tun. Er gab ihnen nur moralische Unterweisungen und zeigte ihnen den Weg rechtschaffenen Lebens. Jesus ließ jede schwerverständliche philosophische Theorie und subtile intellektuelle Untersuchungen beiseite und lehrte den Menschen, wie er leben, und was er denken, fühlen und tun muß. Um das zu tun, kleidete er auch die höchsten Wahrheiten geistigen Lebens in einfache Erzählungen und Parabeln, die auch der einfache Mann von der Straße leicht begreifen und verstehen konnte. In die Form einfacher Gleichnisse gebracht wurde die tiefste Weisheit geistigen Lebens den Menschen mit den süßen und segensreichen Worten des göttlichen Jesus nahegebracht.

Jesus erklärte die wahre Natur Gottes, des Menschen und der Welt, in der er lebte. Er lehrte die Menschen, die Art und Weise, Dinge zu betrachten, zu ändern. Er lehrte sie zu erkennen, daß die Welt, in der sie leben, das Königreich Gottes ist, wenn sie ihre Sicht des Lebens vom materialistischen zum spirituellen Aspekt hin ändern.

Jesus hat keine geschriebenen Aufzeichnungen seiner so wichtigen Lehren hinterlassen. Er übermittelte all seine Lehren mündlich. Weder er noch seine Jünger schrieben jemals auch nur ein einziges Wort, das er gesprochen hatte, zu seinen Lebzeiten auf. Die Worte Jesu wurden erst einige Generationen, nachdem sie geäußert worden waren, aufgeschrieben.

Seine Worte wurden mißverstanden, falsch kommentiert, verstümmelt, verfälscht und verändert; und trotzdem haben sie zweitausend Jahre überlebt, weil sie sehr machtvoll waren und aus dem Herzen eines verwirklichten Yogis kamen.

Die Stimme Jesu

Die Stimme Jesu ist wahrhaft die Stimme des ewigen Wesens. Durch ihn drückt sich der Ruf des Unendlichen an das Endliche aus, des kosmischen Wesens an das Individuum, der Ruf Gottes an den Menschen. Seine göttliche Stimme ist deshalb dieselbe wie die Stimme der Veden und der Upanishaden, die Stimme des Koran, der Zend Avesta, des Dhammapada und aller heiligen Schriften der großen Weltreligionen.

Im Grunde ist die Botschaft, die er predigte, eins mit der Botschaft, die durch diese heiligen Bücher dargelegt worden ist. Es ist der Weg der Verleugnung des Fleisches und der Betonung des Geistes. Es ist der Weg, das niedere Selbst zu kreuzigen, um eine ruhmvolle Auferstehung des Geistes und die letztendliche Erhebung in die Unendlichkeit und das Hinübertreten ins Göttliche zu erreichen. Es ist kein anderer als der upanishadische Weg der Zurückweisung der Preyas und der Annahme der Sreyas, die Verneinung des Anatman und das Leben in Atman.

Jesus sagt: »Du kannst nicht sowohl Gott als auch dem Mammon dienen.« Mit anderen Worten beinhaltet seine Lehre: Trenne dich; verbinde dich. Trenne Dich von den materiellen

Dingen dieser vergänglichen Welt. Verbinde Dich mit dem ewigen spirituellen Schatz des Atman. Christus lehrt uns auf diese Weise den großartigen Weg, um uns über alle Sünden und Sorgen zu erheben.

Jesu Leben

Jesus ist die Verkörperung aller seiner Lehren. In Jesus sehen wir vollkommene Heiligkeit, Güte, Freundlichkeit, Gnade, Sanftmut und Gerechtigkeit. Er sagte: »Ich bin die Wahrheit, der Weg und das Leben.« Er ist die Verkörperung des Besten, Erhabensten und Schönsten. Er ist das vollkommenste Vorbild und das Ideal der Menschheit. Er ist ein Philosoph, Prophet, Lehrer und Reformer. Immer praktizierte er das, was er lehrte.

Eine fast überirdische, makellose Reinheit ruhte wie ein göttlicher Mantel über der erhabenen Persönlichkeit von Jesus, des Christus. Sein Leben war eine wundervolle Kombination von Jñana, Bhakti und Karma. Eine ideale integrale Entwicklung von Kopf, Herz und Hand hat sein Leben zu einem Beispiel für die Menschheit gemacht, dem in alle Ewigkeit nachzueifern ist. Christus war sich seiner untrennbaren Einheit mit dem höchsten Selbst immer bewußt. Trotzdem fanden tiefe Hingabe und Liebe für den persönlichen Gott ständig in ihm in Form von Gebeten, Lobpreis und Verherrlichung Ausdruck. Und in seinem tatsächlichen täglichem Leben. Jesus war wahrhaft eine Personifizierung des Geistes von Karma Yoga. Sein ganzes Leben war ein ununterbrochener Dienst an den Notleidenden. Seine Füße bewegten sich nur, um dorthin zu gelangen, wo Hilfe gebraucht wurde. Wenn seine Hände sich bewegten, dann geschah es nur, um den Bedrängten und Unterdrückten zu helfen. Seine Zunge sprach nur, um sanfte, honigsüße Worte des Mitgefühls, des Trostes, der Inspiration und Erleuchtung zu sprechen. Allein mit dem Strahlen seiner leuchtenden Yogi-Augen erweckte, erhob und verwandelte Jesus jene, die er ansah. Er fühlte, dachte, sprach und handelte zum Wohle anderer. Inmitten all dessen weilte er im ungebrochenen Bewußtsein der Erkenntnis: »Ich und mein Vater sind eins.« Sein Leben war das eines Heiligen in Sahaja Samadhi.

Das Leben Jesu legt schweigenden und doch höchsten Heroismus angesichts der entschlossensten Opposition, Verfolgung und des Unverständnisses an den Tag. Und er hat ein Beispiel dafür gesetzt, wie ein wahrhaft Suchender den Versuchungen auf dem spirituellen Pfad widersteht. Lange vor dem äußerlichen Drama der Kreuzigung hatte sich Jesus aus freiem Willen geistig gekreuzigt, indem er sein niederes Selbst auslöschte und ein rein göttliches Leben führte.

Jesus war Gott selbst. Die heilige Schrift erinnert uns immer wieder an diese Tatsache. Und dennoch, warum mußte er dieses hohe Maß an Verfolgung und Leiden erdulden? Hätte er seine Feinde nicht durch bloßen Einsatz seines göttlichen Willens überwältigen können? Ja. Aber die höchste Inkarnation der Liebe, die der Herr Jesus war, hatte es so gewollt, daß sein Leben zu einem Beispiel werden sollte, dem die Menschen nacheifern konnten. Deswegen verhielt er sich wie jedes andere menschliche Wesen; und in diesem Tun veranschaulichte er in seinem eigenen kurzen aber ereignisreichen Leben die große Predigt, die er auf dem Berge hielt.

Jesus und der moderne Mensch

Ja, Jesus blutete am Kreuze, um der Erlösung seines Volkes willen. Heute, von seinem ewigen Sitz im Reich Gottes aus, blutet sein göttliches mitleidvolles Herz noch sehr viel heftiger. Denn die Menschen seiner Zeit kannten das Gesetz nicht und fehlten; aber die Menschen der modernen Welt besitzen das strahlende Licht von Jesu Leben und Lehre, das den Weg der Rechtschaffenheit erhellt, und trotzdem wandeln sie willentlich auf dem Pfad der Dunkelheit, Unwissenheit, Sünde, Selbstsucht, Sinnlichkeit und des Elends. Wenn sein mitleidiges Herz für die unwissenden Sünder blutet, wieviel mehr würde es bluten für die Sünden jener, die fehlen, da sie Sein Licht ignorieren!

Würdest Du wollen, daß die Menschheit dem Retter auf diese Weise ihre Dankbarkeit erweist? Nein, tausendmal nein. Es ist nie zu spät, um sich zu bessern. Lies wieder die Evangelien. Meditiere über die glänzende, geistig strahlende, göttliche Form des Herrn Jesu. Wie süß, wie mitleidsvoll, wie sanftmütig und liebevoll er war! Und trotzdem war er sich selbst gegenüber ohne Milde. Er wandte sich radikal von Satan ab - nicht, daß er niemals in Versuchung geführt hätte werden können, aber nur, um uns ein Beispiel zu geben.

Prüfungen und Versuchungen kommen nur, um vom Tapferen überwunden zu werden. Proben und Situationen der Versuchung kommen, um deinen Geist zu stärken und dein Herz zu reinigen. Sie sind gleichsam die Weisen, die Jesus in Dir entdecken. Diesen Prüfungen zu unterliegen ist Schwäche. Fasten, Beten, Unterscheidung üben und die Hindernisse mit der Hilfe der Gnade des Herrn überwinden, ist geistiges Heldentum. Wenn der Sieg errungen ist, zu fühlen, zu erkennen und zu verkünden, daß es die Gnade des Herrn war, die Dich dazu befähigte, den Sieg zu erringen, ist das wahre Demut. Demut ist Tugend; Schwäche ist Sünde. Lerne diese große Lektion aus dem Leben Jesu.

Lies immer wieder die Bergpredigt. Meditiere darüber. Wähle die Anweisungen des Herrn eine nach der anderen, Monat für Monat, und sei sorgsam bestrebt, sie in die Praxis umzusetzen. Auf diese Weise wirst Du zu einem würdigen Kind Jesu heranwachsen. Auf diese Weise wirst Du Jesus in deinem eigenen Herzen wiederverkörpern. Es gibt heutzutage viele, die aufrichtig und wahrhaftig den Lehren des Heilands folgen. In ihren Herzen hat sich Jesus wiederverkörpert, um Dich zu führen und Dich zum Reich Gottes zu leiten, wo sein höchster Wohnsitz ist. Möget Ihr alle den Pfad wandeln, den Jesus vorgegeben hat! Möget Ihr alle lebendige Verkörperungen der Bergpredigt sein! Möget Ihr das Reich Gottes in Euch hier und jetzt verwirklichen!

Jivanmukta

Ein Jivanmukta ist ein befreiter Weiser. Er hat zu Lebzeiten Verwirklichung erreicht. Er lebt in der Welt, aber er ist nicht von der Welt. Er weilt immer in der ewigen Wonne des höchsten Selbst. Er ist Isvara selbst. Er ist Gott auf Erden.

Der Jivanmukta, der vollerblühte Jnani, ist voll reiner Liebe, Mitgefühl, Barmherzigkeit, außerordentlicher Liebenswürdigkeit und verborgener Kraft und Stärke. Liebe und Glanz scheinen in seinen glänzenden Augen.

Der Jivanmukta hat nicht die mindesten selbstsüchtigen Interessen und ist unter allen Umständen vollständig frei von Sorgen, Schwierigkeiten, Problemen, Leiden, Kummer und Ängsten. Auch wenn Schmerz und dergleichen sich an seinen Körper heften und sich auf seinem Gesicht zeigen, krümmt sich sein Geist niemals unter ihnen und ihren Gegensätzen. Er ist kein Sklave seiner Launen; er ist immer heiter und friedvoll. Seine höheren Vorzüge haben sich vollkommen entwickelt; alle göttlichen Eigenschaften sind in ihm vollständig erwacht. All seine Schwächen und Begrenzungen sind zur Gänze verbrannt. Er strahlt in seiner ursprünglichen Herrlichkeit, in seiner wesentlichen Natur und in göttlichem Bewußtsein. Er strahlt nach jeder Richtung hin Frieden und Freude aus.

Die wahre Größe eines verwirklichten Yogi kann nicht beschrieben werden. Seine Augen sind heiter und fest, seine Handlungen vollkommen und heilig, seine Sprache ist süß und knapp, inspirierend und beeindruckend. Seine Haltung ist hochherzig, seine Berührung ist reinigend; sein Blick ist barmherzig, seine Gesten sind erleuchtend. Er ist allwissend; er hat intuitives transzendentales Wissen und klare Einsicht in das Herz aller Dinge und Wesen. Man erfährt in seiner Gegenwart ein tiefes Gefühl von Frieden und Harmonie, ein großes Erhobenwerden und Inspiration.

Kennzeichen eines Jivanmukta

Der Jivanmukta, der befreite Weise, ist absolut frei von Ichdenken, Zweifel, Furcht und Kummer. Das sind die vier wesentlichen Kennzeichen dafür, daß ein Mensch Vollkommenheit erreicht hat.

Der Jivanmukta ist vollkommen zufrieden, hat unerschütterlichen Seelenfrieden, eine tiefliegende Freude und Wonne, er besitzt übersinnliches spirituelles Wissen und die Fähigkeit, alle Zweifel der Aspiranten zu beseitigen. Zweifel verschwinden in seiner Gegenwart.

Der Jivanmukta kümmert sich nicht einmal um körperliche Bedürfnisse. Er fürchtet sich nicht vor dem Tod. Er sehnt sich auch nicht danach zu leben. Maya, Prakriti, ist seine gehorsame und süße Nährmutter. Sie kümmert sich sorgsam um ihn. Körperliche Bedürfnisse erfüllen sich von selbst. Prakriti erledigt für ihn alles schon im Vorhinein. Das ist ihre Sache.

Ausgewogener Geist, universelle Sicht und Gleichmut angesichts der Gegensatzpaare wie Freude und Schmerz, Tadel und Lob, Hitze und Kälte, Erfolg und Mißerfolg - das sind die Kennzeichen eines Jivanmukta. Jivanmuktas sind nicht erschreckt oder erstaunt angesichts ungewöhnlicher Ereignisse in der Natur. Sie werden niemals beunruhigt sein, auch wenn die Sonne erkalten oder der Mond heiß werden sollte, wenn das Feuer mit der Flamme nach unten zu brennen beginnt, oder der Lauf eines Flusses sich umkehrt. Der Jivanmukta ist unter keinen Umständen beunruhigt. Er ist nicht abgelenkt inmitten von Ablenkungen.

Das Doppelbewußtsein eines Jivanmukta

Ein Mensch, der bis zum Hals im Wasser steht, hat eine doppelte Erfahrung. Sein Kopf ist der Sonne ausgesetzt. Er empfindet sowohl Hitze als auch Kälte. Das ist die Erfahrung eines Jivanmukta. Er hat ein doppeltes Bewußtsein. Er genießt die Wonne Brahmans. Er erlebt auch diese Welt. Er ist wie ein Mensch, der zwei Sprachen spricht.

So wie ein Topf, in dem Asafötida oder Zwiebel aufbewahrt worden waren, einen bestimmten Geruch verströmt, selbst nachdem er einige Male gereinigt worden war, so verbleibt auch im Geist des Jnani noch ein kleiner Hauch von Unwissenheit. Der Jivanmukta hat das Bewußtsein des Körpers in Form von Samskaras. Deshalb ißt und trinkt er. Obwohl der instinktive Geist mit seinen niederen Wünschen zerstört worden ist, vergeht nicht der sattvige Geist im Jivanmukta. Wie kann er Vyavahara oder weltliche Angelegenheiten ohne ein Werkzeug, nämlich den Geist, ausführen?

Der Unterschied zwischen einem weltlichen Menschen und einem befreiten Weisen

Das gegenständliche Universum verschwindet nicht aus dem Blick des Jivanmukta. Der Jivanmukta sieht die Welt als einen Traum in sich selbst. So wie die Fata Morgana erscheint, auch wenn man begriffen hat, daß das Wasser nur Illusion ist, so erscheint die Welt für den Jivanmukta, nachdem er Selbstverwirklichung erreicht hat, auch nachdem er klar erkannt hat, daß die Welt eine Täuschung ist. Aber so wie der Mensch, der erkannt hat, daß die Fata Morgana eine Täuschung ist, ihr nicht hinterherläuft, um Wasser zu trinken, so wird auch der Jivanmukta nicht Sinnesobjekten hinterherlaufen wie weltliche Menschen, obwohl die Welt für ihn da ist. Das ist der Unterschied zwischen einem weltlichen Menschen und einem befreiten Weisen.

Wenn er in Brahman, in der Herrlichkeit der Herrlichkeiten, der Seele der Seelen, aufgegangen ist, wird der Jivanmukta nicht tätig sein können. Wenn er aber durch die Kraft von Prarabdha und Vikshepa Shakti aus seinem vollen Brahman-Bewußtsein zurückkehrt, wird er beim Aufschrei einer leidenden Seele seine Liebe ergießen. So strahlend und mitfühlend ist er. Er ist ein Meer von Barmherzigkeit, Liebe und Frieden, so wie Buddha oder Jesus.

Universelle Sicht

Der Jivanmukta nimmt die eine einzige Realität, Gott, überall und in allen Dingen wahr. Für ihn gibt es keinen Unterschied zwischen einem Schurken und einem Heiligen, zwischen Gold und Stein oder Ehre und Schmach. Er fühlt effektiv, daß alles nur er selbst ist, daß Schlangen, Skorpione, Tiger, Bären und Löwen genauso ein Teil von ihm sind wie seine Augen, seine Nase, seine Ohren, Hände und Füße. Er ist eins mit der Blume, dem Äther, der Sonne, dem Ozean, dem Berg und dem Himmel. Er hat universelle Sicht und kosmisches Empfinden.

Samadhi Jnani und Vyavahara Jnani

Die Lebensweise von Jivanmuktas oder Weisen ist nicht immer gleich. Der eine Weise lebt fürstlich. Bhagiratha lebte so. Ein anderer Weiser lebt wie ein Bettler. Der eine Weise ist immer in Meditationsstimmung. Er arbeitet nie. Er spricht nie. Er lebt immer zurückgezogen. Jada Bharata lebte so. Ein anderer Weiser lebt in einer hektischen überbevölkerten Stadt. Er stürzt sich in den Dienst. Er spricht mit den Menschen. Er hält Vorträge, gibt religiösen

Unterricht, schreibt Bücher, usw. Shri Shankara lebte so. Das hängt vom Prarabdha ab. Jeder Weise hat sein spezielles Prarabdha. Wenn alle Weisen dasselbe Leben und dasselbe Prarabdha hätten, wäre diese Welt ein Gefängnis. Die Vielfalt der Erscheinungsformen ist das Wesen von Prakriti.

Der Jnani, der den Wunsch nach weltlichen Aktivitäten, Vyavahara, hat und in der Welt tätig ist, ist ein Vyavahara Jnani. Der Jnani, der sich vollständig aus dem Universum zurückzieht, ist ein Samadhi Jnani. Beide Jnanis kommen zur selben Erkenntnis. Aber der Samadhi Jnani erlebt mehr Ananda als der Vyavahara Jnani. Der Samadhi Jnani ist ein Mensch, der stets in Brahman aufgegangen ist. Er sieht keine Namen und Formen. Die Welt ist für ihn gänzlich verschwunden. Er kann eigentlich nicht tätig sein. Er ist ein Muzub. Er ist ein Paramahamsa. Dem Samadhi Jnani muß die Nahrung gewaltsam verabreicht werden.

Ein Vyavahara Jnani spürt Schmerz, wenn er sich in den Finger schneidet, aber ein Samadhi Jnani empfindet keinen Schmerz, auch dann nicht, wenn sein Bein amputiert wird. Der Fall von Shams Tabriez aus Multan könnte dafür ein Beispiel sein. Als er gehäutet wurde, lachte er und rief *Analhaq, Analhaq*. 'Analhaq' heißt 'Ich bin Er' und entspricht dem hinduistischen 'Soham'.

Ein Vyavahara Jnani sieht Namen und Formen. Ein Vyavahara Jnani weiß, daß es Vishta, Chandana, ist; das ist ein Narr, das ist ein kluger Mann; das ist ein Adhikari, das ist ein Schurke, das ist ein ehrlicher Mensch. Aber es berührt seine Gefühle nicht. Er frohlockt nicht, wenn er Erfolg hat, und er ist auch nicht niedergeschlagen im Mißerfolg. Weder liebt er den Rechtschaffenen, noch haßt er den Schurken. In dieser Hinsicht hat er Sama Drishti, die universelle Sicht.

Der Wunsch nach Tätigkeit im Fall des Vyavahara Jnani beruht auf Prarabdha. Er benützt Körper und Geist als Werkzeuge, so wie ein Zimmermann seine Werkzeuge verwendet. Während er tätig ist, hat er die Sicht Brahmans nicht einmal eine Sekunde lang verloren. Er ist immer fest in Chaitanya Svarupa, reinem Bewußtsein.

Der Vyavahara Jnani sieht die ganze Welt in sich selbst. Er sieht nichts außen, so wie du. Er sieht durch Divya Drishti oder Jñana Chakshus und nicht durch die physischen Augen. Ein Jnani sieht mit Hilfe starker Linsen, dem Auge Atmans, die ganze Welt in all ihren Einzelheiten der Schöpfung. Er sieht des Menschen Astralkörper, den Kausalkörper mit seinen Samskaras, die Prana-Aura, die psychische Aura, die Magnet-Aura, usw. Es ist für einen weltlichen Menschen von praktischem Verstand sehr schwierig, sich geistig vorzustellen, wie ein Jnani das physische Universum wahrnimmt, während er wirkt.

Wie der Jivanmukta lebt und wirkt

Ein Jivanmukta ist kein schrulliger Mensch. Er ist nicht durch die Regeln von Sastra, der Gesellschaft, gebunden. Und doch wird er nicht von Dharma abgelenkt. Alles, was er tut, steht in striktem Einklang mit den Schriften, den heiligen Büchern. Er tut spontan nur das Gute. Ein erfahrener Tänzer macht niemals einen falschen Schritt. So ist ein Jivanmukta, wenn er arbeitet.

Der Weise arbeitet mühelos, ohne der Handelnde zu sein, ohne Ichgedanken, Verhaftung und Wünsche. Wie ein Kind verhält er sich weder gut noch böse.

Der Jivanmukta handelt nur wie ein Kind. Der Sinn von richtig und falsch ist auf natürliche Weise in ihm, unabhängig von den Lehren der Schriften. Er hat alles Ichdenken zerstört. Er steht über dem Karma, und Karmas können ihn nicht berühren. Um die Welt zu instruieren führt er vielleicht Tätigkeiten aus oder tut Verbotenes nicht.

Der Jivanmukta kümmert sich nicht um öffentliche Kritik. Er bewahrt einen kühlen Geist, auch wenn er angegriffen wird. Er segnet die, die ihn verfolgen. Er sieht nur sein Selbst überall. Sein Kennzeichen und Charakteristikum ist ein innerer geistiger Zustand. Er kann nicht von anderen wahrgenommen oder festgestellt werden. Der Herr benutzt ihn für Sein göttliches Wirken.

Körperliche und geistige Nacktheit

Ein Brahma Jnani oder Jivanmukta ist nicht notwendigerweise ein Genie. Er ist nicht notwendigerweise ein beredter Sprecher, Vortragender oder Professor. Aber er ist ruhig, heiter und still. Er ist schweigsam und wortkarg. Sein Schweigen ist höchste Beredsamkeit. Er hat göttliche Weisheit und intuitives Wissen. In seiner Gegenwart klären sich alle Zweifel.

Familienmenschen beurteilen häufig die Natur eines Jivanmuktas falsch. Sie ziehen nur die äußeren Umstände eines Jivanmuktas in Betracht. Auch gebildete Menschen irren manchmal in dieser Hinsicht.

Ein Sadhu ist möglicherweie physisch nackt. Vielleicht hat er nichts bei sich. Er verwendet vielleicht seine Hände als Bettelschale und wohnt unter einem Baum. Er lebt vielleicht im Wald. Und doch ist er möglicherweise der größte Schurke; er ist vielleicht der weltlichste Mensch mit inneren und äußeren Verhaftungen. Er tanzt vielleicht vor Freude, wenn man ihm ein paar Groschen für sein Opium gibt. Sein Geist ist vielleicht voller Ablenkungen und Störungen. Wohingegen ein Mensch vielleicht im Trubel einer Stadt lebt. Vielleicht lebt er wie ein großer Babu. Vielleicht trägt er modische Kleider. Vielleicht ißt er vom Feinsten. Und doch ist es möglich, daß er nicht die mindeste Verhaftung oder Sehnsucht nach etwas hat. Shri Ramanuja lebte im Luxus. Es gab verwirklichte Menschen, die Elefanten besaßen, Pferde und all das königliche Beiwerk, ohne im mindesten von diesen Äußerlichkeiten berührt zu werden. Sie hatten immer Jñana Nishta und Svarupa Sthiti inmitten vielfältiger Aktivitäten. Das ist integrale Entwicklung. Das ist der Kern der Bhagavad Gita. Das ist die zentrale Lehre von Shri Krishna.

Geistige Nacktheit tut not. Jñana ist ein rein innerer Zustand. Die äußeren Zeichen sind keine sicheren Kriterien.

Die Wege des Jnani sind geheimnisvoll. Nur ein Jivanmukta kann einen Jivanmukta erkennen. Die Beschreibung, die in der Bhagavad Gita und in anderen Büchern über einen Jnani gegeben wird, ist eigentlich unangemessen, unvollständig und unvollkommen. Seinen Zustand kann sich der begrenzte Geist niemals vorstellen, und die begrenzte Sprache kann ihn nicht beschreiben. Er erstrahlt in seiner unverdorbenen Herrlichkeit.

Manchmal erscheint er wie ein Sarvajna, ein Mensch, der alles weiß. Manchmal erscheint er als Ajña, ein Unwissender. Er weiß, wann er wie ein Brahma Nishta zu handeln hat, und wann er närrisch sein muß. Beurteile ihn nicht. Wenn Du mit dem richtigen Bhava zu ihm gehst, mit Glauben, Hingabe und spirituellem Durst, wird er Dir höchstes Wissen schenken. Wenn Du mit schlechtem Motiv zu ihm gehst, wird er sich wie ein Verrückter verhalten, und Du wirst enttäuscht sein. Das wird für Dich einen großen Verlust darstellen.

Ein Segen für die Welt

Ein Jivanmukta ist ein Halt für die Welt. Er ist eine Quelle immerwährender Inspiration. Er ist eine Verkörperung, durch die die göttliche Gnade an die sündigen Menschen weitergegeben wird.

So wie Blumen, die blühen, um zu duften und die Luft um sie herum zu reinigen, so tauchen große Seelen wie Sadashiva Brahman, oder Yajnavalkya in der Welt auf, um das Herz des Menschen zu erfreuen und um ihn zu Unsterblichkeit und Vollkommenheit zu führen.

Der Jivanmukta ist ein Kraftwerk spiritueller Energie. Er verbreitet seinen spirituellen Strom in alle Ecken der Welt. Sitze vor ihm. Deine Zweifel werden sich von selbst auflösen. Du wirst einen eigenartigen Schauder von Freude und Frieden in seiner Gegenwart erfahren.

Der Jivanmukta reinigt wie heilige Wasser andere durch bloßen Anblick, Berührung und das Aussprechen seines Namens. Manchmal bleibt er unbemerkt. Manchmal wird er Menschen bekannt, die Wohlstand wünschen. Er nimmt die Nahrung zu sich, die fromme Gläubige ihm opfern und verbrennt das Böse und die Unreinheiten aus ihrer Vergangenheit und Zukunft.

Ein Jivanmukta, ein Heiliger, ist die letzte Quelle des Wissens von der Seele. Satsang mit einem Jivanmukta, auch wenn es nur eine Minute ist, ist viel besser als die Herrschaft über ein Königreich. Seine Gegenwart allein ist anregend und inspirierend. Suche seine Gesellschaft und wachse. Diene ihm mit Glauben und Hingabe.

Der Weise lebt ewig

Der Weise lebt ewig. Er hat immerwährendes Leben erlangt. Sehnsüchte quälen ihn nicht. Sünden beflecken ihn nicht. Tod und Geburt berühren ihn nicht. Schmerz und Leiden quälen ihn nicht.

Ein Jivanmukta kann seinen Körper immer und überall verlassen. So wie die fallenden Blätter und Früchte eines Baumes den Baum selbst nicht in Mitleidenschaft ziehen, so wird auch das Abfallen des Körpers den Atman nicht berühren, der überlebt so wie der Baum. Seine Pranas gehen nicht woanders hin, um weiterzuwandern. Sie gehen nach dem Erschöpfen des Prarabdha, den Ergebnissen der vergangenen Handlungen, die schon begonnen hatten, Früchte zu tragen, in Brahman auf. Er ist von weiteren Geburten befreit.

Der Jivanmukta ist befreit von den Fesseln von Geist und Materie. Er ist absolut frei von Haß, Lust, Sorgen, Bedrängnissen und Ängsten. Jeder wird sicher diesen Zustand der Seligkeit und letzten Befreiung finden. Es ist das letzte Ziel des Lebens. Es ist das Ende allen menschlichen Strebens.

Der Zustand des Jivanmukta ist der Inbegriff allen Seins. In diesem Zustand ist Fülle. Alle Wünsche sind verbrannt. Es ist ein Zustand der Fülle und der absoluten Zufriedenheit. Es gibt keinen größeren Gewinn als dies, keine größere Wonne als dies, keine größere Weisheit als dies.

Da, am Gipfel des Hügels ewiger Wonne, kann man nun den Jivanmukta, den vollerblühten Yogi, wahrnehmen. Er hat die schwindelnden Höhen durch intensiven und ausdauernden Kampf erreicht. Er hat strenges und ernsthaftes spirituelles Sadhana gemacht. Er hat tiefe Nididhyasana, Meditation, praktiziert. Er hat schlaflose Nächte verbracht. Er hat in Phasen der Unsicherheit lange Nachtwachen gehalten. Er hat geduldig und fleißig weitergemacht. Er hat viele Hindernisse überwunden. Er hat Verzweiflung, Kummer und Niedergeschlagenheit bezwungen. Er ist jetzte ein Leuchtfeuer für die Welt. Denke daran, daß er damals genauso im Sumpf von Samsara vegetierte wie Du selbst. Du kannst ebenfalls zu diesem Gipfel emporsteigen, wenn Du nur willst.

Judentum

Der Judaismus wird gebildet aus den religiösen Lehren und Riten der Juden, so wie sie im Gesetz von Moses vorgeschrieben sind. Der Judaismus basiert auf dem Parsismus. Er ließ zwei große Weltreligionen entstehen, nämlich Christentum und Islam. Die Mohammedaner sagen, daß ihre Religion auf dem Judaismus basiert. Auch der Koran sagt das ganz klar.

Die Auffassung des Parsismus von Ahura Mazda als dem höchsten Wesen ist vollkommen identisch mit der Vorstellung von Elohim (Gott) Jehova, den wir in den Büchern des Alten Testaments antreffen.

Abraham, der Prophet, war der ersten Mensch, der Gott der gesamten Menschheit enthüllte. Er ist der Begründer der hebräischen Rasse. Hebru ist einer der Nachkommen Jakobs, ein Israelite, ein Jude. Isaak hatte zwei Söhne, Essan und Jakob, und ihre Nachkommen sind einerseits die Christen und andererseits die Juden. Abrahmam hatte zwei Söhne (einen von Sarah und einen von Hagar, der ägyptischen Frau), nämlich Isaak und Ismael, die jeweils die Väter der Juden und der Mohammedaner sind.

Das Alte und das Neue Testament

Das Alte Testament enthält die heiligen Schriften der alten jüdischen Rasse. Der neuere Teil ist als das Neue Testament bekannt, das nach dem Kommen von Jesus Christus, vor mehr als neunzehnhundert Jahren, begonnen wurde. Lange bevor Jesus auf diese Welt kam, schrieben und lasen die Juden ihre heiligen Bücher. Diese waren in ihrer hebräischen Sprache verfaßt. Die alten hebräischen Bücher wurden etwa zweihundert Jahre vor der christlichen Zeit ins Griechische übersetzt.

Die Bücher der Juden gliederten sich in drei Hauptteile. Der erste wurde »Das Gesetz« genannt. Er sprach von den Weltgesetzen. Diese Bücher bilden jetzt den ersten Teil der Bibel, Genesis, Exodus, Levitikus, Zahlen und Deuteronomium. Die zweite Kategorie waren die Bücher der Propheten. Sie umfaßten Josua, Isaiah und Jeremias. Psalmen und Sprüche bilden die dritte Kategorie. Das Alte Testament hat 39 Bücher.

Das Neue Testament umfaßt 27 Bücher. Die ersten vier Bücher sind die Evangelien, die das Leben von Christus auf dieser Erde beschreiben. Das nächste Buch berichtet von den Taten der Aposteln, im besonderen vom bedeutenden Apostel Paulus. Die einundzwanzig kürzeren Bücher geben die Gedanken wieder, die dem christlichen Glauben der Frühchristen zugrunde liegen. Das letzte Buch ist das Buch der Offenbarungen. Es beschreibt die Serie der Visionen, nämlich das Lamm Gottes und die himmlische Stadt. Der Autor ist Johannes, der Lieblingsapostel von Jesus. Alle diese Büchen waren in Griechisch verfaßt, der Sprache der Gebildeten zu Beginn der christlichen Zeit.

Jüdische Sekten

Das Gesetz war als ein vollständiges System erstellt, nach dem die Menschen leben sollten. Unter dem Gesetz verstand man im besonderen den Pentateuch. Jedes Wort des Pentateuch wurde als Inspiration und direkte Offenbarung an Moses betrachtet.

a) Es bestand das Bedürfnis nach Erklärung des Gesetzes. Die Schreiber waren die Interpreten des Gesetzes. Sie erklärten die Regeln der Thorah und wandten sie auf Einzelfälle an. Die Schreiber waren in Israel als Gesetzgeber und Richter anerkannt. Ihre Entscheidungen hatten Gesetzeskraft. Die ersten Schreiber waren Priester.

b) Die Bruderschaft der Pharisäer war die Volks- oder Nationalpartei. Sie glaubten an die Doktrin der Unsterblichkeit, die Auferstehung des Körpers und die Existenz von Engeln und Geistern. Als religiöse Lehrer hielten sie die Autorität der mündlichen Überlieferung ebenso hoch wie die des geschriebenen Gesetzes. Sie neigten zum Fatalismus in der Frage der Willensfreiheit. Die Zeloten waren eine extreme Form der Pharisäerbewegung.

c) Die Sadduzäer waren aristokratische Priester. Sie hielten sich an den Buchstaben der Offenbarung Moses. Sie anerkannten nicht die Autorität der mündlichen Überlieferung nach der Interpretation der Pharisäer. Sie lehrten vollständige Willensfreiheit im moralischen Handeln. Sie glaubten nicht an Engel und Geister. Sie anerkannten nicht die Lehre der Unsterblichkeit als eine Ableitung aus dem Pentateuch.

d) Die Essener hielten sich an Zölibat, Isolation, Schweigen, zerimonielle Opferungen und Enthaltung von tierischer Nahrung. Sie übten Askese. Sie verehrten Sonne und Engel. Sie glaubten an die dualistische Theorie von Gut und Böse nach dem Lichtsymbolismus. Sie praktizierten keine Opfer und keinen Gottesdienst im Tempel.

Thora

Die Propheten Israels waren große religiöse Führer, die in das hebräische Gedankengut einen großen Fortschritt brachten. Rabbis waren auch maßgebliche Lehrer. Sie arbeiteten sehr hart auf dem Gebiet der Thora. Sie brachten die umfangreiche Literatur des Talmud hervor. Sie waren die Repräsentanten des Pharisäertums. Der Talmud ist unerläßlich für die Kenntnis des hebräischen Gedankengutes.

Die Thora wurde in zehn Worten vermittelt. Jedes Wort bekam eine Stimme. Jede Stimme wurde in 70 Stimmen unterteilt, die alle vor den Augen ganz Israels schienen und glänzten. Die Thora sagt, daß die göttliche Offenbarung am Berg Sinai in den fünf Büchern Moses verkörpert ist. Die Thora (Gesetz) so wie sie von Moses gegeben worden war, besteht aus 613 Geboten, die die Essenz der göttlichen und der irdischen Mysterien darstellen. Die Thora zeigt eher einen Lebensweg als eine Glaubensform.

Moses erhielt die Thora (Gesetz, Richtung, Anweisung) am Sinai und gab sie weiter an Joshua, Joshua an die Ältesten, die Ältesten an die Propheten, und die Propheten gaben sie weiter an die Männer der Großen Synagoge, eine Synode von enthusiastischen Männern, die von Ezra, dem Schriftgelehrten aus dem fünften Jahrhundert vor Christus, geschaffen worden war. Die Funktion der Synagoge war Studium und Lehre der Thora. Die Synagoge war eine Kirche, eine Schule und ein Gerichtshof. Sie war ein Haus der Unterweisung. Die Einheit Gottes, die Nichtkörperlichkeit Gottes und die Heiligkeit Gottes sind die Hauptcharakteristika des Judentums.

Gott gab am Berge Sinai Moses Seine Zehn Gebote. Der Herr berief ihn auf den Berg und sagte: »So sollst Du es dem Hause Jakobs mitteilen und den Kindern Israels sagen.«

Die Zehn Gebote

1) Ich bin der Herrn dein Gott, der Dich aus dem Land Ägypten, dem Haus der Gefangenschaft, geführt hat.

2) Du sollst keine anderen Götter vor Mir haben. Du sollst Dir kein Götzenbild machen und kein Abbild von etwas, das sich im Himmel oben befindet, in der Erde darunter oder im Wasser unter der Erde; Du sollst Dich nicht vor ihnen verbeugen und ihnen dienen; denn Ich, der Herr dein Gott, bin ein eifersüchtiger Gott und bestrafe die Sünden der Väter auf

die Kinder bis zur dritten und vierten Generation, derer, die Mich hassen, und zeige Gnade denen, die Mich lieben und Meine Gebote einhalten.

3) Du sollst den Namen des Herrn, deines Gottes, nicht verunglimpfen; denn der Herr wird den nicht schuldlos lassen, der Seinen Namen verunglimpft.

4) Gedenke des Sabbath-Tages und halte ihn heilig. Sechs Tage sollst Du tätig sein und all deine Arbeit tun; aber der siebente Tag ist der Sabbath des Herrn, deines Gottes; an ihm sollst Du keinerlei Arbeit verrichten, weder Du noch dein Sohn, noch deine Tochter, noch dein Diener oder deine Dienerin, nicht dein Rind und auch nicht der Fremde, der sich auf deinem Grund befindet: denn in sechs Tagen schuf der Herr Himmel und Erde, das Meer und alles, was sich hier befindet, und er ruhte am siebenten Tag; daher segnete der Herr den Sabbathtag und heiligte ihn.

5) Ehre deinen Vater und deine Mutter; damit deine Tage lange seien im Land, das der Herr, dein Gott, Dir gibt.

6) Du sollst nicht töten.

7) Du sollst nicht ehebrechen.

8) Du sollst nicht stehlen.

9) Du sollst keine falsche Zeugenschaft ablegen über deinen Nächsten.

10) Du sollst nicht begehren deines Nachbarn Haus, Du sollst nicht begehren deines Nachbarn Frau, seinen Diener, seine Dienerin, seinen Ochsen oder seinen Esel und auch sonst nichts, was der Besitz deines Nachbarn ist.

Mosaische Kosmologie

Das ist die Mosaische Darstellung der Theorie von der Weltentstehung. Am ersten Tag wurden Himmel und Erde geschaffen; am zweiten das Firmament und das Wasser; am dritten das trockene Land, das Gras, die Vögel und die Obstbäume; am vierten die Lichter, die Sonne, der Mond und die Sterne; am fünften die sich bewegenden Geschöpfe, die Vögel und die großen Wale; am sechsten die Lebewesen, das Vieh, die Kriechtiere, die Masttiere und der Mensch. In der Genesis endet die Schöpfung mit der Erschaffung des Menschen. Gott schuf Adam am sechsten Tag und gab die Tiere in seine Obhut. Adam hatte drei Kinder, Kain, Abel und Seth. Kain tötete Abel. Die Nachfahren von Kain wurden in der Flut ertränkt. Die Nachkommen von Seth sind die gesamte Menschheit auf der Welt. Der Herr setzte Adam in den Garten Eden, damit er ihn bestelle und bewahre.

Grundsätze des Judentums

Die Juden glauben an die Wiederauferstehung, an Engel und an die Existenz von zwei Kräften, nämlich Gott und Teufel oder Satan.

Die Juden glauben, daß die Handlungen des Menschen am Tage des Gerichts in einer Waage abgewogen werden. Die Menschen werden nach der Wiederauferstehung über die Höllenbrücke gehen müssen.

Die Einheit Gottes ist das Hauptprinzip der Religion der Hebräer. Gott ist körperlos. Das ist auch ein Lehrsatz von großer Wichtigkeit. Gott ist stets rein und heilig. Das ist die dritte wesentliche Eigenschaft Gottes. Er ist der Schöpfer der ganzen Welt. Er ist der Vater all Seiner Geschöpfe. Er ist gerecht und barmherzig. Er ist ohne Sünde.

Die jüdischen Heiligen haben viel über Kraft und Wirksamkeit der Reue gesprochen. Glücklich ist der Mensch, der bereut. Die Tore der Reue verschließen sich nie. Reue verlängert das Leben eines Menschen. Die Tränen echter Reue werden nicht umsonst vergossen. Selbst die Rechtschaffensten werden keinen so hohen Platz im Himmel erhalten wie der wahrhaft Reuige. Bereue einen Tag, bevor Du stirbst, aufrichtig und mit zerknischtem Herzen. Nach dem Bereuen sollst Du dieselbe schlechte Tat nicht noch einmal begehen. Schon eine Stunde, die Du mit zerknischtem Herzen in dieser Welt in Reue zubringst, ist einem ganzen Leben in der nächsten Welt vorzuziehen. Das Ende und Ziel aller Weisheit ist Reue.

Karma

Karma ist ein Sanskritbegriff für Handlung oder Tat. Jede physische oder geistige Handlung ist Karma. Denken ist geistiges Karma. Karma ist die Summe unserer Handlungen, sowohl im gegenwärtigen Leben als auch in früheren Geburten.

Karma bedeutet nicht nur Handlung, sondern auch das Ergebnis einer Handlung. Die Folge einer Handlung ist tatsächlich nichts Unabhängiges. Sie ist Teil der Handlung und kann nicht davon getrennt werden.

Das Gesetz von Karma ist das Gesetz der Ursächlichkeit. Überall, wo eine Ursache ist, muß daraus eine Wirkung entstehen. Ein Same ist die Ursache für den Baum, welcher die Wirkung ist. Der Baum erzeugt Samen und wird somit zur Ursache für den Samen. Die Ursache findet sich in der Wirkung, und die Wirkung findet sich in der Ursache. Die Wirkung ist gleich die Ursache. Das ist die universelle Kette von Ursache und Wirkung, die nie endet.

Kein Glied in der Kette ist unnötig. Diese Welt funktioniert aufgrund dieses grundlegenden Lebensgesetzes. Dieses Gesetz ist unerbittlich und unabänderlich. Dieses gewaltige Gesetz wirkt überall, auf den physischen und den geistigen Ebenen. Kein Phänomen kann sich der Wirkungsweise dieses gewaltigen Gesetzes entziehen. Alle anderen Naturgesetze sind diesem grundlegenden Gesetz untergeordnet.

Kein Ereignis kann eintreten, ohne hinter sich eine ganz bestimmte Ursache zu haben. Der Ausbruch eines Krieges, der Aufstieg eines Kometen, das Auftreten eines Erdbebens oder ein Vulkanausbruch, das Ausbrechen einer Seuche, Donner, Blitz, Überschwemmungen, Krankheiten des Körpers, Glück, Unglück, hinter allem steht ein bestimmter Grund.

Das gewaltige Gesetz der Ursächlichkeit beinhaltet das Gesetz von Aktion und Reaktion, das Gesetz der Kompensation und das Gesetz der Vergeltung. Alle diese Gesetze fallen unter einen allgemeinen allumfassenden Titel, die Karmalehre.

Das Gesetz von Aktion und Reaktion

Wenn es eine Aktion gibt, muß es auch eine Reaktion geben. Die Reaktion wird von gleicher Stärke und ähnlicher Art sein. Jeder Gedanke und jeder Wunsch, jede Vorstellung und jede Empfindung verursacht eine Reaktion. Tugend wird belohnt; Laster wird bestraft. So arbeitet das Gesetz der Reaktion.

Gott bestraft weder die Schlechten, noch belohnt er die Tugendhaften. Ihr eigenes Karma bringt Lohn oder Strafe. Das Gesetz von Aktion und Reaktion bringt die Früchte. Niemand kann dafür verantwortlich gemacht werden.

Das Gesetz wirkt überall mit unaufhörlicher Präzision und wissenschaftlicher Genauigkeit. Das Gesetz von Aktion und Reaktion wirkt sowohl auf physischer als auch auf geistiger Ebene.

Das Gesetz der Kompensation

Das Gesetz der Kompensation wirkt überall in den Naturerscheinungen. Der Same bricht auf, und ein großer Baum entsteht aus dem Samen. Im Aufbrechen des Samens liegt kein Verlust. Gemäß dem Gesetz der Kompensation wird daraus ein Baum. Brennstoff brennt. Der Brennstoff wird zerstört. Aber gemäß dem Gesetz der Kompensation entsteht Wärme. Viele Dinge werden am Feuer mit Hilfe von Wärme gekocht.

Wenn es in Vijayawada sehr heiß ist, ist es auf dem Berg oder in Uttarakasi im Himalaya Gebirge sehr kalt. Das ist das Gesetz der Kompensation. Wenn sich an einem Ort zehn

Schurken befinden, sind dort auch zum Ausgleich zwei sattvige Seelen. Wenn in Puri Flut ist, ist Ebbe in Waltair. Das ist das Gesetz der Kompensation. Wenn es in Indien Tag ist, ist in Amerika Nacht. Auf Krieg folgt Frieden und umgekehrt. Das ist das Gesetz der Kompensation. Das Gesetz der Kompensation wirkt auch im geistigen Bereich.

Das Gesetz der Kompensation erhält das Gleichgewicht und schafft Frieden, Eintracht, Gleichgewicht, Harmonie und Gerechtigkeit in der Natur. Denke genau nach. Überlege. Reflektiere. Dann wirst Du erkennen, daß dieses Gesetz der Kompensation auf wunderbare Weise in jeder Naturerscheinung wirkt. Es ist schonungslos und unabänderlich. Niemand kann sich diesem unbarmherzigen und überwältigenden Gesetz entziehen. Wenn Du eine üble Tat begehst, wirst Du zum Ausgleich dafür die schlechte Frucht ernten.

Wenn Du das Leben als isoliertes Ereignis siehst, das mit der Geburt des physischen Körpers beginnt und mit seinem Tod endet, kannst Du keine richtige Erklärung oder Lösung für die Dinge des Lebens finden. Du wirst in Dunkelheit und Verzweiflung umherirren. Dein gegenwärtiges Leben ist nichts, verglichen mit dem gesamten Leben der Seele. Es ist nur ein Moment. Es ist nur ein Bruchstück. Immer, wenn Du den Grund oder die Vorgeschichte für irgendetwas herausfinden möchtest, mußt Du tief in die Bereiche des ewigen Seelenlebens eintreten. Nur dann gibt es ein perfektes Gleichgewicht von Ursache und Wirkung, von Vorangegangenem und Konsequenz. Du mußt nach der weiten Sicht des ewigen Seelenlebens urteilen. Das Gesetz der Kompensation umschließt einen weiten Bereich des ewigen Seelenlebens. Das Leben endet nicht mit der Auflösung des physischen Körpers. Es gibt die Wiedergeburt. Es gab auch unzählige frühere Leben. Du mußt den weitesten Standpunkt des Seelenlebens in Betracht ziehen. Dann ist die Linie klar. Dann wirst Du eine perfekte, befriedigende Lösung für all die schwierigen und komplizierten Dinge des Lebens finden. Dann wird es keinen Anlaß mehr geben, zu murren oder zu klagen und auch kein Mißverständniß mehr.

Das Gesetz der Vergeltung

Auf jede üble Tat und jedes Verbrechen folgt gemäß dem Gesetz der Vergeltung seine eigene Strafe. Das Gesetz der Ursächlichkeit, das Gesetz von Aktion und Reaktion, das Gesetz der Kompensation und das Gesetz der Vergeltung - alle wirken zusammen. Wer einen anderen Menschen bestiehlt, bestiehlt zuerst sich selbst. Wer einen anderen Menschen verletzt, verletzt zuerst sich selbst. Wer einen anderen Menschen betrügt, betrügt zuerst sich selbst.

Denke daran, daß Gott weder voreingenommen noch ungerecht ist. Bedenke, daß Gott weder für den Reichtum des einen, noch für die Armut eines anderen verantwortlich ist. Du leidest in Folge deiner eigenen bösen Taten.

Es gibt nichts Chaotisches oder Launenhaftes in dieser Welt. Dinge geschehen in diesem Universum weder zufällig, noch verändern sie sich in ungeordneter Weise. Sie finden in einer Regelmäßigkeit statt. Sie folgen aufeinander in regelmäßiger Abfolge. Es besteht eine klar bestimmte Verbindung zwischen dem, was jetzt getan wird, und dem, was in der Zukunft geschehen wird. Säe immer die Samen, die erfreuliche Früchte bringen und Dich jetzt und später glücklich machen.

Wie Karma gestaltet ist

Die Natur des Menschen ist dreifältig. Er besteht aus Ichha, Jñana und Kriya. Ichha ist Wünschen oder Fühlen. Jñana ist Wissen. Kriya ist Wollen. Diese drei bilden das Karma eines Menschen. Er kennt Dinge wie Sessel, Baum, usw. Er fühlt Freude und Kummer. Er will - dies tun und jenes nicht.

Hinter der Handlung steht ein Wunsch und ein Gedanke. Der Wunsch nach einem Gegenstand entsteht im Geist. Dann wird über seine Erfüllung nachgedacht. Dann werden Anstrengungen unternommen, um den Wunsch zu erfüllen. Wunsch, Gedanke und Handlung treten immer gemeinsam auf. Sie sind gleichsam die drei Gefahren, die im Seil des Karmas verwoben sind.

Der Wunsch schafft Karma. Du arbeitest und bemühst dich, das Gewünschte zu erwerben. Karma erzeugt seine Früchte als Schmerz oder Freude. Du mußt immer wieder geboren werden, um die Früchte deines Karmas zu ernten. Das ist das Gesetz von Karma.

Sanchita, Prarabdha und Kriyamana

Es gibt drei Arten von Karma, nämlich Sanchita, das angehäufte Tun, Prarabdha, das fruchtbringende Tun, und Kriyamana, das gegenwärtige Tun.

Sanchita sind alle in der Vergangenheit angesammelten Karmas. Ein Teil davon zeigt sich im Charakter eines Menschen, in seinen Anlagen und Begabungen, in seinen Möglichkeiten, Neigungen und Wünschen.

Prarabdha ist der Teil des vergangenen Karmas, der für den gegenwärtigen Körper verantwortlich ist. Es ist reif zur Ernte. Es kann weder umgangen noch geändert werden. Es wird nur dadurch aufgearbeitet, indem es erlebt wird. Du bezahlst deine Schulden aus der Vergangenheit.

Kriyamana ist das Karma, das im gegenwärtigen Leben für die Zukunft aufgebaut wird. Es heißt auch Agami oder Vartamana.

In den Vedantaschriften gibt es dafür eine schöne Analogie. Der Bogenschütze hat einen Pfeil abgeschossen; dieser hat seine Hand verlassen. Er kann ihn nicht mehr zurückholen. Er ist im Begriff, einen weiteren Pfeil abzuschießen. Das Bündel der Pfeile im Köcher auf seinem Rücken ist Sanchita. Der Pfeil, den er abgeschossen hat, ist Prarabdha. Und der Pfeil, den er im Begriff ist, von seinem Bogen abzuschießen, ist Agami. Er hat vollkommene Kontrolle über Sanchita und Agami, aber er muß ganz sicher sein Prarabdha ausarbeiten. Die Vergangenheit, deren Wirkung begonnen hat, muß er erfahren.

Prarabdha kann auch nicht von Ishvara, dem Herrn, verhindert werden. Sogar Nala, Rama und Yudhishthira, die große Stärke und Weisheit besaßen, mußten sich diesem Prarabdha unterziehen. Nala wollte nicht in den Wald gehen; und dennoch wurde er gezwungen, zu gehen. Sein Karma zwang ihn. Gott Rama war Alleinherrscher von Ayodhya. Er war gezwungen, in den Wald zu gehen. Gandhiji wollte 120 Jahre leben; er wollte nicht erschossen werden. Und dennoch brachte Prarabdha Karma dieses Ereignis mit sich.

Schicksal und eigenes Bemühen

Wenn auch das Gesetz des Karmas unerbittlich ist, bleibt doch Raum für göttliche Gnade. Gnade entsteht durch Reue, Mäßigung und Hingabe. Reue verändert nicht das Gesetz des Karmas. Sie ist eine Handlung, die wie jede andere Tat, ihre Frucht trägt.

Was ein Mensch zu ernten hat, kann vom Individuum nicht geändert werden; aber das Wiederauftreten kann zweifellos durch eigene Anstrengung eingedämmt werden.

Das eigene Bemühen ist Purushartha. Schicksal ist Prarabdha. Prarabdha ist nur Purushartha, das in früheren Geburten getan worden war. Die eigene Anstrengung von heute wird zum Schicksal von morgen. Eigenes Bemühen und Schicksal sind ein und dasselbe. Prarabdha und Purushartha sind eins. Es sind zwei Namen, die aber für nur eine Sache stehen. So wie die Gegenwart zur Vergangenheit und die Zukunft zur Gegenwart wird, so wie es nur die Gegenwart gibt, so gibt es auch nur Purushartha. Wenn Gott durch einen Menschen wirkt, ist es Purushartha. Gnade wird zu Purushartha.

Regen, usw. unterliegt nicht der Kontrolle des Menschen. Und doch pflügt der Bauer sein Feld; er übt Purushartha, eigenes Bemühen. Das Getreide mißrät durch das Ausbleiben des Regens. Doch der Mensch gibt nicht auf. Er vollbringt Opfer, um Regen zu erhalten, und bringt eine gute Ernte ein. Ebenso ist Yogapraxis eigenes Bemühen, um das schlechte Prarabdha, das Atma-Sakshatkara behindert, auszugleichen. Wenn Prarabdha auch stark ist, ist Yoga doch stärker als Prarabdha.

Jede Seele ist wie ein Bauer, der ein Stück Land bekommen hat. Die Größe des Landes, die Beschaffenheit der Erde, die Witterung, das alles ist vorherbestimmt. Aber dem Bauern steht es frei, sein Land zu bewirtschaften, zu düngen und eine gute Ernte zu erzielen, oder es brach liegen zu lassen.

Prarabdha betrifft nur die Vergangenheit. Die Zukunft liegt in deiner Hand. Du kannst dein Schicksal ändern. Du besitzt einen freien Willen, um zu handeln.

Betrachte alles aus einem anderen Blickwinkel. Wappne Dich mit Unterscheidungskraft, Gelassenheit, Einsicht, Eifer und unerschrockenem Geist. Eine herrliche, leuchtende Zukunft erwartet dich. Laß die Vergangenheit begraben sein. Du kannst Wunder vollbringen. Du kannst Wunderbares bewirken. Gib die Hoffnung nicht auf. Du kannst die störenden Einflüsse ungünstiger Planeten durch deine Willenskraft zerstören. Du kannst die Elemente und die Natur beherrschen. Du kannst die Auswirkung schlechter Einflüsse und die feindlichen, dunklen Kräfte, die vielleicht gegen Dich wirken, ausgleichen. Du kannst ungünstige Umstände in bestmögliche umwandeln. Du kannst dein Schicksal aufheben.

Das Schicksal ist unsere eigene Schöpfung. Du hast dein Schicksal durch Gedanken und Taten erschaffen. Du kannst es durch rechtes Denken und Tun aufheben. Selbst wenn Dich eine böse, dunkle und feindliche Kraft bedroht, kannst Du ihre Stärke mindern, indem Du entschlossen deinen Geist davon abwendest. So kannst Du dein Schicksal entwaffnen.

Sag nicht: »Karma, Karma. Mein Karma hat mich dazu gemacht.« Strebe. Strebe. Übe Purushartha. Übe Tapas. Übe Konzentration. Reinige dich. Meditiere. Werde kein Fatalist. Sei nicht untätig. Blöke nicht wie ein Lamm. Brülle *Om, Om, Om,* wie ein vedantischer Löwe. Sieh wie Markandeya, dessen Schicksal es war, mit 16 Jahren zu sterben, ein Chiranjivi wurde, ein unsterblicher Junge von 16 Jahren, durch sein Tapas. Sieh auch wie Savitri durch ihr Tapas ihren toten Ehemann ins Leben zurückbrachte, wie Benjamin Franklin und der selige Shri T. Muthuswami Aiyer vom Gerichtshof in Madras sich selbst erhoben. Bedenkt, Freunde, daß der Mensch Herr seines Schicksals ist. Visvamitra Rishi, der ein Kshatriya Raja war, wurde ein Brahmarshi wie Vasishtha, und er schuf sogar eine dritte Welt für Trisanku durch die Kraft seines Tapas. Der Schurke Ratnakar wurde durch Tapas der Weise Valmiki. Die Schurken Jagai und Madai aus Bengalen wurden hoch entwickelte Heilige. Sie wurden Schüler von Gott Gouranga-Nityananda. Was andere getan haben, kannst Du genauso tun. Darüber besteht kein Zweifel.

Wie sich das Schicksal aufbaut

Gedanken sind Karma. Denken ist das wahre Karma. Denken formt deinen Charakter. Gedanken nehmen Gestalt an und werden zu einer Handlung. Wenn Du den Geist in Gott verweilen läßt, erheben sich die Gedanken, und Du wirst einen edlen Charakter entwickeln; deine Handlungen werden auf natürliche Weise gut und lobenswert sein. Wenn Du schlechte Gedanken pflegst, wirst Du einen unedlen Charakter entwickeln. Das ist das unveränderliche Naturgesetz. Deshalb kannst Du deinen Charakter frei gestalten, indem Du erhabene Gedanken pflegst.

Du säst eine Tat und erntest eine Gewohnheit. Du säst eine Gewohnheit und erntest einen Charakter. Du säst einen Charakter und erntest ein Schicksal. Daher ist das Schicksal dein eigenes Werk. Du hast es geschaffen. Du kannst es aufheben, indem Du edle Gedanken pflegst, tugendhaft handelst und deine Denkweise änderst.

Die Eindrücke kleiner und großer Taten vereinigen sich und bilden Neigungen. Neigungen entwickeln sich zum Charakter. Der Charakter erzeugt Wollen. Wenn ein Mensch einen starken Charakter hat, hat er einen starken Willen. Karma schafft den Charakter, und der Charakter wiederum erzeugt Willen. Menschen mit gigantischem Willen haben ihren Willen durch das Karma in unzähligen Leben entwickelt. Nicht in einer einzigen Geburt entwickelt ein Mensch einen sehr starken Willen. Er vollbringt in verschiedenen Leben viele gute Taten. Die Stärken dieser Taten sammeln sich, und in einer Geburt bricht der kämpfende Mensch auf als ein Gigant wie Buddha, Jesus und Shankara. Keine Handlung ist vergebens. Nichts ist verloren. Geduld und unermüdliche Anstrengung ist nötig. Du mußt jeden Gedanken, jedes Wort und jede Handlung beobachten.

Der Wille des Menschen ist frei. Durch Selbstsucht ist sein Wille unrein geworden. Er kann seinen Willen rein, stark und dynamisch machen, indem er sich von seinen niederen Wünschen, Vorlieben und Abneigungen befreit.

Der Mensch ist Herr über sein Schicksal

Du bist *kein* Geschöpfung von Umgebung oder Umständen. Du bist Herr über dein Schicksal. Du bist der Architekt deines Glücks. Du bist verantwortlich dafür, was Du erleidest. Du bist verantwortlich für deinen gegenwärtigen Zustand. Wenn Du unglücklich bist, so ist es dein eigenes Verdienst. Wenn Du traurig bist, so es ist ebenso dein eigenes Verdienst. Jede Handlung trägt früher oder später eine Frucht. Eine tugendhafte Handlung hat Freude zur Wirkung. Eine schlechte Handlung verursacht Schmerz.

Wohltätigkeit in deinem vergangenen Leben bringt Dir Reichtum im gegenwärtigen Leben. Dienst an der Menschheit in deinem vergangenen Leben macht Dich zum berühmten Führer im gegenwärtigen Leben. Starke Gedanken in deinem vergangenen Leben formen deinen Charakter im gegenwärtigen Leben. Neigungen in deinem vergangenen Leben werden zu Fähigkeiten im gegenwärtigen Leben. Tugendhafte Taten in deinem vergangenen Leben geben Dir ein gutes Milieu im gegenwärtigen Leben. Erfahrungen aus deinem vergangenen Leben bilden dein Gewissen im gegenwärtigen Leben. Selbstlose Taten in deinem vergangenen Leben schenken Dir durch die Gnade Gottes Unterscheidungskraft, Leidenschaftslosigkeit und Strebsamkeit in diesem gegenwärtigen Leben.

Wenn Du einen Menschen unterdrückst, wirst Du in einem anderen Leben Unterdrükkung erleiden und die Frucht der Saat, die Du in diesem Leben gesät hast, ernten. Wenn Du das Auge eines Menschen verletzt, so wird dein Auge in einem anderen Leben verletzt werden. Wenn Du jemandem das Bein brichst, wird dein Bein in einem anderen Leben gebrochen werden. Wenn Du den Armen zu essen gibst, wirst Du in einem anderen Leben viel zu essen haben. Wenn Du Gästehäuser baust, wirst Du in einem anderen Leben viele Häuser besitzen. Aktion und Reaktion sind gleich und gegenteilig. Es gibt keine Kraft auf dieser Erde, die verhindern könnte, daß die Handlungen Früchte bringen. Das ist das Gesetz des Karmas. Das ist das Gesetz von Geburt und Tod. Das ist der Kreislauf, durch den Du auf deinem Weg gehen mußt.

Drei Arten von Handlung

Es gibt drei Arten von Handlungen, gute, schlechte und vermischte. Gute Karmas machen Dich zu einem Gott oder Engel im Himmel. Schlechte Karmas werfen Dich in niedrige Mutterschöße. Vermischte Handlungen geben Dir eine menschliche Geburt. Wenn Du einen Menschen beraubst und den Armen zu essen gibst, ist das eine vermischte Handlung. Wenn Du durch unrechtmäßige Mittel Geld verdienst und einen Tempel oder ein Krankenhaus errichtest, ist das eine vermischte Handlung. Wenn Du durch Betrug Geld erwirbst und einen Ashram für Sannyasins errichtest, ist das auch eine vermischte Handlung.

Jedes Wirken ist eine Mischung aus Gut und Böse. Es gibt in dieser Welt weder absolut gutes noch absolut schlechtes Wirken. Dieses physische Univerum ist eine relative Ebene. Wenn Du etwas tust, wird es einerseits etwas Gutes bewirken und andererseits etwas Schlechtes. Du mußt versuchen, solche Handlungen zu tun, die möglichst viel Gutes und möglichst wenig Schlechtes bringen.

Die Wahrhaftigkeit des karmischen Gesetzes

Die Karmalehre ist ein integraler Bestandteil der Vedanta. Das Gesetz des Karmas ist eine der grundlegenden Lehren, nicht nur im Hinduismus, sondern auch im Buddhismus und Jainismus.

Wie der Mensch sät, so wird er ernten. Das ist das Gesetz des Karmas. Es erklärt das Rätsel des Lebens und das Rätsel des Universums. Es bringt Trost, Befriedigung und Beistand für jeden. Es ist eine selbstverständliche Wahrheit. Glücklicherweise haben die Menschen im Westen jetzt auch begonnen, seine Wichtigkeit und Wahrhaftigkeit anzuerkennen. Die Amerikaner glauben bereits vollständig an diese Lehre. Jeder sensible Mensch muß es akzeptieren. Es gibt keinen anderen Weg.

Ein genaues Studium dieses Gesetzes bringt den Menschen ohne Hoffnung, den Verzweifelten und den Leidenden Ermutigung. Das Schicksal wird von den Gedanken, Gewohnheiten und dem Charakter eines Menschen gestaltet. Es besteht jede Möglichkeit zu seiner Änderung und Verbesserung durch das Ändern der Gedanken und Gewohnheiten. Der Schurke kann ein Heiliger werden; die Prostituierte kann eine keusche Dame werden; ein Bettler kann zum König werden. Dieses gewaltige Gesetz macht all das möglich.

Nur die Karmalehre kann das geheimnisvolle Problem von Gut und Böse in dieser Welt erklären. Nur die Karmalehre kann den Betrübten und Verzweifelten Trost, Zufriedenheit, Frieden und Kraft bringen. Sie löst unsere Schwierigkeiten und Probleme des Lebens. Sie ermutigt die Menschen ohne Hoffnung und ohne Aussicht. Sie drängt den Menschen zu richtigem Denken, richtiger Rede und richtigem Tun. Sie bringt dem Menschen, der nach diesem universellen Gesetz lebt, eine strahlende Zukunft. Wenn alle Menschen dieses Gesetz richtig verstehen und ihre täglichen Pflichten sorgfältig erfüllen, werden sie zur höchsten Höhe auf der Leiter der Spiritualität emporsteigen. Sie werden moralisch und tugendhaft sein und ein glückliches, friedvolles und zufriedenes Leben führen. Sie können die Bürde von Samsara mit Geduld, Ausdauer und der Kraft des Geistes tragen. Es wird kein Platz mehr sein für Klagen, wenn sie die Ungleichheiten in Geburt, Vermögen, Intelligenz, Fähigkeiten, usw. sehen. Es wird der Himmel auf Erden sein. Alle werden sogar im Leid frohlocken. Habgier, Eifersucht, Haß, Wut und Leidenschaft werden verschwinden. Überall wird Tugend herrschen. Wir alle werden dann ein wundervolles Satya Yuga haben, wo überall Friede und Fülle herrschen. Gesegnet ist der Mensch, der das Gesetz versteht und danach lebt, denn er wird bald Gottesbewußtsein erlangen und mit dem Gesetzgeber eins werden! Dann wird das Gesetz nicht länger für ihn gelten.

Konfuzianismus

Konfuzius wurde 551 v. Chr. im Feudalstaat Lu, einem Teil der heutigen Provinz Shantung an der Nordostküste Chinas, geboren. Konfuzius und Lao-Tze, der Begründer des Taoismus, waren Zeitgenossen. Sie waren Heilige und Philosophen. Sie werden nicht als Retter betrachtet.

Der Konfuzianismus ist keine Religion im üblichen Sinn. Er hat weder eine Priesterschaft, noch irgendwelche Mönchsorden. Er existierte in China schon lange vor Konfuzius. In einer seiner überlieferten Reden spricht er von sich selbst als einem »Übermittler« und nicht als einem »Macher« oder Begründer. Er gab der Welt keine neue Religion und keine neue ethische Botschaft. Er gab der Welt nur eine machtvolle Neuformulierung der fundamentalen Prinzipien menschlicher Moral und Ethik. Er brachte eine neue und verbesserte Ausgabe der alten heraus. Die moralische Botschaft, die er entwarf, war höchst bewundernswert. Sie enthielt großartige ethische Wahrheiten.

Konfuzius widmete sich der Verbesserung der Gesellschaft. Immer dachte er an das Wohlergehen der Gesellschaft. Er tat was er konnte, um viel zum sozialen Wohlergehen beizutragen. 'Die Analekten', eine Sammlung von Aussprüchen, behandeln hauptsächlich soziales Wohlergehen, Frieden unter den Menschen und Harmonie der Gesellschaft. Er bemühte sich aufopferungsvoll, die Menschen moralisch auszubilden. Er legte großen Wert auf die Kultivierung ethischer Tugenden. Er versuchte, die Störfaktoren in der Gesellschaft zu entfernen. Er hatte die feste Überzeugung, daß, wenn die Höheren und Älteren einen makellosen Charakter hätten, andere ihnen nachfolgen würden und überall Liebe und universeller Friede herrschen würden. Da dieser Sozialgedanke seinen Geist voll beschäftigte, blieb ihm keine Zeit mehr, über Gott und das Leben nach dem Tode zu sprechen. Darüberhinaus hielt er es auch nicht für notwendig, bei diesen Themen zu verweilen.

Viele der Aussprüche von Konfuzius sind bewundernswert. Er sagt: »Die Liebe zur Tugend sollte wie die Liebe zur Schönheit sein - aus einem inneren Zwang. Habe genügend Selbstkontrolle, daß Du über andere urteilen kannst, wenn Du sie mit Dir vergleichst, und Dich ihnen gegenüber so verhältst, wie Du es wünschen würdest, daß sie sich Dir gegenüber verhalten.« Das könnte man vielleicht die 'Doktrin der Menschlichkeit' nennen, und es gibt nichts darüber hinaus.

»Die Methode, ein besserer Mensch zu werden, liegt darin, sich dem zuzuwenden, was richtig ist, und es zu lieben, zu lernen, was die Quelle von Wissen und Tugend ist, was mit nichts anderem verglichen werden kann. Wenn Rechtschaffenheit ehrlich angestrebt wird mit einem Geist frei von Selbstbetrug, wird das Herz verbessert.«

»Bis zu einem gewissen Stadium ist der einzelne nur damit beschäftigt, sich selbst zu verbessern; aber die Kultivierung der eigenen Person beeinflußt zuerst die Menschen der engeren Umgebung und letztlich das ganze Reich. Jeder sollte daher sorgfältig seine eigene Person heranbilden und die entsprechende Rücksicht auf Menschen in seiner Umgebung nehmen. Jeder Mensch muß seine Worte abwägen und sein Verhalten beobachten. Er muß alles vermeiden, was unedel und beunruhigend ist, muß Wohlwollen zu seiner Wohnstatt machen, Rechtschaffenheit zu seiner Straße, Schicklichkeit zu seinem Gewand, Weisheit zu seiner Lampe und Zuverlässigkeit zu seiner Zauberformel. Würde, Ehrfurcht, Treue und fester Glaube stellen die Eigenschaften eines kultivierten Menschen dar. Seine Würde trennt ihn von der Masse; da er respektvoll ist, liebt man ihn; da er treu ist, gehorcht man ihm; und da er Vertrauen hat, vertraut man ihm.«

Die verschiedenen Aussprüche von Konfuzius stellten die Eigenschaften eines höherrangigen Menschen dar. Konfuzius forderte seine Schüler auf, den Höhergestellten zu bewundern und es ihm gleichzutun. Er sagte, daß jedes menschliche Wesen das Bestreben hat, eine höhere Position zu erreichen - höher im Vergleich zu seinen Mitmenschen und höher im Vergleich zu seiner Vergangenheit und zu dem, wie er gegenwärtig ist.

Konfuzius spricht vom höheren, dem idealen Menschen folgendermaßen: »Der höhere Mensch ist allumfassend und nicht parteiisch. Er tut das, was er in seiner Stellung zu tun hat. Er wünscht nicht, darüber hinauszugehen. Es gibt für ihn keine Position, in der er nicht er selbst ist.

»Der Gelehrte betrachtet Ehrlichkeit und Glauben als sein Panzerhemd und seinen Helm, Schicklichkeit und Rechtschaffenheit als seinen Schild und seine Spange. Er geht einher und trägt Wohlwollen auf seinem Kopf; er verweilt, indem er Rechtschaffenheit in seinen Armen vor sich trägt. Die Regierung ist vielleicht sehr tyrannisch, aber er wird seinen Kurs nicht ändern - auf diese Weise erhält er sich.«

Die Lehre

Seine Lehre beschäftigte sich in großem Ausmaß mit dem Problem einer guten Regierung. Er sagt: »Der Herrscher selbst muß tugendhaft, gerecht, ehrlich und pflichtbewußt sein. Ein tugendhafter Herrscher ist wie der Polarstern, der dadurch, daß er seinen Standort beibehält, alle anderen Sterne dazu bringt, sich um ihn zu drehen. Wie der Herrscher ist, so werden die Untertanen sein.

Was war Konfuzius Vorstellung von Tugend? Sein Wort dafür war 'Zen'. Das richtige Verständnis von dieser ethischen Doktrin hängt hauptsächlich von den Bedeutungen von Zen ab. Es gibt keine einzelne deutsche Entsprechung für Zen in all seinen Bedeutungsnuancen. Das Wesen seiner gesamten Lehre kann unter diesem einen Begriff 'Zen' zusammengefaßt werden. Die nächste Entsprechung für dieses schwierige Wort ist 'soziale Tugend'. Alle Tugenden, die zur Aufrechterhaltung der sozialen Harmonie und des Friedens beitragen wie Wohlwollen, Nächstenliebe, Großmütigkeit, Ehrlichkeit, Respekt, Selbstlosigkeit, Sorgfalt und liebevolle Freundlichkeit und Güte sind in Zen eingeschlossen. Ein enger Schüler von Konfuzius sagte: »Das einzige Prinzip, das sich durch die Lehre meines Meisters zog, ist Treue gegenüber sich selbst und Nächstenliebe gegenüber dem anderen.«

Konfuzius sagte: »Ein tugendhafter Mensch hat vor drei Dingen Ehrfurcht: - 1) Ehrfurcht vor dem Ratschluß des Himmels, 2) Ehrfurcht vor großen Menschen, 3) Ehrfurcht vor den Worten Heiliger. Bei der Anbetung Gottes muß man fühlen, Er wäre sichtbar gegenwärtig.«

Die Lehre von Konfuzius ist, daß die ganze Welt und jedes Wesen ständig in Veränderung begriffen sind, und daß der wesentlichste Aspekt menschlichen Lebens die gegenwärtige Wirklichkeit ist.

Konfuzius nahm an, daß die Gesellschaft auf fünf Beziehungspaaren aufgebaut ist, nämlich der von Mann und Frau, Eltern und Kind, älteren und jüngeren Geschwistern oder allgemein Älteren und Jüngeren, von Herrscher und Minister oder Untertan und von Freund und Freund. Ein Land wäre gut regiert, wenn alle Parteien ihre Rollen in diesen Beziehungen in richtiger Weise spielten. Konfuzius sagte: »Tao (Weg oder Straße der Rechtschaffenheit) gab es nur, als Väter Väter waren, Söhne Söhne, Herrscher Herrscher und Minister Minister.«

Konfuzius legte großen Wert auf Charakterbildung, Reinheit des Herzens und Verhaltens. Er ermahnte die Menschen, zuerst einen guten Charakter zu entfalten, der ein unschätzbares Juwel und die beste aller Tugenden ist.

Konfuzius sagte, daß die Natur des Menschen grundsätzlich zum Guten tendiert. Die Vollkommenheit des Guten kann bei Weisen und Heiligen gefunden werden. Jeder Mensch sollte versuchen, das Ideal zu erreichen, indem er ein tugendhaftes Leben führt, einen edlen Charakter hat und seine Pflicht ohne Selbstsucht mit Aufrichtigkeit und Wahrhaftigkeit erfüllt. Wer einen guten Charakter und göttliche Tugend besitzt, ist ein fürstlicher Mensch. Der fürstliche Mensch ist der Tugend verbunden und der niedere Mensch hängt an materieller Bequemlichkeit. Der fürstliche Mensch ist gerecht, während der niedere Mensch Belohnungen und Begünstigungen erwartet. Der fürstliche Mensch ist würdevoll, edel, großmütig und bescheiden, während der niedere Mensch gemein, stolz, unehrlich und überheblich ist.

Im »Großen Lernen« legte Konfuzius den Prozeß Schritt für Schritt dar, durch welchen die eigene Entwicklung erreicht wird und durch welchen diese übergeht in das soziale Leben, um dem Staat zu dienen und ein Segen für die Menschheit zu sein. Die Abfolge der Entwicklung, die Konfuzius aufstellte, ist folgende:

Hinterfragen des Wahrnehmbaren
Lernen
Ehrlichkeit
Aufrichtigkeit der Absicht
Selbstentfaltung
Familiendisziplin
Lokale Selbstbestimmung und
Universelle Selbstbestimmung

»Die Alten«, sagte er, »wenn sie vorzügliche Tugend im ganzen Reich zeigen wollten, regierten sie zuerst ihre Staaten gut. Im Wunsch, ihre Staaten gut zu erhalten, ordneten sie zuerst ihre Familien. Im Wunsch, ihre Familien zu ordnen, brachten sie zuerst ihre Absichten in Ordnung. Im Wunsch, ihre Absichten in Ordnung zu bringen, versuchten sie zuerst, aufrichtig zu denken. Im Wunsch, aufrichtig zu denken, erweiterten sie zuerst ihr Wissen so weit wie möglich. Dies taten sie durch das Hinterfragen von Dingen.

Durch das Hinterfragen von Dingen wurde ihr Wissen weit; wenn ihr Wissen weit war, wurden ihre Gedanken aufrichtig; wenn ihre Gedanken aufrichtig waren, kamen ihre Absichten ins reine; wenn ihre Absichten im reinen waren, erzogen sie sich selbst; waren sie erzogen, kamen ihre Familienangelegenheiten in Ordnung; waren ihre Familienangelegenheiten in Ordnung, wurden ihre Staaten richtig regiert; waren ihre Staaten richtig regiert, war das Reich dadurch ruhig und wohlhabend.

Fazit

Konfuzius hat das sechste Jahrhundert v.Chr. unsterblich gemacht. Er war ein geborener Menschenführer. Er hätte sich wohl als einer der größten Monarchen der Weltgeschichte erwiesen, wenn die Umstände günstig gewesen wären. Er hatte einen hochentwickelten Sinn für Moral und eine tiefe Verwirklichung der höchsten Wichtigkeit der Moral im menschlichen Leben. Seine Größe war über viele Jahrhunderte hinweg allgemein anerkannt. Er wird von Hunderten von Millionen von Erdenbewohnern in höchsten Ehren gehalten.

Ehre sei Konfuzius, dem großen Moralisten, Staatsmann und Sozialreformer Chinas.

Konzentration

Wenn Du die Strahlen der Sonne durch eine Linse bündelst, können sie Wolle oder ein Stück Papier verbrennen; aber die zerstreuten Strahlen vermögen dies nicht. Wenn Du zu jemanden sprechen willst, der weit entfernt von Dir ist, formst Du mit deinen Händen einen Trichter und sprichst dann. Die Klangwellen werden an einem Punkt gesammelt und dann auf den Betreffenden gerichtet. Er kann Dich dann sehr deutlich hören. Das Wasser wird in Dampf umgewandelt, und der Dampf wird an einer Stelle konzentriert. Die Lokomotive bewegt sich. All das sind Beispiele für konzentrierte Wellen. Genauso wirst Du wunderbare Konzentration erlangen, wenn Du die zerstreuten Strahlen des Geistes zusammenführst und an einem Punkt sammelst. Der konzentrierte Geist wird wie ein starker Scheinwerfer sein, um die Schätze der Seele zu finden und den höchsten Reichtum Atmans, ewige Wonne, Unsterblichkeit und unvergängliche Freude zu erlangen.

Der wirkliche Raja Yoga beginnt bei Konzentration. Konzentration geht über in Meditation. Konzentration ist ein Teil von Meditation.

Meditation folgt auf Konzentration. Samadhi folgt auf Meditation. Der Zustand von Jivanmukti folgt dem Erreichen von Nirvikalpa Samadhi, der ohne jeden Gedanken der Dualität ist. Jivanmukti führt zur Befreiung aus dem Rad von Geburt und Tod. Deshalb ist Konzentration das erste und Wichtigste, was ein Sadhaka oder Aspirant auf dem spirituellen Pfad erwerben muß.

Du bist geboren, um den Geist auf Gott zu konzentrieren, nachdem Du die geistigen Strahlen gesammelt hast, die auf verschiedene Dinge verstreut sind. Das ist deine wichtige Pflicht. Du vergißt diese Pflicht aufgrund von Moha wegen Familie, Kindern, Geld, Macht, Position, Anerkennung, Name und Ruf.

Konzentration des Geistes auf Gott nach der Reinigung kann Dir wirkliches Glück und Wissen geben. Du bist nur zu diesem Zweck geboren. Durch Verhaftung und verblendete Liebe wirst Du zu äußeren Dingen fortgezogen.

Was ist Konzentration?

Einmal kam ein Sanskritschüler zu Kabir und fragte ihn: »Oh Kabir, was tust Du gerade?« Kabir antwortete: »Oh Pandit, ich löse den Geist von weltlichen Dingen und hefte ihn an die Lotusfüße des Herrn.« Das ist Konzentration.

Konzentration oder Dharana ist das Zentrieren des Geistes auf einen einzigen Gedanken. Vedantins versuchen, den Geist auf den Atman zu fixieren. Das ist ihr Dharana. Hatha Yogis und Raja Yogis konzentrieren den Geist auf die sechs Chakras. Bhaktas konzentrieren sich auf ihren Ishta Devata. Konzentration ist von äußerster Notwendigkeit für alle Aspiranten.

Während der Konzentration werden die einzelnen Geiststrahlen gesammelt und auf das Konzentrationsobjekt gerichtet. Dann gibt es kein Schwanken des Geistes. Ein Gedanke beschäftigt den Geist. Die ganze Energie des Geistes ist auf den einen Gedanken konzentriert. Die Sinne werden ruhig. Sie arbeiten nicht. Wenn tiefe Konzentration herrscht, hat man kein Bewußtsein von Körper und Umgebung.

Wenn Du mit großem Interesse ein Buch liest, hörst Du nicht, wenn ein anderer schreit und deinen Namen ruft. Du siehst einen Menschen einfach nicht, wenn er vor Dir steht. Du riechst nicht den süßen Duft von Blumen, die neben Dir auf dem Tisch stehen. Das ist Konzentration oder Einpünktigkeit des Geistes. Der Geist ist ganz fest auf ein Ding ausgerichtet. So tief muß deine Konzentration sein, wenn Du an Gott oder Atman denkst.

Jeder Mensch besitzt eine gewisse Konzentrationsfähigkeit. Jeder konzentriert sich bis zu einem gewissen Grad beim Lesen eines Buches, beim Briefschreiben, Tennisspielen und tatsächlich bei jeder Arbeit. Für spirituelle Zwecke aber muß Konzentration in unendlichem Maße entwickelt werden.

Man hat große Konzentration, wenn man Karten spielt oder Schach, aber der Geist ist nicht erfüllt von reinen oder göttlichen Gedanken. Die geistigen Inhalte sind unerwünscht. Du kannst kaum göttliche Erregung, Ekstase und Erhöhung erfahren, wenn der Geist mit unreinen Gedanken erfüllt ist. Jedes Ding hat seine geistigen Verknüpfungen. Du wirst den Geist mit erhabenen, spirituellen Gedanken anfüllen müssen. Nur dann wird der Geist von allen weltlichen Gedanken gereinigt werden. Das Bild von Jesus, Buddha oder Shri Krishna ist verknüpft mit erhabenen, bewegenden Gedanken. Schach und Kartenspiel sind verknüpft mit Gedanken an Glücksspiel, Betrug, u.s.w.

Konzentrationsobjekte

Setze Dich bequem hin. Stelle ein Bild deines Ishta Devata vor dich. Schau mit unbewegtem Blick auf das Bild. Dann schließe die Augen und stelle Dir das Bild im Herzzentrum oder im Bereich zwischen den Augenbrauen vor.

Wenn das Bild in deiner geistigen Vorstellung verschwindet, öffne die Augen und starre wieder auf das Bild. Schließe die Augen nach einigen Sekunden und wiederhole den Vorgang.

Es ist leicht, den Geist auf äußere Objekte zu konzentrieren. Der Geist hat eine natürliche Tendenz, nach außen zu gehen. Im Anfangsstadium des Übens, kannst Du Dich auf einen schwarzen Fleck an der Wand konzentrieren, eine Kerzenflamme, einen hellen Stern, den Mond oder irgendein anderes Objekt, das dem Geist angenehm ist.

Der Geist muß am Anfang darin geübt werden, sich auf grobstoffliche Dinge zu konzentrieren; und später kannst Du Dich dann mit Erfolg auf subtilere Dinge und abstrakte Vorstellungen konzentrieren.

Es gibt keine Konzentration ohne etwas, worauf der Geist sich ausruhen könnte. Konzentriere Dich auf alles, was Dir gefällt oder alles, was dem Geist gut gefällt. Es ist am Anfang sehr schwierig, den Geist zu fixieren oder auf irgendein Objekt zu konzentrieren, das dem Geist zuwider ist.

Praktiziere verschiedene Arten von Konzentration. Das wird deinen Geist wunderbar trainieren und disziplinieren. Konzentriere Dich nun auf den Himalaya, etwas sehr Großes. Dann konzentriere Dich auf ein Senfkorn oder einen Stecknadelkopf. Nun konzentriere Dich auf ein entfernt liegendes Objekt. Dann konzentriere Dich auf etwas Nahes. Nun konzentriere Dich auf eine Farbe, einen Klang, eine Empfindung, einen Geruch oder Geschmack. Dann konzentriere Dich auf das 'Tik-Tak' einer Uhr. Nun konzentriere Dich auf die Tugend 'Barmherzigkeit'. Dann konzentriere Dich auf die Tugend 'Geduld'. Nun konzentriere Dich auf den Sloka *»Jyotishamapi Tat Jyotih«*. Dann konzentriere Dich auf *»Satyam Jnanam Anantam«*. Nun konzentriere Dich auf das Bild von Gott Shiva. Dann konzentriere Dich auf das Mahavakya *»Aham Brahmasmi«*.

Eine mühsame Aufgabe für den Anfänger

Für den Anfänger ist die Übung von Konzentration am Beginn abstoßend und ermüdend. Er muß neue Furchen in Geist und Gehirn graben. Nach einigen Monaten wird er an der Konzentration großes Interesse bekommen. Er wird eine neue Art von Glücksgefühl erfahren, Konzentrations-Ananda. Er wird unruhig werden, wenn es ihm nicht gelingt, diese neue Form des Glücksgefühls auch nur einen Tag nicht zu genießen.

Der zentrale Punkt in der Konzentration ist es, den Geist wieder zum selben Punkt oder zum selben Objekt zurückzuführen, indem seine Bewegungen am Anfang auf einen kleinen Kreis beschränkt werden. Das ist das Hauptziel. Eine Zeit wird kommen, da der Geist nur auf einen Punkt allein geheftet ist. Das ist die Frucht deines beständigen und fortgesetzten Sadhanas. Die Freude ist jetzt unbeschreiblich.

Die Konzentration wird sich steigern, wenn sich die Anzahl der Gedanken verringert. Natürlich ist es eine mühsame Arbeit, die Zahl der Gedanken zu reduzieren. Genauso, wie Du mit Bedacht ein Tuch lösen mußt, das in eine dornige Pflanze gefallen ist, indem Du einen Dorn nach dem anderen löst, so wirst Du mit Sorgfalt und Mühe die zerstreuten Strahlen des Geistes wieder sammeln müssen, die viele Jahre lang über die Sinnesobjekte hinweggeworfen wurden. Am Anfang wird Dich das sehr in Anspruch nehmen. Die Aufgabe wird sehr unangenehm sein.

Ein geistiger Prozeß, keine Muskelübung

Konzentration ist ein rein geistiger Prozeß. Der Geist muß nach innen gewendet werden. Es ist keine Muskelübung. Es darf kein unangebrachter Druck auf das Gehirn ausgeübt werden. Du darfst nicht gewaltsam mit dem Geist kämpfen und ringen.

Wenn Du Dich auf irgendetwas konzentrierst, vermeide Spannung irgendwo in Körper oder Geist. Denke sanft über den Gegenstand in kontinuierlicher Weise nach. Erlaube dem Geist nicht, fortzuwandern.

Wie man die Konzentrationsfähigkeit steigert

Konzentration kann nur dann geübt werden, wenn man von allen Ablenkungen frei ist. Ein Mensch, dessen Geist voller Leidenschaft und allen möglichen phantastischen Begierden ist, kann sich kaum auf irgendetwas auch nur eine Sekunde lang konzentrieren. Sein Geist wird springen wie ein alter Affe. Japa irgendeines Mantras und Pranayama werden den Geist festigen, Schwankungen beseitigen und die Konzentrationsfähigkeit steigern.

Zuviel physische Anstrengung, zuviel Reden, zuviel Essen, zuviel Gesellschaft mit Frauen und unerwünschten Menschen oder zuviel Gehen, haben Zerstreutheit des Geistes zur Folge. Menschen, die Konzentration üben, müssen diese Dinge aufgeben.

Tue jede Arbeit, die Du tust, mit vollkommener Konzentration. Verlasse nie eine Arbeit, wenn Du sie nicht vollständig beendet hast.

Wenn Du Dich hinsetzt, um zu beten oder zu meditieren, denke nie an deine Büroarbeit. Wenn Du in deinem Büro arbeitest, denke nie an das kranke Kind oder an eine andere Arbeit im Haushalt. Wenn Du ein Bad nimmst, denke nicht an das Spiel. Wenn Du beim Essen bist, denke nicht an die Arbeit, die im Büro wartet. Du mußt Dich darin üben, die anstehende Arbeit mit vollkommener Einpünktigkeit zu erledigen.

Zölibat, Pranayama, Einschränken der Bedürfnisse und Aktivitäten, Verzicht auf Dinge,

Einsamkeit, Schweigen, Sinnesdisziplin, Auslöschen von Lust und Begierde, Beherrschung des Zorns, Nichtverkehren mit fragwürdigen Menschen, Aufgabe der Gewohnheit des Zeitungslesens und des Kinobesuchs, alle diese Dinge pflastern einen langen Weg, um die Kraft der Konzentration zu erhöhen.

Du mußt versuchen, immer freundlich und friedvoll zu sein. Nur dann wirst Du Konzentration des Geistes haben. Freundschaft mit Gleichgestellten, Mitgefühl mit niedriger gestellten oder in Not geratenen Menschen, Gelassenheit gegenüber höhergestellten und tugendhaften Menschen und Gleichgültigkeit gegenüber Sündern und schlechten Menschen erzeugen Gelassenheit und Heiterkeit und vernichten Haß, Eifersucht und Mißgunst.

Du mußt wirklich und innig nach Gottverwirklichung dürsten. Dann werden alle Hindernisse aus dem Weg geräumt werden. Konzentration wird für Dich dann sehr einfach sein. Reine gefühlsmäßige Schaumschlägerei für den Augenblick aus bloßer Neugier oder um psychische Kräfte zu erlangen kann kein greifbares Ergebnis bringen.

Konzentration und Pranayama

Die Praxis von Konzentration und die Praxis von Pranayama sind wechselseitig voneinander abhängig. Wenn man Pranayama übt, erlangt man Konzentration. Natürliches Pranayama folgt der Übung von Konzentration. Ein Hatha Yogi übt Pranayama und kontrolliert dann den Geist. Er steigt von unten nach oben. Ein Raja Yogi übt Konzentration und kontrolliert so sein Prana. Er kommt nach unten von oben her. Beide treffen sich am Ende auf einer gemeinsamen Ebene. Es gibt unterschiedliche Praktiken je nach Fähigkeit, Geschmack und Temperament. Für einige wird es leicht sein, mit der Praxis von Pranayama anzufangen; für andere wird das Üben der Konzentration leichter sein. Letztere hatten schon in ihren früheren Geburten Pranayama geübt. Deswegen nehmen sie in dieser Geburt das höhere Glied des Yoga, Konzentration, in Angriff.

Die Wichtigkeit einer ethischen Grundlage

Reinige zuerst den Geist durch die Praxis richtigen Verhaltens und gehe dann über zur Praxis der Konzentration. Konzentration ohne Reinheit des Geistes ist nutzlos.

Es gibt törichte ungeduldige Schüler, die sofort mit Konzentration beginnen, ohne sich vorher in irgendeiner Weise einer ethischen Vorbereitung unterzogen zu haben. Das ist ein schwerwiegender Fehler.

Es gibt Okkultisten mit Konzentration. Aber sie haben keinen guten Charakter. Das ist der Grund, warum sie auf dem spirituellen Weg keine Fortschritte machen.

Konzentration - Der Hauptschlüssel zum Erfolg

Menschen, die Konzentration üben, entwickeln sich rasch. Sie können jede Arbeit mit wissenschaftlicher Genauigkeit und großer Effizienz verrichten. Was andere in sechs Stunden tun, kann von einem konzentrierten Menschen in einer halben Stunde getan werden. Was andere in sechs Stunden lesen, kann von einem Menschen, der Konzentration übt, in einer halben Stunde gelesen werden. Konzentration reinigt und beruhigt die auftauchenden Gefühle, stärkt den Gedankenfluß und klärt die Gedanken.

Konzentration hilft dem Menschen auch in seinem materiellen Fortkommen. Er wird sehr gute Ergebnisse bei seiner Arbeit im Büro oder in seinem Geschäft haben. Wer Konzentration übt, wird eine klare geistige Vorstellung haben. Was zuvor trübe und verschwommen war, wird jetzt klar und eindeutig. Was zuvor schwierig war, wird jetzt einfach. Und was komplex, verwirrend und zuvor irreführend war, ist jetzt leicht geistig zu erfassen. Durch Konzentration kann alles erreicht werden. Nichts ist unmöglich für den Menschen, der regelmäßig Konzentration übt.

Sie hilft den Wissenschaftern und Professoren, große Forschungsarbeit zu leisten. Sie hilft dem Arzt und dem Richter, viel Arbeit zu leisten und mehr Geld zu verdienen. Sie entwickelt Willenskraft und Gedächtnis; sie schärft und klärt den Verstand. Konzentration verleiht geistige Heiterkeit und Ruhe, innere spirituelle Stärke, Geduld, eine große Fähigkeit, enorme Arbeit zu leisten, Munterkeit, Scharfsinn, Agilität, schönes Aussehen, eine sanfte Stimme, leuchtende Augen, eine kräftige Stimme und Sprache, die Macht, andere zu beeinflussen und Menschen anzuziehen, Gelassenheit, Freude, Seligkeit und höchsten Frieden. Sie beseitigt Ruhelosigkeit, geistige Gehetztheit und Faulheit. Sie macht Dich furchtlos und verhaftungslos. Sie hilft bei der Erlangung von Gottverwirklichung.

Je mehr der Geist auf Gott fixiert ist, desto mehr Kraft wirst Du erlangen. Mehr Konzentration bedeutet mehr Energie. Konzentration öffnet die inneren Kammern der Liebe, den Bereich der Ewigkeit. Konzentration ist eine Quelle spiritueller Kraft.

Sei langsam und stetig in der Konzentration. Durch die Praxis der Konzentration wirst Du übermenschlich werden.

Menschen, die ab und zu Konzentration üben, werden nur gelegentlich einen stetigen Geist haben. Manchmal wird der Geist zu wandern beginnen und nicht anwendbar sein. Dein Geist muß Dir zu jeder Zeit absolut gehorchen und all deine Befehle jederzeit bestmöglich ausführen. Stetige und systematische Praxis von Raja Yoga wird den Geist sehr zuverlässig und gehorsam machen. Du wirst in jedem Versuch Erfolg haben. Dem Mißerfolg wirst Du nie begegnen.

Krishna

Die verheißungsvolle Stunde kam. Der Stern Rohini strahlte. Es war Vijaya Muhurta. Die Elemente waren überaus freundlich. Die Winde wehten verheißungsvoll. Die Sterne strahlten. Die Seen waren voller Lotusblühten. Shri Krishna inkarnierte zu Mitternacht auf dieser Erde. Die Götter spielten göttliche Musik. Die Kinnaras und Gandharvas sangen. Siddhas und Charanas lobpreisten. Die Vidyadharas tanzten mit den Apsarasen, Weisen und Devas. Vom Himmel ergoß sich vor Freude ein Blumenregen.

Vishnu inkarnierte mit Lotusaugen und vier Händen, in denen er die Muschel, den Diskus, die Keule und den Lotus trug, und das Zeichen Srivatsa zierte seine Brust. Vasudeva sah dieses Juwel von einem göttlichen Kind.

Vasudeva sang Sein Lob: »Ich kenne Dich bereits als das höchste Wesen. Du bist eine Verkörperung von Wissen und Wonne. Du weilst in den Herzen aller Wesen. Du bist der Beobachter aller Geiste. Du bist jenseits von Maya und Avidya.«

Devaki nahm an ihrem Sohn Zeichen von Vishnu wahr und pries Ihn: »Du bist ohne Beginn, allgegenwärtig, Du strahlst aus Dir selbst, bist eigenschaftslos, ohne Veränderung und nichthandelnd. Du bist die Quelle und der Ort, in dem alles aufgeht. Bitte zeige mir nicht diese Gestalt mit den vier Händen. Zeige Dich mir als gewöhnliches Kind. Nimm diese göttliche transzendentale Form weg. Wir fürchten Kamsa.«

Der Herr sprach: »Möget Ihr beide oft in Liebe über Mich als Sohn und als höchstes Wesen meditieren, und Ihr werdet ewige Wonne und Unsterblichkeit erlangen.«

Der Herr nahm durch die Kraft Seiner Maya die Gestalt eines hübschen Kindes an.

Der Purna Avatar

Shri Krishna war die höchste Inkarnation des großen Vishnu. Er war der Purna Avatar. Er besaß alle sechzehn Kalas oder Strahlen des Herrn. Er war ein edler Sproß der berühmten Yadava Dynastie. Er war der Weltenlehrer. Er war der eine Herr der Liebe. Er liebte die Menschen. Seine bezaubernde Gestalt mit der Flöte in der Hand hält auch heute noch das Herz Indiens gefangen.

Shri Krishna Avatar hatte drei Aufgaben - die Zerstörung der bösen Dämonen, die Führungsrolle im großen Krieg, der am Schlachtfeld von Kurukshetra ausgetragen wurde, wo Er Seine wunderbare Botschaft der Gita darlegte, und das Zentrum einer wunderbaren Entwicklung von Bhaktischulen in Indien.

Die Aufgabe des Shri Krishna Avatars war es nicht nur, Adharma zu zerstören, sondern auch der Welt die Herrlichkeit Gottes zu enthüllen. Shri Krishna war das Symbol des Absoluten, die Darstellung des höchsten Herrschers des Universums. In Seiner ausgewogenen gleichmäßigen Lebensweise wird die majestätische Vollkommenheit Gottes dargestellt.

Shri Krishnas Leben ist die Bhagavad Gita in Handlung. In Ihm findet sich das höchste Wissen und die höchste Kraft, die sich verbanden, um den Gottmenschen aller Zeiten hervorzubringen. In Ihm bestehen höchstes Vidya und Vinaya als untrennbare Tugenden des Großen Helden der Welt nebeneinander.

Shri Krishna war ein vollkommener Meister. Er war ein Karma Yogi, ein Bhakta, ein Raja Yogi und ein Jñana Yogi. Er predigte Karma, Upasana, Yoga und Jñana. Shri Krishna lenkte den Wagen am Schlachtfeld, tanzte mit den Gopis in der schattigen Abgeschiedenheit von Vrindavan und lehrte Yoga und Jñana an Uddhava und Arjuna. Die vier Yogawege verschmelzen in Seiner Gita, dem Unsterblichen Gesang.

Shri Krishna war alles, großartig an Wissen, großartig im Gefühl und großartig im Handeln. Die Schriften berichten von keinem volleren, intensiveren, erhabeneren und größeren Leben als dem Seinen.

Die Bhagavad Gita enthält die Lehre von Shri Krishna an Arjuna. Sie ist ein wunderbares Buch zum ständigen Studium. Aspiranten lesen dieses Buch täglich mit großer Sorgfalt. Die ersten sechs Kapitel behandeln Karma Yoga und stellen den 'Tat'- Pada, des »Tat Twam Asi« Mahavakya dar. Die nächsten sechs Kapitel behandeln Bhakti Yoga und stellen den 'Twam'-Pada dar. Die letzten sechs Kapitel behandeln Jñana Yoga und stellen den 'Asi'-Pada dar.

Lehrzeit mit dem Weisen Sandipani

Shri Krishna erhielt Seine Unterweisungen von Sandipani, einem Weisen aus Avantipur. Er lebte wie ein gewöhnlicher Schüler mit Seinem Lehrer. Er war sanft, bescheiden und gehorsam. Sein Leben war arbeitsreich. Er sammelte im Wald Brennholz für den Haushalt Seines Lehrers. Er inspirierte Seine Mitschüler mit Seiner Liebe.

Shri Krishna hatte ein ausgezeichnetes Gedächtnis. Er erlangte in vierundsechzig Tagen Meisterschaft in den vierundsechzig Künsten.

Das selbstlose Wirken des Herrn

Krishna war ein Mann der Tat. Er machte Geschichte und berichtigte das Falsche. Er trat ein für Gerechtigkeit und Rechtschaffenheit. Seine Politik war die Verteidigung der Unterdrückten gegen die Unterdrücker.

Shri Krishna war der größte Karma Yogi aller Zeiten. Er hielt die Fackel der Weisheit hoch. Er war eine Verkörperung von Weisheit und selbstlosem Handeln.

Er war erfüllt von Liebe für die Kuhhirtenjungen, die Kühe und die Gopis. Er war Freund und Wohltäter der Armen und Hilflosen. Er war äußerst freundlich und barmherzig gegenüber den Schwachen und Bescheidenen.

Krishna war der Donnerkeil für die Ringkämpfer, die sich in der Arena Kamsas versammelten, und doch hatte er das weichste Herz unter allen Menschen. Für Kamsa war er Yama, Cupido für die Gopis, das Objekt ständiger Meditation für Yogis und Gläubige, gestalthafte Wonne und Glückseligkeit für die Weisen und ein Kind für Seine Eltern. Für Cupido selbst war er Cupido.

Shri Krishna war eine Verkörperung von Bescheidenheit, obwohl er der Herr des Universums war. Er wurde der Wagenlenker Arjunas. Er unterzog sich gerne der Pflicht, bei Yudhishtiras Rajasuya Yajna die Füße der Besucher zu waschen.

Ein großer Staatsmann

Shri Krishna war ein großer Staatsmann. Die Welt hat noch keinen größeren Staatsmann gesehen als Shri Krishna. Er war ein Meister der Freiheit und ein Friedensstifter. Er hatte wunderbaren Weitblick und überaus liberale Ansichten. Schon als Knabe lehrte er die Menschen die Grundlagen und die wahre Bedeutung der Religion, als er sich dagegen wandte, daß das Volk Indra verehrte, um Regen zu erhalten.

Krishna war ein Königsmacher. Er gründete die Stadt Dvaraka. Er war das herausragende Genie Seines Zeitalters. Er war eine große historische Persönlichkeit.

Er war zum Friedensstifter ernannt worden, um den Bürgerkrieg, der zwischen Kauravas und Pandavas stattfinden sollte, zu verhindern. Yudhishtira sandte Krishna zu Verhandlungen zu den Kauravas. Krishna gab Duryodhana lange und weise Ermahnungen. Die inspirierende und bewegende Rede, die Shri Krishna vor dem Hof Dhritarashtras hielt, beweist, daß er der größte Staatsmann war. Er sagte zu Duryodhana: »Oh Prinz der Bharata-Rasse ! Schließe Frieden mit den weisen, tapferen und rechtschaffenen Pandavas. Friede allein bringt Glück unter Freunden, Verwandten und in der ganzen Welt. Wer nicht nach den weisen Anordnungen seiner Freunde handelt, stößt auf Zerstörung und Sorge.«

Shri Krishnas politischer Einblick und Seine weise Staatskunst fanden bei den fähigsten Herrschern Seiner Zeit Bewunderung. Sein weiser Ratschlag wurde von Königen und Herrschern gesucht.

Herr der Yogis

Man kann sogar die Sterne und die Sandkörner am Meeresstrand zählen, aber es ist nicht möglich, die wunderbaren und heldenhaften Taten und die wunderbaren Handlungen von Shri Krishna, dem Herrn der drei Welten, zu zählen.

Als Kind wirkte er zahllose Wunder. Er zeigte Seiner Mutter Yasoda Visvarupa in Seinem Mund, als er gähnte. Er entwurzelte die Yamala Arjuna Bäume. Er tanzte auf der Kaliya Schlange. Er hob den Berg Govardhana auf Seinem kleine Finger hoch, um Gokula vor den himmlischen Regen zu schützen, die Indra fallen ließ.

Er nahm viele verschiedene Formen an, als Brahma die Gopas und Kälber aus dem Sichtfeld Krishnas fernhielt. Er vervielfachte sich und erschien in zahllosen Formen im Rasa Lila. Kann ein menschliches Wesen das tun? Nur ein Yogeshvara kann so große Wunder vollbringen.

Krishna machte den blinden Vilvamangal sehend. Er gab Draupadi unendlich viele Kleider. Er gab Arjuna die kosmische Sicht.

Wer kann die Herrlichkeit Krishnas, des Herrn der Yogis, des höchsten Herrn der drei Welten, der Seele des Universums beschreiben? Durvasa und seine zahllosen Schüler waren zufrieden, als Krishna ein kleines Stück Gemüse aß. Das zeigt an sich klar, daß Shri Krishna die eine Seele ist, die in allen Wesen wohnt.

Der weise Narada wollte herausfinden, wie Krishna ein glückliches Eheleben mit Seinen sechzehntausend Frauen haben konnte. Er ging in ihre Häuser und fand Krishna in jedem Heim mit einer Reihe von Pflichten beschäftigt vor. Was für ein großes Wunder ! Narada war verblüfft. Beweist das nicht, daß Krishna der Herr aller Yogis und Shri Hari Selbst ist ?

Krishna ist der Herr aller Wesen. Er ist tatsächlich der Ehemann aller Frauen dieser Welt. Der wirkliche Ehemann ist nur der Herr allein. Um dies der Welt zu zeigen inkarnierte Shri Krishna als der Sohn von Devaki und Vasudeva.

Eine Verkörperung von Liebe und Barmherzigkeit

Shri Krishna wird als Butterdieb bezeichnet, weil er heimlich aufgrund Seiner so großen Liebe zu den Gopis die Butter in ihren Häusern aß. Dieses Butterstehlen war ein Art Spiel, Lila, als er ein Kind war, um Freude in die Herzen der Gopis, Seiner Verehrerinnen, einzuflößen. Die Gopis waren davon entzückt. Sie warteten begierig auf Krishnas Kommen, damit er ihre Butter äße. Krishna stiehlt oder vereinnahmt tatsächlich die Herzen Seiner Verehrer, läßt sie die Welt vergessen, zieht ihren Geist zu Seinen gesegneten Füßen und läßt sie immerwährenden Frieden und Wonne erfahren.

Krishna hatte das mütterliche Bhava sogar für Putana, die kam, um ihn zu töten, und errettete sie. Er errettete sogar Seine erbittertsten Feinde, Kamsa und Sisupala, die Ihn öffentlich im Rajasuya Yajna beleidigten. Was soll man dann von denen sagen, die Ihm in hohem Maße ergeben sind?

Die Lehre des Herrn

Shri Krishna war der Freund von Arjuna und Uddhava. Seine unsterbliche Lehre an Arjuna und Uddhava über Yoga, Bhakti und Jñana sind einzigartig. Selbst jetzt noch bewegen sie die Herzen der Leser, drängen sie auf den spirituellen Weg und flößen ihren Herzen Frieden ein.

Arjuna hatte viele Zweifel. Shri Krishna klärte seine Zweifel einen nach dem anderen. Er schob Arjuna auf der Leiter des Yoga eine Sprosse nach der anderen empor. Schließlich setzte Arjuna seinen Fuß auf die höchste Sprosse der Leiter, erlangte Selbsterkenntnis und rief erfreut aus: »Oh Mein Herr ! Meine Täuschung ist vergangen. Ich habe durch Deine Gnade Erkenntnis erlangt. Jetzt bin ich fest. Jetzt sind meine Zweifel gänzlich verschwunden. Ich werde so handeln, wie Du es sagst. »Shri Krishna verlangte vom Menschen, sich als eine Puppe in Gottes Hand zu betrachten. Er verlangte vom Menschen, sich als Soldat zu fühlen, Gott als seinen großen General zu sehen und seine Handlungen in der Welt als anbefohlene Pflichten. Er verlangte von ihm, im Glauben und Vertrauen zu handeln, damit sein Tun das Wirken Gottes ist. Er verlangte vom Menschen zu handeln, aber nur in Hingabe an Gott zu handeln, ohne auf Früchte zu hoffen.

Die Lehre, die Krishna Uddhava am Abend Seines Scheidens aus dieser Welt gibt, ist wundervoll. Er lehrt über mannigfache Themen. Aber das eine Schlüsselwort ist: »Sieh Mich in allem. Gib Dich Mir hin. Tue alles um Meinetwillen. Gib jegliche Verhaftung auf. Habe unerschütterliche und vollkommene Hingabe an Mich. Singe Meine Herrlichkeit.«

Der Ruf der Flöte

Die Flöte ist das Symbol für das Pranava. Diese Flöte rief die frommen Gopis, die Mädchen von Vrahja, herbei, um ihren geliebten Herrn an den Ufern des heiligen Yamuna zu treffen. Der Klang dieser göttlichen Flöte ließ die Herzen vor stürmischer Freude erbeben und flößte neues Leben und Freude ein. Es rief Gottverzückung in allen Wesen hervor und flößte sogar empfindungslosen Dingen Leben ein. Die Süße der Musik war unübertroffen. Wer einmal die Musik von Krishnas Flöte gehört hatte, kümmerte sich nicht um den Nektar des Himmels oder die Wonne von Moksha.

Die Flöte des Herrn und ihre Musik hat die Seelen der Gopis bewegt. Sie verloren die Kontrolle über sich. Die Welt war nichts für sie. Sie fühlten sich unwiderstehlich zu Krishna hingezogen. Sie hatten weder Scham noch Furcht, ihre Heime zu verlassen. In ihnen fand eine Seelenerweckung statt. Ihr Geist war nicht von dieser Welt. Ihre Ehemänner und Brüder hielten sie vergeblich zurück. Wer kann dem Strom göttlicher Liebe zum Herrn widerstehen?

Die Liebe, die die Gopis Krishna entgegenbrachten, war göttliche Liebe. Es war die Einheit der Seelen. Es ist keine geschlechtliche Einheit. Es ist das Bestreben des Jivatman, im Paramatman aufzugehen. Es ist das Einswerden der individuellen Seele mit der höchsten Seele.

Die Gopis waren in ihrer früheren Geburt die Weisen des Dandaka Waldes. Damals hatten sie den Wunsch, Gott Rama in sich aufzunehmen. Es wurde ihnen Befriedigung durch einen späteren Avatar versprochen. Sie verschmolzen im Paramatman im Krishna Avatar.

Krishna lehrte Prem durch Seine Flöte. Radha fragte Krishna: »Oh mein Geliebter! Warum liebst Du die Flöte mehr als mich? Welche guten Taten hat sie getan, daß sie in engem Kontakt mit Deinen Lippen sein kann? Erkläre mir bitte, mein Herr, das Geheimnis. Ich möchte es so gerne hören.« Shri Krishna sagte: »Diese Flöte ist mir sehr lieb. Sie hat einige wunderbare Tugenden. Sie ist von jedem Ichdenken geleert. Sie hat ihr Inneres ganz leer gemacht und kann jede Melodie, Raga und Ragini, hervorbringen, zu Meiner Freude und nach Meinem süßen Willen. Wenn auch Du Dich Mir gegenüber genauso verhältst wie diese Flöte, wenn Du dein Ichdenken vollkommen beseitigst und Dich vollkommen hingibst, dann werde Ich Dich genauso lieben, wie ich diese Flöte liebe.«

Dieser Körper ist auch die Flöte Shri Krishnas im Makrokosmos. Wenn Du dein Ichdenken zerstören und Dich völlig in bedingungslosem Atma Nivedana an den Herrn hingeben kannst, wird Er auf dieser Körperflöte schön spielen und wunderbare Melodien hervorbringen. Dein Wille wird in Seinem Willen aufgehen. Er wird ungehindert durch deine Körper-, Geist- und Indriyainstrumente wirken. Du kannst dann sehr friedvoll sein, ohne Mühen, Sorgen und Ängste.

Oh meine lieben Kinder der Unsterblichkeit! Shri Krishna durchstreift noch immer die Schluchten Vrindavans. So wie Shri Dattatreya sich noch immer in Seinem astralen Körper in den berühmten Girnar Hügeln aufhält und Seinen aufrichtigen Bhaktas auch jetzt noch Darshan gewährt, so wie Shri Jñana Dev noch immer in seinem Astralkörper in Alandi bei Poona umherwandert und auch jetzt noch seinen aufrichtigen Verehrern seinen Darshan gewährt, so bewegt sich auch Shri Krishna in Vrindavan und gewährt Seinen aufrichtigen Bhaktas seinen Dharshan. Du findest Ihn in Seva Kunja in den Kunja Schluchten, wenn Du Ihn wirklich begehrst. Er ist der Brij Raj, der beispiellose Monarch der drei Welten. Er wartet mit ausgestreckten Armen, um Dich mit Seiner warmen Liebe an Seinen süßen Busen zu ziehen, so wie Er es in früheren Zeiten mit Mira, Surdas und anderen machte. Reinige deinen Geist. Zerstöre deine schlechten Vasanas und dein Ichdenken. Höre wieder die Flöte des Banshivala und Bankibehari von Vrindavan, Seinen unsterblichen Gesang der Gita, und gestatte Ihm, auf deiner Körperflöte zu spielen. Vergib nicht diese seltene Chance. Es ist sehr schwierig, diesen menschlichen Körper zu erhalten.

Kundalini

Jede Aktivität hat einen statischen Hintergrund. Hinter jeder Energie ist Bewußtsein. Hinter Shakti ist Shiva.

Shakti selbst hat zwei polare Aspekte, statisch und dynamisch. Es kann nicht Shakti in dynamischer Form geben, ohne daß sie gleichzeitig in statischer Form vorläge, so wie die Pole eines Magneten. Die kosmische Shakti manifestiert sich im menschlichen Körper als Kundalini und Prana. Kundalini ist der statische Träger für die sich bewegenden Pranakräfte.

Der Mensch ist ein Mikrokosmos, Kshudra Brahmanda. Alles, was im äußeren Universum existiert, existiert in ihm. Alle im Universum sichtbaren Dinge, Berge, Flüsse, Bhutas, usw. gibt es auch im Körper. Alle Tattvas und Lokas sind im Körper und genauso die erhabene Shiva-Shakti. Im menschlichen Körper weilt Shiva im Sahasrara Chakra im Scheitel. Die Kundalini ruht im Muladhara Chakra an der Basis der Wirbelsäule. 'Muladhara' bedeutet 'Wurzelstütze'. Die Kundalini ist die Kraft, die dem ganzen Körper und all seinen sich bewegenden Pranakräften Halt bietet.

Das Wesen der Kundalini

Kundalini ist die Urenergie, die im an der Basis befindlichen Muladhara Chakra in einem schlummernden potentiellen Zustand liegt. Sie ist die kosmische Kraft in individuellen Körpern. Sie ist eine elektrische, feurige, okkulte Kraft, die mächtige Urkraft, die jeder organischen und anorganischen Materie zugrunde liegt. 'Kundala' heißt 'aufgerollt'. Sie hat die Form einer aufgerollten Schlange. Daher der Name Kundalini.

Kundalini ist keine materielle Kraft wie Elektrizität oder Magnetismus. Sie ist eine spirituelle potentielle Kraft. Sie hat in Wirklichkeit keine Form. Der grobstoffliche Verstand und der Geist müssen am Anfang einer bestimmten Form folgen. Von dieser groben Form aus kann die subtile formlose Kundalini leicht verstanden werden.

Die Kundalini wird auch Bhujangini, die Schlagenkraft, genannt, weil sie im Körper des Yogis, der die Kraft in sich entwickelt, spiralförmig wirkt. Wenn sie erweckt wird, macht sie einen zischenden Laut, wie eine Schlange, die man mit einem Stock schlägt, und steigt durch Brahma Nadi in der Sushumna nach oben.

Im Kundalini Yoga wird die schaffende und erhaltende Shakti des ganzen Körpers tatsächlich und wirklich mit Gott Shiva vereint. Der Yogi treibt sie dazu, ihn zu Gott Shiva zu führen. Das Aufsteigen der Kundalini Shakti und ihre Vereinigung mit Gott Shiva im Sahasrara führt zum Zustand von Samadhi und bringt spirituelles Anubhava. Der Yogaschüler trinkt den Nektar der Unsterblichkeit.

Kundalini Yoga ist eine exakte Wissenschaft. Er heißt auch Laya Yoga.

Nadis und Chakras

Eine genaue Kenntnis von Nadis und Chakras ist für alle Schüler des Kundalini Yoga von unbedingter Notwendigkeit.

Der physische Körper formt sich nach dem Astralkörper. Der physische Körper ist in gewisser Weise wie Wasser. Er ist die grobe Form. Der Astralkörper entspricht dem Wasserdampf. Er ist die subtile Form. Genauso ist der Astralkörper, Sukshma Sarira, im grobstofflichen physischen Körper. Der grobstoffliche Körper kann ohne den Astralkörper nichts tun. Jedes grobstoffliche Zentrum hat seine Entsprechung im Astralkörper.

Nadis sind psychische Nerven, Astralkanäle, um das Prana zu leiten. Sie bestehen aus Astralmaterie und leiten psychische Ströme. Durch diese subtilen Wege fließt die Lebenskraft. Da die Nadis aus subtiler Materie gebildet sind, können sie mit dem bloßen physischen Auge nicht wahrgenommen werden, und man kann am physischen Bereich keine Labortests machen. Diese Yoga Nadis sind nicht die normalen Nerven, Arterien und Venen, wie sie die Vaidya Shastra kennt. Yoga Nadis sind ganz anders.

Der Körper ist voll von unzähligen Nadis. So wie das Blatt des Asvattha Baumes von winzigen Fasern durchzogen ist, so ist auch dieser Körper durchzogen von Tausenden von Nadis.

Alle Nadis des Körpers entspringen aus dem Kanda. Kanda heißt Knolle. Kanda ist die Wurzel aller Nadis. Zwei Fingerbreit oberhalb des Anus und zwei Fingerbreit unterhalb des Geschlechtsorgans befindet sich das Kanda. Es hat die Form eines Vogeleis und ist etwa vier Finger breit. Zweiundsiebzigtausend Nadis kommen aus diesem Kanda.

Kanda ist das Zentrum des Astralkörpers. Diesem Zentrum entspricht die Cauda Equina im grobstofflichen physischen Körper.

Von allen aus dem Kanda kommenden Nadis sind die wichtigsten Ida, Pingala und Sushumna. Und die Sushumna ist die allerwichtigste. Die Sushumna geht vom Muladhara Chakra zu Brahmarandhra. Sie ist das höchste und von den Yogis am meisten erstrebte. Die anderen Nadis sind ihr untergeordnet.

Die westliche Anatomie erkennt die Existenz eines Zentralkanals im Rückenmark, genannt Canalis Centralis, und die Zusammensetzung des Marks aus weißer und grauer Hirnmasse an. Das Rückenmark selbst läuft im Hohlraum der Wirbelsäule. Ebenso läuft die Sushumna im Spinalkanal und hat subtile Teile. Sie ist rot wie Feuer.

In der Sushumna ist eine Nadi namens Vajra, die so strahlend ist wie die Sonne und rajasige Eigenschaften hat. In dieser Vajra Nadi wiederum ist eine weitere Nadi, Chitra. Sie ist sattvig und von blasser Farbe. In der Chitra ist ein ganz feiner winziger Kanal. Dieser Kanal heißt Brahma Nadi, durch den die Kundalini, wenn sie erwacht, vom Muladhara zum Sahasrara Chakra aufsteigt. In dieser Nadi sind alle sechs Chakras oder Lotusse.

Chakras sind Plexi oder Zentren von Sukshma Prana in der Sushumna Nadi. Alle Körperfunktionen stehen unter der Kontrolle dieser Zentren. Chakras sind subtile Zentren der Lebensenergie. Sie sind die Zentren von Chaitanya, Bewußtsein. Die Chakras bleiben, auch nach der Auflösung des physischen Organismus beim Tod, im Astralkörper.

Diese Chakras oder feinstofflichen Zentren haben entsprechende Zentren im Rückenmark und den Nervenplexi im grobstofflichen physischen Körper. Das Anahata Chakra zum Beispiel hat sein entsprechendes Zentrum im physischen Körper beim Herzgeflecht. Jedes Chakra kontrolliert und stimuliert ein bestimmtes Zentrum im grobstofflichen Körper.

Die grobstofflichen Nerven und Plexi haben eine enge Beziehung zu den feinstofflichen Zentren. Da die körperlichen Zentren eine enge Beziehung zu den Astralzentren haben, haben die Schwingungen, die in den körperlichen Zentren durch die vorgeschriebenen Methoden erzeugt werden, die gewünschten Auswirkungen in den Astralzentren.

Das erste Bestreben des Kundalini Yogi ist die Reinigung der Nadis, was zur Öffnung der Sushumna führt, die bei weltlichen Menschen normalerweise geschlossen ist.

Wie die Kundalini erweckt werden kann

Vor dem Erwecken der Kundalini muß man Deha Suddhi, Nadi Suddhi, Manas Suddhi, Buddhi Suddhi, Bhuta Suddhi und Adhara Suddhi haben. Deha Suddhi ist Reinheit des

Körpers. Nadi Suddhi ist Reinheit der Astralkanäle. Manas Suddhi ist Reinheit des Geistes. Buddhi Suddhi ist Reinheit des Verstandes. Bhuta Suddhi ist Reinheit der Elemente. Adhara Suddhi ist Reinheit des Adhara. Wenn Suddhi, Reinheit, vorhanden ist, kommt Siddhi, Vollkommenheit, von selbst. Siddhi ist ohne Suddhi nicht möglich.

Man muß vollkommen wunschlos werden und voll Vairagya sein, bevor man den Versuch unternimmt, die Kundalini zu erwecken. Wenn ein Mensch mit vielen Unreinheiten im Geist die Shakti einfach nur gewaltsam durch Asanas, Pranayama und Mudras erweckt, wird er sich die Beine brechen und stürzen. Er wird die yogische Leiter nicht erklimmen können. Das ist der Hauptgrund, warum Menschen vom Weg abkommen oder körperlichen Schaden erleiden. Am Yoga ist nichts falsch. Die Menschen müssen zuerst rein sein; dann eine gründliche Kenntnis des Sadhanas, ein richtiger Lehrer und ein stetiges, allmähliches Üben. Wenn die Kundalini erweckt wird, gibt es viele Versuchungen auf dem Weg, und ein Sadhaka, der nicht rein ist, hat nicht die Kraft, Widerstand zu leisten.

Ein Guru ist äußerst wichtig. Zur Praxis von Bhakti Yoga oder Vedanta braucht der Guru nicht an deiner Seite zu sein. Nachdem Du die Srutis einige Zeit lang vom Guru gelernt hast, mußt Du alleine in vollkommener Zuruckgezogenheit reflektieren und meditieren, wohingegen Du im Kundalini Yoga den Sitz der Nadis und der Chakras und die genaue Technik der einzelnen Yoga Kriyas verstehen mußt. Das alles sind schwierige Unterfangen. Du mußt ziemlich lange Zeit zu Füßen des Gurus verbringen.

Die Kundalini kann von Hatha Yogis durch Pranayama, Asanas und Mudras erweckt werden; durch Konzentration und Übung des Geistes von Raja Yogis; durch Hingabe und vollkommene Selbstaufgabe von Bhaktas; durch analytischen Willen von Jnanis; durch Mantras von Tantrikern; und durch die Gnade des Gurus, durch Berührung, Blick und bloßes Sankalpa.

Für einige Auserwählte ist eine der oben erwähnten Methoden ganz ausreichend, um die Kundalini zu erwecken. Viele müssen einige Methoden kombinieren.

Das Erwachen der Kundalini

Sobald die Kundalini erweckt ist, durchstößt sie das Muladhara Chakra. Der Aspirant singt und gibt eigenartige Laute von sich, wenn die Kundalini erwacht. Er hat verschiedene Visionen und Divya Gandha. Er entwickelt psychische Kräfte. Er sieht strahlende Jyotis, so als schienen zehntausend Sonnen gleichzeitig im Muladhara Chakra.

Nachdem die Kundalini erwacht ist, bewegen sich Geist, Prana, Jiva und Kundalini gemeinsam nach oben. Das Prana steigt durch Brahma Nadi zusammen mit Geist und Agni nach oben. Der Yogi ist befreit vom physischen Bewußtsein. Man ist von der äußeren gegenständlichen Welt abgeschnitten.

Erfahrungen beim Erwachen der Kundalini

In der Meditation hat man göttliche Visionen, erfährt göttlichen Geruch, göttlichen Geschmack, göttliche Berührung und hört göttliche Anahata Klänge. Man erhält Unterweisungen von Gott. Das deutet darauf hin, daß die Kundalini Shakti erweckt worden ist. Wenn im Muladhara ein Pochen auftritt, wenn die Haare zu Berge stehen, wenn Uddiyana, Jalandhara und Mula Bandha unwillkürlich auftreten, dann wisse, daß die Kundalini erwacht ist.

Wenn der Atem ohne Mühe stillsteht, wenn Kevala Kumbhaka von selbst kommt, wisse, daß Kundalini Shakti aktiv geworden ist. Wenn Du Pranaströme zum Sahasrara steigen fühlst, wenn Du Wonne erfähst, wenn Du ganz automatisch Om wiederholst, wenn keine Gedanken an die Welt im Geist sind, wisse, daß Kundalini Shakti erwacht ist.

Wenn sich in der Meditation die Augen auf das Trikuti in der Mitte der Augenbrauen heften, wenn das Shambhavi Mudra eintritt, wisse, daß die Kundalini aktiv geworden ist. Wenn Du in verschiedenen Körperteilen Pranaschwingungen spürst, wenn Du Erschütterungen wie elektrische Schläge spürst, wisse, daß die Kundalini aktiv geworden ist. Wenn Du in der Meditation das Gefühl hast, daß kein Körper da ist, wenn sich die Augenlider schließen und trotz Bemühung nicht geöffnet werden können, wenn Ströme wie elektrischer Strom entlang der Nerven auf und ab fließen, wisse, daß die Kundalini erwacht ist.

Wenn Du in der Meditation Einsicht und Inspiration erfährst, wenn die Natur Dir ihre Geheimnisse enthüllt, alle Zweifel verschwinden und Du klar die Bedeutung der vedischen Texte verstehst, wisse, daß die Kundalini aktiv geworden ist. Wenn dein Körper so leicht wird wie Luft, wenn dein Geist in schwierigen Situationen ausgewogen bleibt und wenn Du unerschöpfliche Energie zur Arbeit hast, wisse, daß die Kundalini aktiv geworden ist.

Wenn Du göttlichen Rausch erfährst, wenn Du Rednerkraft entwickelst, wisse, daß die Kundalini erwacht ist. Wenn Du unwillkürlich Asanas oder Yogastellungen ohne den geringsten Schmerz und ohne Mühe ausführst, wisse, daß die Kundalini aktiv geworden ist. Wenn Du unwillkürlich herrliche erhabene Lobgesänge und Gedichte verfaßt, wisse, daß die Kundalini aktiv geworden ist.

Das Aufsteigen der Kundalini

Wenn die Kundalini erwacht ist, geht sie nicht direkt und ganz plötzlich zum Sahasrara Chakra. Sie muß von Chakra zu Chakra geführt werden.

In der Sushumna sind sechs Chakras. Das Muladhara, Svadhishthana, Manipura, Anahata, Vishuddha und Ajña. Über ihnen allen liegt das Sahasrara, das Hauptzentrum. Alle Chakras stehen in enger Verbindung mit dem Sahasrara Chakra. Daher ist es kein Chakra wie die sechs anderen.

Das Muladhara Chakra liegt am unteren Ende der Wirbelsäule. Das Svadhishthana ist an der Wurzel der Genitalien. Das Manipura ist in der Nabelgegend. Das Anahata ist im Herzen. Das Vishuddha ist im Kehlkopf. Das Ajña ist im Trikuti, der Stelle zwischen den Augenbrauen.

Die sieben Chakras entsprechen den sieben Lokas. Die fünf Chakras vom Muladhara zum Vishuddha sind die Zentren der fünf Elemente. Das Ajña ist der Sitz des Geistes.

Wenn der Yogaschüler das Muladhara durchstößt, hat er die Erde bezwungen. Die Erde kann ihm nichts mehr anhaben. Wenn er über das Svadhishthana hinausgeht, hat er das Element Wasser bezwungen. Er ist in Verbindung mit Bhuvarloka. Wenn er das Manipura überschritten hat, hat er das Element Feuer bezwungen. Das Feuer kann ihm nichts anhaben. Er ist in Verbindung mit Svargaloka. Wenn er das Anahata Chakra überschritten hat, hat er das Element Luft bezwungen. Die Luft kann ihm nichts anhaben. Er ist in Verbindung mit Maharloka. Wenn er das Vishuddha Chakra überschritten hat, hat er das Element Äther bezwungen. Äther kann ihm nichts anhaben. Er ist in Verbindung mit Jnanaloka. Wenn er das Ajña Chakra überschritten hat, ist er in Verbindung mit Tapoloka. Dann betritt er Satyaloka.

Die Kundalini kann über vier Wege zum Sahasrara gelangen. Der längste Weg geht vom Muladhara zum Sahasrara entlang des Rückens. Der Yogi, der die Kundalini diesen Weg entlang führt, ist sehr stark. Das ist der schwierigste Weg.

Bei Shri Shankaracharya nahm die Kundalini diesen Weg. Der kürzeste Weg geht vom Ajña Chakra zum Sahasrara. Der dritte geht vom Herzen zum Sahasrara. Der vierte geht vom Muladhara vorne zum Sahasrara.

Wenn sich der Yogi auf das Ajña Chakra konzentriert, öffnen sich die unteren Chakras automatisch und werden überwunden.

Der Kundalinistrom steigt durch die Wirbelsäule und kribbelt manchmal wie eine Ameise. Manchmal, wenn der Yogi rein ist, hüpft sie wie ein Affe und erreicht das Sahasrara. Manchmal erhebt sie sich wie ein Vogel, der von einem Zweig zum anderen hüpft. Manchmal steigt der spirituelle Strom auf wie eine Schlange und bewegt sich zig zag. Manchmal schwimmt der Yogi glücklich wie ein Fisch im Ozean göttlicher Wonne.

Der Yoga Übende erhält Hilfe von innen, wenn er sich von Chakra zu Chakra bewegt. Eine mysteriöse Kraft, eine mysteriöse Stimme wird ihn bei jedem Schritt führen. Er muß unerschütterliches vollkommenes Vertrauen zur Göttlichen Mutter haben. Sie führt den Sadhaka. Sie führt Ihr Kind von Chakra zu Chakra. Sie gibt ihm unsichtbar jede Hilfe. Ohne Ihre Gnade kann man keinen Zoll in der Sushumna steigen.

Die Kundalini bleibt nicht lange im Sahasrara. Die Dauer des Verweilens hängt ab von der Reinheit, dem Grad des Sadhana und der inneren spirituellen Stärke des Yoga Übenden. Viele Schüler bleiben nur in den niederen Chakras. Sie werden vom Glück mitgerissen, das sie in den niederen Chakras erfahren und machen bedingt durch ihre mißverstandene Zufriedenheit nicht den Versuch, das Sahasrara zu erreichen.

Der Yogi erfährt Versuchungen in den niederen Chakras, den Ruheplätzen. Er muß alle Siddhis meiden. Siddhis sind Hindernisse am Weg. Wenn er beginnt, mit den Siddhis zu spielen, wird er das Ziel verfehlen und einen Rückschlag erleiden.

Die Kundalini kann leicht erweckt werden, aber es ist sehr schwierig, sie zum Nabel, zum Ajña Chakra und von dort zum Sahasrara im Kopf zu bringen. Es verlangt sehr viel Geduld und Ausdauer von Seiten des Übenden. Es ist sehr schwierig, das Manipura Chakra zu durchstoßen. Der Yogi muß in diesem Zentrum sehr viel üben.

Der Körper wird weiterbestehen, auch nachdem die Kundalini das Sahasrara Chakra erreicht hat, aber der Yogi wird kein Körperbewußtsein haben. Erst wenn Kaivalya erreicht ist, wird der Körper leblos.

Man lebt sicherlich weiter, nachdem die Kundalini ins Sahasrara gebracht worden ist. Aber denke daran, daß sie, auch nachdem das Sahasrasa erreicht worden ist, in einem Moment wieder ins Muladhara zurückfallen kann ! Erst wenn man in Samadhi fest verwurzelt ist, wenn man Kaivalya erlangt hat, kann und wird die Kundalini nicht mehr fallen.

Eine Fehlinterpretation

Das Erwachen der Kundalini Shakti, ihre Vereinigung mit Shiva, der Genuß des Nektars und andere Funktionen des Kundalini Yoga, die in den Yoga Shastras beschrieben werden, werden falsch interpretiert und von vielen wörtlich verstanden. Männer halten sich für Shiva und meinen, die Frauen wären Shakti, und daß bloße sexuelle Vereinigung das Ziel des Kundalini Yoga sei. Das ist einfach Unwissenheit. Sie haben völlig unrecht. Diese Art der Vereinigung ist keinesfalls Kundalini Yoga.

Manche törichte junge Männer machen ein paar Tage lang ein, zwei Asanas, Mudras und auch ein wenig Pranayama, so, wie es ihnen angenehm ist, und stellen sich vor, die Kundalini sei bis zum Hals gelangt. Sie stellen sich als große Yogis dar. Sie sind bedauernswerte Seelen, die sich selbst täuschen.

Yoga Kriyas und innere Reinigung

Manche Yogaschüler fragen mich: »Wie lange muß man Sirshasana, Paschimottanasana, Kumbhaka oder Maha Mudra praktizieren, um die Kundalini zu erwecken? Keine Yogaschrift spricht über diesen Punkt.«

Ein Schüler beginnt sein Sadhana an dem Punkt oder in der Phase, wo er es in seiner letzten Geburt verlassen hat. Daher kommt es völlig auf den Grad der Reinheit an, auf den Entwicklungsstand, das Ausmaß der Reinheit der Nadis und der Pranamaya Kosha und vor allem auf Grad von Vairagya und Sehnsucht nach Befreiung.

Nur Yoga Kriyas alleine helfen nicht viel. Reinigung des Herzens ist sehr notwendig.

Mache Selbstanalyse und entwurzle deine Fehler und schlechten Angewohnheiten. Bereinige deine Fehler wie Selbstsucht, Stolz, Eifersucht, Haß, usw. Entwickle dein Herz. Teile das, was Du hast, mit anderen. Übe selbstlosen Dienst. Nur dann wirst Du zu Reinheit des Geistes gelangen.

Heutzutage vernachlässigen Aspiranten diese Dinge und sind bemüht, sofort Yoga Kriyas zu machen, um Siddhis zu bekommen. Das ist ein gewichtiger himalayagroßer Irrtum. Früher oder später erleben sie den hoffnungslosen Rückschlag.

Ich rate: mache Dir nie Gedanken um Siddhis oder ein rasches Erwecken der Kundalini. Habe Hingabe an Gott. Habe vollkommenes Vertrauen zu Ihm. Habe den Geist des Dienstes an der Menschheit. Die Kundalini wird von selbst erwachen.

Das Erwecken der Kundalini ist nicht so einfach, wie man meinen könnte. Es ist äußerst schwierig. Wenn alle Wünsche sterben, wenn der Geist absolut rein wird, wenn alle Sinne bezwungen sind, wenn Du Einpünktigkeit des Geistes in einem erwünschten Ausmaß erlangst, und wenn alle Gedanken des Egoimus und des 'Mein' dahinschmelzen, wird die Kundalini von selbst erwachen. Nur dann ist das Erwachen der Kundalini auch nutzbringend.

Ein vorzeitiges Erwecken ist nicht wünschenswert. Der Aspirant, der die Kundalini vielleicht irgendwie erweckt hat, wird überhaupt keinen Nutzen davon haben, wenn er nicht die nötigen Voraussetzungen entwickelt hat. Es kann all den Nutzen, den das Erwachen der Kundalini bringt, weder spüren noch zeigen.

Nur die Frucht, der es gestattet ist, am Baum zu reifen, wird sehr süß sein. Aber das dauert lange. Das beste Holz kommt von den Bäumen, die am langsamsten wachsen. Genauso wird der Aspirant, der geduldig und über eine lange Zeit hin mit Ausdauer und Eifer intensives Sadhana übt, der trotz verschiedenster Hindernisse auf seinem Weg hartnäckig bei den spirituellen Praktiken bleibt, der seine Fehler und Schwächen eingesteht und versucht, sie mit den tunlichen Mitteln zu beseitigen, in der Lage sein, seine Kundalini zu erwecken und ein dynamischer und vollkommener Yogi werden.

Oh rührende, begeisterte, junge Aspiranten ! Haltet nicht die Bewegungen von rheumatischen Winden im Rücken, die von einem chronischen Lumbago kommen, für das Aufsteigen der Kundalini. Macht euer Sadhana mit Geduld und Ausdauer, bis Ihr Samadhi erreicht. Beherrscht jede Phase im Yoga. Macht keine schwierigeren Kurse, bevor Ihr nicht die elementaren Schritte vollständig beherrscht.

Sorgt Euch nicht. Seid nicht beunruhigt, meine lieben Freunde und Brüder! Ein strahlender Tag wartet darauf, für Euch anzubrechen. Ihr werdet voller Kraft erstrahlen, ja, Ihr werdet Gott Selbst werden. Lacht über alle Sorgen und Hindernisse und haltet die Augen alle vierundzwanzig Stunden lang auf die Kundalini Shakti gerichtet. Tut, was Ihr könnt, um sie zum Aufsteigen zu bringen. Wenn man Euch Reinigung verordnet, müßt Ihr Euch reinigen. Welche Alternative gäbe es? Daher reinigt euch.

Leben

Leben ist der Ausdruck Gottes. Leben ist Freude. Leben ist das Überfließen der Wonne des Geistes.

Leben ist ein stetiger Fluß. Leben schwingt in jedem Atom. Leben ist in allem. Es gibt keine unbelebte Materie. In einem Stück Stein ist Leben. Die Materie schwingt von Leben. Das ist von modernen Wissenschaftern stichhaltig bewiesen worden.

Leben ist eine Reise im unendlichen Ozean der Zeit, wo sich die Szenerie unaufhörlich verändert. Das Leben ist eine Reise von der Unreinheit zur Reinheit, vom Haß zur kosmischen Liebe, vom Tod zur Unsterblichkeit, von der Unvollkommenheit zur Vollkommenheit, von der Sklaverei zur Freiheit, von der Vielfalt zur Einheit, von der Unwissenheit zur ewigen Weisheit, vom Schmerz zur ewigen Wonne und von der Schwäche zur unendlichen Kraft. Leben ist eine großartige Gelegenheit, die der Herr Seinen Kindern gibt, damit sie sich zu Ihm hinentwickeln.

Leben ist Dienen und Opfer. Leben ist Liebe. Leben ist Beziehung. Leben ist Poesie, nicht Prosa. Leben ist Kunst und Phantasie, nicht Wissenschaft. Leben ist Verehrung.

Wir sind hier als vorüberziehende Pilger. Unser Ziel ist Gott. Wir suchen nach der verlorenen Erbschaft, dem vergessenen Erbe. Das große zentrale Ziel des Lebens ist das Erreichen einer bewußten Verwirklichung unseres Einseins mit Gott. Leben hat keine Bedeutung als getrenntes Leben. Es hat nur Bedeutung, wenn es voll oder das Ganze wird, wenn die individuelle Seele die höchste Seele erreicht.

Das Ziel des Lebens

Das wahre Ziel des Lebens ist die Rückkehr zu der Quelle, aus der wir kamen. So wie die Flüsse unaufhörlich fließen, bis sie den Ozean erreichen, die eigentliche Quelle, aus der sie ihr Wasser nehmen, und so wie Feuer züngelt und wild brennt, bis es in seinem Ursprung aufgeht, so sind auch wir hier ruhelos, bis wir Seine Gnade erlangen und eins mit Ihm werden.

Der einzige Lebenszweck ist das Erreichen von Selbstverwirklichung, absoluter Freiheit. Das Ziel des menschlichen Lebens ist es, die Göttlichkeit zu entfalten und zu manifestieren, die in Ewigkeit in Ihm existiert. Der Sinn des Lebens ist es, die Vorstellung der getrennten Persönlichkeit zu verlieren und sich im Herrn aufzulösen. Die Erlangung des unendlichen Lebens ist der erhabene Sinn des begrenzten Lebens.

Leben in der Materie und Leben im Geist

Leben im Geist ist das einzige wahre, ewige Leben. Das moderne Leben der Hast und Eile, mit Angst, Unsicherheit, Krankheit und Konflikt ist nicht das wahre Leben. Ein Leben von materiellem Luxus, Wohlstand und Stärke ist nicht das Ziel des Lebens. So ein Leben bringt keinen Frieden des Geistes und keine Gelassenheit der Seele.

Ein Leben in den Sinnen ist nicht lebenswert. Sinnesfreude ist wie Honig, der mit starkem Gift vermischt ist. Ein Gramm Sinnesfreude ist vermischt mit fünfzehn Gramm Schmerz. Sinnesfreude ist verbunden mit Gebrechen, Sünden, Schmerzen, Verhaftungen, schlechten Gewohnheiten und Ruhelosigkeit des Geistes. Das Schwelgen in Sinnesfreuden zerstört die Hingabe an Gott und schwächt die Fähigkeit des Geistes, nach dem Wahren zu suchen. Sinnlichkeit zerstört Leben, Glanz, Stärke, Vitalität, Gedächtnis, Wohlstand, Ruf, Heiligkeit und Hingabe an das Höchste. Sie zieht den Menschen hinunter in die Abgründe der Hölle.

Das weltliche Leben ist voller Sorge, Schmerz und Bindung. Es ist voller Schäden, Schwächen und Einschränkungen. Es ist voll Haß, Eifersucht, Selbstsucht, Verrat, Sorgen, Kummer, Ängsten, Krankheiten und Tod, Gemeinheit, Schurkerei, Betrug, Falschheit, Halsabschneiderei, Wettbewerb, Unreinheiten und Dunkelheit, Kämpfen, Hader, Streit und Krieg, Enttäuschung, Verzweiflung und Niedergeschlagenheit, Grausamkeit, Ausnutzen, Aufregung und Ruhelosigkeit. Alle Dinge haben eine dünne Glasur illusorischer Freude. Es ist wie ein dünner galvanischer Belag. In Wirklichkeit ist das Leben hier nur Flitter und Schatten. Unter dem Zuckerguß ist bitteres Chinin. Unter der Goldschicht ist nur Messing. Unter den sogenannten Freuden ist Schmerz, Elend und Leid. Das Leben hier ist erfüllt mit Ängsten, Verhaftungen und Widerwärtigkeiten.

Das weltliche Leben ist völlig irreal. Es ist Illusion und Vergänglichkeit. Es ist oberflächlich und wertlos. Sein Ende ist nur Staub. Es gibt nichts außer Reden, Tratschen, Essen und Schlafen. Alles ist Illusion; alles ist Schmerz. Alles ist vergänglich; alles ist flüchtig. Die weltliche Erfahrung hat keinen Wert und keine Wahrheit. Gott allein ist real.

Noch soviele Nullen haben keinen Wert, wenn nicht die Zahl 1 davorsteht. Genauso, auch wenn du die Reichtümer der ganzen Welt besitzt, ist das nichts, wenn du kein spirituelles Leben führst, wenn du keinen geistigen Reichtum und keine Selbstverwirklichung hast. Du mußt in der Seele leben. Du mußt dem Leben hier den Atman hinzufügen. Deshalb sagt Jesus: »Suche zuerst das Königreich Gottes und Seine Gerechtigkeit, und all dies wird dir dazugegeben werden.«

Leben im Ewigen ist Leben im Überfluß. Es ist reiches, inneres, geistiges leben. Dieses Leben ist frei von Sorge und Schmerz. Es ist erfüllt, vollkommen und unabhängig. Es ist voll Weisheit und ewiger Wonne. Es ist alldurchdringend und ohne Veränderung. Darin ist vollkommene Tushti und Pushti.

Beginne das seelische Leben. Du wirst gereinigt und befreit werden. Das Schönste im Leben ist, wenn man das, was einem am wichtigsten ist, am Altar der Wahrheit opfert. Leben heißt, nach der Wahrheit streben und alle Hindernisse mutig überwinden. Die größte Freude des Lebens ist Hingabe an Gott und Meditation über Gott im eigenen Herzen. Das spirituelle Leben gibt dem menschlichen Leben eine Bedeutung und verleiht ihm Glanz.

Der Lebenskampf

Leben heißt kämpfen für das Ideal. Leben ist der Kampf für Fülle und Vollkommenheit. Leben ist der Kampf um die Erlangung höchster Unabhängigkeit. Leben ist Kampf und Widerstand. Leben ist eine Reihe von Siegen. Der Mensch entwickelt sich, wächst, entfaltet sich und macht im Kampf verschiedene Erfahrungen. Das Leben und die Gesellschaft können ohne Kampf und Streit nicht existieren. Wenn du weiterbestehen willst, mußt du unbedingt kämpfen. Du wirst in dem Moment aufhören zu existieren, in dem du aufhörst zu kämpfen.

Kämpfe tapfer mit den inneren Feinden am Schlachtfeld deines Herzens. Schon ein kleiner Sieg im inneren Kampf mit deinem Geist und deinen Sinnen wird deine Willenskraft stärken und dir mehr Sicherheit und Mut geben. Je härter der Kampf ist, desto glorreicher der Triumph. Selbstverwirklichung verlangt einen sehr harten Kampf.

Lebe für Gott. Stelle dich mutig allen Schwierigkeiten und Widerwärtigkeiten dieses unbedeutenden Erdenlebens. Sei ein Mann. Kämpfe mutig für den großen Gewinn. Einen Berg zu besteigen, einen Kanal zu überqueren, eine Stadt zu bombardieren oder eine Befestigungsanlage in die Luft zu sprengen - das sind nicht die wahren Akte von Heldentum und wirklichem Mut. Deinen Geist und deine Sinn zu beherrschen, Zorn, Leidenschaft und Egoismus zu besiegen durch die Erlangung von Selbstbeherrschung - das ist das wahren Heldentum des Menschen. Wie lange wirst du ein Sklave von Leidenschaft und Sinnen sein ? Mache dein wahres göttliches Selbst und deine Herrschaft über deine niedere Natur und das niedere Selbst geltend. Das ist deine wichtigste Pflicht.

Das Leben ist eine Schule

Das heißt aber nicht, daß das Leben auf der physischen Ebene der Materie ignoriert werden darf. Materie ist ein Ausdruck Gottes zu Seiner Lila. Materie und Geist sind untrennbar wie Hitze und Feuer, Kälte und Eis, Blume und Duft. Brahman und Maya sind untrennbar und eins. Ein Leben auf der physischen Ebene ist ganz sicher eine Vorbereitung für das ewige Leben in Brahman.

Das Leben ist eine große Schule, wo man viele nützliche Lektionen erlernt und Charakter und göttliche Tugenden entwickelt. Das Leben ist eine Schule, in der jede Sorge, jeder Schmerz und jeder Kummer eine wertvolle Lektion bringt. Das Leben auf der Erde ist ein Mittel zur Selbstvervollkommnung.

Die Welt ist dein bester Lehrer. Diese Welt ist dein bester Guru. In allem ist eine Lektion. Es liegt eine Lehre in jeder Erfahrung. Diese Welt ist der beste Ausbildungsort, um verschiedene Tugenden zu entwickeln, wie Barmherzigkeit, Nachgiebigkeit, Toleranz, universelle Liebe, Großzügigkeit, Edelmut, Mut, Großherzigkeit, Geduld, Willensstärke, usw.

Die Welt ist ein Ort, um mit der diabolischen Natur zu kämpfen, und um von innen her Göttlichkeit auszudrücken. Die zentrale Lehre der Gita und der Yoga Vasishtha ist, daß man das Selbst verwirklichen muß, während man in der Welt bleibt. Sei in der Welt, aber sei außerhalb der Welt. Sei wie das Wasser auf dem Lotusblatt. Gib die niedere asurische Natur auf, die besteht aus Selbstsucht, Lust, Zorn, Habsucht, Haß und Eifersucht. Mache die göttliche Natur geltend. Lebe ein Leben der geistigen Entsagung und der Selbstaufopferung.

Sichere Wege zu Erfolg im Leben und Gottverwirklichung

Lebe einfach und anspruchslos. Lebe nicht, um zu essen, sondern iß, um zu leben. Sei nicht neidisch. Tratsche nicht. Sage nichst Falsches. Betrüge nicht. Sei nicht boshaft. Dann wirst du immer froh, glücklich und friedvoll sein.

Rechtschaffenheit ist die Lebensregel. Lebe tugendhaft. Halte dich streng an Dharma. Das menschliche Leben ist nicht menschlich ohne Tugenden.

Das Salz des Lebens ist selbstloses Dienen. Das Brot des Lebens ist universelle Liebe. Das Leben wird nicht voll gelebt, und es ist nicht vollständig verwirklicht, wenn du nicht der ganzen Menschheit dienst und sie liebst. Lebe, um anderen zu helfen. Die göttliche Kraft wird als lebensspendende Kraft durch dich fließen.

Lies die Lebensgeschichten von Heiligen und schöpfe Inspiration aus ihnen. Pflege ein weiches Herz, eine offene Hand, ein sanfte Rede, das Leben des Dienens, universelle Sicht und eine unparteiische Haltung. Dein Leben wird in der Tat gesegnet sein.

Diene, liebe, gib, reinige dich, meditiere. Deine Reise wird dich in einen neuen Bereich unendlicher Wonne bringen. Du wirst strahlende Schätze entdecken. Du wirst Gott neu entdecken. Du wirst stark sein, du wirst gesund sein, du wirst frei sein, du wirst schön sein, du wirst glücklich sein, du wirst friedvoll sein. Du wirst alle Menschen, denen du begegnest, inspirieren und segnen.

Mache das Leben zu einer dauernden Freude. Schöpfe Freude aus Satya. Schöpfe Freude aus Tapas. Schöpfe Freude aus Daya. Schöpfe Freude aus Dana.

Lebe einfach. Lebe regelmäßig. Lebe hart. Sieh jeden Tag, als wäre er der letzte, und nütze jede Sekunde in Gebet, Meditation und Dienst. Laß dein Leben ein ständiges Opfer an Gott sein.

Lebe in der Gegenwart. Vergiß die Vergangenheit. Gib Hoffnungen für die Zukunft auf.

Verstehe die Bedeutung des Lebens richtig und dann beginne die Suche. Das Leben ist dein größtes Geschenk. Nütze jede Sekunde gewinnbringend. Der Erfolg ist oft jenen beschieden, die wagen und handeln. Selten kommt er zu den Zaghaften.

Einheit des Lebens

Sieh das Leben als Ganzes. Sieh das Leben umfassend. Alles Leben ist eins. Alles Leben kommt aus Brahman, dem Absoluten, der einzigen und alleinigen Realität. Der Herr atmet in allem Leben. Alles ist eins. Die Welt ist ein einziges Heim. Jeder gehört zur Familie der Menschen. Die ganze Schöpfung ist ein organisches Ganzes. Der Mensch macht sich unglücklich, wenn er sich von den anderen trennt. Trennung ist Tod. Einheit ist universelles Leben. Pflege kosmische Liebe. Schließe alle ein. Umfange alle. Erkenne den Wert der anderen. Zerstöre alle Barrieren, die Menschen von Menschen trennen. Erkenne das nichtduale Prinzip, die unsterbliche Essenz in allen Geschöpfen. Schütze die Tiere. Alles Leben sei dir heilig. Dann wird diese Welt ein Paradies der Schönheit sein, ein Himmel des Friedens und der Stille.

Lächle mit den Blumen und dem grünen Gras. Spiele mit den Schmetterlingen, den Vögeln und den Rehen. Reiche Büschen, Farnen und Zweigen der Bäume. Sprich mit dem Regenbogen, dem Wind, den Sternen und der Sonne. Plaudere mit den plätschernden Bächen und den Wellen des Meeres. Unterhalte dich mit dem Spazierstock. Schließe Freundschaft mit allen Nachbarn, Hunden, Katzen, Kühen, Menschen, Bäumen, Blumen, usw. Dann wird dein Leben weit, vollkommen, reich und erfüllt sein. Du wirst Einssein, die Einheit des Lebens, erfahren. Das kann mit Worten kaum beschrieben werden. Du mußt es selbst spüren.

Liebe

Liebe ist das Gesetz des Lebens. Lieben heißt das Gesetz erfüllen. Und das Gesetz erfüllen bedeutet ewigen Frieden und immerwährendes Glück.

Diese Welt kam aus Liebe. Sie besteht in Liebe. Sie löst sich letztlich in Liebe auf. Liebe ist die Triebkraft des Universums.

Liebe ist Leben. Liebe ist Freude. Liebe ist Wärme. Liebe ist das goldene Band, das Herz an Herz und Seele an Seele bindet.

Liebe ist konstruktiv und schöpferisch. Liebe bindet und baut auf. Liebe ist das Prinzip der Erneuerung. Liebe ist tatsächlich eine Substanz, die man vertrauensvoll verwenden kann. Liebe ist etwas, das konkret existiert. Wer das Gesetz der Liebe mit wissenschaftlicher Genauigkeit anwendet, kann Wunder wirken. Das Gesetz der Liebe ist eine viel großartigere Wissenschaft als jede moderne Wissenschaft. Das Gesetz der Liebe ist vorherrschend unter Heiligen und guten Menschen.

Leben heißt lieben. Lieben heißt leben. Du lebst, um lieben zu lernen. Du liebst, um zu lernen, im Ewigen zu leben. Ein Leben ohne Glauben, Liebe und Hingabe ist trostlose Vergeudung. Es ist wahrer Tod.

Keine Tugend ist größer als die Liebe; kein Schatz ist größer als die Liebe; kein Wissen ist größer als die Liebe; kein Dharma ist größer als die Liebe; keine Religion ist größer als die Liebe; denn Liebe ist Wahrheit; Liebe ist Gott. Gott ist verkörperte Liebe. In jedem Zoll Seiner Schöpfung kannst du wahrlich seine Liebe erkennen.

Liebe ist der unmittelbare Weg zur Wahrheit und zum Königreich Gottes. Sie ist das Lebensprinzip der Schöpfung. Sie ist der höchste Ausdruck von Seelenkraft. Sie ist die Gesamtheit aller Pflichten der Religion. Sie ist der Zauberstab in den Händen des Gläubigen, durch den er die ganze Welt erobert. Sie war die Triebkraft hinter Mira, Radha, Tukaram, Tulasidas, Gouranga, Jesus und den gottberauschten Sufis, Mansoor und Shams Tabriez.

Leidenschaft und reine Liebe

Liebe zu Körper oder Haut ist Leidenschaft. Liebe zu Gott ist Prem, Hingabe. Sie ist reine Liebe. Liebe um der Liebe willen.

Jemanden zu lieben, um einen selbstsüchtigen Vorteil zu erzielen, ist selbstsüchtige Liebe. Sie bindet dich an diese Erde. Alle Lebewesen mit Narayana Bhava als Manifestationen des Herrn zu lieben, ist reine Liebe. Sie ist göttliche Liebe. Sie führt zu Befreiung.

Ein Ehemann liebt seine Frau nicht um seiner Frau willen, sondern er liebt sie um sich selbst willen. Er ist selbstsüchtig. Er erwartet Sinnesfreuden von ihr. Wenn Lepra oder Pocken ihre Schönheit zerstören, endet seine Liebe zu ihr.

In seiner Liebe liegt physische Leidenschaft. Darin liegt tiefe Selbstsucht. Die Liebe ist käuflich. Bei käuflicher Liebe kann es zwischen Liebendem und Geliebter kein wahres Glück geben. Wenn der Ehemann dem Tod nahe ist, nimmt die Frau das Banksparbuch und geht ruhig zu ihrer Mutter nach Hause. Wenn der Mann für einige Zeit seine Arbeitsstelle verliert, macht die Frau ein langes Gesicht, schilt ihn und dient ihm nicht liebvoll, wie es sich gehört. Das ist selbstsüchtige Liebe. Da ist keine wahre Zuneigung aus tiefem Herzen. Es gibt kein Element des Opfers. Also kommt es immer zu Streitigkeiten, Kämpfen und Asanti im Haus. Es herrscht ein ständiges Tauziehen. Irgendwie machen sie weiter und schleppen sich in einem trost- und freudlosen Leben dahin.

Auch Prostituierte zeigen einige Zeit lang ihren Kunden gegenüber eine Überfülle von

Liebe, süßes Lächeln und Honigworte, so lange sie Geld von ihnen zu erwarten haben. Kann man das Liebe oder wahres Glück nennen? Sage ehrlich. Es ist Schurkerei, Taktieren, Gaunerei und Heuchelei.

Jede irdische Liebe ist hohl, hat Mißtöne, versteckte Zweifel und Mängel. Aber wahre, reine Liebe ist reich, tief, voll und fehlerlos. Sie ist ewig, unveränderlich und unbegrenzt.

Selbstsüchtige Leidenschaft sucht Befriedigung durch andere. Aber reine göttliche Liebe versucht, den Geliebten glücklich zu machen und schöpft Glück aus dem Glück des letzteren. Liebe ist Opfer. Lieben heißt teilen und dienen.

Dienen ist der Ausdruck der Liebe

Liebe schwingt in Form von Dienen, Barmherzigkeit, Großzügigkeit und Wohlwollen.

Daya ist aktives Wohlwollen. Es ist der positive Ausdruck der Liebe. Ahimsa ist der negative Ausdruck der Liebe. Passive Güte allein genügt nicht. Aktive, positive Güte ist überaus notwendig, um spirituelle Fortschritte zu machen. Der Aspirant muß stets tätig sein.

Der Geist des Dienens muß in dir verwurzelt sein. Der Geist des Dienens muß dir angeboren und zu eigen sein. Es darf nicht nur ein bloßes zur Schau stellen sein. Jeder Dienst ist leer, wenn darin keine Liebe, Zuneigung, Aufrichtigkeit und Bhava ist. Wenn du mit Bhava und Liebe dienst, steht Gott hinter dir.

Shankara, Buddha, Jesus und Mohammed dienten. Diene, liebe, gib. Wer sich an diese Anweisungen hält, kann schwere Zeiten und harte Tage durchmachen, da er vom himmlischen Strahl erleuchtet ist.

Mache andere wirklich glücklich, indem du dich bemühst, dich selbst glücklich zu machen. Sprich ein aufmunterndes Wort. Lächle freundlich. Tue etwas Gutes. Diene ein wenig. Trockne die Tränen eines Verzweifelten. Ebne einem Menschen einen steinigen Weg. Du wirst große Freude empfinden.

Kosmische Liebe, Vishva Prema

Verehre die Armen, Unterdrückten und Bedrängten. Sie sind deine Götter. Sie sind deine ersten Götter.

Liebe alle. Du wirst mehr Nutzen daraus haben, als aus einer Million Yajnas, Opfern, Askesen und Vratas. Sieh das Glück deines Nächsten als dein eigenes Glück und sieh den Schmerz deines Nächsten als deinen eigenen Schmerz.

Der Mensch ist eins. Gott ist eins. Liebe ist eins. Das Gesetz ist eins. Die Verwirklichung ist eins. Wir alle sind Früchte des einen Baumes und Blätter des einen Zweiges. Es gibt in dieser Welt keine Fremden oder Unbekannten. Jeder ist Gott, in Entwicklung begriffen.

Fühle dich eins mit allem Lebendigen. Lebe friedlich mit Freund und Feind.

Alle Menschen sind Glieder des einen Körpers. Die ganze Schöpfung ist die Familie Gottes. Liebe Gottes gesamte Schöpfung. Liebe auch das Blatt; liebe die Tiere; liebe die Vögel; liebe die Pflanzen; liebe alles. Das ist der Weg, um das Geheimnis zu erkennen, das dem allen zugrunde liegt.

Ich folge der Religion der Liebe. Ich bin ein wahrer Christ, ein wahrer Moslem, ein wahrer Hindu, ein wahrer Buddhist, ein wahrer Sikh und ein wahrer Parse.

Wahre Religion besteht nicht aus rituellen Bräuchen, Bädern und Pilgerreisen, sondern aus der Liebe zu allen. Kosmische Liebe ist alleinschließend und allumfassend. Die reine Liebe schließt niemanden von ihrer warmen Umarmung aus. Sie ist offen genug, um den

Bescheidensten von uns miteinzubeziehen, von der winzigen Ameise zum mächtigen Elefanten, vom verurteilten Gefangenen zum mächtigen Herrscher, von schlimmsten Schurken zum berühmtesten Heiligen auf dieser Erde. Haß trennt Mensch von Mensch, Nation von Nation und Land von Land. Stolz und Egoismus trennen den einen Menschen vom anderen. Haß, Stolz und Egoismus sind Schöpfungen des Geistes. Sie sind nur das Ergebnis von Unwissenheit. Sie können vor der reinen Liebe nicht bestehen.

Der Ruf der Stunde

Haß schafft Haß. Liebe zeugt Liebe. Furcht schafft Furcht. Das ist das unveränderliche psychologische Gesetz. Es ist das natürliche Recht der Liebe, der Kraft Gottes, auf dieser Erde vorzuherrschen und alle Kräfte des Hasses und des Bösen zu überwältigen.

In der Liebe liegt die Rettung aller Wesen. Liebe ist die Hoffnung dieser dunklen und einsamen Welt. Diese Welt braucht Führer, die erfüllt sind mit Wohlwollen, dem Geist der Zusammenarbeit, Liebe, Opferbereitschaft, Mitgefühl und Toleranz. In der Pflege dieser kosmischen Liebe liegt der individuelle spirituelle Fortschritt, das Wohlergehen der Gemeinschaft und der Friede der ganzen Welt. Mach dich daher ans Werk, und verbreite diese Botschaft der kosmischen Liebe in der ganzen Welt.

Gehe an jedes Mohalla, in jedes Haus. Singe Kirtan. Leite Gemeinschaftsgebete. Verbreite die Botschaft von Liebe, Einheit, Wohlwollen, Dienen, Opfer, Zusammenarbeit und Sympathie. Möge die spirituelle Botschaft der Einheit und des Göttlichen aufrufen zu Einheit, Freundschaft und freundschaftlicher Zusammenarbeit, möge sie die Herzen aller erreichen und Liebe und Brüderlichkeit im Busen der Menschheit erwecken. Möge die ganze Welt von einem liebevollen Herzen umgeben sein.

Liebe - das Lebensziel

Die Heiligen, Seher und Propheten der Welt haben von der Liebe als dem Ziel, der Absicht und dem Sinn des Lebens gesprochen. Die Rasa Lila von Shri Krishna ist voll Prem und göttlicher Geheimnisse. Das Zerreißen der Kleider der Gopis bedeutet die Zerstörung des Ichdenkens. Shri Krishna hat mit Seiner Flöte Liebe gepredigt. Buddha war ein Meer von Liebe, er gab seinen Körper hin, um den Hunger eines Tigerjungen zu stillen. Raja Sibi gab aus seiner Brust ein Stück, das ebenso schwer war, wie das Fleisch der Taube, um den Hunger des Falken zu stillen. Welch edle Seele! Gott Rama lebte ein Leben der Liebe und zeigte Liebe un jedem Zoll seines Tuns. Meine teuren Kinder der Liebe, schöpft Inspiration aus ihrer Lehre. Beschreitet den Pfad der Liebe, verbindet euch mit Gott und gelangt zum ewigen Sitz der Liebe. Das ist eure höchste Pflicht. Ihr habt diesen Körper angenommen, um die Liebe zu erreichen, die allein das Ziel des Lebens ist.

Lebe in der Liebe. Atme in der Liebe. Singe in der Liebe. Iß in der Liebe. Trinke in der Liebe. Bete in der Liebe. Meditiere in der Liebe. Denke in der Liebe. Bewege dich in der Liebe. Stirb in der Liebe. Reinige deine Gedanken, dein Reden und Tun im Feuer der Liebe. Bade und tauche ein im heiligen Ozean der Liebe. Nimm den Honig der Liebe zu dir und werde zu einer Verkörperung von Liebe.

Fühle, daß dieser Körper ein sich bewegender Tempel Gottes ist. Fühle, daß alle Wesen Abbilder Gottes sind. Fühle, daß diese Welt vom Herrn erfüllt ist. Fühle, daß die eine Kraft Gottes durch alle Hände arbeitet, durch alle Augen sieht und durch alle Ohren hört. Du wirst ein anderer Mensch werden. Du wirst höchsten Frieden und höchste Wonne erfahren.

Mahabharata

Das Mahabharata wurde von Vyasa (Krishna Dvaipayana), dem Großvater der Helden aus diesem Epos verfaßt. Er teilte dieses Epos seinem Sohn Suka, seinem Schüler Vaisampayana und anderen mit. König Janamejaya, der Sohn von Parikshit, der Enkel der Helden des Epos, führte ein großes Opfer aus. Das Epos wurde Janamejaya auf Geheiß Vyasas von Vaisampayana vorgetragen. Später rezitierte Sauti das Mahabharata für Saunaka und andere während des Opfers, das von Saunaka in Naimisaranya bei Sitapur in Uttar Pradesh (Indien) ausgeführt wurde, so wie es Vaisampayana für Janamejaya getan hatte.

Inhalt des Mahabharata

Das Mahabharata enthält die Essenz aller Schriften. Es ist eine Enzyklopädie über Ethik, Wissen, Politik, Religion, Philosophie und Dharma. Der große Autor sagte im ersten Kapitel zu Brahma (dem Schöpfer) hinsichtlich des Inhalts des von ihm vorgeschlagenen Werks: »Herr, die Geheimnisse der Veden, die ich an anderer Stelle festgehalten habe, die Lehren der Upanishaden, Einzelheiten über vedischen Rituale, die subtilen Lehren der Itihasas und Puranas, das Wissen um die dreifachen Zeitangaben - Vergangenheit, Gegenwart und Zukunft - bestimmte genaue Angaben über Alter, Tod, Angst und Krankheiten, die einzelnen Punkte betreffend die Pflichten, die den Asramas vorgeschrieben sind, Einzelheiten über die Einteilung in die vier Varnas, Richtlinien zur Auftrechterhaltung von Askese und Zölibat, Einzelheiten über den Einfluß und die Bewegungen der Planeten, der Sonne, des Mondes und der Erde, die spirituelle Lehre der Veden, Logik, Medizin, Regeln der Barmherzigkeit, die Pasupata Religion, Einzelheiten über das himmlische und das menschliche Leben, Beschreibungen von heiligen Flüssen, Ländern und Orten, die Kriegswissenschaft, die Art der Sprachwissenschaft und der Rede, die Art und Weise weltlicher Lebensführung - all das ist in diesem Werk enthalten. Nichts mehr bleibt zu schreiben, was es in der Welt gibt.« Abschließend sagte der Autor: »Was hier gesagt wird, findet sich auch an anderer Stelle; was sich hier nicht findet, ist auch sonst nirgends.« Das Mahabharata hat hunderttausend Verse.

Es hat achtzehn Parvans oder Abschnitte, nämlich Adi Parva, Sabha Parva, Vana Parva, Virata Parva, Udyoga Parva, Bhishma Parva, Drona Parva, Karna Parva, Salya Parva, Sauptika Parva, Stri Parva, Santi Parva, Anusasana Parva, Asvamedha Parva, Asramavasika Parva, Mausala Parva, Mahaprasthanika Parva und Svargarohanika Parva. Jedes Parva hat viel Unterparvas, Unterteilungen.

Synopse des Mahabharata

Das Mahabharata ist die Geschichte des großen indischen Krieges zwischen den Pandavas und den Kauravas. Die beiden Brüder Dhritarashtra und Pandu wurden als Nachkommen des Weisen Vyasa nach dem Tod von Vichitravirya geboren. Da Dhritarashtra blind war, folgte Pandu auf dem Thron, aber er überließ das Königreich seinem älteren Bruder und ging in den Wald, wo seine fünf Söhne Yudhishthira, usw. geboren wurden und den Namen Pandavas erhielten. Dhritarashtra hatte auch hundert Kinder, Duryodhana und andere, die den Namen Kauravas erhielten. Pandu starb, als seine Söhne noch Kinder waren, und Dhritarashtra herrschte weiter über das Königreich mit Hilfe seines Großonkels Bishma, der lebenslanges Zölibat gelobt hatte. Die Pandava und Kaurava Prinzen wurden von Dronacharya gemeinsam aufgezogen, ausgebildet und unterrichtet. Beide Prinzengruppen nahmen für sich ein Recht auf das Königreich in Anspruch, waren den anderen feindlich gesinnt, und ihre Gefühle und Beziehungen wurden von Tag zu Tag angespannter. Wegen der Verfolgung durch die Kauravas verließen die Pandavas ihr Heim und erlitten viel Härte und Schmerz, aber bei ihrer Hochzeit mit der Tochter von Drupadam, schickte König Dhritarashtra nach den Pandavas und übergab ihnen eine Hälfte des Reiches. Die Pandavas verbesserten ihr Land, richteten ihre Hauptstadt in Indraprashtra ein und führten dann mit großem Glanz das Pferdeopfer aus. Die Kauravas waren auch eingeladen, aber angesichts des großen Vermögens der Pandavas, und beleidigt durch Witze, die über sie gemacht wurden, wurden sie von Eifersucht und Mißgunst überwältigt und kehrten mit Gefühlen von Feindschaft und Rache nach Hause zurück. Dann schmiedeten sie Pläne gegen die Pandavas, luden sie zum Glückspiel ein und gewannen dabei all ihr Vermögen, das Königreich und ihre Personen und beleidigten Draupadi vor den Augen aller Anwesenden. Am Ende wurde festgelegt, daß die Pandavas für zwölf Jahre ins Exil in den Wald gehen und ein weiteres Jahr unerkannt bleiben müßten; nach ihrer Rückkehr aus dem Exil sollten sie berechtigt sein, ihr verlorenes Königreich zurückzuerhalten. Die Pandavas taten das alles, aber bei ihrer Rückkehr verweigerten die Kauravas die Rückgabe des Königreichs. Das führte zu einem Familienkrieg, in dem alle Kauravas und die beiden Armeen ausgelöscht wurden und nur die Pandavas überlebten und siegreich blieben.

Die Pandavas wurden unterstützt von Shri Krishna und anderen Freunden, Drupada, Virata, usw., und ihre Streitkräfte betrugen sieben Bataillons (Akshauhinis). Die Kauravas wurden ebenfalls unterstützt von ihren Verwanden und Freunden, und ihre Streitkräfte betrugen elf Bataillons. Die Pandavas waren erfolgreich durch ihr gerechtes Anliegen und göttliche Gnade.

Das Mahabharata, das bekannteste indische Epos, ist als Buch einzigartig in seiner Art auf der ganzen Welt. Es wird auch der fünfte Veda genannt. Es enthält unzählige Geschichten neben der Hauptepisode - dem Mahabharata - die moralische Lektionen geben oder irgendwelche Charakteristika des alten Indien illustrieren. Es enthält die Geschichte des politischen, sozialen und religiösen Lebens. Die in diesem Epos enthaltenen Geschichten, Lieder, Märchen, Anekdoten, Parabeln, Gespräche und Aussprüche sind wundervoll und überaus lehrreich. Es enthält die glänzende Geschichte von mächtigen Helden, sehr mutigen Kriegern, tiefsinnigen Denkern, profunden Philosophen, Weisen und Asketen und hingebungsvollen keuschen Gemahlinnen.

Das Bishma Parva des Mahabharata enthält die heilige Botschaft der Srimad Bhagavad Gita, ein Gespräch zwischen Shri Krishna und Arjuna. Die Gita ist der Kern des Mahabharata. Da dem Yoga hier ein solcher Vorzug gegeben wird, kann kein Zweifel darüber bestehen, daß das übrige Mahabharata, das Yoga direkt oder allegorisch erwähnt, eine Abhandlung über Yoga ist.

Die Anfangs- und die Schlußzeilen des großen Epos sind von großem Interesse. Es beginnt: »Vyasa besang die unbeschreibliche Größe und Herrlichkeit von Gott Vasudeva, der Quelle und Halt von allem ist, der ewig ist, unveränderlich, aus sich selbst strahlend, und der in allen Wesen wohnt, und von der Wahrhaftigkeit und Rechtschaffenheit der Pandavas.« Es endet: »Mit erhobenen Händen rufe ich so laut ich kann, aber leider, niemand hört mein Worte, die höchsten Frieden schenken können, Freude und ewige Wonne. Durch Dharma (Rechtschaffenheit - Pflichterfüllung) kann Wohlstand und alles Gewünschte erreicht werden. Warum gibt es Menschen, die dem Dharma nicht folgen ? Man darf Dharma unter keinen Umständen aufgeben, nicht einmal unter Lebensgefahr. Man darf nicht aus Leidenschaft, Furcht oder Habsucht auf Dharma verzichten, oder um sein Leben zu erhalten.

Das ist das Bharata Gayatri. Meditiere täglich darüber, Oh Mensch, wenn du dich zur Ruhe begibst, und wenn du dich allmorgendlich von deinem Lager erhebst. Du wirst alles erreichen. Du wirst Ruhm erlangen, Herrlichkeit, Reichtum, ein langes Leben, ewige Wonne, immerwährenden Frieden und Unsterblichkeit.«

Personen im Mahabharata

Jede der im Epos beschriebenen Personen hat einen unsterblichen Namen zurückgelassen, der Lektionen in Moral erteilt. Der edle und heldenhafte Ahnherr Bishma - der Macht über seinen Tod hatte und im Krieg selbst von den Göttern nicht zu bezwingen war - inspiriert uns noch immer mit dem Geist der Selbstaufopferung, des unerschrockenen Mutes und der Reinheit. Yudhishthira ist noch immer ein Beispiel für Rechtschaffenheit und Gerechtigkeit. Er ist ein inspirierendes Beispiel, auch heutzutage, für Herrscher über Königreiche und Staaten. Er war eine Verkörperung von Gerechtigkeit, Geduld, Beständigkeit, Reinheit, Wahrhaftigkeit und Nachgiebigkeit. An seinen Namen zu denken, läßt uns noch immer im Herzen erschaudern und treibt uns dazu an, den Weg der Wahrheit und der Tugend zu beschreiten. Karna lebt noch immer in unseren Herzen aufgrund seiner überaus großen Freigiebigkeit und Liberalität. Karnas Name ist sprichwörtlich geworden. Man sagt auch jetzt, wenn man einem besonders großzügigen Menschen begegnet: »Er gibt wie Karna.« Auch jetzt noch bewundern wir Arjuna als vollkommenen Menschen und verehren Shri Krishna als unseren Beschützer und Retter. Wenn wir in Schwierigkeiten sind und verzweifelt, beten wir zu Ihm: »Oh Herr ! Rette uns, so wie Du einst Draupadi und Gajendra gerettet hast.«

Der Glanz und der hervorragende Ruf dieser strahlenden Personen des Mahabharata haben trotz des Wütens der grausamen Zeit keine Einbuße erlitten. Ihr Charakter war makellos und erhaben. Daher waren auch ihre Taten bewundernswert, lobenswert und erhaben. Stets ist Entschlossenheit im Leben großer Männer aller Länder der Schlüssel zum Erfolg gewesen. Helden würden kein Zoll vom Pfad ihrer Pflicht abweichen, wenn sie dazu aufgerufen sind, sie zu erfüllen. Man ist verblüfft und sprachlos, wenn man von der wunderbaren Stärke Bhimas liest, von Arjunas beeindruckendem Geschick in der Handhabung von Pfeil und Bogen, von Sahadevas Gewandtheit in der Verwendung des Schwertes, von Nakulas profunder Kenntnis der Astronomie und von Yudhishthiras höchst rechtschaffenem Verhalten und seiner Gerechtigkeit in allen Dingen. Die heroischen Taten von Bishma, Karna, Drona, Parasurama, Jayadratha, Dhrishtadyumna, Asvatthama und vieler anderer sind übermenschlich. Diese Helden übten strenges Tapas und erwarben sich außergewöhnlichen Segen vom Herrn. Deshalb vollbrachten sie wunderbare heldenhaften Taten, die jeder Beschreibung spotten.

Draupadi, Savitri, Kunti, Madri, Damayanti und Gandhari waren ihren Gatten zutiefst ergeben. Sie waren kühn und furchtlos in größten Schwierigkeiten, Härten, Leiden und Entbehrungen. Sie waren fromm. Sie ertrugen die Leiden durch die Kraft ihrer Keuschheit und moralischen Stärke. Sie waren ideale Gattinnen und Mütter. Deshalb sind ihre Name unsterblich geblieben.

Die Leiden der Pandavas und Draupadis, Nalas und Damayantis, Savitris und Satyavans zeigen uns klar und deutlich die harte Wahrheit, daß das Ziel des Lebens, Vollkommenheit, nur durch Schmerz und Leiden erreicht werden kann. Schmerz ist das Mittel, durch das der Mensch geformt, diszipliniert und gestärkt wird. So wie unreines Gold durch das Schmelzen in einem Schmelztiegel in reines Gold umgewandelt wird, so wird auch der unvollkommene und schwache Mensch durch das Schmelzen im Schmelztiegel von Leid und Schmerz rein, vollkommen und stark gemacht.

Der blinde Dhritarashtra steht für Avidya, Unwissenheit; Yudhishthira für Dharma; Duryodhana für Adharma; Draupadi für Maya; Bhishma für Leidenschaftslosigkeit; Dussasana für schlechte Eigenschaften; Sakuni für Eifersucht und Treulosigkeit; Arjuna für die individuelle Seele; und Shri Krishna für die höchste Seele. Kurukshetra ist das Antahkarana.

Lehre

Die Botschaft des Mahabharata ist die Botschaft von Wahrheit und Rechtschaffenheit. Das große Epos führt zu einem moralischen Erwachen der Leser und bringt sie dazu, den Pfad von Satya und Dharma einzuschlagen. Es treibt sie mit großer Macht zu guten Taten, zur Praxis von Dharma und zur Pflege von Leidenschaftslosigkeit, indem es sie die täuschende Natur dieses Universums und seinen leeren Ruhm und Sinnesfreuden erkennen und ewige Wonne und Unsterblichkeit erlangen läßt. Es bringt Menschen dazu, das zu tun, was Yudhishthira getan hat, und aufzugeben, was Duryodhana getan hat. Halte fest an Dharma. Du wirst immerwährendes Glück und Moksha erreichen, das höchste Gut des Lebens. Das ist der eigentliche Inhalt und die zentrale Lehre des Mahabharata.

Möge die Lehre dieses hervorragenden alten Epos dich bei jedem Schritt in deinem Leben leiten. Mögest du an Dharma festhalten. Mögen die großen Charaktere des Mahabharata dich inspirieren. Mögest du die Rechtschaffenheit Yudhishthiras, die Reinheit Bishmas, den Mut Arjunas und die Großzügigkeit Karnas in dich aufnehmen. Ehre sei Shri Bhagavan Vyasa, dem Ahnherrn der Helden, dem Autor des Mahabharata, **Chiranjivi** und Avatar Gott Haris. Möge sein Segen auf euch allen sein!

Maya

Das, was tatsächlich nicht ist, aber zu sein scheint, ist Maya. Das, was Täuschung, Moha, verursacht, ist Maya.

Maya ist Schein. Sie ist äußerer Anschein. Sie ist die täuschende Kraft Gottes.

Maya ist die täuschende Kraft Gottes. Sie ist der Mutterschoß dieses Universums. Sie projiziert diese Welt zu Seiner Lila. Geist, Verstand, Körper und Sinne sind ihre Formen. Sie ist die Energie, der Mutteraspekt, des Herrn.

So wie Hitze nicht von Feuer zu trennen ist und Kälte nicht von Eis, so ist Maya nicht von Brahman zu trennen. Sie hängt von Brahman ab.

Maya hat zahllose Möglichkeiten. Die Festigkeit des Steines ist eine Kraft von Maya. Das Flüssigkeit des Wassers ist eine weitere Kraft von Maya. Feuer ist eine dritte, die Brennkraft von Maya. Luft ist die bewegende Kraft von Maya. Äther ist die Leere, die Raumkraft von Maya.

Die Große Illusion

Durch die Kraft dieser Maya wird anstatt des höchsten Wesens die ganze Welt wahrgenommen. Maya schafft diese Welt, ohne Brahman im mindesten zu beeinträchtigen. Die Kraft, Unmögliches zu schaffen, ist eine Eigenheit von Maya.

Maya ist die Mutter unbegrenzter Rätsel. Maya verhüllt Brahman und läßt Es anders erscheinen, als Es ist. Sie teilt das unendliche, namen-, gestalt- und eigenschaftslose Brahman in die begrenzten Erfahrungsbereiche und gibt ihnen Namen, Formen und Eigenschaften.

Maya existiert als Ursache der Wahrnehmung der Mannigfaltigkeit des Universums, aber in Wahrheit hat sie keine Wirklichkeit. Sie ist selbst ebenso ein Schein wie der Schein, den sie schafft. Man kann nicht sagen, daß sie existiert, man kann auch nicht sagen, daß sie nicht existiert. Sie ist die falsche Ursache des trügerischen Scheins. Man kann nicht sagen, was sie eigentlich ist. Sie ist unergründlich und unbestimmbar.

Maya ist weder wahr noch falsch. Sie ist wahrlich falsch und fälschlich wahr. Sie ist weder real noch irreal. Sie hat nicht die Wirklichkeit Brahmans, denn sie verschwindet, wenn Erkenntnis erlangt wird. Sie ist nicht unwirklich, wie der Sohn einer unfruchtbaren Frau oder das Horn des Hasen, denn man kann ihre Gegenwart wahrnehmen.

Diese Maya ist in gewisser Weise wie Gauklerei. Du bist verblüfft, solange du den Gaukler nicht siehst. Sobald der Gaukler bekannt ist, weißt du, daß die Ergebnisse unwirklich sind; das Wunder endet sofort. Wenn Brahman verwirklicht wird, verschwindet das Wunder des Wirkens der Maya. Du erkennst, daß das, was dich in Staunen versetzte, nicht real ist.

Wenn der Hypnotiseur das ganze Publikum hypnotisiert, glauben alle, der Mann stiege am Seil in der Luft empor. Alle sehen, daß der Hynotiseur ein großes Schwert verschlingt und den Körper einer Dame in der Kiste durchschneidet. Genauso seid ihr alle von Maya und Avidya hynotisiert und haltet diese unwirkliche Welt für feste Realität. Enthynotisiert euch durch das Erreichen der Erkenntnis von Brahman. Nur dann werdet ihr die große Gauklerei der Maya verstehen.

Erscheinungsformen von Maya

Maya ist der größte Künstler und der größte Gaukler. Die Weltlinge können ihre Tricks nur schwer durchschauen. Sie täuscht die Leidenschaftlichen und die Unvorsichtigen.

Sie verbirgt das Reale und läßt das Unwahre wahr erscheinen. Sie läßt das Nichtdauerhafte dauerhaft erscheinen, das Unreine rein, Schmerz als Freude und Anatman als Atman.

Du weißt, daß du sterben wirst, und doch denkst du, du wirst ewig leben. Das ist Maya. Du weißt, daß die Welt voller Leiden ist, und doch erfreust du dich an den vergänglichen Objekten und gibst sie nicht auf. Das ist Maya. Du weißt, daß der Körper einer Frau aus allen möglichen Unreinheiten besteht, aus Fleisch, Knochen, Urin und Fäkalien, und doch genießt du ihre Umarmung. Das ist Maya.

Maya verursacht ein falsches Glitzern und fängt die getäuschten Jivas. Sie galvanisiert ein wenig. Der Mensch ist gefangen. Er ist festgehalten im Rad von Geburt und Tod.

Unter dem Zuckerguß der Maya verbirgt sich bitteres Chinin. Hinter dem Garten der Sinnesfreuden verbirgt sich ein Schleier von Tränen. Hinter dem Lächeln einer Frau verbirgt sich Haß, Enttäuschung, Schurkerei und Unaufrichtigkeit. Hinter den roten Lippen verbergen sich Schleim und krankheitserregende Bakterien. Hinter den rosigen Wangen verbirgt sich rohes Fleisch. Hinter der heiteren Jugend verbirgt sich das Alter mit zaudernden Schritten. Hinter der Schönheit verbirgt sich Häßlichkeit. Hinter dem Zauber dieses Universums, verbergen sich Tod, Krankheiten, Schlangenbisse, Skorpionstiche, Zensur, Unehre, Erdbeben, Zyklone, Krieg und Atombomben. Laß dich nicht von dieser täuschenden Maya in die Irre führen.

Maya bindet dich auf verschiedene Art. Es ist schwierig, ihr heimliches Wirken zu durchschauen. Ein Mensch entsagt der Welt. Er nimmt Sannyas und errichtet einen Ashram. Langsam verhaftet er sich an den Ashram und an seine Schüler. Er entwickelt Standesdünkel, Sannyasa Abhimana, und Stolz auf Tyaga und Gelehrtheit.

Der Mann auf der Straße lächelt, behandelt dich respektvoll und berührt deine Füsse. Du verhaftest dich an ihn. Ein Mensch dient dir, lobt dich und macht dir Geschenke. Du verhaftest dich an ihn.

Ein anderer spricht freundliche Worte, gibt dir gute Speisen und ein bequemes Haus. Du verhaftest dich an ihn und an das Haus.

Lächeln, Zuneigung, Bequemlichkeit, Ruhm, Ehre, sanfte Worte, Frau, Kinder, Heim, Eigentum, Respekt, Ehre, Macht, Prestige, Position, Titel und Himmel, all das sind verlokkende Köder, um die getäuschten Seelen zu umgarnen. Nimm dich in acht vor dem Zauber der Maya.

Oh unwissender Mensch ! Verwickle dich nicht in den Maschen der Maya. Die ganze Welt ist ein Netz der Maya, um die unwissenden getäuschten Seelen zu fangen. Sei vorsichtig, sei achtsam, hüte dich! Das gesamte Universum ist das falsche Glitzern von Avidya. Es ist voll von Fallen und Versuchungen. Farbe, Klang und Berührung sind die verlockenden Köder der Maya. Frauen, Geld und Macht sind ihre Lockmittel. Süßigkeiten, Blumen und Gold sind der Zauber der Maya.

Die Maya des Herrn ist geheimnisvoll. Sie nimmt verschiedene subtile Formen an und täuscht den Menschen in verschiedener Hinsicht. Wenn du Leidenschaft aufgibst, siehst du, daß der Zorn zurückbleibt. Wenn du den Zorn beherrschst, ist noch immer die Gier in dir. Wenn die Gier beherrscht ist, hängt sich der Stolz fest an dich. Wenn du auf Tee und Kaffee verzichtest, hängst du dich an Milch und Früchte. Wenn du die Zunge beherrschst, wartet das Auge darauf, dich zu quälen. Wenn du auf deine alten Freunde verzichtest, hängen sich neue Freunde an dich. Wenn du die eine Arbeit aufgibst, wartet eine andere auf dich.

Bei jedem Schritt breitet Maya einen Schleier aus. Denke nicht, daß du in der letzen Phase des Sadhana nur einen Schleier zu lüften brauchst. Maya breitet zahllose Schleier aus: Verhaftung, Sehnsucht, Wunsch, Anziehung und Abneigung, Verblendung, Stolz, Eifersucht, Haß,

Habsucht, Geschlechtstrieb, Impulse und Triebe, die fünf Koshas, das Streben nach Siddhis, falsche Zufriedenheit mit dem Sadhana, umwölktes Verstehen oder Grobstofflichkeit des Verstandes, all das sind Varianten ihres Schleiers. Wenn du ein wenig unachtsam und sorglos bist, breitet sie einen Schleier nach dem anderen aus. Du hast es mit zahllosen Schleiern zu tun, die alle weggezogen werden müssen.

Vidya Maya und Avidya Maya

Maya bindet den Jiva durch Avidya, Unwissenheit, und befreit ihn durch Vidya, Erkenntnis. Sie ist sowohl Avidya als auch Vidya. Avidya Maya zieht dich hinunter auf den Weg der Bindung und ist gekennzeichnet durch Lust, Zorn, Habsucht, Stolz, Haß, usw. Vidya Maya bringt dich auf den Weg der Befreiung und ist gekennzeichnet durch Unterscheidungskraft, Leidenschaftslosigkeit und Hingabe.

Maya und Geist

Maya manifestiert sich im menschlichen Individuum als Geist. Nur der Geist ist Maya. Maya ist nur Geist. Beherrschung des Geistes ist Beherrschung der Maya. Beherrschung der Maya ist Beherrschung des Geistes. Maya spielt durch den Geist. Maya wütet durch den Geist.

Maya verwüstet durch die Einbildung des Geistes. Nicht die Frau ist schön, sondern die Einbildung ist schön. Nicht Zucker ist süß, sondern die Vorstellung ist süß. Nicht die Speisen sind schmackhaft, sondern die Vorstellung ist schmackhaft. Nicht der Mensch ist schwach, sondern die Einbildung ist schwach. Verstehe die Natur der Maya und des Geistes, und werde weise. Zügle diese Vorstellung des Geistes durch richtiges Denken und weile in Brahman, wo es weder Einbildung noch Gedanken gibt.

Wenn Geist da ist, ist das Universum da. Im Tiefschlaf arbeitet der Geist nicht. Also gibt es keine Welt. Je mehr du an die Objekte denkst, desto realer wird dir diese Welt erscheinen. Die Konzeption von der Wirklichkeit des Universums wird sich steigern, wenn du wiederholt an Sinnesobjekte denkst.

Wenn der Geist wild auf die Sinnesobjekte zuläuft, bemächtigt sich die Maya des Menschen. Maya wütet durch den Geist. Dieser niedere impulsive Geist zieht zu allen möglichen unbedeutenden Sinnesfreuden hinunter und täuscht auf verschiedenste Weise. Maya läßt durch ihre Macht im Geist Millionen von Sankalpas entstehen. Der Jiva wird eine Beute der Sankalpas.

Dieser niedere Manas kann sich nicht an Menschen heranmachen, die eine starke Unterscheidungskraft zwischen Wirklichem und Unwirklichem haben. Maya kann sehr leicht aufgedeckt werden, und das Selbst kann sehr leicht verwirklicht werden von Menschen, die Unterscheidungskraft und starke Entschlossenheit besitzen. Durch diese Kräfte, nämlich Viveka und Willen, kann Maya beherrscht werden.

Das 'Warum' von Maya

Das Warum von Maya, das Warum des Menschen, das Warum des Universums, das Rätsel der Existenz und das Rätsel des Universums sind Probleme, die jenseits der Möglichkeiten des begrenzten menschlichen Verstandes liegen. Der Verstand des Menschen ist völlig unfähig, diese Fragen zu lösen, und je mehr er sich um sie bemüht, desto verwirrter wird er. Diese Probleme können erst nach der Erlangung von Brahma Jñana, der göttlichen

Weisheit, verstanden werden. Die Antworten sind im Absoluten verschlossen, und die Türen sind für den relativen Geist und Verstand versperrt. Keine Worte können in ausreichendem Maße den Ursprung von Maya beschreiben. Nur wer Atma Jñana erreicht, nachdem er Maya überwunden hat, weiß, was Maya ist, wie sie entsteht und zerstört wird.

Das Warum der Maya kann man nur verstehen, wenn man die Kenntnis von Brahman erlangt. Zermartere dir nicht jetzt dein Gehirn, um das Warum der Maya zu verstehen. Du wirst in keiner Schrift eine Antwort finden. Das Warum ist an sich eine logische Absurdität. Du kannst nur ein Warum in weltlichen Fragen haben, wo Buddhi wirkt. Es kann kein Warum geben für Fragen auf transzendentaler Ebene, wohin ein grobstofflicher, begrenzter und durch Zeit und Raum bedingter Verstand nicht reichen kann.

Jeder, der sich darum bemüht hatte, die empirische Welt zu begründen, wurde auf jedem Schritt mit Unwissenheit konfrontiert und war gezwungen zuzugeben, daß der menschliche Intellekt nur so weit gehen kann und nicht weiter. Alle, die die Wahrheit gesehen haben, alle Acharyas, Propheten, Philosophen, Metaphysiker und Theologen sind vollständig gescheitert. Daher bemühe bitte dein Gehirn nicht länger mit dem Ursprung dieser Maya. Sondern frage nach den Mitteln, um sie zu zerstören. Wenn sie zerstört ist, wirst du verstehen können, wie sie entstand, woher sie entstand, was ihre Natur ist, und wie sie vergeht. Wenn du eine Injektion von einer Dosis Jñana bekommst, wirst du nicht im Ozean unheilvoller Wiedergeburten versinken. Die schreckliche Maya gibt es tatsächlich nicht.

Maya - ein negatives Sein

Das Fehlen von Licht ist Dunkelheit. Dunkelheit ist keine wirkliche Wesenheit. Dunkelheit hat ein negatives Sein. So hat Maya ein negatives Sein. Wenn das Licht gebracht wird, verschwindet die Dunkelheit. Genauso, wenn Erkenntnis kommt, verschwindet Maya.

Der Schleier verhüllt die Schönheit. Der Topf verbirgt den Ton. Der Ring verbirgt das Gold. Der Elefant verbirgt das Holz. Die Süßspeise verbirgt den Zucker. Das Tuch verbirgt den Faden. Der Nagel verbirgt das Eisen. Avidya verbirgt die Ewigkeit. Formen verbergen Brahman. Hinter dem Schleier der Maya verbirgt sich Brahman. Durchbrich den Schleier. Nimm das Licht der Lichter wahr.

Die lebenslange Reise am Pfad der Erleuchtung ist lange und beschwerlich. Sie verlangt aufrichtiges, ernsthaftes und praktisches Bemühen mit unerschrockener und unermüdlicher Energie. Gib unnütze Diskussionen auf. Schreite rasch am Weg voran. Iß die Frucht.

Ein Mensch, dessen Kleider in Flammen stehen, wird sofort zum Wasser laufen. In der Hitze des Moments, wenn er sehr verzweifelt ist, wird er nie fragen, wie das Feuer entstanden ist, oder wie seine Kleider Feuer gefangen haben. Genauso, wenn du in diesem schrecklichen Rad von Samsara, von Geburt und Tod, mit viel Kummer, Heimsuchungen, Schmerzen und Versuchungen gefangen bist, mußt du tun, was du kannst, um dich der Maya zu entledigen. Es gibt Möglichkeiten, um Maya zu zerstören. Nach dieser Zerstörung wirst du das Warum und das Wesen der Maya verstehen.

Erwache aus dem Schlummer der Unwissenheit. Entwickle Leidenschaftslosigkeit und Unterscheidung und frage: »**Wer** bin ich ?« Du wirst dich aus den Fängen der Maya befreien. Du wirst die ewige Wonne Brahmans erfahren.

Halte durch. Schufte weiter. Schreite mutig voran. Sei regelmäßig in deinem Sadhana. Übe ewige Wachsamkeit und Innenschau. Bete. Mache Japa. Verehre Gott und meditiere. Maya kann dich nie, nie erreichen. Du wirst immer die Gnade Gottes erfahren. Alle Schleier werden weggezogen werden.

Meditation

Ein tugendhaftes Leben zu führen, ist alleine nicht ausreichend für Gottverwirklichung. Konzentration des Geistes ist unbedingt notwendig.

Ein gutes, tugendhaftes Leben alleine bereitet den Geist als taugliches Instrument für Konzentration und Meditation vor. Konzentration und Meditation führen schließlich zu Selbstverwirklichung.

Ohne die Hilfe der Meditation kann keine Selbsterkenntnis erlangt werden. Ohne ihre Hilfe kann man nicht in den göttlichen Zustand hineinwachsen. Ohne sie kann man sich nicht aus den Fesseln des Geistes befreien und Unsterblichkeit erlangen.

Meditation ist der einzige göttliche Weg zur Rettung, Moksha. Sie ist eine mysteriöse Leiter, die von der Erde zum Himmel reicht, vom Irrtum zur Wahrheit, von der Dunkelheit zum Licht, vom Schmerz zur Wonne, von Ruhelosigkeit zu immerwährendem Frieden und von Unwissenheit zu Erkenntnis. Von Sterblichkeit zu Unsterblichkeit.

Was ist Meditation?

Meditation ist das Aufrechthalten eines unaufhörlichen Flusses von Gottbewußtsein. Alle weltlichen Gedanken sind aus dem Geist verbannt. Der Geist ist erfüllt und gesättigt mit göttlichen Gedanken, göttlichem Ruhm und göttlicher Gegenwart.

Meditation ist die siebente Stufe oder Sprosse auf der Yogaleiter. Yogis nennen es 'Dhyana'. Jnanis nennen es 'Nididhyasana.' Bhaktas bezeichnen es als 'Bhajana.'

Vergiß den Körper. Vergiß die Umgebung. Vergessen ist höchstes Sadhana. Es hilft der Meditation sehr. Es macht die Annäherung an Gott einfacher. Wenn man an Gott denkt, kann man alle diese Dinge vergessen.

Jesus sagte: »Mache dich leer, und ich werde dich erfüllen.« Das entspricht der Lehre von Patanjali Maharishi: »Yoga ist das Verlöschen aller geistigen Funktionen.« Dieser Prozeß des Leermachens oder Freimachens des Geistes ist zweifellos ein mühsames Unterfangen. Aber fortgesetztes intensives Üben bringt Erfolg. Darüber besteht kein Zweifel.

In einer großen Stadt herrscht um 8.00 morgens sehr viel Getriebe und Lärm. Um 9.00 ist weniger Getriebe und Lärm. Um 10.00 ist es noch weniger; und um 11.00 ist es sehr viel weniger. Um 1.00 mittags ist es überall friedlich. Genauso sind am Beginn des yogischen Übens zahllose Vrittis im Geist. Es herrscht viel Bewegung und Schwanken des Geistes. Schließlich enden die Gedankenwellen. Am Ende sind alle geistigen Funktionen unter Kontrolle. Der Yogi genießt vollkommenen Frieden.

Die Meditationspraxis

Sitze an einem stillen Ort in Padma, Siddha oder Sukha Asana. Befreie dich von allen Leidenschaften, Emotionen und Impulsen. Unterwirf die Sinne. Ziehe den Geist von den Objekten ab. Nun wird der Geist ruhig, einpünktig, rein und subtil. Mit Hilfe dieses geschulten Instruments, dem disziplinierten Geist, kontempliere über dieses unendliche Selbst. Denke an nichts anderes. Laß keine weltlichen Gedanken im Geist auftauchen. Gestatte dem Geist nicht, an physische oder geistige Vergnügen zu denken. Wenn er sich auf diese Gedanken einläßt, bearbeite ihn heftig. Dann wird er zu Gott gehen. So wie der Ganges unaufhörlich dem Meer zufließt, müssen sich die Gedanken ständig auf Gott zu bewegen. So wie Öl in einem ununterbrochenen ständigen Strom fließt, wenn es von einem Gefäß in ein anderes gegossen wird, so wie der harmonische Klang, den das Läuten einer Glocke erzeugt, in einem ständigen Strom an das Ohr dringt, so muß auch der Geist in einem unaufhörlichen Strom zu Gott fließen.

Du mußt ein geistiges Bild von Gott oder Brahman haben - konkret oder abstrakt - bevor du zu meditieren beginnst. Wenn du ein Anfänger in der Meditation bist, beginne für etwa zehn Minuten mit einigen erhabenen Slokas, Stotras oder Lobgesängen, sobald du dich zur Meditation hinsetzt. Das wird den Geist erheben. Der Geist kann von weltlichen Objekten leicht abgezogen werden. Dann beende diese Gedanken ebenfalls und hefte den Geist durch wiederholtes intensives Bemühen auf nur einen Gedaken. Darauf folgt Nishta.

Wenn man ein Feuer entfacht, häuft man Stroh auf, Papier und Kleinholz. Das Feuer erlischt rasch. Es wird einige Male mit dem Mund oder mit einem Blasrohr angefacht. Nach einiger Zeit wird es zu einer große Feuersbrunst. Man kann es jetzt kaum löschen, auch nicht mit viel Mühe. Ebenso fallen Anfänger am Beginn der Meditation wieder in ihre alten Furchen zurück. Sie müssen ihren Geist immer wieder erheben und auf Lakshya heften. Wenn die Meditation fest und stetig wird, werden sie schließlich fest in Gott wurzeln. Dann wird die Meditation Sahaja, natürlich. Sie wird zur Gewohnheit.

Was in der Meditation geschieht

In der Meditation werden im Gehirn neue Furchen geschaffen und der Geist wird in den neuen spirituellen Furchen erhoben. Wenn der Geist in der Meditation fest wird, werden auch die Augäpfel fest. Ein Yogi, dessen Geist ruhig ist, hat ein festes Auge. Es gibt kein Zwinkern. Die Augen werden strahlend, rot oder rein weiß.

Wenn man in sehr tiefe stille Meditation kommt, kommt der Atem nicht mehr über die Nasenlöchern hinaus. Es mag aber ab und zu eine leichte Bewegung in Lunge oder Bauch geben. In tiefer fortgesetzter Meditation hört das Denken auf. Es gibt nur den einzigen Gedanken »Aham Brahmasmi«. Wenn auch dieser Gedanke aufgegeben wird, folgt Nirvikalpa Samadhi oder Sahaja Advaita Nishta. So wie sich Salz im Wasser auflöst, löst sich der sattvige Geist in der Stille in Brahman, seiner Grundlage, auf.

Hilfen zur Meditation

Zur Meditation bedarf es eines ruhigen, klaren, reinen, subtilen, scharfen, stetigen und einpünktigen Verstandes. Brahman ist rein und feinstofflich, und es bedarf eines reinen und feinstofflichen Geistes, um sich Brahman zu nähern.

Wenn man Feuer an grünes Holz legt, wird es nicht brennen; wenn man Feuer an ein Stück trockenes Holz legt, wird es sofort Feuer fangen und brennen. Ebenso wird der Mensch, der seinen Geist nicht gereinigt hat, nicht das Feuer der Meditation entfachen können. Er wird schlafen oder träumen - Luftschlösser bauen - wenn er sich zur Meditation setzt. Wer aber die Unreinheiten des Geistes durch Japa, Dienen, Barmherzigkeit, Pranayama, usw. gereinigt hat, wird in tiefe Meditation eintreten, sobald er sich zur Meditation setzt. Der reine reife Geist wird sofort im Feuer der Meditation brennen.

Für die Meditation muß alles sattvig gemacht werden. Der Ort der Meditation muß sattvig sein. Das Speisen müssen sattvig sein. Die Kleidung muß sattvig sein. Die Gesellschaft muß sattvig sein. Die Sprache muß sattvig sein. Das, was man hört, muß sattvig sein. Das Denken muß sattvig sein. Das Lernen muß sattvig sein. Alles muß sattvig sein. Nur dann ist ein guter Fortschritt im Sadhana möglich, das gilt im besonderen für Anfänger.

Meditiere zu Brahma Muhurta. Das ist die beste Zeit für die Meditation. Der Geist ist in den frühen Morgenstunden klar und ruhig. Der Geist ist in dieser Phase wie ein leeres Blatt Papier oder eine reine Schreibtafel und relativ frei von weltlichen Samskaras oder Eindrücken. In dieser Phase kann man den Geist leicht nach seinem Wunsch formen. Man kann den Geist jetzt leicht mit göttlichen Gedanken erfüllen.

Es gibt spirituellen Einfluß und dann geheimnisvolle Stille. Alle Heiligen und Yogis meditieren zu dieser Zeit und senden ihre spirituellen Schwingungen in die ganze Welt. Du kannst von ihren Schwingungen großen Nutzen haben, wenn du dein Gebet, dein Japa und deine Meditation zu dieser Zeit beginnst. Du brauchst keine Mühe aufzuwenden. Der Zustand der Meditation kommt von selbst.

Meditiere regelmäßig und systematisch täglich zur selben Zeit. Du erreichst dann leicht die meditative Stimmung.

Ein stiller Ort mit spirituellen Schwingungsbedingungen, ein kühler, sattviger Ort in gemäßigtem Klima wie Uttarkashi, Rishikesh, Lakshmanjhula, Kankhal oder Badrinarayan ist ein unerläßliches Mittel für die Konzentration des Geistes und die Meditation, denn das Gehirn erhitzt sich während der Meditation. Die Ufer des Ganges oder des Narmada, die Himalayalandschaft, hübsche Blumengärten, heilige Tempel - das sind die Orte, die den Geist in Konzentration und Meditation erheben. Bediene dich ihrer.

Du kannst nur dann meditieren, wenn der Geist jenseits aller Ängste ist. Alle physischen Aktivitäten müssen vollständig beendet werden, alle Verhaftungen müssen fünf, sechs Jahre lang an der Wurzel ausgerottet werden, wenn man Dhyana Yoga zu üben wünscht und Gott durch Konzentration des Geistes verwirklichen möchte. Das Lesen von Zeitungen und Briefverkehr mit Freunden und Verwandten müssen vollständig eingestellt werden, da sie Ablenkung des Geistes verursachen und die Gedanken an die Welt verstärken. Zurückgezogenheit für eine Periode von fünf, sechs Jahren ist unerläßlich.

Einige nützliche Hinweise

Strenge in der Meditation die Augen nicht an. Strenge das Gehirn nicht an. Kämpfe und ringe nicht mit dem Geist. Es ist ein großer Fehler. Viele Änfanger begehen diesen schweren Fehler. Das ist der Grund, warum sie leicht rasch ermüden.

Mache keine heftigen Anstrengungen, um den Geist unter Kontrolle zu bringen. Sondern gib ihm lieber für einige Zeit etwas Freiheit, laß ihn laufen und seine Kräfte erschöpfen. Der Geist wird nun zuerst wie ein ungelehriger Affe herumspringen. Schließlich wird er sich beruhigen. Dann kann der Geist auf das Lakshya geheftet werden.

Vetreibe nicht willentlich und heftig die einsickernden Gedanken. Laß die göttlichen Gedanken sanft fließen. Schlechte Gedanken werden von selbst verschwinden.

Wenn man beginnt, einen Raum auszukehren, der sechs Monate lang verschlossen war, kommt verschiedenster Schmutz aus den Ecken des Raumes. Genauso kommen in der Meditation unter dem Druck des Yoga und durch die Gnade Gottes verschiedene Unreinheiten an die Oberfläche des Geistes. Beseitige sie tapfer, eine nach der anderen, mit den entsprechenden Methoden und entgegengesetzten Tugenden.

Täglich müssen Vairagya und die sattvigen Tugenden wie Geduld, Ausdauer, Barmherzigkeit, Liebe, Nachsicht, Reinheit, usw. gestärkt werden. Vairagya und gute Eigenschaften sind hilfreich für die Meditation. Meditation steigert die sattvigen Eigenschaften.

Wenn man meditiert und göttliche oder sattvige Tugenden entwickelt, wird im Geist eine spirituelle Straße errichtet. Wenn man in der Meditation unregelmäßig ist, wenn die

Leidenschaftslosigkeit schwächer wird und wenn man sorglos und unachtsam wird, wird die spirituelle Straße von der Flut der unreinen Gedanken und schlechten Vasanas weggewaschen. Daher meditiere regelmäßig. Regelmäßigkeit in der Meditation ist von größter Wichtigkeit.

Gründe für Mißerfolge in der Meditation

Unter Aspiranten hört man immer wieder die Klage: »Ich meditiere seit zwölf Jahren. Ich habe keinen Fortschritt gemacht. Ich habe nicht verwirklicht.« Warum ist das so ? Was ist der Grund? Sie sind nicht in tiefer Meditation in die innersten Schlupfwinkel ihres Herzens eingetaucht. Sie haben den Geist nicht in der richtigen Weise mit Gedanken an Gott gesättigt. Sie haben kein regelmäßiges systematisches Sadhana gemacht. Sie haben die Indriyas nicht vollkommen gezügelt. Sie haben nicht alle nach außen gehenden Gedanken des Geistes zusammengefaßt. Sie haben nicht den festen Entschluß gefaßt: »Ich werde jetzt in diesem Moment verwirklichen«. Sie haben nicht die vollen hundert Prozent oder sechzehn Annas des Geistes - den ganzen Geist - an Gott gegeben.

Wenn der Meditierende zehn Minuten lang göttliche Gedanken hat und dann die nächsten zehn Minuten weltliche, widerstreitende Gedanken, wird er nicht zum göttlichen Bewußtsein gelangen können. Man darf nur einem Hasen nachlaufen, mit Kraft, Stärke und Einpünktigkeit. Dann fängt man ihn sicher. Man darf die ganze Zeit nur göttliche Gedanken haben. Dann wird man Gott sicher bald verwirklichen.

Man darf sich nicht zu ungeduldig sofort nach den Früchten sehnen, wenn man mit der Meditation beginnt. Eine junge Dame ging hundertachtmal um den Asvattha Baum herum, um ein Kind zu empfangen, und berührte dann sofort ihren Bauch, um zu sehen, ob ein Kind da wäre oder nicht. Das ist einfach Dummheit. Sie muß einige Monate lang warten. Genauso, wenn du einige Zeit lang regelmäßig meditierst, wird der Geist reifen, und schließlich wirst du Atma Sakshatkara, Selbstverwirklichung, erlangen. Eile mit Weile.

Meditationerfahrungen

Verschiedenen Menschen haben verschiedene Meditationserfahrungen. Es kann keine gemeinsame Erfahrung für alle geben. Es kommt an auf Temperament, Art des Sadhana, Ort der Konzentration und diverse andere Faktoren. Manche hören Melodien in den Ohren. Manche sehen Lichter. Manche erfahren Ananda, spirituelle Wonne. Manche haben sowohl Prakasa als auch Ananda. In der Meditation kann man die Erfahrung machen, daß man sich von seinem Sitz erhebt. Manche machen die Erfahrung, daß sie in der Luft fliegen.

Wenn du in intensiver Meditation die Erfahrung von einem Schimmer des Selbst machst, wenn du in der Meditation ein strahlendes Licht siehst und spirituelle Visionen von Engeln, Erzengeln, Rishis, Munis, Devatas und andere außergewöhnliche spirituelle Erfahrungen hast, laß dich davon nicht erschrecken. Halte sie nicht irrtümlich für Geister. Gib dein Sadhana nicht auf. Strebe weiter. Harre fleißig aus. Beseitige einen Schleier nach dem anderen.

Aspiranten sind begierig darauf, bald spirituelle Erfahrungen zu machen. Sobald sie sie erhalten, sind sie erschreckt. Sie sind schrecklich beunruhigt, wenn sie über das Körperbewußtsein hinausgehen. Sie haben ständig einen flüchtigen Zweifel darüber, ob sie wiederkommen werden oder nicht. Warum sollten sie sich fürchten? Es macht keinen großen Unterschied, ob sie zum Körperbewußtsein zurückkommen oder nicht. Alle unsere Versuche sind hauptsächlich darauf ausgerichtet, über dieses Körperbewußtsein hinauszugehen.

Wir sind gewöhnt an bestimmte Begrenzungen. Wenn diese Begrenzungen plötzlich wegfallen, fühlen wir, daß keine feste Basis mehr da ist, auf der wir stehen könnten. Das ist der Grund, warum wir uns fürchten, wenn wir über das Körperbewußtsein hinausgehen. Das ist eine neue Erfahrung. Mut ist notwendig. Tapferkeit ist eine unerläßliche Voraussetzung.

Manchmal werden dich böse Geister stören. Sie haben vielleicht häßliche grimmge Gesichter mit langen Zähnen. Verscheuche sie mit deinem starken Willen. Befiehl ihnen: »Verschwinde.« Sie werden weggehen. Sie sind Vampire. Sie sind Elemetargeister. Sie schaden dem Sadhaka in keiner Weise. Dein Mut wird dabei geprüft. Wenn du ängstlich bist, kannst du nicht weitergehen. Schöpfe Kraft und Mut aus dem Atman im Inneren, der unerschöpflichen Quelle. Du wirst auch sehr guten Geistern begegnen. Sie werden dir sehr bei deinem Vorankommen helfen.

Einige der Visionen, die du in der Meditation wahrnimmst, sind deine eigenen materialisierten Gedanken, und andere sind reale objektive Visionen.

Wenn dein allgemeiner Gesundheitszustand gut ist, wenn du physisch und geistig fröhlich, glücklich und stark bist, wenn der Geist friedvoll und gelassen ist, wenn du in der Meditation Ananda erfährst, und wenn dein Wille stark, rein und unwiderstehlich wird, kannst du annehmen, daß du Fortschritte in der Meditation machst, und daß alles in Ordnung ist.

Meditation und Aktivität

Wer meditiert, kann nicht aktiv sein. Wer aktiv ist, kann nicht meditieren. Das ist nicht Gleichgewicht. Das ist nicht Ausgewogenheit. Die zwei Prinzipien, Meditation und Aktivität, müssen gut ausgeglichen sein. Wenn du bereit bist, den göttlichen Anweisungen zu folgen, mußt du jede Arbeit annehmen können, die dir gegeben wird - auch eine ungeheure Arbeit - und sie am nächsten Tag wieder zu verlassen bereit sein, mit derselben Ruhe, mit der du sie begonnen hast, und ohne das Gefühl, daß du dafür verantwortlich bist. Du mußt in der Welt schwer arbeiten können mit ungeheurer Kraft, und wenn die Arbeit vorbei ist, mußt du dich wieder in einer Höhle in absoluter Zurückgezogenheit für lange Zeit mit großem Seelenfrieden einschließen können. Das ist Ausgewogenheit. Das ist wahre Stärke.

Nutzen der Meditation

Meditation wirkt sehr stimulierend. Die göttliche Energie fließt frei von den Füßen des Herrn in die einzelnen Systeme des Sadhakas. Die heiligen Schwingungen durchdringen alle Zellen des Körpers und heilen seine Krankheiten. Wer meditiert, spart an der Arztrechnung.

Meditation ist sehr hilfreich, um Emotionen und Impulse zu zügeln. Wenn man die Emotionen und Launen steuern kann, wird man keine dummen und falschen Aktionen setzen.

Wenn man am Abend seine Uhr aufzieht, wird sie problemlos vierundzwanzig Stunden lang laufen. Genauso, wenn du zu Brahma Muhurta eine oder zwei Stunden lang meditierst, kannst du den ganzen Tag lang friedvoll arbeiten. Nichts kann deinen Geist stören. Das ganze System wird erfüllt sein mit spirituellen Schwingungen und göttlichen Wellen.

Regelmäßige Meditation öffnet die Straßen intuitiven Wissens, macht den Geist ruhig und fest, erweckt ein ekstatisches Gefühl und bringt den Yogaschüler in Kontakt mit der Quelle des Höchsten Purusha. Zweifel klären sich alle von selbst, wenn man auf dem Weg von Dhyana Yoga stetig vorangeht.

Meditation entwickelt Stärke und reine Gedanken. Geistige Bilder sind deutlich und genau abgezeichnet. Gute Gedanken sind fest begründet. Durch das Klären der Gedanken verschwindet die Verwirrung. Du wirst selbst spüren, wie du die Schritte auf der nächsten Sprosse der spirituellen Leiter zu setzen hast. Eine geheimnisvolle innere Stimme wird dich lenken. Höre sie aufmerksam.

Das Feuer der Meditation beseitigt alle Fäulnis des Lasters. Dann kommt plötzlich die Erkenntnis, die göttliche Weisheit, die direkt zu Mukti, letztendlicher Befreiung, führt.

Meditiere. Meditiere. Vergeude keine Minute. Die Meditation wird allen Kummer des Lebens beseitigen. Das ist die einzige Möglichkeit.

Mensch

Das Baby weint. Das Kind springt, tanzt und spielt mit seinen Spielsachen. Das Schulkind geht mit seinen Büchern. Der junge Mensch macht Prüfungen. Der Jugendliche dreht seinen Schnurrbart, streitet, kämpft und läuft hinter den Frauen her. Er versucht, Ruhm und Ehre zu erwerben. Er hortet Reichtümer. Er zeugt Kinder. Dann wird er alt und trägt Brillen und falsche Zähne. Er stützt sich auf einen Stock. Dann macht er schließlich seinen letzten Atemzug.

Wenn ein Tropfen Wasser auf eine heiße Eisenplatte gespritzt wird, zischt es, und er verdampft sofort. Der Mensch macht ein kleines Geräusch in der kurzen Phase, die man Leben nennt, und verschwindet in einem Augenblick.

Was ist der Mensch ? Was kann aus ihm werden ? Was ist der Geist ? Was ist der beste Zustand ? Es ist wirklich nützlich, diese Dinge zu untersuchen.

Körper, Geist und Seele

Für den westlichen Menschen ist der Mensch bloß ein physisches Geschöpf, das mit einem Geist versehen ist und über eine Seele verfügt. Für den Hindu ist der Mensch im wesentlichen eine Seele, die sich durch Geist ausdrückt und als Gegenstück einen Körper hat, um auf der physischen Ebene funktionieren zu können.

Der Mensch ist eine Seele mit einem Körper. Der Mensch ist im wesentlichen ein spirituelles Wesen. Der Mensch lebt, weil er vom Wesen her eine Seele und einen Geist hat. Das innerste Wesen des Menschen ist Atman, der Göttliche Geist. Die wahre Natur des Menschen ist Gott. Der physische Körper und der Verstand hängen von der Seele im Inneren ab, von der der Mensch wenig oder nichts weiß. Wenn der Mensch den Geist erkennt, erlangt er Sicherheit, Gewißheit, Vollkommenheit, Freiheit, Unabhängigkeit, Unsterblichkeit und ewige Wonne.

Alle Menschen sind in ihrer Natur gleich. Ein einziger Atman befindet sich auf gleiche Weise in allen Wesen. Durch die Natur des Bewußtseins sind alle Menschen gleich; aber durch die Natur des Geistes und des Lebens sind sie weit voneinander entfernt.

Der elektrische Strom, der durch verschiedene Glühbirnen fließt, ist ein und derselbe. Aber er wird auf verschiedene Weise wahrgenommen, weil die Glühbirnen sich voneinander unterscheiden. So sind die Menschen aufgrund der verschiedenen Arten von Geist und Temperament verschieden.

Der Mensch ist eine Dreiheit aus Körper, Geist und Seele. Das Bewußtsein ist verschleiert durch Geist und Materie. Daher kann es seine wahre göttliche Natur nicht erkennen. Solange der Mensch nicht frei ist von der Bindung durch Geist und Materie, kann er keine Kenntnis des Selbst oder Atman haben.

Unsterblichkeit der Seele

Der Mensch ist nicht dieser Körper. Der Mensch ist nicht die Sinne, ja nicht einmal sein Geist. Das sind seine Upadhis, seine Vehikel. Körper und Geist unterliegen Veränderungen, Verfall und Tod; wohingegen der wahre Mensch, das unsterbliche Selbst, der Atman, immer ist, niemals endet, ewig, ungeboren, vollkommen und uralt ist.

Man besitzt einen Körper, aber man ist nicht der Körper. Man hat einen Geist, aber man ist nicht der Geist. Körper und Geist sind Werkzeuge, wie die Werkzeuge eines Tischlers. Dieser Körper ist ein Instrument, ein Diener der Seele und nicht ihr Gefängnis.

Wisse, daß der Körper der Tempel des strahlenden Geistes ist, der selbstleuchtende Atman, die Seele im Inneren, die alle Fähigkeiten des Geistes und des Körpers kontrolliert und bewegt. Wisse, daß du den Atem das Geistes atmest, nicht physischen Atem.

Der Tod beendet nicht alles. Der Tod bedeutet nicht vollständiges Verlöschen. Der Tod beendet nicht die ständige Abfolge. Das Handelnde, die Seele im Körper, kann und wird nicht mit dem Körper sterben. Die Seele des Menschen ist unsterblich. So wie ein Mensch einen Mantel ablegt, legt er beim physischen Tod auch den Körper ab.

Der Körper ist die Haut der Seele. Die Seele ist der Lenker des Körperwagens. Wenn der Körper zerstört wird, lebt der Geist weiter. Man hat noch immer Gedanken, Gedächtnis, Willenskraft und einen subtilen Körper.

Der Niedergang des Menschen

Der Mensch ist ein Bündel von Wünschen, Sehnsüchten, Emotionen, Gelüsten und Gedanken. Er ist eine Anhäufung von Wünschen, Wollen und Handeln. Er verlöscht, wenn das Feuer des Wunsches gelöscht wird. Er denkt und handelt danach. Denken ist das wirkliche Handeln. Er handelt, um das von ihm Gewünschte zu erhalten. Vielleicht sitzt er still mit geschlossenen Augen, aber das ist nicht Untätigsein. Sein Geist plant und arbeitet vielleicht. Wo immer ein Wunsch ist, wo immer Handlung ist, ist Unvollkommenheit. Ein Wunsch ist das Ergebnis von Unvollkommenheit und Begrenztheit.

Der Mensch ist begrenzt und unvollkommen. Er ist voller Begrenzungen. Sein Glück und sein Halt hängen ab von Dingen. Er hält immer seine Beziehung zu äußeren Dingen aufrecht. Er wird von seinen Wünschen mitgerissen und getrieben. Er wird zum Sklaven von Wünschen und Objekten.

Wünsche beherrschen den Menschen, und er wendet sein Gesicht von Gott ab. Er hat seine wahre göttliche Natur vergessen. Er hält sich für ein getrenntes Wesen. Er trennt sich vom Absoluten aufgrund von Unwissenheit und Egoismus. Also fühlt er sich unglücklich. Er vergaß seine ursprüngliche, göttliche und unendliche Natur.

Wenn ein Mensch seinen Egoismus und seine Vorstellung des Getrenntseins abtötet, wenn er seine Wünsche und Sehnsüchte auslöscht und sich mit dem Unendlichen identifiziert, werden alle Begrenzungen, Unvollkommenheiten und Kümmerlichkeiten enden. Er wird Unsterblichkeit und ewige Wonne erlangen.

Der Mensch - ein vielschichtiges Wesen

Der Mensch ist ein komplexes soziales Tier. Er ist ein biologischer Organismus und daher eindeutig definiert durch den Besitz bestimmter physiologischer Funktionen, wie Blutkreislauf, Verdauung, Atmung, Ausscheidung, usw. Er ist auch eindeutig definiert durch den Besitz bestimmter psychologischer Funktionen wie Denken, Wahrnehmung, Gedächtnis, Vorstellung, usw. Er sieht, denkt, schmeckt, riecht und fühlt. Philosophisch gesehen ist er das Abbild Gottes, vielmehr er ist Gott selbst. Er verlor seine göttliche Herrlichkeit, da er von der Frucht des verbotenen Baumes gekostet hat. Er kann seine verlorene Göttlichkeit wiedergewinnen durch geistige Diszplin und die Praxis von Konzentration.

Der Mensch ist ein vielschichtiges Wesen und hat verschiedene Hüllen, die seine wirkliche Person verdecken. Vielleicht identifiziert er sich mit dem groben physischen Körper und kümmert sich um seine Bedürfnisse, wie es ein Tier tut; oder er identifiziert sich vielleicht mit dem selbst-bewußten Verstand; oder er empfindet vielleicht sein Einssein mit seinem wahren Selbst, welches der ewige Beobachter von beiden ist. Die vitalen Ziele des Menschen, wie wertvoll sie auch an ihrem Platz sein mögen, können das spirituelle Wesen nicht über einen langen Zeitraum hinweg ohne vollständige Unordnung in der Persönlichkeit kontrollieren. Im modernen Menschen nimmt der selbst-bewußte Verstand, mit all seinen natürlichen Begrenzungen, den höchsten Rang ein; und selbstmörderischer Skeptizismus ist das Ergebnis.

Der Mensch setzt sich aus drei Bestandteilen zusammen, nämlich einem menschlichen Element, einem tierischer Instinkt und einem göttlichen Funken. Er hat einen begrenzten Verstand, einen vergänglichen Körper, ein wenig Wissen und ein wenig Macht. Das macht ihn deutlich menschlich. Lust, Zorn und Haß gehören zu seiner tierischen Natur. Die Reflexion kosmischer Intelligenz steht hinter seinem Verstand. So ist er ein Abbild Gottes. Wenn die animalischen Instinkte sterben, wenn seine Unwissenheit zerfällt, und wenn er Unrecht und Beschimpfung zu erdulden vermag, wird er eins mit dem Göttlichen.

Der Mensch ist die höchste Manifestation des Lebens auf dieser Erde. Er ist das Abbild des Herrn. Er ist der Strahl des Herrn. Gott schuf den Menschen nach Sich Selbst. Im wesentlichen ist der Mensch eins mit Gott. Er denkt, fühlt und weiß. Er kann unterscheiden, reflektieren und meditieren. Er kann das höchste Wissen über das Selbst erreichen. Daher ist er anderen Wesen überlegen, auch wenn er mit ihnen Nahrungsaufnahme, Schlaf, Furcht und Geschlechtstrieb teilt.

Evolution

Noch gestern war der Mensch ein Tier. Heute ist er ein Mensch. Es ist seine Bestimmung, als Ergebnis eines allmählichen Prozesses der Selbstvervollkommnung Brahman, das Absolute, zu werden.

Das Mineral wird zur lebendigen Pflanze. Die Pflanze wird zum Tier einer höheren Lebensstufe. Das Tier wird zum Menschen mit Leben und Gedanken.

Der Stein schläft. Die Pflanze atmet. Das Tier bewegt sich. Der Mensch besitzt Bewußtsein. Der Weise besitzt Überbewußtsein.

Der Mensch ist rational. Das Tier ist instinktiv. Der Weise ist intuitiv.

Von allen Tiergeschöpfen Gottes kann nur der Mensch Gott verwirklichen. Er allein besitzt Unterscheidung, Intelligenz, Einsicht, Verstand und Urteilsvermögen. Der Verstand ist das größte Geschenk Gottes an den Menschen. Der Mensch ist ein armseliges physisches Wesen; seine Würde jedoch liegt im Denken, Unterscheiden, Überlegen und Fragen.

Der Mensch entwickelt sich gemäß seiner Gedanken und Handlungen. Der Mensch verändert sich mit jedem Gedanken, den er denkt, und mit jeder Handlung, die er setzt.

Vom Bahnknoten in Bombay geht ein Zug direkt nach Delhi; ein anderer fährt nach Madras; wieder ein anderer fährt nach Nagpur. Genauso ist dieser Körper ein Knotenpunkt. Du kannst in den Himmel gehen, Brahma Loka, zu Brahman, wenn du tugendhaft handelst. Du wirst in Tiergeburten fallen, wenn du schlecht handelst. Du kannst Mensch bleiben, wenn du normale vermischte Handlungen tust. Der Mensch selbst - und nur er - ist verantwortlich für alles Gute und Schlechte in seinem Leben. Durch einen langen Evolutionsprozeß und ständiges Bemühen kann er Vollkommenheit und Freiheit erreichen. Er wird immer wieder geboren und lernt aus seinen Erdenleben, wie man zu Vollkommenheit und Einheit mit Gott gelangt.

Wenn der Docht in der Lampe sehr klein ist, ist auch das Licht sehr schwach. Wenn der Docht sehr groß ist, ist auch das Licht sehr stark. Genauso, wenn der Jiva rein ist und Meditation übt, wird die Manifestation des Selbst, sein Ausdruck, sehr stark sein. Er wird ein helles Licht ausstrahlen. Wenn er sündig und unrein ist, wird er wie verbrannte Holzkohle sein. Je größer der Docht ist, desto größer ist das Licht. Genauso, je reiner die Seele ist, desto großartiger ist ihr Ausdruck.

Der spirituelle Mensch

Ich sage jedem Menschen: »Erneuere dich. Strebe nach Vollkommenheit und Freiheit.« Wende dich Gott zu. Wende dich dem göttlichen Licht zu. Du bist geboren worden, um das Licht Brahmans durch das Fleisch zu manifestieren.

Ein moralisches Leben führt dich zum großen Tempel der Weisheit. Es gibt in diesem Universum nur einen heiligen Tempel, und dieser ist das Herz eines moralischen und spirituellen Menschen. Das Herz eines guten und frommen Menschen ist der Schrein oder Tempel Gottes in dieser Welt. Daher sei rechtschaffen. Übe Tugend.

Nur ein moralischer Mensch ist wirklich schön. Ein Mensch, der tugendhaft handelt und sanft und angenehm spricht, hat nicht seinesgleichen. Selbst die Devas und Brahma verehren ihn. Wer wahrhaftig ist, sanft, bescheiden, tugendhaft und ehrlich, ist der beste Mensch.

Wer keine ethischen Tugenden hat, ist wie eine wilde Blume ohne Duft. Ein Mensch ohne Tugenden ist ein lebender Toter. Er ist für die Welt eine schädliche Gattung. Er wird von der Gesellschaft gemieden. Ein sinnlicher Mensch ist nicht besser als ein Tier. Die meisten Menschen sind nicht besser als Tiere. Sie sind ausgestoßen aus dem Reich von Frieden und ewiger Wonne. Daher entwickle sofort tugendhafte Eigenschaften. Barmherzigkeit, Dankbarkeit, Kenntnis der Schriften, Edelmut des Charakters, Selbstbeherrschung und Mut machen einen Menschen ruhmvoll und gefeiert.

Gott und Mensch

Der Mensch ist Gott in Verkleidung, der zum Spaß ein Gewand anlegt und bald seine wahre Identität vergißt. Der Wunsch zieht ihn nach unten. Unterscheidungskraft erhebt ihn.

Wenn sich der Mensch entwickelt, ist er Gott. Wenn sich Gott zurückentwickelt, ist er Mensch. Wenn Gott gebunden ist, ist Er Mensch, und der Mensch, der frei ist von Bindung, ist Gott. Ein getäuschter unwissender Mensch ist weltlich. Ein vollkommener Mensch ist Gott.

Gott wurde Mensch. Der Mensch wird wieder Gott werden. Gott plus Wunsch ist Mensch. Mensch minus Wunsch ist Gott. Die gottlosesten Menschen können durch aufrichtige Hingabe an Gott höchste Wonne erlangen.

Die Wahrheit liegt nicht außerhalb von dir. Sie ist in dir. Sie ist in der Tiefe deines Herzens. Du bist die Wahrheit Gottes, das Werk Gottes und der Wille Gottes. Du bist ungebunden, frei, ewig frei. Du bist Nitya Mukta Atman. Brülle **Om**. Verlasse den Käfig des Fleisches und bewege dich frei.

Murti Upasana

Ein Stück weißes oder buntes Papier ist wertlos. Man wirft es weg. Wenn aber der Stempel oder das Bild des Königs oder Kaisers auf dem Papier ist - wenn es eine Banknote ist -, wird es sicher im Portemonnaie oder Koffer aufbewahrt. Genauso ist ein gewöhnliches Stück Stein wertlos für dich. Du wirfst es weg. Wenn Du aber die Steinmurti von Shri Krishna in Pandharpur oder jede beliebige andere Murti in einem Schrein betrachtest, neigst Du den Kopf und faltest die Hände, denn der Stempel des Herrn ist auf dem Stein.

Eine Flagge ist nur ein Stück gefärbter Stoff, aber für einen Soldaten steht sie für etwas, das ihm sehr wertvoll ist. Er ist bereit, sein Leben zu geben, um die Fahne zu verteidigen. Genauso ist das Bild für den Gläubigen sehr wertvoll. Es spricht in seiner Sprache der Frömmigkeit zu ihm. So wie die Fahne im Soldaten Kriegswerte entstehen läßt, so läßt das Bild Frömmigkeit im Gläubigen entstehen.

So wie ein Kind das mütterliche Bhava der zukünftigen streichelnden, sorgenden und schützenden Mutter entwickelt, wenn es mit dem aus Stoffresten gemachten Spielzeugkind seiner Vorstellung spielt und das Kind in seiner Vorstellung stillt, so entwickelt auch der Gläubige das Gefühl der Hingabe, wenn er das Pratima verehrt und sich darauf konzentriert.

Das Bild - ein Symbol für Gott

Das Pratima, das Bild, ist nur ein Symbol für das Göttliche. Der Gläubige sieht darin keinen Block aus Stein oder einen Klumpen Metall. Für ihn ist es ein Abbild Gottes. Es ist wertvoll, da es das Kennzeichen des Herrn trägt und für etwas steht, das für ihn heilig und ewig ist.

Wenn Du ein Bild verehrst, sagst Du nicht: »Dieses Bild ist aus Jaipur gekommen. Prabhu Singh hat es gebracht. Es wiegt fünfundzwanzig Kilo. Es ist aus weißem Marmor. Es hat mich fünfhundert Rupis gekostet.« Du überlagerst alle Attribute des Herrn auf das Bild und betest: »Oh Antaryamin! Du bist alldurchdringend. Du bist allmächtig, allwissend und gnadenvoll. Du bist die Quelle von allem. Du bist aus Dir selbst. Du bist Sat-Chid-Ananda. Du bist ewig und unveränderlich. Du bist das Leben meines Lebens, die Seele meiner Seele! Gib mir Licht und Erkenntnis. Laß mich immer in Dir bleiben.« Wenn deine Hingabe und Meditation intensiv und tief wird, siehst Du nicht das Steinbild. Du siehst nur den Herrn, der Chaitanya ist.

Ein Medium, um Gemeinschaft mit Gott herzustellen

Götterbilder sind nicht eitle Launen von Bildhauern, sondern leuchtende Kanäle, durch die das Herz des Gläubigen zu Gott hingezogen wird und auf Ihn zufließt. So wie man die Klangwellen von Menschen auf der ganzen Welt über einen Radioempfänger einfangen kann, ist es möglich, mit dem allgegenwärtigen Gott über das Medium des Götterbildes zusammen zu sein. Das Bild selbst bleibt ein Bild, aber die Verehrung erreicht Gott.

Es gibt Menschen, die leichtfertig sagen »Oh, Gott ist ein allgegenwärtiges, formloses Wesen. Wie kann Er auf dieses Bild beschränkt sein ?« Sind sich diese Menschen jemals seiner Allgegenwart bewußt ? Sehen sie immer Ihn, und Ihn allein, in allem ? Nein. Ihr Ego hält sie davon ab, sich vor den Götterbildern zu verneigen, und bringt aus diesem Grund diese hinkende Ausrede vor.

Eine Stütze für den spirituellen Anfänger

Bilderverehrung ist für Anfänger sehr notwendig. Es ist nicht jedem möglich, den Geist auf das Absolute oder Unendliche zu fixieren. Gott überall wahrzunehmen und die Gegenwart Gottes zu praktizieren, ist für den gewöhnlichen Menschen nicht möglich. Die große Mehrheit braucht eine konkrete Form, um Konzentration zu üben. Der Geist will eine Stütze, wo er sich festhalten kann. Er kann in den Anfangsstadien keine Vorstellung vom Absoluten haben.

Das Bild ist eine Stütze für den Anfänger. Es ist eine Stütze für seine spirituelle Kindheit. Es erinnert an Gott. Das materielle Bild bringt die geistige Vorstellung.

Jeder ist ein Bilderverehrer

Bilderverehrung gibt es nicht allein im Hinduismus. Christen verehren das Kreuz. Sie haben das Bild des Kreuzes im Geist. Die Mohammedaner haben im Geist das Bild des Kaba Steins, wenn sie zum Beten hinknien. Alle Menschen auf der ganzen Welt - außer einige Yogis und Vedantins - sind Bilderverehrer. Sie stellen sich das eine oder andere Bild vor.

Das geistige Bild ist auch eine Art von Bild. Der Unterschied ist nicht ein Unterschied der Art sondern nur des Grades. Alle Verehrer, egal wie intellektuell sie auch sein mögen, schaffen sich eine Form im Geist und lassen den Geist auf diesem Bild ruhen.

Jeder verehrt Bilder. Bilder, Zeichnungen, usw. sind nur Formen der Pratima. Ein grobstofflicher Geist braucht ein konkretes Symbol als Stütze oder Alambana; ein subtiler Geist verlangt ein abstraktes Symbol. Auch ein Vedantin hat das Symbol Om, um seinen umherschweifenden Geist festzuhalten. Nicht nur die Bilder oder Darstellungen aus Stein und Holz sind Bilder. Dialektiker und Führer werden auch zu Idolen. Warum sollte man also Bilderverehrung verdammen?

Wenn Bilder lebendig werden

Der Gott in Dir hat die Kraft, die schlummernde Göttlichkeit im Bild zu erwecken. Regelmäßige Verehrung, Puja und andere Formen, unser inneres Gefühl der Anerkennung der Göttlichkeit im Bild sichtbar zu machen, enthüllt die darin schlummernde Göttlichkeit. Das ist wirklich ein Wunder und Mirakel. Das Bild wird lebendig. Das Bild spricht. Es beantwortet deine Fragen und löst deine Probleme.

Für einen Gläubigen ist das Bild eine Fülle von Chaitanya oder Bewußtsein. Der Gläubige sieht tatsächlich den Herrn im Bild. Er schöpft Inspiration aus dem Bild. Das Bild führt ihn. Es spricht zu ihm. Es nimmt eine menschliche Gestalt an, um ihm auf verschiedenste Art zu helfen.

Das Bild von Gott Shiva im Tempel von Madura, Südindien, half dem Holzfäller und der alten Frau. Das Bild im Tempel von Tirupati nahm menschliche Gestalt an und legte im Gericht Zeugenschaft ab, um Seinen Verehrern zu helfen. Die Bilder in den Tempeln von Tirupati, Pandharpur, Palani, Kathirgama, usw. sind mächtige Gottheiten. Sie sind Pratyaksha Devatas. Sie erfüllen den Gläubigen Wünsche, heilen ihre Krankheiten und gewähren ihnen Darshan. Wunderbare Lilas werden mit diesen Gottheiten in Verbindung gebracht.

Für einen Bhakta oder Weisen gibt es kein Jada, keine unbelebte Materie. Alles ist Vasudeva oder Chaitanya: Vasudevah Sarvam Iti. Narsi Mehta wurde vom Raja geprüft. Der Raja sagte: »Oh Narsi, wenn Du ein aufrichtiger Verehrer von Shri Krishna bist, wenn Du sagtst, daß das Bild Shri Krishna selbst ist, mach, daß sich das Bild bewegt.«

Dem Gebet Narsi Mehtas gehorchend bewegte sich das Bild. Der heilige Stier Nandi aß vor dem Bild Shivas die Speisen, die Tulsidas geopfert hatte. Die Murti spielte mit Mira Bai. Für sie war sie voll Leben und Chaitanya.

Vedanta und Bilderverehrung

Ein Pseudovedantin schämt sich, sich vor einem Bild im Tempel zu verbeugen. Er hat das Gefühl, daß sein Advaita sich verflüchtigen könnte, wenn er sich verbeugt. Lies die Lebensgeschichten der berühmten Tamil Heiligen Appar, Sundarar, Sambandhar, usw. Sie hatten höchste advaitische Verwirklichung. Sie sahen Gott Shiva überall. Und doch besuchten sie alle Tempel Shivas, verbeugten sich vor dem Bild und sangen Hymnen, die aufgezeichnet wurden. Die dreiundsechzig Nayanar Heiligen kehrten den Tempelboden und zündeten im Tempel Lichter an. Sie waren Analphabeten, erlangten aber die höchste Verwirklichung.

Tulsidas hatte kosmisches Bewußtsein. Er sprach mit dem alldurchdringenden, gestaltlosen Herrn. Und doch, seine Leidenschaft für Gott Rama mit dem Bogen in der Hand verschwand nicht. Tukaram hatte ebenfalls dieselbe kosmische Erfahrung wie Tulsidas. Er singt in seinem Abhanga: »Ich sehe meinen Herrn alldurchdringend, so wie Süße das Zuckerrohr durchdringt.« Und doch spricht er immer von seinem Herrn Vitthala von Pandharpur mit den Händen auf den Hüften.

Mira verwirklichte ebenfalls ihr Einssein mit dem alldurchdringenden Krishna, und doch wurde sie nicht müde, immer wieder zu wiederholen: »Mein Giridhar Nagar.«

Bilderverehrung steht der vedantischen Sicht nicht entgegen. Sie ist eher hilfreich. Wenn ein Mensch in der Meditation Fortschritte macht, geht die Form im Formlosen auf, und er wird eins mit der gestaltlosen Essenz.

Stufen auf der spirituellen Leiter

Es ist nicht falsch, am Beginn ein Bild zu verehren. Der Verehrende muß Gott und Seine Eigenschaften auf das Bild überlagern. Er muß an den Antaratman denken, der im Bild verborgen ist. Schließlich beginnt er zu fühlen, daß der Herr, den er verehrt, im Bild, im Herzen aller Geschöpfe und in allen Namen und Gestalten des Universums ist. Er beginnt, Seine Gegenwart überall zu spüren.

Bilderverehrung ist nur der Beginn von Religion. Sicher ist sie nicht das Ende. Dieselben Hinduschriften, die für Anfänger Bilderverehrung vorsehen, sprechen von Meditation über das Unbegrenzte und Absolute und Kontemplation über die Bedeutung des Tat Twam Asi Mahavakya für fortgeschrittene Aspiranten.

Die Hindus wissen, daß die Bilder, Kreuze und Halbmonde einfach eine Reihe von Symbolen darstellen, um den Geist am Anfang festzuhalten und Konzentration zu entwicklen, viele konkrete Haken, um spirituelle Vorstellungen und Überzeugungen festzumachen. Das Symbol ist nicht für jeden notwendig. Es ist im Hinduismus nicht verbindlich. Ein fortgeschrittener Yogi oder Weiser braucht es nicht. Das Symbol ist wie die Tafel, die für das Kind in der untersten Klasse nützlich ist. Diejenigen, die es nicht brauchen, haben kein Recht zu sagen, daß es falsch ist. Wenn sie behaupten, es sei falsch, zeigen sie nur ihre Unwissenheit. Jedes kennzeichnet eine Phase des Fortschritts. Die menschliche Seele macht diverse Versuche, das Unendliche und Absolute je nach Stärke, Grad und Entwicklung zu erfassen und zu verwirklichen. Sie steigt höher und höher, sammelt immer mehr Kraft, verschmilzt schließlich selbst im Höchsten und erlangt Einheit und Identität.

Musik

Musik ist Gandharva Vidja. Sie ist die älteste aller Künste. Ravana besänftigte Gott Shiva durch Musik.

Musik ist ein Medium zum Ausdruck von Gefühlen. Musik entfacht Liebe und erfüllt mit Hoffnung. Sie hat unzählige Stimmen und Instrumente. Musik ist im Herzen aller Männer und Frauen. Musik ist auf ihren Lippen.

Das Wesen der Musik

Musik ist im Wind und in den Wellen. Musik ist in der Nachtigall. Sie ist in den Filmstars und Musikern. Sie ist im Konzert, im Orchester und in den Theatern.

Es ist Musik in den fließenden Bächen. Es ist Musik im Weinen von Kindern. Es ist Musik in allem, wenn du Ohren hast zu hören.

Die Macht der Musik

Klang ist die erste Manifestation des Absoluten. Klang ist überreich erfüllt mit transzendenter Seelenkraft und in der gesamten Schöpfung präsent als das eine mächtige Prinzip, das alle anderen Manifestationen wirksam beeinflußt und kontrolliert. Viele Beispiele können genannt werden, um diesen Anspruch des Klanges zu bezeugen, sowohl was das Individuum als auch was den Kosmos betrifft.

Wir haben gehört, wie Tansen in der Lage war, es durch Megha Raga regnen zu lassen, und wie er eine Lampe anzündete, indem er Dipaka Raga sang. Es gibt auch bestimmte Berichte über die tibetischen Lamas, die berichten, wie die Lamas Regenwolken vertrieben und auflösten oder die Wolken sammelten und sie regnen ließen, indem sie die Hörner und Trompeten bliesen und die Trommeln schlugen.

Wir haben auch gehört, wie der Hirsch durch liebliche Musik in die Falle gelockt wird, und wie die Kobra durch süße Musik verzaubert wird. Raga und Punnagavarali bezaubern die Kobra. Nada fängt den Geist. Der Geist erlangt Laya im lieblichen Nada.

Sieh die Kraft von sanften lieblichen Klängen: **Sa, Ri, Ga, Ma, Pa, Dha, Ni, Sa.** Die Musik hat den Zauber, einen wilden Tiger zu zähmen. Sie läßt Steine erweichen und beugt den Banyan Baum. Sie entzückt, beruhigt und stärkt. Sie erhebt, inspiriert, stärkt und kräftigt. Sie schwingt in der Erinnerung. Sie heilt unheilbare Krankheiten.

Musik erfüllt den Geist mit Sattva. Musik schafft Harmonie im Herzen. Musik bringt das härteste Herz zum Schmelzen. Musik erweicht die grausame Natur des Menschen. Musik tröstet, beruhigt und erfreut Menschen, wenn sie in Bedrängnis sind. Sie tröstet den Einsamen und Verzweifelten. Musik beseitigt Sorgen, Kummer und Ängste. Sie läßt dich die Welt vergessen. Der Mensch wünscht sich Musik, die ihn entspannt und erhebt.

Der fromme Mensch setzt sich mit seiner Ektar Tambura hin, um seinen Geist in der Stille in seinem Herrn aufzulösen. Narada Rishi streift mit der Tambura in der Hand durch die drei Welten und singt **Sriman Narayana Narayana.** Musik hilft dem Frommen, mit dem Herrn in Verbindung zu treten. Sie macht den Geist rasch einpünktig. Musik bringt Bhava Samadhi. Thyagaraja, Purandara Das, Mira und Tukaram, sie alle haben Gott durch Musik verwirklicht.

Pranava - die Quelle aller Musik

Woher nimmt die Musik diese mächtige Kraft? Aus der höchsten Musik Brahmans, dem heiligen Pranava. Höre die Schwingung der Tambura oder der Veena: hörst du das majestätische Pranava Nada? Alle Musiknoten sind in diesem Pranava auf wunderbare Weise vereint. Alle Musiknoten entspringen aus diesem Pranava. Musik ist dazu bestimmt, dieses Pranava Nada in deinem Herzen widerhallen zu lassen. Denn Om, das Pranava, ist dein wahrer Name, dein wahres Svarupa. Deshalb hörst du gerne Musik, welche nichts anderes ist als die melodiöseste Intonation deines wirklichen Namens. Wenn der Geist diese Anziehung erfährt und eins wird mit der wahren Natur, quillt die große Macht Gottes, die dort gespeichert ist, im Inneren auf und heilt Körper und Geist.

Bahva Samadhi und überintuitives Wissen

Wer Sangita macht, vergißt Körper und Welt. Sangita beseitigt Dehadhyasa, die Identifikation mit dem Körper. Der Bhakta betritt Bhava Samadhi, indem er Musik zur Gottesverehrung singt. Er sieht das größten Lager von Erkenntnis und Weisheit, Ananada, höchste Wonne, von Angesicht zu Angesicht. Daher taucht er aus diesem Samadhi als Jnani auf und strahlt Frieden, Wonne und Weisheit überall um sich herum aus.

Tukaram war ein Landarbeiter. Er konnte nicht einmal seinen Namen schreiben. Er machte immer Sankirtan vom Namen Shri Krishnas **Vitthala, Vitthala** mit Zimbeln in der Hand. Er hatte den Darshan Shri Krishnas in physischer Form. Sein inneres Auge, Divya Drishti, wurde durch Sankirtan geöffnet. Seine inspirierenden Abhangas sind Texte für Studenten an der Universität von Bombay. Woher nahm der ungebildete Tukaram sein Wissen ? Er zapfte den Brunnen der Erkenntnis durch Sankirtan an. Er drang ein in die göttliche Quelle durch Bhava Samadhi, den er durch tiefes Sankirtan erreichte.

Musik ist spirituell

Musik ist nicht dazu da, um die Nerven zu erregen oder die Sinne zu befriedigen; sie ist Yoga Sadhana, das dich zu Atma Sakshatkara führt. Es ist die erste Pflicht aller Musiker und aller Institutionen, die sich mit der Verbreitung von Musik beschäftigen, das große Ideal und die ursprüngliche Reinheit, die zur Musik gehören, zu bewahren.

Der heilige Thyagaraja, Purandara Das und andere haben das immer wieder gezeigt; und durch ihr Leben der Entsagung und der Hingabe haben sie betont, daß Musik als Yoga angesehen werden muß, und daß wahre Musik nur von dem genossen werden kann, der sich von allen Spuren der Weltlichkeit befreit hat und Musik als Sadhana zur Selbstverwirklichung ausführt.

Thyagaraja verehrte Gott Rama. Die meisten seiner Andachtslieder preisen Gott Rama. Er hatte zu verschiedenen Gelegenheiten den direkten Darshan von Gott Rama. Purandara Das verehrte Gott Vitthala und brachte vierzig Jahre damit zu, Bhakti durch seine Lieder im ganzen Land zu verbreiten. Er hörte die Musik der Seele im Inneren und brachte so seine betörende Musik nach außen. Mira sah Krishna von Angesicht zu Angesicht. Sie sprach mit Krishna, ihrem Geliebten. Sie trank Krishna Prema Rasa. Sie sang aus tiefstem Herzen die Musik ihrer Seele, die Musik ihres Geliebten, ihrer einzigartigen spirituellen Erfahrungen. Ihre Sprache der Liebe ist so stark, daß selbst ein eingefleischter Atheist von ihren hingebungsvollen Liedern bewegt wird. Syama Sastrigal war ein großer Verehrer der Devi.

Er erfreute sich der übergroßen Gnade von Mutter Kamakshi. Muthuswami Dikshitar, der große Nada Jyotis, betrachtete Gott Subrahmanya Selbst als seinen höchsten Guru, und alle seine Kompositionen tragen das Mudra Guruguha.

Musik ist Nada Yoga. Die verschiedenen Musiknoten haben jeweils ihre entsprechenden Nadis oder subtilen Kanäle in den Kundalini Chakras; Musik läßt diese Nadis schwingen, reinigt sie und erweckt die psychische und spirituelle Kraft, die in ihnen schlummert. Die Reinigung der Nadis bringt nicht nur Frieden und Glück des Geistes, sondern macht einen langen Weg im Yoga Sadhana und hilft dem Aspiranten, sein Lebensziel sehr rasch zu erreichen.

Der Einfluß der Musik auf Körper und Geist

Eine liebliche Melodie hat einen starken Einfluß auf den Geist und auf das physische Wesen jedes Lebewesens. Der rätselhafte Geist mit seinen tausenden Vasanas und Vrittis ist gefangen in der Musik und liegt ruhig im Schoß des Sadhakas; und er kann ihn zu seiner Melodie tanzen lassen, ihn nach seinem Willen beherrschen und ihn formen, wie es ihm gefällt. Der Geist, das Werkzeug Satans im Menschen, der Zauberstab der Maya und der Schrecken aller spirituell Suchenden, befindet sich in den Händen des Musikyogis unter vollkommener Kontrolle. Das Wunder der Wunder bei diesem Musik Yoga ist, daß nicht nur der Geist des Musizierenden auf diese Weise beherrscht wird, sondern auch die Geiste all derer, die der Musik lauschen. Sie werden ruhig, friedlich und wonnevoll. Deshalb flochten große Heilige wie Mira Bai, Tukaram, Kabir Das, Shri Thyagaraja, Purandara Das und andere ihr Upadesha in süße Musik ein; mit der lieblichen Musik drangen die erhabenen Gedanken leicht in das Herz des Zuhörers ein, das ansonsten ängstlich von der giftigen Kobra der Weltlichkeit bewacht wird.

Die Rishis von einst haben ihre inspirierenden Arbeiten entweder in Vers- oder in Liedform verfaßt. Alle unsere Schriften - Veden, Smritis, Puranas, usw. - sind vertont worden und in Versform verfaßt. Sie haben Rhythmus, Versmaß und Melodie. Im besonderen der Sama Veda ist in seiner Musikalität unerreicht.

Musik ist hilfreich in der Behandlung von Krankheiten. Weise behaupten, daß viele Krankheiten durch den melodiösen Klang einer Flöte, Geige, Veena oder Sarangi geheilt werden können. Sie behaupten, daß in der Musik eine ungeheure Kraft über Krankheiten liegt. Harmonische Rhythmen lieblicher Musik besitzen einen Magnetismus. Sie ziehen die Krankheit heraus. Die Krankheit kommt heraus, um die Musikwelle zu treffen. Die beiden vermischen sich und verschwinden im Raum.

Musik lockert Nervenanspannungen und läßt Körperteile, die unter Anspannung stehen, ihre Normalfunktionen wiederaufnehmen. In Amerika behandeln Ärzte Patienten, die Nervenleiden haben, mit Musik. Im alten Ägypten wurde Musik bei der Heilung von Nervenleiden in Tempeln verwendet.

Sangita oder Kirtan ist die beste Medizin und das beste Stärkungsmittel, wenn alle anderen Medizinsysteme eine Krankheit nicht heilen konnten. Kirtan wirkt Wunder. Kirtan ist die einzige Zuflucht und der Notanker in der Behandlung chronischer unheilbarer Krankheiten. Versuche diese einzigartige Medizin, und erkenne ihren wunderbaren Nutzen. Mache Kirtan am Bett eines Kranken. Er wird bald von seiner Krankheit geheilt werden.

Kirtana Bhakti

Kirtan ist das Besingen der Herrlichkeiten des Herrn. Der Gläubige wird von göttlichem Gefühl durchdrungen. Er verliert sich in der Liebe zu Gott. Sein Körper erschaudert in extremer Liebe zu Gott. Seine Stimme erstickt, und er fliegt in einen Zustand göttlichen Bhavas.

Kirtan ist das Singen des göttlichen Namens mit Gefühl, Liebe und Vertrauen. Beim Sankirtan finden sich Menschen zusammen und singen an einem öffentlichen Ort gemeinsam den Namen Gottes. Sie werden begleitet von Musikinstrumenten wie Harmonium, Violine, Zimbeln, Mridanga oder Khol, usw. Die Christen singen in der Kirche Loblieder vom Klavier begleitet. Das ist auch Sankirtan. Kirtan ist eine der neun Formen von Bhakti. Sankirtan ist eine genaue Wissenschaft. Man kann Gott verwirklichen allein durch Kirtan. Das ist die einfachste Methode, um Gottesbewußtsein zu erreichen. Große göttliche Menschen wie Narada, Valmiki und Suka in früheren Zeiten, und Gouranga, Nanak, Tulsidas, Suradas, usw. in relativ jüngerer Zeit haben alle allein durch Kirtana Bhakti Vollkommenheit erlangt.

Die harmonischen Schwingungen, die durch das Singen der Namen des Herrn erzeugt werden, helfen den Gläubigen, ihren Geist auf einfache Weise zu kontrollieren. Sie haben einen positiven Einfluß auf den Geist. Sie erheben den Geist sofort aus seinen alten Geleisen und Furchen zu wunderbaren Höhen göttlichen Glanzes und göttlicher Herrlichkeit. Wenn man aus tiefstem Herzen Sankirtan macht, mit vollem Bhava und Prem, beeinflußt das auch die Bäume, Vögel und Tiere nachhaltig. Sie werden reagieren. Das ist der mächtige Einfluß von Sankirtan.

Die Psychologie in Kirtana Bhakti

Kirtan ist auch aus einem weiteren Grund eine sehr wirkungsvolle Methode der Hingabe. Der Mensch ist ein sinnliches Wesen. Er liebt und liebt. Er kann nicht anders, als Dinge der Welt zu lieben; aber seine Liebe ist nur Leidenschaft und nicht reine göttliche Liebe. Er möchte liebliche Musik hören, schöne Dinge bewundern und einen Tanz sehen. Musik läßt auch das Herz eines hartherzigen Menschen schmelzen. Wenn es auf dieser Welt überhaupt etwas gibt, das das Herz eines Menschen sehr rasch verändern kann, dann sind es Musik und Tanz. Eben dieser Methode bedient man sich im Kirtana Bhakti; aber es wird zu Gott gelenkt anstatt zu den Sinnesobjekten. Die sinnliche Emotion wird zu Göttlichkeit gelenkt und die Liebe zu Musik und Gesang wird nicht zerstört; denn das plötzliche Zerstören eines solchen Gefühls, das dem Menschen sehr lieb ist, kann ihm nicht zu Vollkommenheit verhelfen. Kirtan ist süß und angenehm und verändert leicht das Herz.

Kirtan ist auch für Eheleute die beste Methode. Er erfreut den Geist und reinigt gleichzeitig das Herz. Das hat eine Doppelwirkung.

Mache täglich Sankirtan. Verbreite Sankirtana Bhakti nah und fern. Entwickle Visva Prem durch Sankirtan. Richte überall Sankirtan Mandalis ein. Bringe Vaikuntha auf die Erde - in jedes Haus - indem du Sankirtan pflegst! Verwirkliche deinen Sat-Chid-Ananda Zustand!!

Nächstenliebe

Nächstenliebe ist die Bereitschaft, gut von anderen zu denken und ihnen Gutes zu tun. Nächstenliebe ist universelle Liebe. Sie ist Großzügigkeit gegenüber den Armen. Sie ist Wohlwollen. Das, was gegeben wird, um die Armut zu lindern ist Nächstenliebe.

Im allgemeinen Sinn, bedeutet Nächstenliebe Liebe, Wohlwollen und Freundlichkeit. Im theologischen Sinn ist sie universelles Wohlwollen gegenüber den Menschen und höchste Liebe zu Gott. Wahre Nächstenliebe ist der Wunsch, anderen nützlich zu sein, ohne an Belohnung oder Ertrag zu denken. Nächstenliebe ist tätige Liebe.

Nächstenliebe beginnt im eigenen Heim, aber sie muß nach außen gehen. Die ganze Welt ist dein Zuhause. Du bist ein Weltbürger. Entwickle ein großzügiges Gefühl des Wohlwollens für die ganze Welt.

Es ist eine Sünde, Geld zu horten. Aller Reichtum gehört dem Herrn. Wer nur als Verwalter seines Eigentums lebt, sein Geld als milde Gabe gibt und denkt, daß das, was er besitzt, in Wahrheit Gott gehört, lebt glücklich. Er erlangt Moksha, ewigen Frieden.

Das Wasser des Ganges wird nicht weniger, wenn durstige Menschen davon trinken. So kann sich auch dein Reichtum nicht verringern, wenn du Wohltätigkeit übst.

Gib ein Zehntel deines Einkommens oder sechs Paisas von einer Rupie für wohltätige Zwecke. Gib freudig, schnell und ohne zu zögern. Schiebe Mildtätigkeit nicht bis zum Tod auf. Übe täglich Nächstenliebe.

Beten bringt dich auf halbem Weg zu Gott, fasten zum Tor Seines höchsten Wohnsitzes und Nächstenliebe verschafft dir den Einlaß.

Was ist Nächstenliebe?

Jede gute Tat ist Nächstenliebe. Dem Durstigen Wasser zu geben, ist Nächstenliebe. Ein ermunterndes Wort an den Verzweifelten zu richten, ist Nächstenliebe. Dem armen Kranken etwas Medizin zu geben, ist Nächstenliebe. Einen Dorn oder Glassplitter auf der Straße zu beseitigen, ist Nächstenliebe.

Freundlich und liebevoll zu sein, ist Nächstenliebe. Ein bißchen Schaden, den man dir zugefügt hat, zu vergessen und zu vergeben, ist Nächstenliebe. Ein freundliches Wort an einen Notleidenden ist Nächstenliebe.

Nächstenliebe beschränkt sich nicht auf Maßstäbe von Dollars, Rupis oder Schillingen, die man gibt. Denke gut an leidende Menschen. Bete für ihr Wohl. Das wird mehr Gutes bewirken als viel Geld.

Arten der Nächstenliebe

Die beste Form der Nächstenliebe ist Vidya-Dana, das Mitteilen von Weisheit. Wenn du einem Armen zu essen gibst, will er wieder essen, wenn er hungrig wird. Weisheit hingegen beseitigt Unwissenheit, den Grund, warum ein Körper angenommen wurde, und zerstört gänzlich alle Arten von Elend und Leid für immer.

Die zweitbeste Form der Nächstenliebe ist es, Medizin an Kranke zu geben. Die drittbeste Form von Nächstenliebe ist Anna-Dana, das Speisen Hungriger.

Am Anfang übe Unterscheidung in der Nächstenliebe. Später praktiziere unterschiedslose Nächstenliebe. Wenn du fühlst, daß jedes Wesen eine Manifestation Gottes ist, ist es schwierig, festzustellen, wer gut und wer böse ist.

Gib den Armen, den Kranken, den Hilflosen und denen, die ohne Hoffnung sind. Gib den Waisen, Alten, Blinden und hilflosen Witwen. Gib Sadhus, Sannyasins, religiösen und sozialen Einrichtungen. Danke dem Mann, der dir die Gelegenheit gibt, ihm durch Nächstenliebe zu dienen. Gib mit der richtigen Einstellung und verwirkliche Gott durch Mildtätigkeit. Ehre sei den Menschen, die Nächstenliebe im richtigen Geist praktizieren.

Die Erhabenheit einer stillen Gabe

Es gibt Menschen, die Wohltätigkeit üben und begierig darauf sind, ihre Namen mit ihren Fotos in den Zeitungen veröffentlicht zu sehen. Dies ist eine tamasige Form der Nächstenliebe. Das ist überhaupt keine Nächstenliebe. Nächstenliebe, die für sich wirbt, hört auf, Nächstenliebe zu sein. Es ist nur Stolz und Protzerei.

Du darfst deine Nächstenliebe und dein wohltätiges Wesen nicht anpreisen. Es darf in deinem Herzen kein Jubel sein, wenn Menschen dich wegen deines wohltätigen Wesens preisen. Nächstenliebe muß spontan und uneingeschränkt sein. Geben muß zur Gewohnheit werden. Du mußt äußerste Freude erfahren, wenn du gibst. Du darfst nicht denken: »Ich habe eine sehr wohltätige Tat vollbracht. Ich werde Glückseligkeit im Himmel genießen. Ich werde im nächsten Leben als reicher Mann wiedergeboren werden. Die gute Tat wird meine Sünde wegwaschen. In meiner Stadt oder meinem Bezirk gibt es niemanden, der so wohltätig ist wie ich. Man weiß, daß ich ein sehr wohltätiger Mensch bin«. Protzerei ist niedrig und bedauerlich.

Übe Wohltätigkeit im Stillen. Mache sie nicht bekannt. Brüste dich nicht. Was die rechte Hand tut, braucht die linke nicht zu wissen.

Es ist leicht, im Krieg zu kämpfen, aber es ist schwierig, ein Geschenk im Stillen zu machen, ohne Stolz und Eigenlob zu zeigen und ohne es anderen weiterzusagen.

Niederträchtige Nächstenliebe

Prof.Dr.Dr. XYZ gab einem Armen eine Decke als milde Gabe. Dann dachte er: »Ich hätte ihm die Decke nicht geben sollen.« Sein Herz war aufgewühlt und belastet. Er wollte die Decke von dem Armen wiederhaben. Wenn du auf diese Weise Nächstenliebe übst, wird es dir keinen Nutzen bringen. Du wirst keine Reinheit des Herzens erlangen. Viele weltliche Menschen tun nur gute Taten von dieser Art. Diese Welt ist übervoll von solchen mildtätigen Menschen.

Jeder ist sich selbst gegenüber sehr großzügig. Viele trinken erstklassige Milch oder den besten Tee, bieten ihren Freuden zweitklassige Milch an und Fremden drittklassige. Sie essen erstklassige Früchte und bieten die verfaulten Freuden, Nachbarn und Bediensteten an. Sie werden drei Tage auf eine gute Gelegenheit warten, um die alten Essensreste aufzubrauchen, und sie dann mit gepeinigtem Herzen den Bediensteten vorsetzen. Sie möchten sich auch von diesen verrottenden Dingen nicht trennen. Man findet solche herzzerreißende Zustände in fast allen Häusern reicher Leute. Wie schändlich sind doch solche Menschen! Wie klein und verhärtet ihr Herz doch ist! Ihr Los ist tatsächlich nicht nur beklagenswert sondern auch höchst bedauerlich. Sie wissen gar nicht, was sie eigentlich tun.

Gib Freunden, Nachbarn, Fremden, Gästen und Dienstboten immer das Beste, das beste Essen, die besten Früchte, die beste Milch und die beste Kleidung. Du wirst ungeheure Freude, Stärke und immenses Glück daraus schöpfen. Praktiziere dies, und sieh selbst den Nutzen.

Wie man Nächstenliebe übt

Teile mit anderen das, was du hast. Führe immer einige Süßigkeiten in deiner Tasche mit dir und verteile sie wohltätig täglich an die Armen. Praktiziere dies sofort.

Im Teilen liegt Freude und Frieden. Teilen erzeugt kosmische Liebe und zerstört Habsucht. Teilen beseitigt Selbstsucht und läßt Selbstlosigkeit entstehen. Teilen reinigt das Herz. Teilen entwickelt Einheit.

Teile mit anderen alles, was du hast, physisch, geistig oder spirituell. Das ist wahres Yajna. Du wirst größer werden. Du wirst das Einssein und die Einheit des Lebens erfahren. Dies wird zu advaitischer Verwirklichung führen.

Du mußt danach dürsten, jeden Tag wohltätige Handlungen auszuführen. Du darfst keine Gelegenheit versäumen. Du mußt Gelegenheiten schaffen. Es gibt keinen Yoga und kein Yajna, das größer ist als sattvige Nächstenliebe spontaner Art. Karna, Raja Bhoja vollbrachten zahllose Taten der Nächstenliebe. Daher sind sie in unseren Herzen noch lebendig.

Almosen müssen mit Glauben gegeben werden. Almosen dürfen nie ohne Glauben gegeben werden. Almosen müssen reichlich gegeben werden. Almosen dürfen nie bescheiden sein. Almosen müssen mit Sympathie gegeben werden.

Die Speise, die du einem Gast anbieten kannst, mag dürftige Kost sein, aber wenn du sie ihm mit Liebe gibst, wird sie große Kraft, Nahrhaftigkeit und Geschmack erhalten. Wenn du deinen Gast mit reichen Gerichten bewirtest und sagst: »In Ordnung, wenn du schon einmal da bist, schlag dir den Bauch voll«, verwandelt sich die Nahrung in Gift. Egal ob es sich um einen Verwandten, Freund oder Bettler handelt, egal von welcher Qualität die Nahrung ist, die du gibst, gib sie mit Liebe und Zuneigung. Gastfreundschaft ist die Essenz der Nahrung.

Nächstenliebe reinigt das Herz

Sünden können durch Nächstenliebe ausgelöscht werden. Jesus sagt: »Nächstenliebe überdeckt viele Sünden.« Nächstenliebe ist eine starke Läuterung des Herzens. In der Gita findest du: »Yajna, Nächstenliebe und Mäßigung sind die Läuterer der Klugen.«

Wenn ein Mensch sein geiziges Wesen überwinden kann, ist ein großer Teil des Sadhana getan. Dann ist etwas Grundlegendes erreicht worden.

Entwickle diese Udara Vritti. Dann kannst du ein König unter Königen werden. Wenn du gibst, gehört dir der ganze Reichtum der Welt. Geld wird dir zufließen. Dies ist das unabänderliche, unerbittliche, erbarmungslose Gesetz der Natur. Daher gib. Gib. Du lebst von dem, was du bekommst, aber du erhältst Leben aus dem, was du gibst. Stets gib, gib, gib. Das ist das Geheimnis des Überflusses und des göttlichen Lebens.

Viele haben Macht, Berühmtheit, Frieden und Glück nur durch ihr großmütiges Herz erreicht. Geizige Menschen können nie davon träumen, all dies zu besitzen und Erfolg im Leben zu haben.

Wenn du Reichtum und Kinder wünschst, übe viel Mildtätigkeit. Wenn du weise werden willst, diene alten Menschen und Mahatmas. Wenn du dich deiner Sünden entledigen willst, mache Havan.

Sieh Gott überall. Teile mit allen. Der Großteil sollte anderen gegeben werden. Vernichte den tief verwurzelten Geiz. Dein Herz wird sich öffnen. Du wirst eine weite Sicht des Lebens haben. Du wirst einen neuen, weiten Blickwinkel haben. Du kannst die Hilfe fühlen, die dir von dem zuteil wird, der in deinem Herzen wohnt.

Du kannst eine unbeschreibliche Erregung göttlicher Ekstase und spiritueller Wonne erfahren. Dies wird dir ungeheure innere Stärke geben.

Oh Mensch! Gib reichlich an milden Gaben. Du wirst Frieden, Reichtum und Wohlstand hier genießen. Du wirst später in den Himmel eingehen. Du wirst Reinheit des Herzens und auch Moksha erlangen.

Om

Ich verehre Om. Ich grüße Om. Ich verneige mich vor Om. Ich überlasse mich an Om. Ehre sei Om. Der Sieg sei Om. Hosianna an Om. Heil sei Om.

Om ist die heilige Silbe. Om ist der mystische Buchstabe. Om ist das unsterbliche Akshara. In Om ruht die Welt. In Om leben wir, und bewegen wir uns. In Om ruhen wir. In Om finden wir das, was wir suchen.

Om ist das Symbol Brahmans. Om ist das Wort der Kraft. Om ist das Leben allen Lebens. Om ist die Seele aller Seelen.

Om ist wahrlich Brahman. Om ist Satchidananda. Om ist Unendlichkeit. Om ist Ewigkeit. Om ist Unsterblichkeit.

Om ist die Quelle von allem. Om ist der Schoß aller Veden. Om ist die Basis aller Sprachen. In Om verschmelzen alle Dreieinigkeiten. Von Om gehen alle Klänge aus. In Om existieren alle Dinge.

Om ist das höchste Mantra. Om ist Soham. Om ist **Om Tat Sat**. Om ist eine Lampe vor deinen Füßen und ein Licht auf deinem Weg.

Klang - die erste Manifestation des Absoluten

Om ist Nada Brahman. Nada ist Klang. Klang ist Schwingung. Om ist die erste Klangschwingung. Klang ist die erste Manifestation des Absoluten.

Wir wissen nichts über das Wesen des Absoluten außer, daß Es existiert. In ihrer großen Güte haben die Heiligen Schriften versucht, uns alles über die Schöpfung und ihr Entstehen aus dem Absoluten zu berichten. Sie sagen: »Brahman war eins und nichtdual. Es dachte: »**Ekoham Bahu Syam**«. Dies verursachte eine Schwingung, die schließlich zum Klang wurde, und dieser Klang war Om, von dem alle weiteren Manifestationen ihren Ausgang nehmen.«

Daher ist Klang tatsächlich die begreifbare Basis für die ganze Schöpfung. Brahman ist unfaßlich in Seinem transzendenten Aspekt. Nur der Klang kommt am nächsten an Es heran, und man kann den Klang Apara Brahman nennen.

Om - Die Grundlage aller Klänge

Alle Dinge werden durch Klänge benannt, und alle Klänge verschmelzen im Omkara. Alle Sprachen und Worte enden in einem einzigen Klang »Om«.

Das Summen der Bienen, das liebliche Lied der Nachtigall, die sieben Musiknoten, der Klang des Mridanga und der Pauke, der Laute und der Flöte, das Brüllen des Löwen, der Gesang des Geliebten, das Wiehern der Pferde, das Zischen der Kobra, das Stöhnen Kranker, das Weinen von Babys, der Applaus des Publikums, wenn der Redner seine Ansprache hält - all das sind nichts anderes als Emanationen von Omkara.

Der Klang, der vom Fließen des Ganges herrührt, der Klang aus der Ferne und das Geräusch der Betriebsamkeit eines Marktes, der Klang, der entsteht, wenn das Schwungrad einer Maschine in Bewegung gesetzt wird, das Geräusch des Regens - all das ist allein nur Om.

Om ist die Basis aller Klänge. Om besteht aus drei Buchstaben, A, U und M. A, U und M decken die ganze Tonleiter ab.

Der Kehlkopf und der Gaumen sind die Resonanzböden. Wenn man A ausspricht, wird kein Teil der Zunge oder des Gaumens berührt. Wenn man U ausspricht, rollt der Klang vom Anfang bis zum Ende des Klangbodens im Mund. M ist der letzte Laut, der erzeugt wird, indem man die beiden Lippen schließt. Deshalb sind alle Klänge in Om vereinigt. Alle Sprachen gehen von Om aus.

Der Kern der vier Veden ist nichts als Om. Wer Om singt oder wiederholt, wiederholt tatsächlich die heiligen Schriften der ganzen Welt. Om ist Quelle und Schoß aller Religionen und Schriften. **Om, Amen** und **Ahmin** sind ein und dasselbe. Sie verkörpern die Wahrheit oder Brahman, die eine und einzige Existenz. Es gibt keine Verehrung ohne Om.

Om steht für alle Dreiheiten

Om ist alles. Om ist dein wahrer Name. Om deckt alle dreifachen Erfahrungen des Menschen ab. Om steht für die erfahrbaren Welten. Aus Om ist dieses Universum der Sinne projiziert worden. Die Welt existiert in Om und löst sich in Om auf. A steht für die physische Ebene; U steht für die geistige Ebene und die astralen Ebenen, die Welt der Geister, alle Himmel; M steht für den Tiefschlafzustand, all das, was dir im Wachzustand nicht bekannt ist und was außerhalb des Verstandesbereiches liegt. Om steht für alles. Om steht an der Basis deines Lebens, Denkens und Intelligenz.

Jegliche Dreiheit ist in Om repräsentiert, so wie Brahma - Vishnu - Shiva, Vergangenheit - Gegenwart - Zukunft, Geburt - Leben - Tod, Schöpfung - Erhaltung - Zerstörung, Wachen - Träumen - Tiefschlaf, Sein - Nichtsein - Werden, usw.

Alle Dreierverbindungen sind in Om repräsentiert, so wie Sarasvati - Lakshmi - Durga, Vater - Sohn - Heiliger Geist, Rajas - Sattva - Tamas, Körper - Geist - Seele, Sat - Chid - Ananda, Allwissenheit - Allmacht - Allgegenwart, grobstofflich - feinstofflich - kausal.

A ist Brahman. M ist Maya. U ist das Zusammenwirken der beiden.

Om steht auch für das **Tat Twam Asi** Mahavakya. A ist Jiva. M ist Isvara. U verbindet und zeigt das Einssein von Jiva und Isvara, Brahman.

Om ist sehr sehr wichtig. Es muß verehrt werden. Es muß laut gesungen werden. Es muß geistig, im Bewußtsein der Bedeutung und mit Bhava, wiederholt werden. Es muß darüber meditiert werden.

Die Kraft des Om-Singens

Es entsteht ein lauter Klang, wenn man Om singt. Om wird mit einem lauten Ton mit dreieinhalb Matras wiederholt. Der Pranavaton wird im Nabel mit dem Klang O gebildet und sehr langsam zum Brahmarandhra am Scheitel mit dem Verschlußlaut M. Die Schwingung des M wird einige Zeit lang gehalten.

Das Om kann auch mit achtzehn Matras gesungen werden. Das ist ein sehr, sehr langes Singen. Es dauert lange. Das Pranava ist Deergha.

Das Aussprechen der heiligen Silbe Om hat die Aufmerksamkeit aller Europäer geweckt, die sich mit Studien über den Osten beschäftigen. Die Schwingungen, die von diesem Wort erzeugt werden, sind so stark, daß sie auch das größte Gebäude zum Einsturz bringen können, wenn man sich längere Zeit ihrer bedient. Das scheint kaum glaublich, solange es nicht in der Praxis erprobt wurde; wenn man es jedoch einmal versucht hat, kann man leicht verstehen, wie wahr und völlig richtig diese Feststellung sein kann. Ich habe die Kraft der Schwingungen untersucht und kann ohne weiteres glauben, daß der Effekt dem Gesagten entsprechen würde.

Wenn man es dem Buchstaben gemäß ausspricht, hat das Singen des Om eine bestimmte Wirkung auf den Schüler; wenn es aber richtig ausgesprochen wird, erhebt und verwandelt es jedes Atom im physischen Körper, baut neue Schwingungen und Zustände auf und erweckt die schlummernde Kraft des Körpers.

Das Singen des Om vertreibt alle weltlichen Gedanken und beseitigt Ablenkung. Es ist sehr stark. Die Pancha Koshas schwingen rhythmisch, wenn Om gesungen wird. Das Singen von Om gibt dem Körper neue Kraft. Fünf Menschen können im Kreis sitzen und dann im Chor Om singen. Es wird wunderbar und anregend sein. Alle können sofort neues Leben spüren.

Wenn du deprimiert bist, singe fünfzigmal Om. Das wird dich mit neuer Kraft und Stärke erfüllen. Das Singen von Om ist ein sehr wirksames Stärkungsmittel. Man braucht nichts für den Arzt zu bezahlen. Wenn du Om singst, fühle, daß du das reine alldurchdringende Licht und Bewußtsein bist.

Wer Om singt, bekommt eine starke schöne Stimme. Ekagrata des Geistes kommt rasch, wenn man Om singt. Wenn du morgens und abends einen Spaziergang machst, kannst du wunderbar Om singen. Singe Om in einer mondhellen Nacht. Singe Om, wenn du am Ufer des Meeres oder eines Flusses entlanggehst. Du kannst Om auch sehr melodisch singen. Das rhythmische Aussprechen von Om macht den Geist heiter und einpunktig und bringt die spirituellen Voraussetzungen, die Selbstverwirklichung garantieren.

Das größte Mantra

Das Pranava oder Om ist das wichtigste Mantra. Es bringt direkte Befreiung. Alle Mantras beginnen mit Om. Om ist das Leben oder die Seele aller Mantras. Es geht dem Panchakshari und dem Asthakshari voran. Jede Hymne beginnt mit Om. Jede Upanishad beginnt mit Om. Das Gayatri beginnt mit Om. Den Opferungen an die verschiedenen Götter geht das Singen des Om voran. Den Archanas, nämlich Ashtottari, Trisati und Sahasranama geht das Om voran. Die Großartigkeit des Omkara kann niemand wirklich treffend beschreiben. Auch Parvati, Adisesha und große Weise waren nicht in der Lage, die Großartigkeit des Om auszudrücken. Eine solche Kraft, Mahima, hat Om.

Was das **Rama** Mantra für den Vairagi aus Ayodhya ist, was **Devi** Mantra für einen Tantriker aus Bengalen bedeutet, und was das Gayatri für den Brahmanen aus Madras ist, **ist das Om** oder Pranava **für den** Vedantin oder **Sannyasin** aus Rishikesh.

Om wird in der Chhandogya Upanishad auch Omkara, Ekakshara oder Udgitha genannt. Alle Männer und Frauen, die ihren Geist mit ehrlicher Absicht auf Brahman richten, die geistiges Sannyasa haben, vedantische Samskaras besitzen und wahren Geschmack an Vedanta finden, können dieses Mantra wiederholen.

Wer täglich Om Japa macht, wird ungeheure Kraft entwickeln. Seine Augen und sein Gesicht werden strahlen.

Meditation über Om

Stelle in deinem Meditationsraum eine Darstellung von Om vor dich hin. Konzentriere dich auf dieses Bild. Mache auch mit offenen Augen Tratak, das ständige Starren ohne Bewegung der Lider, bis die Augen stark tränen. Verbinde die Vorstellung von Unendlichkeit, Ewigkeit, Unsterblichkeit, usw., wenn du an Om denkst.

Anfänger am Jñana Yoga Weg sollten zuerst etwa drei Monate lang mit offenen Augen das Om betrachten. Dann sollten sie sich das Om mit geschlossenen Augen vorstellen. Die Vorstellung von Om ist das Aufrufen eines klaren geistigen Bildes von Om mit geschlossenen Augen. Sie sollten Om geistig mit Bhava wiederholen, sich der Bedeutung bewußt sein und ihre Ohren auch den Klang hören lassen, damit sie nicht nach außen gehen, um andere Klänge zu hören.

Meditiere über Om. Zieh dich in dein Meditationszimmer zurück. Sitze in Padma-, Siddha- oder Sukhasana. Schließe die Augen. Entspanne völlig die Muskeln und Nerven. Konzentriere den Blick auf Trikuti, den Punkt zwischen den Augenbrauen. Stille den Geist, der an Dinge denkt, den bewußten Geist. Wiederhole geistig Om mit Suddha Bhavana oder Brahma Bhavana.

Dieses Bhavana ist unerläßlich. Du mußt Om mit dem Bhava oder Gefühl wiederholen, daß du die unendliche, alldurchdringende reine Intelligenz bist. Ein bloßes Wiederholen des Om wie ein Grammophon oder ein Papagei wird nicht die gewünschten Ergebnisse bringen.

Wenn du an Om denkst, mußt du an Brahman denken, an das, was das Symbol meint. Die Verbindung mit dem Om ist das Einswerden mit dem Gemeinten. Versuche dich mit dem höchst wonnevollen Selbst zu identifizieren, wenn du über Om meditierst.

Trage stets die Bedeutung des Om im Herzen. Fühle das Om. Fühle, daß du das alldurchdringende unendliche Licht bist. Fühle, daß du das reine, vollkommene, allwissende und ewig freie Brahman bist. Fühle, daß du absolutes Bewußtsein bist. Fühle, daß du unendliches, unwandelbares Sein bist. Jedes Atom, jedes Molekül, jeder Nerv und jede Vene und Arterie müssen kraftvoll mit diesen Gedanken schwingen. Das Wiederholen von Om mit den Lippen hat nicht viel Sinn. Es muß mit Herz, Kopf und Seele geschehen. Deine ganze Seele muß spüren, daß du die subtile, alldurchdringende Intelligenz bist. Dieses Gefühl muß vierundzwanzig Stunden lang aufrechtgehalten werden.

Mache einen Raum zum Wald. Gib den Gedanken auf, daß du nicht Brahman bist. Übe regelmäßig, stetig, mit Interesse, Vertrauen, Eifer, Ausdauer und Begeisterung. Halte dich in Gesellschaft Gleichgesinnter auf, und nimm sattvige Nahrung zu dir wie Milch, Frischkäse, Früchte, Nüsse, Moong-ki-dal, Reis und Brot. Übe am Morgen drei Stunden von 4.00 bis 7.00 und am Abend drei Stunden von 7.00 bis 10.00. Bewahre das Gefühl Brahmans auch während der Arbeit. In drei, vier Jahren bist du sicher erfolgreich. Du wirst in deinem Svarupa, deinem Suddha Sat-Chid-Ananda Zustand, ruhen. **Nastyatra Samsayah:** darüber besteht hier kein Zweifel.

Denke immer an Om

Denke an Om. Denke **Soham, Om Soham, Sivoham, Aham Brahma Asmi, Analhaq.** Es gibt nur eine Wahrheit. Diese Mantras erinnern dich an dein Einssein mit der höchsten Seele. Sie sind Mahavakyas, große Sätze aus den Upanishaden. Sie lassen dieses kleine falsche Ego, dieses unwirkliche 'Ich', in einem luftigen Nichts zerplatzen.

Om ist dein Geburtsrecht. Es ist das gemeinsame Erbe aller. Es ist das gemeinsame Eigentum aller Menschen auf der Welt. Es ist das Wort der Macht. Es bringt Inspiration und Intuition. Es erhebt den Geist in spirituelle Höhen von unsäglichem Glanz und unsäglicher Herrlichkeit.

Om ist deine spirituelle Nahrung. Om ist dein spirituelles Stärkungsmittel und Vitamin. Es ist voll göttlicher Kräfte. Es ist dein ständiger Begleiter. Es ist dein Retter. Es ist deine Freude und dein Leben. Lebe Tag und Nacht darin. Gehe darin auf.

Lebe in Om. Meditiere über Om. Atme Om ein und aus. Weile friedvoll in Om. Suche Zuflucht bei Om.

Singe Om rhythmisch. Singe Om laut. Brülle kräftig Om. Wiederhole Om geistig. Schöpfe Kraft aus Om. Nimm Inspiration aus Om. Nimm Energie aus Om. Schöpfe Wonne aus Om. Alle Wünsche werden verschwinden. Du wirst Selbstverwirklichung erreichen.

Vertraue auf Om. Mache dir Gedanken über Om. Konzentriere dich auf Om. Meditiere über Om. Erkenne diese heilige Silbe Om. Dann wirst du alles erkennen. Du wirst höchstes Wissen erreichen.

Das heilige Wort Om ist der Bogen. Der Geist ist der Pfeil. Brahman ist das Ziel. Der Mensch, dessen Gedanken konzentriert sind, wird es treffen. Er wird die Zielscheibe treffen. Sein Wesen wird zum Wesen Brahmans. So wie der Eisklumpen eins wird mit dem Wasser im Eimer, so wird auch er eins werden mit Brahman.

Parsismus

Der Parsismus ist die Religion der Parsen.

Der richtige Name für diese von Zarathustra gegründete Religion ist Mazdaismus, was soviel bedeutet wie die Verehrung von Mazda, dem Herrn.

Der Mazdaismus wurde zuerst König Jamshid durch Homa offenbart. Dann wurde er König Fiedoon offenbart. Dann wurde er Thirta offenbart. Zuletzt wurde er Zarathustra offenbart.

Nach dem Tod von Zarathustra wurde dessen Schwiegersohn Jamaspa sein Nachfolger. Jamaspa schrieb die Lehren Zarathustras nieder, die als Zend Avesta, die Schriften der Parsen, bekannt wurden. Frashaostra, der Schwiegervater Zarathustras, war der erste Apostel dieses Glaubens. Er erläuterte die Lehren dieser Religion. Der Parsismus wurde die persische Staatsreligion.

Nach der Zeit Zarathustras erfuhr der Parsismus viele Änderungen durch die Priester, die Magi. Die Priester führten Ritualismus und die Verehrung der alten Naturgottheiten in neuem Gewand wieder ein und erklärten sie zu Erzengeln von Ahura Mazda.

Zarathustra war weder Philosoph noch Metaphysiker. Er war nur ein Prophet, der göttliche Offenbarung hatte. Der Parsismus ist kein philosophisches System. Er ist eine offenbarte Religion des Glaubens und der Hingabe. Zur Zeit Zarathustras herrschte das dringende Bedürfnis nach Ethik und tugendhaftem Leben. Das Bedürfnis nach Philosophie war nicht vorhanden. Zu jeder Zeit ist das Bedürfnis, ein tugendhaftes und göttliches Leben zu führen, für den Großteil der Menschen weit wichtiger als das Bedürfnis, die verschiedenen philosophischen Probleme zu verstehen. Wenn ein Mensch nach den Lehren der Weisen und der Schriften ein göttliches Leben führt, findet er eine Lösung für alle philosophischen Probleme von innen, durch die Stimme des Innewohnenden.

Den Hauptwahrheiten, die Zarathustra lehrte, lagen die Veden zugrunde und sie waren von diesen abgeleitet. Der Parsismus basiert auf der Religion der Veden. Die Lehren und Rituale der Parsen sind denen der Veden in bemerkenswerter Weise ähnlich.

Die Schriften der Parsen

Yasna und Visparad sind die Veden des Parsismus. Der erste Teil des Yasna besteht aus Gathas, Hymnen, aus dem Munde des Propheten. Es gibt fünf Gathas. Die Gathas sind in einem Versmaß verfaßt, das dem Versmaß des Sama Veda entspricht. Der zweite Teil des Yasna enthält Gebete an den höchsten Herrn und andere Gottheiten der spirituellen Hierarchie.

Visparad ist eine Sammlung von Anrufungen und Litaneien, die vor anderen Gebeten und Schriften rezitiert werden. Die einundzwanzig Nasks befassen sich mit allen möglichen Wissenschaften, Medizin, Astronomie, Landwirtschaft, Botanik, etc. Sie entsprechen den Vedangas im Hinduismus. Dann gibt es den Khordah Avesta, den kleinen Avesta, der Yasths (Anrufungen) und Gebete enthält, die Laienschüler verwenden. Die modernen Parsen rezitieren diese Gebete täglich.

Die parsischen Schriften heißen Zend Avesta. Sie haben drei Teile. Der erste ist Vendidad. Er enthält religiöse Gesetze und alte Mythen. Der zweite Teil ist Visparad. Der dritte ist Yasna. Der Avesta enthält direkte Gespräche zwischen Zarathustra und Ahura Mazda, dem höchsten Herrn.

Die Ethik Zarathustras

Die ethischen Lehren Zarathustras: Gutes tun; rein sein in Gedanke, Wort und Tat; ein reines Herz haben; anderen Gutes wünschen; die Wahrheit sprechen; Barmherzigkeit üben; freundlich sein; bescheiden sein; Erkenntnis erlangen; den Zorn beherrschen; fromm sein; Eltern, Lehrer, alt und jung respektieren; süße und freundliche Worte sprechen; geduldig sein; zu jedem freundlich sein; zufrieden sein; Scham darüber empfinden, etwas Verbotenes zu tun.

Die Lehre

Der Parsismus lehrt, daß Ahura Mazda den Menschen erschaffen hat und ihm Körper und Geist gab. Ahura Mazda ist der Beschützer und Ernährer aller. Der Mensch ist verantwortlich für seine Gedanken, Worte und Taten. Individueller Wille und individueller Verstand sind verbunden mit dem kosmischen Willen und dem kosmischen Verstand.

Ahura Mazda schuf diese Welt in sechs Phasen. Mashya und Mashyana sind der erste Mann und die erste Frau, die Gott erschaffen hat. Während der Sintflut wurde ein unterirdischer Palast 'Vara von Yima' zum Schutz aller Lebewesen erbaut.

Der Parsismus ist eine Religion absoluten Glaubens und unerschütterlichen Hingabe an Ahura Mazda. Ein Gläubiger verneigt sich, betet und opfert. Er bring dem Herrn Geschenke dar. Er betet, und Ahura Mazda erfüllt all seine Wünsche. Er betet um die Beseitigung seiner Sünden durch Bereuen.

Der Parsismus lehrt, daß das Ziel des Lebens das Erreichen vollkommenen ewigen Glücks durch das Zusammensein mit Ahura Mazda ist. Das Mittel, um immerwährende Wonne zu erlangen, ist Asha, Heiligkeit. Heiligkeit oder Reinheit ist die Seele des Parsismus.

Reine Gedanken, reine Worte, reine Taten - das ist der berühmte Grundsatz der parsischen Religion. Das ist die ständig wiederholte Regel des parsischen Lebens. Reine Gedanken, reine Worte und reine Handlungen können nur durch den Glauben an Ahura Mazda, den Herrn der Rechtschaffenheit, praktiziert werden. Das Wort Asha beinhaltet alle moralischen Prinzipien. Das Wort Asha findet sich in fast allen Kapiteln des Zend Avesta. Der Parsismus lehrt, daß Heiligkeit Glück ist, daß sie das größte Geschenk Ahura Mazdas ist, und daß sie das beste Opfer ist, das der Tugendhafte dem Herrn bringen kann.

Ein Parse muß im Einklang mit dem Willen Gottes handeln. Er muß die Schriften studieren und seine Pflicht gegenüber Gott und seinen Mitmenschen erfüllen. Er muß die göttlichen Gesetze genau einhalten. Nur dann wird er Heiligkeit und Glück erlangen.

Allgemeines

So wie die Juden auf den Messias hoffen und die Hindus auf den kommenden Kalki Avatara, so hoffen die Parsen auf die Geburt von Saoshyant, der auf Erden Rechtschaffenheit und Glück errichten wird.

Es gibt im Parsismus kein Tapas, keine Askese, um den Körper nicht schwach und arbeitsunfähig zu machen. Wiedergeburt findet sich nicht in den von den orthodoxen Parsen anerkannten Schriften, sie wird aber in den Fragmenten gelehrt, die von Griechen und Desatern aufbewahrt wurden.

Die Parsen beten zu festgelegten Zeiten für die Toten. Sie verehren ihrer Vorfahren und feiern mit großer Sorgfalt die Jahrestage der Toten.

Patanjali Yoga

Der Autor

Patanjali Maharishi ist der Exponent der Yoga Philosophie. Patanjali wird jetzt als der letzte Avatar des Herrn betrachtet. Im Yajnavalkya Smriti steht, daß Hiranyagarbha der ursprüngliche Lehrer des Yoga war. Patanjali Maharishi hat die Anweisungen, Doktrinen und Thesen des Yoga, die Hiranyagarbha gelehrt hatte, nur zusammengefaßt und erklärt.

Yoga Sutras

Patanjalis Yogaphilosophie ist in Sutras aufgeschrieben. Ein 'Sutra' ist eine kurze Feststellung. Es ist ein aphoristischer Ausspruch. Es ist voller tiefer verborgener Bedeutung. Die Rishis von einst haben die philosphischen Gedanken und ihre Umsetzung nur in Form von Sutras ausgedrückt. Es ist sehr schwierig, die Bedeutung der Sutras ohne die Hilfe eines Kommentars, einer Auslegung oder eines Lehrers, der im Yoga versiert ist, zu verstehen. Ein Yogi mit voller Verwirklichung kann die Sutras wunderbar erklären. Wörtlich bedeutet Sutra Faden. So wie viele Arten verschiedenfärbiger Blumen hübsch auf eine Schnur gefädelt sind, um eine Girlande zu machen, und so wie Perlen schön auf einen Faden gereiht sind, um ein Halsband zu ergeben, so sind auch die yogischen Gedanken wunderschön in Sutras angeordnet. Diese werden dann in Kapitel zusammengefaßt.

Das erste Kapitel

Das erste Kapitel ist Samadhipada. Es handelt von den verschiedenen Arten von Samadhi. Es umfaßt 51 Sutras. Die Hindernisse in der Meditation, die fünf Arten von Vrittis und ihre Beherrschung, die drei Arten von Vairagya, das Wesen von Isvara, die verschiedenen Möglichkeiten zur Erlangung von Samadhi und die Methode, durch die Entwicklung von Tugenden Frieden des Geistes zu erlangen, werden hier beschrieben.

Das zweite Kapitel

Dieses Kapitel heißt Sadhanapada. Es umfaßt 55 Sutras. Es handelt von Kriya Yoga, bestehend aus Tapas, Studium und Hingabe an Gott, die fünf Kleshas (Heimsuchungen), die Methode zur Beseitigung dieser Heimsuchungen, die der Erlangung von Samadhi im Wege stehen, Yama und Niyama und ihre Früchte, die Praxis von Asana und Pranayama und ihr Nutzen, Pratyahara und seine Vorteile, usw.

Das dritte Kapitel

Das dritte Kapitel ist Vibhutipada. Es umfaßt 56 Sutras. Es handelt von Dharana, Dhyana und verschiedenen Arten von Samyama auf äußere Objekte, den Geist, innere Chakras und auf anderes und davon, wie man Siddhis erlangt.

Das vierte Kapitel

Das vierte Kapitel heißt Kaivalyapada und beschäftigt sich mit Kaivalya, der Unabhängigkeit. Es umfaßt 34 Sutras. Es handelt von der Unabhängigkeit eines vollerblühten Yogis, der vollkommene Unterscheidung besitzt zwischen Prakriti und Purusha, und der sich von den drei Gunas gelöst hat. Es handelt auch vom Geist und seiner Natur. Dharmamegha Samadhi wird hier ebenfalls beschrieben.

Was ist Raja Yoga

Raja Yoga ist der König aller Yogawege. Er beschäftigt sich direkt mit dem Geist. In diesem Yoga gibt es keinen Kampf, weder mit der Lebenskraft noch mit dem physischen Körper. Es gibt keine Hatha Yoga Kriyas. Der Yogi sitzt bequem, beobachtet seinen Geist und beruhigt die lärmenden Gedanken. Er macht den Geist ruhig, schränkt die Gedankenwellen ein und gelangt in den Zustand, in dem es keine Gedanken gibt, Asamprajnata Samadhi. Daher kommt der Name Raja Yoga. Obwohl Raja Yoga eine dualistische Philosophie ist und von Prakriti und Purusha spricht, verhilft er schließlich dem Schüler zu advaitischer Verwirklichung der Einheit. Obwohl Purusha erwähnt wird, wird letztlich der Purusha eins mit dem höchsten Selbst, dem Brahman der Upanishaden.

Raja Yoga ist der königliche Weg zum Freisein von Leid. Er handelt von den vier Prinzipien - Elend, seiner Ursache, Freisein von Sorge und Methoden. Die Praxis der im Raja Yoga vorgeschriebenen Methoden führt zum Aufhören allen Leides und zur Erlangung ewiger Wonne.

Raja Yoga heißt auch Ashtanga Yoga, Yoga der acht Glieder. Die acht Glieder sind Yama, Niyama, Asana, Pranayama, Dharana, Dhyana und Samadhi.

Yama und Niyama

Yama und Niyama sind die wichtigsten Voraussetzungen für die Praxis der Meditation. Wenn du auf Meditation und Samadhi losstürmst, ohne sie zu erwerben, wirst du dir die Beine brechen. Du kannst es nicht aufschieben, du mußt dich sowohl in allen Yamas wie auch in allen Niyamas vervollkommnen. Denn es wird ein Leben dauern, auch nur ein einziges Yama zu üben. Daher mußt du weiter Yama Niyama üben und gleichzeitig Konzentration und Meditation fortsetzen, auch wenn du in Yama Niyama nicht vollkommen verwurzelt bist.

Yama besteht aus Satya, Ahimsa, Brahmacharya, Aparigraha und Asteya. Satya bedeutet Wahrhaftigkeit in jeder Hinsicht im täglichen Leben. Wir hören von nur einem Harischandra, der in Wahrhaftigkeit vollkommen fest war. Es ist so schwierig, in dieser Tugend fest zu werden. Es gibt aber viele, die versuchen, Wahrhaftigkeit im täglichen Leben zu praktizieren. Liebe alle - das ist die Praxis von Ahimsa. Auch wenn du nicht vollkommenes Brahmacharya (Selbstbeherrschung) halten kannst, führe ein regelmäßiges Leben. Lebe nicht im Luxus, verringere deine Bedürfnisse - das ist die Essenz von Aparigraha. Asteya ist das Nichtbegehren der Reichtümer anderer. Wer das unvergängliche Absolute zu erreichen wünscht, muß diese Forderungen kompromißlos einhalten.

Niyama besteht aus Saucha, Santosha, Tapas, Svadhyaya und Ishvarapranidhana. Saucha bedeutet innere und äußere Reinheit. Innere Reinheit - Reinheit von Geist und Herz - ist wichtiger. Beseitige alle schlechten Vrittis. Santosha (Zufriedenheit) ist das größte Vermögen, der größte Schatz. Tapas ist Askese. Ichlosigkeit und selbstloses Dienen sind die größten Formen von Tapas. Demut und Wunschlosigkeit sind die größten Formen von Askese. Übe sie durch unaufhörlichen, unermüdlichen selbstlosen Dienst. Übe die drei Arten von Tapas, die in der Gita beschrieben werden. Disziplinübungen wie Fasten, usw. fallen auch unter

Tapas. Während du fastest, wirst du in eine meditative Stimmung kommen. Svadhyaya ist das Studium heiliger Bücher. Mantrawiederholung wird auch als Svadhyaya betrachtet. Dann hast du Isvara Pranidhana. Gib dich dem Herrn hin. »Ich bin Dein, alles ist Dein, mein Herr; Dein Wille geschehe«, ist das Mantra zur Selbsthingabe.

Asana und Pranayama

Nach Yama und Niyama kommt Asana. Patanjali schenkt den Asanas keine besondere Aufmerksamkeit. Er beschreibt die feste und bequeme Sitzhaltung. Er möchte nur, daß eine bequeme Stellung eingenommen wird, in der man lange Zeit sitzen kann und nicht vom Schlaf übermannt wird. Im Hatha Yoga gibt es verschiedene Asanas und Pranayamas. Das sind spätere Entwicklungen. Wie die Asanas entwickelten sich später die Ashta Kumbhakas zu Pranayama weiter. Ich werde die vier einfachen und wichtigen Pranayamaübungen vorstellen. Das erste ist das leichte - Sukha Purvaka - Pranayama. Es kann auch im Bett liegend geübt werden. Ziehe die Luft so lange, wie es angenehem ist, durch beide Nasenlöcher ein, halte so lange wie bequem an, und dann atme aus. Das nächste Pranayama ist Sandhya Pranayama oder Anuloma Viloma Pranayama. Atme durch das linke Nasenloch die Luft ein, halte den Atem an und atme durch das rechte Nasenloch aus; dann atme durch das rechte Nasenloch ein, halte an und atme aus. Das ist eine Runde Pranayama. Das Verhältnis zwischen Puraka (Einatmen), Kumbhaka (Anhalten) und Rechaka (Ausatmen) soll 1: 4: 2 sein. Aber am Anfang brauchst du dich darum nicht zu kümmern. Wenn du Übung hast, kommt der Rhythmus von selbst. Wiederhole besonders beim Atemanhalten dein Ishta Mantra. Das steigert die Wirkung. Es erfüllt dich mit göttlicher Energie. Das dritte ist Bhastrika. Das ist rasches Ein- und Ausatmen. Es gleicht dem Blasen eines Blasbalgs. Schon eine Runde Bhastrika gibt dir binnen weniger Sekunden Kraft. Übe es im Winter. Im Sommer kann eine Runde gemacht werden; und zwar am frühen Morgen. Das vierte ist Sitali. Mache ein Rohr mit der Zunge und ziehe die Luft hindurch, halte an, und atme dann aus. Im Sommer ist Sitali sehr gut. Es kühlt sofort das System. Es reinigt das Blut. Es hat die gleiche Wirkung wie wenn man ein Glas eiskaltes Wasser trinkt. Wenn du alle diese Pranayamas eine Zeitlang praktizierst, wird Kevala Kumbhaka von selbst kommen. Kevala Kumbhaka ist Kumbhaka ohne Puraka und Rechaka - Atemanhalten ohne Ein- und Ausatmung. Der Geist wird nach diesem Pranayama ganz ruhig.

Pratyahara

Pratyahara ist Wegziehen. Es ist das Wegnehmen der Indriyas von den Objekten. Die Sinne werden im durch die Praxis von Yama, Niyama und Pranayama gereinigten Geist aufgesogen. Der Geist wird jetzt ruhiger. Wer Pratyahara beherrscht, wird nie über Vikshepa, Zerstreutheit des Geistes, klagen. Pratyahara gibt dem Übenden Kraft. Wenn die Indriyas von den Objekten abgezogen werden, kannst du den Geist auf einen bestimmten Punkt heften. Pratyahara und Dharana hängen zusammen.

Dharana, Dhyana und Samadhi

Dharana ist das Fixieren des Geistes auf etwas Äußeres oder Inneres. Außen kann der Geist auf das Bild von Shri Hari, Shri Krishna oder Gott Rama geheftet werden, oder auf jedes andere Objekt und jeden Punkt. Innerlich kann er auf jedes Chakra geheftet werden, auf einen Teil des Körpers oder auf eine abstrakte Idee. Nachdem das Prana durch Pranayama und die Indriyas durch Pratyahara kontrolliert worden sind, muß man versuchen, den Geist auf irgend etwas festzuhalten.

Dharana kann nur gemacht wreden, wenn man frei ist von den Ablenkungen des Geistes. Nach Dharana kommt Dhyana. In Dhyana gestattet man dem Geist, auf dem selben Gedanken zu verweilen. Die Bhagavad Gita gibt eine wunderbare Beschreibung des Vorgangs von Dhyana. Lies das sechste Kapitel. Begib dich an einen stillen Ort oder in die Abgeschiedenheit. Dort bereite einen Sitz vor an einer Stelle, die weder zu hoch noch zu niedrig ist. Tuch, Hirschfell und Kusa Gras, eines über das andere gelegt, sind die ideale Kombination. Zügle die Sinne.

Beruhige den Geist. Halte den Körper aufrecht, Kopf, Hals und Rumpf in gerader Linie. Richte den Blick auf Trikuti. Schließe die Straßen, durch die die Sinne nach außen gehen; hefte den Geist auf den Herrn, das Selbst im Herzen; halte den Atem durch die Praxis von Kevala Kumbhaka im Scheitel fest; dann erlangst du vollkommene Konzentration des Geistes. Du wirst rasch zu Dhyana und Samadhi kommen.

Die drei, Dharana, Dhyana und Samadhi, sind innerlicher als die vorhergehenden Yama, Niyama, Asana, Pranayama und Pratyahara. Die drei (Dharana, Dhyana und Samadhi) zusammen bilden Samyama. Diese drei sind der Antaranga Yoga des Raja Yoga. Der wahre Raja Yoga beginnt mit Pratyahara. Samyama stellt die tatsächliche Praxis von Raja Yoga dar.

Durch die Praxis von Samyama erhältst du Zugang zur Wahrheit über das Objekt deiner Meditation. Nirbija (samenloser) Samadhi oder Asmaprajnata Samadhi ist das endgültige Ziel im Raja Yoga. Damit verglichen ist auch Samyama äußerlich oder indirekt. Es ist auch eine Vorbereitung.

Es gibt Alambana, etwas, woran sich der Geist hängen kann; wohingegen im Nirbija Samadhi es nichts gibt, woran sich der Geist hängen kann. Es ist Niralambana. Der Übende steigt Phase um Phase die Sprossen der Yogaleiter empor und erlangt verschiedene Erfahrungen, Erkenntnisse und Kräfte. Er fühlt seine absolute Freiheit und erreicht Kaivalya, das höchste Ziel im Raja Yoga.

Die Summe allen Wissens über die drei Welten und jede weltliche Wissenschaft sind nichts als eine bloße Schale verglichen mit der unendlichen Erkenntnis eines wahren Yogis, der Kaivalya erreicht hat. Ehre sei so erhabenen Yogis. Möge ihr Segen mit uns allen sein!

Pranayama

Durch Prana leben die Götter, Menschen und Tiere. Prana ist wahrlich das Leben der Wesen. Deshalb nennt man es das universelle Leben oder das Leben aller.

Prana ist das universelle Prinzip von Energie und Kraft. Es ist Lebenskraft. Es ist alldurchdringend. Es kann statisch oder dynamisch sein. Es findet sich in allen Formen, von den höchsten zu den niedrigsten, von der Ameise zum Elefanten, von der einzelligen Amöbe bis zum Menschen, von der Elementarform pflanzlichen Lebens zur entwickelten Form tierischen Lebens.

Prana ist die Kraft auf jeder Seinsstufe, von der höchsten bis zur niedrigsten. Alles, was sich bewegt, aktiv ist oder Leben besitzt, ist nur ein Ausdruck oder eine Erscheinungsform von Prana.

Das Strahlen deiner Augen ist Prana. Durch die Kraft des Pranas hören die Ohren, sehen die Augen, fühlt die Haut, schmeckt die Zunge, riecht die Nase und erfüllen Gehirn und Verstand ihre Funktionen. Das Lächeln einer jungen Frau, die Melodie in der Musik, die Kraft in den begeisternden Worten eines Vortragenden, der Zauber in den Worten des Gelibeten, all das beruht auf Prana. Feuer brennt durch Prana. Wind weht durch Prana. Flüsse fließen durch Prana. Das Flugzeug bewegt sich in der Luft durch Prana. Züge und Autos bewegen sich durch Prana. Radiowellen werden durch Prana übertragen. Prana ist Elektron. Prana ist Kraft. Prana ist Magnetismus. Prana ist Elektrizität. Prana pumpt das Blut vom Herzen in die Arterien oder Blutgefäße. Prana verdaut, scheidet aus und sondert ab.

Prana kommt zur Anwendung beim Denken, Wollen, Handeln, Bewegen, Sprechen, Schreiben, usw. Ein gesunder starker Mensch hat viel Prana, Nervenkraft, Vitalität.

Das Prana wird aufgenommen durch Nahrung, Wasser, Luft, Sonnenenergie, usw. Die Pranaversorgung erfolgt durch das Nervensystem. Das Prana wird durch die Atmung aufgenommen. Der Pranaüberschuß speichert sich im Gehirn und in den Nervenzentren. Wenn die Samenenergie umgewandelt oder sublimiert wird, versorgt sie das System mit einem großen Maß an Prana. Es wird im Gehirn in der Form von Ojas gespeichert. Ojas ist nichts anderes als Prana.

Der Yogi speichert ein Übermaß an Prana durch regelmäßige Praxis von Pranayama, so wie eine Speicherbatterie Elektrizität speichert. Der Yogi, der viel Prana gespeichert hat, strahlt Stärke und Vitalität aus. Er ist ein starkes Kraftwerk. Wer mit ihm in nahen Kontakt kommt, nimmt von ihm Prana, Stärke, Kraft, Vitalität und Frohsinn auf. So wie Wasser aus einem Gefäß in ein anderes fließt, fließt Prana tatsächlich wie ein ständiger Fluß von einem fortgeschrittenen Yogi zu schwachen Menschen. Das kann der Yogi, der seine innere yogische Sicht entwickelt hat, tatsächlich sehen.

Das Wesen von Prana

Hinter der physischen Hülle, Annamaya Kosha, die aus der Essenz der Nahrung aufgebaut ist, steht die Pranamaya Kosha, die Lebenshülle, die von Prana, Energie, dem Lebensstrom aufgebaut ist. Dieses Prana lenkt den physischen Körper. Dieses Prana erfüllt die ganze physische Hülle.

Prana stellt die Verbindung her zwischen dem astralen und dem physischen Körper. Wenn der dünne Pranafaden durchtrennt wird, trennt sich der Astralkörper vom physischen Körper. Der Tod tritt ein. Das Prana, das im physischen Körper gewirkt hat, wird in den Astralkörper abgezogen.

Der Atem ist die äußere Manifestation von Prana, der Lebenskraft. Atem ist grobstofflich. Prana ist subtil. Indem Kontrolle über den grobstofflichen Atem ausgeübt wird, kann das subtile Prana im Inneren kontrolliert werden.

Das Ziel von Pranayama ist die Kontrolle des Pranas. Pranayama beginnt mit der Regulierung des Atems, um Kontrolle zu erlangen über die Lebensströme, die inneren Lebenskräfte.

Pranayama ist eine genaue Wissenschaft. Es ist das vierte Anga oder Glied im Ashtanga Yoga.

Pranayama und Lebenszeit

Yoga sagt, daß das Leben des Menschen aufgebaut ist aus so und sovielen Atemzügen. Man atmet fünfzehnmal pro Minute. Wenn man die Zahl der Atmungen durch die Praxis von Kumbhaka, Atemanhalten, reduzieren, oder den Atem durch Kechari Mudra anhalten kann, kann man die Lebenszeit verlängern.

Ausatmen ist Rechaka. Einatmen ist Puraka. Wenn der Atem stillsteht, ist das Kumbhaka. Kumbhaka ist Atemanhalten. Kumbhaka verlängert das Leben. Es steigert die innere spirituelle Kraft, Stärke und Vitalität. Wenn du den Atem eine Minute lang anhältst, wird diese Minute zu deiner Lebenszeit dazugezählt. Chang Dev lebte tausendvierhundert Jahre durch die Praxis vom Kumbhaka.

Patanjali betont nicht so sehr die Praxis der einzelnen Pranayamas. Er sagt: »Atme langsam aus, dann atme ein, und halte den Atem an. Dein Geist wird fest und ruhig sein.« Erst Hatha Yogis entwickelten Pranayama zu einer Wissenschaft und nennen verschiedene Übungen, die den verschiedenen Menschen entsprechen.

Pranayamaübungen

Sitze in Padmasana oder Siddhasana in deinem Meditationsraum vor dem Bild deines Ishta Devata. Schließe das rechte Nasenloch mit dem rechten Daumen. Atme sehr sehr langsam durch das linke Nasenloch ein. Dann schließe auch das linke Nasenloch mit dem kleinen Finger und dem Ringfinger der rechten Hand. Halte den Atem an, solange es angenehm ist. Dann atme sehr sehr langsam durch das rechte Nasenloch aus, nachdem du den Daumen gelöst hast. Das war der halbe Vorgang. Dann atme durch das rechte Nasenloch ein. Halte die Luft an wie vorher und atme sehr sehr langsam durch das linke Nasenloch wieder aus. Diese sechs Teile zusammen bilden ein Pranayama. Mache zwanzig am Morgen und zwanzig am Abend. Steigere langsam die Zahl.

Stelle dir vor, daß alle göttlichen Eigenschaften, zum Beispiel Barmherzigkeit, Liebe, Vergebung, Shanti, Freude, usw. mit der eingeatmeten Luft in dein System eingehen, und daß alle teuflischen Eigenschaften wie Lust, Zorn, Habsucht, usw. mit der ausgeatmeten Luft ausgestoßen werden. Wiederhole **Om** oder das Gayatri geistig während Puraka, Kumbhaka und Rechaka.

Du mußt Puraka, Kumbhaka und Rechaka so schön einrichten, daß du nicht das Gefühl hast zu ersticken oder ein Unbehagen in irgend einer anderen Phase des Pranayama verspürst. Du solltest nie das Gefühl haben, daß du zwischen zwei Runden einige Male normal atmen mußt. Die Dauer von Puraka, Kumbhaka und Rechaka muß richtig bemessen sein. Die Übung verlangt Vorsicht und Aufmerksamkeit. Die Dinge werden erfolgreich und einfach werden.

Man darf die Phase der Ausatmung nicht unnötig verlängern. Wenn man die Dauer von Rechaka verlängert, wird die darauf folgende Einatmung hastig erfolgen und den Rhythmus stören. Du mußt Puraka, Kumbhaka und Rechaka so sorgfältig regeln, daß es dir absolut angenehm ist, und nicht nur ein Pranayama machen, sondern das volle Ausmaß von verlangten Pranayamarunden. Erfahrung und Übung werden dir helfen. Übung macht den Meister. Sei ausdauernd. Ein weiterer wichtiger Faktor ist, daß du am Ende von Kumbhaka ausreichend Luft haben mußt, um Rechaka mühelos und im richtigen Verhältnis zu Puraka machen zu können. Das Verhältnis von Puraka, Kumbhaka und Rechaka ist 1: 4: 2.

Es gibt viele andere Pranayamas. Suryabheda und Ujjayi erzeugen Hitze. Sitkari und Sitali kühlen, Bhastrika erhält die Normaltemperatur. Suryabheda beseitigt den Überschuß an Gasen; Ujjayi Schleim; Sitkari und Sitali Galle; und Bhastrika alle drei.

Suryabheda udn Ujjayi sind im Winter zu üben. Sitkari und Sitali sind im Sommer zu üben. Bhastrika kann zu jeder Jahreszeit geübt werden. Menschen, deren Körper auch im Winter warm sind, können Sitkari und Sitali im Winter üben.

Was bedeutet Kontrolle des Pranas

Pranayama hat einen wichtigen Platz in der Hindureligion. Prana ist mit dem Geist verbunden; und durch den Geist mit dem Willen; und durch den Willen mit der individuellen Seele, und durch sie mit der höchsten Seele. Wenn du die kleinen Pranawellen, die durch den Geist wirken, zu kontrollieren verstehst, wirst du das Geheimnis der Unterjochung des universellen Pranas erfahren.

Wenn du das Prana kontrollieren kannst, kannst du vollständig alle Kräfte des Universums kontrollieren - geistige und physische. Der Yogi kann auch die allgegenwärtige, sich manifestierende Kraft kontrollieren, aus der alle Energie stammt, sei es Magnetismus, Elektrizität, Schwerkraft, Kohäsion, Nervenströme, Lebenskräfte oder Gedankenschwingungen.

Der Yogi, der zu einem Fachmann in der Kenntnis dieses Geheimnisses wird, hat keine Angst mehr vor irgend einer Kraft, denn er hat die Meisterschaft über alle Manifestationen der Kraft im Universum. Das, was gemeinhin die Kraft der Persönlichkeit genannt wird, ist nichts anderes als die natürliche Fähigkeit eines Menschen, sich seines Pranas zu bedienen. Manche Menschen sind im Leben erfolgreicher, einflußreicher und faszinierender als andere. All das beruht auf der Kraft ihres Pranas. Solche Menschen gehen täglich unbewußt mit demselben Einfluß um, den der Yogi bewußt durch einen Befehl seines Willens einsetzt.

Nutzen aus der Pranayamapraxis

Wenn Pranayama auch den Atem betrifft, so übt es doch sehr gut die einzelnen inneren Organe und den ganzen Körper. Pranayama beseitigt alle möglichen Krankheiten, verbessert die Gesundheit, regt die Verdauung an, stärkt die Nerven, beseitigt Leidenschaften und erweckt die Kundalini Shakti.

Ein Mensch, der Pranayama übt, wird einen leichten Körper haben, frei sein von Krankheit, einen strahlenden Teint, eine liebliche melodiöse Stimme und einen angenehmen Körpergeruch. Sein Appetit wird gut sein, er wird Frohsinn besitzen, eine hübsche Figur, Stärke, Mut, Begeisterungsfähigkeit, eine hohe Lebensqualität, Kraft, Vitalität und gute Konzentration des Geistes.

Pranaheilung

Wer Pranayama übt, kann sein Prana weitergeben und tödliche Kranheiten heilen. Genauso kann er sich selbst augenblicklich mit Prana neuaufladen, wenn er Kumbhaka macht.

Massiere sanft mit deinen Händen die Beine eines Rheumakranken. Beim Massieren mache Kumbhaka und stelle dir vor, daß das Prana von deinen Händen zum Patienten hin fließt. Verbinde dich mir Hiranyagarbha, dem kosmischen Prana, und stelle dir vor, daß die kosmische Energie durch deine Hände zum Patienten fließt. Der Patient wird sogleich Wärme, Erleichterung und Kraft verspüren.

Mache ein-, zweimal einen Heilungsversuch an dir selbst. Dadurch wächst deine Überzeugung.

Du kannst Kopfschmerzen, Bauchkrämpfe und andere Leiden durch Massage und durch deine magnetische Berührung heilen. Wenn du die Leber, die Galle, den Magen oder andere Körperteile und Organe massierst, kannst du mit den Zellen sprechen und ihnen Befehle geben: »Oh Zellen! Arbeitet ordentlich. Ich befehlen euch, das zu tun.« Sie werden deinem Befehl gehorchen. Auch sie haben eine unterbewußte Intelligenz. Wiederhole dein Mantra, wenn du an andere dein Prana weitergibst. Versuche es ein paarmal. Du wirst die Fähigkeit erwerben.

Vertrauen, Vorstellung, Aufmerksamkeit und Interesse spielen eine sehr wichtige Rolle bei der Heilung von Krankheiten durch Übertragung von Prana an erkrankte Stellen. Wenn du in deiner Konzentration und Praxis Fortschritte machst, kannst du viele Krankheiten durch bloße Berührung heilen. In den fortgeschrittenen Stadien werden viele Krankheiten nur durch den Willen geheilt.

Du kannst Prana durch den Raum an deinen Freund weitergeben, der weit von dir entfernt lebt. Das nennt man »Behandlung in Abwesenheit«. Das Prana bewegt sich unsichtbar fort wie die drahtlosen Wellen und rast wie ein Blitz durch den Raum. Das Prana, das durch die Gedanken des Heilers gefärbt ist, wird nach außen projiziert. Du kannst dich selbst pranisch aufladen durch die Praxis von Kumbhaka. Das verlangt langes, ausdauerndes und regelmäßiges Üben.

Denke nie, daß du dein Prana erschöpfst, wenn du es an andere weitergibst. Je mehr du gibst, desto mehr fließt es dir aus der kosmischen Quelle zu. Das ist das Naturgesetz. Sei nicht geizig.

Verbreitete Ängste in Zusammenhang mit der Praxis von Pranayama

Gewöhnliche Pranayamaübungen können ohne die Hilfe eines Gurus ausgeführt werden. Ein Guru ist nötig, wenn du lange Zeit Kumbhaka praktizieren willst.

In der Praxis von Pranayama, Asanas, usw. liegt keine Gefahr, wenn du vorsichtig bist und deinen gesunden Menschenverstand benutzt. Die Aufregung der Menschen ist unnötig.

In allem liegt eine Gefahr, wenn man nicht sorgsam ist. Wenn du unvorsichtig die Stufen einer Treppe hinuntergehst, kannst du fallen und dir die Knochen brechen. Wenn du unvorsichtig in belebten Stadtteilen herumgehst, wird dich ein Auto überfahren. Wenn du achtlos bist beim Kauf einer Fahrkarte für den Zug, wirst du deine Geldbörse verlieren. Wenn du achtlos irgendwelche Mixturen verabreichst, kannst du deinen Patienten töten, da du ein Gift oder eine falsche Medizin gibst, oder indem du eine Überdosis von einem Medikament verordnest.

Genauso, wenn du Pranayama machst, mußt du mit deiner Ernährung vorsichtig sein.

Du solltest dich nicht überessen. Du mußt leichte, leichtverdauliche und nahrhafte Speisen zu dir nehmen. Du mußt im Geschlechtsverkehr Mäßigung üben. Du darfst nicht über deine Möglichkeiten hinausgehen, wenn du den Atem anhältst. Zuerst solltest du ein, zwei Monate lang nur ein- und ausatmen, ohne den Atem anzuhalten. Du mußt sehr sehr langsam einatmen. Wenn du diese Regeln befolgst, liegt in der Pranayamapraxis keine Gefahr.

Einige Hinweise

Die richtige Haltung ist eine unerläßliche Voraussetzung für das erfolgreiche Üben von Pranayama. Du brauchst aber mit der Übung von Pranayama nicht abzuwarten, bis du absolute Herrschaft über die Asana hast. Übe Asana, und gleichzeitig kannst du auch Pranayama üben. Im Laufe der Zeit, wirst du in beidem Vollkommenheit erlangen.

Der Raum, in dem du Pranayama übst, darf nicht stickig oder schlecht gelüftet sein. Er muß trocken und luftig sein. Du kannst an einem Fluß üben oder an einem See, in der Ecke des Gartens, an der frischen Luft oder auf dem Gipfel oder am Fuß eines Hügels.

Im Sommer, kannst du nur in den kühlen Morgenstunden üben. Setze dich an einen Fluß, einen See oder ans Meer, wenn es dir möglich ist. Wenn heiße Winde wehen, beende das Pranayama. Du kannst Sitali machen, um im Sommer den Körper zu kühlen.

Atme immer sehr langsam ein und aus. Mache dabei kein Geräusch. Bei Pranayamas wie Bhastrika, Kapalabhati, Sitali und Sitkari mag ein leichtes Geräusch zu hören sein, ein möglichst leiser Ton.

Jede Phase im Pranayama soll mühelos sein. Du mußt dabei Freude und Vergnügen verspüren. Du darft keine unangebrachte Mühe spüren.

Mache nicht solange Pranayama, bis du müde bist. Nimm nicht unmittelbar nach Beendigung der Yogaübungen ein Bad. Ruhe eine halbe Stunde lang.

Während du Pranayama übst, wiederhole dein Ishta Mantra. Das ist reiner Yoga.

Bei normalen weltlichen Menschen ist die Atmung unregelmäßig. Eine richtige Atemgewohnheit muß durch die regelmäßige Praxis von Pranayama eingerichtet werden.

Viele Yogis von einst, wie Shri Jñana Deva, Trailinga Swami, Ramalinga Swami und andere hatten die Kraft, das Prana auf verschiedene Weise zu verwenden. Du kannst das auch, wenn du Pranayama durch richtige Atemübungen machst.

Du atmest Prana, nicht die atmosphärische Luft. Erkenne die geheimen inneren Lebenskräfte, die dem Atem zugrunde liegen. Werde ein Yogi und strahle Freude, Licht und Kraft aus.

Ramayana

Das Ramayana von Valmiki ist vielleicht das älteste und herrlichste Epos der Welt. Es ist wird als Adikavyam - das erste Gedicht - bezeichnet. Das Ramayana übt eine sehr stark formende Kraft auf das Leben des Menschen aus. Es enthält Schulbeispiele für Ehegatten, Eltern und Kinder, Geschwister, Freunde und Feinde.

Sein Ursprung

Valmiki fragte einmal Narada: »Oh verehrungswürdiger Rishi ! Sage mir bitte, ob es auf der Welt einen vollkommenen Menschen gibt, der sowohl tugendhaft als auch mutig ist, pflichtgetreu, wahrhaft, edel, pflichtbewußt und König für alle Wesen.«

Narada antwortete: »Einen solchen gibt es, es ist ein Prinz aus der Ikshvaku Linie mit dem Namen Rama. Er ist tugendhaft, mutig, sanft und weise. Er ist ein großer Held. Er liebt seine Untertanen sehr. Er schützt Dharma. Er ist fest und unerschütterlich. Er ist gerecht und aufgeschlossen. Er kennt die Veden sehr gut und ist auch in der Waffenkunst bewandert. Er ist einzigartig im Besitz von Tugenden und beispiellos an Schönheit. Er ist ein gehorsamer Sohn, ein liebevoller Bruder, ein zärtlicher Ehemann, ein vertrauensvoller Freund, ein idealer König, ein barmherziger Feind und ein Mensch, der alle Wesen liebt. Alle Menschen lieben ihn.«

Valmiki ging über diese Beschreibung nachsinnend am Ufer des Tamasa Flusses entlang. Zufällig sah er ein Kraunchapaar (Vögel), das liebevoll miteinander spielte. Plötzlich wurde das Männchen von einem grausamen Vogelfänger erschossen, und das Weibchen, das sah, wie ihr Gefährte sich schmerzverzerrt am Boden wälzte, klagte lauthals voller Mitleid. Der Weise fühlte tiefes Mitleid angesichts des getöteten Vogels und seiner trauernden Gemahlin und rief: »Niemals, Oh Vogelfänger, sollst du Ruhe finden, da du einen Krauncha durch den Tod aus seiner Liebe gerissen hast.« Diese Worte stieß er spontan in musikalischer Versform aus, und jeder Vers hatte vier Versfüße zu je acht Silben (Anushtup Versmaß).

Da erschien Brahma, der Weltenschöpfer, selbst vor dem Dichter und sagte: »Singe die bezaubernde Geschichte von Rama in demselben melodiösen Versmaß. Solange diese Welt besteht, und solange die Sterne am Himmel erstrahlen, solange soll dein Gesang unter den Menschen Verbreitung finden.« Mit diesen Worten verschwand Brahma. Er inspirierte den Dichter mit dem Wissen über Shri Ramas ganze Geschichte, worauf sich Valmiki zur Meditation hinsetzte und jedes Ereignis in der Geschichte Shri Ramas in allen Einzelheiten in seiner yogischen Sicht sah. Dann begann er das Ramayana zu schreiben. Die Melodie des Ramayana floß aus einem Herz der Liebe und des Mitgefühls für den verwundeten Vogel. Auf das Ramayana bezogen kann der Vers Valmikis, den er aus Mitleid für den Krauncha gesungen hatte, folgendermaßen gedeutet werden: Shri Rama und Sita sind die zwei Kraunchas. Ravana ist der grausame Jäger. Sita wurde vom grausamen Jäger Ravana brutal von Rama getrennt. Es besteht eine leichte Ähnlichkeit in den beiden Fällen. Der grausame Akt des Jägers war ein Vorläufer für Valmikis Inspiration, das Ramayana zu erzählen.

Valimikis Ramayana umfaßt 24000 Verse, die in 500 Kapitel zusammengefaßt sind, und diese wiederum in sieben Kandas oder Teile, nämlich Bala, Ayodhya, Aranya, Kishkindha, Sundara, Yuddha und Uttara Kanda. Es enthält echte klassische Sanskrit Dichtung. Ramas junge Söhne, Kusa und Lava, waren die ersten, die es der Welt erzählten und dieses berühmte Werk zur Musik sangen. Sie kamen im Asketenkleid von der Einsiedelei ihres Lehrers Valmiki und sangen das wunderbare Gedicht in Gegenwart ihres Vaters und anderer Helden der Geschichte.

Das Ramayana ist ein wunderbares Buch, das die Essenz aller Veden und heiligen Schriften enthält. Es ist ein Schatz für die Menschheit. Es ist ein Reservoir, das den Nektar der Unsterblichkeit enthält. Es zeichnet den Charakter eines Sohnes, der auf den Thron, die Sinnesfreuden und die Welt verzichtet, um das Wort seines Vaters zu erfüllen, und vierzehn Jahre lang im Wald lebt. Es veranschaulicht die Person eines Vaters, der den heißgeliebten Sohn ins Exil schickt, um sein Wort zu halten. Es zeichnet das Bild einer idealen, keuschen Gattin, die ihrem Mann bis zum Ende ihres Lebens ergeben ist, seine Schwierigkeiten teilt, ihm im Wald unermüdlich dient, und die ihren Mann auch als Gott sieht. Vor allem zeigt es auch die Person des Bruders, der brüderliche Liebe über alles andere auf dieser Welt stellt, seinem Bruder in den Wald folgt, alle Freuden des Palastes zurückläßt und ihm am Weg vorangeht, um alle Gefahren abzuwenden. Die Naturbeschreibung im Ramayana ist erhaben und wunderschön. Man kann tatsächlich fühlen, daß die Hügel, Flüsse, Bäume und Vögel eins sind mit menschlichen Freuden und Sorgen. Die Beschreibung der Kampfszenen ist wunderbar. Das Hauptmerkmal des Ramayana ist Schlichtheit. Pathos und Zartheit ziehen sich durch die gesamte Dichtung. Dichtung und Moral sind wunderschön verbunden. Es liegt Leichtigkeit im Ton der Moral. Das Ramayana hat eine historische Basis. Es ist ein Buch der Alten. Es ist nicht nur ein allegorisches Gedicht. Es ist ein herrliches inspirierendes Buch für alle Zeiten, das über Jahrhunderte hinweg für das Schicksal von Millionen von Menschen von großer Bedeutung war, und es sicherlich in den nächsten Zeiten weiter sein wird.

Die Synopse der sieben Kandas

Im Bala-Kanda werden die Inkarnation Shri Ramas und seine Kindheit beschrieben. Rama hilft Visvamitra, indem er über sein Opfer wacht.Er tötet die Menschenfresserinnen Tataka und Subahu. Er befreit Ahalya von ihrem Fluch. Er zerbricht Shivas Bogen, heiratet Janaki und vernichtet den Stolz von Parasurama.

Im Ayodhya-Kanda werden Vorbereitungen getroffen, um Rama als gesetzlichen Thronerben einzusetzen. Seine Stiefmutter Kaikeyi stellt sich dagegen und schickt ihn für vierzehn Jahre ins Exil. Ramas Bruder Lakshmana und seine Frau Sita folgen ihm. Raja Dasaratha (der Vater) ist wegen der Trennung von Rama sehr betrübten Herzens und stirbt vor Gram. Rama, Lakshmana und Sita werden von Guha, einem Jagdherrn, gastlich aufgenommen. Sie überqueren den Ganges und treffen Rishi Bharadvaja. Auf Anraten des Rishis gehen sie nach Chitrakuta. Dort errichten sie eine Hütte aus Gras und Blättern (Parna Kutir). Dann kommt Bharata (ein anderer ergebener Bruder) in den Wald, besteht darauf, daß Rama in sein Land zurückkehrt und nimmt schließlich nur Ramas Sandalen mit. Er legt die Sandalen auf den Thron und regiert das Königreich im Namen Shri Ramas. Bharata selbst lebt in Nandigrama.

Im Aranya-Kanda greift Viradha, ein Riese, Rama und Lakshmana im Dandaka Wald an. Rama tötet ihn. Danach statten sie den Rishis Sarabhanga, Sutikshana und Atri einen Besuch ab. Anasuya, die Frau von Atri, hält Sita einen inspirierenden Vortrag über die Pflichten einer Gattin. Dann treffen sie Rishi Agastya. Rama erhält von ihm himmlische Waffen. Sie treffen auf die Riesin Surpanakha im Panchavati Wald. Sie wird von Lakshmana verunstaltet. Lakshmana schneidet ihr Nase und Ohren ab. Khara und Trisiras (zusammen mit vierzehntausend Riesen), die Brüder von Surpanakha, sind sehr erzürnt. Sie kämpfen gegen Rama. Sie werden im Kampf getötet.

Surpanakha geht nach Lanka und beklagt sich bei ihrem Bruder Ravana. Nach dem Plan von Ravana nimmt Maricha, ein Onkel von Ravana, die Gestalt eines goldenen Hirschen an und erscheint vor Sita, Rama und Lakshmana. Sita bittet Rama, den Hirsch für sie zu fangen. Rama geht daran, den Hirsch zu fangen und tötet ihn. In der Zwischenzeit entführt Ravana Sita während der Abwesenheit von Rama und Lakshmana. Jatayu, der König der Geier, fordert Ravana heraus, aber er wird tödlich verwundet. Rama erfährt alles über Sita vom sterbenden Jatayu. Er ist sehr betrübt. Darauf töten Rama und Lakshmana Kabhanda am Pampa See. Dann treffen sie die fromme Sabari. Sie bietet ihnen mit großer Hingabe Wurzeln und Früchte an.

Im Kishkindha-Kanda trifft Rama Hanuman an den Ufern des Pampa. Sie gehen zum Berg Rishyamuka und treffen ein Abkommen mit Sugriva. Sugriva tötet Vali mit Ramas Hilfe. Sugriva wird als König von Kishkindha gekrönt. Rama tröstet Tara, die Frau von Vali. Dann macht sich Hanuman mit einer Gruppe von Affen auf die Suche nach Sita. Er nimmt Ramas Ring als Erkennungszeichen mit sich. Er sucht sehr angestrengt, kann aber Sita nicht finden. Jambavan (der König der Bären) findet Sampati, den Bruder von Jayatu, in einer Höhle, und dieser teilt ihnen die Tatsachen mit. Hanuman steigt unter seiner Anleitung auf den Gipfel eines Hügels und springt von dort über das Meer nach Lanka.

Im Sundara-Kanda werden die Unternehmungen Hanumans beschrieben. Während seiner Luftfahrt lädt Mainaka, ein Hügel auf einer Insel, auf Bitte des Meeres Hanuman ein, auf seinem Gipfel auszuruhen. Danach zieht ihn Simhika, ein weibliches Meeresungeheuer, nach unten, indem es seinen Schatten erfaßt. Hanuman tötet sie. Dann sieht er Lanka aus der Entfernung und betritt bei Nacht die Stadt. Er findet Sita im Asoka Hain. Er gibt ihr das Erkennungszeichen Ramas und eine Botschaft. Hanuman zerstört den Asoka Hain. Die Rakshasas nehmen Hanuman gefangen. Hanuman befreit sich und legt Feuer in Lanka. Er kehrt an den Aufenthaltsort Ramas zurück und gibt Rama Sitas Schmuckstück. Rama ist hocherfreut, als er Sitas Erkennungszeichen und ihre Botschaft erhält.

Im Yuddha-Kanda, baut Nala (einer der Anführer der Affen) auf Anordnung des Ozeans eine Brücke über das Meer. Die Helden überqueren mit einer großen Affenarmee den Ozean und kommen nach Lanka. Vibhishana (der Bruder von Ravana) stößt zu ihnen und sagt ihnen, wie sie Ravana und seine Armee zerstören können. Kumbhakarna, Indrajit und Ravana werden im Kampf getötet. Im Kampf verwenden sowohl die Partei Ramas als auch jene Ravanas Astras, mit Mantras aufgeladene Waffen. Rama schleudert ein Astra auf die Partei Ravanas. Alle Rakshasas erscheinen als Rama. Sie töten sich gegenseitig. Ravana schleudert Nagastra auf Rama (einen Pfeil, der zur Giftschlange wird). Die Pfeile haben Schlangenmäuler und speien Feuer um sich. Dann schleudert Rama Garudastra. Der Pfeil wird zu Garunda und trennt die Schlangenpfeile an allen Seiten ab. Garudas sind Feinde der Schlangen. Rama verwendet Brahmastra, um Ravana zu töten. Sita wird gerettet. Sitas Ehre wird im Feuer geprüft. Sie entsteigt ihm glorreicher und strahlender denn je. Vibhishana wird dann zum König von Lanka gekrönt. Shri Rama kehrt mit seiner Partei im fliegenden Wagen namens Pushpaka nach Ayodhya zurück. Rama wird zum Kaiser gekrönt. Die Menschen in seinem Königreich sind überglücklich.

Im Uttara-Kanda wird die Herrschaft Ramas als Rama-Rajya beschrieben. Überall herrscht Rechtschaffenheit. Überall ist Fülle und Wohlstand. Es gibt weder Krankheit noch Sorge. Es gibt weder Schurken noch Diebe. Leben und Eigentum sind völlig sicher. Die vier Varnas erfüllen ihre Dharmas wie es sich geziemt. Shri Rama kehrt nach langer und gedeihlicher Herrschaft an Seinen erhabenen Sitz (Saketa Puri oder Dhama) zurück.

Die esoterische Bedeutung des Ramayana ist folgende: Ravana stellt Ahankara, das Ichdenken, dar. Seine zehn Köpfe sind die zehn Sinne. Die Stadt Lanka ist die neuntorige Stadt des physischen Körpers. Vibhishana entspricht dem Verstand. Sita ist Friede.

Rama ist Jñana (Weisheit). Den zehnköpfigen Ravana zu töten heißt, das Ichdenken zu töten und die Sinne zu bezwingen. Sita wiederzuerlangen bedeutet, den Frieden zu finden, den der Jiva (das Individuum) aufgrund von Wünschen verloren hat. Jñana zu erlangen heißt, den Darsan von Rama, dem Höchsten Selbst zu haben.

Wer dieses Meer von Moha überquert und die Rakshasas - Raga und Dvesha (Zu- und Abneigungen) - zerstört, ist ein Yogi, der mit Santi, Frieden, vereint ist, immer im Atman ruht und ewige Freuden genießt. Shri Rama steht für das 'Gute' (Sattva); Ravana für das 'Böse'. Shri Rama und Ravana kämpften gegeneinander. Schließlich blieb Shri Rama siegreich. Das Positive überwindet immer das Negative. Das Gute triumphiert immer über das Böse.

Reinheit

Es kam einmal ein Bania zu einem Sadhu, um Einweihung zu empfangen. Der Sadhu sagte: »Warte, ich werde dich später einweihen.« Der Bania drängte den Sadhu immer wieder bei verschiedenen Gelegenheiten, er möge ihn rasch einweihen. Der Sadhu lehnte strikt ab und ging. Er besuchte den Bania allerdings nach einigen Jahren mit seiner Bhikshaschale, in der Schmutz, Haare, Urin und Exkremente waren, und bat den Bania um Almosen. Der Bania brachte gute Süßigkeiten, Kheer, Halva, usw. Er hatte diese herrlichen Speisen vorbereitet, da er annahm, daß der Sadhu ihn diesmal einweihen würde. Der Sadhu sagte zum Bania: »Lege alles in meine Schale.« Der Bania sagte: »Wie kann ich die Dinge in diese schmutzige Schale legen, Swamiji ? Bitte reinige die Schale und bringe sie mir. Dann werde ich all die guten Speisen hineinlegen.« Der Sadhu antwortete: »Wenn es sich mit dieser Schale so verhält, wie kann ich dann den reinen Herrn in ein Herz setzen, das voller Unreinheiten ist, wie Lust, Zorn, Stolz, Habsucht, usw. ? Wie kann ich dich jetzt einweihen, da dein Geist so unrein ist wie diese Schale ?« Der Bania war sehr traurig und ging beschämt weg. Dann reinigte er sich durch Mildtätigkeit, selbstloses Dienen, usw. und wurde später vom Sadhu eingeweiht.

So wie das gefärbte Wasser locker und leicht in ein schönes weißes Stück Tuch eindringt, genauso können die Worte eines Weisen nur dann in das Herz der Aspiranten eindringen und sich dort festsetzen, wenn ihr Geist ruhig ist, wenn sie keinen Wunsch nach Vergnügen verspüren und die Unreinheiten des Geistes zerstört werden.

Disziplin und Reinigung von Geist und Indriyas sind die Voraussetzungen für einen Aspiranten auf dem Weg zu Wahrheit und Selbstverwirklichung. Zuerst muß der Boden bereitet werden. Dann erfolgt die Einweihung von selbst.

Innere Reinheit und äußere Reinheit

Es gibt zwei Arten von Reinheit, innere Reinheit und äußere Reinheit. Freisein von Raga-Dvesha, Reinheit der Absichten, Reinheit der Motive und Reinheit des Bhava stellen die innere Reinheit dar. Reinheit des Körpers durch Baden und dergleichen, Reinheit der Kleider und Reinheit der Umgebung, wie Haus und Nachbarschaft, stellen die äußere Reinheit dar.

Äußere Reinheit läßt reine Gedanken entstehen. Übung äußerer Reinheit führt zu Abscheu vor dem eigenen Körper und auch dem Körper anderer. Auf diese Weise wirst du bald Mamata, den Gedanken 'Mein Körper', aufgeben.

Innere Reinheit ist wichtiger als äußere Reinheit. Innere Reinheit macht den Geist einpünktig, bringt Gelassenheit, Heiterkeit, Freude, Stärke, Harmonie, Ausgewogenheit und Glück und flößt Liebe, Geduld und Großherzigkeit ein.

Wenn du reine Nahrung zu dir nimmst, wird dein Geist rein sein. Wenn dein Geist rein ist, denkst du an Gott. Wenn du immer an Gott denkst, werden die Knoten im Herzen, nämlich Unwissenheit, Wunsch und Handlung, zerstört. Dann erreichst du Moksha.

Sadhana ohne Reinheit ist fruchtlose Verschwendung

Geistige Reinheit durch ethisches Training ist daher von grundlegender Bedeutung, wenn du in Meditation und Samadhi erfolgreich sein willst.

Meditation oder Kontemplation zu üben in einem Geist, der in Aufruhr ist, weil man sich nicht an die Moralvorschriften hält, ist so, als baute man ein Haus auf einem kaputten Fundament. Du magst das Haus vielleicht aufbauen, aber es wird ganz sicher einstürzen.

Du kannst jahrelang meditieren und wirst kein greifbares Ergebnis und keine Früchte haben, wenn du keine ethische Unterweisung als Grundlage hast.

Wenn du Gott in deinem Herzen inthronisieren willst, mußt du alle schlechten Erscheinungsformen des Geistes beseitigen. Was machst du, wenn du bei dir zu Hause eine sehr hochgestellte Persönlichkeit erwartest? Du reinigst das Grundstück, jätest alles Unkraut und beseitigst den Abfall. Du reinigst alle Räume und legst schöne Teppiche auf. Genauso mußt du die ganze Schlacke der Unreinheiten aus dem Geist beseitigen, wenn du mit dem Herrn in Verbindung treten willst und Gott ernsthaft einladen möchtest, in deinem Herzen Platz zu nehmen.

Es dauert lange, bis das Herz gereinigt ist. So wie sich eine Menge Staub und Schmutz unter dem Teppich verbirgt, genauso sind alle möglichen Unreinheiten in den verschiedenen Ecken deines Geistes verborgen.

Der Geist ist ein ungezogener Kobold. Er ist die Mara, die Buddha versucht hat. Er ist der Satan, der Jesus verlockte. Er ist Kama, der Shiva in Seiner tiefen Meditation störte. Er ist der Geist der Lust, der Vishvamitras Tapas zunichte machte.

Der Geist kann nicht mit Wasser und Seife gewaschen werden, um seine Unreinheiten zu beseitigen; wenn du aber Wünsche und Verhaftungen entwurzelst, wird sich der Geist von selbst reinigen.

Wünsche setzen die Sinne in Bewegung. Wünsche können nur beherrscht werden, wenn die Sinne bezwungen worden sind. Tapas bezwingt die Sinne und beseitigt Wünsche.

Das Wesen von Tapas

Tapas ist das dritte Glied von Niyama im Raja Yoga. Tapas ist einer der drei Teile im Kriya Yoga. Tapas bedeutet Askese oder Bußübung.

Tapas reinigt den unreinen Geist. Tapas erneuert die niedrige Tiernatur und läßt die göttliche Natur entstehen. Tapas reinigt den Geist und zerstört Lust, Zorn, Habsucht, usw. Tapas schafft Brahma-Tejas und zerstört die asurische oder diabolische Natur. Tapas beseitigt Tamas und Rajas und steigert Sattva. Tapas beruhigt den Geist und läßt ihn am Ewigen haften. Tapas bringt die nach außen gehenden Tendenzen zum Stillstand, die Extroversion oder Antarmukha Vritti. Tapas zerstört Vasanas, Ichdenken und Raga-Dvesha und bringt Leidenschaftslosigkeit, Unterscheidung und Meditation. Tapas ist spirituelle Disziplin. Tapas ist Gottesdienst, Sadhana und Meditation.

Die Gita gibt sehr wertvolle Hinweise zum Thema Tapas. Eine Flut von Licht fällt auf dieses Thema durch die göttlichen Worte Shri Krishnas an Arjuna. Die Gita spricht vom dreifachen Tapas von Körper, Sprache und Geist.

Üblicherweise wird Blätter essen, im Wasser stehen, in der heißen Sonne sitzen, Hitze und Kälte ertragen, mit erhobenen Händen auf einem Bein stehen, usw. als Tapas betrachtet. Solche Menschen werden als Tapasvins bezeichnet. Es heißt: »Ram Brahmachari ist ein großer Tapasvi. Er lebt von Blättern und hat keine Kleider. Er macht im heißen Sommer Panchagni Tapas.« Das sind Formen von physischem Tapas.

Geistiges Tapas ist stärker als physisches Tapas. Wer Hitze und Kälte erträgt macht physisches Tapas. Er steigert seine Ausdauerfähigkeit; aber er kann vielleicht Beleidigung nicht ertragen. Er ist leicht durch ein schroffes oder unfreundliches Wort erregt. Er rächt sich vielleicht und zahlt mit gleicher Münze heim. Er hat keine Geisteskontrolle. Er hat nur seinen physischen Körper diszipliniert. In jeder Situation des Lebens einen ausgeglichenen Geist zu bewahren, Beleidigung, Verletzung und Verfolgung zu ertragen, immer heiter, zufrieden, friedfertig, in mißlichen Umständen fröhlich, in der Gefahr mutig zu sein und Geistesgegenwart und Ausdauer zu besitzen, sind Formen von geistigem Tapas.

Philosophisch gesehen ist Meditation die höchste Form von Tapas. Den wandernden Geist auf Gott oder Brahman zu heften, ist großes Tapas. Vichara und Nididhyasana sind höchstes Tapas.

Vratas oder Askesegelübde

Hindus halten verschiedene Vratas ein, wie Ekadasi Vrata am elften Tag jedes Halbmonats, Satyanarayana Vrata zu Ehren von Gott Narayana, Varalakshmi Vrata zu Ehren der Göttin Mutter Lakshmi, Anantapadmanabha Vrata, Savitri Vrata, Janmashtami Vrata, Chandrayana Vrata, Krishna Vrata und Pradosha Vrata.

Die Absicht aller Vratas ist die Reinigung des Herzens, die Kontrolle der Sinne und die Entwicklung von Hingabe an den Herrn. Weltlichen Menschen sind ständig damit befaßt, Geld zu verdienen und führen verschiedene Arbeiten aus. Wenigstens an diesen Vrata Tagen haben sie die Gelegenheit, Innenschau zu halten, Gott zu verehren, Japa zu machen und intensiv zu meditieren, heilige Schriften zu lesen und Selbstanalyse zu üben.

Jedes Vrata hat seine Eigenheiten. Gewisse Charakteristika sind verschiedenen Vratas gemeinsam. Der Aspirant hält Brahmacharya, sexuelle Enthaltsamkeit, fastet oder ißt Milch und Früchte oder leichte Speisen. Kein Fisch oder Fleisch wird gegessen.

Fasten und seine reinigenden Wirkungen

Fasten ist ein Bestandteil der meisten Vratas.

Fasten wird von allen Religionen und Glaubensrichtungen angeraten. Ein Mensch, der in regelmäßigen Abständen richtig fastet, hat klare Gedanken, einen ganz eigenen Ausdruck und eine Vorstellungskraft, die von niemandem übertroffen werden kann. Sein Ideal kann nur Göttlichkeit sein. Sein Lebensziel kann nur Unsterblichkeit sein. Das Ego steht nun da vor ihm. Seine Gedanken sind erhaben und fest. Seine Handlungen sind gewissenhaft. In ihm ist ein transzendentaler Glanz. Er hat das Reich Gottes auf Erden in seiner Person. Er verletzt nie die Gefühle anderer Menschen. Seine Gedanken sind Lichtstrahlen in der Dunkelheit menschlichen Lebens in der täglichen Welt.

Ekadasi, Sabbath, Samstag, was auch immer dir am besten entspricht, kann als Fasttag eingehalten werden. Halte ihn in regelmäßigen und genauen Abständen, so wie es für dich am besten ist.

Reinheit ist der Paß für den Zutritt zum Land der Wonne

Tapascharya ist sehr wichtig. Tapasya ist nützlich. Tapasya ist eine große Hilfe. Verstehe es richtig. Praktiziere es weise. Verstärke es allmählich. Übe es sorgfältig. Gib Dummheit auf. Unterscheide. Sieh dir nichts nach. Halte deine Gelübde. Sei fest und entschlossen. Strebe glühend. Erhebe Anspruch auf deine Herrschaft über Geist und Sinne, und übe sie als wahrer Tapasvin aus. Strahle mit spirituellem Glanz. Du wirst das herrliche Ziel spirituellen Lebens erreichen. Du wirst Unsterblichkeit und höchstes Kaivalya Moksha erlangen.

Reinheit ist der Weg zum Reich Gottes. Ohne Reinheit ist kein spiritueller Fortschritt möglich. Brahman ist Reinheit. Du wirst Brahman erreichen, oder Es kennen, und eins mit Ihm werden nur durch Reinheit. Es gibt keinen anderen Weg.

Deine Seele ist Nitya Suddha, ewig rein. Durch den Kontakt mit Geist und Sinnen bist du unrein geworden. Erlange deine ursprüngliche Reinheit wieder durch Japa, Kirtan, Gebet, Meditation, die Frage 'Wer bin Ich ?', die Praxis von Pranayama, Studium, Satsang und sattvige Nahrung.

Reinige den Verstand. Reinige dein Herz. Reinige deine Sprache. Reinige deinen Körper. Reinige deine Sinne. Reinige das Prana. Reinige dich, reinige dich, reinige dich.

Reinheit des Herzens ist das Tor zu Gott. Sie ist ein Vorraum zur Gegenwart des Herrn. Sie ist der Schlüssel, mit dem die Tore der Intuition, die zur Wohnstatt höchsten Friedens führen, geöffnet werden. Daher werde rein um jeden Preis. Reinheit ist der Paß für das Land ewiger Wonne.

Religion

Religion ist die Beziehung zwischen den drei Grundprinzien - Gott, Welt und Individuum. Religion tröstet den müden Pilger auf dieser Erde. Sie erklärt ihm das Geheimnis des Lebens. Sie zeigt den Weg zur unsterblichen Wohnstatt.

Religion ist nicht Lebensverzicht. Sie ist Lebensfülle. Sie ist ewiges Leben. Der Mensch wird durch Disziplin, Selbstbeherrschung und Meditation zu Gott. Das ist Religion.

Religion besteht darin, anderen Menschen Gutes zu tun und Liebe, Barmherzigkeit, Wahrhaftigkeit und Reinheit in allen Lebenslagen zu üben. Religion ist Philosphie in der Praxis; Philosphie ist Religion in der Theorie. Philosophie ist immerwährendes Suchen, Fragen und Untersuchen. Religion ist Spüren, Verwirklichen und Erfahren.

Dieselbe Jacke paßt nicht jedem. Individuelle Charaktere und Hintergründe der Tradition sind unterschiedlich. Daher kommt das Bedürfnis nach verschiedenen Religionen. Eine Religion ist so gut wie die andere. Eine Straße oder ein Weg zum Höchsten ist so gut wie eine andere Straße oder ein anderer Weg. Kühe sind verschiedenfärbig, aber die Milch hat immer dieselbe Farbe. Es gibt verschiedene Rosensorten, aber der Duft ist derselbe. Religion ist eins, aber sie kann auf vielfältige Weise praktiziert werden. Vielfalt ist die Ordnung in der Schöpfung. Religion ist davon nicht ausgenommen.

Das Wesentliche der Religion

Religion ist nicht Dogma. Religion ist nicht Glaube. Glaube ist gebrochenes Schilf. Religion ist nicht Theologie. Sie ist nicht nur ein Glaube oder ein Gefühl. Sie ist nicht nur ein kleines Gebet, das ein Mensch sagt, wenn er an einer heftigen Magenkolik oder an chronischer Ruhr leidet. Sie ist in erster Linie ein Leben der Güte und des Dienens. Religion ist Leben in Meditation. Religion ist Leben in Gott. Wer liebevoll, freundlich, fromm und wahrhaft ist und Glauben und Hingabe besitzt, ist wirklich religiös.

Das Wesentliche in der Religion sind nicht Zeichen auf der Stirn, verfilztes Haar und ein langer Bart, und auch nicht das Stehen in heißer Sonne oder kaltem Wasser. Nicht das orange Gewand, nicht der geschorene Schädel, nicht Glockenläuten, Muschelblasen und Zimbelspiel, sondern ein Leben der Güte, der Reinheit und des Dienens inmitten weltlicher Versuchungen.

Religion ist Leben in Gott. Sie ist nicht nur Reden über Gott. Nur intellektuelle Zustimmung allein kann nicht wirklich religiös machen. Wahre Religion ist jenseits von Argumenten. Sie kann nur gelebt werden, sowohl innerlich wie äußerlich. Sie ist Verwirklichen und Werden.

Lasse nicht persönliche Neigung, Stärke, Konvention oder die Meinung von Fanatikern und Sektierern deine Sicht zu einem engen religiösen Blickwinkel trüben. Lasse dich nicht beeinflussen durch die Beobachtung religiöser Praktiken ungeschulter Massen. Du mußt das Wesentliche vom Unwesentlichen in Religion und Philosophie durch die Kraft des reinen Verstandes und der Unterscheidung auseinanderhalten können. Nur dann kannst du glücklich sein. Das Wesentliche ist in allen Religionen dasselbe. Sie sind alle einer Meinung. Religionen unterscheiden sich nur im Unwesentlichen.

Der Gewinn aus einem religiösen Leben

Ein religiöses Leben ist der größte Segen. Es erhebt den Menschen aus dem Sumpf von

Weltlichkeit, Unreinheit und Unglauben. Der Verstand ist wertlos, wenn ihn nicht die Religion erleuchtet. Religion tut das, was Philosophie niemals tun kann. Wenn du in Einklang mit den Regeln der Religion lebst, wirst du Weisheit, Unsterblichkeit, immerwährenden Frieden und ewige Wonne erlangen.

Religion befreit von Sorge und Schmerz. Religion bringt immerwährenden Frieden. Religion macht den Menschen vollkommen und frei. Religion macht unabhängig. Religion verbindet die Seele mit Brahman. Religion befreit von Geburt und Tod.

Religion ist die Grundlage der Gesellschaft, die Quelle aller Güte und allen Glücks und die Grundlage von Tugend und Wohlstand im Individuum und durch die Individuen der ganzen Nation. Zivilisation, Ordnung, Moral - all das erhebt den Menschen und gibt der Nation Frieden - sind der Ertrag aus der Praxis von Religion.

Nimm die Religion weg. Dann hat das Leben des Menschen keinen Sinn. Er ist weit weit entfernt vom Zweck seiner Geburt. Das Leben hier wird zu einer trostlosen Verschwendung. Es gibt kein Leben ohne Religion. Nur Religion macht die Existenz wertvoll und erfüllt den Geist mit Liebe, Hingabe, Gelassenheit und Frohsinn. Keine materielle Kraft kann den religiösen Drang im Menschen aufhalten, obwohl eine Zeitlang eine bestimmte Propaganda abzulenken vermag.

Weltreligionen

Hinduismus, Parsismus, Judentum, Buddhismus, Christentum und Islam sind die sechs Weltreligionen. Der Hinduismus hat keinen Gründer. Alle anderen Religionen haben einen Gründer. Sie heißen nach den Gründern. Jainismus ist nur eine Form des Buddhismus. Sikkhismus ist hauptsächlich im Hinduismus begründet und teilweise im Islam. Brahmoismus entstand aus dem Hinduismus und aus dem Christentum. Und dasselbe gilt für andere kleinere Religionen.

Immer dann, wenn eine wichtige religiöse Wahrheit durch die Überheblichkeit und Selbstsucht der Priesterklasse unterdrückt oder durch die Unwissenheit der Menschen vergessen worden war, trat ein großer Heiliger, Prophet oder religiöser Lehrer auf. Er hob diese Wahrheit hervor, beseitigte den Unrat, der sie verdeckte und verdunkelte, und ließ sie in ihrem ursprünglichen Glanz, ihrer Reinheit, ihrem Strahlen und ihrer Herrlichkeit erglänzen.

Als die Menschen vor langer Zeit alles über den vedischen Monotheismus vergessen hatten, kam Zarathustra. Er predigte die Verehrung des einen Gottes, Ahuramazda, und verurteilte die Verehrung von Devas.

Als die vedische Religion zu einem blinden Einhalten von Riten und Tieropfern degenerierte, und die Brahmanen die Sudras verächtlich behandelten, kam der mitleidsvolle Buddha, der dem Töten von Tieren Einhalt gebot und den Status der Sudras hob.

Als die Judenpriester überheblich wurden, kam Jesus, um den Judaismus zu reinigen. Als auch das Christentum zu Bilderverehrung und Aberglauben degenerierte, tauchte Mohammed auf und predigte seinen Monotheismus.

So war jede neue Religion nur ein Bemühen, die ältere Religion in ihre damaligen Form zu reformieren und gegen ihren Mißbrauch zu protestieren.

Die Einheit, die allen Religionen zugrunde liegt

Alle Propheten sind Sendboten Gottes. Sie sind große Yogis und verwirklichte Seelen, die eine göttliche intuitive Gottesschau hatten. Ihre Worte sind unfehlbar und heilig.

Der Koran, das Zendawvesta oder die Bibel sind genauso heilige Bücher wie die Bhagavad Gita. Alle enthalten die Essenz göttlicher Weisheit. Ahuramazda, Isvara, Allah oder Jehovah sind verschiedene Namen für den einzigen Gott.

Die letzte Quelle der Religion ist Gott. Die fundamentalen Prinzipien, die ihr Wesen ausmachen, wurden den Rishis oder Sehern am Beginn der Schöpfung von Gott offenbart. Sie finden sich in den Veden, die als die ältesten religiösen Bücher oder Schriften in der Menschheitsbibliothek anerkannt werden.

Die Grundlagen und das Wesentliche in allen Religionen sind gleich. Sie sind so alt wie das Menschengeschlecht. Eine wirkliche Erfindung oder Entdeckung auf dem Gebiet der Religion gab es nie, und wird es nie geben. Kein Religionsgründer hat je eine neue Religion erfunden oder eine neue Wahrheit enthüllt. Die Gründer sind in Wahrheit alle nur Vermittler, nicht aber tatsächliche Erschaffer.

Wahre Religion ist eins. Sie ist die Religion von Wahrheit und Liebe. Sie ist die Religion des Herzens. Sie ist die Religion des Dienens, des Opfers und der Entsagung. Sie ist die Religion von Güte, Liebenswürdigkeit und Toleranz.

Die Wahrheit ist weder hinduistisch noch mohammedanisch, weder buddhistisch noch christlich ! Die Wahrheit ist eine einzige homogene und ewige Substanz. Der Anhänger der Religion der Wahrheit geht auf dem Pfad des Lichts, des Friedens, der Weisheit, der Kraft und der Wonne.

Verfall der Religion - Ursache und Abhilfe

Der Mensch vergißt alles über seine Religion aufgrund von Unwissenheit, Machtgier und Habsucht. Er ist unreligiös geworden. Er hat sich auf das Niveau der Tiere begeben. Er hat jeden Sinn für Moral verloren. Er wütet. Er richtet Schaden an. Er mordet, plündert und brennt Häuser nieder. Es herrscht das Gesetz des Dschungels.

Viele Menschen predigen den Buddhismus, niemand aber gibt Wünsche und Himsa auf. Viele predigen das Christentum, niemand aber übt Liebe und Verzeihen. Viele predigen den Islam, niemand aber anerkennt die Bruderschaft aller Menschen. Viele predigen den Hinduismus, niemand aber erkennt die Göttlichkeit in allem. Predigen ist zum Lebensunterhalt des Menschen geworden, während das Praktizieren Verachtung findet.

So kommt es, daß die Welt schlecht ist, nicht aus Mangel an Wahrheit, und auch nicht wegen der Religionen; aber, leider, sie ist schlecht, weil es an wahren Anhängern dieser Ideale und Religionen fehlt.

In allen Religionen müssen die Anhänger richtig unterwiesen werden. Stelle die praktischen Lehren deiner Religion vor die Anhänger dieser Religion, und ersinne Mittel und Wege, die sie in die Lage versetzen, diese Lehren im täglichen Leben auszudrücken. Ohne Praxis läßt Idealismus im Menschen Fatalismus entstehen. Wenn Erkenntnis nicht lebensverändernd ist, ist sie nutzlos. Selbstlosigkeit und Liebe sind keine Glaubensbekenntnisse, die gelehrt werden, sondern Ideale, die beispielgebend sein sollen, und die aufgezeigt und ausgestrahlt werden sollen. Daher praktiziere jeder seine eigene Religion und tue sein Bestes, um das Ziel zu erreichen. Möge die Religion Heilige und Yogis hervorbringen, anstatt Mandirs, Masjids und Kirchen.

Sadhana

Sadhana ist eine bewußt in ein System gefaßte geistige Bewegung. Sadhana ist der Grund, aus dem wir hierher gekommen sind.

Abhyasa und Sadhana sind gleichbedeutende Begriffe. Das Ziel des Sadhana ist es, das Leben von den Begrenzungen, durch die es gebunden ist, zu befreien.

Sadhana ist ein lebenslanger Prozeß. Jeder Tag, jede Stunde und jede Minute sind ein Weitergehen. Die Hindernisse auf dieser langen Reise sind unzählbar. Aber solange man Gott zu seinem Führer macht, gibt es nichts worüber man sich sorgen müßte. Man ist sicher, das andere Ufer zu erreichen.

Manche Menschen machen sich aus Neugier auf den spirituellen Weg. Sie dursten nicht wirklich nach Befreiung. Sie glauben, daß sie besondere Kräfte oder Siddhis erlangen, wenn sie einigen Yogapraktiken machen. Wenn sie keine Kräfte erlangen, verlieren sie die Geduld, geben die Praktiken auf, verlassen den spirituellen Weg und rümpfen die Nase über Yogis und Yoga.

Bloße Neugier ist nicht hilfreich für einen spirituellen Fortschritt. Neugierigsein ist widerwärtiger als Mutwilligkeit. Schaue nach innen. Analysiere deine Gedanken und prüfe, ob du wirklich spirituellen Hunger hast, oder ob du nur neugierig bist. Verwandle Neugier durch regelmäßigen Satsang, das Studium guter religiöser Schriften, Gebet, Japa und Meditation in wirklichen Durst nach Erlösung.

Man muß Interesse und Gefallen an seinem Sadhana haben. Man muß die Techniken und den Nutzen des Sadhana richtig verstehen. Man muß ein Sadhana wählen, das zu einem paßt. Man muß die Fähigkeit und Möglichkeit haben, sein Sadhana zu praktizieren. Erst dann wird man Freude am Sadhana haben und darin erfolgreich sein.

Bemühen und Vollendung

Gute Absichten alleine genügen nicht. Sie müssen von guten Taten unterstützt werden. Du beginnst den spirituellen Weg vielleicht mit den besten Absichten, Atma Jñana zu erreichen, wenn du aber nicht aufmerksam und fleißig bist, wenn dein Sadhana nicht intensiv und strikt ist und wenn du dich nicht in acht nimmst vor Lust, Zorn, Habgier, Egoismus und Selbstsucht können dir gute Absichten alleine nicht dabei helfen, erfolgreich zu sein.

Moralische Reinheit und spirituelles Streben sind die ersten Schritte am Weg des Suchenden. Ohne fest von den moralischen Werten überzeugt zu sein, kann es sicher kein spirituelles Leben und nicht einmal ein gutes Leben geben.

Entschlossene Selbstdisziplin ist absolut ausschlaggebend. Selbstdisziplin bedeutet nicht Unterdrückung sondern Zähmung des Tieres im Inneren. Sie bedeutet Vermenschlichung des Tieres und Vergeistigung des Menschlichen.

Der jungfräuliche Boden muß aufgebrochen werden, bevor der Same in ihn gelegt wird. Der Same bricht auf, bevor er als Pflanze keimt. Zerstörung geht dem Aufbau voran. Das ist das unveränderliche Naturgesetz. Zuerst muß die animalische Natur zerstört werden, bevor sich die göttliche Natur entwickelt.

Der spirituelle Weg ist steinig, dornig und steil. Die Dornen müssen geduldig und ausdauernd gejätet werden. Einige Dornen befinden sich im Inneren; manche sind äußerlich. Lust, Habgier, Wut, Täuschung, Eitelkeit, usw. sind die inneren Dornen. Gesellschaft mit übel gesinnten Menschen ist der allerschlimmste äußere Dorn. Deshalb beseitige schlechte Gesellschaft schonungslos und an der Wurzel.

Während der Dauer deines Sadhanas meide zu viele Kontakte; sprich nicht viel; bewege dich nicht viel; iß nicht viel; schlafe nicht viel; halte diese fünf Verbote genau ein. Gesellschaft verursacht Störungen im Geist. Viel Sprechen verursacht Ablenkung des Geistes. Bewegung verursacht Erschöpfung und Schwäche. Viel Essen führt zu Schläfrigkeit und Trägheit.

Gefahren durch den Kontakt mit Frauen und weltlichen Menschen

Während der Zeit deines Sadhanas meide die Gesellschaft von Frauen. Du darfst nie mit jungen Damen in Berührung kommen, auch wenn du noch so stark bist. Maya wirkt unterschwellig und so heimlich, daß du deinen tatsächlichen Abstieg nicht bemerkst.

Halte den Geist voll beschäftigt mit spirituellen Anliegen. Halte dich möglichst weit entfernt von allem, was deine Leidenschaften anfachen könnte. Nur dann bist du sicher. Lebe nicht mit verheirateten Menschen zusammen. Prüfe deine spirituelle Stärke nicht, wenn du Anfänger am spirituellen Weg bist. Gehe nicht in schlechte Gesellschaft, wenn du ein spiritueller Anfänger bist, um zu zeigen, daß du den Mut hast, der Sünde und Unreinheit zu begegnen. Das ist ein schwerer Fehler. Du läust in eine große Gefahr. Du wirst rasch fallen. Ein schwaches Feuer wird von einem Haufen Staub leicht gelöscht.

Der Geist hat eine große Kraft der Nachahmung. Deshalb sollte sich der spirituell Strebende nicht in Gesellschaft von Familien aufhalten. Sein Geist wird versuchen, die Geiste weltlicher Menschen nachzuahmen. Darauf folgt der Sturz.

Wenn sich ein Aspirant mit reichen Menschen, Zamindars und Rajas abgibt, beginnt sein Geist die luxuriösen Gewohnheiten dieser Menschen nachzuahmen, und schon bald erleidet er einen unbewußten Sturz. Gewisse üble Angewohnheiten tauchen unbewußt in ihm auf. Und er findet es schwierig, diese üblen Angewohnheiten auszureißen und zu beseitigen.

Ein Aspirant kann nur kurze Zeit an seinem Geburtsort verweilen, wenn eine dringende Notwendigkeit besteht. Yogische Regeln und Gesetze können ihm nicht erlauben, sich längere Zeit dort aufzuhalten, auch wenn der Ort noch so günstig ist, und das Vairagya des Aspiranten noch so groß. Die Kraft der Eindrücke ist ungemein stark. Solange nicht alle Samskaras vollständig durch reinen Asamprajnata Samadhi oder Nirvikalpa Avastha verbrannt worden sind, ist es nicht sicher, wenn man sich lange Zeit an seinem Geburtsort aufhält. Es ist noch immer eine Gefahrenzone.

Der spirituelle Weg

Der spirituelle Weg erscheint vielleicht zu Beginn sehr hart, dornig, steil und schlüpfrig. Der Verzicht auf Dinge ist zu Beginn schmerzlich. Wenn du hart kämpfst, um auf dem Weg zu bleiben, und einmal eine eindeutige Entscheidung und einen festen Entschluß gefaßt hast, wird es sehr einfach. Du entwickelst Interesse und eine neue Freude. Dein Herz wird sich öffnen. Du siehst das Leben weiter. Du hast eine neue, weite Sicht. Du spürst die Hilfe von den unsichtbaren Händen Dessen, Der in deinem Herzen wohnt. Deine Zweifel lösen sich von selbst, da du Antworten aus dem Inneren erhältst. Du hörst die klare liebliche Stimme Gottes. Es kommt zu einem unbeschreiblichen Schauer göttlicher Ekstase von innen. Es herrscht tiefe, andauernde und immerwährende Freude und unerschütterlicher Friede. Es herrscht unauslöschliche, nicht nachlassende, unverminderliche und nicht schwächer werdende spirituelle Wonne. Das gibt neue Kraft.

Der Tritt am spirituellen Weg wird immer fester. Die Jivanmuktas, Yogis, Nitya Siddhas, Amara Purushas und Chiranjivis helfen dem strebenden Aspiranten. Die Aspiranten fühlen das tatsächlich. Das Gefühl der Einsamkeit, des Vergessenseins und der Verlassenheit verschwindet gänzlich.

Die ganze Zeit erfährst du Unterstüztung von einer mächtigen Kraft, die im gesamten Kosmos wirkt. Deshalb hast du nichts zu befürchten. Achte auf die Einzelheiten in deinem Sadhana. Der Hauptteil kümmert sich um sich selbst.

Manche Aspiranten geben nach einiger Zeit ihr Sadhana auf. Sie erwarten rasch großen Ertrag. Sie erwarten binnen kurzer Zeit viele Siddhis. Wenn sie keine erlangen, geben sie das Sadhana auf. Es gibt mehrere Bewußtseinsstufen zwischen dem normalen menschlichen Bewußtsein und dem Überbewußtsein Brahmans. Mehrere Schleier müssen am Weg beseitigt werden; viele niedere Zentren müssen geöffnet werden; manche Hürde ist zu überwinden, bevor man das endgültige Ziel erreicht.

Spiritueller Fortschritt verläuft spiralförmig

Du mußt immer weiter mühsam voranschreiten und auf viele Hügel klettern. Du kannst nicht mit einem Sprung den Mount Everest besteigen. Am spirituellen Weg wird nicht gesprungen.

Selbstverwirklichung ist kein sechsjähriger Universitätskurs. Sie ist das Ergebnis von intensivem und langem Sadhana.

Es gibt keinen Abschneider am spirituellen Weg. Es gibt keine königliche Straße zum Reich unsterblicher Wonne. Es gibt keine Halbheiten am göttlichen Pfad. Es bedarf harter und strenger Disziplin. Nur dann kann Maya bezwungen werden. Nur dann kann der Geist bezwungen werden.

Heilige und Yogis denken nie, sie hätten den Geist bezwungen. Nur der irregeleitete Sadhaka stellt sich vor, er hätte Kontrolle über den Geist, und erleidet einen fürchterlichen Rückschlag. Es liegt in der Natur von Leben, Geist und Prakriti, ständig in Bewegung zu sein. Wenn im Geist der Gedanke ist, daß das höchste Ziel noch erreicht werden muß, bewegt man sich stetig darauf zu. Wenn man sich vorstellt, daß der Gipfel erreicht ist, muß man trotzdem in Bewegung bleiben, und diese Bewegung geht nach unten. Es kommt zu einem Rückschlag. Strebe nach immer höherer Verwirklichung, bis der Atem in der Nase stillsteht.

Spiritueller Fortschritt erfolgt langsam, denn das spirituelle Sadhana ist schwierig und mühsam. Es verläuft spiralförmig. Am Anfang kostet es große Mühe. Allmählich wird der Kreis immer kleiner. So wird auch die Mühe immer geringer. Der Aspirant erwirbt langsam spirituelle Stärke. Er geht immer rascher. Schließlich geht er nicht mehr Achtelmeile auf Achtelmeile. Er geht Meile auf Meile. Er galoppiert und galoppiert. Deshalb sei geduldig; sei ausdauernd; sei stetig.

Zeichen spirituellen Fortschritts

Der allmähliche innere Vorgang ist ganz still und unsichtbar wie das stille Sichentfalten einer Knospe in den Nachtstunden. Deshalb verliere nicht den Mut. Entmutige dich nicht selbst mit dem Gedanken, daß du nicht vorankommst.

Wirklicher spiritueller Fortschritt wird richtig und genau gemessen in Friedfertigkeit, Gelassenheit und Ruhe, die du im Wachzustand ausstrahlst. Dein Körper und dein Geist sind gesund, die Ausscheidungen spärlich, die Stimme ist lieblich, das Gesicht strahlend und die Augen leuchten. Du bist immer ruhig, still und ausgeglichen; du bist immer heiter, furchtlos und zufrieden. Du bist leidenschaftslos und besitzt Unterscheidungskraft.

Es gibt keine weltliche Anziehung. Dinge, die dich früher erregten, sind dir jetzt gleichgültig. Dein Geist ist unerschütterlich. Du hast Innenschau. Dinge, die dich früher erfreuten, erwecken nun Abscheu oder die gegenteilige Wirkung. Dein Geist ist einpünktig, scharf und subtil. Du sehnst dich nach mehr Meditation. Du machst Erfahrungen von Lichtern, hast Visionen und erfährst göttlichen Geruch und göttlichen Geschmack. Der Gedanke, daß alle Formen Formen Gottes sind, wird immer stärker in dir. Du fühlst überall die Gegenwart Gottes. Du erlebst die Nähe Gottes. Die Asana ist fest. Du entwickelst glühendes Verlangen nach selbstlosem Dienen.

Beobachte, ob du am spirituellen Weg stehenbleibst, zurückfällst oder vorangehst. Wenn Japa, Meditation und vedantisches Vichara deinen Schleier verdichten und dein Ichbewußtsein mästen, ist das kein spirituelles Sadhana. Denke immer an diesen Punkt. Es ist nur eine Art okkulter Praktik. Beobachte, schau nach innen. Übe Selbstanalyse und töte diesen gewaltigen Ichgedanken an der Wurzel. Das ist wichtiges Sadhana. Ichdenken wird sich herumdrücken wie ein Dieb und verschiedene Formen annehmen wie ein Chamäleon, ein Bahurupi oder ein Schauspieler.

Unterbrich dein Sadhana nicht, wenn du Funken von Verwirklichung hast. Übe weiter bis du in Bhuma, dem eigenschaftslosen Brahman, fest verwurzelt bist. Das ist wichtig. Wenn du mit der Praxis aufhörst und dich in der Welt bewegst, ist die Wahrscheinlichkeit eines Rückschlages sehr groß. Die Reaktion wird furchtbar sein. Es fehlt nicht an Beispielen. Viele Menschen sind auf diese Art zugrunde gegangen. Ein flüchtiger Blick kann dir keine vollkommene Sicherheit geben. Laß dich nicht mitreißen von Ruhm und Ehre. Du kannst verzichten auf Frau, Kinder, Eltern, Haus, Freunde und Verwandte. Es ist sehr sehr schwierig, auf das intellektuelle Vergnügen zu verzichten, die Freude, die aus Ruhm und Ehre kommt. Ich warne dich eindringlich. Ein Mensch, der Glück aus dem Atman im Inneren schöpfen kann, wird sich kein Deut um diese triviale armselige Sache kümmern. Die Welt ist für einen weltlichen Menschen etwas ganz ganz Großes. Für den, der Brahman kennt, ist sie leeres Stroh. Sie ist ein Senfkorn, ein Stecknadelkopf, ein Punkt, eine Luftblase und ein luftiges Nichts für den Brahma Jnani. Sei umsichtig. Ignoriere alles Triviale. Sei stetig in deiner Praxis. Höre niemals mit dem Üben auf, solange du nicht die endgültige Glückseligkeit erreicht hast. Unterbrich dein Sadhana solange nicht, bis du ständig im vollen Bewußtsein Brahmans weilen kannst.

Laß dich von Mißerfolgen nicht entmutigen, sondern tue weiter dein Bestes. Grüble nicht über Fehler nach, die du in der Vergangenheit gemacht hast, da dies nur deinen Geist mit Kummer, Bedauern und Niedergeschlagenheit erfüllen wird. Wiederhole sie in Zukunft nicht. Sei vorsichtig. Denke an die Gründe, die dich zu Mißerfolgen führten, und versuche, sie in Zukunft zu beseitigen. Stärke dich mit neuer Kraft und Tugenden. Entwickle langsam deine Willenskraft.

Jede Versuchung, der man widersteht, jeder schlechte Gedanke, der abgewendet wird, jeder Wunsch, der unterdrückt wird, jedes bittere Wort, das nicht gesprochen wird, jedes edle Anliegen, das ermutigt wird und jeder erhabene Gedanke, der gepflegt wird, hilft bei der Entwicklung von Willenskraft, gutem Charakter und der Erlangung von ewiger Wonne und Unsterblichkeit.

Jedes Stückchen getanes Sadhana ist lückenlos in deinem versteckten Bewußtsein sicher aufgezeichnet. Kein Sadhana ist je umsonst. Jedes Stückchen davon wird sofort für deine Entwicklung gutgeschrieben. Das ist das Gesetz. Denke keine negativen Gedanken, sondern setze ruhig dein Sadhana fort. Sei darin regelmäßig. Ohne einen einzigen Tag auszulassen, mache deine spirituellen Praktiken.

Nach und nach sammelt sich die Kraft an und wird wachsen. Schließlich findet die Kraft, die durch das fortgesetzte, ernsthafte und mit Ausdauer und Geduld über eine lange Zeit des Lebens hinweg geübte Sadhana angehäuft worden ist, ihre notwendige große Erfüllung im erhabenen Moment, wenn sie in Gestalt wonnevoller Verwirklichung Früchte trägt.

Dein Sadhana muß regelmäßig sein, dauerhaft, ungebrochen und ernsthaft. Nicht nur Regelmäßigkeit, sondern auch Beständigkeit in Sadhana und Meditation sind notwendig, wenn du rasch Selbstverwirklichung erreichen willst. Ein spiritueller Strom, der einmal eingerichtet worden ist, trocknet nicht aus, wenn nicht das Flußbett blockiert wird, und wenn er nicht aufgehalten wird. Sei ewig wachsam. Meditiere regelmäßig. Lösche die unterschwelligen Vasanas aus.

Hindernisse für den spirituellen Fortschritt

Manchmal sitzt der Aspirant fest. Er kommt auf seinem Weg nicht voran. Manchmal wird er von Siddhis abgelenkt. Er verfehlt seinen Weg und schlägt eine andere Richtung ein. Er verfehlt das Ziel. Manchmal wird er von Versuchungen und Widerwärtigkeiten heimgesucht. Manchmal empfindet er falsche Zufriedenheit. Er denkt, er habe das Ziel erreicht, und unterbricht jedes Sadhana. Manchmal ist er sorglos, faul und träge. Er kann kein Sadhana machen. Daher sei ewig wachsam, wie der Käpitän eines Schiffes oder der Chirurg im Operationssaal.

Der spirituelle Weg ist voller Hürden. Wenn du ein Hindernis überwindest, taucht sofort ein weiteres Hindernis auf. Wenn du den Geschmacksinn beherrschst, wartet ein anderes Indriya einfach nur darauf, dich mit doppelter Kraft und Stärke zu überfallen. Wenn du die Habsucht beseitigst, wartet der Zorn darauf, dich niederzuwerfen. Wenn du den Egoismus durch die eine Tür vertreibst, kommt er durch eine andere Tür zurück. Große Geduld, Ausdauer, Wachsamkeit und unerschrockene Kraft sind nötig.

Sei fest, beständig und ausdauernd. Die Menschen werden sich über dich lustig machen; bleibe ruhig. Die Menschen werden dich beleidigen; bleibe ruhig. Die Menschen werden böse Gerüchte über dich verbreiten; bleibe ruhig. Bleibe am spirituellen Weg. Wanke nicht. Suche die Wahrheit, wohin sie dich auch führen mag, und wie hoch die Kosten und Opfer auch sein mögen.

Beginne sofort mit dem Sadhana

Handle jetzt. Lebe jetzt. Erkenne jetzt. Verwirkliche jetzt. Sei jetzt glücklich.

Jeder Tod ist eine Erinnerung. Jede Glocke, die läutet, sagt: »Das Ende ist nahe.« Jeder Tag stiehlt dir einen Teil deines kostbaren Lebens. Deshalb mußt du dich sehr ernsthaft in ausdauerndes Sadhana stürzen.

Falle niemals fruchtlosem Bedauern zum Opfer. Heute ist der beste Tag. Heute ist der Tag für eine neue Geburt. Beginne jetzt das Sadhana. Sage mit gefalteten Händen den früheren Fehlern und Irrtümern Lebewohl. Du hast deine Lektionen gelernt. Schreite jetzt mit neuer Hoffnung, Entschlossenheit und Wachsamkeit voran.

Wanke nicht. Fürchte nicht. Zweifle nicht. Tue etwas Grundlegendes am Sadhanaweg, anstatt deine Zeit mit unnötigen Versuchen und Lethargie zu vergeuden. Du hast unendliche Kraft in dir. Deshalb sei nicht halbherzig. Hindernisse sind Sprungbretter zum Erfolg. Sie entwickeln deinen Willen. Laß dich nicht von ihnen erdrücken. Fehler lassen dich an Vollkommenheit denken. Sünde erinnert dich an Tugend. Wähle den positiven Weg.

Wenn du denkst: »Ich werde ein Bad nehmen, wenn alle Wellen des Meeres aufhören.«, ist es unmöglich. Die Wellen werden nie stillstehen, und du wirst nie ein Bad nehmen. Genauso wenn du denkst: »Ich werde mit spirituellem Sadhana oder Meditation beginnen, wenn all meine Sorgen, Nöte und Ängste enden, wenn alle meine Kinder fest im Leben stehen und nach der Pensionierung, wenn ich viel Freizeit habe.«, ist es unmöglich. Wenn du alt bist, kannst du nicht einmal eine halbe Stunde sitzen. Du hast keine Kraft für intensives Tapas, wenn du sehr alt bist. Du mußt intensive spirituelle Praktiken beginnen, während du noch jung bist, in allen Lebensumständen, Bedingungen und Situationen. Nur dann wirst du im Alter eine reiche spirituelle Ernte einbringen. Du wirst dich des immerwährenden Friedens des Ewigen erfreuen.

Samadhi

Samadhi ist Einssein mit dem Herrn. Es ist eine überbewußte Erfahrung.

Es ist Adhyatmic Anubhava.

Samadhi oder Ekstase ist wonnevolle Vereinigung. Der Geist geht im Ewigen, dem Atman, auf, wie Salz in Wasser oder Kampfer in der Flamme. Es ist ein Zustand reinen Bewußtseins.

Samadhi verankert dich im Atman. Durch Samadhi wird das begrenzte Selbst im grenzenlosen absoluten Bewußtsein aufgenommen. Das Einssein von Jivatman und Paramatman wird verwirklicht.

Die in Samadhi gemachte Erkenntnis ist göttliche Erkenntnis. Es ist übersinnliche, intuitive Erkenntnis, wohin Vernunft, Schlußfolgerung und Beweis nicht gelangen können.

Samadhi ist innere, göttliche Erfahrung, jenseits von Geist und Sprache. Der Zustand von Samadhi ist jenseits aller Relativität. Es gibt keine Worte oder Ausdrucksmittel dafür.

Auch in der weltlichen Erfahrung ist es nicht möglich, jemandem den Geschmack eines Apfels zu erklären, der ihn nicht gekostet hat, oder einem Blinden das Wesen der Farbe. Der Samadhizustand ist reinste Wonne, Freude und Frieden. Nur soviel kann gesagt werden. Man muß es selbst spüren. In Samadhi gibt es weder körperliches noch geistiges Bewußtsein. Es gibt nur Sein, Sat. Das ist dein wahres Svarupa. Wenn ein Teich austrocknet, verschwindet auch die Spiegelung der Sonne im Wasser. Wenn der Geist in Brahman aufgeht, wenn der Geistsee austrocknet, verschwindet auch das reflektierte Chaitanya. Der Jivatman, die individuelle Persönlichkeit, vergeht. Es bleibt nur das Sein.

In Samadhi gibt es weder Meditation noch Meditierenden. Der Meditierende und der Gegenstand der Meditation, der Denker und der Gedanke, der Verehrer und das Verehrte werden eins und identisch. Der Geist verliert sein eigenes Bewußtsein und wird identisch mit dem Gegenstand der Meditation. Der Meditierende hat seine Persönlichkeit im Ozean Gottes aufgelöst, ertränkt und vergessen, bis er einfach zum Werkzeug Gottes wird. Wenn sich sein Mund auftut, spricht er mühelos und ohne zu überlegen durch direkte Intuition die Worte Gottes; und wenn er seine Hand hebt, strömt wieder Gott durch sie, um ein Wunder zu wirken.

Ein Zustand vollkommenen Wachseins

Samadhi ist kein Zustand von Dumpfsein, Vergessen oder Verlöschen. Es ist ein Zustand absoluten Bewußtseins, der jedem Versuch einer Beschreibung spottet. Es ist das endgültige Ziel von allem. Es ist Mukti. Es ist Moksha.

Samadhi ist nicht ein Zustand dumpf wie ein Stein, wie viele meinen. Leben im Geist ist nicht Verlöschen. Wenn das Selbst in Erfahrenem gebunden ist, werden seine Aktivitäten nicht voll ausgeübt; und wenn die Beschränkungen des empirischen Seins überschritten werden, wird das universelle Leben intensiviert, und man fühlt sich bereichert. Dann wird das innere Leben sehr reich. Dann wird das Leben kosmisch weit und sogar suprakosmisch.

Samadhi ist kein unbewußter Zustand. Es ist ein Zustand vollkommenen Wachseins. Es ist nicht nur emotionale Begeisterung oder ein Gefühl der Verzückung. Es ist das direkte, einzigartige und intuitive Erfahren von Wahrheit, absolutem Bewußtsein und endgültiger Wirklichkeit. Es ist jenseits von allem Fühlen, Erbeben und Schaudern. Es ist ein machtvoller Zustand transzendentalen Selbstgewahr-werdens. Der Aspirant ruht nun in seinem Zentrum - dem Ziel seiner Suche - und verwirklicht die absolute Freiheit, Unabhängigkeit und Vollkommenheit.

Die vierte Dimension

Der Samadhizustand ist weder Wachen noch Träumen, denn Sankalpa, der Wunsch, ist nicht vorhanden. Genauso ist es nicht Sushupti, Schlaf, denn es gibt kein Nichtbewußtsein. Es ist die vierte Dimension, wo die unendliche Wonne Brahmans herrscht.

Wenn man einen sogenannten traumlosen Schlaf hat, ist das im allgemeinen eines von beiden: entweder man erinnert sich nicht an das Geträumte, oder man fiel in absolutes Nichtbewußtsein, beinahe Tod - ein Todeszustand. Aber es gibt die Möglichkeit des Schlafes, wo man die absolute Stille betritt, die Unsterblichkeit und den Frieden in allen Teilen des Wesens, und das Bewußtsein geht in Sat Chid Ananda auf. Man kann es schwerlich Schlaf nennen, denn es ist vollkommenes »Wachsein«. In diesem Zustand kann man einige Minuten, Stunden oder Tage lang sein: aber diese wenigen Minuten geben dir mehr Entspannung als Stunden normalen Schlafes. Man fällt nicht zufällig hinein. Es bedarf langen Übens.

Jada Samadhi und Chaitanya Samadhi

Es herrscht die allgemeine Ansicht, Samadhi bedeute, mit einem Kowpeen im Zustand absoluten Nichtbewußtseins in Padmasana, der Lotusstellung, zu sitzen, wobei der Atem vollkommen stillsteht. Der gewöhnliche Grotßeil der Menschen ist der Ansicht, daß der in Samadhi Ruhende sich seiner Umgebung nicht bewußt sein dürfe und vollkommen empfindungslos zu sein hat, selbst wenn ein Messer in seinen Körper gestochen wird. Natürlich gibt es solche Samadhis. Das sind Jada Samadhis, die durch Hatha Yoga Kriyas herbeigeführt werden.

Mit Hilfe der Praxis von Kechari Mudra kann sich ein Hatha Yogi in einer Kiste einschließen und sich darin monatelang unter der Erde vergraben lassen. Zweifellos ist das eine schwierige Yoga Kriya, aber sie gibt nicht Atma Jñana.

In Jada Samadhi wird das Prana hochgezogen und in irgendeinem Chakra festgehalten. Der Mensch ist für diesen Zeitraum praktisch tot. Es ist wie ein langer tiefer Schlaf. Diese Samadhis sind wertlos. Es werden nicht alle Samskaras und Vasanas verbrannt. In diesem Samadhi herrscht kein vollkommenes Wachsein. Der Mensch kommt als derselbe alte Mensch aus seinem Samadhi, mit allen alten Samskaras und Vasanas. Er hat keine überintuitive Erkenntnis. Es ist irgendwie ein akrobatisches Kunststück oder eine innere Gymnastik. Solche Samadhis können nicht Mukti, Befreiung, bringen. Weltliche Menschen lassen sich von solchen Kunststücken täuschen.

Wahrer Samadhi gibt übersinnliches Wissen. Der Yogi geht daraus mit neuer übersinnlicher Weisheit hervor. Das ist wahrer Chaitanya Samadhi. Im Chaitanya Samadhi herrscht vollkommenes Wachsein. In Jada Samadhi ist der Sadhaka unbewußt.

Chaitanya Samadhi ist etwas völlig anderes als Jada Samadhi. Darin werden alle Zweifel, Täuschungen und die drei Knoten - Avidya, Kama und Karma - zerstört. Er schenkt absolute Furchtlosigkeit und einen unerschütterlichen Geisteszustand. Der Samadhizustand wird auch im Tätigsein aufrechterhalten.

Wer in Samadhi verwurzelt ist, hält Geist und Körper in vollkommenem Gleichgewicht und nützt sie mit Atma Bhava zum Dienst an den Menschen. Er ruht immer fest in Brahman. Er ist immer in Samadhi. Er schwankt unter keinen Umständen. Er steht fest aufgrund seiner Selbsterkenntnis.

Wirklicher Samadhi muß sowohl im Tätigsein wie auch in der Meditation aufrechterhalten werden. Das ist die wahre Prüfung für die innere Stärke und Verwirklichung eines

Menschen. Das ist wahrer Chaitanya Samadhi. Ein Samadhi, in den man mit geschlossenen Augen in Berghöhlen und Wäldern geht, der aber während des Tätigseins gebrochen oder erschüttert wird, ist überhaupt kein Samadhi.

Der Geist in Samadhi

Samadhi bedeutet das Verlöschen oder die Auflösung des Geistes. Der Geist ist in Samadhi in keiner Weise aktiv. Er geht in Brahman auf. Wenn ein dem Tiefschlaf ähnlicher Zustand herbeigeführt werden kann, ist es kein Tiefschlaf mehr, sondern Samadhi. Es ist schlafloser Schlaf, wo Sinne und Geist völlig zu wirken aufhören, und der Schleier der Unwissenheit vom Feuer der Erkenntnis zerstört wird. Der Aspirant genießt die vollkommene Freude der Freiheit. Er genießt die erhabene Stille des Unvergänglichen.

In Samadhi gibt es keine geistigen Spannungen. Es herrscht vollkommene Stille und Ausgeglichenheit. Es herrscht vollständiger geistiger Stillstand.

In Samadhi geht der gereinigte Geist in Atman, seiner Quelle, auf und wird Atman. Er nimmt die Form Atmans an, so wie der Kampfer zu Feuer wird. Brahman kennen heißt Brahman werden. Der Geist wird tatsächlich Brahman, wenn er gereinigt ist und in den Samadhizustand geführt wird.

Wenn der Geist Brahman wird, löst sich auch die Welt, die eine Schöpfung des Geistes ist, in Brahman auf und wird Brahman Selbst.

Die Samadhierfahrung

In dieser Erfahrung ist weder Dunkelheit noch Leere. Sie ist bloßes Licht. Es gibt weder Klang, noch Berührung, noch Form. Es ist eine phantastische Erfahrung von Einheit und Einssein. Es gibt weder Zeit noch Ursächlichkeit. Es gibt nur Ewigkeit. Du wirst allwissend und allmächtig. Du wirst Sarva Vid, alleswissend. Du weißt alles. Du kennst das ganze Geheimnis der Schöpfung. Du erlangst Unsterblichekit, höheres Wissen und ewige Wonne.

Jede Dualität verschwindet darin. Es gibt weder Subjekt noch Objekt. Es gibt weder Sakara noch Nirakara. Es gibt weder Meditation noch Samadhi. Es gibt weder Dvaita noch Advaita. Es gibt weder Vikshepa noch Einpünktigkeit. Es gibt weder Meditierenden noch Meditationsobjekt. Es gibt weder Tag noch Nacht.

Wenn du im höchsten Nirvikalpa Samadhi verwurzelt bist, hast du nichts zu sehen, zu hören, zu riechen oder zu fühlen. Du hast kein Körperbewußtsein. Du hast das volle Bewußtsein Brahmans. Es gibt nichts außer dem Selbst. Es ist eine wunderbare Erfahrung. Du wirst von Ehrfurcht ergriffen sein.

Zu dieser Erfahrung kommt es, wenn sich Ichbewußtsein und Geist aufgelöst haben. Es ist ein Zustand, den man durch eigenes Bemühen erlangen muß. Er ist grenzenlos, ohne Teile und unendlich, eine Erfahrung von Sein und reinem Bewußtsein. Wenn man diese Erfahrung macht, verschwinden Geist, Wünsche, Aktivitäten und Gefühle von Freude und Sorge in einer Leere.

Nun ist das Jivatum weg. Das kleine 'Ich' hat sich aufgelöst. Der unterscheidende Geist, der spaltet, ist verschwunden.

Samadhi schenkt Moksha

Samadhi bringt Kaivalya, absolute Unabhängigkeit. Samadhi schenkt Moksha. Das ist der

Gipfel und Höhepunkt von Yoga. Mit der Herabkunft von Selbsterkenntnis verschwindet die Unwissenheit. Mit dem Verschwinden der Grundursache, Unwissenheit, verschwindet auch Ichdenken, usw.

Der Yogi hat nun gleichzeitiges Wissen. Vergangenheit und Zukunft vermengen sich mit der Gegenwart. Alles ist 'jetzt'. Alles ist 'hier'. Zeit und Raum wurden überschritten.

Nur durch Samadhi kann das Unerkannte erkannt, das Ungesehene gesehen und das Unerreichbare erreicht werden. Die Gesamtsumme allen Wissens über die drei Welten und alle weltlichen Wissenschaften sind nichts, nichts als eine bloße Hülle im Vergleich zum unendlichen Wissen eines Weisen, der den höchsten Samadhizustand erreicht hat.

Ein Mensch, der aus Samadhi zurückkommt, kann auf dieselbe normale Weise leben und sich bewegen wie vorher, und es mag vielleicht keine auffällig erkennbare Veränderung in seinem Leben und Verhalten für den Zufallsbeobachter geben. Aber nichtsdestoweniger liegt eine nicht zu leugnende Bewußtseinsveränderung in ihm vor. Wieso sollte man es eine einfache Veränderung nennen? Es kommt zu einer eindeutigen Umwandlung der Persönlichkeit.

Wer könnte Samadhi erreichen?

Samadhi ist keine Erfahrung, die durch ein wenig Übung erreicht werden kann. Niemand kann Samadhi erreichen, wenn er nicht eine sehr sehr reine Seele ist. Um Samadhi zu erreichen, muß striktes Brahmacharya gehalten werden, Mäßigung beim Essen, und man muß ein reines Herz haben. Der Geist muß völlig gereinigt sein. Nur dann kann der Mechanismus oder das Gefäß ausreichend bereit sein, um die Herabkunft des göttlichen Lichtes zu empfangen. Es muß stark genug sein, um dem Druck einer plötzlichen Bewußtseinserweiterung standzuhalten und eine kosmischen Sicht zu ertragen, die jenseits des Geistes liegt und die ganze Existenz mit einem einzigen Strich überdeckt.

Wenn du ein Uttama Adhikari bist, ein hervorragender Aspirant, der über die vier Mittel oder Eigenschaften verfügt, Tivra Vairagya besitzt und ein intensives Sehnen nach Befreiung hat, und wenn du einen Brahma Sroti hast, einen Brahma Nishta wie Shri Shankara oder Shri Krishna, der hinter dir steht, wirst du das Selbst in einem einzigen Augenzwinkern verwirklichen. In der Zeit, die es braucht, um eine Blume in der Hand zu zerdrücken, kannst du das Selbst verwirklichen. Durch Ashtavakra verwirklichte Raja Janaka in einem einzigen Augenblick. Arjuna hatte am Schlachtfeld binnen eineinhalb Stunden Selbstverwirklichung. Mukunda Rai von Maharashtra gab einem Badshah in einer einzigen Sekunde Samadhi, während er auf seinem Pferd ritt. Es gibt so viele Beispiele.

Wie der Mensch, der dringend einen Weg sucht, um aus einem brennenden Haus zu entkommen, muß der Aspirant das glühende Verlangen verspüren, sich aus dem Feuer von Samsara zu befreien. Nur dann kann er in tiefe Meditation und Samadhi eintreten.

Wie man Samadhi erreicht

Tiefe Meditation führt zu Samadhi, zum Einssein mit Gott. Der Geist ist erfüllt mit Atman, Gott. Der Geist verschleiert sein eigenes Bewußtsein und identifiziert sich mit dem Objekt der Meditation. So wie sich eine Salzpuppe im Wasser auflöst, so geht der Geist in Brahman, in Nirvikalpa Samadhi, auf. Ein plötzlicher Schlag mystischer Erleuchtung macht der gesamten empirischen Erfahrung mit einem Mal ein Ende, und der Gedanke der Erinnerung an so etwas wie diese Welt oder die enge Individualität des Geistes in dieser Welt verläßt den Menschen absolut.

Beachte die drei Vorgänge, die in der Meditation im Geist stattfinden. Sie sind: **Kontemplation, Erfüllen, Identifikation**. Denke an diese drei Wortbilder. Wiederhole sie geistig bei deinem Sadhana. Das wird dir sicher sehr helfen.

Kontempliere über den Atman. Erfülle den Geist mit Atman. Dann identifiziert sich der Geist mit Brahman, so wie es die Analogie von der Raupe und dem Schmetterling besagt. So wie du denkst, so wirst du werden. Denke, du bist Brahman; du wirst Brahman werden.

Schweige. Erkenne dich selbst. Erkenne Dies. Lasse den Geist in Dem aufgehen. Die Wahrheit ist ganz einfach und schlicht.

Sannyasa

Sannyasa ist das Leben der Entsagung. Mit anderen Worten, es ist das upanishadische Leben. Es ist der letzte der vier Ashramas.

Handlung ist für den weltlichen Menschen, und Weisheit ist für den Sannyasin, der sich über die Weltlichkeit erhoben hat. Nur der Mensch, der entsagt hat und Erkenntnis besitzt, erreicht Brahman, sonst niemand. Ohne vollkommene Entsagung ist es unmöglich, den Weg von Brahma Vidya zu gehen.

Der Sannyasin ist tot für die Welt und für seine Familie. Er entsagt in einem Zuge dem ganzen Universum und hat mit nichts mehr etwas zu tun als mit seinem Selbst.

Für den Sannyasin bedeuten Ruhm und Ehre gleichviel wie die Fäkalien eines Schweines. Deshalb zieht der Sannyasin wie eine Fliege umher und verzichtet auf Ruhm und Ehre.

Der Sannyasin muß nur drei Pflichten erfüllen, Saucha, Bhiksha und Dhyana. Für den Sannyasin gibt es keine vierte Pflicht. Meditation ist seine Pflicht, Meditation ist seine Nahrung, Meditation ist sein Leben. Er lebt und atmet Meditation. Er ist immer auf die Verwirklichung des höchsten Brahman bedacht.

Der Sannyasin lebt in der Höhe der Weisheit wie ein Narr, wie ein Kind. Er blüht in Erkenntnis und verhält sich wie ein Verrückter. In Atman aufgegangen, spricht der Sannyasin kein einziges Wort.

Tauglichkeit für Sannyasa

Sannyasa steht in gleicher Weise dem Brahamchari offen, dem Grihastha und auch dem Vanaprastha. Man kann entweder direkt von Brahamcharya aus Sannyasa nehmen oder anders, so wie man will.

Man muß sich mit Sadhana Chatushtaya befähigen, bevor man Sannyas nimmt. Vollkommene, aus Unterscheidung geborene Entsagung muß vorhanden sein. Vairagya, die Leidenschaftslosigkeit, darf nicht mild und halbherzig sein. Es muß eine brennende Flamme des Abscheus sein gegenüber allem Gesehenen und Ungesehenen. Nichts anderes als der Zustand von Kaivalya, endgültige Befreiung, muß das angestrebte Ziel sein. Es darf kein Wunsch vorhanden sein nach Frau, Kind und weltlicher Aktivität. Er muß an allen Seiten vom Zaun der Leidenschaftslosigkeit umschlossen sein.

Die Möglichkeit, sich selbst festzustellen, muß schließlich auf null reduziert werden. Liebe und Haß müssen vollständig ausgelöscht werden. Der Aspirant muß sich über die Ränke und Bande von Samsara erheben.

Sobald sich Abscheu gegenüber allem Weltlichen im Geist erhebt, sollte man ohne weiteres Zögern Sannyas nehmen.

Wenn du die Abgeschiedenheit liebst, wenn du frei bist von Raga, Leidenschaft, weltlichen Bestrebungen, karmischen Tendenzen und Anziehungen in dieser Welt, wenn du schweigsam und heiter bist, wenn du dich während deines Weilens in der Welt diszipliniert hast, wenn du mit einfacher Nahrung auskommen kannst, wenn es dir möglich ist, ein hartes Leben zu ertragen, wenn du eine starke Konstitution hast, wenn du nicht geschwätzig bist, wenn du alleine sein kannst, ohne zu sprechen und ohne Gesellschaft, wenn du von meditativem Temperament und nachdenklichem Wesen bist, wenn du alle Schwierigkeiten am spirituellen Weg zu ertragen vermagst, wenn du das harte Asketenleben bis zum Ende leben kannst, und wenn du jede Menge Beleidigung und Verletzung zu erdulden vermagst, dann kannst du den Weg der Entsagung einschlagen. Nur dann wird es von Nutzen sein,

Sannyas zu nehmen. Man sollte tatsächlich noch ein, zwei Jahre lang in der Welt das Leben eines Sannyasins leben. Ansonsten wird man es überaus schwierig finden, den Weg zu gehen. Für einen Menschen mit Leidenschaftslosigkeit, Unterscheidungskraft und starkem Willen ist dieser Weg voll Freude und Wonne.

Ein leidenschaftlicher Mensch sollte nicht Sannyas nehmen. Ein Mensch, der Sannyas nimmt, obwohl ihn die Leidenschaft überwältigt, begibt sich in die Bereiche von Dunkelheit und Düsternis. Der Mensch, dessen Zunge, Zeugungsorgan, Magen und Hände richtig diszipliniert sind, dieser Mensch ist tauglich für Sannyas.

Wenn Frauen die vier Mittel zur Rettung besitzen, sind sie ebenfalls vollkommen geeignet für Sannyas. Sie sind ebenso erfolgreich auf dem Gebiet der Spiritualität wie Männer. Wenn ein Mensch mit Samskaras von Sannyas geboren wurde, kann ihn oder sie keine Kraft der Erde davon abhalten, Sannyas zu nehmen. Auch wenn man hundert Wächter hat, um einen solchen Menschen davon abzuhalten, das Haus zu verlassen, können diese ihn nicht halten. Der Vater des großen Buddha bewachte ihn auf jede erdenkliche Weise, aber sein Pferd stieg auf die Höhe der Absperrung und trug ihn in den Wald. Nur weibische, unfähige, schüchterne Männer, die nichts anderes sind als Frauen mit Schnurrbärten, die keine guten Samskaras und kein geistiges Vermögen besitzen und spirituelle Bankrotteure sind, hängen sich an weltliche Dinge und sterben wie Würmer. Sie sprechen gegen Sannyas. Wer die Herrlichkeit und Freiheit von Sannyas verstanden hat, ein wahres Kind Shri Sankaras, Shri Dattatreyas, Sanakas, Sanandanas, Sanatanas und Sanatkumaras, kann auch nicht einen Tag lang auf Pravritti Marga bleiben.

Die Rolle des Sannyasin in der Gesellschaft

In jede Religion gibt es Einsiedler, die in Zurückgezogenheit und Meditation leben. Es gibt Bhikkus im Buddhismus, Fakire im Mohammedanismus, sufistische Fakire im Sufismus und Patres und Pfarrer im Christentum. Die Großartigkeit einer Religion geht vollkommen verloren, wenn man die Eremiten oder Sannyasins wegnimmt, oder diejenigen, die ein Leben der Entsagung und Kontemplation über das Göttliche leben. Diese Menschen erhalten die Religiosität und bewahren die Weltreligionen. Diese Menschen bringen den Hausvätern Trost, wenn sie in Schwierigkeiten und Verzweiflung sind. Sie geben den Verzweifelten Hoffnung, den Niedergeschlagenen Freude, den Schwachen Kraft und den Furchtsamen Mut, indem sie das vedantische Wissen und die Bedeutung des Mahavakyas »Tat Twam Asi« lehren.

Sannyasins leben von ein paar Stück Brot und dafür gehen sie von Tür zu Tür und verbreiten überall im Land die erhabene Vedantalehre und die erhabene Philosophie der Verwirklichung Brahmans. Die Welt schuldet ihnen großen Dank. Wer kann ihnen diese Schulden vergüten? Ihre Schriften führen uns noch immer. Lies einige Slokas der Avadhuta Gita. Du wirst dich sofort in die wunderbaren Höhen göttlichen Glanzes und göttlicher Herrlichkeit erhoben fühlen. Du wirst ein anderer Mensch sein. Niedergeschlagenheit, Schwäche, Ängste und Kummer verschwinden sofort.

Ein wirklicher Sannyasin ist der einzige mächtige Potentat auf dieser Erde. Er nimmt nie etwas. Er gibt immer. Nur Sannyasins vollbrachten in der Vergangenheit wunderbare Taten. Nur Sannyasins können in der Gegenwart und auch in der Zukunft Wunder wirken. Ramakrishna Paramahamsa, Rama Tirtha, Dayananda und Vivekananda verbreiteten die erhabene Lehre der Schriften und hielten die Hindureligion am Leben. Nur die Kühnheit der Sannyasins, die alle Bindungen und Beziehungen gelöst haben, furchtlos sind und frei von Täuschung, Leidenschaft und Selbstsucht, können der Welt wirklich dienen. Nur ein Sannyasin kann wirklich Loka Sangraha tun, denn er hat göttliches Wissen und widmet dem seine gesamte Zeit! Ein einziger wirklicher Sannyasin kann das Schicksal der ganzen Welt verändern ! Ein einziger mächtiger Shankara errichtete die Lehre der Kevala Advaita Philosophie. Er lebt in unseren Herzen weiter. Sein Name kann nie verlöschen, solange die Welt besteht.

So wie es in Wissenschaft, Psychologie, Biologie und Philosophie Forscher und Wissenschafter gibt, so sollte es auch Forscher und Wissenschafter bei Yogis und Sannyasins geben, die ihre Zeit dem Studium und der Meditation widmen, der Forschung über den Atman. Diese wissenschaftlich tätigen Yogis geben der Welt ihre Erfahrungen und Erkenntnisse auf dem Gebiet der Religion. Sie bilden Schüler aus und schicken sie in die Welt, um zu predigen. Es ist die Pflicht von Hausvätern, Zamindars und der Verwaltung, für die Bedürfnisse dieser Sannyasins zu sorgen. Dafür sorgen diese Sannyasins für ihre Seelen. So wird sich das Rad der Welt ungehindert drehen. Es wird Frieden im Land herrschen.

Sannyas ist notwendig

Ich glaube nicht den Menschen, die sagen: »Wir haben unsere Herzen gefärbt.« Das ist Zaudern und Heuchelei. Wenn eine wirkliche innere Veränderung stattfindet, muß auch die äußere Veränderung folgen. Man kann nicht innen ein Heiliger sein und außen ein Schurke. Das innere Wesen macht es dir unmöglich, nach außen das gegensätzliche Wesen zu haben. Ich anerkenne nicht, daß nur der Versuch, Ichdenken, Sankalpas und Vasanas zu beseitigen, tatsächlich Sannyas ist. Das Asramabheda ist absolut notwendig. Warum haben Weise wie Sakara oder Shri Ramakrishna Sannyas genommen? Warum nahm Yajnavalkya sogar nach der Verwirklichung Brahmans Sannyas? Warum ist der Orden überhaupt notwendig?

Kann man sich einen größeren Karma Kandi vorstellen, jemanden, der Pravritti Marga folgt, als den großen Mandana Misra? Er war der größte Verfechter von Karma. Er hatte mit Shri Shankaracharya eine Tage dauernde Debatte über die Notwendigkeit von Sannyas. Er wollte festhalten, daß Mukti, die Rettung, durch Karma Marga zu erlangen ist, und daß Nivritti nicht unbedingt notwendig ist. Aber zuletzt besiegte Shri Shankara Mandana Misra; und auch Mandana Misra wurde einer der vier Schüler von Shankara. Wenn ein so starker Mensch Sannyasin wurde, überzeugt dich das nicht von der Notwendigkeit von Sannyas?

Du gehst nicht den Weg der Veden wie Mandana Misra das tat. Er war ein idealer Familienvater, er war in den vier Veden bewandert, er war respektvoll den Älteren gegenüber, und er trat in die Fußstapfen eines idealen Grihastha, wie Yajnavalkaya und andere. Sogar er nahm Sannyas!

Gerua und rasierter Kopf

Die orange Farbe, Gerua, des Sannyasin weist darauf hin, daß er so rein ist wie Feuer. Er strahlt wie gebranntes Gold, frei von allen Unreinheiten, Wünschen und Vasanas. Sie zeigt Reinheit an. Sie steht für Reinheit. Für einen Aspiranten, der den Weg von Nirvritti Marga begonnen hat, ist sie hilfreich. Er wird von üblen Taten Abstand nehmen und davor zurückschrecken. Dieses Gewand erinnert ihn daran, daß weltliches Vergnügen nicht für ihn bestimmt ist. Allmählich formt sich sein Wesen. Dieses färbige Gewand dient als äußeres Zeichen, um zu zeigen, daß man ein Sannyasin ist.

Ein Sannyasin rasiert vollständig sein Haupt. Das beseitigt all seine Schönheit. Er kümmert sich nicht besonders darum, sein Haar mit Duftölen, usw. zu pfelgen. Es zeigt, daß er aller äußeren Schönheit entsagt hat und im Selbst weilt, welches die allergrößte Schönheit ist.

Dieses Mundana, das Rasieren des Hauptes, zeigt, daß er nicht mehr von dieser Welt ist. Er darf keine Wünsche nach Sinnesobjekten hegen. Es ist nur ein äußeres Symbol des geistigen Zustandes völliger Leidenschaftslosigkeit und des Sichabwendens von den Freuden der Welt.

Sannyas - ein geistiger Zustand

Sannyas ist Gerua, das Färben, des Herzens und nicht nur des Gewandes. Sannyas ist nur ein geistiger Zustand. Derjenige ist ein wahrer Sannyasin, der frei ist von Leidenschaften und Ichdenken, und der alle sattvigen Eigenschaften besitzt, auch wenn er in Familie und Welt lebt. Chudala war eine Königin Yogini Sannyasini, obwohl sie ein Königreich regierte. Der Sannyasin, der im Wald lebt, aber voller Leidenschaft ist, ist schlimmer als ein Verheirateter oder ein weltlich gesinnter Narr. Sikhidhvaja war ein weltlicher Mensch, obwohl er jahrelang nackt im Wald lebte.

Wahre Entsagung ist der Verzicht auf alle Leidenschaften, Wünsche, Ichgedanken und Vasanas. Wenn dein Geist makellos ist, frei von Verhaftung, Ichdenken und Leidenschaft, dann bist du ein Sannyasin - egal ob du im Wald lebst oder im Getriebe einer Stadt, ob du weiße Kleider trägst oder ein orangefarbenes Gewand, ob du dein Haupt rasierst oder lange Locken trägst.

Rasiere den Geist. Jemand fragte Guru Nanak: »Oh Heiliger, warum ist dein Haupt nicht geschoren? Du bist ein Sannyasin.« Guru Nanak antwortete: »Mein lieber Freund, ich habe meinen Geist geschoren.« In der Tat, der Geist muß richtig geschoren werden. Den Geist scheren heißt, alle möglichen Verhaftungen loswerden, Leidenschaften, Ichgedanken, Moha, die Verblendung, Lust, Habgier, Zorn, usw. Das ist wirkliches Scheren. Äußeres Rasieren des Kopfes hat keine Bedeutung, solange inneres Sehnen, Trishna, vorhanden ist.

Sehr viele Menschen haben nicht begriffen, was wirkliche Entsagung ist. Der Verzicht auf physische Dinge ist keine Entsagung. Wahre Entsagung liegt in der Verneinung des Geistes. Sie besteht darin, auf alle Wünsche und Ichgedanken zu verzichten und nicht auf die Existenz in der Welt. Dieses wirkliche Tyaga, die Entsagung, besteht im Verzicht auf das Ichbewußtsein, Ahankara. Wenn du diesem Ahankara entsagen kannst, hast du auch allem anderen auf der Welt entsagt. Wenn das subtile Ahankara aufgegeben wird, verschwindet Dehadhyasa, die Körperidentifikation, automatisch.

Sannyas und Vedanta

Sannyas und Vedanta gehen auf die ein oder andere Weise immer zusammen. Das eine ist ohne das andere nicht vollständig. Überall, wo wirkliches Sannyas ist, ist praktische Vedanta. Überall, wo praktische Vedanta ist, muß Sannyas der höchsten Ordnung sein. Sannyas ohne Vedanta oder Para Bhakti wird fruchtlos. Vedanta ohne Sannyas wird reiner Intellektualismus. Wenn Sannyas und Vedanta miteinander verschmelzen, erwächst daraus ein Weiser höchster Weisheit. Sannyas macht das Individuum leer von Ego und negativen Dingen, und Vedanta erfüllt es mit positiver Wahrheit. Sannyas ohne Vedanta bleibt leer und dient nicht seiner Absicht. Genauso wird Vedanta ohne Sannyas sinnlos und verliert ihre Bedeutung. Vedanta kann nicht erfaßt werden, wenn das Ego nicht durch Sannyas beseitigt worden ist, und Sannyas ist Verschwendung, wenn nicht durch Vedanta das höchste Ideal erreicht wird.

Vedanta verlangt nicht von dir, daß du der Welt entsagst. Sie möchte, daß du deine Geisteshaltung änderst und dieses falsche, unwirkliche 'Ich' und 'Mein' aufgibst. Der Schlangenbeschwörer entfernt nur die beiden Giftzähne der Kobra. Die Schlange bleibt dieselbe. Sie zischt, hebt das Haupt und zeigt die Zähne. Tatsächlich tut sie dasselbe wie vorher. Der Schlangenbeschwörer hat seine Geisteshaltung der Schlange gegenüber verändert. Jetzt hat er das Gefühl, daß sie keine Giftzähne mehr hat. Genauso mußt du die beiden Giftzähne des Geistes beseitigen, nämlich nur Ahanta und Mamata. Dann kannst du dem Geist gestatten, überall hinzugehen, wohin er will. Dann wirst du immer nur in Samadhi leben.

Du mußt auch dem Tyaga Abhimana entsagen. Das Tyaga Abhimana ist sehr tief verwurzelt. Du mußt den Gedanken aufgeben: »Ich habe allem entsagt; ich bin ein großer Tyagi.« Diese Abhimana der Sadhus ist ein größeres Übel als das Abhimana von Familienmenschen: »Ich bin ein Hausherr; Ich bin ein Brahmane, usw.«.

Nicht durch das Tragen eines Dandas, nicht durch das Rasieren des Kopfes, nicht durch das Gewand und nicht durch egoistisches Handeln kann Befreiung erreicht werden. Wer Weisheit besitzt, ist ein wahrer Sannyasin. Weisheit ist das Kennzeichen eines Sannyasins. Der Holzstock macht keinen Sannyasin.

Derjenige ist der wahre Sannyasin von Weisheit, der sich seines absoluten Wesens bewußt ist, im Traum wie im Wachzustand.

Er ist der größte Brahma Jñani. Er ist der größte Sannyasin.

Satsang

Wenn Staub mit Wind in Berührung kommt, steigt er hoch in den Himmel. Wenn er auf schmutziges Wasser trifft, wird er zu einem Haufen Schmutz. Wenn Luft mit Jasmin in Berührung kommt, verbreitet sie einen süßen Duft. Wenn sie auf Abfall trifft, riecht sie übel. Bringe einen Papagei mit einem schlechten Menschen zusammen. Er wird zu fluchen beginnen. Bringe ihn mit Sadhus zusammen. Er wird »Ram, Renga, Renga« wiederholen. Genauso, wenn man sich in der Gesellschaft eines Weisen aufhält, erlangt man Erkenntnis und erhebt sich hoch in das Reich ewiger Wonne. Wenn man in Gesellschaft eines Betrügers und Säufers ist, trinkt man und begeht üble Taten.

Die verheerenden Auswirkungen von schlechter Gesellschaft

Die Auswirkungen schlechter Gesellschaft sind überaus verhängnisvoll. Der Geist erfüllt sich durch den Kontakt mit schlechten Menschen mit schlechten Gedanken. Ein Anfänger, der sich in Gesellschaft schlechter oder weltlicher Menschen aufhält, verliert seine Frömmigkeit und entwickelt schlechte Eigenschaften. Das bißchen Vertrauen in Gott und die Schriften verschwindet ebenfalls. Er begibt sich auch auf das Niveau eines weltlichen Menschen.

Der Geist ahmt nach. In der Gesellschaft von Schlechtigkeit entwickeln sich Unmoral, Zügellosigkeit, schlechte Angewohnheiten, Wollust, Sinnlichkeit, Heuchelei, Überheblichkeit, usw. Schlechte Gesellschaft zerstört alle Tugenden wie Reinheit, Wahrhaftigkeit, Mitgefühl, usw.

Die Gesellschaft von Lügnern, Betrügern, Dieben, Verleumdern, falschen Menschen, tratschhaften Menschen, Menschen, die schlecht über andere sprechen, klatschen, nicht an Gott und die Schriften glauben, usw. müssen unter allen Umständen gemieden werden. Die Gesellschaft von Frauen und von Menschen, die mit Frauen in Berührung kommen, ist gefährlich.

Nicht nur die Gesellschaft weltlicher Menschen ist schlechte oder verderbliche Gesellschaft. Das Hören vulgärer Lieder, der Aufenthalt in üblen Lokalen, Spielhöllen oder Schnapsläden, die Nähe von Bordellen, Kinos, erregende tamasige Speisen, der Anblick sich paarender Tiere, Lesen von Liebesgeschichten, Gespräche über Frauen, Betrachten von Aktbildern, aufreizende Kleidung, schlechte Gedanken und Gesellschaft von Menschen, die schlecht über Heilige sprechen, Atheisten sind, die Schriften verdammen, Haschisch, Opium, usw. rauchen, ist tatsächlich schlechte Gesellschaft. Kurz alles das, was schlechte Gedanken im Geist verursacht, ist schlechte Gesellschaft.

Oft klagen Aspiranten: »Seit fünfzehn Jahre machen wir nun Sadhana. Wir haben keinen nennenswerten spirituellen Fortschritt gemacht.« Die klare Antwort ist, daß sie offensichtlich schlechte Gesellschaft nicht völlig gemieden haben. So wie ein Kindergarten am Beginn zum Schutz gegen Kühe usw. gut umzäunt sein muß, so muß sich auch ein Anfänger sehr sorgfältig vor fremden schlechten Einflüssen schützen. Ansonsten wird er völlig zerstört.

Satsang, die Gesellschaft von Weisen

Hüte dich vor schlechter Gesellschaft. Überall, zu jeder Zeit und mit allen Mitteln meide die Gesellschaft der Bösen. Suche die Gesellschaft von Weisen und Heiligen, die deine Leiden heilen, dir neues Leben einhauchen, dich verjüngen und dir den Weg zu Frieden und Glückseligkeit zeigen.

Die Herrlichkeit und Kraft von Satsang, der Gesellschaft von Weisen, wird im Bhagavata, im Ramayana und in anderen heiligen Schriften der Hindus genau beschrieben. Kabir, Tulasidas, Shankara und Guru Nanak haben Bücher geschrieben über die Herrlichkeit von Satsang mit Mahatmas.

Vivekananda nahm am Satsang Ramakrishna Paramahamsas teil. Jñana Dev hatte den Satsang von Nivrittinath. Gorakhnath nahm am Satsang von Matsyendranath teil. Die magnetische Aura, die spirituelle Schwingung und die machtvollen Ströme fortgeschrittener Meister üben einen ungeheuren Einfluß auf den Geist aus. Satsang erhebt den Geist zu wunderbaren Höhen. So wie sich eine Flamme an der anderen entzündet, so fängt ein Herz an einem anderen Herzen Feuer.

Im Osten wird Schülern immer geraten, die Gesellschaft heiliger Männer aufzusuchen und ihren Gesprächen zuzuhören, denn das facht einen kleinen Funken von Liebe und Ernsthaftigkeit zu einer Flamme an. Nur eine starke Seele kann die Glut in der Isolation aufrechterhalten, und der Anfänger wird gut daran tun, die Gelegenheit, die sich ihm bietet, wahrzunehmen, um seine Bemühungen durch den Kontakt mit anderen, die sie teilen, zu stärken.

Die Kraft von Satsang

Satsang hilft sehr bei der Erlangung von Moksha. Satsang mit einem Weisen, auch wenn es nur eine Minute ist, ist sehr viel besser als die Herrschaft über ein Königreich. Er gibt alles, was notwendig und gut ist. Er verwischt weltliche Samskaras und schlechte Gedanken und gibt dem weltlichen Menschen eine neue spirituelle Wendung des Geistes. Er zerstört Moha. Er flößt Leidenschaftslosigkeit ein. Er führt auf den rechten Weg und läßt die Sonne der Weisheit auf den Geist des Menschen scheinen. Wenn du Satsang haben kannst, brauchst du an keinen Tirtha zu gehen. Es ist der Tirtha der Tirthas. Überall dort, wo Satsang ist, ist der heilige Triveni bereits anwesend.

Es gibt nichts Inspirierenderes, Erhebenderes, Tröstlicheres und Freudvolleres als Satsang. Satsang ist der größte Läuterer und Erleuchter des Menschen. Vertrauen zu Gott und den Schriften und Verhaftung und Hingabe an Gott entwickeln sich langsam in Menschen, die regelmäßig Satsang haben. Satsang kann seine Wirkung nicht verfehlen. Die Wirkung von heiligem Kontakt ist unfehlbar und irrt nicht.

Zuerst kommt das Zusammensein mit rechtschaffenen und guten Menschen und der Dienst für sie. Durch eine solche Gesellschaft und einen solchen Dienst dämmert das Wissen von der eigenen wahren Natur und vom göttlichen höchsten Selbst auf. Dann kommt Vairagya, ein völliger Abscheu vor allem in dieser und in der nächsten Welt, und Sehnsucht nach dem Herrn. Das ist Bhakti. Wenn Bhakti stark wird, wird der Mensch zum Geliebten des Herrn, und weil er Ihm so lieb ist, wird er von Ihm erwählt. Dann kommt die direkte Schau des Herrn.

Die vom Übel befleckten Herzen von Menschen, die die lebensspendenden Worte guter Menschen hören, werden gereinigt. Sie erreichen letztlich die Lotusfüße des Herrn. Schurken wie Jagai und Madai oder der Übeltäter Ratnakara wurden durch Satsang in Heilige vergewandelt.

Wie haben sich Hausväter gegenüber Sannyasins zu verhalten?

Da Satsang das einzige sichere Boot ist, um dich ans andere Ufer von Wonne oder Moksha zu bringen, mußt du alles tun, was in deiner Kraft steht, ihn nie zu versäumen. Hausväter müssen den Sannyasins Früchte bringen, die mit echter Bhakti benetzt sind. Sobald sie Sannyasins treffen und ihren Darshan haben, müssen sie mit Bhava und Prema Sashtanga Namaskara machen. Hausväter müssen vor allem an eines denken, wenn sie sich in die Gesellschaft von Sannyasins begeben. Das ist: sie dürfen absolut niemals versuchen, etwas über das Leben des Sannyasin während seines Purvashram in Erfahrung zu bringen, über seinen Geburtsort, seine frühere Aufgabe im Leben, sein Alter, seine Eigenschaften, usw. Warum? Weil all diese Angelegenheiten für die Sannyasins tote Dinge sind, da sie im Atman leben.

Hausväter dürfen in Gegenwart von Sannyasins über nichts Weltliches sprechen. Wenn sie eine Frage haben, müssen sie ihre Frage immer bereit haben und immer darauf achten, daß sie von Spiritualität und Gott handelt. Sie dürfen nicht versuchen, iregendwelche dummen Fragen zu erfinden, nur so zum Spaß, sobald sie die Ashrams von Sannyasins oder ihre Kutirs betreten. Sie dürfen auch keine Zeit verschwenden.

Hausväter sollten Kleider und Kowpeens, die sie zu Hause mit Gerua gefärbt haben, mitbringen und sie den Sannyasins zu ihrem täglichen Gebrauch überlassen. Sie müssen mit wahrem Bhava und Prema fragen, ob sie ihnen irgendwie dienlich sein können, indem sie ihren etwaigen Bedürfnissen nachkommen, und müssen bereit sein, ihnen ihre Wünsche zu erfüllen. Bloße Lippenfreundlichkeit und Lippenbekenntnisse sind bedauerlich. Das ist nichts als Hinterhältigkeit. Sannyasins sind sichtbare Götter auf Erden. Es gibt kein Yajna oder Opfer, das größer ist als der Dienst an Sannyasins. Er ist die stärkste Läuterung.

Vorhandensein von Satsang

Hausväter klagen heutzutage, daß es keine guten Mahatmas gibt. Das ist eine lahme Entschuldigung. Die Gesellschaft von Sadhus ist eine Sache von Angebot und Nachfrage. Wenn eine echte Nachfrage besteht, wird das Angebot sofort da sein. Das ist ein unabänderliches Naturgesetz. Wenn du tatsächlich dürstest, wirst du deinen Meister an deiner eigenen Schwelle finden. Du lebst lustig dahin. Dein Geist ist voll Leidenschaft und unheiligen Vasanas. Du kümmerst dich überhaupt nicht um höheres göttliches Leben. Du verschwendest deine Zeit in müßigem Geschwätz und unnützem weltlichen Gerede. Du bist hoffnungslos zum Sklaven von Leidenschaft, Habgier, Ruhm und Ehre geworden. Und doch klagst du: »Ich kann keinen Satsang haben.« Suche zuerst die Schuld bei dir. Gestehe deine Fehler ein. Bereue deine Fehler aufrichtig. Mache Prayaschitta. Faste. Bete. Weine bitterlich in Einsamkeit. Mache aus dir zuerst einen würdigen Adhikari. Die hohen Seelen warten darauf, der richtigen Aspiranten habhaft zu werden. Mahatmas gibt es genug. Wahre Suchende gibt es wenige. Wenn du den Vorwurf erhebst: »Es gibt keine guten Mahatmas«, werden die Mahatmas auch einen ernsten Vorwurf erheben: »Es gibt keine wahrhaft nach der Wahrheit Suchenden.«

Du kannst vielleicht einen wirklich wertvollen spirituellen Lehrer nicht erkennen, wenn du ihm begegnest, denn große Seelen verbergen im allgemeinen ihre Größe. Ein Aspirant, der sich durch sein intensives Bemühen im gegenwärtigen oder in früheren Leben große Verdienste erworben hat, kann die Größe eines Mahatmas erkennen und seine Gnade erlangen. Die Faulen und Trägen haben keine Chance, die Gnade einer großen Seele zu erlangen.

Negativer Satsang

Wenn du nicht den Satsang lebender Mahatmas haben kannst, kannst du auf das Studium von Büchern zurückgreifen, die von großen Seelen geschrieben wurden. Bücher, die verwirklichte Menschen geschrieben haben, sind negativer Satsang. Wenn du sie liest, bist du in der heiligen Gesellschaft der Autoren. Wenn du im Vivekachudamani liest, hast du für diese Zeit tatsächlich den Satsang von Sankaracharya. Wenn du die Yogavasistha liest, hast du tatsächlich den Satsang des Weisen Vasistha.

Am Abend können sich vier fünf Menschen in einem Tempel oder einem ruhigen Raum zusammenfinden und ein zwei Stunden lang entweder aus der Gita, den Upanishaden, dem Ramayana, der Yogavasishta oder dem Bhagavata lesen. Langsam reinigt sich der Geist. Du findest Geschmack am spirituellen Weg. Auch Frauen sollten sich an diese Methode halten.

Suche ständigen Satsang. Dann wirst du allmählich den unschätzbaren Nutzen von Satsang erfahren. Das Leben ist kurz. Die Zeit rast. Der Tod wartet jeden Moment darauf, dich zu verschlingen. Dieses 'Morgen' wird nie kommen. Es ist sehr schwierig, diese menschliche Geburt wiederzuerlangen. Verwende sie nutzbringend zur Verwirklichung des Selbst durch Satsang. Verwirkliche durch Satsang den Sat Chid Ananada Atman. Nur dann kannst du frei sein.

Schöpfung

Das Universum ist ein Mysterium. Niemand kann sagen, wie es entstand.

Man findet im Rig Veda: »Wer hier weiß, wer hier kann sagen, woher dieses ganze mannigfaltige Universum kam ? Selbst die Devas kamen, nachdem es erschaffen worden war; wer weiß also, woher es kam ?«

Manche behaupten, das Universum sei aus dem Nichts entstanden, durch ein Gebot Gottes, und daß es zur Zeit der Sintflut wieder im Nichts versinken wird. Dieses Dogma der Schöpfung aus dem Nichts wird von Wissenschaftern nicht unterstützt. Sie betonen, daß das, was jetzt existiert, immer existiert hat und immer in der ein oder der anderen Form existieren wird. In der Sankhya Philosophie heißt es ebenfalls: »Das, was ist, kann nicht aus dem kommen, was nicht ist.« Auch die Gita stellt fest: »Es kann kein Sein aus dem Nichtsein geben, und die Existenz kann auch nicht aufhören zu sein. Die Wahrheit über beides ist von Sehern erkannt worden.«

Etwas kann nicht aus nichts kommen. Etwas kann nur aus etwas kommen.

Das Gras kommt aus der Erde und geht wieder in der Erde auf. Ebenso kommt das Universum aus Brahman, ist in Brahman und löst sich in Brahman auf.

Die Ursache dieses Universums

Am Anfang existierte nur Brahman allein, das eines ohne zweites ist. Als Dunkelheit sich auf Dunkelheit häufte, gab es nur Sein.

In Brahman war ein Spandana, eine Schwingung, bevor die Welt projiziert wurde. Das ist das Sankalpa Brahmans. Es dachte oder wollte: »**Ekoham Bahu syam**: Ich bin eins; möge ich zu vielem werden.« Diese Schwingung entspricht dem Anschwellen des Samens in der Erde wenn er mit Wasser getränkt ist. Dann wurde die ganze Welt projiziert.

Wenn ein gewöhnlicher kläglicher Gaukler durch Indrajala oder Sammohana-vidya Mangos, Früchte, Geld, Süßigkeiten, einen vorgetäuschten Ort, usw. hervorbringen kann, kann Er, der allmächtige, allwissende Herrscher - nicht diese unbedeutende Welt zum Spiel erschaffen? Wenn ein sterblicher König seinen Palast mit Möbeln, Bildern, Kostbarkeiten, Gärten, Brunnen, usw. schmückt, kann Er nicht diese Welt mit wunderbaren Landschaften, der strahlenden Sonne, dem Mond, den Sternen und mächtigen Flüssen und Meeren ausstatten?

Das Wesen des Schöpfungsprozesses

Diese sichtbare Welt ist Gottes Gauklerei. Diese Welt ist nicht Chaos. Sie ist eine organisierte göttliche Einrichtung. Die Welt ist ein Schatten Gottes.

Brahman schafft dieses unerdenkliche Universum durch Seine täuschende Kraft der Maya zu Seinem Spiel und Zeitvertreib. Das Phänomen dieses Universums ist zurückzuführen auf die Kraft genannt Maya, durch die das Absolute, ohne sich selbst irgendwie zu verändern, als eine sich stets verändernde Abfolge von Erscheinungen auftritt, die durch Raum und Zeit bedingt sind.

Brahman hat dieses Universum projiziert ohne irgendwie betroffen zu sein. Das Absolute wird vom Weltenlauf, der in Ihm vorgeht, nicht berührt, so wie der Regen aus einer Wolke nicht den Himmel benetzt. Das eine Brahman kann durch Seine Shakti all diese unzähligen Namen und Formen annehmen und als Vielfalt erscheinen. In Ihm selbst ist keine Veränderung. Die Welt ist bloßer Schein.

Brahman braucht kein Werkzeug und keine Hände, um diese Formen zu schaffen. Es ist Chaitanya, aus sich selbst strahlende Intelligenz. Durch bloßen Wollen kann Es zahllose Welten entstehen lassen.

So wie das Potential eines Samens einen Baum entstehen läßt, so läßt Svabhava, das Potential Brahmans, dieses Universum entstehen. Projektion besteht neben Existenz.

Gott und das Universum

Dieses gesamte Universum ist der Körper Gottes. Dieses gesamte Universum ist Gott oder Virat-Svarupa.

Diese Welt ist keine Welt toter Materie, sondern lebendige Gegenwart. Brahman, das Absolute, manifestiert sich im Universum durch Formen.

Die Schöpfung ist ein freudvoller Selbstausdruck des Einen.

Ein Köng spielte zum Spaß die Rolle eines Bettlers. Ein Weiser spielte zum Spaß die Rolle eines Tölpels. So ist auch die Welt ein Spiel, Lila, von Brahman.

Brahman erscheint in der Welt. Brahman allein erscheint als die Welt der verschiedenen Dinge. Brahman Selbst erscheint als Stein, Baum, Stern, usw. Das eine Bewußtsein allein erscheint als das Universum der Vielfalt.

So wie ein einziger Mensch im Traum zu vielen wird, so ist auch der eine Gott in vielen.

Das ganze Universum ist im wesentlichen nur Brahman. All das ist allein Brahman, das in Brahman und durch Brahman erscheint.

Erde, Nahrung, Feuer, und Sonne sind Formen von Brahman. Osten, Westen, Norden und Süden sind Teile des Herrn. Der Himmel, das Firmament und der Ozean sind Teile Brahmans. Der Atem ist ein Teil Brahmans. Das Augenlicht ist ein Teil Brahmans. Das Hören ist ein Teil Brahmans. Der Geist ist ein Teil Brahmans. Dieses Leben ist Brahman. Brahman, die Wahrheit, ist die Essenz, in welcher das Universum besteht, aus der es geboren ist, und in die es sich am Ende jedes Weltzyklus auflöst.

Eine Wirkung existiert nicht getrennt von ihrer Ursache. Ein Topf existiert nicht getrennt vom Ton. Dieses Universum existiert nicht getrennt von Brahman. Es hat kein getrenntes Sein. Es ist eins mit Brahman.

Wenn du eine Kerze hast und damit tausend weitere Kerzen anzündest, ist dann nicht das erste Licht im Licht aller anderen Kerzen? So verhält es sich mit Gott. Da Er alle Dinge schafft, ist Er in allem durch den Geist, den Atem, das Sein.

Die Welt ist erfüllt vom Glanz, dem Ruhm und der Größe Gottes. So wie Zuckerrohrsaft das Zuckerrohr erfüllt, so wie Salz das Wasser erfüllt, wenn sich ein Klumpen davon darin auflöst, so wie Butter in der Milch ist, so erfüllt auch Brahman alle Dinge, die belebten und die unbelebten. Brahman ist eins. Die Manifestation ist vielfältig. Eines ist zu vielem geworden.

So wie aus einem lodernden Feuer Tausende Funken aufsteigen, die sich alle gleichen, so kommen auch aus dem einen unvergänglichen Brahman alle atmenden Tiere, alle Götter, alle Wesen.

Die Entwicklung der Elemente

Kraft seines Willens gab der Herr, das unvergängliche Substrat und die Wirklichkeit des Universums, der Natur den ersten Anstoß, ihren Zustand des Urgleichgewichts abzuschütteln und sich allmählich und erfolgreich in jene Kategorien und Elemente zu entwickeln, die für die Bildung des gegenwärtigen Universums notwendig waren.

Die erste Entwicklungsstufe ist Akasa. Warum muß Akasa die erste Entwickung sein? Weil ohne Raum nichts existieren kann. Prana wirkte auf Akasa. Es gab Spandana, Schwingung. Überall, wo Schwingung ist, muß Bewegung sein. Bewegung ist die Eigenschaft der Luft. Deshalb entstand Luft aus Akasa. Bewegung erzeugte Hitze. Deswegen entstand Feuer aus Vayu oder Luft. Wenn es Hitze gibt, wird Wasser erzeugt. An einem heißen Tag schwitzt der Körper. Daher entstand Wasser aus Feuer. Überall, wo Wasser ist, ist Nahrung. Erde ist Annam, Nahrung. Daher entstand die Erde aus dem Wasser.

Je feiner das Element ist, umso stärker ist es auch. Wasser ist stärker als Erde, da es feiner ist als Erde. Wasser beseitigt Erde. Feuer ist mächtiger als Wasser, da es feiner als Wasser ist. Feuer läßt alles Wasser vertrocknen. Luft ist mächtiger als Feuer. Luft bläst Feuer aus. Äther oder Akasa ist mächtiger als Luft, da er feiner als Luft ist. Luft ruht in Akasa. Akasa trägt die Luft. Luft ist aus Akasa entstanden, Feuer aus Luft, Wasser ist aus Feuer entstanden, Erde aus Wasser. Während des kosmischen Pralaya wird Erde zu Wasser reduziert oder zurückgeführt, Wasser zu Feuer, Feuer zu Luft und Luft zu Akasa.

Die ganze Welt, die grobstofflichen Körper der vier Wesensarten, nämlich Udbhijja, Samengeborene, Svedaja, Schweißgeborene, aus Eiern Geborene, aus Plazenta Geborene, und alle Genußobjekte sind aus den fünf Elementen gebildet.

Die Doktrin von Ajati-Vada

Da Menschen mit grobstofflichem Verstand die Theorie von Ajati-Vada, der Nichtschöpfung, nicht verstehen können, wird diese Art von Srishti-Krama gegeben. Wenn du die Doktrin von Ajati-Vada, die Gaudapada in seinem Karika darlegt, studierst, wirst du erkennen, daß diese Welt weder in Vergangenheit, Gegenwart noch Zukunft existiert. Diese Doktrin kann nur von vorzüglichen Aspiranten verstanden werden, die ein Leben der Zurückgezogenheit und Meditation führen.

Wenn du dich sechs Monate in Allahabad aufhältst, vergißt du deinen Geburtsort Madras. Madras existiert für dich nicht, während du in Allahabad lebst, und es gibt kein Allahabad, während du in Madras lebst. Diese Welt ist eine bloße Ansammlung von Samskaras, die vom Geist geschaffen worden sind.

Wenn du den Geist bewußt durch Sadhana und Samadhi zerstören kannst, vergeht die Welt. Sie ist dann nur Brahman. Du schließt dich für vierzehn Tage in ein Zimmer ein, hörst auf, Zeitung zu lesen und praktizierst tiefe Meditation, und dann sieh, ob es eine Welt gibt oder nicht.

Die Welt ist eine Schöpfung des Geistes

Nur der Wachzustand hält uns diese Schöpfung vor Augen. Dieses Universum ist nichts als eine Erscheinungsform des Geistes, selbstentstanden aus Brahman, der Ursache des Universums. Die Bewegung oder Schwingung von Prana bewegt den Geist. Die Bewegung des Geistes erzeugt das Universum. Der Geist offenbart sich selbst als die äußere Welt. Namen und Formen erheben sich bedingt durch Vikshepa Shakti, eine der Kräfte Mayas. Die Vikshepa Kraft wirkt sowohl im Jagrat als auch dem Svapna Zustand. Die ganze Welt wird nur aufgrund dieser Kraft projiziert. Im Schlaf verschwindet sie.

Im Tiefschlafzustand hast du keine Erfahrung von der Welt, da kein Geist vorhanden ist. Dies zeigt deutlich, daß die Welt nur dann existiert, wenn Geist vorhanden ist und daß der Geist allein diese Welt erschafft.

Die Welt ist eine Schöpfung des Geistes. Im Schlaf gibt es keine Welt. In Samadhi gibt es keine Welt. Für einen Weisen gibt es keine Welt. Deshalb sagen die Srutis diese Welt ist **Manomatra Jagat, Manah-Kalpita Jagat**.

Dieser stets unruhige Manas, der aus dem unaussprechlichen Brahman kam, gestaltet die Welt nach seinem eigenen Sankalpa oder seinen Vorstellungen. Dieser Zaubertrick des Universums entspringt dem Sankalpa des Manas. Durch Sankalpa deines Manas scheint das Universum zu existieren, und es wird von dir verlangt, dieses Sankalpa aufzugeben, wenn du wünscht, dich zu der einen Realität zu erheben, die jenseits des Universums liegt.

Mit dem Wachsen eines armseligen Sankalapa wird das Universum erstehen; mit dem Verlöschen des ersteren wird auch letzteres vergehen. Mit dem Verlöschen des Sankalpa wird jede Vorstellung des Unterschiedes zwischen dem Sehenden und dem Gesehenen verschwinden, und dann wird die Wirklichkeit Brahmans ununterbrochen zu scheinen beginnen. Dann wird sich der Schatten des gesamten beweglichen und festen Universums in Ihm befinden, aufgegangen in einem nichtdualen Zustand.

Wenn der Geist aufhört zu denken, verschwindet die Welt und es herrscht unbeschreibliche Wonne. Wenn der Geist zu denken beginnt, taucht die Welt sofort wieder auf und es gibt Leid.

Mit der Überlegung 'Ich' beginnt der ganze Fluß der Gedanken über das Universum; anderenfalls wird das ganze Universum verschwinden, so unmittelbar wie die Dunkelheit vor der Sonne. Der Geist und 'Ich' sind eins. Zerstöre das 'Ich'; dann ist der Geist zerstört. Wenn der Geist, der das Instrument der Wahrnehmung, des Erkennens und der Aktivität ist, verschwindet, verschwindet mit ihm auch die subjektive Welt.

Das Kosmische Drama

Dieses Universum des Wahrnehmbaren ist nur ein Ausfluß des Göttlichen Willens, das durch das Operieren des Geistes wie wirklich aussieht.

Bevor du ein Drama niederschreibst, hast du ein lebendiges geistiges Bild des gesamten Dramas im Geist. Dann schreibst du es nacheinander in vier Akten nieder. Wenn es aufgeführt wird, wird es in einer Abfolge, Teil für Teil, gespielt. Ebenso sind das Universum und seine Bewegungen ein lebendiges geistiges Bild im Kosmischen Geist, im Geist Isvaras.

Es gibt weder Vergangenheit noch Zukunft für Ihn. Alles ist für Ihn 'Gegenwart'. Es gibt weder 'nah' noch 'fern' für ihn. Jeder Ort ist 'hier'. Jede Zeit ist 'Jetzt'. Die Ereignisse kommen in einer Abfolge auf die Bühne des langen Weltendramas so wie die Zeit vergeht.

Atome drehen sich unaufhörlich. Das Alte wird neu und das Neue wird alt. In Wirklichkeit gibt es nichts Altes; es gibt nichts Neues. Die Jivas mit individuellen Geisten beobachten die Ereignisse in ihrer Abfolge. Aber Isvara nimmt alle Ereignisse auf einmal wahr. Er ist allwissend. Er versteht auch alles. Er kennt jede Einzelheit Seiner Schöpfung.

Das große Universum der Sinne leuchtet als Atma-Sankalpa. Der Kosmische Geist schafft Maya. Die individuellen Geiste nehmen die Dinge unter einer Täuschung wahr.

Warum hat Gott diese Welt geschaffen?

Die Antworten auf die Frage, »Warum hat Gott die Welt geschaffen?«, sind sehr unbefriedigend. Zu Seiner eigenen Verherrlichung? Wir können Ihm nicht soviel Eitelkeit unterstellen. Aus Liebe zu den Menschen? Wie kann Er etwas lieben, bevor es existiert, und wie kann man es Liebe nennen, Millionen zu Kummer und Leid zu erschaffen?

Die Schaffung der Welt ist eine moralische Notwendigkeit. Es ist, um den Seelen Früchte zu geben, die sie genießen können, und um ihnen zu helfen, Gottverwirklichung zu erlangen. Gottes Wunsch für Seine Schöpfung ist, alles bereitzustellen, was notwendig ist, um Sich Selbst Seiner Schöpfung bewußt zu machen.

Die Frage: »Warum hat Gott die Welt geschaffen?«, ist eine Ati-Prasna, eine transzendentale Frage. Der begrenzte Geist kann keine richtige Antwort geben. Der Verstand kann nur weltliche Fragen beantworten. Die Frage an sich ist falsch.

Was ist die Ursache für Avidya, Maya und Samsara? Das ist Ati-Prasna. Wenn man nach der Ursache fragt, verwendet man das angeborene geistige Organ der Kausalität falsch, um in einen Bereich vorzudrigen, für den es nicht geschaffen ist und wo es nicht mehr anwendbar ist. Du bist hier in Unwissenheit, Schmerz und Leid. Du kennst den Weg, um herauszukommen. Die Frage nach einem Grund dafür ist sinnlos.

Ein begrenzter Geist, der grob und durch Zeit, Raum und Ursächlichkeit konditioniert ist, kann nicht das Warum und das Wie des Universums verstehen, eine transzendentale Frage. Die Frage wurde niemals von irgend jemandem beantwortet, von keinem Sastra, von keinem Weisen oder Acharya. Plage deinen Geist nicht mit diesem Punkt. Du kannst nie eine Lösung für dieses Problem finden. Es ist Mouja Brahmans, dieses Universum zu schaffen. Es ist Sein Lila- Vilasa. Es ist Seine Maya. Es ist Sein Svabhava.

Du verschwendest nur deine Energie und Zeit, wenn du dich in hitzige Debatten über dieses Thema einläßt: » Warum hat Gott diese Welt erschaffen? Ist die Welt wirklich oder unwirklich?« Es macht für dich keinen Unterschied, ob die Welt wirklich oder unwirklich ist. Es würde nichts Wesentliches bringen, wenn man sich in solche Streitgespräche einläßt. Du mußt dich tief in dein Herz versenken, indem du den Geist und die nach außen strebenden Sinne zurückziehst, um im höchsten Selbst zu weilen. Gib deshalb sinnlose Debatten auf und gehe geradewegs weiter auf der Suche nach dem Selbst und Seiner Verwirklichung. Anstatt die Blätter eines Baumes zu zählen, versuche, die Früchte direkt zu verzehren. Versuche, die ewige Wonne des Selbst durch Verwirklichung zu genießen. Das ist Weisheit.

Gott allein ist: die Welt ist nicht

In Wahrheit ist nur das ewige Brahman. Nichts sonst existiert wirklich. Nur Brahman, das Absolute, die undifferentierte Masse von Satchidananda, existiert.

Die Schöpfung ist ein Traum. Wachen ist auch ein Traum. Der Körper ist ein Traum.

Die ganze Welt ist äußerste Unwirklichkeit. Diese Welt ist in hohem Grad nichtexistent. Sinnesvergnügen sind so, als würde man den Sohn einer unfruchtbaren Frau im Traum liebkosen.

Himmel, Moksha und Welt sind nur Worte, so wie der Sohn einer unfruchtbaren Frau.

Alles ist eine große Täuschung. Es gibt weder Traum noch Tiefschlaf, weder Himmel noch Befreiung. Die Wahrheit ist, daß alles der Friede und die Wonne der Ewigkeit sind.

Nichts hier wurde je geboren; nichts hier stirbt jemals. Der Gegenstand der Unterweisung und die Absicht aller Lehren ist nur ein Spiel von Worten und Klängen.

Das Unendliche, das sowohl innen wie auch außen ist, erscheint als diese Welt in Raum und Zeit. Brahman erscheint als die Welt. Die Welt ist bloßer Schein. Sie ist wie die Schlange im Seil, wie das Wasser in der Luftspiegelung, wie das Blau im Himmel.

Die Schlange erscheint aufgrund der Unwissenheit über das Seil; wenn das Seil erkannt wird, verschwindet die Schlange. Die Welt erscheint aufgrund der Unwissenheit über das Selbst; sie erscheint nicht, wenn Atman erkannt wird.

Wenn man sich selbst vergißt, erscheint Brahman als das Universum. Wenn man im Selbst fest ist, erscheint das Universum als Brahman.

Erkenne die Wahrheit

Wenn du Selbsterkenntnis erlangst, wird die Bedeutung das Lebens nicht länger ein Geheimnis sein. Du wirst das Warum und das Wie dieses Universums klar erkennen. Die Absicht und der Verlauf im Schema der Dinge wird dir klar werden. Alles Transzendentale wird dir bekannt sein wie der Apfel auf deiner Hand.

Ziehe dich zurück. Meditiere. Versenke dich tief in die geheimen Winkel deines Herzens. Du wirst eine Wirklichkeit erfahren, die sich von der empirischen Wirklichkeit stark unterscheidet, eine zeitlose, raumlose und unveränderliche Wirklickeit. Du wirst fühlen und erfahren, daß alles, was außerhalb dieser einzigen wahren Wirklichkeit ist, nur Schein ist, Maya, ein Traum.

Erkenne die Wahrheit, das Absolute. Du bist gerettet. Du bist befreit. Du bist erleuchtet. Du bist frei.

Du kannst Brahman nur erkennen, wenn du Brahman wirst. Brahman zu werden, heißt sich identifizieren mit dem göttlichen Element - der höchsten Seele - das deine wahre Natur ausmacht. Wer Brahman kennt, wird Brahman. Der Fluß fließt in den Ozean und wird eins mit dem Ozean. Der Tropfen vermischt sich mit dem Meer und wird eins mit dem Meer.

Schüler

Ein Schüler ist jemand, der den Anweisungen des Gurus in Wort und Geist folgt, und der bis zum Ende seines Lebens die Lehren des Gurus an Seelen weitergibt, die am Weg weniger weit fortgeschritten sind.

Ein wahrer Schüler macht sich nur Gedanken um die göttliche Natur des Gurus. Die Handlungen des Gurus als Mensch kümmern den Schüler nicht. Er beachtet sie überhaupt nicht. Für ihn ist der Guru ein Guru, auch wenn er unkonventionell handelt. Denke immer daran, daß das Wesen eines Heiligen unerforschlich ist. Urteile nicht über ihn. Messe nicht seine göttliche Natur mit dem unzulänglichen Maßband deiner Unwissenheit. Kritisiere nicht die Handlung deines Gurus, die er mit universeller Sicht ausführt.

Wahre Schülerschaft öffnet den Blick. Sie entzündet das spirituelle Feuer. Sie erweckt die schlummernden Fähigkeiten. Sie ist äußerst wichtig auf der Reise am spirituellen Pfad. Guru und Schüler werden eins. Der Guru segnet, führt und inspiriert den Schüler. Er überträgt ihm seine spirituelle Kraft. Er transformiert und spiritualisiert ihn.

Wer kann zum Guru gehen?

Um zu einem Guru zu gehen, muß man ein richtiger Adhikari sein. Richtiges Verstehen, Nichthängen an weltlichen Dingen, Gelassenheit des Geistes, Mäßigung der Sinne, Fehlen von niedrigen Leidenschaften, Vertrauen zum Guru und Hingabe an Gott sind die notwendigen Voraussetzungen, mit denen der Aspirant zum Guru gehen sollte.

Der Guru wird nur dem Aspiranten spirituelle Unterweisung geben, der nach Befreiung dürstet, der die Vorschriften der Shastras beachtet, wie es sich geziemt, der seine Leidenschaften und Sinne beherrscht hat, und der einen ruhigen Geist und tugendhafte Eigenschaften wie Barmherzigkeit, kosmische Liebe, Geduld, Bescheidenheit und Ausdauer besitzt. Die Einweihung in die Geheimnisse über Brahman wird nur dann Früchte tragen und Jñana in ihm erzeugen, wenn der Geist des Schülers wunschlos wird.

Guru-Seva

Aspiranten müssen ihre gesamte Aufmerksamkeit am Anfang auf die Beseitigung von Selbstsucht richten durch dauernden Dienst am Guru. Diene deinem Guru mit göttlichem Bhava. Der Krebs der Individualität wird sich auflösen.

Der Kapitän eines Schiffes ist immer achtsam. Ein Fischer ist immer achtsam. Ein Chirurg im Operationssaal ist immer achtsam. Genauso muß ein hungernder und dürstender Aspirant immer achtsam sein im Dienst an seinem Guru.

Lebe, um dem Guru zu dienen. Du mußt nach Gelegenheiten auf der Lauer liegen. Warte nicht auf eine Einladung. Melde dich freiwillig zum Dienst am Guru.

Diene deinem Guru demütig, bereitwillig, ohne Fragen zu stellen, bescheiden, bereitwillig, unermüdlich und liebevoll. Je mehr Energie du für den Dienst am Guru aufwendest, umso mehr göttliche Energie wird in dich fließen.

Wer dem Guru dient, dient der ganzen Welt. Diene dem Guru ohne selbstsüchtige Absichten. Prüfe deine inneren Motive, während du dem Guru dienst. Der Dienst am Guru muß ohne Erwartungen von Name, Ruhm, Macht und Reichtum ausgeführt werden.

Gehorsam gegenüber dem Guru

Gehorsam gegenüber dem Guru ist besser als Ehrerbietung. Gehorsam ist eine wertvolle Tugend, denn wenn man versucht, die Tugend des Gehorsams zu entwickeln, wird das Ego, der Erzfeind auf dem Weg zur Selbstverwirklichung, langsam entwurzelt.

Nur der Schüler, der seinem Guru gehorcht, kann Beherrschung über sein niederes Selbst haben. Der Gehorsam muß sehr praktisch sein, aus vollem Herzen und wirklich dauerhaft. Wahrer Gehorsam gegenüber dem Guru schiebt weder auf noch fragt er. Ein heuchlerischer Schüler gehorcht dem Guru aus Angst. Ein wahrer Schüler gehorcht seinem Guru aus reiner Liebe, um der Liebe willen. Lerne zu gehorchen. Nur dann kannst du befehlen. Lerne, ein Schüler zu sein. Nur dann kannst du ein Guru werden.

Gib die irreführende Vorstellung auf, daß es eine sklavische Mentalität bedeutet, sich dem Guru zu unterwerfen, ihm zu gehorchen und seine Anweisungen auszuführen. Der Unwissende meint, es sei unter seiner Würde und gegen seine Freiheit, sich dem Befehl eines anderen zu unterwerfen. Das ist grober Unsinn. Wenn du sorgfältig überlegst, wirst du feststellen, daß deine individuelle Freiheit in Wirklichkeit eine absolut sklavische Ergebenheit deinem Ego und deiner Eitelkeit gegenüber ist. Es sind die Schrullen des sinnlichen Geistes. Wer den Geist und das Ego besiegt, ist wirklich ein freier Mensch. Er ist der Held. Und um diesen Sieg zu erlangen, unterwirft sich dieser Mensch der höher spiritualisierten Persönlichkeit des Gurus. Durch diese Unterwerfung vernichtet er sein niederes Ego und verwirklicht die Wonne unendlichen Bewußtseins.

Unbekümmerte Schüler

Der spirituelle Weg ist nicht dasselbe wie das Schreiben einer Doktorarbeit. Es ist genau genommen eigentlich etwas ganz anderes. Die Hilfe des Lehrers ist ununterbrochen notwendig. Heutzutage werden junge Aspiranten überheblich, arrogant und anmaßend. Sie gehorchen nicht den Anordnungen eines Gurus. Sie wollen keinen Guru haben. Sie wollen von Anfang an Unabhängigkeit. Sie meinen, sie seien in Turya Avastha, wenn sie noch nicht einmal das ABC von Spiritualität oder Wahrheit beherrschen. Sie halten irrtümlich Zügellosigkeit oder »Den eigene Weg und süßen Willen haben.« für Freiheit. Das ist ein schwerer, beklagenswerter Fehler. Deshalb wachsen sie nicht. Sie verlieren den Glauben an die Wirksamkeit des Sadhana und die Existenz Gottes. Sie gehen unbekümmert herum, ziellos, von Kashmir nach Gangotri und von Gangotri nach Ramesvaram, sprechen auf ihrem Weg Unsinn, manchmal über Vichara Sagar, manchmal über Panchadasi und stellen sich als Jivanmuktas dar.

Hingabe und Gnade

Wenn du Wasser von Wasserhahn trinken möchtest, mußt du dich niederbeugen. Ebenso, wenn du den spirituellen Nektar der Unsterblichkeit trinken willst, der von den heiligen Lippen des Gurus fließt, mußt du eine Verkörperung von Demut und Sanftmut sein.

Die niedere Natur des Geistes muß vollständig regeneriert werden. Der Aspirant sagt zum Lehrer: »Ich möchte Yoga praktizieren. Ich möchte Nirvikalpa Samadhi erreichen. Ich möchte zu deinen Füßen sitzen. Ich habe mich dir ergeben.« Aber er möchte seine niedere Natur, seine Gewohnheiten, seinen alten Charakter und sein Verhalten und Benehmen nicht aufgeben.

Das individuelle Ego eines Menschen, vorgefaßte Ideen, Lieblingsgedanken, Vorurteile und selbstsüchtige Interessen müssen aufgegeben werden. All das ist hinderlich, wenn man Lehren und Anweisungen des Gurus ausführen möchte.

Lege vor deinem Guru die Geheimnisse deines Herzens offen. Je mehr du das tust, desto größer wird das Wohlwollen des Gurus, was für dich einen Gewinn an Stärke im Kampf gegen Sünde und Versuchung bedeutet.

Bevor der Aspirant die Gnade des Meisters zu haben wünscht, muß er sie verdienen. Der Zufluß göttlicher Gnade erfolgt nur dann, wenn der Aspirant wirklich danach dürstet, und wenn er dazu bereit ist, sie aufzunehmen.

Die Gnade des Gurus kommt auf diejenigen herab, die sich ihm gegenüber äußerst demütig und vertrauensvoll fühlen. Glaube ist Vertrauen und Hoffnung in den Guru. Glaube ist die feste Überzeugung, daß das, was der Lehrer sagt, wahr ist, entweder durch das Mittel der Zeugenschaft oder der Maßgeblichkeit, ohne jeden anderen Beweis und weitere Bestätigung. Der Schüler, der Vertrauen zum Guru hat, diskutiert nicht, denkt nicht, überlegt nicht und sinniert nicht. Er gehorcht, gehorcht und gehorcht.

Die Hingabe des Schülers an den Guru und die Gnade des Gurus hängen zusammen. Hingabe holt die Gnade des Gurus herab, und die Gnade des Gurus macht die Hingabe vollständig.

Die Gnade des Gurus wirkt in Form von Sadhana im Aspiranten. Wenn ein Aspirant eisern an seinem Weg festhält, ist das die Gnade des Gurus. Wenn er Widerstand leistet, wenn Versuchungen auf ihn einstürzen, ist das die Gnade des Gurus. Wenn die Menschen ihn liebevoll und ehrerbietig aufnehmen, ist das die Gnade des Gurus. Wenn all seine körperlichen Bedürfnisse gestillt werden, ist das die Gnade des Gurus. Wenn er ermutigt wird und Stärke erhält, oder wenn er verwirrt und verzweifelt ist, ist das die Gnade des Gurus. Wenn er über das Körperbewußtsein hinausgelangt und in seinem Ananda Svarupa weilt, ist das die Gnade des Gurus. Fühle seine Gnade bei jedem Schritt und sei aufrichtig und vertrauensvoll zu ihm.

Wie der Guru unterweist

Der Guru lehrt durch sein persönliches Beispiel. Das Verhalten des Gurus im täglichen Leben ist ein lebendiges Ideal für den Schüler, der beobachtet. Das Leben des Gurus ist eine lebendige Predigt für den aufrichtigen Schüler. Durch den ständigen Kontakt nimmt der Schüler die Tugenden seines Gurus in sich auf. Allmählich wird er geformt. Lies die Chhandogya Upanishad. Du wirst sehen, daß Indra hundertein Jahre bei Prajapati blieb und ihm mit ganzem Herzen diente.

Nur der Guru kennt die spirituellen Bedürfnisse seines Schülers. Er gibt Upadesha je nach Temperament und Entwicklung des Schülers. Dieses Upadesha sollte geheim gehalten werden. Diskussion unter den Schülern führt zu Kritik am Guru und Schlaffheit im Sadhana. Es wird keinen spirituellen Fortschritt geben. Folge dem Upadesha des Gurus haargenau. Denke daran, daß es nur für dich gilt. Die anderen Schüler haben auch Guru-Upadesha erhalten. Laß sie es befolgen. Wende nicht das Upadesha, das du erhalten hast, auf andere an.

Der Schüler kann vom Guru aufnehmen oder profitieren je nach dem Grad seines Glaubens. Wenn der Guru zum Schüler kommt, um ihm spirituelle Anweisungen zu geben, und der Schüler dann unaufmerksam ist, überheblich und sorglos, und wenn er die Tür seines Herzens verriegelt, profitiert er nicht davon.

Wie der Guru prüft

Der Satguru teilt das geheime Wissen der Upanishaden den Schülern, denen er vertraut, erst nach wiederholtem Bitten und strengen Prüfungen mit. Manchmal versucht der Guru vielleicht sogar, seinen Schüler in Versuchung zu führen, aber letzterer muß versuchen, dies durch festes Vertrauen zum Guru zu überwinden.

Früher waren die Prüfungen sehr streng. Einmal verlangte Gorakhnath von einigen seiner Schüler, auf einen hohen Baum zu steigen und sich kopfüber auf einen sehr spitzen Dreizack, ein Trisula, zu stürzen. Viele Schüler, die kein Vertrauen hatten, schwiegen. Aber ein vertrauensvoller Schüler stieg sofort wie ein Blitz auf den Baum und stürzte sich hinab. Er wurde von der unsichtbaren Hand Gorakhnaths beschützt. Er erlangte sofort Selbstverwirklichung.

Einmal prüfte der Guru Govind Sing seine Schüler. Er sagte: »Meine lieben Schüler! Wenn ihr wahre Hingabe an mich habt, mögen sechs von euch vortreten und mir ihre Köpfe geben. Dann können wir Erfolg in unserem Unterfangen haben.« Zwei vertrauensvolle Schüler opferten ihre Kopfe. Der Guru Govind Singh nahm sie mit ins Lager und schlug stattdessen die Köpfe von zwei Ziegen ab.

Der Guru prüft die Schüler auf verschiedene Art und Weise. Manche Schüler mißverstehen ihn und verlieren den Glauben an ihn. Daher profitieren sie nichts.

Vier Arten von Schülern

Der beste Schüler ist wie Dieselöl oder Flugzeugtreibstoff. Auch aus großer Entfernung reagiert er sofort auf den Funken des Upadesha des Gurus.

Die zweite Art von Schüler ist wie Kampfer. Eine Berührung erweckt seinen inneren Geist und entzündet das Feuer der Spiritualität in ihnen.

Die dritte Art ist wie Kohle. Der Guru muß große Mühe aufwenden, um den Geist in ihnen zu erwecken.

Die vierte Art ist wie der Stamm einer Platane. Jede Mühe ist vergebens. Egal, was der Guru tut, sie bleiben kalt und unempfindsam.

Zwei Dinge sind nötig, um ein schönes Bild oder eine schöne Statue zu machen. Das eine ist ein vollkommenes, fehlerloses, gutes Stück Marmor; das zweite ist ein erfahrener Bildhauer. Das Stück Marmor muß nur bedingungslos in den Händen des Bildhauers bleiben, um in das feine Bild geformt und geschnitten zu werden. Ebenso braucht der Schüler sich nur zu reinigen, zu läutern, aus sich ein vollkommenes, fehlerloses Stück Marmor zu machen und wenn er sich dann unter die erfahrene Leitung eines Meisters begibt, erlaubt er es, daß er ausgehöhlt und zum Bild Gottes gemeißelt wird.

Shat Sampat

Ein Schüler auf dem Weg zur Wahrheit muß sich mit den vier Mitteln zu Befreiung, dem Sadhana Chatushtaya, ausstatten, nämlich Viveka, Vairagya, Shat Sampat und Mumukshutva. Nur dann kann er ganz furchtlos den Weg beschreiten. Kein Jota spirituellen Fortschritts ist je möglich, wenn man nicht tatsächlich diese vier Voraussetzungen besitzt. Diese vier Mittel sind so alt wie die Veden oder die Welt selbst. Jede Religion schreibt diese vier grundlegenden Voraussetzungen für den Aspiranten vor. Nur die Namen sind unterschiedlich. Es ist tatsächlich immateriell. Nur unwissende Menschen führen Krieg mit Worten und stellen unnötige Fragen. Brahma Vidya, die Wissenschaft vom Selbst, ist kein Thema, das durch bloßes intellektuelles Lernen, Überlegen oder Schlußfolgern verstanden und verwirklicht werden kann und auch nicht durch Diskussion und Streit. Es ist die allerschwierigste Wissenschaft. Nur wissenschaftliche Bildung und ausgedehnte Studien mit hohen Anforderungen allein an die Intelligenz können dem Menschen nicht bei der praktischen Verwirklichung der Wahrheit, die in dieser Wissenschaft enthalten ist, helfen. Sie verlangt vollkommene Disziplin, eine Disziplin, die man an unseren modernen Universitäten und Hochschulen nicht findet, ein striktes Sadhana zum Erlangung der Zieles, das unter dem Begriff Para Vidya, Höchste Wissenschaft, zu verstehen ist.

Viveka ist die Unterscheidung zwischen dem Wirklichen und dem Unwirklichen (Sat und Asat), dem Dauerhaften und dem Vergänglichen (Nitya und Anitya) und dem Selbst und dem Nichtselbst (Atman und Anatman). Viveka darf keine kurzlebige oder zufällige Laune des Aspiranten sein. Ein Viveki (ein Mensch mit Unterscheidungskraft) ist immer achtsam und läßt sich nie in etwas verstricken. Viveka gibt innere Stärke und geistigen Frieden. Aus Viveka entsteht Vairagya.

Vairagya ist Leidenschaftslosigkeit, nicht aber die Aufgabe sozialer Pflichten und Verantwortlichkeiten im Leben. Ein Vairagi (ein leidenschaftsloser Mensch) hat kein Raga-Dvesha (Zu- oder Abneigung). Ein weltlicher Mensch ist Sklave dieser beiden mächtigen Ströme. Ein leidenschaftsloser Mensch hat eine andere Ausbildung. Er macht überhaupt eine andere Erfahrung. Er ist ein Meister in der Kunst oder Wissenschaft des Sichlösens von Nichtdauerhaftem und Vergänglichem. Ein leidenschaftsloser Mensch ist der stärkste, glücklichste und reichste Mensch auf der Welt.

Die dritte Voraussetzung ist Shat-Sampat, die sechsfache Tugend, bestehend aus Sama, Dama, Uparati, Titiksha, Sraddha und Samadhana. Die sechs Teile werden als eines gesehen, denn sie sind alle dazu bestimmt, Geisteskontrolle und Disziplin zu bringen. Konzentration und Meditation können ohne Geisteskontrolle und geistige Disziplin niemals möglich sein.

Sama

Sama ist Gelassenheit und Ruhe des Geistes, die durch die Beseitigung von Vasanas (geistigen Eindrücken) entsteht. Der Geist wird tief im Herzen festgehalten. Es ist ihm nicht gestattet, sich mit den Indriyas (dem Sinnen) zu verbinden und nach außen in die Sinnesobjekte oder Furchen zu gehen. Der Geist wird in der Quelle festgehalten. Gelassenheit des Geistes ist die wichtigste Voraussetzung für einen Aspiranten. Sie ist schwer zu erreichen. Aber der Aspirant muß diese Voraussetzung um jeden Preis haben. Dies verlangt unaufhörliches und fortgesetztes Üben. Der Geist befiehlt den zehn Indriyas - fünf Organe der Handlung und fünf Organe der Wahrnehmung. Wenn zuerst der Befehlshaber unterworfen wird, sind die Soldaten, die Indriyas, bereits bezwungen. Kontrolle der Indriyas kann nicht vollkommen werden, wenn nicht ihr Kopf, der Geist, unter Kontrolle gebracht wurde. Wenn ein Mensch in Sama fest verwurzelt ist, kommt Dama, die Kontrolle der Indriyas, von selbst. Kein Indriya kann unabhängig wirken, ohne die Hilfe und Mitarbeit des Geistes.

Dama

Dama ist die Kontrolle der Indriyas. Es ist eine rationale Kontrolle. Es ist nicht Abstumpfen oder Abtöten der Sinne durch törichte Askesen. Dieser Körper ist der sich bewegende Tempel Gottes. Er muß gesund und stark sein. Er ist das Fahrzeug, das dich an das andere Ufer von Furchtlosigkeit und Unsterblichkeit trägt. Er ist ein Pferd, das dich ans Ziel bringt. Viele törichte Aspiranten amputieren das Fortpflanzungsorgan. Sie meinen, daß dadurch die Lust vollständig beseitigt werden kann. Es gibt Menschen, die Tonnen von Nux Vomica einnehmen, um dieses Organ zu töten. Welch törichter Akt! Lust ist im Geist. Wenn der Geist unterworfen ist, was kann dieses äußere fleischliche Organ dann anrichten? Es gelingt ihnen nicht, ihren Versuch sich in Brahmacharya zu festigen, erfolgreich zu beenden. Ihr Geisteszustand ist derselbe, obwohl die Einnahme von Nux Vomica sie impotent gemacht hat. Bedenke, daß es nur der schlechte Gebrauch oder Mißbrauch der Organe ist, der Elend und ungünstige Ergebnisse bringt. Es bedarf einer vernünftigen Kontrolle der Indriyas. Man darf ihnen nicht gestatten, in den Furchen der Sinne ungestüm herumzulaufen. Sie dürfen uns nicht rücksichtslos in das tiefe Loch der Weltlichkeit werfen, sowie das ungestüme Pferd den Reiter hinträgt, wo es will. Die Indriyas müssen zum Dienst an Ihm den Lotusfüßen des Herrn geweiht werden. Wenn die Indriyas richtig diszipliniert sind und unter Kontrolle gehalten werden, werden sie zu nützlichen Dienern. Die Menschen fragen: »Wozu ist die Praxis von Dama gut, wenn man Sama übt?« Dama, Kontrolle der Indriyas, sage ich, ist ebenfalls notwendig. Nur dann erlangt man höchste Kontrolle über Geist und Indriyas. Obwohl die Indriyas nicht unabhängig einen Schaden anrichten können, wenn der Geist unter Kontrolle ist, sichert doch die Kontrolle über sie vollkommene Sicherheit und höchsten Frieden des Geistes.

Uparati

Das Nächste ist Uparati. Es ist Überdruß. Es ist das vehemente Abwenden des Geistes vom Wunsch nach Sinnesvergnügen. Diese Geisteshaltung kommt ganz natürlich, wenn Viveka, Vairagya, Sama und Dama geübt wurden. Shri Shankara definiert Uparati in seinem Vivekachudamani wie folgt: »Das beste Uparati, Abstandnehmen, besteht darin, daß die Geistfunktionen aufhören, durch äußere Objekte wirksam zu werden.« Das Atma-Anatma-Viveka sagt, Uparati ist das prinzipielle Abstandnehmen von der Teilnahme an den in den Sastras genannten Handlungen und Zeremonien. Es ist auch die Haltung des Geistes, der immer beschäftigt ist mit Sravana, Manana und Nididhyasana, ohne jemals davon abzuweichen. Manche Menschen verstehen Uparati als das Nehmen von Sannyas und den Verzicht auf alles Handeln.

Titiksha

Titiksha ist Duldungskraft. Der Aspirant muß geduldig die Gegensatzpaare wie Hitze und Kälte, Freude und Schmerz, usw. ertragen. Shri Shankara definiert es im Vivekachudamani wie folgt: »Das Ertragen von Anfechtungen, ohne sich um ihre Beseitigung zu kümmern, und das gleichzeitige Freisein von Furcht oder Wehklagen über sie, heißt Titiksha, Duldsamkeit. Das Atma-Anatma-Viveka sagt, Titiksha ist gegeben, wenn ein Mensch, der in der Lage ist, einen anderen für eine schlechte Tat zu bestrafen, Nachsicht üben kann.

Manche Menschen machen Panchagni Tapas (Askese der fünf Feuer). Sie sitzen von vier Feuern an allen Seiten umgeben, und das fünfte Feuer ist die strahlende Sonne über ihrem Kopf. Aber törichte strenge Askesen verurteilt Shri Krishna in der Bhagavad Gita: »Diese Menschen, die schreckliche und in den Schriften nicht vorgesehene Askesen üben, die eine Beute von Heuchelei und Egoismus sind, getrieben von der Kraft von Lust und Verhaftung, sinnlos alle Elemente des Körpers und auch Mich, der im Körper weilt, quälen - wisse, daß ihre Vorsätze dämonisch sind.« (XXII-5,6). Für manche Menschen ist Titiksha das Ziel. Titiksha ist nur ein Mittel. Überall, wo Bewegung ist, überall, wo sich Leben manifestiert, sind die beiden gegensätzlichen Kräfte, die Gegensatzpaare. Es gibt unwissende Menschen, die unangenehme Erfahrungen loswerden und nur bei den angenehmen bleiben möchten. Das ist der Gipfel der Dummheit. Kann es Licht geben ohne Schatten, Rosen ohne Dornen, Gewinn ohne Verlust, Erfolg ohne Mißerfolg, Sieg allein ohne Niederlage oder nur allein Freude ohne Schmerz ? Ein weiser Mensch, der sie richtig versteht und eng mit ihnen zusammenarbeitet, kann glücklich sein, sonst niemand. Ein Weiser grollt nie. Er versteht es, sich im unveränderlichen, immerwährenden, beobachtenden Bewußtsein zu festigen, das sich in seinem Herzen verbirgt und jenseits der Gegensatzpaare ist, und beobachtet dann die Bewegungen und Phänomene dieses Universums mit unerschütterlichem Geist. Er sieht Intelligenz in jedem Zoll der Schöpfung. Er hat ein sehr umfassendes Verständnis von den ewigen Naturgesetzen und Gegensatzpaaren. Das ist wahres Titiksha auf der Grundlage von Erkenntnis. Diese Menschen sind physischen Titikshus überlegen (die nur physisches Erdulden üben), die sich durch physische Qual trainiert haben, denn letztere werden Mißerfolge erkennen lassen, wenn sie mit einer ernsten Katastrophe konfrontiert sind. Der Titikshu, der sein Titiksha durch Erkenntnis entwickelt hat, ist der König der Titikshus.

Sraddha

Sraddha ist festes Vertrauen in die Worte des Gurus, die Aussagen der vedantischen Schriften und, vor allem, in sich selbst. Das ist nicht blinder Glaube. Er basiert auf genauem Überlegen, Beweisbarkeit und Erfahrung. Nur dann kann der Glaube dauerhaft sein. Nur dann kann der Glaube vollkommen und unerschütterlich sein. Abergläubisches Glauben und Glauben an bloße religiöse Traditionen oder soziale Gebräuche können einem Menschen nicht in seinem spirituellen Vorankommen helfen. Der Geist wird immer ruhelos sein. Verschiedene Zweifel werden ab und an auftauchen. Sektierer zwingen ihren Glauben anderen auf, versuchen sie zu konvertieren und ihrer Herde einzugliedern, um deren Zahl zu vergrößern. Der neue Konvertit findet keinen wirklichen Trost in dem neu erworbenen Glauben. Dann geht er zu einem anderen Glauben oder Sampradaya. Sraddha ist die wichtigste Voraussetzung. Ohne Sraddha ist kein spiritueller Fortschritt möglich. Aus Sraddha kommt Nishta, einpünktige Hingabe, und aus Nishta kommt Selbstverwirklichung. Wenn der Glaube wankelmütig ist, wird er bald absterben, und der Aspirant wird hilflos hin- und her geschleudert.

Samadhana

Samadhana ist geistiges Gleichgewicht durch Aufmerksamkeit. Es ist die Frucht der

Praxis von Sama, Dama, Uparati, Titiksha und Sraddha. Jetzt herrscht vollkommene Konzentration. Es ist das Festhalten des Geistes an Atman, ohne daß ihm erlaubt wird, sich Objekten zuzuwenden und seinen eigenen Weg zu gehen. Es ist Festigkeit in sich selbst. Shri Shankaracharya definierte es in seinem Atam Anatma Viveka: »Immer wenn ein Geist, der beschäftigt ist mit Sravana, Manana und Nididhyasana, zu einem weltlichen Objekt oder Wunsch wandert, diese wertlos findet und wieder zu den drei Übungen zurückkehrt - wird dieses Zurückkehren Samadhana genannt.« Der Geist ist frei von Furcht und Schmerzen. Es herrscht Gleichgültigkeit inmitten von Freude. Es herrscht Festigkeit des Geistes, geistige Ausgewogenheit. Der Aspirant oder Praktizierende ist in jeder Hinsicht ohne Verhaftung. Er kennt weder Zu- noch Abneigungen. Er hat sehr viel Geisteskraft und inneren Frieden. Er hat unerschütterlichen, höchsten geistigen Frieden.

Manche Aspiranten haben geistigen Frieden, wenn sie in Abgeschiedenheit leben, und wenn es keine ablenkenden Faktoren oder Elemente gibt. Sie klagen über starkes Schwanken des Geistes, Vikshepa, wenn sie in eine Stadt kommen und Kontakt mit Menschen haben. Sie sind völlig durcheinander. Sie können an einem belebten Ort nicht meditieren. Das ist eine Schwäche. Das ist kein Erfolg in Samadhana. Diese Menschen haben keine geistige Ausgewogenheit oder Gelassenheit. Nur wenn ein Schüler seine geistige Ausgewogenheit auf einem Schlachtfeld, wenn es rundum Kugeln hagelt, genauso bewahren kann wie in einer einsamen Höhle im Himalaya, kann man wirklich sagen, er ist in Samadhana voll verwurzelt. Shri Krishna sagt in der Gita: »Tue alle Handlungen, Oh Dhananjaya, und ruhe in der Einheit mit dem Göttlichen, verzichte auf alle Verhaftungen, und sei gelassen in Erfolg wie Mißerfolg.« Das ist Samadhana. Wieder sagt die Gita: »Das disziplinierte Selbst, das sich zwischen den Sinnesobjekten bewegt, wobei die Sinne weder Zu- noch Abneigung haben und vom Selbst beherrscht werden, geht zum Frieden.« Das ist auch Samadhana.

Schließlich kommen wir zur vierten Hauptvoraussetzung, Mumukshutva. Das ist der intensive Wunsch nach Befreiung oder dem Freisein vom Rad von Geburt und Tod mit seinen Begleitübeln wie Alter, Krankheit, Täuschung und Sorge. Wenn ein Mensch die genannten Voraussetzungen hat, nämlich Viveka, Vairagya und Shat Sampat kommt Mumukshutva von selbst. Der Aspirant muß die vier Mittel mit höchster Intensität üben. Die Reihenfolge der vier Sadhanas ist absolut von Bedeutung. Der Aspirant, der die vier Mittel besitzt, ist eine gesegnete Göttlichkeit auf dieser Erde.

Shintoismus

Shinto ist ein alldurchdringender, nicht begrenzbarer und sehr universeller Weg. Shinto oder Kaminomichi, der Weg der Kami, der Götter, ist der Name der Religion, deren Anhänger die Japaner seit undenklichen Zeiten. Kami bedeutet Gott, Gottheit und manchmal Seele. Shinto ist das spontane Beschreiten des »Weges der Götter«. Shinto ist kein wirklicher 'Ismus'. Er ist nur eine Lehre. Es ist keine Ansammlung von verbalen Theorien oder Konzepten. Es ist der alldurchdringende Weg.

Es gibt zwei Kategorien im Shintoismus, den Sektenshinto, der sich in 13 Sekten gliedert, und den Shinto des nationalen Glaubens der Japaner, die Staatsshintoreligion. Der patriotische Geist der Japaner ist einzigartig. Die Loyalität der Japaner zum Mikado, dem Herrscher, ist beispiellos.

Es gibt im Shintoismus weder eine großartige Philosophie noch ein kompliziertes Ritual. Shinto ist keine vom Staat übernommene Religion. Er ist eine Religion des Herzens. Shinto ist eine natürliche und wirklich spirituelle Kraft, die das Leben der Japaner erfüllt. Shinto ist ein schöpferisches und schaffendes Lebensprinzip. Das Shintoprinzip ist der Hintergrund der japanischen Kultur, der ethischen Regeln, der schönen Künste, der Familie und der Nationalstruktur.

Shinto ist der Hauptfaktor, der das soziale und religiöse Leben Japans verjüngt, gestärkt und gekräftigt hat. Das Shintosystem ist dem hinduistischen System ähnlicher als dem Konfuzianismus oder Buddhismus. Es ist ein Art persönlicher Religion. Es schreibt jedem Wesen göttliche Eigenschaften zu. Es ist eine Art Pantheismus.

Für die Japaner ist Nation ein harmonischer Komplex von Individuen, Kuni-hito. Rettung bedeutet für den Japaner Rettung der ganzen Nation, nicht nur Rettung einiger Individuen.

Shintotheologie

Nach der Shintotheologie ist Ame-no-mi-naka-nushi das absolute universelle Selbst. Es entspricht Hiranyagarbha oder Sutratman der Hindus. Das sichtbare Universum (Ken Kai) und die unsichtbare Welt (Yu Kai) sind aus Ame-no-mi-naka-nushi enstanden, durch das Tätigwerden der drei Gottheiten Musubi, das Prinzip der Schöpfung, der Vollendung und der kontrollierenden Bindung zwischen dem Spirituellen und dem Materiellen, dem Unsichtbaren und dem Sichtbaren und dem Realen und dem Idealen. Diese widersprüchlichen Eigenschaften sind nur Hilfsmittel. Das absolute universelle Selbst wird von diesen widersprüchlichen Eigenschaften nicht in Mitleidenschaft gezogen. Es ist jenseits dieser Eigenschaften. Es entspricht dem Nirguna Brahman des Hinduismus. Der Gedanke der Zeit ist aus diesen Eigenschaften entstanden.

Absolute Loyalität zum herrschenden Kaiser, der als direkter Nachfahre und Vertreter des höheren Gottes angesehen wird, Respekt vor den Vorfahren, tiefes Empfinden den Eltern gegenüber und die Liebe zu den Kindern bilden die Grundstruktur des Großen Universellen Weges.

Der Spiegel, das Schwert und das Juwel haben eine symbolische Bedeutung im Laufe des Entwicklung des Shinto. Sie symbolisieren in der Shintotheologie Weisheit, Mut und Güte oder Intelligenz, Willen und Liebe. Dies sind die drei heiligen Sinnbilder für die Königlichkeit des herrschenden Kaisers. Sie sollen das dynamische Wirken des großen Weges darstellen, und daher befinden sie sich an der Vorderfront jedes Shintotempels und werden allgemein Mistu-tomo-e, die drei großen Kommas, genannt.

Es gibt im Shinto viele Götter, aber der ursprüngliche Sonnengott, Anaterasu-omi Kami, steht als Höchster über ihnen. Susano-o-no-Mikoto ist der ungestüme göttliche Bruder des Sonnengottes. Er ist der Gott des Unwetters. Tsukiyomi-no-Mikoto ist der Mondgott. Diese drei stellen die göttliche Dreiheit dar. Sie herrschen jeweils über die Ebenen des hohen Himmels, des großen Ozeans und des Reiches der Nacht.

Ethik im Shinto

Reinheit ist eine der Grundtugenden der Ethik im Shinto. Es gibt zwei Bedeutungen von Reinheit. Die äußere oder körperliche Reinheit und die innere, die Reinheit des Herzens. Wenn ein Mensch mit wirklicher innerer Herzensreinheit versehen ist, wird er sicherlich Gottverwirklichung erlangen, die Verbindung mit dem Göttlichen. Aufrichtigkeit ist ebenfalls ein ethisches Leitprinzip im Shinto.

Die zehn Gebote im Shinto

1) Handle nicht gegen den Willen der Götter.
2) Vergiß nicht deine Verpflichtungen gegenüber den Vorfahren.
3) Sündige nicht, indem du die Gesetze des Staates brichst.
4) Vergiß nicht die tiefe Güte der Götter, durch die Elend und Unglück abgewendet und Krankheiten geheilt werden.
5) Vergiß nicht, daß die Welt eine einzige große Familie ist.
6) Vergiß nicht die Begrenzungen deiner eigenen Person.
7) Gerate nicht in Wut, auch nicht, wenn andere zornig werden.
8) Sei nicht träge in der Arbeit.
9) Bringe keine Schande über die Lehre.
10) Laß dich nicht von fremden Lehren mitreißen.

Die wichtigsten Aussagen im Shinto sind: »Ein einziger aufrichtig Betender bewegt den Himmel. Du wirst die göttliche Gegenwart sicher durch aufrichtiges Gebet verwirklichen.«

»Wo Aufrichtigkeit ist, ist auch Tugend. Die Aufrichtigkeit ist der Zeuge der Wahrheit, Aufrichtigkeit ist die Mutter der Erkenntnis. Aufrichtigkeit ist die einzigartige Tugend, die Göttlichkeit und Menschen zu einem einzigen verbindet.«

»Das erste und sicherste Mittel, um mit Gott in Verbindung zu treten, ist Aufrichtigkeit. Wenn man aufrichtig zu einer Gottheit betet, kann man sicher sein, die göttliche Gegenwart zu empfinden.«

Ein weitverbreitetes Shintogebet

Unsere Augen mögen manch Unreines sehen, aber laßt nicht zu, daß unser Geist unreine Dinge sieht. Unsere Ohren mögen manch Unreines hören, aber laßt nicht zu, daß unser Geist unreine Dinge hört.

Fazit

Shinto ist der 'Weg zu Gott'. 'Tao' von Lao-Tze ist auch der 'Weg zu Gott'. Jesus sagt: »Ich bin die Wahrheit, der Weg und das Leben.« Shri Krishna sagt: »So wie sich die Menschen

Mir nähern, so heiße Ich sie willkommen, denn der Weg, den die Menschen von jeder Seite her einschlagen, ist Mein Weg, Oh Partha!«

Der Weg zu Gott ist ebenso wichtig wie das Ziel, die Absicht und Gott Selbst. Der Weg zu Gott ist Rechtschaffenheit, Dharma. Der, der den Weg zeigt, ist der Guru, der spirituelle Lehrer. Guru und Gott sind eins. Wenn du am Weg bleibst, erreichst du Gott bald. Wenn du beim Guru bleibst, wirst du sicher Gottverwirklichung erreichen. Weg, Wahrheit und ewiges Leben sind eins.

Gepriesen sei der Weg, Shinto oder Tao! Gepriesen sei der Guru! Gepriesen, gepriesen sei Gott, die Bestimmung und das Ziel aller Religionen! Mögen Shinto oder Tao euch alle leiten, verjüngen und stärken! Halte fest an Shinto oder Tao.

Stille

Der Schüler Bhaskali ging einmal zu seinem Guru, Bhava, und fragte ihn, wo sich dieses Ewige, das erhabene Unendliche, das Brahman der Upanishaden, befinde. Der Meister sagte nichts. Der Schüler fragte ihn immer wieder, aber der Meister machte seinen Mund nicht auf. Er blieb vollkommen still. Endlich sagte der Lehrer: »Ich habe es dir immer wieder gesagt, aber du verstehst mich nicht. Was soll ich machen ? Dieses Brahman, das Unendliche, das Ewige, kann nicht erklärt werden. Erfahre Es jedoch in tiefer Stille. Es kann sich nirgendwo sonst befinden als einzig in der ewigen tiefe Stille ! **Ayam Atma Santah**. Der Atman ist Stille.«

Gott oder Brahman ist Höchste Stille. Die Seele ist Stille. Frieden ist Stille. Atman ist Stille. Stille ist die Sprache Brahmans. Stille ist die Sprache des Herzens. Stille ist die Sprache der Weisen. Stille ist ungeheure Kraft. Stille ist große Beredsamkeit.

Stille ist Gott. Stille ist die Grundsubstanz für Körper, Geist, Prana und Sinne. Stille ist der Hintergrund dieses Universums der Sinne. Stille ist Stärke. Stille ist eine lebendige Kraft. Stille ist die einzige Wirklichkeit. Der Friede, der alles Verstehen übersteigt, ist Stille. Das Ziel deines Lebens ist Stille. Der Sinn des Lebens ist Stille. Der Zweck deines Seins ist Stille. Hinter allem Lärm und allen Geräuschen ist Stille - die innerste Seele. Stille ist dein wahrer Name. Stille ist intuitive Erfahrung. Stille ermöglicht es dem intuitiven Selbst, Sich auszudrücken. In die Stille gehen heißt Gott werden.

Die Botschaft der Wüste Sahara ist Stille. Die Botschaft des Himalaya ist Stille. Die Botschaft des Avadhoota, der splitternackt im eiskalten Gangotri oder am Kailas lebt, ist Stille. Die Botschaft Gott Dakshinamurtis an Seine vier Schüler Sanaka, Sanatana, Sanandana und Sanatkumara war Stille. Wenn das Herz erfüllt ist und du überglücklich bist, herrscht Stille. Wer kann die Herrlichkeit dieser Stille beschreiben?

Es gibt keinen heilenden Balsam, der für Menschen, deren Herz durch Mißerfolge, Enttäuschungen und Verluste verletzt ist, besser wäre als die Stille. Es gibt kein besseres Allheilmittel für die, deren Nerven verwundet sind vom Getümmel des Lebens, von Reibung, Bruch und wiederholten häuslichen Zwistigkeiten.

Im Tiefschlaf bist du in sehr nahem Kontakt mit dieser gewaltigen Stille, aber der Schleier von Avidya, Unwissenheit, liegt darüber. Die Stille, die du im Tiefschlaf erfährst, und die Stille, die du in tiefer Nacht erlebst, sind ein Anhaltspunkt für die Existenz dieses Ozeans von Stille, Brahman.

Physische Stille und Stille des Geistes

Im normalen Sprachgebrauch wird ruhig sitzen, ohne mit jemandem zu sprechen, als Stille bezeichnet. Wenn dein Freund dir lange Zeit nicht schreibt, sagst du: »Mein Freund hüllt sich in eisiges Schweigen. Ich weiß nicht warum.« Wenn in einer großen Halle bei einem interessanten Vortrag eine Zeit lang niemand spricht, sagst du: »Gestern abend war es so still, daß man eine Stecknadel hätte können fallen hören, während der Philosoph sprach.« Wenn die Kinder in der Klasse sehr viel Lärm machen, sagt der Lehrer zu ihnen: »Seid bitte still.« Du begegnest zwei Sadhus, und der eine Sadhu sagt: »Der andere Sadhu ist ein Mauni. Er ist mein Freund. Er hat für mindestens sechs Jahre ein Schweigegelübde abgelegt.« Das ist physische Stille.

Wenn du den Augen nicht erlaubst, Dinge zu sehen, und wenn du sie von Objekten durch Pratyahara oder Dama abziehst, ist das Stille dieses Sinnes, des Auges. Wenn du den Ohren nicht erlaubst, einen Ton zu hören, ist das Stille des betreffenden Indriyas.

Wenn du an Ekadasi vollständig fastest, ohne auch nur einen Tropfen Wasser zu dir zu nehmen, ist das Stille des Indriyas Zunge. Wenn du nicht tätig bist und drei Stunden in Padmasana sitzt, ist es Stille der Füße und Hände.

Wirklich notwendig ist die Stille des sprudelnden Geistes. Man kann das Schweigegelübde einhalten, aber der Geist wird Bilder schaffen. Sankalpa taucht auf. Chitta schafft Erinnerungen. Vorstellen, Überlegen, Denken und viele andere Funktionen des Geistes setzen sich fort. Wie kannst du jetzt wirklichen Frieden oder Stille haben? Der Verstand muß zu arbeiten aufhören. Der innere astrale Sinn muß vollkommen still sein. Alle Wellen des Geistes müssen vollständig aufhören. Der Geist muß im Ozean der Wonne, in Brahman, ruhen. Nur dann kannst du wahre, immerwährende Stille erfahren.

Mauna, das Schweigegelübde

Mauna ist das Schweigegelübde. Es gibt verschiedene Arten von Mauna. Die Kontrolle der Sprache ist Vang Mauna. Wenn das Vag Indriya still gehalten wird, ist das Vang Mauna.

Das vollständige Aufhören physischer Aktivität ist Kashtha Mauna. In Kastha Mauna darfst du nicht mit dem Kopf nicken. Du darfst keine Zeichen machen. Du darfst nichts auf ein Stück Papier oder eine Tafel schreiben, um deine Gedanken auszudrücken. In Vang Mauna und Kashtha Mauna werden die Erscheinungsformen im Geist nicht zerstört.

Jeden in gleicher Weise zu sehen und den Geist still zu halten in der Vorstellung, jeder ist einzig und allein Brahman, ist Sushupti Mauna. Das Vertreiben aller Zweifel aus dem Geist, nachdem diese Welt ihrem Wesen nach eindeutig als Täuschung erkannt worden ist, ist Sushupti Mauna. Der Schluß daraus, daß dieses Universum nicht anderes ist als das allvolle Braman ist Sushupti Mauna.

Brahman wird Maha Mauna genannt, denn Es ist eine Verkörperung der Stille. Maha Mauna ist wahres Mauna. Vang Mauna ist nur eine Hilfe, um Maha Mauna zu erlangen. Mauna des Geistes ist dem Mauna von Vak, der Sprache, weit überlegen.

Das Sprechorgan

Vag Indriya, das Sprechorgan, ist eine starke Waffe von Maya, um die Jivas zu täuschen und den Geist abzulenken. Menschen, die viel reden, können keinen geistigen Frieden erfahren. Herumgerede ist eine sehr üble Angewohnheit. Es lenkt den Geist ab. Es hält den Geist immer nach außen gerichtet und macht den Menschen unspirituell.

Streiterei, Gezänk, usw. treten durch das Spiel und den Unfug dieses ungestümen Vag Indriyas auf. In der Zunge ist ein Schwert. Worte sind wie Pfeile. Sie verletzen die Gefühle anderer Menschen.

Hausfrauen sind sehr gesprächig. Sie verursachen immer Lärm im Haus. Schwiegermütter und Schwiegertöchter können nicht einmal eine Sekunde lang still sein. Rauch und Reibung kommen aus dem Haus.

Das Sanskritstudium macht viele Menschen sehr beredt und zwingt sie, unnötige Gespräche mit anderen zu beginnen, um ihre große Gelehrsamkeit zu zeigen. Pedanterie und unnötiges Zurschaustellen von Gelehrsamkeit sind eine spezielle Eigenheit bestimmter Sanskritgelehrter.

Vag Indriya ist sehr schädlich, störend, ungestüm und heftig. Es muß mit Ausdauer und allmählich kontrolliert werden. Wenn du beginnst, es zu kontrollieren, wird es versuchen, auf dich zurückzuspringen. Du mußt kühn und mutig sein.

Lasse nichts durch Vag Indriya aus dem Geist kommen. Halte Mauna. Das hilft. Nun hast du einen großen Störfaktor ausgeschaltet. Wenn Vag Indriya beherrscht ist, können auch Augen und Ohren leicht unter Kontrolle gebracht werden. Wenn du Vag Indriya beherrscht, hast du schon zur Hälfte Kontrolle über den Geist.

Nutzen aus der Praxis von Mauna

Durch unnützes Reden und Getratsche wird Energie verschwendet. Weltliche Menschen wissen das nicht. Mauna bewahrt die Energie, und du kannst geistig und physisch mehr Arbeit leisten. Du kannst viel meditieren. Es hat einen wunderbar beruhigenden Einfluß auf Gehirn und Nerven. Durch die Praxis von Mauna wird die Energie des Sprechens langsam in Ojas Shakti, spirituelle Energie, umgewandelt und sublimiert.

Mauna entwickelt Willenskraft, kontrolliert die Kraft von Sankalpa, hält den Sprachimpuls im Zaum und schenkt geistigen Frieden. Du erwirbst Ausdauerfähigkeit. Du sagst keine Lüge. Du beherrscht die Sprache.

Mauna hilft sehr dabei, wahrhaft zu bleiben und den Zorn zu beherrschen. Emotionen werden kontrolliert und Reizbarkeit verschwindet. Wenn ein Mensch leidend ist, schenkt das Einhalten von Mauna großen geistigen Frieden.

Wer Stille bewahrt, hat eine Art von Frieden, Kraft und Glück, die dem weltlichen Menschen unbekannt ist. Er hat sehr viel Energie. Er ist immer heiter und ruhig. In der Stille liegen Kraft, Weisheit, Friede, Ausgeglichenheit, Freude und Wonne. In der Stille liegen Friede, Vollkommenheit und Unabhängigkeit.

Wie Mauna zu halten ist

Sehr beschäftigte Menschen halten wenigstens eine Stunde pro Tag Mauna. Wenn du es zwei Stunden schaffst, umso besser. An Sonntagen halte sechs Stunden oder den ganzen Tag lang Mauna. Zu dieser Zeit stört dich kein Mensch. Man wird zur Kenntnis nehmen, daß du zu dieser oder jener Stunde Mauna hältst. Deine Freunde werden dich nicht belästigen. Auch deine Familienangehörigen werden dich nicht stören. Nütze diese Zeit in Mauna für Japa und Meditation. Du mußt am Nachmittag, wenn du viele Besucher erwartest, Mauna halten. Wenn sich der Ort nicht für Mauna eignet, gehe an einen stillen Ort, wo dich deine Freunde nicht besuchen werden.

Wenn du Mauna zu halten wünschst, mußt du dich vollauf beschäftigt halten mit Japa, Meditation und Mantraschreiben. Du darfst dich nicht in Gesellschaft anderer Menschen begeben. Du darfst deinen Raum nicht zu oft verlassen. Die Energie der Sprache muß in spirituelle Energie umgewandelt und für die Meditation verwendet werden. Nur dann erfährst du Gelassenheit, Ruhe, Frieden und innere spirituelle Stärke.

Während der Zeit von Mauna lies keine Zeitung. Zeitunglesen bringt ein Wiederaufleben weltlicher Samskaras und stört deinen geistigen Frieden. Auch wenn du im Himalaya lebst, gehst du am Tag in die Ebene. Du hast dann keinen großen Nutzen von Mauna. Deine Meditation wird ernstlich gestört sein.

Während du Mauna hältst, schreibe nicht zuviele Zettel und auch nicht auf eine Tafel und nicht mit den Fingern auf den Unterarm, um anderen deine Gedanken mitzuteilen. Du darfst nicht lachen. Das alles ist ein Bruch von Mauna. All das ist schlimmer als Sprechen.

Reduziere deine Bedürfnisse. Du mußt vorher mit den Leuten, die sich um deine Mahlzeiten, Ernährung oder Diät kümmern, Vorkehrungen treffen, auch hinsichtlich der Zeit, zu der das Essen gebracht werden soll. Du darfst deine Diät nicht zu oft ändern und dauernd an die einzelnen Teile deiner Ernährung denken. Du mußt dich selbst um die Reinigung deines Raumes und auch andere täglich auszuführende Pflichten kümmern. Denke nicht zuviel nach über Rasieren, Schuheputzen und Wäschewaschen. All das stört den Fluß der göttlichen Gedanken. Denke nicht viel nach über Befinden, Brot und Bart. Denke mehr an Gott oder Atman.

Einige besondere Hinweise

Wenn du ein Schweigegelübde ablegst, bestätige dir nicht immer wieder von innen: »Ich werde nicht sprechen.« Das erzeugt etwas Hitze im Gehirn, denn der Geist will sich an dir rächen. Fasse einfach einmal einen Entschluß und bleibe dann still. Beschäftige dich mit anderen Dingen. Denke nicht dauernd: »Ich werde nicht sprechen. Ich werde nicht sprechen«.

Am Anfang wirst du auf einige Schwierigkeiten stoßen, wenn du Mauna hältst. Es wird ein schwerer Angriff der Vrittis erfolgen. Diverse Gedanken werden kommen und dich zwingen, das Schweigen zu brechen. Das alles sind unnötige Einbildungen und Täuschungen des Geistes. Sei mutig. Konzentriere alle Energie auf Gott. Beschäftige den Geist vollkommen. Der Wunsch nach Sprechen und Gesellschaft vergeht. Du erlangst Frieden.

Die Praxis von Mauna muß langsam kommen, du kannst nicht mit einem Mal zehn oder fünfzehn Tage lang Mauna halten. Wer daran gewöhnt ist, täglich zwei drei Stunden lang Mauna zu halten, oder vierundzwanzig Stunden in den Ferien, wird in der Lage sein, eine Woche oder vierzehn Tage lang Mauna zu halten. Du mußt klar den Wert von Mauna erkennen. Halte zwei Stunden täglich Mauna. Steigere allmählich auf sechs Stunden, vierundzwanzig Stunden, zwei Tage, eine Woche und so fort.

Wenn du es schwierig findest, längere Zeit lang Mauna zu halten, und wenn du die Zeit nicht für Japa und Meditation nützt, brich es sofort. Wenn die Energie der Sprache nicht beherrscht und in der richtigen Weise für spirituelle Ziele verwendet wird, und wenn sie nicht vollkommen sublimiert wird, läuft sie Sturm und manifestiert sich, oder sie bricht in Form von hu-hu-hu Tönen aus, gestikuliert und erzeugt Töne. Mehr Energie geht durch Gestikulieren und dergleichen verloren als durch normales Sprechen.

Du mußt das Gefühl haben, einen sehr großen Nutzen, viel Frieden, innere Stärke und Freude aus Mauna zu erfahren. Nur dann wird es dir eine Freude sein, Mauna zu halten. Nur dann wirst du nicht versuchen, auch nur ein Wort zu sprechen. Erzwungenes Mauna, nur um etwas nachzuahmen oder aus Zwang, macht dich ruhelos und traurig. Erzwungenes Mauna ist nur ein Kampf mit dem Geist. Es ist eine Anstrengung. Mauna muß von selbst kommen. Es muß natürlich sein. Wenn man in der Wahrheit lebt, kommt Mauna von selbst. Nur dann herrscht absoluter Friede.

Langes Mauna und Kashtha Mauna über lange Zeit sind nicht notwendig. Mauna über eine längere Zeit in einem sündigen und unentwickelten Aspiranten schadet.

Disziplin der Sprache

Versuche, ein Mensch gemessener Worte zu werden. Vermeide unbedingt langes Sprechen, ausschweifendes Sprechen, überhöhtes Sprechen, unnötiges Sprechen, alle Arten sinnloser Debatten und Diskussionen, usw., und ziehe dich so weit wie möglich aus der Gesellschaft zurück. Das ist an sich Mauna. Sechs Monate lang überschwänglich sprechen und den Rest des Jahres Mauna halten, nützt nicht.

Beobachte jedes Wort. Das ist die höchste Disziplin. Worte haben eine große Kraft. Verwende sie sorgfältig. Beherrsche deine Rede. Laß die Zunge nicht Sturm laufen. Überprüfe die Worte, bevor sie über deine Lippen kommen. Sprich wenig. Lerne es, still zu sein.

Hochklingende Worte verursachen Erschöpfung der Zunge. Es ist nur Überdruß der Sprache. Benutze einfache Worte und bewahre die Energie. Bewahre das Sprechen zum Lobpreis Gottes auf. Widme immer mehr von deiner Zeit dem inneren Leben von Meditation, Reflexion und Atma Chintana.

Reinige den Geist und meditiere. Sei still und wisse, du bist Gott. Beruhige den Geist. Stille die hervorquellenden Gedanken und auftauchenden Emotionen. Tauche tief ein in den innersten Winkel deines Herzens, und genieße die überwältigende Stille. Geheimnisvoll ist diese Stille. Gehe in die Stille. Nimm diese Stille wahr. Werde Stille Selbst. Werde ein Maha Mauni. Verwirkliche Gott hier und jetzt.

Svadhyaya

Was ist Svadhyaya?

Svadhyaya ist das tägliche Studium von religiösen Schriften und Büchern, die von verwirklichten Weisen geschrieben worden sind. Es ist das tägliche Patha oder Parayana von heiligen Büchern. Es ist das vierte Anga oder Glied im Raja Yoga Niyama. Svadhyaya ist also das Fragen nach der Natur des Atman, »Wer bin ich ?«. Es ist auch Mantrawiederholung. Svadhyaya ist eine Art negativen Satsangs, wenn es nicht möglich ist, positiven Satsang von Mahatmas zu haben.

Svadhyaya ist das Studium von Schriften wie Bhagavad Gita, Upanishaden, Ramayana, Bhagavata, usw. Das Studium muß konzentriert sein. Das Gelesene muß verstanden werden, und man muß versuchen, alles Gelernte im täglichen Leben anzuwenden. Das Studium ist nutzlos, wenn man sich nicht die Mühe macht, nach den Lehren der Schriften zu leben. Svadhyaya schließt auch Japa ein, die Wiederholung des Mantras. Ständiges Studium und die Anwendung im täglichen Leben führen den Menschen zur Verbindung mit Gott.

Warum Svadhyaya?

Svadhyaya heißt 'Eigenstudium'. Brahman muß durch die Srutis gelernt werden, das unabhängige Nachdenken und Überlegen haben nichts damit zu tun. Badarayana (Vyasa) sucht immer Zuflucht bei den Worten der Veden. Srutis sind unfehlbar und maßgeblich. Sruti Pramana ist der Wahrnehmung überlegen. Wahrnehmung führt zu Irrtümern. Die Wahrnehmung eines Mißtones ist die tatsächliche Wahrnehmung eines Knarrens, minus dem Rest der Welt. Das Knarren und die übrige Welt stehen direkt vor dem Geist. Nur dann ist Wahrnehmung möglich. Wie kann der atomische Geist die übrige Welt sehen ? Es ist unmöglich. Daher ist die Wahrnehmung nicht so maßgeblich und verläßlich wie es die 'Srutis' sind. Man sieht in Akasa eine blaue Farbe. Es ist eine falsche Hinzufügung, Adhyasa. Man kann sich nicht auf das Pramana der Wahrnehmung stützen. Srutis sind Enthüllungen. Sie sind die direkten superintuitiven Erfahrungen von Rishis, Weisen. Srutis geben genaues Wissen über Brahman. Srutis beseitigen dein Pramanagata Sandeha, den Zweifel über den Wert des vedantischen Textes. Gott oder Brahman ist Atindriya, jenseits des Fassungsvermögens der Sinne; es ist Avang Mano Gochara, jenseits des Fassungsvermögens von Geist und Sprache. Sruti ist die Grundlage von Nididhyasana, tiefer Meditation. Die Brahmakara Vritti wird erzeugt, wenn man die Mahavakyas »Tat Twam Asi« und »Aham Brahma Asmi« aus den Srutis hört. Jñana Yoga ist unmöglich ohne Sravana, Manana von Srutis. Es gibt gebildete Dummköpfe, große weise Dummköpfe, die so tun, als besäßen sie Verstand, effektiv aber ihre Vorstellungen und Vorlieben für Verstand halten und sagen, daß sie den Teil der Srutis annehmen, der ihrem Verstand entspricht. Sie werden niemals aus diesem Samsara Chakra herauskommen. Sie sind der Zerstörung preisgegeben.

Wenn der Aspirant nur für einen Moment in seiner Wachsamkeit nachläßt und in einen spirituellen oder ethischen Schlummer verfällt, dann wird der Zug nach unten wirksam, und die Anhänglichkeit bewegt sich sofort vom höheren zum niederen Selbst. Wenn er dann mit Sinnesobjekten in Berührung kommt, erfolgt ein Rückschlag in seinem spirituellen Leben. Daher ist es unbedingt notwendig, diese wache Aufmerksamkeit, die spirituelle Wachsamkeit, den immer wachen Zustand, in dieser Phase stets aufrechtzuhalten.

Eine der Möglichkeiten, das zu tun, ist Svadhyaya, das Studium der Schriften. Eine der besten Methoden, um den Geist für das Ideal vollkommen wach zu halten, ist das tägliche Lesen von Schriften und Leben Heiliger. Denn wenn man über die Leben Heiliger oder in spirituellen Büchern liest, überkommt den Geist eine ganze Flut machtvoller positiver Gedanken, und die geistigen Kräfte werden sofort geschärft. Sie inspirieren den Menschen unmittelbar, erheben ihn und ermöglichen es ihm, die niederen Kräfte in seinem täglichen Leben zu beherrschen. Daher darf im Leben eines Sadhakas Svadhyaya auch nicht an einem einzigen Tag fehlen.

Der Nutzen von Svadhyaya

Svadhyaya inspiriert und erhebt den Geist zu großen spirituellen Höhen. Es klärt Zweifel. Es reißt das Unkraut unheiliger Gedanken aus. Es schafft neue spirituelle Furchen im Geist, in denen er sich bewegen kann. Es vermindert das Herumwandern des Geistes, Vikshepa. Es hilft der Konzentration. Es ist eine niedere Form von Sarvikalpa Samadhi. Es dient dem Geist als Weide, auf der er grast. Wenn du die heiligen Bücher liest, stimmst du dich auf die Verfasser ein, die verwirklichte Seelen sind. Du schöpfst Inspiration und erfährst Ekstase.

Wenn du nicht positiven Satsang mit Mahatmas haben kannst, beseitigt Svadhyaya deine Zweifel. Es stärkt den schwankenden Glauben. Es gibt ein starkes Sehnen nach Befreiung und Streben. Es gibt Ermutigung und Erleuchtung. Es stellt eine Liste von Heiligen vor dich hin, die den Pfad beschritten, auf Schwierigkeiten gestoßen sind und diese beseitigt haben, und es erquickt dich auf diese Weise mit Hoffnung und Kraft. Es erfüllt den Geist mit Sattva, Reinheit; es inspiriert und erhebt den Geist. Es hilft zu Konzentration und Meditation. Es schafft neue sattvige Furchen und bringt den Geist dazu, sich in diesen neuen Furchen zu bewegen.

Die Vorschriften, die die Bücher von Weisen und Heiligen enthalten, in Handlung umsetzen heißt, den bedrängten Körper weich machen, die verletzte Seele heilig und dich selbst aus allen möglichen Unbilden des Lebens erretten, die auf Unwissenheit zurückzuführen sind. Spirituelle Bücher sind tröstliche Begleiter in allen unangenehmen Situationen, ideale Lehrer in allen Schwierigkeiten, Leuchttürme in der Nacht der Unwissenheit und des Wahns, Allheilmittel gegen das Böse und Gestalter des Schicksals.

Die Schriften enthalten die Weisheit von Weisen und Heiligen, Philosophen und Mystikern. Durch Svadhyaya meistere das Geheimnis aller Schriften, erkenne die genaue Natur der Dinge und stimme deine räumlich begrenzte und individualisierte Persönlichkeit auf das Wirken der Göttlichen Natur der Gesetze der Wahrheit ein. Weisheit ist der Schlüssel zur Fülle von Kraft und Freude. Weisheit beseitigt unzählige Leiden und unzählige Sünden, durchtrennt die Wurzeln der Unwissenheit und bringt dir die friedvolle Harmonie und absolute Vollkommenheit.

Sei regelmäßig im Studium religiöser Schriften, Ramayana, Bhagavata, Yoga Vasishtha und anderer guter Bücher. Wenn du über die Gedanken der Bhagavad Gita nachdenkst und den Geist auf diese Gedanken heftest, ist das an sich eine niedere Form von Samadhi. Die Gita ist ein einzigartiges Buch für Svadhyaya. Sie enthält die Essenz allen Yogas und den Gipfel und Höhepunkt der Veden. Du kannst eine halbe Stunde oder drei Stunden täglich diesem Zweck widmen, je nach der Zeit, die dir zur Verfügung steht. Das Studium der Schriften ist Kriya Yoga, Niyama. Es reinigt das Herz und erfüllt den Geist mit erhabenen und erhebenden Gedanken.

Deshalb dürfen ernsthafte Sadhakas niemals das Studium der Schriften, welche heilige und von weisen Menschen dargelegte Wahrheiten enthalten, und das Hören der Lilas des

Herrn in keiner Phase ihrer spirituellen Entwicklung aufgeben. Bist du fortgeschrittener als Shri Sukadeva, der ein Weiser von Geburt und ein Parivrajaka war? Bist du fortgeschrittener als die großen Weisen, die sich in Naimisaranya versammelten, um das Srimad Bhagavata zu hören, das Shri Suka vortrug ? Lerne von diesen berühmten Beispielen so großer Weiser. Sei für alle Zeit ein Sadhaka. Sei für alle Zeit ein nach spirituellem Wissen dürstender Aspirant. Sei für immer Schüler. Nur der ist alt, der das Gefühl hat, er habe genug gelernt und braucht kein weiteres Wissen mehr. Derjenige ist schon lebendig tot, der nicht die treibende Begierde verspürt, die Geschichten über die Lilas des Herrn oder spirituelle Vorträge zu hören. Alter und sogar Tod können hinausgezögert werden, wenn du in dir den jugendlichen Eifer und die fromme Begierde bewahrst, mehr zu lernen, mehr zu üben und tiefer die große spirituelle Wahrheit zu verwirklichen, die unerschöpflich ist, obwohl sie von Millionen von Heiligen, Weisen und Sehern undenklicher Zeiten dargelegt und erläutert worden ist.

Svadhyaya bewahrt vor Rückschlägen

Vergiß weiters nicht, daß du von allen Seiten her von materialistischen Einflüssen umgeben bist. Wenn du nur einen Tag lang lockerläßt, wittern die bösen Kräfte, die dich umgeben, ihre Chance und sinnen auf Zerstörung. Der Ball, den man am oberen Ende der Treppe fallenläßt, braucht nur den Bruchteil einer Sekunde, um unten anzukommen, es dauert jedoch sehr viel länger, ihn wieder hinaufzubefördern. In einem Augenblick der Kopflosigkeit kann viel verlorengehen. Das Leben ist kurz, die Zeit rast; du kannst es dir nicht leisten, einen Zoll des Bodens zu verlieren, den du mit soviel Mühe in deinem Kampf gegen diesen schrecklichen Feind - Satan, Maya, Mara oder den schlechten Geist, erworben hast.

Gönne diesem Affengeist keine Minute Ruhe. Hier kommt dir Satsang und spirituelle Literatur sehr zu Hilfe. Sie sind deine Retter. Wieviele erhabene Gedanken werden durch die Schriften direkt vor deine Tür gelegt? Lies die Seiten der Schriften sorgfältig. Unterstreiche die Sätze, die dir auffallen, denn sie stehen in direktem Bezug zu deinem Leben. Reflektiere in deinen Mußestunden über sie. So wirst du feststellen, daß du viele Hindernisse überwinden und über viele Stolpersteine springen kannst. Ist der Geist abgeneigt, diese Passagen immer wieder zu lesen? Das ist die starke Waffe der Maya, um dich einzuschläfern. Sei vorsichtig! Ißt du nicht auch immer wieder dasselbe? Du mußt dieselben spirituellen Sätze immer wieder und wieder lesen, so lange, bis sie unauslöschlich in der Tafel deines Herzens eingraviert sind, bis sie zum integralen Bestandteil deiner inneren Natur werden.

Wiederholung steigert die innere Kraft

Dann wird eine Festung von Nirodha Samskaras in dir errichtet werden. Wiederholung macht stark. Wiederholung drängt die Gedanken in die innersten Kammern deines Herzens und Geistes. Dann werden die Gedanken in deinen unterbewußten Geist einsickern. Die bösen Gedanken, die sich dort verborgenhalten, werden verbrannt und ausgelöscht. Du weißt vielleicht gar nicht, welche Wunder sich in dir vollziehen. Das ist der heilsame Einfluß des wiederholten Studiums desselben spirituellen Textes. Deshalb haben unsere Vorfahren darauf bestanden, daß wir Texte wie Gita, Ramayana, Bhagavata, usw. feierlich lesen, täglich und regelmäßig mit Vertrauen und Hingabe. Sie werden deine innere Kraft steigern. Dein Wille wird stärker werden. Wenn so die ganze innere Natur in Göttlichkeit verwandelt worden ist, wird ein einziger Versuch der Meditation dich zu Nirvikalpa Samadhi und Überbewußtsein führen. Dann wirst du Gott in einem einzigen Augenblick verwirklichen.

Schriften zur Entwicklung von Frömmigkeit

Ein frommer Mensch muß Bücher lesen, die ihm die Ideale der Frömmigkeit vor Augen führen; die Herrlichkeit, die Süße und die Lilas des Herrn; die Geschichten von Heiligen; und die Übungen, die helfen, Frömmigkeit zu entwicklen. Frömmigkeit entwickelt sich durch das Studium solcher frommer Schriften.

Die wichtigsten Bücher sind Ramayana, Srimad Bhagavata, Narayaniyam, Gita, Vishnupurana, Adhyatma Ramayana, Tulasi Ramayana (Ramacharitamanas), Vishnu Sahasranama, Sandilya Sutras, Shiva Purana, Devi Bhagavata, Narada Pancharatram, Praxis von Bhakti Yoga, Essenz von Bhakti Yoga, Bhakti und Sankirtan, Bhakti Rasamritam, Lieder von Alvars und Nayanars, Tevaram, Tiruvachakam, Dasabodha, Tukarams Abhangas, Jnanesvari, Bhakti Rasayana, Bhakti Rasmritasindhu, usw.

Schriften zur Entwicklung von Wissen

Ein Schüler des Jñana Yoga, ein nach der Wahrheit Suchender, muß regelmäßig folgende Bücher lesen und über ihre Bedeutung mit der richtigen persönlichen Führung eines Gurus reflektieren und meditieren. Die wichtigen Bücher für Svadhyaya sind: Atma Bodha, Vivekachudamani, die zehn klassischen Upanishaden, Bhagavad Gita, Panchadasi, Jivanmukti Viveka, Yoga Vasishtha, Advaita Siddhi, Brahma Sutras, Karikas von Gaudapada, die Verwirklichung des Absoluten, Atma Purana, Sanat Sujatiya, Avadhuta Gita, Ashtavakra Gita, Adhyatma Ramayana, usw.

Tantra (Agama)

Die Sanskrit Literatur kann in sechs orthodoxe und vier weltliche Titel unterteilt werden. Diese sind: 1) Sruti, 2) Smriti, 3) Itihasa, 4) Purana, 5) Agama und 6) Darsana; und 1) Subhashita, 2) Kavya, 3) Nataka und 4) Alankara.

Die Agamas sind theologische Abhandlungen und praktische Handbücher zur Gottesverehrung. Die Agamas beinhalten Tantras, Mantras und Yantras. Das sind Abhandlungen, die die äußere Gottesverehrung in Bildern, Tempeln, usw. besprechen. Alle Agamas behandeln 1) Jñana, Wissen, 2) Yoga, Konzentration, 3) Kriya, Handeln und 4) Charya, Tun. Sie geben auch genaue Details über Ontologie, Kosmologie, Befreiung, Hingabe, Meditation, Mantraphilosophie, mystische Diagramme, Amulette und Zauberworte, Tempelbau, Herstellung von Bildern, häusliche Pflichten, soziale Regeln und öffentliche Feste.

Die Agamas teilen sich in drei Teile: Vaishnava, Saiva und Sakta. Die drei Hauptsekten im Hinduismus, nämlich Vaishnavismus, Shivaismus und Shaktismus, begründen ihre Lehren und Dogmas auf den jeweiligen Agamas. Die Vaishnava Agamas oder Pancharatra Agamas verherrlichen Gott als Vishnu. Die Saiva Agamas verherrlichen Gott als Shiva und ließen eine wichtige philosophische Schule entstehen, den Saiva Siddhanta. Die Sakta Agamas oder Tantras verherrlichen Gott als die Mutter der Welt unter einem der vielen Namen Devis. Die Agamas beziehen ihre Autorität nicht aus den Veden, sie widersprechen ihnen aber auch nicht. Sie sind alle in ihrem Geist und Charakter vedisch. Deshalb werden sie alle als maßgeblich angesehen.

Die Tantra Agamas gehören zum Sakta Kult. Sie verehren Shakti als die Mutter der Welt. Sie beschränken sich auf den Shakti (Energie) Aspekt Gottes und schreiben verschiedene Arten ritueller Verehrungen der göttlichen Mutter vor. Es gibt siebenundsiebzig Agamas. Sie sind in mancher Hinsicht den Puranas sehr ähnlich. Die Texte sind meist Dialoge zwischen Shiva und Parvati. In manchen von ihnen beantwortet Shiva die Fragen von Parvati und anderen, und Parvati beantwortet die Fragen Shivas. Mahanirvana, Kularnava, Kulasara, Prapanchasara, Tantraraja, Rudra Yamala, Brahma Yamala, Vishnu Yamala und Todala Tantra sind die wichtigen Werke. Die Agamas lehren okkulte Praktiken, wovon manche Kräfte verleihen, andere Erkenntnis und Freiheit. Unter den existierenden Büchern ist das Mahanirvana Tantra das berühmteste.

Tantra Yoga

Tantra Yoga ist eine der stärksten Kräfte zur spirituellen Erneuerung der Hindus gewesen. Als unwissende, nicht erleuchtete und unvorbereitete Menschen ihn praktizierten, führte es zu gewissen Mißbräuchen; und es kann nicht geleugnet werden, daß manche entartete Formen von Shaktismus nichts anderes gesucht haben als Magie, Amoral und okkulte Kräfte. Ein Beispiel für einen irregeführten Ausdruck der Wahrheit und eine Verkleidung der ursprünglichen Praktiken ist die Theorie der fünf Makaras (Pancha Makaras); - Mayda, Wein; Mamsa, Fleisch; Matsya, Fisch; Mudra, Symbolhandlungen; Maithuna, geschlechtliche Vereinigung. Die esoterische Bedeutung dieser fünf Makaras ist: »Töte den Egoismus, beherrsche das Fleisch, trinke den Wein der Gottberauschung und vereinige dich mit Gott Shiva.«

Tantra erklärt (Tanoti) bis ins kleinste Detail das Wissen bezüglich Tattva (Wahrheit, Brahman) und Mantra (mystische Silben). Es errettet (Trayate). Daher heißt es Tantra.

Die Tantras sind keine Bücher über Hexerei, Zauberei, magische Formeln und geheimnisvolle Worte. Sie sind wunderbare Schriften. Jeder Mensch, gleich welcher Kaste, welchen

Glaubens und welcher Farbe, kann aus ihnen Inspiration und spirituelle Kraft schöpfen und Weisheit und ewige Wonne erwerben. Die Mahanirvana und Kularnava Tantras sind die wichtigen Bücher im Tantra Sastra. Die Yoga Kundalini Upanishad oder der Krishna Yajurveda, das Jabala Darsana, Trisikha Brahmana und die Varaha Upanishad sind nützlich, um Wissen über Kundalini Shakti und die Methoden zu erwerben, wie sie zu erwecken und zum Sahasrara Chakra am Scheitel zu führen ist.

Tantra ist in mancher Hinsicht eine Geheimlehre. Es ist Gupta Vidya. Man kann es nicht durch das Studium von Büchern erlernen. Man muß das Wissen und die Praxis von den praktischen Tantrikern, den Tantra Acharyas und Gurus erwerben, die den Schlüssel dazu besitzen. Der Tantraschüler muß über Reinheit, Glauben, Frömmigkeit, Hingabe an den Guru, Leidenschaftslosigkeit, Demut, Mut, kosmische Liebe, Wahrhaftigkeit, Nichtbegehrlichkeit und Zufriedenheit verfügen. Das Fehlen dieser Eigenschaften beim Praktizierenden bedeutet einen groben Mißbrauch des Shaktismus.

Das Shakti Tantra ist Advaita Vada. Es sagt, daß Paramatman (die höchste Seele) und Jivatman (die individuelle Seele) eins sind. Die Saktas anerkennen die Veden als grundlegende Schriften. Sie anerkennen die Sakta Tantras als Texte, die die Mittel darlegen, um das in den Veden dargestellte Ziel zu erreichen.

Tantra Yoga hebt besonders die Entwicklung von Kräften hervor, die verborgen in den sechs Chakras vorhanden sind, vom Muladhara zum Ajña. Kundalini Yoga gehört tatsächlich zum Tantra Sadhana, das eine genaue Beschreibung dieser Schlangenkraft und der Chakras (Plexus) gibt. Das ganze Tantra Sadhana zielt darauf ab, die Kundalini zu erwecken und sie mit Gott Sadashiva im Sahasrara Chakra zu vereinen. Methoden, die im Tantra Sadhana zur Anwendung kommen, um dieses Ziel zu erreichen, sind Japa des Namens der Mutter, Gebet und verschiedene Rituale.

Guru und Diksha (Einweihung)

Yoga muß von einem Guru (spirituellen Lehrer) gelernt werden. Und das gilt ganz besonders für Tantra Yoga. Der Guru erkennt die Kategorie, der der Aspirant angehört, und empfiehlt das entsprechende Sadhana.

Der Guru ist niemand anders als die höchste göttliche Mutter selbst, die zur Welt herabgestiegen ist, um den Aspiranten zu erheben. So wie man eine Lampe an der Flamme einer anderen entzündet, so wird die göttliche Shakti, die aus dem Mantra besteht, vom Guru an den Schüler weitergegeben. Der Schüler fastet, hält Brahmacharya und erhält das Mantra vom Guru.

Die Einweihung beseitigt den Schleier des Geheimnisses und befähigt den Schüler, die in den Schriften verborgene Wahrheit zu erfassen. Diese ist üblicherweise in mystischer Sprache verschlüsselt. Durch Eigenstudium kannst du sie nicht verstehen. Eigenstudium fürhrt dich nur zu noch größerer Unwissenheit. Nur der Guru wird dir durch Diksha (Einweihung) die richtige Sichtweise geben, wie die Schriften zu lesen sind, und wie du Yoga praktizieren mußt.

Voraussetzungen, um Schüler zu sein

Die Voraussetzungen dafür, ein Schüler zu sein, sind Reinheit, Vertrauen, Frömmigkeit, Leidenschaftslosigkeit, Wahrhaftigkeit und Beherrschung der Sinne. Er muß intelligent sein und an die Veden glauben. Er muß davon Abstand nehmen, irgendein Wesen zu beleidigen.

Er muß achtsam sein, fleißig, geduldig und ausdauernd. Er muß stets allen Menschen Gutes tun. Jedes Sadhana muß unter der persönlichen Leitung eines Gurus, eines spirituellen Lehrers, ausgeführt werden.

Tantra Sadhana

Bhuta Suddhi ist ein wichtiger tantrischer Ritus. Es bedeutet Reinigung der fünf Elemente, aus denen sich der Körper zusammensetzt. Der Sadhaka (Aspirant) löst den sündigen Körper auf und bildet einen neuen, göttlichen Körper. Er flößt dem Körper das Leben der Devi ein.

Nyasa ist ein sehr wichtiger und starker tantrischer Ritus. Dabei werden die Fingerspitzen der rechten Hand, unter Begleitung eines Mantras, auf verschiedene Körperteile gelegt.

In Kavacha wird das eine Brahman in verschiedenen Namen angerufen, um verschiedene Körperteile zu schützen. Man kann sich zum Beispiel Parabrahman im Sahasrara Padma im Kopf vorstellen. Über den höchsten Herrn wird im Herzen meditiert. Der Beschützer der Welt, Vishnu, wird zum Schutz der Kehle angerufen, damit der Aspirant die Mantras seines Ishta Devata ausspreche.

Ein Mudra ist ein Ritual von Gesten mit den Händen. Das Mudra erfreut die Devatas. Es gibt 108 Mudras. Beim Willkommenheißen des Devata (Avahana) wird die entsprechende Geste gemacht. Beim Opfern (Arghya) wird Matsya Mudra ausgeführt. Die rechte Hand wird auf den Rücken der linken Hand gelegt und die Daumen beider Hände werden abgestreckt. Genauso gibt es Mudras für die einzelnen Handlungen während des Gottesdienstes.

Ein Yantra steht für ein Bild. Es ist ein Objekt der Verehrung. Ein Yantra ist ein auf Papier gezeichnetes Diagramm. Es wird auch auf ein Metallblatt graviert. Ein Yantra steht nur für einen speziellen Devata. Es gibt verschiedene Yantras für jeden Devata. Es gibt verschiedene Zeichnungen, je nach dem Objekt der Verehrung. Das Yantra ist der Körper des Devata. Allen Yantras gemeinsam ist der Rand, genannt Bhupura. Sie sind von einer Vierecksform mit vier Toren umgeben, die das Yantra umhüllt und es von der Außenwelt abschließt.

Zuerst meditiert der Sadhaka über den Devata, die Gottheit, und läßt dann den Devata in sich erstehen. Dann gibt er die so entstandene göttliche Gegenwart an das Yantra weiter. Wenn der Devata im Yantra durch das entsprechende Mantra angerufen worden ist, werden die Lebensströme (das Prana) des Devata durch die Pranapratishtha Zeremonie eingeflößt. Dadurch wird der Devata im Yantra eingesetzt. Die Materialien und Handlungen, die in der Puja zum Einsatz kommen, heißen Upachara. Es sind sechzehn: 1) Asana (der Sitz des Devata); 2) Svagata (Begrüßung des Devata); 3) Padya (Wasser zur Fußwaschung); 4) Arghya (Opferwasser); 5) Achamana (Wasser zum Trinken); Madhuparka (Honig, Ghee, Milch und Weißkäse); Snana (Bad); 8) Vastra (Kleider); 9) Abharana (Juwelen); 10) Gandha (Wohlgeruch); 11) Pushpa (Blumen); 12) Dhupa (Weihrauch); 13) Dipa (Licht); 14) Naivedya (Speisen) und Tambulam (Betel); 15) Nirajana (Arati); 16) Vandana (Verbeugung und Gebet).

Es gibt drei Arten von Sadhakas, nämlich Pasu (tierisch), Vira (taper) und Divya (göttlich).

Tantra Yoga ist die Wissenschaft zur Errettung. Er ist das wunderbare Boot, das den Menschen sicher zum anderen Ufer von Furchtlosigkeit, Unsterblichkeit, Freiheit und Vollkommenheit trägt, wenn er mit Verständnis und unter der persönlichen Anleitung eines festverwurzelten Tantra Gurus praktiziert wird.

Taoismus

Der Begründer des Taoismus war Lao-Tze. Lao-Tze wurde im Jahre 604 v.Ch. im Dorf Chu-Jhren, im Land Li, das zur Provinz Ku des Staates Chu gehört, geboren. Er wurde unter einem Pflaumenbaum geboren (Chinesisch 'Li'). Er nahm es als seinen Beinamen an. Sein Haupthaar war bei seiner Geburt weiß. Daher wurde er 'Lao-Tze' (alter Knabe), Philosoph, genannt, ein Mensch, der auch im Alter kindlich ist.

Allgemein wurde er Lao-Tze genannt. Sein Name war Er (Ohr). Nach seinem Tod nannte man ihn Tan. 'Tan' heißt 'langes Gewand'. Er hatte eigenartige lange Ohren. Sein Rufname war 'Po Yang', 'Summe des positiven Prinzips'. Er hielt die Geheimarchive am königlichen Hof von Chore in Ordnung und machte Aufzeichnungen. Er war ein Staatshistoriker.

'Tao 'ist ein chinesisches Wort; es bedeutet 'Weg', 'Himmelsweg', 'Pfad', 'Straße' oder 'Methode'. Es zeigt eine Linie von Verhaltensregeln. Es gibt keinen entsprechenden deutschen Begriff für 'Tao'. Es heißt 'das Ewige Wesen'.

Tao

Lao-Tze sagt: Tao ist das Eine. Es war am Anfang. Es wird für immer sein. Es ist unpersönlich, ewig, unveränderlich, allgegenwärtig, körperlos, nichtmateriell. Es kann nicht mit den Sinnen wahrgenommen werden. Es hat keinen Namen. Es ist unbeschreiblich.

Es ist die erste Ursache, aus der alle Substanzen ihren Ursprung nehmen, und aus der alle Phänomene fließen. Das große Tao ist alldurchdringend. Das Leben aller Dinge hängt davon ab. Es ist die Mutter aller Phänomene, von Himmel und Erde. Es existierte vor dem persönlichen Gott. Es ist der Vater Gottes. Es ist der Erzeuger Gottes. Es ist der Schöpfer von Himmel und Erde. Es ist die Mutter aller Dinge.

Ein Hauch der indischen Vedantaphilosophie ist in der Lehre Lao-Tzes zu erkennen.

Das Tao ist überall. Es ist in der Ameise. Es ist im Gras. Es ist im Tongefäß. Es ist in den Exkrementen. Es ist am höchsten Ort, aber es ist nicht hoch. Es ist am niedrigsten Ort, aber es ist nicht niedrig. Es war in uralten Zeiten, aber es ist selbst nicht uralt. Es ist im Alter, aber es ist selbst nicht alt. Es ist überall, und doch ist es sozusagen nichts.

Das Tao ist das Heiligtum, in dem alles Zuflucht findet. Es ist der unbezahlbare Schatz des guten Menschen. Es ist der Beschützer und Retter des Menschen, der nicht gut ist. Das Tao überdeckt und erhält alles.

Das Tao, das in Worten ausgedrückt werden kann, ist nicht das ewige Tao. Der Name, der ausgesprochen werden kann, ist nicht der ewige Name. Das, was den Gegensatz zum Tao darstellt, endet rasch. Wenn das große Tao herrscht, muß man seine Außentüren nicht verschließen. Dann ist alles tugendhaft. Es gibt keinen Diebstahl.

Wenn das Tao vergeht, vergeht die Tugend. Wenn die Tugend vergeht, vergeht die Barmherzigkeit. Wenn die Barmherzigkeit vergeht, vergeht die Rechtschaffenheit, und dann sterben die Zeremonien.

Der Mensch, der in Harmonie mit dem Tao ist, kommt in nahe Verbindung mit äußeren Dingen. Kein Ding kann ihm schaden oder ihn behindern.

Das Tao tut nichts. Es hat keine körperliche Form. Es ist unsichtbar. Es hat selbst keine Wurzel. Aus dem Tao kam die geheimnisvolle Existenz Gottes. Es schuf Himmel und Erde. Es bestand vor dem Uräther. Tao schafft alle Dinge und nährt sie. Es herrscht über alles. Das Tao ist das Grundprinzip der Philosophie und der Religion von Lao-Tze.

Der Weg des Tao ist zu handeln, ohne an das Handeln zu denken, zu schmecken, ohne einen Geschmack wahrzunehmen, das Kleine als groß zu sehen und das Wenige als vieles, und auf Beleidigung mit Güte zu reagieren.

Die Mittel, um das Tao zu erreichen

Reinheit, Bescheidenheit, Zufriedenheit, Mitgefühl und Güte allen Lebewesen gegenüber, höheres Wissen und Selbstbeherrschung sind die Mittel, um zum Tao zu gelangen. Konzentration und Pranayama (Atemübungen) sind hilfreich am Weg des Tao.

Aussprüche von Lao-Tze

Tao Te Ching (die Regeln des Tao und Seine Manifestationen) enthält die Aussprüche und Lehre von Lao-Tze. Lao-Tze selbst schrieb dieses Buch im sechsten Jahrhundert vor Christus. Der Titel stammt vom Kaiser Ching. Er erließ einen kaiserlichen Befehl, daß das Werk von Lao-Tze über das Tao als ein kanonisches Buch zu betrachten sei. Manche Aussprüche sind:

Ohne durch Türen zu gehen, kann man das ganze Universum kennenlernen; ohne aus dem Fenster zu sehen, kann man den himmlischen Weg sehen. Je weiter man reist, desto weniger weiß man vielleicht. So geschieht es, daß du weißt, ohne dich zu bewegen; ohne zu schauen wirst du sehen; ohne etwas zu tun, wirst du etwas erlangen.

Zu den Guten bin ich gut. Auch zu den Nichtguten bin ich gut, um sie gut zu machen.

Wer demütig ist, wir als ganzes bestehen. Wer sich niederbeugt, wird aufgerichtet. Wer leer ist, wird erfüllt werden. Wer müde ist, wird erfrischt werden. Wer wenig besitzt, wird erfolgreich sein. Wer viel besitzt, wird irregehen.

Die Wissenden sprechen nicht; wer spricht, weiß nicht. Zu wissen, wenn man nicht weiß, ist am besten. Zu denken, man weiß, wenn man nicht weiß, ist eine tödliche Krankheit. Nur wer diese Krankheit als Krankheit erkennt, kann von der Krankheit geheilt werden.

Drei Dinge sind mir wertvoll, ich halte sie fest und pflege sie. Das erste ist Liebenswürdigkeit, das zweite ist Schlichtheit, und das dritte ist die Bescheidenheit, die mich davon abhält, mich anderen vorzuziehen. Sei milde, dann kannst du kühn sein; sei schlicht, dann kannst du tolerant sein. Vermeide es, dich vor andere zu setzen, dann kannst du zu einem Menschenführer werden.

Es gibt keine größere Sünde, als dem Wunsch nachzugeben; kein größeres Elend als Unzufriedenheit; keine größere Katastrophe als den Hang, zu erwerben.

Halte an dem fest, was von Dauer ist.

Wer über andere triumphiert, ist stark, wer aber über sich selbst triumphiert, ist mächtig.

Zusammenfassung

Im Taoismus gibt es Nonnen und Mönche. Sie tragen gelbe Kopfbedeckungen. Sie ziehen sich aus der Welt zurück und leben in Höhlen, Wäldern und an abgeschiedenen Plätzen in den Bergen.

Befreiung wird durch die Verwirklichung des Tao mit dem Mittel der Selbstbezwingung erreicht.

Es gibt im Taoismus das Konzept des Fegefeuers und von Lohn und Strafe nach dem Tod. Es gibt auch eine Wiedergeburt. Lao-Tze glaubte in die Unsterblichkeit der Seele. Er vertrat die Lehre der Wiedergeburt der Seele nach dem Tod.

Aufrichtigkeit ist der erste Schritt zur Erkenntnis des Tao. Diese Erkenntnis wird durch Stille bewahrt. Das Tao wird mit Milde angewandt.

Wenn der Aspirant gelassen und ruhig ist, wird seine Weisheit vollständig. Wenn seine Weisheit vollständig ist, wächst das Licht der Intelligenz, das ihn umgibt. Wenn das Licht der Intelligenz um ihn herum wächst, ist er eins mit dem Tao. Das ist wahres Vergessen, ein Vergessen, das nicht vergißt, ein Vergessen, das nicht vergessen werden kann. Das, was nicht vergessen werden kann, ist das wahre Tao.

Gepriesen sei Lao-Tze, der Begründer des Taoismus, dieser alte Knabe, der unter dem Pflaumenbaum geboren wurde, mit eigenartigen langen Ohrläppchen und weißem Haar, der berühmte Weise Chinas. Gepriesen, gepriesen sei das Tao, das ewige eine Große, das Brahman der Upanishaden.

Tod

Große Wissenschafter, die Erfinder vieler wunderbarer Dinge, mächtige Kaiser die erstaunliche Leistungen vollbrachten, inspirierte Dichter, wunderbare Künstler, viele Brahmanen, Rishis und Yogis sind gekommen und gegangen. Du möchtest gar zu gerne wissen, was aus ihnen geworden ist. Gibt es sie noch? Was ist auf der anderen Seite des Todes? Wurden sie nichtexistent oder haben sie sich in ein luftiges Nichts aufgelöst? Solche Fragen erheben sich spontan in den Herzen aller Menschen. Dieselbe Frage stellt sich heute, so wie sie sich vor Tausenden von Jahren gestellt hat. Niemand kann sie zum Schweigen bringen, denn sie ist untrennbar mit unserer Natur verbunden.

Der Gedanke des Todes war immer die stärkste motivierende Kraft für Religion und religiöses Leben. Der Tod läßt den Menschen die Unsterblichkeit suchen.

Der Mensch fürchtet den Tod. Der Mensch will nicht sterben. Er möchte für immer leben. Das ist der Ausgangspunkt der Philosophie. Die Philosophie stellt Fragen und forscht. Sie verkündet mutig: »Oh Mensch, fürchte dich nicht vor dem Tod. Es gibt eine unsterbliche Heimstätte. Das ist Brahman. Das ist dein eigener Atman, der tief in deinem Herzen wohnt. Reinige dein Herz und meditiere über dieses reine, unsterbliche, unveränderliche Selbst. Dann wirst du Unsterblichkeit erlangen.

Du kannst nicht sterben, denn du wurdest nie geboren. Du bist der unsterbliche Atman. Geburt und Tod sind zwei falsche Szenen im unwirklichen Spiel der Maya. Sie betreffen nur die physische Hülle, ein falsches Produkt, das aus der Verbindung der fünf Elemente entstanden ist. Die Vorstellungen von Geburt und Tod sind reiner Aberglauben.

Jede Seele ist ein Kreis. Die den Umfang begrenzende Linie ist nirgends, aber der Mittelpunkt ist im Körper. Tod bedeutet den Übergang dieses Zentrums von Körper zu Körper. Warum solltest du dich also vor dem Tod fürchten?

Was ist der Tod?

Der Tod ist die Trennung der Seele vom physischen Körper. Das Eingehen der Seele in einen Körper wird Geburt genannt. Das Weggehen der Seele aus dem Körper heißt Tod. Ein Körper ist tot, wenn die Seele weg ist.

Der Tod ist eine Tür, die sich von einem Aspekt des Lebens zu einem anderen öffnet. Der Tod ist das Aufhören der körperlichen oder physischen Aktivität, der physischen und organischen Funktionen und des physischen Bewußtseins. Der Tod ist der Übergang von einem Seinszustand in einen anderen, eine Veränderung in der Form des Bewußtseins zu einer anderen Ebene, zu einer astralen oder geistigen. Eis wird Wasser und Wasser wird Dampf, Dunst und unsichtbares Gas, je nach dem Schwingungsgrad. So ist das Leben auf der physischen, astralen und geistigen Ebene.

Der Tod beendet nicht deine Persönlichkeit oder dein Selbstbewußtsein. Er öffnet bloß die Tür zu einer höheren Form des Lebens. Der Tod ist nur ein Übergang zu einem erfüllteren Leben.

Der Tod löscht die Persönlichkeit nicht aus. Er ist bloß das Aufhören einer wichtigen Individualität. Er ist nur eine Formveränderung. Das Leben fließt weiter seiner Suche dem Universellen entgegen, das Leben fließt weiter, bis es im Ewigen aufgeht.

Der Tod ist nicht das Ende des Lebens. Er ist ein Aspekt des Lebens. Er ist ein natürliches Ereignis im Ablauf des Lebens. Er ist notwendig für deine Evolution.

Der Tod ist nicht das Gegenteil des Lebens. Er ist nur eine Phase des Lebens.

Das Leben fließt unaufhörlich weiter. Die Frucht verfault, aber der Samen ist voll Leben. Der Samen stirbt, aber ein riesiger Baum wächst aus dem Samen. Der Baum vergeht, aber er wird zu Kohle, die ein reiches Leben hat. Wasser verschwindet, wird aber zu unsichtbarem Dampf, der einen neuen Lebenskeim enthält. Der Stein verschwindet, wird aber zu Kalk, der voll neuem Leben ist. Nur die physische Hülle wird abgeworfen, aber das Leben besteht weiter.

Die Auflösung des Körpers ist nicht mehr als Schlaf. So wie ein Mensch schläft und aufwacht, so ist es auch mit Tod und Geburt. Der Tod ist wie Schlaf. Die Geburt ist wie Erwachen. Der Tod bringt die Beförderung zu einem neuen, besseren Leben. Ein Mensch mit Unterscheidungskraft und Weisheit fürchtet sich nicht vor dem Tod. Er weiß, daß der Tod die Tür zum Leben ist. Der Tod ist für ihn nicht mehr ein Skelett, das ein Schwert trägt, um ihm das Leben zu nehmen, sondern vielmehr ein Engel, der einen goldenen Schlüssel trägt, um ihm die Tür zu einer weit besseren, erfüllteren und glücklicheren Existenz zu öffnen.

Geburt folgt auf Tod wie Erwachen auf Schlaf. Du wirst die Arbeit wiederaufnehmen, die im letzten Leben zurückgeblieben ist. Fürchte dich also nicht vor dem Tod. Geburt und Tod sind Gauklerei von Maya. Wer geboren wird, beginnt zu sterben. Wer stirbt, beginnt zu leben. Leben ist Tod und Tod ist Leben. Geburt und Tod sind Ein- und Ausgang dieser Welt.

So wie du von einem Haus zum anderen gehst, wandert die Seele von einem Körper zum anderen, um Erfahrungen zu sammeln. So wie der Mensch abgetragene Kleider ablegt und neue anzieht, legt auch die innewohnende Seele abgetragene Körper ab und betritt neue.

Oh Mensch, fürchte dich nicht vor dem Tod. Der Tod ist ein täuschendes Phänomen. Der Tod ist Auflösung der Elemente. Du bist unsterblich, Amara.

Zeichen des Todes

Es ist sehr schwierig, die wirklichen Zeichen des Todes herauszufinden. Das Stillstehen des Herzschlags, das Aufhören des Pulses oder der Atmung sind keine wirklichen Zeichen des Todes. Das Aufhören des Herzschlages, des Pulses und der Atmung, leichenartige Gliederstarre, klebriger Schweiß am Körper und Fehlen der Körperwärme sind die bekannten Zeichen des Todes. Der Arzt versucht festzustellen, ob im Auge ein Hornhautreflex ist. Er versucht, das Bein abzubiegen. Diese Zeichen sind nicht die wirklichen Anzeichen für den Tod, denn es gab schon Fälle, wo die Atmung und der Herzschlag stillstanden und der Mensch doch nach einiger Zeit wiederbelebt wurde.

Hatha Yogis werden in eine Kiste gesteckt und vierzig Tage lang unter der Erde begraben. Dann werden sie herausgenommen und kommen wieder zum Leben. Die Atmung kann für lange Zeit stillstehen. In Fällen von Scheintod hört die Atmung für zwei Tage auf. Es gibt viele Beispiele. Der Herzschlag kann stundenlang aufhören, sogar tagelang, und kann dann wieder einsetzen. Daher ist es äußerst schwierig, zu sagen, was das tatsächliche oder letztliche Zeichen des Todes ist. Die Zersetzung und Verwesung des Körpers sind vielleicht die einzigen endgültigen Zeichen des Todes.

Niemand sollte unmittelbar nach seinem Tod begraben werden, bevor noch die Verwesung begonnen hat. Man denkt vielleicht, der Mensch sei tot, und er befindet sich vielleicht nur in einem Trancezustand, einem Starrkrampf, einer Exstase oder in Samadhi. Trance, Samadhi, Starrkrampf und Extase sind Zustände, die aussehen wie Tod. Die äußeren Zeichen sind ähnlich.

Menschen, die an Herzversagen litten, sollen nicht sofort begraben werden, da die Atmung nach einiger Zeit wieder einsetzen könnte. Das Begräbnis sollte erst stattfinden, wenn die Verwesung eingesetzt hat.

Die Reise der Seele nach dem Tod

Wenn ein Mensch stirbt, nimmt er den beständigen Linga Sarira mit, der besteht aus fünf Jñana Indriyas, fünf Karma Indriyas, fünf Pranas, Geist, Buddhi, Chitta, Ahankara und dem veränderlichen Karmasraya, der die Bildung des nächsten Lebens bestimmt.

Die Seele sammelt alle Sinne und zieht sie zurück. Die physischen Sinne werden schwächer und schwächer, wie die Flamme in einer Lampe immer schwächer wird, wenn der Brennstoff langsam ausgeht. Der subtile Körper, Sukshma Sarira, geht aus dem physischen Körper wie ein Nebel.

Die Seele verläßt in Begleitung des Hauptlebensstromes, **Mukhya Prana**, den Sinnesorganen und dem Geist den früheren Körper, nimmt Avidya mit sich, gute und schlechte Werke und die Eindrücke, die aus früheren Existenzen geblieben sind, und erhält einen neuen Körper. Wenn sie von einem Körper zum anderen übergeht, wird sie umhüllt von den feinstofflichen Teilen der Elemente, die die Samen für den neuen Körper sind.

Die Seele hat eine Vision des Körpers, den sie bekommen wird. So wie ein Käfer oder eine Raupe ein Objekt erfaßt, bevor es das andere aufgibt, stellt sich die Seele den zukünftigen Körper vor, bevor sie den gegenwärtigen Körper verläßt.

Die Auflösung der Elemente beim Tod

Dieser physische Körper besteht aus den fünf großen Elementen, den Mahabhutas, Erde, Wasser, Feuer, Luft und Äther. Die Devas oder Götter haben einen göttlichen Lichtkörper. Feuertattva überwiegt in ihnen. Im Menschen überwiegt das Erdetattva. Im Fall von Wassertieren überwiegt das Wassertattva. Im Fall von Vögeln überwiegt das Lufttattva.

Die Festigkeit im Körper beruht auf dem Erdanteil; die Flüssigkeit beruht auf dem Wasseranteil; die Wärme, die du im Körper fühlst, beruht auf Feuer; das Hin- und Herbewegen und ähnliche Vorgänge beruhen auf Luft; der Raum beruht auf Akasa oder Äther. Der Jivatma, die individuelle Seele, unterscheidet sich von den fünf Elementen.

Nach dem Tod lösen sich diese Elemente auf. Sie erreichen ihre Urquellen im unerschöpflichen Speicher der Natur. Das Erdelement geht zurück in das Lager von Prithvi Tattva. Die anderen Elemente kehren ebenfalls zu ihren Quellen zurück.

Die jeweiligen Organfunktionen verschmelzen mit den sie beherrschenden Gottheiten. Das Sehen geht zur Sonne, von wo es die Kraft des Sehens hatte, die Sprache geht zum Feuer, der Lebensatem zur Luft, das Hören zur Quelle, der Körper zur Erde, die Haare zu jährlichen Pflanzen, die Kopfhaare zu Bäumen und Blut und der Samen zum Wasser.

Todesqualen

Im Moment des Todes gibt es keinen Schmerz. Unwissende Menschen haben viel Schreckliches und Fürchterliches über den Tod verbreitet. Im Garuda Purana und dem Atma Purana wird beschrieben, daß die Todesqualen vergleichbar sind mit den Schmerzen, die 72000 Skorpionstiche verursachen. Das wird nur gesagt, um den Zuhörern und Lesern Angst einzuflößen und sie zu bewegen, für Moksha zu arbeiten. Im Spiritualismus gibt es den einhelligen Bericht von erleuchteten Geistern, daß beim Tod nicht der geringste Schmerz vorhanden ist. Sie beschreiben klar ihre Erlebnisse während des Todes und stellen fest, daß sie durch das Ablegen des physischen Körpers von einer schweren Last befreit wurden, und daß sie sich vollkommener Gelassenheit erfreuen, wenn sie ihren Körper ablegen.

Maya schafft unnötige Furcht bei den Zusehenden, indem sie krampfartige Körperverwindungen herbeiführt. Das ist ihre Natur und Gewohnheit. Fürchte dich nicht vor Todesqualen. Du bist unsterblich, Amara.

Gebet für die Toten

Die Seelen der Toten bleiben unmittelbar nach dem Tod in einem Zustand der Ohnmacht und ohne Bewußtsein. Sie können nicht fühlen, daß sie von ihren früheren grobstofflichen materiellen Körpern losgelöst sind. Gebet, Kirtan und gute Gedanken von Verwandten und Freunden können den dahingegangenen Seelen viel Trost bringen. Sie schaffen eine mächtige Schwingung und ein Erwachen in ihrem betäubten Geisteszustand und bringen das umhüllte Bewußtsein zurück. Die Seelen beginnen zu erkennen, daß sie nicht in ihren grobstofflichen physischen Körpern sind.

Dann versuchen sie, das Grenzgebiet zu überschreiten, einen schmalen Ätherfluß, den die Hindus Vaitarani nennen, die Parsen Chinnatbrücke und die Mohammedanern Sirat.

Wenn die dahingegangenen Seelen friedlich versinken und bereit sind, glorreich im Himmel zu erwachen, werden sie durch das Weinen und Wehklagen von Freunden und Verwandten wieder zu einer lebhaften Erinnerung an das Leben in der Welt aufgerüttelt. Die Gedanken der Trauernden erzeugen in ihrem Geist ähnliche Schwingungen und bringen heftigen Schmerz und Unbehagen. Und die unbeherrschte Trauer der Verwandten zieht sie von ihrer Astralebene herunter. Das kann ihren Weg in die himmlische Welt ernsthaft verzögern. Das bringt ihnen viel Leid.

Letzte Gedankenformen

Der letzte Gedanke eines Menschen lenkt sein weiteres Schicksal. Er bestimmt seine nächste Geburt.

Der letzte Gedanke eines lüsternen Mannes wird der Gedanke an seine Frau sein. Der letzte Gedanke eines unverbesserlichen Trinkers wird der an seine Schnapsflasche sein. Der letzte Gedanke eines habsüchtigen Geldverleihers wird der an sein Geld sein. Der letzte Gedanke eines kämpfenden Soldaten wird das Töten des Feindes sein. Der letzte Gedanke einer an ihrem einzigen Sohn hängenden Mutter wird der an ihren Sohn sein.

Raja Bharata zog aus Barmherzigkeit ein Reh auf und verhaftete sich daran. Sein letzter Gedanke war der Gedanke an dieses Reh. Daher mußte er als Reh geboren werden.

Der Mensch wünscht immer, in Frieden zu sterben, mit seinem Geist auf Gott gerichtet. Das ist der Grund, warum die Gita, das Bhagavatam, das Vishnu Sahasranama und andere heilige Schriften am Sterbebett eines kranken Menschen gelesen werden; auch wenn er vielleicht nicht sprechen kann, mag er doch hören, was ihm vorgelesen wird. Das wird dem Kranken helfen, die Gedanken an seinen Körper oder seine Krankheit zu vergessen und an den Herrn zu denken. Wenn seine Erinnerung versagt, werden ihn die heiligen Sätze der Schriften an seine wahre Natur erinnern.

Es ist sehr schwierig, Gottesbewußtsein zum Zeitpunkt des Todes aufrechtzuhalten, wenn Krankheiten den Körper quälen und das Bewußtsein schwindet. Aber für den Menschen, der seinen Geist sein ganzen Leben lang diszipliniert hat und der versucht hat, den Geist durch dauerndes Üben auf Gott zu heften, wird der letzte Gedanken nur der an Gott sein. Das kann nicht durch eine ziellose Praxis in ein oder zwei Tagen, in einer Woche oder einem Monat erreicht werden. Es ist ein lebenslanges Streben und Bemühen.

Die Zeitspanne zwischen Tod und Wiedergeburt

Die Menschen möchten den genauen Zeitraum wissen, der zwischen dem Moment des Verlassen des Körpers und der Wiedergeburt verstreicht. Nimmt die Seele in einem Jahr einen neuen Körper an ? Dauert es zehn Jahre ? Wie lange lebt man in subtileren Bereichen, bevor man wieder auf die Erde kommt ? Das sind einige der Fragen.

In der Hauptsache entscheiden zwei Faktoren darüber, nämlich die Natur des eigenen Karmas und der letzte Eindruck vor dem Tod. Es kann von Hunderten von Jahren bis zu wenigen Monaten variieren. Wer einiges Karma in anderen Ebenen in subtileren Bereichen ausarbeitet, braucht ziemlich lange, bevor er wieder einen neuen Körper annimmt. Der Intervall ist sehr lange, denn ein Jahr auf der Erde vergeht auf der himmlischen Ebene wie ein Tag. Es wird von einer Begebenheit berichtet, da ein Heiliger, der sich in der Umgebung aufhielt, als er das Erstaunen und die Bewunderung von ausländischen Touristen angesichts beeindruckender Überreste irgendwelcher alter Denkmäler sah, feststellte, daß einige dieser Leute vor Jahrhunderten die Denkmäler erbaut hatten.

Manchmal wird ein sehr sinnesbetonter Mensch mit starkem Verlangen oder sehr starker Verhaftung sehr rasch wiedergeboren. Auch in Fällen, in denen das Leben durch gewaltsamen Tod oder durch einen plötzlichen, unerwarteten Unfall beendet wird, nimmt der Jiva den Faden sehr rasch wieder auf. Üblicherweise, in Fällen unmittelbarer Wiedergeburt, erinnert sich der Jiva oft an viele Ereignisse seines früheren Lebens. Er erkennt frühere Verwandte und Freunde, das alte Zuhause und bekannte Gegenstände.

Das führt manchmal zu sehr seltsamen Entwicklungen. Es gibt Fälle, da eine ermordete Person nach ihrer Wiedergeburt die Art und Weise ihrer Ermordung darstellte und die Identität des Mörders enthüllte. Ein reinkarniertes Individuum war einmal zielstrebig gegangen und hat den Schatz enthüllt, den es versteckt hatte.

Bei der großen Mehrheit ist diese Erinnerung nicht vorhanden. Das ist wirklich ein Segen, der vom höchstweisen Wesen gegeben wird. Solche Erinnerungen würden unser gegenwärtiges Leben sehr kompliziert machen. Das Vergangene bleibt dir bis zu dem Zeitpunkt verhüllt, da es gut und hilfreich ist, sich daran zu erinnern. Wenn du Vollkommenheit erreichst und an das Ende eines Zyklus kommst, wird alles enthüllt werden, und du wirst einen ganzen Kranz von Leben sehen, der sich um deine Persönlichkeit geschlungen hat.

Aber solche Fälle unmittelbarer Wiedergeburt sind nicht häufig. Im allgemeinen beträgt für einen Durchschnittsmenschen der Zeitraum zwischen Tod und Wiedergeburt eine beachtliche Zeit, wenn man es mit Begriffen der Erdzeit ausdrückt. Menschen, die viel gutes Karma getan haben, verbringen eine beachtliche Zeit auf der Daivischen Ebene, bevor sie wiedergeboren werden. Große Seelen, spirituell fortgeschrittene Menschen, warten lange Zeit, bevor sie wieder inkarnieren.

In der Phase zwischen Tod und neuer Geburt kann sich der dahingegangene Geist, besonders wenn der Mensch physisch und spirituell entwickelt ist, oft auf der Erdebene materialisieren, wenn die Notwendigkeit dazu besteht. Er nimmt eine menschliche Gestalt an, spricht und kann sich auch durch eine fühlbare Berührung bemerkbar machen. Derartige Erscheinungen können fotographisch festgehalten werden.

Eine solche materialisierte Form ist nicht der Astralkörper, der vom normalen Sehvermögen nicht gesehen werden kann. Es ist das genaue Gegenstück, ein subtiles Pendant des physischen Körpers, und stellt das Vehikel dar, in dem die verschiedene Seele nach dem Tod reist.

Astralbewußtsein kann jedoch nicht Freisein von Geburt und Tod garantieren. Okkultismus und Spiritismus können keine letztliche Befreiung bringen; sie können auch nicht das volle Geheimnis des Jenseits enthüllen. Spirituelle Verwirklichung und Selbsterkenntnis allein werden das Geheimnis von Leben und Tod enthüllen, und auch des Lebens nach dem Tod.

Fürchte dich nicht vor dem Tod

Der Tod ist schmerzvoll für den weltlichen Menschen. Ein Yogi oder Weiser, oder auch ein wahrer Aspirant, hat keine Furcht vor dem Tod. Ein wuschloser Mensch weint nicht, wenn er stirbt. Ein vollerblühter Jnani stirbt niemals. Sein Prana stirbt nie.

Deine höchste Pflicht ist es, dich auf ein friedvolles Leben danach vorzubereiten. Bezwinge die Furcht vor dem Tod. Die Bezwingung der Furcht vor dem Tod, die Bezwingung des Todes, ist der höchste Nutzen allen spirituellen Sadhanas. Die einzige Absicht allen Yoga Sadhanas ist es, dem Tod furchtlos und freudig zu begegnen.

Der Mensch fürchtet sich vor dem Tod. Im Alter versucht er, an Gott zu denken. Wenn er schon von seiner Kindheit an an Gott denkt, wird er im Alter eine reiche spirituelle Ernte einbringen.

Bhishma konnte dem Tod befehlen. Savitri brachte Satyavan, ihren Gatten, durch die Macht ihrer Keuschheit ins Leben zurück. Markandeya überwand den Tod durch Verehrung Gott Shivas. Auch du kannst den Tod bezwingen durch Hingabe, Wissen und die Macht von Brahmacharya.

Traum

Chuang Tze, ein chinesischer Philosoph, träumte einmal, er wäre ein Schmetterling. Als er aufwachte, sagte er sich: »Bin ich nun ein Mensch, der träumt, er wäre ein Schmetterling, oder bin ich ein Schmetterling, der denkt: 'Ich bin Chuang'?«

Im Traum sieht man die Ereignisse von fünfzig Jahren innerhalb von einer Stunde. Man hat tatsächlich das Gefühl, fünfzig Jahre wären vergangen. Was ist richtig, die Zeit von einer Stunde Wachzustand oder die fünfzig Jahre Traumbewußtsein? Beides ist richtig.

Pascal hat Recht, wenn er sagt, daß, wenn wir jede Nacht denselben Traum haben, wir uns damit ebenso beschäftigen sollten wie mit den Dingen, die wir täglich sehen. Um seine Worte zu zitieren: »Wenn ein Handwerker sicher wäre, daß er jede Nacht zwölf Stunden lang träumte, er wäre König, wäre er, wie ich meine, genauso glücklich wie ein König, der jede Nacht zwölf Stunden lang träumt, er wäre Handwerker.«

Eine Bewußtseinsveränderung

So wie ein großer Fisch immer von einer Seite des Flusses zur anderen schwimmt, von rechts nach links und von Ost nach West, so gleitet der Purusha zwichen den beiden Ufern, dem Rand des Traumes und dem Rand des Wachzustandes, hin und her.

Das Bewußtsein verändert sich. Diese Bewußtseinsveränderung bringt entweder eine Traum- oder eine Wacherfahrung. Die Dinge an und für sich ändern sich nicht. Es ist nur eine Veränderung im Geist.

Wachen, Träumen und Tiefschlaf

Der Traum heißt Sandhya, der Zwischenzustand, denn er ist der halbe Weg zwischen Wachen und Tiefschlaf, zwischen Jagrat und Sushupti.

Die Traumwelt ist von der Wachwelt getrennt. Der Tiefschlaf ist von beiden getrennt, von der Traumwelt und der Wachwelt.

Die Sonne ist die Quelle und der zeitweilige Aufenthaltsort ihrer Strahlen. Die Strahlen kommen aus der Sonne und verteilen sich bei Sonnenaufgang in alle Richtungen. Bei Sonnenuntergang kehren sie in die Sonne zurück, verlieren sich dort und kommen beim nächsten Sonnenaufgang wieder hervor. Ebenso kommen der Zustand des Wachens und des Träumens aus dem Tiefschlafzustand, kehren wieder in ihn zurück und verlieren sich dort, um denselben Lauf wiederauzunehmen.

Beim Erwachen wird der Traum unwirklich. Der Wachzustand existiert nicht im Traum. Im Tiefschlaf gibt es weder Traum noch Wachzustand. Weder im Wachzustand noch im Traum gibt es Tiefschlaf. Daher sind alle drei Zustände unwirklich. Sie werden von den drei Eigenschaften Sattva, Rajas und Tamas hervorgerufen. Brahman, das Absolute, ist der stille Beobachter der drei Zustände. Es übersteigt auch die drei Eigenschaften. Es ist reine Wonne und reines Bewußtsein. Es ist Absolutes Sein.

Der Geist im Traum

Der Geist dreht sich immer wie ein Rad. Er spielt mit den fünf Sinnen der Wahrnehmung und macht Erfahrungen im Wachzustand. Er nimmt die verschiedenen Sinneseindrücke durch die Straßen der Sinne auf. Die Eindrücke haben ihren Sitz im Kausalkörper. Ajnana, der Kausalkörper, ist wie ein schwarzes Stück Tuch. Darin sind die Samskaras aller früheren Geburten enthalten.

Im Traum schafft der Geist Verschiedenes aus den Eindrücken, die von der Erfahrung des Wachzustandes geschaffen werden. Manchmal tauchen die Eindrücke der vergangenen Geburten, die im Kausalkörper sind, im Traumzustand auf.

Im Traum nimmt der Geist wahr und der Geist selbst ist das Wahrgenommene. Die Traumobjekte gibt es nicht unabhängig vom Geist. Sie haben keine vom Geist getrennte Existenz. So lange der Traum andauert, bleiben die Traumgeschöpfe, so wie der Milchmann bleibt, solange gemolken wird. Im Jagrat Zustand hingegen existiert das Objekt unabhängig vom Geist. Die Objekte des Wachzustandes sind uns allen gemein, während diejenigen des Traumes dem Träumenden gehören.

Der Geist schafft im Traum Biene, Blume, Berg, Pferde, Flüsse, usw., ohne äußere Mittel zu Hilfe zu nehmen. Er schafft verschiedene eigenartige phantastische Mischungen. Vielleicht erfährst du im Traum, daß dein noch lebender Vater tot ist, oder daß du in der Luft fliegst. Du siehst vielleicht im Traum einen Löwen mit einem Elefantenkopf oder eine Kuh mit einem Hundekopf. Die Wünsche, die im Wachzustand nicht erfüllt werden, erfüllen sich im Traum. Der Traum ist ein geheimnisvolles Phänomen. Er ist interessanter als der Wachzustand.

Es sind die Wünsche, die alle Erfahrungen im Wachzustand und auch im Traum beherrschen. Wachen ist das physische Wirken von Wünschen. Die Sinne werden im Wachzustand von Wünschen bewegt; der Geist wird im Traum von Wünschen bewegt. Im Wachzustand nimmt der Geist durch die Sinne wahr; im Traum nimmt der Geist alleine wahr.

Der Träumende schafft sich im Traumzustand seine eigene Welt. Nur der Geist allein arbeitet unabhängig in diesem Zustand. Die Sinne werden in den Geist zurückgezogen. Die Sinne ruhen. Der Geist ist dann wie ein wilder Elefant, den man losgelassen hat.

So wie ein Mensch sich von der Außenwelt zurückzieht, Tür und Fenster seines Zimmers schließt und im Zimmer arbeitet, so zieht sich auch der Geist von der Außenwelt zurück, spielt in der Traumwelt mit den Vasanas und Samskaras und erlebt Dinge aus feinstofflichen subtilen Gedanken, die die Produkte der Wünsche sind. Der Traum ist nur ein Spiel des Geistes.

So wie Bilder auf eine Leinwand gemalt werden, so werden auch die Eindrücke des Wachzustandes auf die Leinwand des Geistes gemalt. Die Bilder auf der Leinwand erscheinen mehrdimensional, obwohl alles nur auf einer ebenen Oberfläche ist. Ebenso, obwohl die Traumerfahrungen in Wirklichkeit nur Zustände des Geistes sind, macht der Träumende in der Traumwelt innerliche und äußerliche Erfahrungen. Er hat im Traum das Gefühl, daß die Traumwelt ganz real ist.

Es **scheint** nur, daß der Träumende im Traum Dinge tut, tatsächlich liegt aber keine Aktivität vor. Wenn die Schriften über unsere Traumhandlungen schreiben, sagen sie davon 'als ob': »Als ob man sich mit Frauen vergnügte, oder als ob man lachte...'. Gewöhnliche Menschen beschreiben Träume genauso: »Es war, als stiege ich auf den Gipfel eines Berges....Es war, als sähe ich einen Baum.« Darum, im Traum hat das träumende Selbst keine Aktivität.

Träume und Karma

Der Träumende wird in keiner Weise von den Ergebnissen des Guten oder des Schlechten, das ihm im Traum begegnet, in Mitleidenschaft gezogen. Weil der Träumende im Traum effektiv weder Heiliges noch Schlechtes tut, wird er von keinem von beiden gebunden; denn gute und schlechte Handlungen und ihre Folgen werden nicht dem Zuschauer angelastet.

Niemand betrachtet sich als Sünder aufgrund der Sünden, die er im Traum begangen hat. Und Menschen, die davon gehört haben, werden ihn deshalb auch nicht verurteilen oder meiden. Daher wird er davon nicht berührt.

Die Träume werden vom Herrn geschaffen

Der Herrn schafft die Traumobjekte als Früchte der geringfügigeren Handlungen des Jiva. Um der Seele den Ertrag für sehr geringe Karmas zu geben, schafft der Herr die Träume.

Die universelle Seele erschafft Träume, und nicht die individuelle Seele; denn wenn es der letzteren möglich wäre, ihre Träume zu gestalten, hätte sie nie einen Alptraum gehabt, sondern immer nur angenehm geträumt.

Prophetische Träume

Viele Rätsel des Lebens werden durch Hinweise aus Träumen aufgelöst. Durch Träume kann man richtige Hinweise zur Eigenkorrektur erhalten. Durch Träume kann man erfahren, wie man in einer bestimmten Situation handeln sollte. Heilige und Weise erscheinen in schweren Zeiten in Träumen und zeigen den Weg.

Geniale Werke wie Gedichte, usw. werden in Träumen gefunden. Medizinen gegen Krankheiten werden im Traum verschrieben. Manchmal sieht man genau das, was man im Traum gesehen hat, später im Wachzustand wieder.

Träume, ein Hinweis auf den moralischen Zustand eines Menschen

Obwohl Träume eigenartig und Täuschung sind, sind sie ein guter Hinweis auf die hohe oder niedrige moralische und spirituelle Situation des Träumenden. Wer ein reines Herz und einen makellosen Charakter hat, wird nie unreine Träume haben. Ein Aspirant, der viel meditiert, wird von seinem Sadhana und von seinem Meditationsobjekt träumen. Er wird auch im Traum den Herrn verehren und durch die Kraft von Samskaras seinen Namen und sein Mantra wiederholen. Brahma-Jnanins, Weise, haben keine Träume.

Träume enthüllen uns den Aspekt unseres Wesens, der rationales Wissen übersteigt. Daß es auch im rationalsten und moralischsten Menschen einen Wesenszug gibt, der absurd und unmoralisch ist, erkennt man nur durch das Studium seiner Träume. All unser Stolz auf Rationalität und Moral löst sich in nichts auf, sobald wir über unsere Träume nachdenken.

Subjektive Wirklichkeit, objektive Wirklichkeit und absolute Wirklichkeit

Die Erfahrung des Wachzustandes ist Wahrnehmung. Die Erfahrung des Traumes ist Erinnerung. Da die Wahrnehmung vor der Erinnerung kommt, kommt Wachen vor Träumen. Während die Erfahrung des Wachzustandes von der Traumerfahrung und ihren Ergebnissen unabhängig ist, ist die Traumerfahrung ein Ergebnis der Eindrücke der Erfahrung des Wachzustandes.

Es gibt eine Art Ordnung oder System in den Erfahrungen des Wachzustandes, jedenfalls mehr als im Traum. Jeden Tag werden dieselben Menschen und Dinge Gegenstand der Erfahrung im Wachzustand. Es gibt ein sicheres Erinnern an Erfahrungen vorhergehender Tage und ein Weiterleben und eine Kontinuität der Persönlichkeit in der Erfahrung des Wachzustandes. Das Bewußtsein dieser Kontinuität, Regelmäßigkeit und Einheit fehlen im Traum.

Der Traum ist ungeordnet, während das Wachen relativ systematisch ist.

Der Traum ist weniger real als der Wachzustand, insofern als der direkte Kontakt mit der Außenwelt der Wacherfahrung im Traum fehlt. Obwohl es auch im Traum eine Außenwelt gibt, ist sie von geringerem Wert als die Welt des Wachzustandes. Obwohl die Form der Traumwelt in der Eigenschaft derjenigen des Wachzustandes entspricht, ist die Traumwelt niedriger als die Welt des Wachzustandes.

Raum, Zeit, Bewegung und Dinge mit der Unterscheidung zwischen Subjekt und Objekt sind dem Traum und dem Wachzustand gemeinsam. Auch die Wirklichkeit, die sie zu der Zeit, in der sie erfahren werden, darstellen, ist ähnlich. Aber der Unterschied liegt im Grad der Wirklichkeit, die durch sie ausgedrückt wird. Der Jiva fühlt, daß er sich im Wachzustand in einer höheren Ordnung der Wahrheit befindet als im Traumzustand.

Der Umstand, daß die Welt im Wachzustand eine relative Wirklichkeit besitzt, beweist nicht, daß sie im absoluten Sinn wirklich ist. Vom Standpunkt der höchsten Wirklichkeit aus ist auch die Wacherfahrung unwirklich. Da der Traum im Wachzustand transzendiert wird, wird auch die Welt des Wachzustandes im Zustand der Selbstverwirklichung transzendiert.

Der Traum ist Scheinwirklichkeit. Wachen ist relative Wirklichkeit. Turiya oder Brahman ist absolute Wirklichkeit.

Wachen ist die Wirklichkeit hinter dem Traum. Turiya ist die Wirklichkeit hinter dem Wachzustand.

Vom Standpunkt von Turiya aus gesehen sind sowohl Wachen als auch Träumen unwirklich. Wenn man aber den Wachzustand mit der Traumerfahrung vergleicht, hat er eine größere Wirklichkeit als der Traum. Bis zu einem gewissen Grad verhält sich Turiya zum Wachzustand wie Wachen zum Traumzustand.

Der Traum ist für den Träumenden kein Traum. Nur der Wache erkennt den Traum als Traum. Genauso ist Wachen für den, der noch im Wachzustand ist, real. Nur für jemanden, der in Turiya ist, hat der Wachzustand keine Realität. Wachen ist Deergha-Svapna, ein langer Traum, im Unterschied zum normalen Traum, der kurz ist.

Es gibt Grade der Wirklichkeit in den Erfahrungen des einzelnen. Die drei Hauptabstufungen sind subjektiv, objektiv und absolut. Die Verwirklichung von Atman oder Brahman ist Erfahrung der absoluten Wirklichkeit. Das Individuum ist das subjektive Wesen im Vergleich zur objektiven Welt. Das Subjekt und das Objekt haben dieselbe Wirklichkeit, obwohl sie beide im Absolten verneint werden.

Wachen - ein langer Traum

Sowohl im Wach- wie auch im Traumzustand nimmt man Dinge wahr und assoziiert sie mit der Subjekt-Objketbeziehung. Das haben die beiden gemeinsam. Der einzige Unterschied zwischen den beiden Zuständen ist der, daß die Dinge im Traum im Raum innerhalb des Körpers wahrgenommen werden, im Wachzustand dagegen im Raum außerhalb des Körpers. Die Tatsache, daß sie gesehen werden und ihre daraus folgende illusorische Wesensart sind beiden Zuständen genmeinsam.

Die Wahrnehmung eines Objekts ist unwirklich, denn Objekte sind Schöpfungen des Geistes. Ein Objekt hat eine bestimmte Form, weil der Geist glaubt, daß es so ist. In der Tat sind sowohl die Objekte des Wach- als auch des Traumzustandes unwirklich.

Alles was eine Form hat ist unwirklich. Formen sind bestimmte Arten von Wahrnehmung und Erfahrung. Sie sind nicht endgültig. Im Wachzustand gibt es physische Formen, im Traumzustand geistige Formen. Jedenfalls sind sie alle nur Formen, begrenzt in Raum und

Zeit. Eine Form besteht nur so lange wie der bestimmte geistige Zustand andauert. Wenn andere geistige Bedingungen vorliegen, verändert sich auch die Form der Erfahrung. Deshalb verschwindet die Form der Welt, wenn Selbstverwirklichung erlangt wurde.

Traumbeziehungen werden von Beziehungen im Wachzustand widerlegt. Beziehungen des Wachzustandes werden vom Überbewußtsein widerlegt, das seinerseits unwiderlegbar ist. Unwiderlegbarkeit ist der Realitätstest.

Die unwirkliche Welt erscheint wirklich, sie ist aber in Wahrheit ein langer Traum, der im Geist entstanden ist. So wie im Traum haben die wahrgenommenen Objekte keine Substanz, obwohl sich die beiden Zustände darin unterscheiden, daß der eine subtil und innerlich ist und der andere äußerlich, grobstofflich und von langer Dauer. Diese Welt ist nichts anderes als ein langer Traum.

Wenn du mit sechzig Jahren auf deine Schulzeit zurückblickst, erscheint dir alles wie ein Traum. Ist es nicht so? Die Zukunft wird genauso sein.

Die Vergangenheit ist ein Traum. Die Zukunft ist ein Traum. Die feste Gegenwart ist auch ein Traum. Die Tatsache, daß bei der Selbstverwirklichung die Erfahrung der Phänomene aufhört, zeigt, daß alle Phänomene unwirklich sind.

Zurückgewiesene Einwände

Man kann sagen, Objekte des Wachzustandes dienen einer bestimmten Absicht, die des Traumzustandes nicht. Dieses Argument ist falsch, denn die Dinge, die im Wachzustand für irgend einen Zweck oder eine Absicht eingesetzt werden, werden im Traumzustand widerlegt. Ein Mensch ißt und trinkt im Wachzustand und stillt seinen Hunger und Durst.

Wenn er sich aber zu Ruhe begibt, findet er sich im Traum wieder hungrig und durstig, so als hätte er tagelang nicht gegessen und getrunken. Auch das Gegenteil geschieht und wird für wahr gehalten. Die Nützlichkeit und der objektive Wert von Dingen, usw. im Wachzustand werden im Traumzustand ausgelöscht, so wie auch die Situationen und Erfahrungen im Traum im Wachzustand ihren Wert verlieren. Objekte dienen nur unter bestimmten Voraussetzungen als Mittel zum Zweck und nicht unter allen Umständen.

Die Dinge haben nur in ihrem eigenen Bereich eine Wirklichkeit und nicht immer. Das, was nicht immer real ist, ist nur ein Schein, ist unwirklich; denn die Wirklichkeit ist immerwährend. Da die Objekte des Wachzustandes im Traum nicht funktionieren, sind sie unwirklich. Da die Traumobjekte im Wachzustand nicht funktionieren, sind sie unwirklich. Daher ist alles unwirklich.

Man mag behaupten, Traumobjekte seien merkwürdig, phantastisch und unnatürlich. Und daher kann Wachen kein Traum sein. Aber die Traumerfahrungen sind für den Träumenden nicht abnormal, mögen sie auch noch so grotesk und sonderbar sein. Nur in einem anderen Zustand, dem Wachzustand, scheinen sie phantastisch zu sein. Man kann nicht sagen, was wirklich phantastisch und was normal und real ist. Der Geist wertet die Dinge und sein Begriff von normal und abnormal verändert sich je nach dem Zustand, in dem er sich befindet. Der Träumende hat sein eigenes Konzept von Raum, Zeit und Ursächlichkeit, so wie auch der Wachende seine eigenen Begriffe hat. Der eine Zustand ist absurd im Vergleich zum anderen. Das zeigt, daß beide Zustände unlogisch und vom höchsten Standpunkt aus gesehen also absurd sind.

Man könnte sagen, daß Dinge, die man im Wachzustand wahrnimmt, nicht bloße geistige Einbildungen sind, denn die Dinge der Wacherfahrung werden auch von anderen wahrgenommen, ob der eigenen Geist sie jetzt gerade wahrnimmt oder nicht. Aber man kann sehen, daß auch im Traum Erfahrungsobjekte der Wahrnehmung anderer offenstehen, obwohl sowohl die Objekte als auch die Menschen subjektive Vorstellungen sind.

Man könnte sagen, daß wir im Wachzustand durch die Sinnesorgane wahrnehmen und nicht nur durch Vorstellungen. Aber es zeigt sich, daß wir auch im Traum durch die Sinnesorgane wahrnehmen, die zum Traumzustand gehören, die nicht weniger real sind, als die des Wachzustandes. Da der Traum unwirklich ist, muß auch der Wachzustand unwirklich sein.

Der traumlose Atman

In allen Wesen ist reines Bewußtsein, der Atman, unendlich, ewig, alles durchdringend, aus sich selbst existierend, aus sich selbst leuchtend und in sich selbst enthalten; ohne Teile, Zeit, Raum, Geburt und Tod. Das ist das wirkliche '**Ich**' ! Dies '**Ich**' wacht nie, träumt nie und schläft nie. Es ist immer der Lehrer und schweigende Zeuge der drei Zustände von Wachen, Träumen und Schlafen. Es ist Turiya, der vierte Zustand. Es ist das Stadium, das die drei anderen transzendiert.

Das falsche, relative 'Ich', genannt Ahankara, Ego oder Jiva, erwacht, träumt und schläft. Der Wachende, Träumende und Schlafende sind wechselnde Persönlichkeiten und unwirklich.

Das wirkliche Selbst, das wirkliche 'Ich' erwacht nie, träumt nie und schläft nie. Vom Standpunkt der absoluten Wahrheit, Paramarthika Satta, aus gesehen, erwacht niemand, träumt niemand, und schläft niemand.

Wache auf und verwirkliche

Lerne, im Wachzustand Beobachter deiner Gedanken zu sein. Du kannst dir im Traumzustand bewußt sein, daß du träumst. Du kannst unabhängig im Traumzustand deine Gedanken verändern, anhalten oder erschaffen. Du wirst im Traumzustand wach bleiben können. Wenn die Gedanken des Wachzustandes unter Kontrolle gebracht werden, kannst du die Traumgedanken in derselben Weise beherrschen.

Erlaube dem Geist nicht, in die Sinnesbahnen zu fließen. Festige dich, indem du den Intellekt durch Fragen über Brahman, Nachdenken und Kontemplation entwickelst. Der Intellekt wird als starke Festung dienen. Er wird den Sinneseindrücken nicht erlauben, sich im Kausalkörper abzulagern. Er wird den Eindrücken des Kausalkörpers nicht erlauben, nach außen zu treten. Er wird einem doppelten Zweck dienen.

Brahman allein ist wirklich existent. Jiva und Welt sind falsch. Töte diesen trügerischen Egoismus. Die Welt ist unwirklich im Vergleich zu Brahman. Sie ist eine handfeste Realität für einen leidenschaftlichen Weltmenschen, genauso wie Träume für die Kindlichen real sind. Die Welt existiert nicht für einen Jnani oder Mukta.

Du träumst, du wärest ein König. Du genießt alle möglichen königlichen Annehmlichkeiten. Sobald du aufwachst, verschwindet alles. Aber du spürst keinen Verlust, weil du weißt, daß die Traumgeschöpfe falsch sind. Wenn du das wirkliche Tattva, Brahman, kennst, wird das Wachbewußtsein so relativ unwirklich wie ein Traum. Auch im Wachbewußtsein wirst du dann nicht leiden, wenn der Gedanke, daß die Welt falscher Schein ist, fest in dir verwurzelt ist.

Wach auf und verwirkliche, mein Kind!

Upanishaden

Die Upanishaden sind metaphysische Abhandlungen, die voll sind von erhabenen Gedanken über Vedanta und Intuitionen über die universelle Wahrheit. Die indischen Rishis (die Seher aus früherer Zeit) strebten danach, die grundlegenden Wahrheiten des Seins zu erfassen. Sie versuchten die Probleme des Ursprungs, der Natur und des Schicksals des Menschen und des Universums zu lösen. Sie versuchten, die Bedeutung und den Wert von **Wissen** und **Sein** zu erfassen. Sie strebten danach, eine Lösung zu finden für die Probleme der Möglichkeiten des Lebens und der Welt und der Beziehung zwischen dem Individuum und dem 'Ungesehenen', der höchsten Seele. Sie suchten ernsthaft nach einer zufriedenstellenden Antwort auf diese tiefen Fragen: »Wer bin ich? Was ist dieses Universum des Samsara? Woher sind wir geboren? Worauf ruhen wir? Wohin gehen wir? Gibt es Unsterblichkeit, Freiheit, Vollkommenheit, ewige Wonne, immerwährenden Frieden, Atman oder Brahman (das Selbst, die höchste Seele, die ohne Geburt ist, ohne Tod, ohne Veränderung und aus sich selbst existiert? Wie erreicht man Brahman oder Unsterblichkeit?«

Es gibt auf der ganzen Welt kein Buch, das so interessant, ergreifend und inspirierend ist wie die Upanishaden. Die in den Upanishaden gelehrte Philosophie war vielen Menschen, im Osten wie im Westen, Quelle des Trostes. Der menschliche Verstand konnte in der Weltgeschichte nichts Edleres und Erhabeneres hervorbringen als die Lehren der Upanishaden.

Sie sind reich an tiefen philosphischen Gedanken. Sie gelten als der absolute Gipfel philosophischen Denkens. Ihr innerer Wert ist sehr groß. Die Verse haben eine sehr tiefe Bedeutung. Die Sprache ist wunderbar. Die Upanishaden haben unzweifelhaft auf die Religionen und Philosophien der Welt einen bedeutenden Einfluß ausgeübt und werden ihn weiter ausüben. Sie bieten eine Sicht der Wirklichkeit, die sicherlich die wissenschaftlichen, philosophischen und auch religiösen Ansprüche des Menschen zufriedenstellt.

Der Ursprung der Upanishaden

Die Rishis und Seher früherer Zeiten praktizierten richtiges Leben, Tapas, Innenschau, Selbstanlyse, Befragen und Meditation über das reine innere Selbst und erlangten Selbstverwirklichung. Ihre Intuitionen von tiefen Wahrheiten sind subtil und direkt. Ihre inneren Erfahrungen, die direkt sind, aus erster Hand stammen, intuitiv und mystisch sind, die keine Wissenschaft anfechten kann, und die alle Philosophien als das endgültige Ziel ihres Strebens sehen, sind in diesen erhabenen Büchern, den Upanishaden, verkörpert.

Das Wissen der Upanishaden zerstört Unwissenheit, den Samen von Samsara. Das Wissen um Brahman heißt Upanishad, denn es führt zu Brahman und hilft den Aspiranten, Brahman zu erreichen. Der Begriff Upanishaden in Anwendung auf das Buch kann im übertragenen Sinn verwendet werden.

Die Upanishaden sind der Bereich der Erkenntnis im Jñana Kanda der Veden. Sie sind ewig. Sie entsprangen dem Mund von Hiranyagarbha, Brahma. Sie existierten schon bevor diese Welt geschaffen wurde.

Die Upanishaden sind die Quelle tiefen mystischen göttlichen Wissens, das als Mittel dient, um aus diesem schrecklichen Samsara zu entkommen. Es gibt Weltschriften. Sie wenden sich an Menschen, die die Religion und die Wahrheit lieben, in allen Rassen und zu jeder Zeit. Sie enthalten tiefe Geheimnisse über Vedanta und Jñana Yoga und praktische Hinweise und Anhaltspunkte, die sehr viel Licht auf den Weg der Selbstverwirklichung werfen. Die Herrlichkeit und Größe der Upanishaden kann nicht in ausreichendem Maße beschrieben werden, denn Worte sind begrenzt, und die Sprache ist unvollkommen. Die Upanishaden haben tatsächlich sehr stark zum Frieden und zum Trost der Menschen beigetragen. Sie sind sehr erhabend und ergreifend. Millionen von Aspiranten schöpften Inspiration und Führung aus den Upanishaden. Sie sind der Höhepunkt der Veden. Sie sind Schätze von unermeßlichem Wert.

Bedeutung und Ideal

Es gibt vier Veden, Rig, Yajur, Sama und Atharva. Es gibt soviele Upanishaden zu jedem Veda als es Sakhas oder Abschnitte (Unterteilungen) gibt. Es gibt jeweils 21, 109, 1000 und 50 Unterteilungen zu Rig, Yajur, Sama und Atharva Veda. Daher gibt es tausendeinhundertacht (1108) Upanishaden.

In der Muktikopanishad des Sukla Yajurveda sagt Shri Rama zu Hanuman: »Das einzige Mittel zur Erlangung von Befreiung ist allein Verstehen und Meditation über die Lehre der Mandukya Upanishad, was ausreichend ist für die Errettung aller Aspiranten. Wenn du dadurch keine Weisheit erlangen kannst, lies die zehn Upanishaden, und wenn dein Jñana nicht gefestigt worden ist, lies die Zweiunddreißig Upanishaden und meditiere über ihre Lehre. Du wirst Befreiung im Körper erlangen. Wenn du dich nach körperloser Befreiung sehnst, lies die hundertacht Upanishaden.«

Die beiden folgenden Gedanken beherrschen die Lehre aller Upanishaden: »1) Endgültige Befreiung kann nur erlangt werden durch das Wissen um die endgültige Wirklichkeit, Brahman (Brahma Jñana). 2) Wer über die vier Mittel zur Befreiung verfügt, nämlich Unterscheidungskraft, Leidenschaftslosigkeit, die sechsfachen Tugenden und die Sehnsucht nach Befreiung, kann Brahman erreichen. Die Upanishaden lehren die Philosophie der Absoluten Einheit.

Die Upanishaden sagen, das Ziel des Menschen ist die Verwirklichung Brahmans. Nur Selbstverwirklichung kann die Unwissenheit auflösen und Unsterblichkeit, ewige Wonne und immerwährenden Frieden bringen. Nur das Wissen um Brahman kann alle Sorgen, Täuschungen und Schmerzen beseitigen.

Anubandha Chatushtaya

Das Thema (Vishaya) der Upanishaden ist das höchste Brahman, die höchste Seele. Die Frucht (Prayojana) dieses Wissens ist das Erlangen von Unsterblichkeit, Moksha, und die daraus folgende Freiheit von der Bindung durch Samsara (Atyanta Samsara Nivritti und Brahmaprapti). Die Verbindung (Sambandha) ist auch als Gewinn dieses Ergebnisses durch die Upanishaden bezeichnet worden. Der Mensch (Adhikari), der tauglich ist für das upanishadische Studium, für die Praxis der Frage nach Brahman und für die Meditation über das Selbst, ist ein Mensch, der über die vier Mittel zur Errettung verfügt. Das ist Anubandha Chatushtaya.

Vidyas in den Upanishaden

In den Upanishaden werden die Vidyas, die mystischen Meditationen über Brahman, beschrieben, hauptsächlich in der Chhandogya und der Brihadaranyaka. In der Chhandogya Upanishad haben wir Sat Vidya, Bhuma Vidya, Santilya Vidya, Dahara Vidya, Vaisvanara Vidya, Panchagni Vidya, Udgita Vidya, Purusha Vidya, Samvarga Vidya, Madhu Vidya, Prana Vidya,

Upakosala Vidya, Akshi Vidya, Aditya Vidya, Satyakama Vidya, Akasa Vidya, Svetaketu Vidya, usw. In der Brihadaranyaka Upanishad Maitreyi Vidya, Akshara Vidya, Antaraditya Vidya, Ushasta Kahola Vidya, Uddalaka Aruni Vidya und Jyotisham Jyotir Vidaya sind wichtig. Bhrigu Varuni Vidya, Anandamaya Vidya und Satya Jñana Ananta Vidya der Taittiriya-upanishad und Shodasakala Vidya der Prasnopanishad sind ebenfalls wichtig.

Alle diese Vidyas führen den Menschen vom Unwirklichen zum Wirklichen, von der Dunkelheit zum Licht und von der Sterblichkeit zur Unsterblichkeit. Sie führen die Seele von Mula Ajnana zum höchsten Brahman, entweder durch Krama Mukti oder Sadyo Mukti. Diese Vidyas sind sowohl für die Meditation über das Saguna Brahman als auch über das Nirguna Brahman hilfreich. Die Brahma Sutras sagen, es gibt drei Arten der Meditation: Nirguna, Saguna und Pratika - unkonditioniert und eigenschaftslos, konditioniert und mit Eigenschaften und symbolisch oder durch ein Bild. Viele Vidyas enthalten eine Vielzahl von eigenschaftlichen und relativen Konzepten über das höchste Selbst. Aber trotz dieser Einschränkungen können diese Vidyas auch für die Nirguna Meditation verwendet werden, vorausgesetzt der Meditierende stellt sich den absoluten Aspekt der gegebenen Beschreibungen vor und vermeidet alle dualen und graduellen Unterschiede. Auch sind einige Vidyas wie Brahma Vidya, Maitreyi Vidya, usw. höchst nützlich auch für Ahamgraha Upasana und Nirguna Dhyana der Vedantins. Man soll Meditation nur über ein dem Temperament des Meditierenden entsprechendes Vidya praktizieren. Das Ergebnis dieser Meditationen ist Atyantika Sukha, absolutes Glück, frei von den Schmerzen der Geburt, des Lebens und des Todes in Samsara. Über diese Vidyas kann nicht ohne direkte Einweihung durch einen Guru (qualifizierten spirituellen Lehrer) meditiert werden. Sie sind sehr komplex und ohne Führung schwer verständlich.

Vairagya

Es gibt einen Weg zur unsterblichen Wohnstatt. Es gibt einen Weg zum höchsten Glück. Es gibt einen Weg zur vierten Dimension. Dieser Weg ist Vairagya. Beschreite diesen Weg. Beschreite diesen Weg.

Vairagya ist Leidenschaftslosigkeit, Wunschlosigkeit und Verhaftungslosigkeit. Es ist Gleichgültigkeit gegenüber Sinnesobjekten jetzt und in Zukunft. Es entstand und wird aufrechterhalten durch richtige Unterscheidung, Sadviveka.

Vairagya ist das Gegenteil von Raga oder Verhaftung. Raga bindet den Menschen an Samsara; Vairagya befreit den Menschen aus der Bindung.

Vairagya dünnt den fetten sinnlichen Geist aus. Es wendet den Geist nach innen. Vairagya ist die wichtigste Voraussetzung für einen spirituellen Aspiranten. Ohne es gibt es kein spirituelles Leben.

Die Zugkraft von Raga - Dvesha

Die zwei Strömungen des Geistes - Zu- und Abneigung - bestimmen tatsächlich die Welt von Samsara. Ein weltlicher Mensch ist Sklave dieser zwei mächtigen Strömungen. Er wird wie ein Strohhalm hin- und hergeschleudert. Er lächelt, wenn er Vergnügen erfährt; er weint, wenn er Schmerz erfährt. Er klammert sich an das Angenehme; er läuft vor Dingen davon, die Schmerz verursachen.

Überall, wo ein Gefühl von Freude ist, bleibt der Geist an dem Ding, das Freude bereitet, sozusagen kleben. Das nennt man Verhaftung. Das bringt nur Bindung und Schmerz. Wenn das Objekt entweder weggenommen wird, oder wenn es vergeht, leidet der Geist unsäglich. Zuneigung ist die Hauptursache menschlichen Leidens.

Ein leidenschaftlsloser Mensch hat eine andere Schulung. Er hat eine völlig andere Erfahrung. Er ist ein Meister in der Kunst oder Wissenschaft, sich von den unbeständigen und vergänglichen Objekten zu trennen. Er fühlt sich davon in keiner Weise angezogen. Er weilt unaufhörlich im Ewigen. Er steht fest wie ein Gipfel in einem heftigen Sturm, als ein Beobachter dieser wunderbaren Weltshow.

Ein leidenschaftsloser Mensch fühlt sich von Angenehmem nicht angezogen und von Schmerzlichem nicht abgestoßen. Er fürchtet sich auch nicht vor Schmerz. Er weiß sehr wohl, daß Schmerz für seinen Fortschritt und seine Entwicklung, auf seiner Reise zum Ziel, sehr hilfreich ist. Er ist davon überzeugt, daß das Leid der beste Lehrmeister dieser Welt ist.

Wie man Vairagya entwickelt

Vairagya entsteht, indem man die Fehlerhaftigkeit des sinnlichen Lebens einsieht. Sieh die Fehlerhaftigkeit des sinnlichen Lebens oder sinnlicher Freude ein. Dann entwickelst du Leidenschaftslosigkeit.

Wenn Leben im Reichtum keinen Eindruck auf dich macht, kann dich ein reicher Lebensstil nicht anziehen. Wenn du vom Gedanken erfüllt bist, daß Fleisch und Wein überhaupt kein Vergnügen bringen, können dich Fleich und Wein nicht verlocken. Wenn du davon erfüllt bist, daß eine Frau nichts weiter ist als ein Hautbeutel aus Eiter, Urin, Knochen und Fleisch, kann dich eine Frau nicht verlocken. In diesem Fall wird der Geist keinerlei Qualen leiden, wenn du kein Fleisch, keinen Wein, keine Frau und kein Leben in Reichtum bekommst.

Aspiranten sollten Bhartriharis **Vairagya Satakam** und andere Werke über Vairagya lesen.

Das wird dein Verlangen nach Befreiung und deine Überzeugung vom spirituellen Leben steigern. Shri Rama beschreibt die zerstörerischen Auswirkungen von Lust und Reichtum und das Elend von Geburt und Kindheit. Eine wunderbare Beschreibung wird im Vairagya Prakarana der Yoga Vasishtha gegeben. Jeder sollte es lesen. Das intensiviert Vairagya im Geist.

Stufen von Vairagya

Es gibt verschiedene Stufen in Vairaya. Höchste Leidenschaftslosigkeit, Para Vairagya, kommt, nachdem der Mensch Selbstverwirklichung erreicht hat. Die ganze Welt sieht dann aus wie Stroh. Vairagya wird vollkommen zur Gewohnheit. Das ist intensive spirituelle Stärke. Das ist Para Vairagya.

Vorübergehende flüchtige Leidenschaftslosigkeit ist nicht Vairagya. Sie hilft dem Aspiranten nicht bei der Erlangung von Selbstverwirklichung. Es ist ganz normal, aus dem einen oder anderen Grund Leidenschaftslosigkeit gegenüber bestimmten Objekten zu empfinden. Aber nur wenn man Leidenschaftslosigkeit gegenüber allen Dingen und zu jeder Zeit besitzt, erlangt man Selbsterkenntnis.

Nur intensives Vairagya hilft dem Aspiranten dabei, auf dem spirituellen Weg zu bleiben. Karana Vairagya entsteht aus Enttäuschung und dem Verlust oder Tod von Verwandten und vergeht sofort wieder. Es wartet auf Gelegenheiten, die Dingen, auf die bereits verzichtet worden war, neuerlich zu ergreifen. Es verdunstet so rasch wie Äther, Chloroform oder Ammoniak.

Aber Vairagya, das aus Viveka entsteht, ist dauerhaft und immerwährend. Es wird den Aspiranten nie im Stich lassen wie das Vairagya, das vorübergehend auftaucht, wenn eine Frau ein Kind gebärt, oder wenn ein Mann einer Beisetzung in einem Krematorium beiwohnt.

Wahres Vairagya muß aus Befragen, Vichara, kommen. Alle diese Dinge geben uns kein dauerhaftes Glück. Sie bringen uns Schmerz und Sorge. Ein so tiefes Befragen, das immer wieder und über eine lange Zeit hinweg fortgesetzt wird, schafft dauerhaftes Vairagya. Es ist wahrer Reichtum für einen Aspiranten. Es hilft ihm, wirkliches Sadhana zu machen. Es kehrt den Geist nach innen. Dieses Vairagya bremst die nach außen gehenden Tendenzen des Geistes. Auch wenn der Geist auf die Objekte zuläuft, wird er sofort aufzeigen, daß Schmerz darin liegt, und daß Sinnesvergnügen die Ursache ist für Wiedergeburt und intensives Leiden. Dann ist der Geist sehr erschreckt, und allmählich, durch intensives Üben, wird er fest in wahrem dauerhaftem, andauerendem und intensivem Vairagya.

Der Geist muß allmählich von seinen alten Gewohnheiten und Sehnsüchten abgebracht werden. Wenn du auf einmal alle Quellen des Vergnügens ausschaltest, ist er verwirrt. Man muß den Geist langsam in Meditation üben und ihn die innere Wonne kosten lassen. Allmählich wird er seine alten Gewohnheiten und Sehnsüchte aufgeben, und du kannst in wahrem Vairagya fest werden.

Vairagya - ein Geisteszustand

Vairagya bedeutet nicht, soziale Pflichten und Verantwortungen im Leben aufzugeben. Es bedeutet nicht Loslösen von der Welt. Es beudeutet nicht, in der Einsamkeit einer Höhle im Himalaya oder im Krematorium zu leben. Es bedeutet nicht, von Blättern, Kuhurin und -dung zu leben. Es bedeutet nicht, sein Haar verfilzt zu tragen und ein Kamandulu aus einem Kürbis oder einer Kokosnußschale in der Hand zu haben. Es bedeutet nicht, sich das Haupt zu scheren und die Kleider abzuwerfen. Vairagya ist geistiges Loslösen von allen Verbindungen zur Welt.

Der Mensch kann in der Welt bleiben und alle Pflichten seines Lebensstandes und -alters erfüllen, ohne daran zu hängen. Er kann Familie haben. Und wenn schon? Er kann mit Familie und Kindern leben. Gleichzeitig aber kann er vollkommene geistige Losgelöstheit von allem haben. Er kann sein spirituelles Sadhana machen. Der Mensch, der vollkommene geistige Verhaftungslosigkeit besitzt, während er in der Welt lebt, ist ein wirklicher Held. Er ist sehr viel besser als ein Sadhu, der in einer Höhle im Himalaya lebt, denn ersterer muß in jedem Augenblick seines Lebens unzähligen Versuchungen begegnen.

Wohin der Mensch auch geht, er nimmt seinen unsteten und ruhelosen Geist, seine Samskaras und seine Vasanas mit sich. Auch wenn er in der Einsamkeit des Himalayas lebt, bleibt er derselbe weltliche Mensch, wenn er sich damit beschäftigt, Luftschlösser zu bauen und an Dinge in der Welt zu denken. In diesem Fall wird für ihn auch die Höhle zu einer großen Stadt. Wenn der Geist still bleibt, und der Mensch frei ist von Verhaftungen, kann er ein perfekter Vairagi sein, auch wenn er in einem Palast im lautesten Teil einer Stadt wie Kalkutta lebt. Einen solchen Palast verwandelt er in einen dichten Wald. Vairagya ist ein rein geistiger Zustand.

Im allgemeinen sagen Aspiranten: »Ich habe das Hemd weggegeben«; »Ich habe den Pullover weggegeben«; »Ich habe die Schuhe weggegeben«; »Ich lebe nur von Brot und Dhal«. Ihr ganzes Sadhana besteht in 'Aufgeben' - dieses und jenes aufgeben. Wahres spirituelles Leben beinhaltet kein Aufgeben oder Wegnehmen. Das einzige ist, dem Geist nicht nachzugeben. Wenn du morgens sehr hungrig bist, iß ein zwei Iddlies und eine kleine Tasse Milch. Aber gib dem Geist nicht nach. Er zieht dich nach unten. Sei immer wachsam. Sei ewig vorsichtig.

Manche Sannyasins üben Vairagya, um Pratishtha, Ruhm und Ehre, zu erwerben. Manche Sannyasins, die für das Wohl der Allgemeinheit tätig sind, fassen Vorsätze: »Wir reisen nicht in Zügen. Wir werden nur zu Fuß gehen. Wir werden keine Milch und kein Obst essen, usw. Wir werden keine Feder und keine Uhr verwenden.« Das sind keine guten Vorsätze. Das ist nicht das wahre Wesen von Vairagya. Das ist ein weiterer Fehler.

Verhaftung an Vairagya ist genauso schlecht wie Verhaftung selbst. Diese Sannyasins möchten dienen. Wenn sie mit Autos oder Zügen fahren und den Körper stark und gesund erhalten, können sie in kürzerer Zeit mehr dienen. Wer viel schreibt, kann mehr schreiben, wenn er eine Feder verwendet. Dummheit nimmt verschiedene Formen an. Das ist eine davon. Sie verläßt nicht einmal gebildete Menschen und gelehrte Sannyasins.

Man muß extremes, Teevra Vairagya, im Inneren haben und gleichzeitig außen den Mittelweg gehen.

Vairagya ist ein Mittel, um die Weisheit des Selbst zu erlangen. Es ist nicht das Ziel an sich. Ein Jivanmukta, ein verwirklichter Heiliger, hat weder Raga noch Vairagya. Wenn man ihm nur ein wenig trockenes Brot gibt, ist er zufrieden. Er murrt nicht. Wenn man ihm die köstlichsten Süßigkeiten gibt, Milch und Früchte, wird er sie nicht ablehnen, aber er wird wegen guter Speisen nicht zu jubeln beginnen. Er hat Gleichmut des Geistes. Er steht über Zu- und Abneigungen. Er findet Freude nur in seinem Selbst, nicht aber in äußeren Dingen.

Maha Tyagi und Maha Bhogi

Wer Dingen gegenüber Gleichmut des Geistes besitzt, wird im Yoga Vasishtha Maha Tyagi oder Maha Bhogi genannt. Es ist einfach, Vairagya zu praktizieren, aber es ist äußerst schwierig, Gelassenheit des Geistes zu bewahren.

Shukadeva wurde von König Janaka geprüft. Man ließ ihn einige Tage lang ohne Essen vor der Türe stehen. Er war ganz friedvoll. Dann wurde er in den Harem gebracht. Ranis dienten ihm und gaben ihm die besten Speisen. Er blieb unberührt. Das ist Weisheit.

Junge Aspiranten müssen immer vorsichtig und achtsam sein. Sie dürfen nicht die Freiheit eines Maha Tyagi oder Maha Bhogi ausnützen. Das kann nur ein fortgeschrittener Yogi praktizieren, der dazu gelangt ist, alles auf die gleiche Weise zu sehen. Anfänger müssen sich dem Buchstaben genau an ihre Gelübde von Wahrhaftigkeit, Ahimsa, Brahmacharya und Vairagya halten.

Ahme nicht Jivanmuktas nach. Du bist noch ein Sadhaka. Vasishtha hatte eine Frau, aber er war von Geburt an ein Siddha. Janaka herrschte über ein Königreich, nachdem er strenges Tapas praktiziert und die Wahrheit verwirklicht hatte. Krishna lebte wie ein Fürst, aber er war eins mit dem Unendlichen. Von dir wird nicht erwartet, es ihnen gleichzutun. Du mußt Sadhana üben. Du mußt Abhyasa und Vairagya haben.

Vedanta

Vedanta ist Brahma Vidya. Sie ist Moksha Sastra, die Wissenschaft von der Befreiung.

Das Konzept des Absoluten ist der Schlüsselpunkt der Vedantaphilosophie. Die Upanishaden sind die Basis der Vedanta.

Vedanta stellt fest, daß der Mensch seiner wahren Natur nach majestätisch ist. Die von Vedanta gelehrte Botschaft ist die Einheit allen Seins.

Vedanta proklamiert die Realität des unteilbaren, innewohnenden und transzendenten Geistes. Die Materie wird nicht ausgeschlossen. Nichts wird ausgeschlossen.

Vedanta ist die grundlegende Kultur Indiens. Sie ist die nationale Philosophie Indiens. Sie ist der Gipfel, die Spitze und der Höhepunkt der indischen Philosophie. Sie hielt die Hindugesellschaft die letzten achttausend Jahre lang am Leben.

Die Botschaft der Vedanta

Vedanta ist die einzige kühne Philosophie, die es wagt, den Menschen Gott zu nennen, nicht nur den Sohn Gottes oder seinen Diener. Sie betont, daß du im wesentlichen und in Wirklichkeit der unsterbliche, alldurchdringende Atman bist, die universelle Seele, das höchste Brahman. Kühnheit ist der Schlüsselbegriff der Vedanta. Die Botschaft der Vedanta ist Furchtlosigkeit, Seelenstärke und die Einheit des Bewußtseins.

Vedanta sucht keine Konvertiten, sondern eine tiefere Neufestsetzung der Gleichung über das Menschliche und das Göttliche, eine Rückkehr zur grundlegenden Frage, die jedes Wesen stellt: »Was bin ich wirklich? Was ist mein wahres Selbst?«

Vedanta sagt: »Der Mensch ist im wesentlichen identisch mit dem höchsten Wesen.« Vedanta erinnert dich an deine wahre, tatsächliche göttliche Natur. Vedanta sagt: »Oh kleiner Mensch! Identifiziere dich nicht mit diesem vergänglichen Körper. Gib 'Ich' und 'Mein' auf. Hasse nicht deinen Nachbarn, deinen Bruder. Versuche nicht, ihn auszunutzen. Er ist dein Selbst. Es ist ein gemeinsames Selbst, ein gemeinsames Bewußtsein in allen. Es ist dasselbe in einem König und einem Bauern, einer Ameise und einem Hund, einem Mann und einer Frau, einem Schuster und einem Straßenkehrer. Das ist das wahre unsterbliche Wesen. Der Geist ist es, der trennt. Er versucht und täuscht. Töte diesen frechen Geist. Beherrsche die Sinne, die dich nach außen zu den äußeren Objekten hinziehen. Hefte den Geist auf die Quelle. Erhebe dich über Körper und Geist. Rotte Wünsche aus. Lerne die Unterscheidung zwischen dem Wahren und dem Unwahren. Identifiziere dich mit dieser unsterblichen, nichtdualen, aus sich selbst existierenden, selbst strahlenden Essenz. Sieh das eine Selbst in allen. Sieh das Eine im vielen. Dann endet alles Leid.«

Der Vedantaschüler setzt die Neti Neti Lehre in die tägliche Praxis um. Er sagt: »Ich bin nicht dieser vergängliche Körper. Ich bin nicht dieser Geist. Ich bin nicht dieses Prana. Ich bin nicht das Indriya.« 'Neti, Neti' heißt 'nicht dies, nicht dies.' Das ist der Pfad der Verneinung. Er versucht sich hingegen mit dem alldurchdringenden Atman oder Selbst zu identifizieren. Diese Übung gipfelt im Erlangen der Selbstverwirklichung. Sie führt zur unmittelbaren Intuition des allerfüllenden Brahman.

Wer ist geeignet für das Studium von Vedanta?

Der Pfad von Vedanta ist nicht so einfach, wie man das gemeinhin annimmt. Er ist so schmal wie eine Rasierklinge. Er ist sicher nicht für jeden bestimmt.

Es ist sehr sehr einfach zu sagen: »Soham. Sivoham. Aham Brahmasmi. Ich bin Er. Ich bin Shiva. Ich bin Brahman« - wie ein Papagei. Aber im vedantischen Geist zu leben, Einheit und Einssein des Bewußtseins zu spüren, in Wirklichkeit 'Das' zu werden und die Wonne Brahmans, Freude und Frieden zu verbreiten, ist überaus schwierig. Wenn man 'Soham' wiederholt, der Geist sich jedoch leicht erregt, wenn ein anderer Mensch ein ungehaltenes Wort spricht, und man mit dem anderen heftig zu streiten beginnt, ist diese ganze Wiederholung gar nichts wert. Es ist nur Heuchelei. Dieser Mensch kann andere nicht beeinflussen. Andere werden ihn für einen Schwindler halten.

Vedanta kann nur von Menschen praktiziert werden, die über wahres, anhaltendes, tiefes Vairagya, Leidenschaftslosigkeit, verfügen, und die den Weg der Entsagung beschreiten. Vedanta ist nur für einige Auserwählte, die über die vier Mittel der Rettung verfügen und die Unreinheiten des Geistes und das geistige Schwanken durch die beständige Praxis von Nishkamya Karma Yoga und Upasana beseitigt haben.

Den Massen unterschiedslos Vedanta zu predigen, ist nicht ratsam. Das endet in Chaos, Verständnislosigkeit und Stagnation. Das Erfassen der vedantischen Prinzipien und das richtige Verstehen von Philosophie und Sadhana sind sehr schwierig.

Die Allgemeingültigkeit der Vedantaphilosophie

Vedanta spricht vom Einssein des Menschen mit dem Rest der Menschheit. Vedanta sagt, es gibt keinen Fremden auf der Welt. Jeder hat mit den anderen eine Beziehung durch Verwandtschaft im Geist. In der Vedanta gibt es kein 'mein' oder 'für mich'; sondern 'unser' und 'für uns'; und letztlich 'Sein' und 'für Ihn'. Wenn man die Vedantaphilosophie richtig versteht und danach handelt, wird sie jedes Übel, das aus Vorurteilen von Gruppe und Rasse entspringt, auslöschen.

Vedanta ist kein Glaube, keine Zeremonie und keine Form der Verehrung. Sie ist die Wissenschaft von richtigen Leben. Sie ist kein alleiniges Monopol von Hindus oder Eremiten. Sie ist für alle.

Vedanta gehört allen. Sie liegt mit keiner Religion im Streit. Sie lehrt universelle Prinzipien. Vedanta ist die einzige universelle und ewige Religion. Sie ist ein großer Gleichmacher. Sie verbindet alle. Sie bietet jedem Platz.

Vedanta schließt in ihrem Wirkungsbereich alle Weltreligionen ein und ist stark genug, um sie alle nützlich und dauerhaft zu machen. Vedanta ist nie in Konflikt mit Formen. Sie beschäftigt sich nur mit dem Leben von Religionen. Der Christ braucht nicht auf sein Christsein zu verzichten, der Buddhist kann bei seinem Edlen Achtfachen Pfad bleiben, der Moslem bei seinem Koran, und doch können sie alle Vedanta praktizieren und all ihre hohen Ideale und Wahrheiten in der Praxis verwirklichen. Ihre Liebe zu den jeweiligen Propheten und Bibeln wird klarer, aufschlußreicher und dauerhafter. Religiöse Feindseligkeit wird verschwinden, und die Welt wird ohne jede Reibung, mit großer Würde und mit mehr Wohlwollen unter ihren Bewohnern ihrem großen Ziel entgegengehen.

Vedanta bedeutet nicht Sklaverei. Sie gibt allen Freiheit. Sie umfaßt jeden einzelnen. Sie schließt jeden einzelnen mit ein. Sie ist die Religion der Upanishaden. Sie ist die Religion der Paramahamsa Sannyasins.

Vedanta schreibt niemanden als hoffnungslos ab und sieht nie jemanden als verflucht, sondern schließt die ganze Menschheit in ihrer Herde ein. Vedanta ist in ihrer Sicht äußerst allumfassend und großzügig.

Vedanta kann der modernen Gesellschaft einen gemeinsamen Glauben, einen gemeinsamen Rahmen von Prinzipien und eine gemeinsame Moraldisziplin geben. Sie ist in ihrer Position höchst wissenschaftlich und ist tatsächlich ansprechend für Männer und Frauen von heute.

Keine andere Philosophie ist so kühn und erhaben wie Vedanta. Nur Vedanta allein kann die Leiden der Menschen vollständig beseitigen und immerwährenden Frieden und Glück bringen. Schon ein wenig Verstehen und ein wenig Vedantapraxis können einen Menschen zu wunderbaren Höhen des Brahmanseins oder Gottesbewußtseins erheben und alle möglichen Ängste, Sorgen und Bedenken dieses weltlichen Lebens beseitigen.

Ein Mißverständnis

Nur manche unwissende Menschen sagen, daß Vedanta Unmoral, Haß und Pessimismus predigt. Das ist ein sehr bedauerlicher Fehler. Vedanta predigt weder Unmoral noch moralische Gleichgültigkeit. Vedanta möchte Moha, selbstsüchtige Liebe und Leidenschaft gegenüber dem Körper zerstören und reine, uneigennützige kosmische Liebe und großherziges göttliches Prem entwicklen. Ein unmoralischer Mensch kann unmöglich Brahman verwirklichen.

Vedanta predigt niemals Pessimismus, sondern höchsten Optimismus. Sie predigt: »Gib diese kleine täuschende Freude auf. Dann wirst ewige unbegrenzte Wonne erlangen. Töte dieses kleine 'Ich'. Dann wirst du eins mit dem Grenzenlosen. Du wirst unsterblich. Gib diese Welt der Täuschung auf. Du wirst das große Reich von höchstem Frieden, das Königreich Gottes, erreichen.« Ist das Pessimismus ? Sicher nicht. Es ist wunderbarer Optimismus.

Vedanta und Sozialismus

Nach Ansicht mancher Menschen ist die sozialistische Bewegung nur ein Ausläufer von Vedanta, die sagt, daß alles gleich zu sehen und jeder gleich zu behandeln sei. Sie sagen: »Wir sind Vedantins«.

Sozialisten sagen: »Wir mögen keine Kapitalisten, Rajas und Herrscher. Der Staat kümmert sich um die Kindererziehung. Wir geben allen aus der Gemeinschaftsküche zu essen. Wir verteilen Kinokarten. Wir kümmern uns um alle Menschen. Jeder kann nach seinen Fähigkeiten, seinem Temperament und seiner Veranlagung wirken. Die Menschen werden viel Freizeit, Studium, Unterhaltung, Spaß und Ausgelassenheit haben. Sie werden sehr glücklich sein. Sie werden keinen Kummer und keine Sorgen haben. Sie werden ausreichend Brot und Konfitüre haben.«

Das ist eine hübsche Philosophie. Aber es ist die Philosophie von Virochana. Es ist nur die Philosophie des Fleisches. Ihr Ziel ist ein angenehmes Leben. Ein angenehmes Leben ist der Feind von Frieden und göttlicher Weisheit. Brot und Konfitüre können einen Menschen nicht vollkommen und unsterblich machen. Sie können keine Rettung bringen. Sie können nicht zur Erlangung der Erkenntnis des Ewigen führen.

Die Grundlage der Gesellschaft, das Substratum und der Hintergrund des ganzen Universums, von Körper, Geist und Sinnen ist das Absolute, der Atman, die unsterbliche Seele. Ein Ismus, der die Existenz einer solchen Quelle oder Grundlage ablehnt, dessen Lebensziel oder höchstes Gut nicht Selbstverwirklichung ist, wird sich rasch in ein luftiges Nichts auflösen.

Eine Gemeinschaftsküche ist nicht Vedanta. Sozialismus ist nicht Vedanta. Sozialismus kann nicht alle sozialen Mißstände beseitigen. Er kann nicht zu vollkommenem Frieden und zur Wonne des Menschen beitragen. Nur diese Philosophie, diese Disziplin, kann zu vollkommener Wonne, immerwährendem Glück und Unsterblichkeit führen, kann helfen, Geist und Sinne zu beherrschen, Unwissenheit zu beseitigen und das Wissen vom Unvergänglichen zu erlangen.

Pseudovedantins

Vedanta ist ein Begriff, der heute sehr oft mißbräuchlich verwendet wird. Alle möglichen Eitelkeiten, Heuchelei und Selbstbetrug sind in diesem Namen verkleidet worden. Es ist zur Tagesmode geworden, als Vedantin zu gelten.

Der Mensch schämt sich, Bhakta genannt zu werden, aber er ist stolz darauf, sich Yogi oder Vedantin zu nennen, weil er sich törichterweise vorstellt, daß die Menschen ihn respektieren werden.

Liederlichkeit wird irrtümlicherweise für ein Leben der Weite gehalten. Wenn ein Mensch in jedem Hotel in jedem Teil der Welt alles essen kann, und wenn er mit jedem Mann und jeder Frau Umgang haben kann, heißt das nicht, er ist ein Vedantin. Heute wird in klingenden Worten viel über Vedanta gesprochen. Es herrscht unnützes vedantisches Geschwätz. Aber, es gibt keine wahre praktische Vedanta. Niemand möchte tatsächliches solides Vedanta Sadhana machen. Die Menschen sprechen von Einssein, Einheit und Gleichheit, streiten sich aber wegen kleiner Unnötigkeiten. Sie sind voll Eifersucht und Haß. Ich kann mir das nicht vorstellen. Ich bin ganz einfach verblüfft.

Vedantapraxis

Ich glaube an praktische Vedanta. Ich glaube an solide spirituelle Praktiken. Ich glaube an die eingehende Überprüfung der weltlichen Natur, der Weltlichkeit verschiedenster Art.

Du mußt Vedanta zu deiner täglichen Praxis machen, in jeder deiner Handlungen. Vedanta lehrt Einheit, Einssein des Selbst. Du mußt jedem einzelnen Liebe schicken. Der Geist der Vedanta muß in deine Zellen, Gewebe, Venen, Nerven und Knochen eingepflanzt werden. Es muß zu einem integralen Bestandteil deines Wesens werden. Du mußt an Einheit denken, über Einheit sprechen und in Einheit handeln.

Du mußt ein praktischer Vedantin sein. Du mußt im Geist der Vedanta leben. Bloßes Theoretisieren und Vorträge halten ist nur intellektuelle Gymnastik und Sprachkrieg. Das reicht nicht. Was nützt es, wenn man zu viele Bücher über Vedanta liest. Chit Sukhi, Khandana Khanda Khadyam, usw.? Sie werden dir zu Kopf steigen und dich irreführen.

Die Sonne, die Blumen, der Ganges, der Sandelholzbaum, die Obstbäume, die Kühe - sie alle lehren die Welt praktische Vedanta. Sie leben, um der Menschheit in uneigennütziger Weise zu dienen. Die Sonne läßt ihr Licht genauso über der Hütte eines Bauern erstrahlen wie über dem Palast eines Maharajas. Die Blumen verströmem ihren Duft an alle, ohne etwas dafür zu erwarten. Das kühle erfrischende Wasser des Ganges wird von allen getrunken. Der Sandelholzbaum verströmt seinen Duft auch an den Mann, der ihn mit der Axt fällt. Alle Obstbäume verhalten sich genauso. Sie erfreuen den Gärtner, der sie pflegt, wie auch den, der sie umschlägt. Die Kühe leben, um die Babies, Kinder, Krüppel und Rekonvaleszenten zu ernähren. Stelle dir einen Moment lang vor, daß es auf der Welt sechs Monate lang keine Kühe gibt, oder daß die Rasse der Kühe ausgestorben ist. Wie schwach und elend wirst du werden! Die Welt wird übergehen vor anämischen Menschen. Oh selbstsüchtiger unwissender Mensch! Lerne deine Lektion von diesen praktischen Vedantins und werde weise.

Vedanta, das Wissen vom Selbst, ist nicht das alleinige Eigentum von Sannyasins oder Eremiten. Lies die Upanishaden, und du wirst feststellen, daß viele Kshatriya Könige, die sehr intensiv mit den Dingen des Lebens befaßt waren, Brahma Jñana besaßen. Sie unterwiesen sogar Brahmanen.

Vedanta verlangt nicht, daß das Gewand gefärbt wird. Vedanta verlangt nicht von dir, daß du dich in eine Höhle im Himalaya zurückziehst. Man kann zu Hause praktizieren. Es kann unter allen Lebensumständen praktiziert werden.

Vedanta predigt keine Lehre der Verneinung menschlichen Strebens. Es verlangt eine Veränderung deiner geistigen Einstellung. Es verlangt eine Veränderung des Blickwinkels. Bis jetzt war die Welt alles. Von nun an ist nur die Wirklichkeit allein alles.

Lerne die Unterscheidung zwischen dem Dauerhaften und dem Nichtbeständigen. Sieh das Selbst in allen Wesen, in allen Dingen. Namen und Formen sind Illusion. Deshalb sublimiere sie. Spüre, daß es nichts außer dem Selbst gibt. Teile das, was du hast, physisch, geistig, moralisch oder spirituell, mit allen. Diene dem Selbst in allen. Fühle, wenn du anderen dienst, daß du deinem eigenen Selbst dienst. Liebe deinen Nächsten wie dich selbst. Löse jeden unwirklichen Unterschied auf. Beseitige alle Grenzen, die den Menschen vom Menschen trennen. Beschäftige dich mit allen. Umarme alle. Zerstöre den Gedanken der Geschlechtlichkeit und der Körperlichkeit, indem du ständig an das Selbst, den geschlechtslosen und körperlosen Atman denkst. Hefte den Geist auf das Selbst, während du arbeitest. Das ist praktische Vedanta. Das ist die Essenz der Lehre der Upanishaden und der Weisen von einst. Das ist wirkliches ewiges Leben in Atman. Setze es im täglichen Lebenskampf in die Praxis um. Du wirst als dynamischer Yogi und Jivanmukta strahlen. Darüber besteht kein Zweifel.

Veden

Der Begriff 'Veda' stammt aus der Wurzel 'Vid', wissen. Das Wort 'Veda' heißt Wissen. Wenn eine Schrift gemeint ist, bedeutet es 'Buch des Wissens'. Die Veden sind die grundlegenden Schriften der Hindus. Der Veda ist die Quelle der anderen fünf Gruppen von Schriften, nämlich Smritis, Itihasas, Puranas, Agamas und Darsanas, jedoch auch für weltliches und materialistisches Wissen. Der Veda ist der Speicher der Weisheit Indiens und eine bemerkenswerte Herrlickeit, die der Mensch bis in alle Ewigkeit nicht vergessen kann.

Offenbarte Wahrheiten, ohne Anfang und ohne Ende

Die Veden sind die ewigen Wahrheiten, die Gott den großen alten Rishis Indiens offenbart hat. Das Wort Rishi heißt 'Seher' und kommt von **Dris**, sehen. Er ist der Mantra Drashta, der Seher eines Mantras oder Gedankens. Der Gedanke stammte nicht von ihm. Die Rishis sahen oder hörten die Wahrheiten. Deshalb sind die Veden das Gehörte - 'Sruti'. Der Rishi schrieb nicht. Er schuf nicht aus seinem Geist. Er sah den Gedanken, der schon da war. Er war nur der spirituelle Entdecker des Gedankens. Er ist nicht der Erfinder der Veden. Die Srutis heißen Veden oder Amnaya. Die Hindus empfingen ihre Religion durch Offenbarung, durch die Veden. Sie sind direkte intuitive Offenbarungen und gelten als **A-Paurusheya**, vollständig übermenschlich, ohne spezifischen Autor. In diesem Sinn sind die Veden ewig. Die Veden sind ewige spirituelle Wahrheiten. Die Veden sind die Verkörperung göttlichen Wissens. Bücher können vernichtet werden, aber das Wissen kann nicht vernichtet werden. Wissen ist ewig. Die Veden flossen aus dem Atem des Herrn. Sie sind ohne Anfang und ohne Ende.

Die Veden sind die spirituellen Erfahrungen der Rishis von einst. Alle anderen Weltreligionen führen ihre Autorität auf den Umstand zurück, daß sie bestimmten Menschen von einem bestimmten Boten Gottes enthüllt worden sind, die Veden hingegen verdanken niemandem ihre Maßgeblichkeit. Sie sind selbst die Autorität, weil sie ewig sind, und weil sie das Wissen des Herrn sind.

Gott Brahma, der Schöpfer, gab das göttliche Wissen an die Rishis oder Seher weiter. Die Rishis verbreiteten das Wissen. Die vedischen Rishis waren großartige verwirklichte Menschen, die direkte intuitive Wahrnehmung von Brahman, der Wahrheit, hatten. Sie waren inspirierte Schreiber. Sie schufen ein einfaches, großartiges und vollkommenes System von Religion und Philosophie, aus dem alle anderen Religionsgründer und Lehrer ihre Inspiration nahmen.

Die Veden sind die ältesten Bücher in der Bibliothek des Menschen. Die in allen Religionen enthaltenen Wahrheiten stammen aus den Veden und sind letztlich auf die Veden zurückzuführen. Die Veden sind der Urquell von Religion. Die Veden sind die Quelle, auf die alles religiöse Wissen zurückführbar ist. Religion ist göttlichen Ursprungs. Sie wurde dem Menschen von Gott in früher Zeit enthüllt. Sie ist in den Veden verkörpert.

Die vier Veden und ihre Teile

Der Veda ist in vier große Bücher unterteilt: Rig Veda, Yajur Veda, Sama Veda und Atharva Veda. Der Yajur Veda hat wieder zwei Teile, Sukla und Krishna. Krishna oder Taittiriya ist das ältere Buch und Sukla oder Vajasaneya ist die spätere Enthüllung an den Weisen Yajnavalkya durch den strahlenden Sonnengott.

Der Rig Veda hat einundzwanzig Abschnitte, der Yajur Veda hundertneun, der Sama Veda tausend und der Atharva Veda fünfzig. Der gesamte Veda hat also eintausendeinhundertachtzig Teile.

Jeder Veda hat vier Teilen: die Mantra Samhitas, die Brahmanas, die Aranyakas und die Upanishaden. Die Unterteilung der Veden in vier Teile soll den vier Phasen im Leben des Menschen angepaßt sein.

Die Mantra Samhitas sind Lobgesänge zur Verherrlichung des vedischen Gottes, um hier materiellen Wohlstand und nach dem Tod Glück zu erlangen. Es sind metrische Gedichte mit Gebeten, Hymnen und Beschwörungen, die sich an verschiedene Gottheiten, sowohl subjektive wie objektive, wenden. Der Mantrateil der Veden ist nutzbringend für Brahmacharis.

Die Brahmanas sind Anleitungen für Menschen zur Durchführung von Opferriten. Es sind in Prosa verfaßte Erklärungen der Methode, wie die Mantras im Yajna, dem Opfer, anzuwenden sind. Der Brahmanateil ist geeignet für Menschen, die in der Familie leben.

Die Aranyakas sind die Waldbücher, die mystischen Waldtexte, die die Rituale philosophisch interpretieren. Die Aranyakas sind für Vanaprasta, Eremiten, bestimmt, die sich darauf vorbereiten, Sannyas zu nehmen.

Die Upanishaden sind der wichtigste Teil der Veden. Die Upanishaden enthalten die Essenz, den Wissensteil, der Veden. Die Philosophie der Upanishaden ist erhaben, tiefgründig, hoch und ergreifend. Die Upanishaden sprechen von der Identität der individuellen Seele und der höchsten Seele. Sie enthüllen überaus subtile und tiefe spirituelle Weisheiten. Die Upanishaden sind nutzbringend für Sannyasins.

Der Gegenstand des ganzen Veda ist unterteilt in Karma Kanda, Upasana Kanda und Jñana Kanda. Das Karma Kanda, die Ritualteil, behandelt die verschiedenen Opfer und Rituale. Das Upasana Kanda, der Teil der Verehrung, behandelt verschiedene Arten von Verehrung und Meditation. Das Jñana Kanda, der Wissensteil, behandelt das höchste Wissen über Nirguna Brahman. Die Mantras und die Brahmanas bilden das Karma Kanda; die Aranyakas das Upasana Kanda; und die Upanishaden das Jñana Kanda.

Die Mantra Samhitas

Das Rig Veda Samhita ist das großartigste, älteste und beste Buch der Hindus. Es ist die großartige indische Bibel, das kein Hindu verabsäumen würde, aus ganzem Herzen zu verehren. Sein Stil, seine Sprache und sein Ton sind überaus schön und geheimnisvoll. Seine unsterblichen Mantras enthalten die höchsten Wahrheiten über die Existenz, und es ist vielleicht der größte Schatz in der gesamten Schriftenliteratur der Welt. Sein Priester heißt Hota.

Das Yajur Samhita ist hauptsächlich in Prosa verfaßt und zur Verwendung durch den Adhvaryu, den Priester des Yajur Veda, gedacht und enthält zusätzliche, die Mantras des Rig Veda vervollständigende Erklärungen der Opferriten.

Das Sama Veda Samhita ist in der Hauptsache dem Rig Veda Samhita entlehnt und soll vom Udgata, dem Priester des Sama Veda, beim Opfer gesungen werden.

Das Atharva Veda Samhita ist der Verwendung durch den Brahma, den Priester des Atharva Veda, bestimmt, um falsche Aussprache und falsche Ausführungen, die den anderen drei Priestern beim Opfer unterlaufen könnten, zu berichtigen.

Die Brahmanas und die Aranyakas

Es gibt zwei Brahmanas zum Rig Veda - das Aitareya und das Sankhayana. »Der Rig Veda«, sagt Max Müller, »ist das älteste Buch der Welt. Die heiligen Hymnen der Brahmanas sind in der gesamten Weltliteratur einzigartig; und es kann zurecht als Wunder bezeichnet werden, daß sie bewahrt wurden.« (Geschichte der Alten Sanskritliteratur).

Das Satapatha Brahmana gehört zum Sukla Yajur Veda. Der Krishna Yajur Veda hat Taittiriya und Maitrayana Brahmana. Das Tandya oder Panchavimsa, das Shadvimsa, das Chhandogya, das Adbhuta, das Arsheya und das Upanishad Brahmana gehören zum Sama Veda. Das Brahmana des Atharva Veda heißt Gopatha. Jedes Brahmana hat ein Aranyaka.

Die Upanishaden

Die Upanishaden sind der Schlußteil der Veden, das Ende der Veden. Die auf sie gegründete Lehre heißt Vedanta. Die Upanishaden sind Kern und Ziel der Veden. Sie stellen die Grundlage des Hinduismus dar.

Es gibt soviele Upanishaden zu jedem Veda wie es Sakhas, Abschnitte (Unterteilungen) gibt, nämlich 21, 109, 1000 und 50 jeweils zum Rig, Yajur, Sama und Atharva Veda.

Die einzelnen indischen Philosophen, die den verschiedenen Schulen angehören, wie dem Nichtdualismus oder Monismus, dem Monismus mit Eigenschaften, dem Dualismus, dem reinen Monismus, usw., haben die höchste Autorität der Upanishaden anerkannt. Sie verfaßten Interpretationen, aber sie haben sich an ihre Autorität gehalten. Sie errichteten ihre Philosophie auf der Grundlage der Upanishaden.

Auch westliche Gelehrte haben den Sehern der Upanishaden ihren Tribut gezollt. Zu einer Zeit, als die Menschen im Westen sich noch mit Baumrinde bekleideten und in tiefer Unwissenheit steckten, genossen die Seher der Upanishaden die ewige Wonne des Absoluten und besaßen höchste Kultur und Zivilisation.

Die wichtigsten Upanishaden sind Isa, Kena, Katha, Prasna, Mundaka, Mandukya, Aitareya, Taittiriya, Chhandogya, Brihadaranyaka, Kausitaki und Svetasvatara. Sie sind von größter Autorität.

Mögen dir die fundamentalen Wahrheiten der Veden so enthüllt werden wie die Amalaka Frucht in deiner Hand. Möge Gayatri, die gesegnete Mutter der Veden, dir die Milch des Wissens spenden, die alte Weisheit der Upanishaden.

Vegetarismus

Der Weise Uddalaka erklärt seinem Sohn Svetaketu: »Verzehrte Nahrung wird zu drei Dingen. Die groben Teile werden zu den Exkrementen, die mittleren werden zu Fleisch und die feinen werden zu Geist. Mein Kind, beim Aufschlagen von Käse werden die feinen Teile, die aufsteigen, zu Butter. So mein Kind, steigen die feinen Teile der verzehrten Nahrung nach oben und bilden den Geist. Daher ist der Geist wahrlich Nahrung.«

Der Geist bildet sich aus dem feinsten Teil der Nahrung. Wenn die Nahrung unrein ist, wird auch der Geist in seinem Tun unrein. Das sagen sowohl die alten indischen Weisen als auch die modernen Psychologen.

Daß die Nahrung wirklich einen sehr starken Einfluß auf den Geist hat, können wir im täglichen Leben um uns herum sehen. Nach einem schweren, reichlichen und schwer verdaulichen Mahl ist es sehr schwierig, den Geist zu kontrollieren; er läuft, wandert und springt die ganze Zeit herum wie ein Affe. Alkohol ruft im Geist starke Erregung hervor.

Drei Arten von Ernährung

Es gibt drei Arten von Ernährung, sattvige Ernährung, rajasige Ernährung und tamasige Ernährung. In der Bhagavad Gita sagt Shri Krishna zu Arjuna: »Es gibt drei Arten von Nahrung, die die Menschen jeweils bevorzugen. Nahrung, die Vitalität, Energie, Kraft, Gesundheit und Freude steigert, die köstlich ist, mild, nahrhaft und angenehm, wird von den Reinen bevorzugt. Leidenschaftliche Menschen mögen bittere, saure, salzige, sehr scharfe, würzige, trockene und brennende Speisen, die Schmerz, Kummer und Krankheit hervorrufen. Nahrung, die abgestanden, geschmacklos, faulig, verwest und unrein ist, wird von den Tamasigen bevorzugt.«

Milch, Gerste, Weizen, Getreide, Butter, Käse, Tomaten, Honig, Datteln, Früchte, Mandeln und Kandiszucker sind sattvig. Sie machen den Geist rein und ruhig und spielen eine sehr wichtige Rolle in der Praxis der spirituellen Aspiranten, in der geistigen Entwicklung eines Schülers und in der Kraft der Persönlichkeit der Führer der Menschheit. Fisch, Eier, Fleisch, Salz, Chilli und Asafötida sind rajasig; sie heizen die Leidenschaft an und machen den Geist unruhig, unstet und unkontrollierbar. Rindfleisch, Wein, Knoblauch, Zwiebel und Tabak sind tamasig. Sie haben einen sehr ungesunden Einfluß auf den menschlichen Geist und erfüllen ihn mit Gefühlen von Zorn, Dunkelheit und Müßiggang.

Betonung von moralischen und spirituellen Werten

Zweifellos kann tierische Ernährung einen starken Sandow, einen unerschrockenen Soldaten oder einen scharfdenkenden und geistreichen Wissenschafter hervorbringen. In der hinduistischen Sicht des Lebens jedoch wird der wahre Wert auf den moralischen und spirituellen Wert des Menschen gelegt.

Der Mensch ist mehr als nur Körper und Geist; er ist im wesentlichen ein immer vollkommener, immer reiner und immer freier Geist in seiner wahren inneren Natur. Die menschliche Geburt ist eine Gelegenheit und ein Mittel, um zu dieser hohen Erkenntnis der inneren Natur zu gelangen und die Göttlichkeit wiederzuerlangen. Bei diesem Prozeß müssen alle Grobstofflichkeiten und alle animalischen Strömungen aus der menschlichen Persönlichkeit vollkommen gelöscht werden. Eine nichtvegetarische Ernährung, die von grobstofflicher und tierischer Natur ist, ist dabei ein großes Hindernis. Dagegen ist eine reine und sattvige Ernährung eine große Hilfe zur Verfeinerung der menschlichen Natur.

Die chemische Zusammensetzung der einzelnen Nahrungmittel schwingen in verschiedener Frequenz. Jeder Bestandteil der Nahrung ist eine Masse von Energie. Die Aufnahme bestimmter Nahrungsmittel baut im physischen Körper eine unharmonische Schwingung auf, die den Geist zum Schwanken und ins Ungleichgewicht bringt. Konzentration des Geistes wird schwierig und, hohes Denken beeinträchtigt, denn erhebende Gedanken setzen feine Schwingungen voraus.

Fleischkost macht krank

Fleisch macht krank, erregt die Leidenschaft und macht den Geist unruhig. Wissenschafter kommen zu dem Schluß, daß Fleisch bestimmte Substanzen enthält, die absolut giftig sind. Sehr viele Mediziner, die sich mit der Beziehung von Ernährung und Gesundheit beschäftigt haben, verbieten ihren Patienten den Genuß von Fleisch, nicht nur als Therapie gegen Krankheiten wie Gicht, Rheumatsimus, usw., sondern auch um vielen durch Harnsäure verursachten Beschwerden und Krankheiten vorzubeugen, einschließlich Schwindsucht, Krebs und Blinddarmentzündung.

Fleisch ist keineswegs notwendig, um gute Gesundheit, Kraft und Vitalität zu bewahren. Es ist im Gegenteil sehr schädlich für die Gesundheit; es hat eine Fülle von Beschwerden zur Folge, wie Bandwurm, Albuminurie und andere Nierenerkrankungen. In Ländern mit hohem Fleischkonsum ist die Krebssterblichkeit bekannterweise sehr hoch.

Fleischessen macht grausam

Darüberhinaus hat das Fleischessen Grausamkeit zur Folge, was keine erhebende Tugend ist. Es ist eine bestialische Eigenschaft, die den Menschen erniedrigt. Alle großen Menschen verurteilen Grausamkeit. Pythagoras verurteilte Fleisch als sündhafte Nahrung. Das grausame Schlachten von Tieren und das Töten von unschuldigen Leben, das der Fleischkonsum bedingt, macht ihn für alle rechtdenkenden Männer und Frauen auf der ganzen Welt verabscheuungswürdig.

Schlachten und Blutvergießen ist ein großes Unglück für Zivilisation und Kultur. Das Töten von Tieren zu Nahrungszwecken ist eine große Schande; und die Geisteshaltung, die es schafft, ist beladen mit möglichen Gefahren für das Leben der Menschheit, wie George Bernard Shaw sagte, solange Menschen Tiere quälen, töten und ihr Fleisch essen, werden wir Krieg haben.

Schlachthäuser abschaffen

Wenn du aufhören willst, Schaffleisch, Fisch, usw. zu essen, sieh nur einmal mit deinen eigenen Augen, in welch beklagenswertem Todeskampf die Tiere verenden. Nun erfüllen Mitleid und Sympathie dein Herz. Du beschließt, das Fleischessen aufzugeben. Wenn dir der Versuch mißlingt, verändere deine Umgebung und gehe an einen vegetarischen Ort, wo du kein Schaffleisch und keinen Fisch bekommen kannst, und halte dich in einer Gesellschaft auf, wo man nur vegetarisch ißt.

Denke immer an das Übel des Fleischkonsums und an den Nutzen einer vegetarischen Ernährung. Wenn dich das auch nicht stark genug macht, um die Gewohnheit aufzugeben, gehe in das Schlachthaus oder in die Metzgerei, und betrachte die ekelerregenden verfaulten Muskeln, Gedärme, Nieren und die anderen abscheulichen, übelriechenden Tierteile.

Das läßt in dir Vairagya, heftigen Abscheu und Haß auf das Fleischessen entstehen.

Man muß alle Schlachthäuser abschaffen und die Verwendung von Tierfleisch als Nahrungsmittel völlig aufgeben. Fleischessen ist unnötig, unnatürlich und ungesund. Die unzähligen Beispiele von berühmten Philosophen, Autoren, Gelehrten, Athleten, Heiligen, Yogis und Rishis, die sich vegetarisch ernährten, beweisen eindeutig, daß eine vegetarische Ernährung höchste Kräfte, sowohl in Körper wie im Geist, entstehen läßt und der Kontemplation über Gott und der Yogapraxis sehr zuträglich ist.

Der Mensch ist als fruchtessendes Wesen geschaffen. Dieser wissenschaftliche Faktor ist evident, wenn man ihn mit fleischessenden Tieren vergleicht, von denen er sich vollständig unterscheidet, hinsichtlich der inneren Organe, der Zähne und äußerer Merkmale, wohingegen er anantomisch sehr stark den Menschenaffen gleicht, die Früchte, Getreide und Nüsse essen.

Wenn der Mensch aufhört, Fleisch zu essen und seine Nahrung direkt aus der Hand der Natur nimmt, von vollreifen gesunden Früchten und Körnern, Nüssen und Gemüsen mit ein wenig Honig, Käse und Milch, wird sich zeigen, daß viele Krankheiten verschwinden. Die Menschen werden ausdauernder und leben länger.

Eine gut ausgewogene Ernährung ist erforderlich, keine reichhaltige Ernährung. Eine reichhaltige Ernährung führt zu Erkrankungen der Leber, der Nieren und der Bauchspeicheldrüse. Eine ausgewogene Ernährung hilft dem Menschen, zu wachsen, mehr arbeiten zu können, sein Körpergewicht, seine Leistungsfähigkeit und Vitalität zu steigern und ein hohes Niveau von Elan und Kraft aufrechtzuerhalten.

Menschen, die Sklaven ihrer Gewohnheit des Fleischessens sind, können nicht auf ihre tierische Ernährung verzichten, sie sind entschiedene und tief überzeugte Fleischesser geworden und versuchen daher, ihre Gewohnheit durch Argumente und Statistiken zu rechtfertigen. Man kann ihre Methoden nicht einfach durch Argumentation und Streit ändern. Letztlich ist es nur die Kraft des persönlichen Beispiels, das einen starken Einfluß auf die Menschen in der Umgebung hat.

Wahrheit

Wahrheit ist der Sitz Gottes. Wahrheit ist Gott. Nur die Wahrheit triumphiert.

Wahrheit ist das Grundgesetz des Lebens. Wahrheit ist das Mittel und das endgültige Ziel.

Wahrheit ist das Gesetz der Freiheit, Lüge ist das Gesetz der Sklaverei und des Todes.

Wahrheit ist Gerechtigkeit, Anständigkeit und Festhalten an den Grundgesetzen der Ethik. Reinheit und Wahrheit sind die Zwillingsfakoren, die die in dir schlummernde Göttlichkeit entfalten und erwecken und dich zu Vollkommenheit führen.

Wahrhaftigkeit ist die Hauptsäule im Tempel der Gottverwirklichung. Wahrheit ist das Tor zum Königreich Gottes.

Wahrheit ist wie eine Leiter. Sie führt dich zum Königreich ewiger Wonne.

Die alleseinschließende Tugend

Die Wahrheit zu sprechen ist die wichtigste Voraussetzung für einen Yogi. Wahrheit ist die Königin der Tugenden. Wahrheit ist die höchste Tugend.

Wahrheit ist die Essenz der Veden. Kontrolle der Leidenschaften ist die Essenz der Wahrheit. Selbstverleugnung und Abstandnehmen von weltlichen Vergnügen ist die Essenz der Selbstbeherrschung. Diese Eigenschaften finden sich immer in einem rechtschaffenen Menschen.

Wahrheit ist Rechtschaffenheit. Rechtschaffenheit ist Licht, und Licht ist Wonne. Ahimsa, Brahmacharya, Reinheit, Gerechtigkeit, Harmonie, Nachsichtigkeit und Frieden sind Formen der Wahrheit.

Unparteilichkeit, Selbstbeherrschung, Bescheidenheit, Ausdauer, Güte, Verzicht, Meditation, Würde, Festigkeit, Mitleidigkeit und Abstandnehmen von Kränkung sind Formen von Wahrheit.

Alle genannten Tugenden, obwohl sie scheinbar unterschiedlich sind, haben ein und dieselbe Form, Wahrheit. Sie alle halten die Wahrheit aufrecht und festigen sie.

Wenn der Pfad der Wahrheit beschritten wird, ist auch alles andere bereits getan. Wenn man die Wurzel gießt, werden automatisch auch alle Zweige gegossen.

Das oberste Gebot

Sei wahrhaftig. Alle Rechtschaffenheit ist in diesem einen Gebot enthalten.

In allem, was du tust, sei wahrhaft zu dir selbst und zur Welt. Verbirg nicht deine Gedanken. Sei aufrichtig. Sei ehrlich. Sei offen. Sei gerade. Habe den Mut, deine Ansichten zu äußern.

Stehe fest zu deinem Glauben. Enttäusche nicht den Menschen, der dir vertraut. Halte dein Versprechen, auch wenn es dein Leben kostet. Dein Leben vergeht vielleicht, aber nicht das von dir gegebene Wort.

Stimme nicht übereilt irgend jemandem oder irgend einer Sache zu. Denke genau nach. Überlege. Reflektiere. Sage: »Ich werde darüber nachdenken und später mit dir sprechen.« So verstrickst du dich nicht.

Mach keine Versprechungen, sondern sage: »Ich werde es versuchen. Ich werde darüber nachdenken.« Du bist gerettet. Du wirst nicht gefangen im Strudel von Sorgen, Reue und Kummer.

Lügen ist eine große Sünde. Wer lügt, verliert das Vertrauen anderer Menschen. Die Menschen werden ihm nicht glauben, auch wenn er die Wahrheit spricht. Die Gewohnheit zu lügen verwurzelt sich tief, wenn man wiederholt lügt. Der Mensch sagt viele Lügen, um eine einzige Lüge zu vertuschen.

Eine Lüge, die durch eine Lüge bekräftigt worden ist, führt zu weiteren Lügen.

Ein Lügner ist ein Feigling. Lügen ist ein sicheres Zeichen für Feigheit. Sprich die Wahrheit. Dann wirst du mutig.

Wahrheit ist furchtlos und stark

Die Wahrheit ist in sich vollständig. Wahrheit hat eine feste Grundlage in sich selbst. Sie ist kühn, sie kennt keine Furcht. Sie ist nicht begrenzt in Raum und Zeit. Sie ist ein furchtloser freier Vogel am Himmel. Sie kümmert sich nicht um den Status. Sie ist Reichtum an sich. Die Wahrheit bleibt bestehen, auch wenn sie keine öffentliche Unterstützung hat.

Die Wahrheit kann mit einem Wiesenweg verglichen werden, während Lüge einem Dornbusch gleicht. In einem Menschen, der sich auf Gedanken der Falschheit einläßt, lauert jeden Moment eine Angst, ein Unbehagen und eine Furcht vor sich selbst, ein Bedürfnis nach Vertrauen und ein Gefühl, daß etwas Falsches passieren könnte. Wahrheit andererseits ist der Weg der Rechtschaffenheit, der auf lange Sicht ganz sicher zum Erfolg führt. Sie ist eine gerade Straße ohne zweifelhafte Kreuzungen.

Es scheint in der heutigen Welt undurchführbar zu sein, dem Weg der Wahrheit genau zu folgen, wenn er aber als Ideal und Lebensziel praktiziert wird, ist der Weg sicher. Alle Stolpersteine auf deinem Weg zur Wahrheit schmelzen dahin, wenn du auf dem direkten Weg weitergehst.

Bestimmte Irrtümer

Es treten bestimmte Irrtümer auf, wenn man den Pfad der Wahrheit beschreitet. Es schadet der Mutter, die liebevoll ihrem Kind zu essen gibt, sicher nicht, wenn sie sagt, daß eine Krähe vor einiger Zeit das Kuchenstückchen weggenommen hätte, und wenn sie dem Kind zu verstehen gibt, daß sie es unendlich bedauert und die Gedanken des Kindes mit den Worten ablenkt: »Mein Liebling, macht nichts, ich werde dir am Abend einen größeren Kuchen bringen.« Es ist durchaus keine Unwahrheit, wenn du andere nicht kränkst, ihre Gefühle nicht verletzt, anderen nicht schadest oder sie bloßstellst. Wenn du einen kleinen Kredit nicht gewährst, obwohl du eine Sicherstellung für dich hast, wenn du deine Feder oder etwas anderes nicht leihst, das du nicht verleihen möchtest, kann man das als Unwahrheit betrachten.

Unterschiedliche Auffassungen von Wahrheit

Ein weltlicher Mensch, ein Moralist und ein spiritueller Mensch haben unterschiedliche Auffassungen von der Wahrheit. Ein Moralist macht sich Gedanken über das, was die Wahrheit mit sich bringt. Wenn ein Mensch das Leben vieler Unschuldiger durch eine Lüge retten kann, ist das für einen Moralisten Wahrheit, denn eine Unwahrheit hat allergrößten Nutzen gebracht. Wenn die Wahrheit vielen Menschen nur noch mehr Schaden bringt, ist das für einen Moralisten die Unwahrheit. Für den spirituellen Menschen ist Brahman die Wahrheit; diese Welt ist unwahr.

Brahman: die einzige Wahrheit

Die Welt ist Unwahrheit, das Absolute ist Wahrheit. Die Welt wird repräsentiert durch Sexualität und Ego; das Absolute wird repräsentiert durch das numinale und gnostische Wesen.

Die Wahrheit wird nicht ausgedrückt, nicht einmal durch Sein-Bewußtsein-Freude! Das ist nur der nächste Verwandte der Wahrheit. Die Wahrheit ist noch großartiger, größer, mächtiger und wahrer !

Die Wahrheit ist; die Unwahrheit ist nicht. Daher ist es nicht ganz richtig, wenn man sagt, daß die Wahrheit eins ist, denn Wahrheit ist Existenz an sich und weder eins noch nichteins. Wahrheit ist ungeteilt.

Die Wahrheit ist höchst öffentlich. Sie kann nicht verborgen werden, auch wenn man es versucht. Die Wahrheit dauert fort und drückt sich selbst im Extrem der Unwahrheit aus. Das Extrem der Wahrheit ist das Absolute. Unwahrheit ist ein Schatten von Wahrheit.

Alles Veränderliche ist Unwahrheit. Daher ist Wahrheit unendlich. Nur die Wahrheit dauert an, während alles andere vergeht.

Jeder, von Brahma bis zum Grashalm, bewegt sich der Wahrheit entgegen, mancher bewußt, mancher unbewußt. Sie unterscheiden sich nur im Grad des Bewußtseins, im Ausmaß der geistigen Reinheit oder der Feinstofflichkeit des Zustandes. Jedes Blatt, das in der Luft treibt, jeder Atemzug, den wir ausstoßen, mit anderen Worten jeder Akt des universellen Lebens ist ein Schritt näher zur Wahrheit; denn Wahrheit ist das ewige Heim aller Wesen. In sie gehen sie alle ein und finden dauerhaften Frieden und Zufriedenheit. Wahrheit siegt über Lüge, nicht Lüge über Wahrheit, auch wenn die scheinbare und unmittelbare Erfahrung anders ist.

Die Praxis von Wahrheit

Die Schriften erklären mit Bestimmtheit: »Sprich die Wahrheit. Nur die Wahrheit siegt, niemals die Lüge.« Gott ist Wahrheit, und die Wahrheit muß verwirklicht werden, indem man die Wahrheit spricht. Ein wahrhaftiger Mensch ist absolut frei von Sorgen und Ängsten. Sein Geist ist ruhig. Wenn jemand zwölf Jahre lang die Wahrheit spricht, erlangt er 'Vollkommenheit der Sprache'. Dann wird alles eintreten, was er spricht. In der Sprache eines solchen Menschen liegt Kraft.

Deine Gedaken müssen mit deinen Worten übereinstimmen, und die Worte müssen mit deinen Handlungen übereinstimmen. Die Menschen in der Welt denken das eine, sagen etwas anderes und tun ein drittes. Das ist fürchterlich. Das ist Schurkerei. Gedanken, Worte und Taten müssen sorgfältig beobachtet werden. Der kleine Gewinn, den man durch eine Lüge erlangt, ist gar kein Gewinn. Man verschmutzt das Bewußtsein und schadet dem unterbewußten Geist. Die Gewohnheit zu lügen wird auch in die nächste Geburt mitgenommen, und man leidet in jeder Geburt.

Meditiere über die Wahrheit. Schöpfe Inspiration aus den Leben von Menschen, die um der Wahrheit willen alles gegeben haben. Schreibe in Großbuchstaben die Worte »**Sprich die Wahrheit**« auf Schilder und hänge sie an verschiedenen Stellen deines Hauses auf. Das dient als Warnung, wenn du gerade eine Lüge sagen wolltest. Dann wirst du dich sofort prüfen. Es wird eine Zeit kommen, wo du in der Gewohnheit, die Wahrheit zu sprechen, fest verwurzelt sein wirst. Bestrafe dich durch fasten, wenn du gelogen hast, und halte die Lügen in einem Tagebuch fest. Schließlich wird die Anzahl der Lügen abnehmen, und du wirst ein wahrhaftiger Mensch werden.

Bleibe unter allen Umständen auf dem Weg der Wahrheit. Wahrheit hat ein eigenes Strahlen. Sie strahlt aus sich selbst und wirft ihr Licht auf andere. Wenn du bei der Wahrheit als deiner einzigen Religion bleibst, wenn du zu jeder Zeit, an jedem Ort und unter allen Umständen nur bei der Wahrheit bleibst, kannst du es dir nicht leisten, jemandem zu schaden. Vollkommener Friede und wahres Glück werden dir gehören.

Habe unaufhörliche Hingabe an die Wahrheit. Sei bereit, alles dafür zu opfern. Du wirst einen starken Willen entwickeln. Du wirst furchtlos werden. Du wirst ungeheure Kraft und Mut aus dem Atman, dem höchsten Selbst im Inneren schöpfen. Du wirst Selbstverwirklichung erlangen.

Wahrheit: das Erste und das Letzte

Auf die Frage: »Was ist das Erste bei der Verwirklichung?«, würde ich antworten: »Das Erste, Zweite und Dritte dabei, nein, alles - ist Wahrhaftigkeit.«

Mögen Wahrheit und Reinheit deinen Weg erhellen, dein Verhalten lenken und deinen Charakter formen.

Wenn der Geist unrein ist, kann man keine Selbstverwirklichung erreichen, auch wenn man zwanzig Stunden am Tag meditiert. Auch Yudhishthira mußte die Hölle sehen, weil er einmal gelogen hatte - eine modifizierte, auf geschickte Weise verdrehte Wahrheit.

In der Wahrheit gibt es keinen Betrug. Alles Geheuchelte ist Unwahrheit.

Wahrheit kann nie dem Nichtverletzen widersprechen. Wenn sie es tut, ist sie keine Wahrheit mehr, sondern die Selbstsucht des Menschen, der an der Spitze steht.

Wenn die Wahrheit einen anderen Menschen zu Unehre, Verletzen und Schmerz führt, ist sie keine Tugend mehr. Dann wird sie zu einer Todsünde.

Sprich die Wahrheit. Sprich das Angenehme. Sprich keine unangenehme Wahrheit, sprich keine angenehme Lüge.

Die Wahrheit existiert immer in einem reinen und unvermischten Zustand. Die Wahrheit schließt Selbstbeherrschung, Fehlen von Eifersucht, Nachsichtigkeit, Geduld, Ausdauer, Liebenswürdigkeit und Liebe ein.

Friede ist Wahrheit. Wahrheit ist Frieden. Wenn du Frieden erlangen willst, sei zu jeder Zeit wahrhaftig. Der Geist jubelt durch Wahrhaftigkeit. Der Verstand wird durch erhabene göttliche Gedanken verfeinert. Durch die Praxis des Sprechens der Wahrheit wird das Antahkarana von seinem Schmutz befreit. Es strahlt wie ein reiner Spiegel und reflektiert die göttliche Gestalt des Herrn mit großem Glanz.

Alles ist gut für den Menschen, dessen Herz sich der Wahrheit zuwendet. Keine Krankheit, weder physisch noch geistig, kann ihn befallen.

Wer sich der Wahrheit zubewegt, ist mächtig, lebt lange, weiß alles und ist immer freudvoll; den er nähert sich dem Allmächtigen.

Der Pfad der Wahrheit ist steil. Er ist glitschig und so schmal wie eine Rasierklinge. Es ist schwierig, ihn zu beschreiten, es ist ein schwieriger Pfad. Giganten unter den spirituellen Menschen gehen auf ihm bis zur Stadt der Vollkommenheit.

Suche die Gesellschaft entwickelter Seelen, die den Weg der Wahrheit gehen. Beobachte immer sorgfältig, was in der inneren geistigen Fabrik vor sich geht. Gib alle gemeinen Handlungen auf. Werde eine edle große Seele. Edelmut ist gut. Großherzigkeit ist Wahrheit. Wenn sich Menschen über dich lustig machen, bleib ruhig. Übe nie Vergeltung. Vergib. Gib ein vedantisches Lächeln. Stehe so unerschütterlich wie der Fels da drüben. Wirst du das tun, mein lieber Niranjan?

Wiedergeburt

Der Mensch kann mit einer Pflanze verglichen werden. Er wächst und blüht wie eine Pflanze und stirbt am Ende, aber nicht vollständig. Auch die Pflanze wächst, blüht und stirbt am Ende. Sie hinterläßt den Samen, der eine neue Pflanze hervorbringt. Der Mensch hinterläßt, wenn er stirbt, sein Karma - die guten und schlechten Handlungen seines Lebens. Der physische Körper kann sterben und sich auflösen, die Eindrücke seiner Handlungen sterben jedoch nicht. Er muß wiedergeboren werden, um die Früchte dieser Handlungen zu genießen.

Die Doktrin der Wiedergeburt ist so alt wie die Veden. Sie ist die Grundlage von Hinduismus, Buddhismus und Jainismus. Diese Lehre wird unterstützt von Guru Nanak Dev im Guru Grantha Saheb.

Die alten Ägypter glaubten daran. Für die griechischen Philosophen war sie ein Eckpfeiler ihrer Philosophie. Sie ist der Hauptgedanke in der Philosophie Platos, wenn er sagt, daß alles Wissen Erinnerung ist.

Emerson, Plato und Pythagoras glaubten absolut an die Lehre der Wiedergeburt. Philosophen wie Kant, Schelling und Schopenhauer haben diese Doktrin anerkannt. Theologen wie Julius Müller, Dorner und Edward Beecher haben sie aufrechterhalten. Sie wird heute von der Mehrheit der Menschen akzeptiert.

Der Körper - ein Fortbewegungsmittel für die Seele

Die Verbindung der Seele mit einem bestimmten Körper heißt Geburt und ihre Trennung von ihm Tod. Wenn die Seele ihre physische Hülle verläßt, geht sie in einen anderen Körper weiter, der je nach den Verdiensten ein menschlicher, tierischer oder pflanzlicher sein kann.

Öl und Dampf sind starke Kräfte. Aber alleine können sie keine Reise mit bestimmtem Kurs und Ziel machen. Sie müssen in eine Maschine gespannt werden, in einen fahrenden Zug oder einen Dampfer. Ebenso braucht die Seele einen Körper, um ihren Weg zu gehen und so ihre Bestimmung in Gott zu erreichen. Der Körper ist von Gott geschaffen worden, um die Seele auf ihrem Weg voranzutragen. Eine gute Seele macht einen guten Körper, eine schlechte Seele einen schlechten Körper. Der Körper ist ein unerläßliches Hilfsmittel für die Seele in ihrem Fortschreiten zu Gott.

Der Vorgang der Seelenwanderung setzt sich fort - wir können nicht sagen, durch wieviele Leben - bis die Seele, die von allen Unreinheiten gereinigt ist und durch Yoga wahre und volle Erkenntnis von ihrer Unsterblichkeit erlangt hat, Mukti, die endgültige Befreiung, erreicht, und durch ihre Vereinigung mit dem höchsten Selbst, Para Brahman, vollkommenen ewigen Frieden genießt. Dort gibt es keine Seelenwanderung mehr.

Beweise für Wiedergeburt

Eines der wichtigsten Argumente für die Wiedergeburt begründeten die Hindus auf dem Gefühl des Instinkts. Instinkt ist das Ergebnis von Erfahrungen in der Vergangenheit.

Das Baby saugt. Die junge Ente schwimmt. Wer hat es sie gelehrt ? Es sind Samskaras, Anlagen aus früheren Geburten.

Liebe auf den ersten Blick ist ein bestimmtes Gefühl aus einem früheren gemeinsamen Leben. Diese Seelen liebten sich schon früher. Sie erinnern sich daran und haben tatsächlich das Gefühl, sich schon begegnet zu sein. Eine solche Liebe hat sicher nichts mit Sexualität zu tun und zerbricht auch nur selten. Buddha erzählte seiner Frau von ihrer Freundlichkeit ihm gegenüber in einer früheren Geburt und machte einige Male genaue Angaben über die früheren Leben anderer Menschen.

Jedes Kind wird mit bestimmten Neigungen und Vorlieben geboren, die aus früheren bewußten Handlungen stammen. Kein Kind wird mit einem leeren Geist oder einem leeren weißen Blatt als Geist geboren. Wir hatten frühere Leben.

Nehmen wir ein Wunderkind. Ein Fünfjähriger wird ein hervorragender Pianist oder Geiger. Shri Jñana Deva schrieb seinen Gitakommentar mit vierzehn. Es gab Kinder, die Mathematiker waren. In Madras gab es den Jungen Bhagavatar, der im Alter von acht Jahren Katahs leitete. Welche Erklärung gibt es für so eigenartige Phänomene ? Das ist keine Laune der Natur. Nur die Theorie von der Seelenwanderung erklärt Derartiges. Wenn ein Mensch tiefe Furchen im Geist hat durch das Erlernen von Musik oder Mathematik in dieser Geburt, nimmt er diese Eindrücke zur nächsten Geburt mit und wird schon als Kind zu einem Genie in diesen Wissenschaften.

Vererbung kann nicht all diese Ungleichheiten und Verschiedenheiten erklären - die Fälle von Genialität. Die Eltern, Brüder und Geschwister dieser Wunderkinder sind ganz normale Menschen. Veranlagungen sind das Ergebnis früherer Handlungen. Sie werden nicht vererbt. Die Wunderkinder haben ihr Talent in ihren früheren Leben erworben.

Der Mensch entwickelt in mehreren Geburten Neigungen und Fähigkeiten und wird in einer weiteren Geburt ein Genie. Buddha erwarb in mehreren Geburten Erfahrungen. Er wurde erst in seiner letzten Geburt ein Buddha.

Man kann nicht in einer einzigen Geburt alle Tugenden entwickeln. Man kann die Tugenden nur allmählich entwickeln. Heilige zeichnen sich in allen Tugenden aus. Die Existenz von Heiligen und Meistern zeigt, daß es Wiedergeburt gibt.

Warum erinnern wir uns nicht an unsere Vergangenheit?

Ein Einwand erfolgt gegen die Lehre der Wiedergeburt. Dieser Einwand besagt: »Warum erinnern wir uns nicht an unsere Vergangenheit?« Erinnerst du dich daran, was du als Kind tatest? Kannst du sagen, daß es dich damals nicht gab, weil du dich nicht daran erinnern kannst ? Sicherlich nicht. Wenn deine Existenz von deinem Gedächtnis abhängt, dann zeigt dieses Argument, daß du als Kind nicht existiertest, weil du dich an deine Kindheit nicht erinnerst. Die Einzelheiten sind aus deinem Gedächtnis verschwunden, aber das Wissen, das du durch Erfahrung erworben hast, ist integraler Bestandteil deines Wesens. Diese Erfahrungen befinden sich noch als Eindrücke in deinem Unterbewußtsein, Chitta. Genauso beeinflussen Erfahrungen aus der Vergangenheit dein gegenwärtiges Leben.

So lange wir in einem Körper leben, üben wir die Fähigkeit des Gedächtnisses durch das Gehirn aus. Wenn man von einer Inkarnation zur nächsten geht, nimmt die Seele nicht das frühere Gehirn in den nächsten Körper mit.

Wissen von der Vergangenheit

Alle Erfahrungen, die du in den einzelnen Geburten gemacht hast, bleiben in Form von Eindrücken oder Restpotenzen im Chitta, dem unterbewußten Geist, zurück. Sie verbleiben in überaus subtiler Form, so wie der Klang in subtiler Form in der Schallplatte bleibt. Ein Yogi kann sich durch Konzentration auf diese Eindrücke an seine früheren Geburten erinnen. Er kann dir auch alles über deine früheren Leben sagen durch Konzentration auf die Samskaras oder Eindrücke, die sich in deinem unterbewußten Geist befinden.

Mutter Natur hat die Vergangenheit von dir verborgen. Es ist nicht wünschenswert, sich an die Vergangenheit zu erinnern. Nimm einen Augenblick lang an, du würdest die Vergangenheit kennen. Du weißt, daß du im letzten Leben eine Sünde begangen hast, und daß du dafür leiden wist. Du denkst immer daran. Du bist ständig besorgt. Du schläfst schlecht. Dein Essen schmeckt dir nicht.

Wenn du an deine Vergangenheit denkst, nützt du vielleicht deine Gegenwart schlecht. Dein eingefleischter Feind aus der Vergangenheit wird in diesem Leben vielleicht als dein Sohn geboren. Wenn du dich an die Vergangenheit erinnerst, ziehst du dein Schwert, um ihn zu töten. Feindselige Gefühle werden sofort in deinem Herzen entstehen.

Vorfälle im realen Leben, die ein Beweis für Wiedergeburt sind

Eine Herausforderung für Menschen, die nicht an die Hindutheorie von der Seelenwanderung glauben. Kürzlich gab das kleine Mädchen Santi Devi eine genaue Beschreibung ihrer früheren Leben in Delhi. Das hat in Delhi und Mathura, ja sogar in ganz Uttar Pradesh, großen Eindruck gemacht. Viele Menschen kamen, um zu hören, was sie sagte. Sie erkannte ihren Ehemann und ihr Kind aus ihrer früheren Geburt wieder, die in Madhura leben. Sie zeigte den Platz, wo Geld aufbewahrt wurde, und einen alten Brunnen im Haus, der jetzt überdeckt ist. Alle ihre Aussagen wurden überprüft und von vertrauenswürdigen Augenzeugen bestätigt.

Von mehreren solchen Fällen wird aus Rangoon, Sitapur und anderen Orten berichtet. Sie sind ziemlich häufig. In solchen Fällen wird der Jiva unmittelbar und mit dem alten Astralkörper, Linga Sharira, wiedergeboren. Deshalb kommt es zur Erinnerung an frühere Geburten. Er blieb nicht lange in der Geistwelt, um entsprechend der Erfahrungen von der Welt einen neuen Geist und einen neuen Astralkörper aufzubauen.

Karma und Wiedergeburt

Die Lehre von der Wiedergeburt ist eine Konsequenz aus dem Gesetz des Karma. Die Veranlagungsunterschiede zwischen den einzelnen Individuen müssen ihren jeweiligen früheren Handlungen entsprechen. Eine frühere Handlung setzt eine frühere Geburt voraus. Weiters können sicher nicht alle Karmas in diesem Leben Früchte tragen. Daher muß es weitere Geburten geben, um verbliebene Handlungen auszuleben. Jede Seele hat eine Reihe von Geburten und Toden. Geburten und Tode setzen sich fort bis zur Erlangung der Erkenntnis des Unvergänglichen.

Gute Karmas führen zur Inkarnation in höheren Sphären und schlechte Karmas in niederen. Durch Tugend erhält man Zugang zu höheren Ebenen; durch Laster steigt man in niedrigere ab. Aus Weisheit entsteht Glückseligkeit; und Bindung aus dem Gegenteil. So lange die Karmas - gute und schlechte - nicht erschöpft sind, kann der Mensch nicht Moksha, endgültige Befreiung, erlangen, auch nicht in Hunderten von Kalpas. Sowohl gute als auch schlechte Karmas binden den Jiva fest in ihren Ketten. Die eine ist aus Gold; die andere ist aus Eisen. Der Mensch kann solange nicht Moksha erlangen, solange er nicht das Wissen über das Ewige erreicht hat.

Widerlegung der christlichen Theorie

Der Sinn der Seelenwanderung ist Besserung und Vervollkommnung. Sie bereitet den

Menschen auf die endgültige Verwirklichung vor, die ihn aus dem Zyklus von Geburt und Tod befreit.

Der Mensch kann schwerlich in einem einzigen Leben Vollkommenheit erreichen. Er muß Herz, Verstand und Hand entwickeln. Er muß seinen Charakter zu Vollkommenheit formen. Er muß tugendhafte Eigenschaften entwickeln wie Barmherzigkeit, Toleranz, Liebe, Nachsichtigkeit, universelle Sicht, Mut, usw. Er muß viele Lektionen lernen und seine Erfahrungen in dieser großen Weltschule machen. Daher muß er viele Leben leben. Die Wiedergeburt ist sehr real. Ein einziges kleines Leben ist ein Teil einer Reihe, die sich hinter dir und vor dir erstreckt. Es ist eigentlich unbedeutend. Man macht nur ein Stückchen Erfahrung. Man entwickelt sich ein wenig. Im Laufe eines Lebens tut der Mensch viel Schlechtes. Er tut wenig Gutes. Sehr wenige sterben als gute Menschen.

Die Christen glauben, daß ein einziges Leben alles entscheidet und regelt. Dem Sünder wird keine Möglichkeit gegeben, sich in späteren Geburten zu reinigen. Seine begrenzte Sünde stürzt ihn, wenn sie nicht irgendwie gereinigt wird, nach seinem Tod in endloses Elend. Wie kann es das geben? Wie kann die immerwährende Zukunft des Menschen abhängig gemacht werden von diesem einen, kleinen, winzigen und unbedeutenden Leben? Wenn er in diesem Leben an Christus glaubt, wird er ewigen himmlischen Frieden erlangen; wenn er in diesem Leben ein Ungläubiger ist, wird er in die ewige Verdammnis gestoßen; er wird für immer in den Feuersee, die schreckliche Hölle, gestoßen. Ist das nicht eine überaus irrationale Lehre ? Sollte er nicht eine Chance zur Besserung und Korrektur bekommen ? Die Lehre von der Wiedergeburt ist sehr rational. Sie bietet dem Menschen breiten Raum für Berichtigung, Wachstum und allmähliche Entwicklung. Die Vedanta sagt, daß es auch für den ärgsten Sünder Hoffnung auf Rettung gibt.

Für eine begrenzte Zeit erntet der Sünder die Früchte seiner Untaten. Nachdem er von seinen Sünden gereinigt ist, wird er wieder als vernunftbegabtes Wesen geboren und erhält so eine neue Chance, um an seiner Befreiung zu arbeiten, mit der Entscheidungsfreiheit, den richtigen oder den falschen Weg zu wählen, und mit dem Wissen, das ihn den einen vom anderen unterscheiden läßt.

Geburt in niederen Yonis

Kein menschliches Wesen ist durch und durch eine Inkarnation Luzifers. Bestimmte gute Eigenschaften und Handlungen, die aus solchen guten Eigenschaften stammen, wiegen stets die schlechten Eigenschaften und die daraus stammenden Handlungen auf; und das menschliche Wesen geht in eine neue Geburt in derselben Gattung, eine hohe oder niedere, zur Weiterentwicklung der Seele.

Im allgemeinen entwickelt sich der Mensch weiter. Die Entwicklung zu Höherem und nicht die Abweichung zu Niedrigerem ist im allgemeinen das Gesetz und Naturprinzip. Es gibt aber Ausnahmen. Wenn ein Mensch teuflische Wesenszüge hat und sehr brutal handelt, wenn er sich schlechter verhält als ein Tier, wenn er wie ein Hund oder Affe handelt, verdient er im nächsten Leben sicherlich keine menschliche Geburt. Er wird in einem Tierschoß geboren. Er wird als Hund, Affe oder Esel geboren. Solche Fälle sind jedoch tatsächlich selten.

Selbst wenn ein Mensch abscheuliche Sünden begeht, kann er die größte Strafe noch im physischen Körper erhalten. Es ist nicht unbedingt notwendig, daß er als Tier wiedergeboren wird. Der Mensch leidet mehr an seinen Sünden, wenn er sich noch im menschlichen Körper befindet, als wenn er eine Tiergeburt annimmt. Die Leiden von Lepra oder Schwindsucht, Syphilis oder Gonorrhöe sind unvorstellbar.

Der Mensch lernt seine Lektionen durch bittere und schmerzhafte Erfahrungen in der Welt. Wie sündig, grausam und brutal ein Mensch vielleicht auch ist, er korrigiert und erzieht sich selbst durch Leid, Schmerz, Sorgen, Kummer, Schwierigkeiten und Krankheiten, den Verlust seines Besitzes, Armut und den Tod von lieben nahen Angehörigen. Gott formt und korrigiert die Sünder auf geheimnisvolle Weise. Leiden und Schmerz sind nützliche korrigierende Kräfte. Sie dienen Übeltätern als Augenöffner. Sie bewahren sie davor, zurückzufallen und ziehen sie nach oben. Die ehemaligen Sünder beginnen Gutes zu tun und suchen die Gesellschaft von Heiligen.

Durchtrenne den Knoten von Geburt und Tod

Es ist nicht von großer Bedeutung, welchen Körper wir tragen. Es ist von großer Bedeutung, welche Gedanken wir haben. Ein Mensch in gehobener Stellung hat vielleicht die Gedanken eines Tieres. Wenn er zur Beute von Lust und Zorn wird, ist er schlimmer als ein Tier. Eine Kuh ist tausendmal besser als ein solcher Mensch, der ohne Unterscheidungskraft ist, der sich in niedrigen Vergnügen ergeht und über Nichtigkeiten die Geduld verliert.

Kümmere dich nicht darum, welche Geburt du in Zukunft haben wirst. Nütze das gegenwärtige Leben bestmöglich, und befreie dich aus Geburt und Tod. Entwickle Hingabe an den Herrn. Entsage niedrigen Wünschen. Sei immer darauf bedacht, anderen Gutes zu tun. Sei gut und tue Gutes.

Gott Hari erhält die drei Welten. Die Verantwortung, jeden Menschen in Seiner Schöpfung zu Seiner unsterblichen Wohnstatt zu führen, bleibt bei Ihm. Laß dich von Ihm auf jeden Weg führen, den Er wünscht. Laß Ihn dir Mukti geben, wenn du dich im Körper eines Menschen, eines Tieres oder eines Teufels befindest. Laß deinen Geist immer auf Ihn konzentriert sein. Laß Ihn immer auf Seine Lotusfüsse geheftet sein, wie die Biene, die sich an einen voll erblühten Lotus hängt.

Die Ketten, die dich an dieses Rad von Geburt und Tod binden, sind deine Wünsche. Solange du Wünsche nach Dingen in der Welt hegst, mußt du in diese Welt zurückkehren, um sie zu besitzen und zu genießen. Wenn aber all deine Wünsche nach weltlichen Dingen aufhören, sind die Ketten gesprengt...und du bist frei. Du brauchst keine neuen Geburten mehr anzunehmen. Du erlangst Moksha, die endgültige Befreiung.

Du wanderst in diesem Samsara, weil du glaubst, daß du vom Herrn getrennt bist. Wenn du dich mit Ihm durch Meditation und Yoga verbindest, wirst du Unsterblichkeit und ewige Wonne erreichen. Durchtrenne die Bande des Karma durch Erkenntnis des Ewigen, und genieße den höchsten Frieden des Atman, deines innersten Selbst und inneren Lenkers. Du wirst aus dem Rad von Geburt und Tod befreit werden. Frei von Sünde und Leidenschaft wirst du ein Jivanmukta, ein befreiter Heiliger, werden.

Wissenschaft

Manche Wissenschafter und manche sogenannte gebildete Menschen glauben, daß Wissenschaft alles erklären und das Rätsel des Universums und alle Probleme des Lebens lösen könne. Sie denken auch, daß die wissenschaftliche Methode die einzige Methode zur Wahrheitsfindung ist, und daß nur eine wissenschaftliche Ausbildung und Disziplin den Charakter eines Menschen sehr wirksam bilden kann. Sie vernachläßigten sowohl ethische Disziplin, als auch Moral und Religion und gaben der Religion einen untergeordneten Platz.

Ein Wissenschafter kam zu mir und sagte: »Die Upanishaden und die Brahma Sutras sind nicht wissenschaftlich geschrieben worden. Ich versuche, wissenschaftlich an dieses grundlegende Thema heranzugehen.« Ich lachte und sagte: »Mein lieber wissenschaftlicher Freund! Die Upanishaden sind Offenbarungen. Brahma Vidya ist transzendental. Atman ist transzendental. Du kannst nicht deine Eprouvetten und deinen Bunsenbrenner auf Ihn anwenden. Wissenschaftliche Schlußfolgerung kann nicht an Ihn heranreichen. Die Beobachtungen der Wissenschafter sind einseitig, da sie nur vom Wachzustand ausgehen. Ihre Erfahrungen sind relative Erfahrungen.« Der Wissenschafter schwieg, senkte beschämt den Kopf und ging still weg.

Drei Blinde berührten die verschiedenen Teile eines Elefanten. Der eine berührte den Fuß und sagte: »Ein Elefant ist wie eine Säule.« Ein anderer berührte das Ohr und sagte: »Der Elefant ist wie ein Fächer.« Ein dritter berührte den Bauch und sagte: »Der Elefant ist wie ein Topf.« Ebenso untersucht ein Wissenschafter die physische Ebene und spricht von Atom, Energie und physikalischen Gesetzen. Er gleicht ebenfalls einem Blinden. Er kennt nur eine Dimension. Er ignoriert den Traum- und den Wachzustand. Sein Wissen ist nicht umfassend. Nur ein Vedantin besitzt volle Kenntnis von allem.

Die nach Bequemlichkeit suchende Natur des Menschen

Da das Leben durch moderne Erfindungen physisch bequem und vergleichsweise mühelos gemacht worden ist, ist der die Bequemlichkeit suchende Mensch verhalten, die Stellung der Religion in seinem Leben geringzuschätzen und die Werte der materialistischen Zivilisation hervorzuheben. Aber es gab immer Umstände, die die Unzuverläßigkeit der nur objektiven Sichtweisen und Methoden der physikalischen Wissenschaft bloßgelegt haben, sowie die Erfahrung des Menschen, daß er nicht wirklich glücklicher ist, und daß die Welt nicht tatsächlich besser ist, auch nicht nach seinen intensiven Bemühungen, der äußeren Natur ihre verborgenen Quellen zu entlocken, um sie für seine Zwecke zu verwenden. Wo ist Befriedigung, wo ist Glück, und wo ist dann Friede?

Manche weise Wissenschafter sind sich nun der Grenzen der Wissenschaft und der wissenschaftlichen Methoden bei der Erforschung von Phänomenen, die auf Ebenen subtilerer Materiezustände stattfinden, voll bewußt. Die Realität der spirituellen Welt ist für sie ein Buch mit sieben Siegeln. Sie sind sich auch der Grenzen der Wissenschaft bei der Neuformung der ungeformten menschlichen Natur und bei der Erlangung des höchsten Gutes, der ewigen Wonne, des Höchsten im Leben, bewußt.

Was hat die Wissenschaft mit uns gemacht?

Können wissenschaftliche Erfindungen uns wirklich glücklich machen? Das ist jetzt die Frage aller Fragen. Was hat die Wissenschaft mit uns gemacht?

Die Wissenschaft hat nun Zeit und Raum beseitigt. Man kann schon in sechsunddreißig Stunden nach London reisen. Wie wunderbar! Diese Erde ist jetzt sehr sehr klein geworden. Hat aber die Wissenschaft wirklich zum Glück der Menschen beigetragen ? Die Antwort ist eindeutig nein, nein. Sie hat die Bedürfnisse und den Luxus des Menschen vervielfacht. Der Luxus von heute wird zum Bedürfnis von morgen. Sie hat den Menschen zum Bettler gemacht.

Die Wissenschaft hat viel Wunderbares hervorgebracht. Wissenschafter arbeiten Tag und Nacht in ihren Laboratorien, um noch viele andere Dinge zu erfinden. Aber die Wissenschaft hat das Leben sehr kompliziert gemacht und den Lebenskampf sehr hart. Sie hat die Ruhelosigkeit des Geistes verstärkt. Sie hat nicht zum Frieden des Menschen beigetragen. Niemand zweifelt an diesen unumstößlichen Tatsachen.

Die Wissenschafter haben im zwanzigsten Jahrhundert ungeheure Fortschritte gemacht. Atombomben können in einem einzigen Augenblick ein großes Land zerstören. Radios, Telefon, Telepathie, Television, ferngesteuerte Flugzeuge, Minen, Panzer, Taschenradios, Bomben in Kugelschreibern und Zigaretten, unterirdische Paläste, Speere, H-Bomben, Kampfflugzeuge, Bomber, Flugzeugabschußanlagen, Gasbomben, Torpedos und Unterseeboote, all das sind erstaunliche Wunder. Aber die Wissenschafter haben nicht die Moral des Menschen verbessert. Sie haben die Probleme von Arbeitslosigkeit, Armut, Krieg, Hunger und Zwistigkeiten in Gemeinschaften, Nationen und Regierungen nicht gelöst.

Die Wissenschaft hat den Menschen analysiert. Er ist angeblich ein Geschöpf, das sich aus verschiedenen physikalischen und chemischen Substanzen zusammensetzt. Und doch ist bis jetzt kein Wissenschafter in der Lage gewesen, die chemischen Aufbaustoffe im Körper eines Menschen zu einem homogenen Geschöpf zusammenzufassen, das lebt, spricht und handelt wie ein Mensch.

Der Wissenschafter beschießt die Atome, beobachtet die Bewegung von Elektronen in seinem Labor und bringt sein ganzes Leben damit zu, Geheimnis und Wesen von Materie und Energie zu verstehen, er erfindet viele Dinge und studiert die Naturgesetze; und doch kann er das Mysterium der Schöpfung und des Schöpfers und den Sinn des Lebens nicht verstehen.

Die Wissenschaft ist unzureichend

Wissenschafter sind sehr sehr intensiv mit der Untersuchung der äußeren Welt beschäftigt. Sie haben völlig die Erforschung der inneren Welt vergessen. Die Wissenschaft gibt nur Aufschluß über konkreten Erscheinungen und nicht über die dahinterstehende Wirklichkeit. Die Wissenschaft war nicht in der Lage, die letzten Fragen zu lösen: Was ist der eigentliche Stoff der Welt? Wer bin ich? Was ist die letzte Wahrheit?

Die Wissenschaft sagt uns, daß das endgültig Ziel von allem unbekannt und unerkennbar ist. Vedanta lehrt jedoch, daß Brahman, das Unendliche, das letzte Ziel ist, und daß es durch Zuhören, Reflektion und Meditation verwirklicht werden kann.

Das Wissen des Wissenschafters ist begrenzt. Es ist nur oberflächlich. Es ist nicht wirkliches Wissen von der Wahrheit. Wissenschafter sind verstrickt in vergängliche Phänomene. Sie stützen sich auf äußere Instrumente Linsen, und dergleichen, um zu Erkenntnis zu gelangen. Ihre althergebrachten Theorien werden von neuen Theorien widerlegt. Ihre Wissen ist nicht unfehlbar und wahr, wie das Wissen vom Selbst, das Weise und Yogis besitzen.

Materie und Geist

Die Wissenschaft hat ihre Grenzen. Die Wissenschaft verfügt über keine Instrumente, um übersinnliche oder spirituelle Daten und göttliche Dinge aufzuzeichnen, die in einer subtilen Form vorhanden sind, die wir aber nicht sehen können. Wahre Erfahrungen schließen die Erfahrungen der drei Zustände, Wachen, Träumen und Tiefschlaf, ein. Der Vedantin studiert die drei Zustände. Er erlangt mehr wahre Erkenntnis aus dem Tiefschlafzustand. Er erhält einen Anhaltspunkt für die Existenz des vierten Zustandes, des Turiyazustandes, aus dem Tiefschlaf.

Die Seele ist jenseits des Bereichs physikalischer Wissenschaft. Die Seele geht über die Reichweite der materiellen Wissenschaft hinaus. Der Mensch ist eine Seele, die einen physischen Körper trägt. Die Seele ist äußerst subtil. Sie ist subtiler als Äther, Geist und Energie. Bewußtsein und Intelligenz gehören zur Seele und nicht zum Körper. Bewußtsein beweist die Existenz der Seele. Die Seele ist der unsterbliche Teil im Menschen.

Wissenschaft ist ein systematisches Studium von Fakten. Sie versucht, die Beobachtungen und beobachteten Fakten zu einem System zusammenzufassen. Damit ein Faktum für die Wissenschaft bedeutsam wird, muß es für die Sinne wahrnehmbar sein. Sinneswahrnehmung ist falsche Erkenntnis. Intuition ist wirkliche Erkenntnis. Intuitives Wissen ist höchste Erkenntnis. Es ist die unvergängliche und unendliche Erkenntnis der Wahrheit.

Ein Wissenschafter arbeitet nach außen. Er beschießt die Atome. Er kann darin kein reines Bewußtsein finden. Er muß die Sinne abziehen und in seinem inneren Selbst ruhen. Er muß tief in das Meer des Bewußtseins von Brahman eintauchen.

Wissenschaft und Religion

Die Wissenschaft ist nicht der Feind der Religion. Die Wissenschaft ist nur der Feind des Aberglaubens. Sowohl Wissenschaft als auch Religion suchen nach der Wahrheit. Ihre Einstellung ist im wesentlichen dieselbe. Aber die Anwendungsbereiche variieren. Raja Yoga ist eine exakte **Wissenschaft**. Seine Methoden sind sehr wissenschaftlich. Ein Wissenschafter ist ein Raja Yogi der Außenwelt. Hindu Rishis, Seher und Weise haben die harmonische Beziehung zwischen Wissenschaft und Religion anerkannt. Die Trennung von Wissenschaft und Religion ist die Ursache für Verwirrung und Konflikt. Wissenschaft ist Religion, die Anwendung findet in der Erforschung der Wahrheit in der begrenzten Natur im Äußeren - dem Objekt. Religion ist Wissenschaft, die Anwendung findet in der Verwirklichung des Unendlichen, des Bhuma, der allen Dingen zugrundeliegenden Wahrheit - dem Subjekt.

Wissenschaft interpretiert auf konkreter Ebene das Eine als Energie. Religion interpretiert das Eine als das Selbst, Atman. Wissenschaft analysiert, klassifiziert und erklärt Phänomene. Brahma Vidya hingegen lehrt dich, die Phänomene zu transzendieren und Unsterblichkeit zu erlangen.

Die wissenschaftliche und die religiöse Methode der Wahrheitsfindung ergänzen sich tatsächlich und widersprechen sich nicht. Religion und Wissenschaft sind Zwillinge. Sie müssen sich gegenseitig und harmonisch der bei Wahrheitssuche helfen und hier das Leben der Wahrheit leben.

Die Wissenschaft beschäftigt sich mit Fakten; die Religion mit Werten. Wo Wissenschaft aufhört, beginnt Religion. Eine genaue Untersuchung wissenschaftlicher Beobachtungen und Enthüllungen bringt den Menschen näher zu Gott. Wer gab den Elektronen ihre Kraft? Was liegt diesen Elektronen zugrunde? Welche Kraft hält die vier Teile Stickstoff und den einen

Teil Wasserstoff zusammen? Wer hat die Naturgesetzte erstellt? Die Natur ist blind. Welche Intelligenz bewegt die Natur? Was ist der Urantrieb? Eine Untersuchung der physikalischen Kräfte und Gesetze und ein Verständnis der geistigen Kräfte und Gesetze genügen nicht, um uns vollkommen zu machen. Wir müssen über umfassendes Wissen und die Verwirklichung des Substrats verfügen, das sich hinter diesen Namen, Formen und allen physischen und geistigen Phänomenen verbirgt. Erst dann werden wir vollkommene Herren, vollerblühte Meister, Arhatas und Buddhas sein.

Geist und Verstand sind begrenzte Instrumente. Sie können nicht die unendliche Realität verwirklichen. Aber sie sind ein Mittel. Wenn der Verstand durch die einzelnen Phasen des Verstehens gegangen ist und vollständig gereinigt wurde, dämmert die Offenbarung. Wahre Religion beginnt dort, wo der Verstand aufhört.

Es soll nicht der Eindruck entstehen, Religion wäre dogmatisch, weltfremd oder eine Lieblingstradition Blindgläubiger und irrationaler Emotionalisten. Religion ist rationalste Wissenschaft, die Wissenschaft vom Leben selbst, die Wissenschaft vom Menschen, wie er im Grunde ist, nicht nur wie er annimmt zu sein. Die Basis jeder weltlichen Wissenschaft ist Brahma Vidya, die Adhyatmische Wissenschaft. Brahma Vidya ist die Hauptwissenschaft, denn durch sie erlangt man Unsterblichkeit. Weltliche Erfahrungen sind unvollständig, während spirituelle Erfahrung eine Gesamterfahrung ist. Wenn man diese erhabene Wissenschaft von Brahma Vidya durch direkte Intuition erfährt, hat man Wissen über alle anderen weltlichen Wissenschaften; so wie man Wissen über alle Gegenstände aus Ton besitzt, wenn man den Ton an sich kennt. Man kann diese Wissenschaft der Wissenschaften an keiner Universität lernen. Man muß sie von einem Brahma Srotri, einem Brahma Nishta Guru, lernen, nachdem Sinne und Geist kontrolliert worden sind.

Die Materie kann nicht vollständig außer acht gelassen werden; aber die Materie muß dem Geist untergeordnet werden. Wissenschaft muß Brahma Vidya untergeordnet werden. Die Wissenschaft kann nicht alles und nicht das Ende von allem sein. Wenn du dein Leben nur in einem Labor beendest, kannst du nicht die ewige Wonne der Seele erfahren. Du kannst nicht Unsterblichkeit und Vollkommenheit erlangen. Du kannst nicht höchste Weisheit erlangen, die von Geburt und Tod befreit. Die Wissenschaft kann keine Rettung bringen.

Suche im Inneren. Stehe nicht wie ein Bettler vor dem Tor der Kraft der Wissenschaft, die mehr tötet als heilt. Überlasse dich nicht den Wissenschaftern. Sie können nichts erklären. Die Wissenschaft weiß nichts vom Ursprung des Lebens, dem Ursprung des Gedankens und dem Ursprung und Schicksal der menschlichen Natur und des Universums. Es gibt viele Fragen, auf die nur die Religion die Antwort geben kann - nicht die Wissenschaft.

Yoga

In Gott leben und mit Gott verbunden sein ist Yoga. Leben in Gott bringt ewige Wonne.

Yoga zeigt den Weg. Yoga vereint dich mit Gott. Yoga macht dich unsterblich. Yoga ist erfülltes Leben. Er ist eine Methode, die alle Seiten der menschlichen Persönlichkeit überdeckt. Yoga ist ein System der integralen Ausbildung, nicht nur Ausbildung von Körper und Geist oder Verstand, sondern auch der Seele im Inneren.

Yoga zeigt die wunderbare Methode, sich von Schlechtigkeit zu Güte zu erheben, von Güte zu Göttlichkeit und dann zum ewigen göttlichen Glanz.

Yoga ist die Kunst des rechten Lebens. Der Yogi, der die Kunst des rechten Lebens gelernt hat, ist glücklich, harmonisch und friedvoll. Er ist frei von Spannung.

Yoga ist eine Wissenschaft, die in früheren Zeiten von Sehern in Indien ausgearbeitet worden ist, und nicht nur in Indien, sondern in der ganzen Menschheit. Er ist eine exakte Wissenschaft. Er ist ein vollkommenes praktisches System zur Entwicklung des Menschen.

Ein Lebensstil

Yoga will nicht, daß man sich vom Leben abwendet. Er verlangt Vergeistigung des Lebens.

Yoga ist in erster Linie ein Lebensstil, nicht etwas vom Leben Getrenntes. Yoga ist nicht das Aufgeben von Handlung, sondern ihre erfolgreiche Durchführung im richtigen Geist. Yoga ist nicht Weglaufen von Heim und menschlicher Behausung, sondern ein Vorgang der Entwicklung einer Einstellung Heim und Gesellschaft gegenüber mit neuem Verständnis.

Yoga ist universell

Yoga ist für jeden. Yoga ist universell. Er hat nichts mit einer Sekte zu tun. Er ist ein Weg zu Gott, keine Religion.

Die Yogapraxis steht nicht im Widerspruch zu irgendeiner Religion oder heiligen Kirche. Sie ist einfach spirituell und universell. Sie widerspricht nicht dem aufrichtigen Glauben eines Menschen.

Yoga ist keine Religion, sondern eine Hilfe zum Praktizieren der grundlegenden spirituellen Wahrheiten in allen Religionen. Yoga kann von einem Christen, Buddhisten, Parsen, Mohammedaner, Sufi oder Atheisten praktiziert werden.

Ein Yogi sein heißt, ständig in Gott sein und mit den Menschen in Frieden leben. Yoga ist Einssein mit Gott. Yoga ist Einssein mit allen. Gott ist in jedem.

Yoga ist keine Körperübung

Die Vorstellung des Anfängers, Yoga bestünde nur aus Körperübungen, nur Asanas und Pranayama, ist ein schrecklicher Irrtum. Yogasanas, Pranayama, Bandhas, Mudras und Kriyas haben mit wirklichem Yoga nichts zu tun. Sie können als Hilfsmittel für die Yogapraxis betrachtet werden.

Die meisten Menschen haben jenseits des körperlichen Niveaus keinen Zugang zu Yoga, denn wirklicher Yoga erfordert intensive persönliche Disziplin verbunden mit intensivem Nachdenken unter der Leitung eines geeigneten Lehrers. Yoga verspricht über den Körper hinausgehenden spirituellen Segen. Es ist unattraktiv für einen normalen Menschen, der nach unmittelbaren Früchten und nach weltlichem Wohlstand schreit.

Voraussetzungen für ein Leben im Yoga

Moralische Reinheit und spirituelles Sehnen sind die ersten Schritte auf dem Yogapfad. Ein Mensch, dessen Geist ruhig ist, der den Worten des Gurus und den Shastras vertraut, der Mäßigung übt beim Essen und Schlafen, und intensive Sehnsucht nach Befreiung aus dem Samsara Chakra verspürt, ist ein Mensch, der sich für die Praxis von Yoga eignet.

Ein Aspirant am Yogapfad muß Vertrauen haben, Energie, Frohsinn, Mut, Geduld, Ausdauer, Aufrichtigkeit und Reinheit, sein Geist darf nicht verzweifelt sein, er muß Leidenschaftslosigkeit besitzen, Streben, Konzentration, Gelassenheit, Beherrschung, Wahrhaftigkeit, Gewaltlosigkeit, Nichtbegehrlichkeit, usw.

Ein strenges und schlichtes Leben ist für Yoga unerläßlich. Die Grundlage für Yoga ist Selbstbeherrschung. Disziplin ist die Essenz von Yoga, sowohl körperliche als auch geistige Disziplin.

In der Yogapraxis werden die normalerweise nach außen gehenden Aktivitäten des Geistes umgekehrt. Festigkeit des Geistes ist sehr wesentlich für eine Umkehr der normalerweise nach außen gehenden Aktivitäten des Geistes. Wenn der Geist nicht zuerst gefestigt und unter vollständige Kontrolle gebracht worden ist, ist es unmöglich, sein Drängen in die andere Richtung zu ändern.

Die vier Pfade

Die vier spirituellen Hauptpfade zur Gottverwirklichung sind Karma Yoag, Bhakti Yoga, Raja Yoga und Jñana Yoga. Karma Yoga ist geeignet für aktive Menschen, Bhakti Yoga für fromme Menschen, Raja Yoga für Menschen mit mystischer Veranlagung und Jñana Yoga für rational und philosophisch veranlagte Menschen.

Karma Yoga ist der Weg des selbstlosen Dienens. Bhakti Yoga ist der Weg der ausschließlichen Hingabe an den Herrn. Raja Yoga ist der Weg der Selbstbeherrschung, Jñana Yoga ist der Weg der Weisheit.

Karma Yoga ist die Ausbildung des Willens. Jñana Yoga ist die Ausbildung von Verstand und Intellekt. Bhakti Yoga ist die Ausbildung des Gefühls. Der Wille heiligt alle Handlungen, indem sie vollständig an Gott hingegeben werden. Der Verstand verwirklicht die Herrlichkeit und Majestät des Herrn. Das Gefühl gibt der Wonne göttlicher Ekstase Ausdruck.

Die drei ewigen Wahrheiten sind: Jñana, Karma und Bhakti. Gott ist Liebe, Güte und Wahrheit. Der Fromme empfindet Gott als Liebe. Der Karma Yogi empfindet Gott als Güte. Der Jnani empfindet Gott als Wahrheit.

Manche Menschen halten allein die Praxis von Karma Yoga für das Mittel zur Rettung. Andere sagen, die Hingabe an den Herrn ist der einzige Weg zur Gottverwirklichung. Manche Menschen meinen, der Pfad der Weisheit sei der einzige Weg, um endgültige Glückseligkeit zu erlangen. Wieder andere sagen, daß die drei Wege in gleicher Weise zielführend sind, um Vollkommenheit und Freiheit zu bringen.

Der Yoga der Synthese

Eine einseitige Entwicklung ist nicht geraten. Religion muß den gesamten Menschen erziehen und entwickeln - sein Herz, seinen Verstand und seine Hand. Nur dann erreicht er Vollkommenheit.

Der Mensch ist eine eigenartige komplexe Verbindung von Wollen, Fühlen und Denken.

Er möchte das Gewünschte besitzen. Er hat Gefühle; also fühlt er. Er hat einen Verstand, daher denkt und überlegt er. In manchen Menschen ist vielleicht das emotionale Element vorherrschend. So wie Wollen, Fühlen und Denken nicht verschieden und getrennt sind, so schließen sich auch Arbeit, Hingabe und Wissen nicht gegenseitig aus.

Im Geist gibt es drei Mängel, nämlich Mala, Unreinheit, Vikshepa, Schwanken, und Avarana, Schleier. Die Unreinheit muß durch die Praxis von Karma Yoga beseitigt werden. Das Schanken muß durch Verehrung, Upasana, beseitigt werden. Der Schleier muß durch die Praxis von Jñana Yoga beseitigt werden. Nur dann ist Selbstverwirklichung möglich.

Wenn du dein Gesicht klar in einem Spiegel sehen willst, mußt du den Schmutz vom Spiegel beseitigen, ihn ruhig halten und die Hülle entfernen. Du siehst dein Gesicht nur dann deutlich am Grund eines Sees, wenn die Trübung beseitigt ist, wenn das vom Wind aufgebrachte Wasser ruhig geworden und das Moos von der Oberfläche genommen worden ist. Dasselbe gilt für die Selbstverwirklichung.

Handlung, Gefühl und Intelligenz sind die drei Pferde, die vor diesen Körperwagen gespannt sind. Sie müssen vollkommen harmonisch und im Gleichklang arbeiten. Nur dann läuft der Wagen ruhig. Die Entwicklung muß umfassend sein. Du mußt den Kopf von Shankara haben, das Herz von Buddha und die Hand von Janaka.

Nur der Yoga der Synthese bringt eine umfassende Entwicklung. Nur der Yoga der Synthese entwickelt Hand, Herz und Hirn und führt zu Vollkommenheit. Nach alle Richtungen hin ein harmonisches Gleichgewicht zu finden ist das Ideal der Religion. Das kann durch die Praxis des Yogas der Synthese erreicht werden.

Das eine Selbst in allen Wesen zu sehen ist Jñana, Weisheit; das Selbst zu lieben ist Bhakti, Frömmigkeit; dem Selbst zu dienen, ist Karma, Handlung. Wenn der Jñana Yogi Weisheit erlangt, hat er auch Hingabe und selbstloses Handeln. Karma Yoga stellt für ihn einen spontanen Ausdruck seiner spirituellen Natur dar, und er sieht das eine Selbst in jedem. Wenn der Gläubige Vollkommenheit durch Hingabe erreicht, besitzt er Weisheit und Aktivität. Auch für ihn ist Karma Yoga der spontane Ausdruck seiner göttlichen Natur, da er den einen Herrn überall sieht. Der Karma Yogi erlangt Weisheit und Hingabe, wenn sein Handeln völlig selbstlos ist. Die drei Pfade sind in der Tat ein einziger, auf dem die drei verschiedenen Temperamente jeweils das eine oder das andere seiner untrennbaren Elemente hervorheben. Yoga gibt die Methode, durch die man das Selbst sehen, es lieben und ihm dienen kann.

Der Nutzen der Yoga Praxis

Das Leben ist heute voll Streß und Mühe, Spannung und nervöser Reizbarkeit, Leidenschaft und Eile. Würde der Mensch einige der elementaren Prinzipien des Yoga in die Praxis umsetzen, wäre er sehr viel besser dafür gerüstet, um mit dieser komplexen Existenz fertigzuwerden.

Yoga bringt Vollkommenheit, Frieden und dauerhaftes Glück. Durch die Yogapraxis kannst du jederzeit Ruhe des Geistes finden. Du kannst ruhig schlafen. Du kannst mehr Energie, Kraft und Vitalität haben, lange leben und sehr gesund sein. Du kannst in kurzer Zeit viel leisten. Du kannst in jedem Lebensbereich erfolgreich sein. Yoga gibt dir neue Kraft, Vertrauen und Selbstbewußtsein. Körper und Geist werden deinem Befehl gehorchen.

Yoga bringt Kontrolle über die Emotionen. Die Konzentrationsfähigkeit bei der Arbeit wird gesteigert. Die Yogadisziplin schenkt Ausgeglichenheit und Ruhe und gestaltet auf wunderbare Weise dein Leben neu. Die yogische Lebensweise vertieft das Verstehen des Menschen und läßt ihn Gott und seine Beziehung zu Ihm erkennen.

Yoga führt von Unwissenheit zu Weisheit, von Schwäche zu Stärke, von Uneinigkeit zu Harmonie, von Haß zu Liebe, von Bedürftigkeit zu Fülle, von Begrenzung zu Grenzenlosigkeit, von Verschiedenheit zu Einheit und von Unvollkommenheit zu Vollkommenheit. Yoga gibt dem Traurigen und Verlorenen Hoffnung, dem Schwachen Kraft, dem Kranken Gesundheit und dem Unwissenden Weisheit.

Durch die Yogadisziplin wirken Geist, Körper und Sprechorgan harmonisch zusammen. Auf einen Menschen, der Yoga übt, stürzen eine neue Sicht, eine neue Gesundheit, ein neues Bewußtsein und eine neue Philosophie ein und verändern deutlich sein Leben.

Machthunger, materielle Habgier, sinnliche Erregung, Selbstsucht, Lust auf Reichtum und niedrige Wünsche haben den Menschen vom wirklichen Leben im Geist zu einem materialistischen Leben hin weggezogen. Er kann seine verlorene göttliche Herrlichkeit wiedererlangen, wenn er mit richtigem Ernst die Yogaprinzipien übt. Yoga verändert die tierische Natur zu einer göttlichen Natur und erhebt den Menschen zum Gipfel göttlicher Herrlichkeit und göttlichen Glanzes.

Spirituelles Wachstum erfolgt allmählich

Es liegt in der Kraft eines jeden Menschen, Erfolgt im Yoga zu haben. Es verlangt ernsthafte und aufrichtige Hingabe und dauerndes und beständiges Abhyasa.

Spirituelles Wachstum erfolgt allmählich. Es ist eine progressive Entwicklung. Man darf nicht in fieberhafter Eile sein, große yogische Heldentaten zu vollführen, oder in zwei, drei Monaten Nirvikalpa Samadhi erlangen wollen. Die Sinne müssen vollständig bezwungen werden. Göttliche Tugenden müssen gepflegt werden. Schlechte Eigenschaften müssen beseitigt werden. Der Geist muß vollständig beherrscht werden. Das ist eine ungeheuer große Aufgabe. Es ist eine sehr schwierige Arbeit. Man muß strenges Tapas und Meditation üben und geduldig auf die Ergebnisse warten. Man muß die Leiter des Yoga Schritt für Schritt erklimmen. Man muß am spirituellen Weg Stufe für Stufe weitergehen.

Ein Hinweis zur Vorsicht

Sobald ein Mensch Vollkommenheit im Yoga erlangt hat, kann er in die Welt gehen, wenn er von den feindlichen und ungünstigen Strömen der Welt gar nicht berührt wird. Viele Menschen gehen in die Welt, bevor sie im Yoga vollkommen sind, um ihre unbedeutenden Kräfte zu zeigen unter dem Vorwand von Loka Sangraha und um des Ruhmes willen. Sie sind auf ein niedrigeres Niveau gesunken als ein weltlicher Mensch.

Wenn ein Yogi nicht vorsichtig ist, und wenn ein Yogi nicht fest verwurzelt ist in den vorbereitenden Praktiken von Yama und Niyama, wird er ohne es zu merken durch die Verlockung - Mara oder Satan- von seinem Ideal weggetrieben. Er benutzt seine Kräfte für selbstsüchtige Dinge und erleidet hoffnungslos einen Rückschlag. Sein Verstand wird blind, verdorben und vergiftet. Sein Verstehen umwölkt sich. Er ist kein göttlicher Yogi mehr. Er wird ein Schwarzmagier oder ein yogischer Scharlatan. Er ist das schwarze Schaf in der Herde der Yogis. Er ist eine Bedrohung für die Gesellschaft überhaupt.

Viele Menschen fühlen sich angezogen von Pranayama und anderen Yogaübungen, denn durch Yoga kann man Wunderheilen, Telepathie, Gedankenübertragung und andere großartige Siddhis erlangen. Wenn sie Erfolg haben, dürfen sie nicht nur dabei stehenbleiben. Das Ziel des Lebens sind nicht 'Heilungen' und 'Siddhis'. Sie müssen ihre Energie dazu verwenden, das Höchste zu erreichen.

Yoga ist nicht dazu da, Siddhis, Kräfte, zu erlangen. Wenn ein Yogaschüler die Versuchung verspürt, Siddhis zu erlangen, wird sein weiterer Fortschritt ernsthaft verzögert. Er hat den Weg verloren.

Ein Yogi, der darauf konzentriert ist, höchsten Samadhi zu erreichen, muß Siddhis zurückweisen, wo auch immer sie auftauchen. Siddhis sind Einladungen von Devatas. Nur wenn man diese Siddhis zurückweisen kann, kann man Erfolg im Yoga erlangen.

Beende nicht dein Sadhana, wenn du einen kleinen Einblick und Erfahrungen hast. Übe weiter, bis du Vollkommenheit erlangst. Höre mit der Praxis nicht auf und gehe nicht in der Welt herum. Es gibt viele Beispiele. Zahlreiche Menschen sind zerstört worden. Ein kleiner Einblick bringt dich nicht in Sicherheit.

Yogasanas

Die Ausbildung im Yoga ist in acht Angas, Glieder oder Stufen, unterteilt, nämlich Yama, Niyama, Asana, Pranayama, Pratyahara, Dharana, Dhyana und Samadhi. Die ersten beiden Teile des Yoga sind Yama und Niyama. Asana ist das dritte Anga im Ashtanga Yoga und Pranayama das vierte.

Wenn das Fundament eines Hauses nicht sachgerecht angelegt ist, wird der Überbau innerhalb kürzester Zeit einstürzen. Genauso, wenn du den vollen spirituellen Nutzen von Asanas haben willst, mußt du zuerst die ersten beiden Stufen, Yama und Niyama, gut üben.

Genauso, wenn ein Yogaschüler die Asanas nicht beherrscht, kann er nicht erfolgreich seine höheren Kurse der Yogapraxis fortsetzen. Nur wenn du in der Asana fest bist, wirst du den Nutzen von Pranayama erfahren.

Arten von Asanas

Es gibt soviele Asanas oder Stellungen wie es Arten von Lebewesen in diesem Universum gibt. Es gibt vierundachtzig Lakhs von Asanas, entsprechend der vierundachtzig Lakhs von Körpern. Die Asanas entsprechen den verschiedenen Sitzstellungen, die man bei den verschiedenen Arten in der Schöpfung finden kann.

Von den vierundachtzig Lakhs von Asanas sind vierundachtzig die besten; und von diesen vierundachtzig wurden zweiunddreißg als nützlich für den Menschen befunden.

Asanas können in zwei große Gruppen unterteilt werden, nämlich Meditationsstellungen und Stellungen für Gesundheit und Kraft. Die Yoga Sastras sagen, es gibt vier besonders geeignete Meditationsstellungen: Padmasana, Siddhasana, Svastikasana und Sukhasana.

Die Meditationsstellungen

Die Meditationsstellungen sind besonders geeignet für Japa und kontemplative Zwecke. Sie lösen den Geist vom Kummer und den Sorgen des Alltags. Sie beruhigen die Nerven, entspannen den Körper, stärken den Geist und schenken Ausgeglichenheit. Die Meditationsstellungen steigern das Verdauungsfeuer und geben guten Appetit, Gesundheit und Glück. Sie beseitigen Rheumatismus. Sie halten Gase, Galle und Schleim im Gleichgewicht. Sie reinigen und stärken die Nerven in den Beinen. Sie tragen zur Aufrechterhaltung von Brahmacharya bei.

'Sthira Sukham Asanam' - Die Stellung ist fest und angenehm. Sie darf kein Schmerzempfinden oder Unbehagen verursachen. Wenn die Asanas nicht fest sind, wird der Geist schnell durcheinandergebracht. Man hat dann keine Konzentration des Geistes. Der Körper muß fest sein wie ein Fels. Der Körper darf nicht im mindesten zittern. Du mußt zu einer lebendigen Statue werden, wenn du dich zu Dhyana hinsetzt. Wenn der Sitz fest wird, macht man Fortschritte in der Meditation. Man hat dann kein Körperbewußtsein.

Wenn du in der Stellung sitzt, denke: 'Ich bin so fest wie ein Fels. Nichts kann mich erschüttern'. Suggeriere das ein dutzendmal deinem Geist. Dann wird die Asana bald fest werden.

Du mußt in einer der vier Stellungen drei Stunden lang ohne Unterbrechung verharren können, ohne dich zu bewegen. Nur dann kannst du Asana Jaya, Beherrschung der Asana, erlangen. Wenn du auch nur eine Stunde lang in der Stellung verharren kannst, wirst du Einpünktigkeit des Geistes erlangen und dadurch den unendlichen Frieden und Atma Ananda im Inneren erfahren.

Wenn du ein Jahr lang regelmäßig übst, wirst du Erfolg haben; und du wirst drei Stunden lang ohne Unterbrechung sitzen können. Beginne mit einer halben Stunde und steigere allmählich die Dauer.

Wenn du nach einiger Zeit starke Schmerzen in den Beinen verspürst, löse die Beine, massieren sie fünf Minuten lang und setze dich dann wieder in die Asana. Wenn du fortgeschrittener bist, wirst du keine Schmerzen mehr spüren. Du wirst dagegen ungeheure Freude erfahren. Übe die Asana morgens und abends.

Bleibe bei einer Asana, entweder Padma, Siddha, Svastika oder Sukkha; und mache sie durch wiederholtes Üben fest und vollkommen. Wechsle nie die Asana. Halte hartnäckig an einer fest. Klammere dich daran wie ein Blutegel. Erfahre den vollen Nutzen einer einzigen Asana für die Meditation.

Stellungen zur Übung des Körpers

Unter den Körperübungsstellungen gibt es einige Asanas, die im Stehen geübt werden können. Das sind Tadasana, Trikonasana, Garudasana, usw. Einige können im Sitzen geübt werden. Das sind Paschimottasana, Janusirshasana, Padmasana, Lolasana, usw. Einige werden im Liegen geübt. Das sind Uttanapadasana oder Pavanamuktasana. Schwache oder zarte Menschen können Asanas im Liegen machen. Manche Asanas wie Sirshasana, Vrikhsasana, Sarvangasana, Viparitakarani Mudra, usw. werden mit dem Kopf nach unten und den Beinen nach oben ausgeführt.

Yogasanas und Körperübungen

Normale Körperübungen entwickeln nur die oberflächlichen Muskeln des Körpers. Man kann ein Sandow mit einem wunderschönen Körperbau werden. Asanas hingegen sind für die gründliche Übung der inneren Organe gedacht, wie Leber, Milz, Bauchspeicheldrüse, Darm, Herz, Lunge, Gehirn und die wichtigen Hormondrüsen des Körpers. Asanas harmonisieren die inneren Organe und beleben die Schilddrüse und andere endokrine Drüsen, die eine sehr wichtige Rolle bei der Erhaltung der Gesundheit spielen.

Körperübungen treiben das Prana nach außen. Asanas schicken das Prana nach innen und verteilen es ganz gleichmäßig über den ganzen Körper und seine verschiedenen Systeme.

Asanas sind nicht nur Körperübungen. Sie sind mehr als das. Sie schenken seelisches Gleichgewicht. Sie helfen bei der Beherrschung der Emotionen. Sie bringen spirituellen Nutzen.

Asanas erwecken die Schlangenkraft oder Kundalini, die im Muladhara Chakra schläft. Sie schenkt dem Aspiranten Wonne, Macht und Yoga Samadhi. Wenn du fünfhundertmal täglich Dand und Bhaitaks machst oder fünf Jahre lang täglich fünfzig Klimmzüge am Barren, wird das in keiner Weise zum Erwecken dieser geheimnisvollen Kraft, der Kundalini, beitragen. Siehst du jetzt den Unterschied ?

Das Üben von Asanas verursacht keine Kosten. Du brauchst keine Hanteln, Federn, Gewichte oder Barren, um den Yogaturnsaal einzurichten. Im Höchstfall benötigt man eine einfache weiche Decke, um darauf Asanas zu machen.

Wer kann Asanas machen?

Grundsätzlich kann man diese Asanas ab einem Alter von zehn zwölf Jahren praktizieren. Zwanzig- bis Dreißigjährige können alle

Asanas gut ausführen. Ein zwei Monate Praxis machen die steifen Sehnen, Muskeln und Knochen sehr geschmeidig. Selbst alte Menschen

können alle Asanas machen. Sie können auf Sirshasana verzichten, wenn sie körperlich nicht dazu in der Lage sind. Es gibt aber Menschen fortgeschrittenen Alters, die auch Sirshasana machen.

Auch Frauen sollten Asanas machen. Wenn Frauen den Asanazyklus systematisch und mit Interesse und Aufmerksamkeit praktizieren, werden sie wundervolle Gesundheit und Lebenskraft haben. Wenn Mütter gesund und stark sind, werden auch die Kinder gesund und stark sein. Eine Revitalisierung der jungen Frauen ist eine Revitalisierung für die ganze Welt.

Heilwirkung von Yogaübungen

Asanas halten die Muskeln geschmeidig und die Wirbelsäule elastisch, verbessern geistige Fähigkeiten und entwickeln die Lungenkapazität, sie stärken die inneren Organe und schenken Langlebigkeit. Durch die Übung von Yogasanas wird das Blut mit viel Sauerstoff angereichert und die Anhäufung von venösem Blut wird gestoppt. Der Körper wird mit einem großen Maß an Energie erfüllt. Die Gehirnzentren und das Rückenmark werden gestärkt und belebt. Das Gedächtnis wird verbessert und der Verstand geschärft. Intuition wird entwickelt.

Die Praxis von Asanas festigt das Gleichgewicht im Körper und garantiert auch geistige Ausgeglichenheit. Yogaübungen tragen zur Entspannung des Körpers bei, sodaß nervliche Anspannungen aufgelöst werden können.

Die Asanapraxis beseitigt Krankheiten und macht den Körper leicht, fest und stabil. Eine bestimmte Asana dient zur Beseitigung einer bestimmten Krankheit. Beachte diese wundervolle Kraft der Asana.

Sirshasana ist nützlich für ein trübes Gehirn. Er schenkt Gehirnkraft und entwickelt Verstand und Gedächtnis. Er trägt zur Speicherung von Ojas Shakti im Gehirn bei. Er nützt bei der Bewahrung von Brahmacharya. Er heilt viele Krankheiten. Er verbessert Seh- und Hörvermögen durch einen zusätzlichen Blutzufluß zum Gehirn.

Sarvangasana entwickelt die Schilddrüse, stärkt Lungen und Herz und macht die Wirbelsäule elastisch.

Sirshasana und Sarvangasana steigern die Vitalität und beugen dem Altern vor. Sie machen die Wirbelsäule elastisch. Sie erneuern und verjüngen das gesamte System. Die Schilddrüsen werden stimuliert und mit neuer Energie versorgt.

Matsyasana ist gut für die Entwicklung der Lungen, des Gehirns und der Augen; er stärkt auch den oberen Teil der Wirbelsäule.

Paschimottana und Mayura Asanas kräftigen das Verdauungsfeuer und verbessern die Verdauung. Paschimottanasana vermindert Fett im Bauch.

Bhujangasana, Salabhasana und Dhanurasana verbessern die Darmperistaltik, wirken gegen Verstopfung und heilen Unterleibserkrankungen. Das Rollen in Dhanurasana gibt eine sehr gute Bauchmassage.

Agnisara Kriya, Uddiyana Bandha und Mayurasana sind ebenfalls verdauungs- und appetitförderlich. Ardhamatsyendrasana ist gut für Leber und Galle.

Tadasana, Trikonasana und Garudasana machen größer.

Savasana entspannt Körper und Geist und schenkt vollkommene Ausgeglichenheit und Ruhe.

Man praktiziert Asanas und Pranayama nicht, um starke Muskeln zu bekommen. Muskeln bedeuten nicht Gesundheit. Die gesunde und harmonische Funktion der endokrinen Drüsen und inneren Organe und dergleichen mehr, des Nervensystems und des Geistes - das ist es, was man braucht und was das regelmäßige Üben von Yoga Asanas und Pranayama schenkt.

Zeit

Die Schlange hält den Frosch im Maul. Nur der Kopf des Frosches ragt heraus. In wenigen Minuten wird er verschlungen sein. Aber der arme Frosch streckt seine Zunge aus, um ein zwei Insekten zu erwischen. Ebenso, oh unwissender Mensch, bist du bereits im Maul von Kala, der Zeit. In wenigen Minuten wirst du nirgendwo sein. Und doch denkst du immer wieder an die Sinnesobjekte. Du bist zum Sklaven von Moha, Täuschung, und Verhaftung geworden.

Du erkennst nicht den Wert der Zeit. Wenn ein Mensch im Sterben liegt, fragst du den neben dem Patienten stehenden Arzt: »Mein lieber Doktor ! Bitte tun Sie etwas für den Kranken. Geben Sie ihm eine starke Injektion. Machen Sie, daß er wenigstens noch einige Stunden lang atmet. Mein Bruder kommt aus Bombay, um den Kranken zu sehen.« Der Arzt wird antworten: »Mein lieber Freund, ich kann gar nichts tun. Der Fall ist völlig hoffnungslos. In fünf Minuten wird er tot sein.« Nun erkennst du den Wert der Zeit. Du wirst die Tage, Monate und Jahre bedauern, die du bei müßigem Geschwätz und Sinnesvergnügen verschwendet hast.

Zeit und zeitlose Ewigkeit

Zeit ist wertvoller als Geld. Zeit ist wertvoller als das wertvollste Ding auf der Welt. Sie ist der größte Schatz. Zeit ist die Seele der Welt. Zeit ist Leben. Nutze die Zeit sinnvoll zu spirituellem Streben. Vergeude keine Sekunde.

Die Zeit ist formlos. Aber sie verschlingt alles. Die Zeit verdaut alles. Die Zeit verschont nichts. Die Zeit ist unerbittlich. Die Zeit ist Gott Yama. Die Zeit ist Kala.

Die Zeit ist die Ratte, die den Lebensfaden durchbeißt. Es gibt nichts auf der Welt, das von der allesverschlingenden Zeit verschont wird. Sie löscht auch das scheinbar so Dauerhafte aus. Die Zeit verschont auch den allergrößten Menschen keinen Moment. Die Zeit durchdringt und beherrscht alles. Die Zeit tanzt mit einer langen Kette von Gebeinen von Toten herum, die ihr vom Hals bis zu den Füßen hängt. Sie nimmt bei der Auflösung die furchtbare Gestalt eines lodernden Feuers an und verbrennt die ganze Welt zu Asche. Nichts kann ihren Lauf anhalten. Nur Weise, Seher und gottverwirklichte Heilige haben ihrer Macht widerstanden.

Das Ewige ist zeitlos. Brahman geht über die Zeit hinaus. Brahman ist ewig. Es ist zeitlose Wirklichkeit.

Könige und Herren werden vergehen. Die Welt mit all ihren Bewohnern wird verschwinden. Sonne, Mond und Sterne werden vergehen. Alle Freuden und Leiden werden vergehen. Frau, Kinder, Reichtum und Besitz werden vergehen. Die fünf Elemente, die Erde und der Himmel werden vergehen. Nur Brahman, das reine Satchidananda, wird ewig strahlen. Erreiche Brahman und überwinde die Zeit. Transzendiere die Zeit, und werde eins mit der Ewigkeit.

Die flüchtige Natur des Lebens in den Sinnen

Diese Welt ist ein Spiel von Farben und Klängen. Dieses Universum der Sinne ist ein Spiel der Nerven. Es ist eine falsche Show, die durch die Gauklerei von Maya, Geist und Sinnen aufrechtgehalten wird. Man erlebt die Sinnesfreuden über eine Zeitspanne von zwanzig Jahren hinweg, wenn die Sinne jung und stark sind. Was ist diese kurze flüchtige Spanne von zwanzig

Jahren in der Ewigkeit? Was ist dieses verächtliche, unangenehme und monotone Sinnesleben im Vergleich zum ewigen friedvollen Leben im unsterblichen Selbst im Inneren?

Da du von allen Seiten her fest umschlossen bist und in den diversen Umständen dieser sich ständig verändernden Welt herumgewirbelt wirst, treibst du immer in der Täuschung und wirst von Schmerz ergriffen wie Sandstaub, der mitten auf einem großen Stein dahintreibt. Nun, da du über die Zeit nachdenkst, die in ihrer wahren Natur ewig ist, kannst du die hundert Jahre deines Lebens nur als einen Augenblick bezeichnen. Wenn das so ist, wie kommt es dann, daß dir dein Leben so großartig vorkommt und dich deine unstillbaren Wünsche in alle möglichen Verzweiflungen stürzen lassen? Wer ist im Leben so niedrig wie du, da du vom grobstofflichen Geist verdorben bist? Schande über dein unausgeglichenes Leben, das nur als ein kurzer Moment betrachtet werden kann.

Du hast acht Stunden geschlafen und den Rest des Tages in unnötigem Geschwätz, Lügen, Betrügen anderer Menschen, selbstsüchtigem Tun und Anhäufen von Reichtümern zugebracht. Wie kannst du spirituelles Gut erwarten, wie kannst du Unsterblichkeit und Frieden erwarten, wenn du nicht einmal eine halbe Stunde im Dienst am Herrn zubringst, im Singen Seines Namens und in Betrachtung des Göttlichen?

Du verschwendest vielleicht zwei Stunden beim Färben deines Turbans. Du verschwendest viel Zeit beim Rasieren und Haarkämmen; wenn dich aber ein frommer Mensch auffordert, zum Sankirtan zu kommen, sagst du: »Babuji! Ich habe überhaupt keine Zeit. Ich muß zum Arzt um ein Medikament. Ich muß auf den Markt zum Einkaufen.« - und du hast tausend und eine lahme Entschuldigungen.

Es gibt Menschen, die Tag und Nacht mit sinnlosem Geschwätz, Kartenspielen oder Schach vergeuden. Es gibt Menschen, die Wochen mit Trinken und Sprechen vergeuden. Es gibt Menschen, die Monate in Gesellschaft leichter Frauen und Glückspiel zubringen. Es gibt Menschen, die Jahr um Jahr mit Herumziehen, müßigem Getratsche, Kinobesuchen, Rauchen, Betelkauen und verschiedenen anderen Lastern verschwenden.

Du kennst keinen einzigen Sloka aus der Gita oder den Upanishaden. Du kannst nicht in Padmasana sitzen. Du weißt nichts über die Wirkung von Mantras und Kirtan. Du hast keine Ahnung von Selbstanalyse, Geisteskontrolle, Selbstbeherrschung, Konzentration und Innenschau. Du hast umsonst gelebt! Du hast dieses wertvolle Leben vergeudet. Hotels, Restaurants und Kinos sind die Stätten deiner Unsterblichkeit, Vaikuntha Dama. Du lebst in der Tat ein klägliches Leben. Wenn du über trockene Politik sprechen kannst, denkst du, du wärest ein großer Held!

Der Sinn des menschlichen Lebens

Wie schade! Der Mensch ist mit einer bestimmten Absicht hierher gekommen. Das Leben ist nicht dazu da, um zu essen, zu trinken, sich zu kleiden und fortzupflanzen. Dahinter steht etwas Großartiges und Erhabenes. Jenseits ist ein ewiges Leben der Wonne. Jede Sekunde muß gut genutzt werden, um dieses Lebensziel zu erlangen.

Das halbe Leben bringen wir im Schlaf zu. Ein großer Teil vergeht in Krankheit. Ein Teil vergeht mit Essen, Trinken und Sprechen. In der Kindheit bist du in Unwissenheit und Spiel gehüllt. In der Jugend gerätst du in die Fänge der Frau. Im Alter leidest du unter Angst und der Last von Familienangelegenheiten. Wann, mein lieber Freund, wirst du die Zeit finden, etwas Tugendhaftes zu tun und Gott zu verehren ? Sei ernsthaft. Denke und überlege jetzt.

Das Leben ist kurz. Die Zeit rast. Es gibt viele Hindernisse. Durchtrenne diesen Knoten von Avidya und trinke die nirvanische Wonne. Das Leben ist kurz. Die Zeit rast. Die Welt ist voll Elend. Widme dich fleißig dem Yoga Sadhana. Die Welt ist ein Mela für zwei Tage. Das Leben ist eine Luftblase für zwei Sekunden. Du kamst allein. Du wirst alleine gehen. Niemand wird dir folgen. Du kamst nackt. Du wirst nackt gehen. Niemand wird dir folgen. Mache Bhajan, Kirtan; denn nur das wird dir folgen.

Es gab Menschen, die sich zu Größe und Bedeutung erhoben haben, weil sie jede Sekunde nutzbringend verwendeten. Führe ein Tagebuch. Reduziere den Schlaf. Höre auf, sinnlos zu reden. Genug, genug ! Halte Mauna. Erkenne den Wert der Zeit. Lege dir einen genauen Plan für den Tag zurecht und halte dich fest daran. Wachse. Entwickle dich. Werde weit. Erlange Erfolg im Leben. Verwirkliche Gott. Schließe dich in einem Raum ein. Überlege. Meditiere. Entfalte das verborgene sprituelle Bewußtsein.

Tage, Monate und Jahre vergehen. Die Haare sind ergraut. Die Zähne sind ausgefallen. Du hängst durch Moha an Vergänglichem. Sage mir, Freund, wie lange wirst du Skalve der flüchtigen Dinge auf der Welt sein? Wie oft wirst du dieselben Sinnesfreuden noch wiederholen? Wie lange willst du den Mammon und die Frau verehren? Wann wirst du die Zeit finden, über den Herrn zu meditieren und tugendhafte Dinge zu tun? Denke und überlege.

Die Unsicherheit des Erdenlebens

Die Lebensblätter fallen. Die Jugend welkt. Die Tage vergehen. Zeit, der Zerstörer, legt seine eisige Hand auf die ganze Welt. Die Existenz in dieser Welt ist von so momentaner Dauer wie eine Luftblase oder ein Blitz !

Ein Arzt führt ein Telephongespräch, steigt die Treppe hinauf, um zu frühstücken, und man findet ihn tot im Stiegenhaus; er erlag einem Herzanfall. Ein Prinzessin fährt mit ihrem Gatten im Auto und verliert auf dem Weg bei einem Unfall ihr Leben. Ein Zamindar kommt heraus, um sich auf einen Sessel zu setzen und die frische Nachtluft zu atmen; eine Kobra beißt ihn, und er stirbt. So unsicher und vergänglich ist das Leben hier; und doch verschwendet der Mensch auf dumme Weise seine Zeit.

Ein Mann verliert seinen Vater. Am nächsten Tag verliert er auch seinen Sohn. Und doch ist er töricht genug anzunehmen, daß er ewig leben wird - dann, wenn die Menschen, die vor ihm und nach ihm waren, gestorben sind - und schiebt sein Sadhana auf.

Wie man die Zeit nützt

Mr.Rockefeller und Mr.Austin kennen den Wert der Zeit. Sie nahmen täglich Millionen Pfund Zinsen ein. Eine Sekunde ist ihnen sehr wertvoll. In einer Stunde verdienen sie eine Menge. Zeit ist Geld. So wie weltliche Menschen, die sehr beschäftigt sind, sehr sorgfältig mit ihrer Zeit umgehen, so sind auch spirituelle Aspiranten sehr sorgsam mit ihrer Zeit und nützen sie in Betrachtung über Gott. Sie sprechen kein einziges unnötiges Wort. Sie möchten jede Sekunde zum Dienst an Gott verwenden. Deshalb halten sie Mauna und verstecken sich in den Höhlen im Himalaya. Wenn man mit Sekunden sorgfältig umgeht, werden sich die Stunden um sich selbst kümmern.

Zeit ist tatsächlich überaus wertvoll. Sie kommt nie zurück. Sie rast mit ungeheurer Geschwindigkeit dahin. Wenn die Glocken läuten, denke daran, daß du auf den Tod zugehst. Wenn die Uhr schlägt, denke daran, daß eine Stunde von deiner Lebenszeit abgeschniten worden ist. Du mußt vor Furcht erschaudern und sagen: »Der Tod rückt näher. Ich vergeude meine Zeit. Wann werde ich mein Lebensziel verwirklichen? Wann werde ich den Darshan meines Ishta Devata, Shri Krishna, haben? Wann werde ich Ihn treffen? Wann werde ich Befreiung finden aus diesem Rad von Samsara?«

Dein Geburtstag erinnert dich daran, daß dein Leben um ein Jahr kürzer geworden ist. Fasse an diesem Tag den festen Vorsatz, dein zukünftiges Leben fruchtbringender und nutzvoller zu gestalten. Schiebe gute Taten nicht auf; es gibt keine Sicherheit des Lebens. Was du morgen tun möchtest, tue heute. Was du heute tun möchtest, tue sofort.

Tue am Tag das, was dich nachts glücklich leben läßt. Tue zu Beginn deines Lebens das, wodurch du im Alter glücklich lebst. Tue dein ganzes Leben lang das, wodurch du nach dem Tod glücklich leben wirst.

Oh Mensch! Bevor du zu Bett gehst, setze dich hin und führe Buch über die Dinge, die du getan hast. Wenn du die Tränen eines einzigen Menschen durch ein einziges Wort des Trostes und der Aufheiterung oder durch eine einzige gute Tat getrocknet hast, dann kannst du den Tag als gut verbracht verbuchen. Du hast etwas Gottgefälliges getan. Wenn du aber nichts zum Trost eines anderen getan hast, wenn du kein einziges Wort gesprochen hast, das das Herz eines bekümmerten Menschen zu erleichtern vermochte, hast du den Tag umsonst gelebt. Dann verbuche diesen Tag als vergeudet.

Das Leben ist ein Glied in der Kette der Zeit. Wenn du Zeit vergeudest, vergeudest du Leben. Erkenne den Wert der Zeit. Du kannst nicht eine einzige Sekunde zurückholen, die du wertlos verbracht hast. Zeit ist überaus wertvoll. Tändle nicht mit der Zeit. Ziehe daraus den größten Nutzen. Nütze jede Sekunde für spirituelles Streben und Dienen.

Das Wesen der Zeit

Zeit ist eine Form des Geistes. Sie ist eine Schöpfung des Geistes. Sie ist abhängig von der Natur des Ereignisses.

Wenn der Geist tief konzentriert ist, vergehen zwei Stunden wie fünf Minuten. Wenn der Geist abgelenkt ist und herumwandert, zieht sich eine halbe Stunde hin wie zwei Stunden. Diese Erfahrung macht jeder. Auch im Traum finden viele Ereignisse, die eigentlich fünfzig Jahren dauern, in zehn Minuten statt. Durch das Spiel des Geistes wird ein Kalpa von ihm als ein Augenblick betrachtet und umgekehrt. Zeit ist nichts anderes als eine Form des Geistes. Sie ist Kala Shakti. Sie ist ebenso eine Illusion wie die Dinge.

Zeit ist ein geistiges Konzept. Ohne Geist gibt es kein geistiges Konzept. Lösche den Geist aus. Dann gehst du über die Zeit hinaus. Du betrittst das Reich der Zeitlosigkeit. Du lebst in der Ewigkeit.

Im Absoluten gibt es keine Zeit. Zeit ist ein Maß, um die Dauer von Erfahrungen zu messen. Du setzt dich um 1.00 zum Essen hin und stehst um 2.00 wieder auf. Du hast eine Stunde lang gegessen. Es ist ein Intervall zwischen zwei Ereignissen. Dann ruhst du von 3.00 bis 4.00. Das ist auch eine Erfahrung. Du hast eine Stunde lang geschlafen. Wenn es nur eine einzige homogene Selbsterfahrung gibt, wie kann es dann Zeit geben?

Gestern, heute und morgen

Zeit ist formlos, aber sie tritt in Erscheinung, wenn sich in der Natur etwas bewegt. Die Räder der Zeit sind geheimnisvoll.

Vergangenheit, Gegenwart und Zukunft sind relativ. Die Gegenwart wird Vergangenheit. Die Zukunft wird Gegenwart. Nur die Gegenwart ist wirklich. Lebe immer in der Gegenwart.

Heute wird gestern. Gestern ist die Erinnerung an heute. Es ist nur eine Erinnerung. Morgen ist der Traum von heute. Es ist nur ein Warten. Lebe nur in der sicheren Gegenwart. Vertreibe gestern und morgen. In Gott gibt es weder Vergangenheit noch Zukunft. Es ist alles nur Ewigkeit. Es ist nur sichere Gegenwart. Die Gegenwart alleine ist die sichere Realität.

Gegen die Vergangenheit läßt sich nichts tun. Das Morgen ist nicht sicher. Das Beste, was man tun kann, ist das Heute so nutzbringend wie möglich zu gestalten.

Gestern ist vorbei. Vergiß es. Morgen ist nicht da. Sorge dich nicht. Heute ist Gegenwart. Nütze sie gut. Heute gehört dir. Morgen kommt villeicht nie.

Gestern ist nichts als ein Traum. Morgen ist nichts als eine Vision. Kümmere dich nicht um das tote Gestern oder das ungeborene Morgen, sondern konzentriere dich auf das Heute, die ewige Gegenwart. Lebe jeden Tag so gut, als wäre er der letzte. Jeder Moment ist von allergrößter Wichtigkeit; jeder Tag ist wie das Wenden eines neuen Blattes; und jedes Jahr ist der Beginn einer neuen Hoffnung.

Fühle dich nicht vom Müßiggang angezogen. Vergeude nicht einmal eine halbe Sekunde. Sei kühn. Stürze dich in Japa, Kirtan und den Dienst an Heiligen und Armen. Meditiere. Verwirkliche die Wahrheit hier und jetzt! Gehe über die Zeit hinaus und werde ein Kalatita.

Sanskrit Index

Quelle: Swami Sivananda:

»Yoga Vedanta Wörterbuch«

Abhava: Worin über das Selbst als Null, frei von jeder Eigenschaft und jeglicher Begrenzung meditiert wird; Nichtsein; Verneinung.
Abheda: Nichtunterschied.
Abhimana: Ichdenken; Identifikation mit dem Körper.
Abhokta: Nichterfahrender.
Abhyasa: Wiederholung; Übung; eines der Sad Lingas.
Achala: Unbeweglich; fest.
Achyuta: Das Unzerstörbare; das Unveränderliche.
Adharma: Alles was Recht und Gesetz widerspricht; Fehler.
Adhikari: Mensch mit den notwendigen Voraussetzungen.
Adhishthana: Hintergrund; Stütze; Grundlage; Substrat; Speicher (Brahman); zugrundeliegende Wahrheit oder Essenz.
Adhyaropa: Täuschende Beimessung einer Eigenschaft; Überlagerung; falsches Geben einer Eigenschaft; fälschlich wird etwas für etwas anders gehalten; Eigenschaften des einen werden auf etwas anderes übertragen; Eigenschaften des Selbst werden auf den Körper übertragen.
Adhyasa: Überlagerung oder Reflexion der Attribute von etwas auf etwas anderes.
Adhyatma Sastra: Spirituelle Wissenschaft.
Aditya: Sonnengott; Sonne; eine Gruppe von Himmelswesen.
Advaita: Nichtdualität; Monismus.
Advaita Vada: Die Theorie, daß Brahman das einzig Seiende ist; Monismus; Vedanta.
Agama: Der Veda; Lehrbuch der Praktiken der Gottesverehrung.
Agni: Feuer.
Aham Brahmasmi: Ich bin Brahman.
Ahamkara: Egoismus, Eigendünkel; das sich selbst behauptende Prinzip ›Ich‹, ›Ich bin‹- Denken; Selbstbewußtsein.
Rajasiges Ahamkara: Dynamisches Ichdenken mit Leidenschaft und Stolz.
Sattviges Ahamkara: Ichdenken, das im Geist von Güte und Tugend gebildet ist.
Tamasiges Ahamkara: Ichdenken, das sich ausdrückt in Unwissenheit und Trägheit.
Aham Vritti: Der Gedanke, sich selbst festzustellen.
Ahimsa: Nichtverletzen in Gedanke, Wort und Tat.
Ajahallakshana: Es wird nicht weggelassen sondern ausgeweitet, z.B. »Ein Braunes läuft.«, wo das Wort »Pferd« hinzugefügt werden muß, denn da Braun eine Eigenschaft ist, kann es nicht laufen.
Ajapa: Das Mantra »Soham« (Ich bin Er), das vom Atem selbst erzeugt wird, ohne jede bewußte Anstrengung bei seiner Wiederholung; die Einatmung klingt wie ‹So›, die Ausatmung wie ‹Ham›.

Ajñana: Unwissenheit.
Akarta: Nichthandelnder.
Akhanda: Unteilbar.
Akhandaikarasa: Das eine ungeteilte Eigentliche.
Akasha: Äther.
Akshara: Silbe; unvergängliches Brahman; das, was nie vergeht.
Alata Chakra: Ein an einem Ende brennender Stock, der, wenn er rasch im Kreis bewegt wird, die Illusion eines Feuerkreises entstehen läßt.
Amana, Amanasaka: Geistlos.
Amrita: Nektar.
Anadi-Ananta: Ohne Beginn und ohne Ende; unendlich; das ist Brahman.
Anahata: Der vierte Lotus der Yogis, Herzbereich; mystische Klänge, die Yogis hören.
Ananda: Wonne.
Anandaghana: Fülle von Wonne.
Anashakti: Nichtverhaftung; Leidenschaftslosigkeit; Vairagya.
Anga: Untergeordnetes Mitglied; Glied; Stufe.
Anna: Materie; Nahrung.
Annamayakosha: Nahrungshülle; grobstofflicher physischer Körper.
Antahkarana: Das innere Instrument; der vierfache Geist: Geist, Intellekt, Ego, Unterbewußtsein.
Antar-Drishti: Innere Sicht.
Antarmukha Vritti: Ein Zustand, in dem der Geist nach innen gewendet und von den Objekten abgezogen ist.
Antaryamin: Innerer Lenker; das Höchste Wesen, das sich in jeglicher Schöpfung befindet, das alle Geschöpfe lenkt.
Anubhava: Direkte Wahrnehmung, Erfahrung, intuitives Bewußtsein (Selbstverwirklichung); Identität von Jiva und Brahman; persönliche spirituelle Erfahrung.
Anubhava-Advaita: Effektive lebendige Erfahrung des Einsseins.
Anugraha: Gnade.
Anuvritti: Im Kreis drehen.
Anusthana: Systematisches Ausführen religiöser Praktiken, üblicherweise über einen gewissen Zeitraum, wie z.B. 40 Tage, 90 Tage, ein Jahr, usw.
Anvaya Vyatireka: Positive und negative Behauptung; Beweis durch Behauptung und Verneinung. So wie verschiedene Arten von Dal miteinander vermischt werden, so wird auch Atman mit den fünf Koshas vermischt. Das Selbst muß von den fünf Hüllen gelöst werden. Name und Form müssen von Absolutem Sein - Absolutem Wissen - Absoluter Wonne gelöst werden. Die Vorgänge von Anvaya und Vyatireka finden immer gemeinsam statt. Das Selbst existiert in den fünf Hüllen, ist jedoch nicht die fünf Hüllen. Das ist Vedanta Sadhana. Der Suchende weist Name, Form und die fünf Hüllen zurück und verwirklicht das eine, alldurchdringende, unsichtbare, unendliche, ewige, unveränderliche Eigentliche, Brahman.

Anyonya: Gegenseitig.
Apana: Der Nervenstrom, der die Bauchregion steuert und sein Zentrum im Anus hat; bewirkt die Ausscheidung von Fäkalien; bewirkt Samenerguß; der nach unten gehende Atem.
Apara: Anders; relativ; niedrig; unterlegen.
Apara-Paksha: Die andere Seite, der andere Flügel.
Aparigraha: Freisein von Begehrlichkeit; Nichtannehmen von Geschenken, die Luxus begünstigen; eines der fünf Yamas, der vorbereitenden Yogadisziplin.
Aparoksha: Direkt; unmittelbar.
Aparokshanubhuti: Direkte tatsächliche Erfahrung.
Apavada: Ausnahme; Verneinung, Ablehnung; Zurückweisen als falsche Unterstellung oder Annahme: *rajjuvivartasya sarpasya rajjumatratvat vastubhuta brihmano vivartasya prapancha sesha vastu bhutrupadaupadesha apavadah:* so wie nichts anderes als das Seil im Seil genommen wird, auf das eine Schlange überlagert ist, so wird das Ursprüngliche selbst im Ursprünglichen genommen, das als Welt (fünf Elemente und andere) überlagert ist. Das ist Apavada.
Apta Kama: Ein Mensch, dessen Wünsche erfüllt worden sind; Jivanmukta; ein verwirklichter Weiser.
Archana: Opfern von Blumen oder heiligen Blättern, usw., während Puja oder Gottesdienst, wobei die Namen des verehrten Objekts gesagt werden.
Asamprajnata Samadhi: Höchster überbewußter Zustand, in dem Geist und Ichbewußtsein vollständig verlöschen.
Asamshakti: Fünfte Jñana Bhumika, der fünfte Schritt auf dem Pfad der Erkenntnis, wo Nichtverhaftung an Objekte der Welt im höchsten Grade vorhanden ist.
Asana: Stellung; Sitz.
Ashrama: Einsiedelei; Lebensstand (deren es vier gibt, nämlich Brahmacharya oder Schüler-stand, Grihastha oder Leben in der Ehe, Vanaprasta oder Leben im Wald und Sannyasa oder Mönchsleben.)
Ashubhava Vasana: Unreiner Wunsch oder unreine Neigung.
Astanga Yoga: Yoga mit acht Gliedern; Raja Yoga von Patanjali Maharishi.
Asti: Existiert; ist; Brahman.
Asura: Dämon; negative Tendenz im Menschen.
Ashvamedha-Yajña: Pferdeopfer; ein kompliziertes vedisches Ritual, das Könige ausführen, um einen Sohn oder die Herrschaft zu erlangen.
Atmabala: Seelenstärke.
Atma Bodha: Selbsterkenntnis; auch ein Werk dieses Namens von Shri Shankara.
Atman: Seele.
Atmanivedana: Vollständig dem Göttlichen hingegeben; Selbsthingabe.
Avadhuta: Ein Asket, der der Welt entsagt hat; der sechste Sannyas Orden, üblicherweise nackt; der höchste Zustand von Askese oder Tapas.
Avarana: Schleier der Unwissenheit.
Avastha: Zustand

Avatara: Herabkunft; es ist das Herniederkommen des Göttlichen auf die menschliche Ebene; Inkarnation.
Avidya: Unwissenheit; Nichtwissen; eine Shakti, täuschende Kraft Brahmans, die manchmal als identisch mit Maya gesehen wird und manchmal als etwas anderes als sie. Macht den Zustand der individuellen Seele aus und heißt auch Ajñana oder Ashuddha Maya. Sie bildet die Karana Sharira des Jiva. Sie ist Malina, unreines Sattva.
Avyabhicharini-Bhakti: Hingabe an nur ein einziges Ding; unerschütterliche Liebe zu einem speziellen Aspekt des Herrn.
Avyakta oder Avyaktam: Nichtmanifest; unsichtbar; wo die drei Gunas im Zustand des Gleichgewichts sind; das Undifferenzierte.
Bahiranga Lakshya: Konzentration auf ein äußeres Objekt oder auf einen Punkt im Raum.
Bandha: Bindung; Verschluß oder Knoten; eine bestimmte Gruppe von Übungen im Hatha Yoga.
Bandhana: Bindend.
Basti: Die Reinigungsübung bei Darmverstopfung; innere gründliche Reinigung des Darms, indem Wasser durch den Anus aufgesogen wird; Yoga Einlauf.
Bhagatyaga Lakshana: Auch bekannt als *Jahadajahallakshana;* z.B. der Ausspruch »Das ist dieser Devadatta.« wird so modifiziert, daß ein Teil des Gedankens aufgegeben wird. Devadatta, den man früher gesehen hatte, erschien anders: aber alle Unterschiede werden vermieden, um den wirklichen Menschen zum Vorschein zu bringen, der hier und jetzt derselbe ist, der er dann und dort war. Diese Methode findet in dem großen vedantischen Satz »Tat Tvam Asi« Anwendung. »Das« und »Du« sind dasselbe, obwohl Das (Gott) und du (ein Jiva) unterschiedlich erscheinen; wenn der *scheinbare* Teil beseitigt wird, enthüllt sich die Identität. Vachyarta (die wörtliche Bedeutung von Tat und Tvam) wird aufgegeben, und Lakshyarta (die wahre Bedeutung) von Tat und Tvam, nämlich Brahman in Ishvara und der Kutastha im Jiva, wird genommen.
Bhagavan: Der Herr; Narayan oder Hari.
Bhagavata: Jemand, der Bhagavan, Vishnu, als Gott verehrt. ›Bhagavatam‹ ist der Name eines Puranas, das die Vaishnavas als ihre Schrift betrachten.
Bhajana: Verehrung (des Herrn); Lob (dem Herrn); Zufluchtnehmen (zum Herrn).
Bhakta: Gläubiger, Verehrer Gottes
Bhakti: Hingabe; Liebe (zu Gott).
Bhashana: Sprechweise.
Bhati: Strahlt; erleuchtet; Intelligenz; Bewußtsein.
Bhava: Innere Haltung, meist als Ausdruck einer bestimmten Beziehung zu Gott; jede der fünf inneren Haltungen im Vaishnavismus, nämlich Shanta, Dasya, Sakhya, Vatsalya und Madhurya (Frieden, Diener, Freund, Mutter, Geliebter); geistige Haltung, Gefühl, Seinszustand; individuelle Seele; subjektiver Seinszustand; Geisteshaltung; Zustand der Verwirklichung in Herz oder Geist; richtiges Fühlen und

richtiger geistiger Rahmen; richtige Absicht; richtige Vorstellung; richtige geistige Einstellung; Reinheit des Gedankens.
Bhoga: Erfahrung; Wahrnehmung; Vergnügen.
Bhramarakitanyaya: Analogie von Wespe und Raupe, die zeigt, wie die Raupe zur Wespe wird, dadurch, daß sie intensiv an sie denkt. Ebenso wird der Jiva zu Brahman, wenn er intensiv darübertnis; Intelligenz.
Brahma: Gott als Schöpfer; das erste der geschaffenen Wesen; Hiranyagarbha, die kosmische Intelligenz.
Brahmabhavana: Gefühl des Einsseins mit Brahman und auch mit allem als Brahman.
Brahmachari: Im Zölibat Lebender; jemand, der dem ersten der vier Ashramas oder Lebenstände angehört; ein Mensch der rein lebt und die Veden studiert.
Brahmacharya: Die erste Phase im Hinduleben, das Leben des unverheirateten Schülers.
Brahmachintana: Ständige Meditation über Brahman.
Brahma-Jñana: Direkte Erkenntnis von Brahman.
Brahmaloka: Die Welt des vierköpfigen Schöpfers.
Brahmakaravritti: Der einzige letzte Gedanke an Brahman allein unter Auschluß aller anderen Gedanken, zu dem man durch intensive vedantische Meditation gelangt.
Brahmamuhurta: Tageszeit eineinhalb Stunden vor Sonnenaufgang.
Brahman: Akhandaikarasa Satchidananda, die absolute Wirklichkeit; die in den Upanishaden dargelegte Wahrheit; höchste Wirklichkeit, eins und unteilbar, unendlich und ewig; alldurchdringendes und unveränderliches Sein; absolutes Sein - absolutes Wissen - absolute Wonne; das Substrat von Jiva, Ishvara und Maya; absolutes Bewußtsein; nicht nur allmächtig sondern Allmacht an sich, nicht nur allwissend und wonnevoll, sondern Allwissenheit und Wonne an sich.
Brahmanistha: Ein Mensch, der in der direkten Erkenntnis Brahmans verankert ist.
Buddha: Der Erleuchtete; von Erkenntnis erfüllt.
Buddhi: Intellekt; Verstand; Denkfähigkeit.
Chaitanya: Das Bewußtsein, das sich selbst und andere kennt; absolutes Bewußtsein.
Chakra: Geflecht; Zentrum psychischer Energie im menschlichen System.
Chanchala: Unstet; schwankend.
Chidakasa: Brahman in seinem Aspekt als unbegrenzte Erkenntnis; grenzenlose Intelligenz; häufiges Konzept der Upanishaden; bedeutet nicht, der physische Äther ist Bewußtsein; das reine Bewußtsein (Chid) ist wie Äther (Askasha), ein alldurchdringendes Kontinuum.
Chidghana: Fülle von Bewußtsein.
Chit: Prinzip der universellen Intelligenz, Bewußtsein.
Chinmatra: Nichts als Bewußtsein; allein Bewußtsein.
Chintana: Denken, Reflektieren.
Citta: Geiststoff; unterbewußter Geist.
Daivi: Wie Divya, göttlich.

Dama: Kontrolle der äußeren Sinne; eine der sechsfachen Tugenden im Niyama des Raja Yoga.
Darshana: Einsicht; eine Art zu sehen; Vision; philosophisches System; sichtbar machen.
Dasya: Die Haltung des Verehrenden, die eine Beziehung als Diener Gottes ausdrückt.
Daya: Barmherzigkeit; Mitgefühl.
Deha: Physischer Körper.
Dehabhimana: Egoistische Verhaftung an den Körper.
Dehadhyasa: Falsche Identifikation mit dem Körper.
Devata: Die Gottheit, der die Verehrung von Menschen gilt und ihnen das Gewünschte gibt. Der Begriff wird auch verwendet für den Herrn, Der die Verehrung aller empfängt und ihnen das Gesuchte gibt. Er wird der höchste Devata genannt.
Devi: Göttin.
Dharma: Rechte Lebensweise, so wie sie die heiligen Schriften vorsehen; Charakteristika, Tugenden.
Dharmamegasamadhi: Der Zustand des Überbewußtseins, Samadhi, wird ›Tugendwolke‹ genannt, insofern als daraus Nektartropfen der Unsterblichkeit durch die Kenntnis Brahmans fallen, wenn alle Heerscharen von Vasanas vollkommen zerstört sind. ›Tugendwolke‹ wird Samadhi im Astanga Yoga von Patanjali genannt.
Dharana: Konzentration des Geistes.
Dhauti: Übung zur Reinigung des Magens im Hatha Yoga.
Dhyana: Meditation; Kontemplation.
Diksha: Einweihung; Weihe.
Digvijaya: Eroberung der vier Himmelsrichtungen (Welt), militärisch oder kulturell.
Divya: Göttlich; himmlisch; heilig; strahlend, übernatürlich.
Dosadridti: Die Sicht, die Fehler wahrnimmt.
Drista: Das Sichtbare; gesehen; das Wahrgenommene.
Ekadashi: Elfter Tag des Hindumondkalenders.
Ekagrata: Einpünktigkeit des Geistes; Konzentration.
Eshanatrayam: Drei Arten von Wünschen, nämlich Wunsch nach Reichtum, Sohn und Frau.
Gandha: Wohlgeruch; Duft.
Gayatri: Eines der heiligsten vedischen Mantras, heiliger Hindutext.
Ghrina: Mitgefühl; Erbarmen; Abneigung; Abscheu.
Gita: Gesang; meint in der Hauptsache die berühmte Heilige Schrift »Bhagavad Gita«, ein philosophischer Text.
Granthi: Verschluß oder Knoten.
Grihastha: Mensch im Ehestand.
Guna: Aus der Natur entstandene Eigenschaft.
Guru: Lehrer, Meister.
Hari: Ein Wesen, das die schlechten Taten derer, die zum Ihm Zuflucht suchen,

zunichte macht. Ein Name von Gott Narayana oder Krishna.
Hathayoga: Ein Yogasystem, um Kontrolle über den physischen Körper und das Prana zu erlangen; System von Asanas, Pranayamas, Bandhas, Mudras und Kriyas.
Hridaya: Herz; wichtiges Zentrum.
Hridayaguha: Höhle oder Kammer des Herzens.
Hiranyagarbha: Kosmische Intelligenz; der höchste Herr des Universums; auch Brahma genannt, kosmisches Prana, Sutratma, Aparabrahman, Mahabrahma oder Karyabrahman; Samastisukshma Sarirabhimani (die Summe aller subtilen Körper); das höchste geschaffene Wesen, durch welches das höchste Wesen das physische Universum projiziert; der kosmische Geist.
Iccha: Wunsch.
Ida: Der psychische Nervenstrom, der durch das linke Nasenloch fließt, die kühlende Mondnadi, im Gegensatz zu Pingala, der wärmenden Sonnennadi.
Indra: Geist oder Seele; Herr der Sinne; Hindugottheit; Anführer der Himmelswesen; Himmelsherrscher; Regengott.
Indriya: Wahrnehmungssinn; Sinnesorgan; entweder das äußere physische Karmaindriya (Handlungsorgan) oder das innere Jñanaindriya (Wahrnehmungsorgan).
Ishta: Wunschobjekt; das gewählte Ideal; die spezielle Form Gottes, der man ergeben ist; ein Opferritus.
Ishtadevata: Bevorzugte oder Schutzgottheit.
IshvaraShrishti: Das vom Herrn Geschaffene, z.B. Elemente.
Jagadguru: Weltenlehrer.
Jagat: Welt; veränderlich.
Jala: Nicht real; Netz; Fallstrick; Illusion.
Japa: Fortgesetztes Wiederholung des Namen Gottes; Wiederholung eines Mantras.
Jaya: Sieg; Meisterung.
Jiva: Individuelle Seele mit Ego.
Jivanmukta: Zu Lebzeiten Befreiter.
Jivanmukti: Befreiung zu Lebzeiten.
JivaShrishti: Das von Jiva Geschaffe, z.B. das Gefühl von ›Ich‹ und ›Mein‹.
Jivatma: Individuelle Seele.
Jñana: Wissen, Erkenntnis; Weisheit über die Wirklichkeit, Brahman, das Absolute.
Kaivalya: Transzendentaler Zustand absoluter Unabhängingkeit.
Kala: Teil; Strahl; Kunst.
Kala: Zeit; Tod oder Yama.
Kali: Böse; schwarz.
Kaliyuga: Zeitalter von Kali; eisernes Zeitalter; das letzte der vier Yugas; das gegenwärtige Zeitalter; das dunkle, schlechte Zeitalter.
Kalpa: Ein Tag Brahmas. 360 Menschenjahre sind ein Himmelsjahr. 12.000 Himmelsjahre sind ein Chaturyuga oder Mahayuga. 71 solcher Mahayugas sind ein Manvantara. 14 solcher Manvantaras (einschließlich ihrer Dämmerungsphasen) sind ein Kalpa von 4.320.000000 Jahren. Eine Nacht Brahmas dauert ebenso lange.

Er lebt hundert solche Jahre. Das Leben Brahmas wird Para genannt, von längerer Dauer als das Leben irgend eines anderen Wesens, und die Hälfte davon heißt Parardha. Jetzt hat er das erste Parardha abgeschlossen und befindet sich im ersten Tag des zweiten Parardha. Dieser Tag oder Kalpa heißt Svetavarahakalpa; Kapla ist auch ein Ritualcode.

Kalpana: Vorstellung im Geist; Schöpfung.

Kama: Wunsch; Leidenschaft; Lust.

Karana: Ursache; Grund; die unmanifestierte potentielle Ursache die, wenn die Zeit gekommen ist, als sichtbare Wirkung Gestalt annimmt, die materielle Ursache des Universums in dem Zustand, in dem es sich in der Phase der Auflösung befindet, d.h. kosmische Energie in einem potentiellen Zustand.

Karanasharira: Kausalkörper (in dem sich das Individuum im gesunden, tiefen und traumlosen Schlaf befindet, wenn Intellekt, Geist und Sinne auf einen potentiellen nicht manifesten Zustand reduziert sind); die der Seele nächstgelegene Hülle, die Wonnehülle.

Karma: Handlung; drei Arten: Sanchitta (alle angesammelten Handlungen aus allen früheren Geburten), Prarabdha (der Anteil aus diesem Karma, der im gegenwärtigen Leben ausgearbeitet werden soll) und Agami (Karma, das laufend vom Individuum geschaffen wird); das durch das Gesetz von Ursache und Wirkung arbeitende Karma bindet den Jiva, die individuelle Seele, an das Rad von Geburt und Tod.

Karmaphala: Die Frucht des Handelns; die Folgen einer Handlung in Form von Freude oder Schmerz.

Karuna: Barmherzigkeit; Mitgefühl; Güte.

Kaya: Physischer Körper.

Kevala: Alleine; einzig; unabhängig; das Absolute.

Kevala Asti: Bloßes reines Sein.

Kirtan: Singen der Namen und Herrlichkeiten Gottes.

Kosha: Hülle; Beutel; Schwertscheide; eine die Seele umgebende Hülle; es gibt fünf solche übereinander gelagerte konzentrische Hüllen oder Kammern, Wonnehülle, intellektuelle Hülle, Geisthülle, Hülle der Lebenskraft und Hülle des grobstofflichen Körpers.

Kripa: Barmherzigkeit; Gnade, Segen.

Kriya: Physische Handlung; spezielle Übungen im Hatha Yoga, wie Basti, Neti, Nauli, etc.

Kshatradharma: Regeln für Leben und Verhalten der Kriegerkaste.

Kumbhaka: Atemanhalten; Stillstehen des Atems.

Kundalini: Die kosmische Urenergie im Individuum; liegt aufgerollt wie eine Schlange in dreieinhalb Windungen, wobei der Kopf nach unten zum Muladharachakra zeigt.

Kutastha: Absolut ohne Veränderung; ohne Ausnahme in allen Geschöpfen, von Brahma, dem Schöpfer, bis hinunter zu Ameisen, strahlt als das Selbst und ist der Beobachter des Intellekts aller Geschöpfe; felsenfest; unveränderlich; ein anderer Name für Brahman.

Lakshya: Ziel; Konzentrationspunkt.
Lakshyartha: Übertragene Bedeutung (in der Darlegung des Tat-twam-asi Mahavakyas); das Lakshyartha von Tat ist Brahman, und das von Tvam ist Kutastha.
Layachintana: Konzentration des Geistes mit der Absicht, ihn aufzulösen; die Methode der vedantischen Meditation, wo der Geist fortschreitend von grobstofflicheren zu subtileren Ideen geführt wird, bis er sich im Nichtmanifesten, Para Brahman auflöst; es gibt z.B. Bhutalayachintana, Antahkaranalayachintana oder Omkaralayachintana.
Laya: Auflösung; Aufgehen.
Lila: Spiel; Zeitvertreib; der Kosmos, der als göttliches Spiel gesehen wird.
Linga: Kennzeichen; Geschlecht; Zeichen; Symbol.
Loka: Welt der Namen und Formen.
Lokasangraha: Solidarität mit der Welt; Erheben der Welt.
Madhura: Die Haltung des Gläubigen, die das Gefühl ausdrückt, das zwischen Liebenden besteht; der Gläubige sieht Gott als seinen Geliebten.
Maharishi: Großer Weiser.
Mahatma: Große Seele; Heiliger; Weiser.
Mahavakya: (wörtl.) Großer Satz. Aussagen aus den Upanishaden, vier an der Zahl, die die höchsten vedantischen Wahrheiten ausdrücken, die Identität zwischen individueller Seele und Höchster Seele. Sie sind:
1.*Prajñanam Brahma* (Bewußtsein ist Brahman) - in der Aitareya Upanishad des Rig Veda;
2. *Aham Brahmasmi* (Ich bin Brahman) - in der Brihadaranyaka Upanishad des Yajur Veda;
3. *Tat Twam Asi* (Das bist du) - in der Chhandogya Upanishad des Sama Veda.
4. *Ayam Atma Brahma* (Dieses Selbst ist Brahman) - in der Mandukya Upanishad des Atharva Veda.
Makara: Die mystische Silbe ›m‹, der dritte Buchstabe, der Om, das Pranava Nada, abschließt.
Mala: Unreinheit des Geistes; einer der drei Mängel des Geistes.
Mala: Rosenkranz; Perlen, die dazu verwendet werden, um das gemachte Japa zu zählen.
Malavasanarahita: Frei von Unreinheiten und subtilen Wünschen.
Mamata: Gefühl von »Mein«.
Manana: Ständiges Denken; Reflektieren; Meditation über die ewigen Wahrheiten; der zweite der drei Schritte auf dem Weg der Erkenntnis.
Manahkalpitajagat: Die von Geist oder Einbildung geschaffene Welt.
Manas: Geist; Denkfähigkeit.
Manolaya: Involution und Auflösung des Geistes in seiner Ursache.
Manomantrajagat: Die Welt ist nichts anderes als der Geist; die Welt wird nur vom Geist alleine geschaffen.
Manonasa: Zerstörung des Geistes.

Manasapuja: Geistige Verehrung; eine Art ritueller Gottesdienst, bei welcher der Gläubige geistig den gesamten Vorgang der Verehrung durchgehen muß.
Manomaya Kosha: Die Geisthüllen des Selbst.
Mantra: Heilige Silbe oder heiliges Wort oder Aufeinanderfolge von Worten, durch deren Wiederholung und die Reflexion darüber Vollkommenheit und Selbstverwirklichung erlangt wird.
Marga: Pfad, Weg.
Matra: Einheit; alleine; Element.
Matri: Mutter.
Mauna: Stille.
Maya: Die täuschende Kraft Brahmans; die verschleiernde und projizierende Kraft im Universum.
Mita: Gemäßigt.
Mithya: Falsch; irreal; Illusion.
Mityadrishti: Die Sicht, daß die Welt unwirklich ist.
Mochana: Befreiend.
Moha: Verblendung; durch falsches Denken verursachte Täuschung; falsche Identifikation und getäuschte Verhaftung
Moksha: Isolation; letztendliche Glückseligkeit; Befreiung.
Mudra: Eine bestimmte Gruppe von Übungen im Hatha Yoga; Symbole, die beim Gottesdienst mit den Händen gemacht werden.
Mukti: Dasselbe wie Moksha.
Muladhara: Das unterste der sechs yogischen Zentren im Körper.
Mumukshutva: Intensive Sehnsucht nach Befreiung.
Muni: Weiser; Asket; jemand, der das Schweigegelübde hält.
Murti: Götterbild.
Nada: Mystischer Klang (des Ewigen); der Urklang, die erste Schwingung, aus der die ganze Schöpfung hervorging; die erste Manifestation des nicht-manifesten Absoluten; Omkara, Shabda Brahman; auch der mystische innere Klang, Anahata, auf den sich der Yogi konzentriert.
Nadanusandana: Fragen oder Forschen über Anahata Klänge.
Nadi: Nerv; Kanal; psychischer Strom.
Nama: Name
Namasmarana: Denken an den Herrn durch Wiederholen Seines Namens.
Narayana: Eigenname Gottes; die ethymologische Bedeutung des Begriffs ist ein Wesen, das alle Dinge trägt, das von ihnen erreicht wird, und das ihnen hilft, das zu tun; wenn das zusammengesetzte Wort Nara plus Ayana als Bahuvrihi Zusammensetzung verstanden wird, bedeutet das Wort, einer, der alles erfüllt; der auf Wasser schläft.
Nauli: Hatha Yoga Kriya, wobei die Bauchregion mit Drehbewegungen der Rektalmuskel bewegt wird.
Navavidhabhakti: Neun Arten der Hingabe, nämlich das Hören Seiner Namen und Herrlichkeiten, sie Singen, Denken an den Herrn, Gottesdienst (Dienen) zu

Seinen Füßen, Verehrung mit Blumen, Verbeugungen, sich selbst als Seinen Diener betrachten, als Seinen Freund und vollständige Selbsthingabe.
Neti: Hatha Yoga Kriya zur Reinigung der Nasenlöcher, durch Einführen eines Fadens in die Nasenlöcher; eine der sechs Kriyas, vorbereitende Reinigungsübungen im Hatha Yoga.
Neti-neti: »Nicht dies: nicht dies«; der analytische Vorgang des allmählichen Verneinens aller Namen und Formen, um zur ewigen zugrundeliegenden Wahrheit zu gelangen.
Nididhyasana: Tiefe Meditation; dritter Schritt im vedantischen Sadhana nach ›Hören‹ und ›Überlegen‹.
Nimitta: Ursache; Werkzeug.
Nirakara: Formlos.
Niravayava: Ohne Glieder oder Teile.
Nirbhaya: Furchtlos.
Nirguna: Ohne Eigenschaften.
Nirlipta: Unverhaftet.
Nirodha: Einschränkung; Unterdrückung; Zerstörung.
Nirvana: Befreiung; letztendliche Freiheit.
Nirvikalpa: Ohne geistige Erscheinungsformen.
Nishkama: Ohne Wunsch.
Nishkriya: Handlungslos; bewegungslos.
Nishtha: Beständigkeit; Verankertsein in einem Zustand.
Niyama: Der zweite Schritt im Raja Yoga; innere und äußere Reinheit, Zufriedenheit, Askese, Studium und Gottesdienst bilden Niyama; Gebot.
Nyaya: Logik; eine der sechs indischen Philosophieschulen.
Ojas: Kraft; spirituelle Energie; Vitalität; die spirituelle Kraft, die durch die Schöpfungskraft von Enthaltsamkeit und Yoga Sadhana entwickelt wird.
Om: Das Pranava, die heilige Silbe, die als Symbol für Brahman steht.
Omkara: Dasselbe wie Om.
Pada: Fuß; ein Viertel.
Padarthabhavana: Erkenntnis der Wahrheit; die sechste der Jñana Bhumikas, Schritte in der Erkenntnis, wo der Jnani die innere Essenz von Dingen wahrnimmt und nicht die äußere physische Form.
Padma: Lotus; Chakra; Name für ein Geflecht.
Padmasan: Lotusstellung; eine Meditationsstellung.
Pancha: Fünf.
Panchagnividya: Wissenschaft von den fünf Feuern; esoterische Erklärung der fünft Opfervorgänge.
Panchikarana: Verfünffachung; gemäß der Lehre der Vedanta ein spezieller Vorgang, durch welchen die fünf Elementarbestandteile des Universums sich miteinander verbinden, um grobstofflichere Verbindungen zu formen, die die Einheiten in der Zusammensetzung des physischen Universums ausmachen.

Pandita: Ein gebildeter Mensch, ein Gelehrter; ein Mensch mit Weisheit.
Para: Erhaben; das Höchste; das andere; der Feind.
Paramadhama: Höchster Ort; Brahman; Moksha.
Paramatma: Das Höchste Selbst.
Paripurna: In aller Fülle; in sich selbst enthalten.
Parvati: Inkarnation der göttlichen Mutter; Gemahlin Shivas.
Pashupati: Herr der individuellen Seelen (die Pashus, das Vieh); ein Name von Gott Shiva.
Pingala: Ein Nadi oder psychischer Nervenstrom, der im rechten Nasenloch endet; das Sonnennadi; wärmend.
Prabho: Herr.
Prajña: Bewußtsein; Bewußtheit.
Prajña: Gemäß der Vedanta Philosophie: eine Bezeichnung des Individuums im kausalen Zustand (wie in festem Schlaf); die höchste Realität erscheint als solche durch den Schleier eines individuellen Kausalkörpers.
Prajñanaghana: Fülle von Bewußtsein; Brahman
Prakriti: Kausale Materie; Shakti; Name der Sankhyas für Pradhana.
Pramana: Beweis; Autorität (des Wissens).
Prameya: Beweisobjekt (Brahman, die absolute Wirklichkeit); Subjekt der Fragestellung; Objekt richtiger Erkenntnis; gemessenes oder bekanntes Objekt.
Prana: Lebensenergie; Lebensatmen; Lebenskraft.
Pranava: Die heilige Silbe »OM«.
Pranayama: Regulieren und Einschränken des Atems; das vierte Glied im Ashtanga Yoga.
Prarabdha: Der Teil des Sanchitta Karma, der das gegenwärtige Leben bedingt.
Prastanatraya: Die drei maßgeblichen Eckpfeiler der spirituellen Literatur, Upanishaden, Brahma Sutras und Bhagavad Gita, auf denen die gesamte Vedanta Philosophie basiert.
Pratika: Ein Bild oder Symbol Gottes für Verehrung und spirituelle Kontemplation.
Pratipaksha: Entgegengesetzt; feindlich.
Pratyabhijna: Wissen; Erkenntnis, sich wiederbelebendes Bewußtsein; Erinnerung.
Pratyahara: Abziehen oder Wegnehmen der Sinne von ihren Objekten, das fünfte Glied im Astanga Yoga von Patanjali.
Pravaha: Flut.
Prema: Göttliche Liebe (zum Herrn).
Prithivi: Das Element Erde mit den Charakteristika Dichte und Geruch.
Priya: Wonne; Freude, die daher kommt, daß man etwas Geliebtes sieht.
Puja: Gottesdienst; Verehrung.
Purascharana: Eine Disziplin, die darin besteht, ein Mantra soviele hunderttausendmal zu wiederholen als es Silben (Buchstaben) hat. Das geschieht unter Einhaltung sehr strikter Regeln hinsichtlich Ernährung, Anzahl des Japa, das täglich gemacht werden muß, Sitz, usw.

Purna: Voll; komplett; unendlich; absolut; Brahman.
Purnima: Vollmond.
Purusha: Das höchste Wesen; das Wesen im Herzen aller Menschen; wird als Begriff für den Herrn verwendet; die Beschreibung bezieht sich auf das Selbst, das sich im Herzen aller Wesen befindet; um Bhagavan, den Herrn, von Jivatman zu unterschieden, wird er als Parama (höchster) Purusha bezeichnet oder Purushottama (bester Purusha) genannt.
Purusharta: Menschliches Bemühen, individuelle Anstrengung, Dharma, Artha, Kama und Moksha, Ideal des Menschen.
Raga-Dvesha: Anziehung und Abstoßung; Zu- und Abneigung.
Raga-Ragini: Melodische Strukturen in der Musik.
Raja: König.
Rajayoga: Ein Yogasystem; der königliche Yoga der Meditation; das Yogasystem, das im allgemeinen als das von Patanjali Maharishi dargelegte betrachtet wird, d.h. der Astanga Yoga.
Rajas: Einer der drei Aspekte oder konstituierenden Bestandteile der kosmischen Energie; das dynamische Prinzip in der Natur, das alle Veränderungen bewirkt; dadurch kommt es zum Auftauchen der relativen Wahrnehmbarkeit des Absoluten als Universum; diese Eigenschaft läßt Leidenschaft und Ruhelosigkeit entstehen.
Rajasuya: Ein Opfer, das ein Monarch ausführt als Zeichen seiner Herrschaft über andere Könige.
Rasa: Essenz (der Freude); Wasser; Quecksilber; Geschmack; süßes Gefühl; Saft von Speisen; Brahman.
Ratipriti: Intensive Verhaftung und Liebe; Freude durch körperliche Liebe.
Rechaka: Ausatmung.
Rishi: Weiser; Seher der Wahrheit.
Rirambaraprajña: Bewußtsein; voll der Wahrheit (gemäß dem Raja Yoga von Patanjali).
Ruchi: Geschmack; Gefallen; Mögen; Wunsch.
Rupa: Erscheinung; Form; Anblick; Vision.
Shabda: Klang; Wort; Veden: Omkara.
Shabdapramana: Beweis durch die Schriften.
Sadachara: Rechtes Verhalten.
Sadhaka: (spirituell) Suchender; jemand, der Anstrengungen unternimmt, um etwas zu erreichen.
Sadhana: Anstrengung; Werkzeug; Gerät; spirituelle Praxis.
Sadhanachatustaya: Die vier Arten spirituellen Bemühens: Unterscheidung, Verhaftungs-losigkeit, die sechsfachen Tugenden und der Wunsch nach Befreiung.
Sadhu: Frommer und rechtschaffener Mensch; ein Sannyasin.
Saguna: Mit Eigenschaften.
Sahasrara: Ein Bereich am Scheitel in Form eines tausendblättrigen Lotus, wo sich die Kundalini Shakti mit Gott Shiva vereint.

Sajatiyabheda: Unterschied, durch den sich ein Individuum einer Spezies von einem anderen unterscheidet, z.B. der Unterschied zwischen zwei Menschen.
Sakama: Mit Erwartung von Früchten.
Sakara: Mit Form (im Gegensatz zu Nirakara).
Sakhya: Die Haltung des Verehrenden, die eine Freundschaftsbeziehung mit Gott ausdrückt; Beispiele dafür sind Arjuna, Uddhava oder die Kuhhirten von Brindavana.
Shakti: Kraft; Energie; Macht; die Göttliche Kraft des Werdens; der wahrnehmbare dynamische Aspekt des Ewigen Wesens; die Absolute Kraft oder kosmische Energie.
Sakshatkara: Direkte Verwirklichung; Erfahrung des Absoluten; Brahmajñana.
Sakshi: Beobachtendes Prinzip; Seher; Kutastha, der passiv die Handlungen von Körpern und Sinnen beobachtet; Zeuge.
Samabahvana: Gefühl der Gleichheit.
Samadhana: Gleichmäßiges Festigen; richtige Konzentration.
Samadhi: Zustand des Überbewußtseins, wo es zur Erfahrung des Absoluten kommt, in Verbindung mit Allwissenheit und Freude; Einssein; hier identifiziert sich der Geist mit dem Objekt der Meditation; der Meditierende und das Objekt der Meditation werden eins, der Denkende und das, woran er denkt, werden eins in einem vollkommenen Aufgehen des Geistes.
Samanya: Allgemein; gewöhnlich; von herkömmlicher Natur und mit üblichen Charakteristika.
Sampat: Vollendung; Reichtum; Tugend.
Sampatti: Wie Sampat.
Samyama: Vollkommenes Stillstehen; ein höchst vollendeter Zustand von Ausgewogenheit und Ruhe, Konzentration, Meditation und Samadhi.
Satya: Wahrheit; Brahman, das Absolute.
Shama: Stille; Kontrolle des Geistes; Stille im Geist; der Geist wird im Herzen festgehalten und es wird ihm nicht gestattet, nach außen zu gehen; das fortwährende Ausrotten aller Tendenzen im Geist, entsprechend Aparoksha Anubhuti von Shankara
Samasaya Bhavana: Gefühl von Zweifen oder Argwohn.
Sampat: Vollkommenheit; Reichtum; Tugend.
Samsara: Leben durch wiederholte Geburten und Tode; der Prozeß des weltlichen Lebens.
Samskara: Eindruck; zeremonielle Reinigung; vorgeburtliche Tendenz.
Sangraha: Ansammlung.
Sankalpa: Gedanke; Wunsch; Vorstellung.
Sankhya: Das philosophische System Kapilas.
Sannyasin: Mönch; ein Mensch, der sich zu einem Leben vollständiger Entsagung entschlossen hat; ein Mensch, der dem vierten und höchsten Lebensabschnitt, Sannyasa, angehört.
Santosha: Zufriedenheit; Freude, Glück.

Sarana: Zuflucht.
Sarvangasana: Gesamtkörperliche Stellung des Hathayogis; hat Einfluß auf die Schilddrüse und dadurch auf den gesamten Körper und seine Funktionen.
Sarvatmakatva: Universalität; der Zustand, die Seele von allem zu sein.
Shanta: Friedvoll; ruhig; still.
Shastra: Schrift; Aussage von größter Autorität.
Sat: Sein; Wesen; Wirklichkeit; Wahrheit.
Satchidananda: Absolutes Sein, absolutes Wissen, absolute Wonne.
Satkarma: Reinigungsvorgang im Hatha Yoga: Neti, Dhauti, Nauli, Basti, Kapalabhati und Tratak.
Shatsampat: Sechsfacher Reichtum, nämlich Sama, Dama, Uparati, Titiksha, Shradda und Samadhana.
Satsanga: Gemeinschaft mit Weisen (dem Guten).
Sattva: Licht, Reinheit, Wirklichkeit.
Sattvapatti: Vierter Schritt von Jñana, wo Sattva, Reinheit und Licht, überwiegt.
Satya: Wahrheit; Brahman, das Absolute.
Shaucha: (Innere und äußere) Reinheit; Reinlichkeit, eines der fünf Niyamas im Raja Yoga.
Savichara: Mit Nachdenken und Überlegen oder Analyse.
Seva: Dienst.
Shaiva: Jemand, der Gott Shiva als den höchsten Herrn sieht; zu Gott Shiva gehörig.
Shakti: Kraft; Energie; Macht; die göttliche Kraft des Werdens; der scheinbare dynamische Aspekt des Ewigen Wesens; die Absolute Kraft oder kosmische Energie:
Shirsasana: Umkehrstellung; König der Asanas; Kopfstand der Hatha Yogis.
Shruti: Die Veden; die offenbarten Schriften der Hindus; das Gehörte; Ohr.
Siddha: Verwirklicht; vollendet; ein vollendeter Yogi.
Siddhanta: Aufgestellter Lehrsatz, Doktrin.
Siddhasana: Meditationsstellung.
Siddhi: Vollkommenheit; psychische Kraft.
Sloka: Vers zum Lobpreis; ein normalerweise aus 32 Zeichen bestehender Vers.
Smarana: Denken, Erinnern.
Smriti: Erinnerung; Gesetzeskode.
Spandana: Schwingung.
Shradda: Glauben.
Shravana: Hören der Shrutis oder Schriften; Ohr.
Shruti: Die Veden; die offenbarten Schriften der Hindus; das Gehörte; Ohr.
Sthulasharira: Grobstofflicher Körper; physischer Körper.
Subheccha: Guter Wunsch; das richtige Streben, Samsara zu überqueren; die erste Jñana Bhumika, Schritt zur Erkenntnis.
Suddha: Rein; klar; makellos.
Sukha: Freude; Glück; Vergnügen.

Sukshma: Fein; subtil; unsichtbar; einem feinstofflicheren als dem physischen Seinsbereich zugehörig.
Surya: Sonne.
Sushumna: Der wichtige Nervenstrom, der durch die Wirbelsäule geht, vom Muladhara zum Sahasrara, dem tausendblättrigen Lotus, durch den die Kundalini durch Yogatechniken zum Aufsteigen gebracht werden soll.
Sushupti: Traumloser Tiefschlaf.
Sutra: Faden; Schnur; ein Aphorismus mit möglichst wenigen Worten und möglichst viel Sinn; Satz mit sehr dichter Aussage.
Svabhava: Die eigene Natur oder Entwicklungsfähigkeit.
Svadhyaya: Studium religiöser Schriften, im speziellen der Veden.
Svaha: Opfergabe oder Opfer an die Götter; ein Ausruf, der verwendet wird, wenn man den Göttern opfert.
Svapna: Traum; Illusion.
Svara: Klang; Betonung; Ton.
Svargaloka: Himmelswelt; der himmlische Bereich.
Svarupa: Essenz; eigentliche Natur; das eigentliche Wesen Brahmans; Wirklichkeit; Satchidananda; die wahre Natur des Seins.
Svarupalakshana: Definition hinsichtlich der eigentlichen Natur Brahmans; Sadchidananda, Absolutes Sein - Absolutes Wissen - Absolute Wonne.
Svayambhu: Aus sich selbst existent; selbstgeschaffen; selbstgeboren.
Taijasa: Ein Name, der in der Vedanta Philosophie für ein Individuum im subtilen Zustand (wie im Traum) verwendet wird, wenn die höchste Realität vom subtilen Körper eines Individuums umhüllt und gefärbt ist.
Tamas: Unwissenheit; Trägheit; Dunkelheit; Vergänglichkeit.
Tandra: Schläfrigkeit; Zustand des Halbsschlafes; Hindernis in der Meditation.
Tanmatra: Atom; Basiselement in undifferenziertem Zustand vor Panchikarana, der Verfünffachung.
Tantra: Ein Buch über oder ein bestimmter Sadhanapfad, der besondere Betonung legt auf ein Mantra oder andere esoterische Upasanas.
Tanumanasi: Fadengleicher Zustand des Geistes.
Tapas: Reinigende Handlung; asketische Selbstverleugnung; Askese, Bußübung; Selbstzucht.
Tapasvin: Asket; ein Mensch, der Tapas praktiziert.
Tarpana: Wasseropfer, um die Manen günstig zu stimmen.
Tatasthalakshana: Direkte Vorstellung davon, was ein Ding ist; in der Vedanta eine unbeabsichtigte Definition von Brahman, gegeben durch die Definition, daß Brahman die Ursache von Schöpfung, Erhaltung und Zerstörung des Universums ist.
Tattva: Realität; Element; Wahrheit; Essenz; Prinzip.
Tejas: Glanz (im besonderen spiritueller); das Element Feuer; Agni: Hitze.
Titiksha: Gleichmütiges Ertragen der Wechselfälle, Hitze und Kälte, Freude und Schmerz oder respektvolle und respektlose Behandlung; Duldungskraft.

Trataka: Festes Starren; der Vorgang, den Blick auf einen kleinen Fleck, Punkt, etc. zu heften. Im Hatha Yoga starrt der Yogi ohne Zwinkern auf etwas Winziges, bis Tränen aus seinen Augen strömen; dadurch wird der himmlische Blick erlangt.
Trikuta: Punkt zwischen den Augenbrauen.
Triputa: Die Dreiheit (Seher; Sehen; Gesehenes).
Trishna: Dürsten (nach Objekten); inneres Sehnen (nach Sinnesobjekten).
Turiya: Überbewußter Zustand; das numinale Selbst der Geschöpfe, das über jede Bedingtheit und jeden Zustand hinausgeht; Einssein.
Tusnimbhutavastha: Ein Geisteszustand, in dem weder Zu- noch Abneigung herrscht; der Zustand des Stillseins.
Tyaga: Verzicht (auf Ichdenken, Vasanas und Welt).
Uddiyana: Eine Hatha Yoga Kriya; eine Yogaübung, um das Zwerchfell zu heben; beginnt mit einer vollständigen Ausatmung, dann werden die Bauchmuskeln vollkommen entspannt und unter die Rippen gezogen.
Udaravritti: Großzügiges Wesen; erweiterter Zustand der Psychose.
Upadesha: Anweisung; Lehrsatz.
Upadhi: Etwas Überlagertes, ein Attribut, das die Sicht der Substanz darunter verschleiert und färbt; begrenzendes Attribut; Werkzeug; Vehikel; Körper; ein Begriff, der in der Vedanta Philosophie für jede Überlagerung verwendet wird, die die Sicht des Absoluten einschränkt und Es als das Relative erscheinen läßt; die Upadhi von Jiva ist Avidya; die Upadhi von Ishvara ist Maya.
Upanishad: Der Teil der Veden, der sich mit Erkenntnis auseinandersetzt; Texte über die letztendliche Wahrheit und deren Verwirklichung; es gibt 108 Upanishaden, von denen 10 von besonderer Bedeutung sind.
Uparati: Überdruß am Vergnügen durch Sinnesobjekte; Ekel; Einstellen religiöser Zeremonien infolge von Entsagung; absolute Ruhe; Stille; Entsagung.
Upasaka: Jemand, der Upasana praktiziert; ein Verehrender.
Upasana: (wörtl.) Nahe sitzen; Verehrung oder Kontemplation über Gott oder eine Gottheit; fromme Meditation.
Upaya: Mittel; Vorrichtung.
Vachyartha: Wörtliche Bedeutung.
Vaikunta: Der Ort Gott Vishnus; die höchste Welt, in der Gott Vishnu regiert, bestimmt für Menschen mit letztendlicher Befreiung.
Vairagya: Gleichgültigkeit und Abscheu allen Dingen und Vergnügungen der Welt gegenüber; Leidenschaftslosigkeit.
Vaishnava: Verehrer von Shri Vishnu, dem Erhalter, von Dem Krishna eine Inkarnation ist; eine Hindu Gruppe, die Shri Vishnu verehrt; ein Mitglied dieser Gruppe; Shaivas sind Verehrer von Shiva, dem Veränderer, während Shaktas Verehrer von Shakti, Energie, sind, der Gemahlin von Shiva; die Verehrer von Shri Krishna findet man in der Hauptsache in Vrindavan bei Mathura und Navadvip (Bengalen).
Vaisnavi: Die Shakti oder göttliche Kraft Vishnus.
Vaishvanara: Feuergott; Verdauungsfeuer; gastrisches Feuer; die Summe aller ge-

schaffenen Wesen; Brahma in Form des Universums; Virat Purusha.
Vajra: Stählerne Festigkeit; Donnerschlag.
Vak: Sprache.
Varnashrama: Bezieht sich auf die vier Hauptgruppen und die vier Lebensabschnitte im Leben des Hindu; die Gesetze von Kaste und Lebensabschnitt.
Vasana: Subtiler Wunsch; eine Tendenz, die sich in einem Menschen durch das Ausführen einer Handlung oder durch eine Erfahrung entwickelt; er wird veranlaßt, die Handlung zu wiederholen oder die Wiederholung der Erfahrung zu suchen; der subtile Eindruck im Geist, der fähig ist, sich zur Handlung zu entwickeln; er ist die Ursache für Geburt und Erfahrung im allgemeinen; der Eindruck von Handlungen, der unbewußt im Geist zurückbleibt.
Vatsalya: Die Haltung des Gläubigen, die eine Elternbeziehung zu Gott ausdrückt und Ihn als das Kind ansieht.
Vayu: Der Windgott; Luft; Lebensatem; Prana.
Vedanta: (wörtl.) Das Ende der Veden; die Upanishaden; die Schule des Hindugedankengutes (hauptsächlich basierend auf den Upanishaden), die entweder die Lehre des reinen Non-Dualismus oder des bedingten Non-Dualismus vertritt; (der Originaltext dieser Lehre ist Vedanta-darshana, Uttara-Mimamsa oder die Brahma-Sutras, zusammengefaßt vom Weisen Vyasa).
Vedantin: Ein Mensch, der vedantisches Sadhana übt.
Veden: Die höchste Autorität für die Arya Indiens; es wird angenommen, daß sie niemals von irgend jemandem geschrieben wurden und daher von Unvollkommenheiten, denen menschliche Erzeugnisse unterliegen, frei sind. Wenn sie in Vergessenheit geraten, werden sie von Rishis durch Meditation wiederhergestellt. Da die Klänge, die die Veden ausmachen, in derselben Reihenfolge auftreten und auf dieselbe Weise ausgesprochen werden, werden sie für ewig gehalten; sie lehren, was und wer Brahman ist, und wie Er verehrt werden muß. Smrtis, Itihasas und Puranas führen ihre Lehren nur näher aus. Sie sind die älteste authentische Schrift der Hindus.
Vibhu: Alldurchdringend; groß.
Vichara: Fragen nach dem Wesen des Selbst, Brahmans, der Wahrheit; stets präsente Überlegung über das Warum und Weshalb von Dingen; Fragen nach der wahren Bedeutung des Mahavakya Tat-Twam-Asi, Unterscheidung zwischen dem Realen und dem Nichtrealen; Fragen nach dem Selbst.
Vidya: Erkenntnis (Brahmans); es gibt zwei Arten von Erkenntnis, Paravidya und Aparavidya; ein Vorgang von Meditation oder Gottesdienst.
Vijñana: Prinzip reiner Intelligenz; weltliches Wissen; Selbsterkenntnis.
Vikalpa: Vorstellung; Schwanken des Geistes.
Vikshepa: Das Herumgeworfenwerden des Geistes, das der Konzentration entgegensteht.
Vijñanamaya Kosha: Eine der Hüllen der Seele, die aus dem Prinzip Intellekt, Buddhi, besteht.

Viparita: Gegenteilig; verdreht.
Viraha: Brennende Qual durch die Trennung vom Herrn.
Virakti: Dasselbe wie Vairagya.
Virat: Makrokosmos; die physische Welt, die wir sehen; der Herr in Seiner Gestalt als manifestiertes Universum.
Virya: Samenenergie; Kraft; Stärke.
Vishesa: Speziell; unterscheidende Eigenschaft.
Vishva: Kosmos; ein Name für den Jiva im erwachten Zustand.
Viveka: Unterscheidung zwischen dem Wirklichen und dem Nichtwirklichen, zwischen Selbst und Nichtselbst, zwischen Beständigem und Nichtbeständigem; richtige intuitive Unterscheidung; stets vorhandene Unterscheidung zwischen dem Vergänglichen und dem Beständigen.
Vivekin: Mensch mit Unterscheidung
Vrata: Der Entschluß, ein spezielles Gelübde mit strengen Regeln hinsichtlich Essen, Schlafen, Baden u.ä. zu halten.
Vritti: Gedankenwelle; Erscheinungsform im Geist; Strudel im Geist.
Vyapaka: Alldurchdringend.
Vyavahara: Aktivität in der Welt; relative Aktivität im Gegensatz zum absoluten Sein; die Welt des Wahrnehmbaren; Beziehung zur Welt.
Vyavaharika: Praktisch, mit dem Wahrnehmbaren beschäftigt, empirisch, in Beziehung zu etwas.
Vyadhi: Krankheit des Körpers.
Yajña: Ein Opfer.
Yama: Der Gott des Todes und der Gewährer von Gerechtigkeit; das erste Glied im Raja Yoga; Einschränkung.
Yoga: Vereinigung; abstrakte Meditation oder Vereinigung mit dem höchsten Wesen; Name der Philosophie des Weisen Patañjali, die den Vorgang der Vereinigung des Individuums mit der universellen Seele lehrt; Einssein mit Gott; jegliches Bemühen, das auf diese Vereinigung gerichtet ist; unerschütterlicher Geisteszustand unter allen äußeren Umständen; es gibt vier Hauptarten von Yoga: Karma, Bhakti, Raja und Jñana
Yogabhrasta: Ein Mensch, der vom hohen Zustand des Yoga gefallen ist.
Yogadanda: Etwa 60cm langer Holzstab, mit einem U-förmigen Ende, der zur Regulierung des Atems verwendet wird.
Yogarudha: Ein im Yoga Verankerter.
Yogavasistha: Äußerst umfassendes Werk über Vedanta.
Yogi: Praktizierender des Yoga; strebt ernsthaft nach dem Einssein mit Gott; Suchender jeglicher spiritueller Disziplin; im speziellen Praktizierender des Raja Yoga; spirituell fortgeschrittener Mensch, dessen Geist unter allen Bedingungen ruhig ist; ein Siddha.
Yoni: Quelle; Schoß.

Gründer: Swami Vishnu-devananda

Internationale Sivananda Yoga Vedanta Zentren und Ashrams

Web: www.sivananda.org

Hauptsitz

Sivananda Ashram Yoga Camp Headquarters
8th Avenue, Val Morin, JOT 2R0, Quebec, Canada
Tel. 001 819 322 3226 - Fax 001 819 322 5876
email: HQ@sivananda.org - http://www.sivananda.org

Bahamas

Sivananda Ashram Yoga Retreat - P.O. Box N7550, Nassau
Tel. (001)(242) 363 29 02 - Fax (001) (242) 363 37 83
email: Nassau@sivananda.org

Indien

Sivananda Yoga Vedanta Dhanwanthari Ashram
P.O. Neyyar Dam, Kattakada 93, Thiruvananthapuram,
Trivandrum Dt. - Kerala 695 576,
Tel. (0091) (471) 273 093 - Fax (0091) (471) 272 093
email: YogaIndia@sivananda.org

Sivananda Kutir
Near Siror Bridge - P.O. Netala, Uttara Kashi Dt,
(Himalayas) U.P. 249 193 - Tel: (0091) (1374) 22624

Sivananda Guha
Gangotri P.O. Uttara Kashi Dt. - Himalayas, U.P., India

USA

Sivananda Ashram Yoga - Ranch Colony
P.O. Box 195, Woodbourne - NY 12788
Tel. (001) (914) 434 92 42 o. 436 6492 - Fax (001) (914) 434 10 32
email: YogaRanch@sivananda.org

Sivananda Ashram Vrindavan Yoga Farm - 14651 Ballantree Lane,
Comp.8 - Grass Valley, CA 95949
Tel. (001) (530) 272 93 22 - Fax (001) (530) 477 60 54
e-mail: YogaFarm@sivananda.org

Ashrams (Ferien- und Ausbildungszentren)

Österreich

Sivananda Yoga Seminarhaus
Am Bichlachweg 40 a - A-6730 Reith bei Kitzbühel
Tel. (0043) (0) 5356 67 404 - Fax (0043) (0) 5356 67 405
e-mail: Tyrol@sivananda.org

Frankreich

Chateau du Yoga Sivananda
26 Impasse du Bignon - 45170 Neuville aux Bios
Tel. (0033) (0) 238918882 - Fax (0033) (0) 238911809
e-mail: orleans@sivananda.org

Zentren

Deutschland

Sivananda Yoga Vedanta Zentrum - Steinheilstr. 1, 80333 München
Tel. (0049) (0) 89 52 44 76 oder 52 17 35 - Fax (0049) (0)89 52 91 28
email:Munich@sivananda.org

Sivananda Yoga Vedanta Zentrum - Schmiljanstr.24, 12161 Berlin
Tel. (0049) (0) 30 85 99 97 99 - Fax (0049) (0)30 85 99 97 97
email: Berlin@sivananda.org

Sivananda Yoga Vedanta Zentrum - Kleiner Kielort v8, 20144 Hamburg
Tel. (0049) (0) 41 42 43 45 46 - Fax (0049) (0) 41 42 43 45 45
email: Hamburg@sivananda.org

Österreich

SivanandaYoga Vedanta Zentrum - Prinz Eugen Str. 18, 1040 Wien
Tel. aus Ausland (0043) (1) 586 34 53 - Tel. aus Inland (01) 586 34 53
Fax (01) 58 71 551
email: Vienna@sivananda.org

Frankreich

Centre de Yoga Sivananda - 123 Boul. Sebastopol, 75002 Paris
Tel. (0033) (1) 40 26 77 49 - Fax (0033) (1) 42 33 51 97
email: Paris@sivananda.org

Schweiz

Centre de Yoga Sivananda - 1 Rue des Minoteries, 1205 Genf
Tel./Fax (0041) (22) 328 03 28
email: Geneva@sivananda.org

England

Sivananda Yoga Vedanta Centre
51 Felsham Road, Putney, London, SW151AZ
Tel.(0044)(181) 7800160 - Fax (0044) (181)78001 28
email: siva@dial.pipex.com

Spanien

Centro de Yoga Sivananda Vedanta - Calle Eraso 4, 28028 Madrid
Tel. (0034) (91)361 51 50 - Fax (0034) (91) 361 51 94
email: Madrid@sivananda.org

Israel

Sivananda Yoga Vedanta Center - 6 Lateris St. Tel Aviv 64166
Tel. (00972) (3) 6916793 - Fax (00972) (3) 696 3939
email: TelAviv@sivananda.org

Sivananda Yoga Vedanta Centre - Haportzim st. No. 17, Petach Tikva 49630
Tel. (00972) (3) 924 38 41 - Fax (00972) (3) 938 33 05

Italien

Sivananda Yoga Venedig (affiliert) Via Rizzo 15 - 30031 Dolo (VE)
Tel. (0039) 0415100041 - Mobil (0039) 3488986047
www.geocities.com/sivananda_italia.org

USA

Sivananda Yoga Vedanta Center - 1246 West Bryn Mawr, Chicago IL 60660
Tel. (001) (312) 878 7771 - Fax (001) (312) 878 75 27
email: Chicago@sivananda.org

Sivananda Yoga Vedanta Center -
1746 Abbot Kinney Blvd., Venice - Los Angeles, CA 90291
Tel. (001) (310) 822 96 42 - Fax (001) (310) 301 42 14
email: LosAngeles@sivananda.org

Sivananda Yoga Vedanta Center
1200 Arguello Blvd. - San Francisco, CA 94122
Tel. (001) (415) 681 27 31 - Fax (001)(415) 681 51 62
email: SwSita@sivananda.org

Sivananda Yoga Vedanta Center - 243 W 24th Street, New York, NY 10011
Tel. (001) (212) 255 45 60 - Fax (001)(212) 727 73 92
email: NewYork@sivananda.org

Kanada

Sivananda Yoga Vedanta Center
77 Harbord Street, Toronto, Ontario M5S 1G4
Tel. (001) (416) 966 96 42 - Fax (001) (416) 966 13 78
email: Toronto@sivananda.org

Sivananda Yoga Vedanta Center
5178 Blvd St.Laurent, Montreal, Quebec H2T 1R8
Tel. (001) (514) 279 35 45 - Fax (001) (514) 279 35 27
email: Montreal@sivananda.org

Indien

Sivananda Yoga Vedanta Nataraja Centre
A-41, Kailash Colony - New Delhi 110 048
Tel. (0091) (11) 648 0869 - Fax (0091) (11) 6453 962
email: Delhi@sivananda.org

Sivananda Yoga Vedanta Centre
A-9, 7th Main Rd, Thiruvalluvar Nagar
Thiruvanmiyur, Chennai (Madras) 600041
Tel. (0091) (44) 490 16 26
email: Madras@sivananda.org

Sivananda Yoga Vedanta Centre
37/1929 West Fort, Airport Road
Tiruvananthapuram (Trivandrum) 69 50 23, Kerala
Tel. (0091) (471) 450942 - Fax. (0091) (471) 451 776

Uruguay

Asociacion de Yoga Sivananda - Acevedo Diaz 1525, #1, Montevideo
Tel. (00598) (2) 416-685 - Fax (00598) (2) 407388
email: siva@adinet.com.uy

Argentinien

Centro Int. de Yoga Sivananda - Julian Alvarez 2201-1425 Buenos Aires
Tel.: (0054) 4827-9269/9566 - Fax (0054)4827-9512
e-mail: BuenosAires@sivananda.org

Sivananda Yoga Vedanta Seminarhaus - Österreich

Swami Vishnu-devananda, Gründer der internationalen Sivananda Yoga Vedanta Zentren unterrichtete ab 1975 regelmäßig Yoga-Seminare in der ruhigen Abgeschiedenheit der Alpen. Die integrale Yoga-praxis wurde seither von den Sivananda Yoga Zentren weitergeführt und führte 1998 zur Eröffnung des Sivananda Yoga Seminarhauses. Das Seminarhaus ist eine Oase des Friedens abseits der Hektik der modernen Welt.

Die Yogapraxis findet statt im Meditationsraum, der hellen Yogahalle, sowie auf der Freiluft-Yogaplattform.

Was sind Yogaferien?

Die integrale Yogapraxis inmitten der wunderschönen Natur führt zu tiefer Entspannung und Erneuerung. Sie bringt neues Glück aus dem eigenen Inneren hervor. Die Morgenmeditation erhebt den Geist, Atemübungen reinigen die Lungen und beleben jede Zelle des Körpers. Yogaübungen lösen verspannte Muskeln, verjüngen das Herz und bringen Flexibilität in alle Gelenke. Tiefe Entspannung hilft, den Alltagsstreß zu bewältigen. Reine Ernährung entschlackt den Körper. Besonders sind Yogaferien auch für Anfänger geeignet. Die Länge des Aufenthalts ist beliebig. Englischsprachige Gastsprecher werden simultan ins Deutsche übersetzt.

Yogalehrer-Ausbildung

Bereits 1967 unterrichtete Swami Vishnu-devananda die erste Yogalehrer Ausbildung der Welt. Der international renommierte Kurs wird von seinen langjährigen Schülern weitergeführt.

Es ist ein intensiver vierwöchiger Lehrgang über alle Aspekte der Praxis, Theorie und Philosophie des Yoga. Der Unterricht erfolgt sehr persönlich und individuell. Nach bestandener Abschlußprüfung wird das Zertifikat der internationalen Sivananda Yoga Zentren verliehen, Titel: Yoga Shiromani. Bisher gibt es über 12.500 Absolventen.

Themen: Asanas, Pranayama, Yogaernährung, Kriyas, Meditation, Mantras, Vedanta, Anatomie und Physiologie.

Ausbildung zum Ayurveda-Ernährungsberater.

Die tägliche Ernährung als Krankheitsvorbeugung und Heilmittel, individuelle Nahrungsauswahl. Themen der 3-wöchigen Ausbildung: Philosophie und Geschichte des Ayurveda, Tridoshas (5-Elemente-Theorie), ayurvedische und westliche Anatomie, Ernährungsberatung, täglich Ayurvedischer Kochworkshop, Meditaitonspraxis, Yoga-Asanas und Pranayama

Information und Anmeldung über die Sivananda Yoga Zentren.
website: www.sivananda.org/ttceurope.

Bhagavad Gita

Zwiesprache mit der Ewigkeit

Erläuterungen von Swami Sivananda

Text in Devanagari, Umschrift & Deutsch
448 Seiten, gebunden
ISBN 978 - 3 - 922 477 - 06 - 8

Shrimad Bhagavad Gita - die erhabene, zeitlos gültige Unterweisung Lord Krishnas über die Kunst des richtigen Lebens und Handelns in der Welt, der wahren Natur des Menschen und seiner Beziehung zu Gott. Shri Krishna zeigt den Pfad, der zur Höchsten Wirklichkeit führt, durch die Wege des selbstlosen Handelns (Karma Yoga), der Liebe und Hingabe an das Göttliche (Bhakti Yoga) und dem Weg der Erkenntnis (Jñana Yoga). Die Bhagavad Gita gilt als die Essenz der Vedischen Weisheit Indiens. Sie ist als eine der bedeutendsten klassischen Werke der religiösen Weltliteratur als authentische Quelle der ewigen Wahrheit geschätzt und anerkannt.

Er ist einer der großen Kenner der Philosophie, Religion und Technik der Bhagavad Gita. Seine Erläuterung wird als eine der maßgeblichsten Darstellungen zur Gita angesehen.

»Die Gita bringt die ermutigende Botschaft, daß vom Menschen nicht verlangt wird, daß er sich zurückzieht und von Familie und Freunden abwendet oder sich weit von der Gesellschaft entfernt, um seine unsterbliche Natur zu verwirklichen; daß Einheit mit dem Göttlichen Selbst auch inmitten weltlicher Arbeit und Aktivität erhalten und bewahrt werden kann. Die Hindernisse, die dieser wonnevollen Vereinigung entgegenstehen, liegen in uns und nicht in unserer äußeren Umgebung«

Swami Sivananda

SADHANA

Ein Lehrbuch mit Techniken
zur spirituellen Vollkommenheit

von Swami Sivananda

520 Seiten, gebunden
ISBN 978 - 3 - 922 477 - 07 - 5

»Sadhana« ist das Sanskritwort für spirituelle Übungen mit dem Ziel des Bewußtseins der allumfassenden Einheit, der Verwirklichung des Selbst.

Dieses umfassende Werk des großen Heiligen und Meisters Swami Sivananda ist ein bedeutendes Buch sowohl über die Philosophie des Yoga-Weges als auch über die zu praktizierenden Techniken aus allen Bereichen des Yoga.

Der Leser erhält wertvolle Erklärungen und Informationen über den Weg zur Selbstverwirklichung und ebenso praktische und effektive Übungsanleitungen.

Swami Sivanandas Worte sind direkt, einfach und klar; sie zeugen von hohem Wissen und wahrhaftiger innerer Erfahrung; sie berühren tief das aufrichtige Herz und geben uns die innere Kraft und Inspiration für die Umsetzung in unserem Leben.

Auszug aus dem Inhalt: Voraussetzungen und Grundlagen für spirituelles Sadhana - Wesentliche Prozesse im Sadhana - Arten von Sadhana - Sadhana in den Vedischen Schriften (Shruti) - Sadhana in den Smritis, Epen und Puranas - Sadhana in den einzelnen Schulen: Shaiva, Shakti Yoga u.a. - Sadhana in den Shivananda Sutras - Sadhana: Swara, Laya Yoga, Pranava, Soham, Vichara, Dhyana, Japa Yoga, Gayatri, Mantra Yoga, Sankirtan, Tantra Yoga, Shava, Kriya Yoga, Sangita, Gebet,Yoga der Synthese. - Die Bedeutung von Sadhana: Spiritualisieren der menschlichen Natur - Sadhana zur Beherrschung des Geistes/ Beherrschung niederer Eigenschaften - Siddhis, Entwicklung von Willenskraft, Kundalini Erweckung, Gottverwirklichung - Hindernisse und Schwierigkeiten im Sadhana - Sadhana im: Karma Yoga, Bhakti Yoga, Raja Yoga, Vedanta - Wege praktischen Sadhanas - Fragen und Antworten über Sadhana/ Persönlicher Rat an Suchende - Sadhanalieder / - Erfahrungen Suchender

»Sadhana ist die bewußte Anstrengung, die unternommen wird, um ein Ziel oder eine Absicht zu erlangen. Spirituelles Sadhana ist eine bewußte geistige Anstrengung, die auf Verwirklichung und Erfahrung der absoluten Wirklichkeit gerichtet ist. Eine derartige spirituelle Anstrengung heißt im Sanskrit ›Yoga‹.«

Die Kraft der Gedanken

von Swami Sivananda

192 Seiten, Pb.
ISBN 978 - 3 - 922 477 - 94 - 5

Der Wert dieses großartigen Buches erscheint einem bereits beim Lesen des Inhaltsverzeichnisses offensichtlich.

Es ist ein Werk immerwährenden Interesses und von vielseitiger Nützlichkeit für die Selbsterforschung, Selbsterkenntnis, Aneignung von Charakterstärke und Erfolg im Leben.

Hier wird nicht nur die Intelligenz gefördert, sondern darüber hinaus eine tiefgreifende Erkenntnis verliehen, die es uns ermöglicht, den menschlichen Willen für Erhebendes und Aufbauendes einzusetzen.

Ob Mann oder Frau, Student, Arzt, Anwalt, Geschäftsmensch, Wahrheitssucher und Gottliebender - alle werden in diesem Buch gleichermaßen ganz sicher eine ausreichende und genaue Anleitung zur Gedankenpflege- und kraft finden, die ein positives, dynamisches, reiches, siegreiches und glückliches Leben ermöglichen.

Yoga Sutren des Patañjali

Swami Durgananda

192 Seiten, Pb.
ISBN 978 - 3 - 922 477 - 79 - 2

Die Raja Yoga Sutras von Patañjali Maharishi sind ein vollkommenes Handbuch für die Erforschung und Beherrschung der eigenen Gedanken. In der noch jungen Geschichte des Yoga im Westen ist diese klassische Yogaschrift ein ganzheitlicher Leitfaden für die physischen, geistigen und spirituellen Ebenen der Meditationspraxis.

Vertrauen in die eigene Selbstdisziplin ist die wichtigste Grundvoraussetzung auf dem spirituellen Weg. Ohne Selbstdisziplin werden auch hochgebildete Menschen nicht wirklich profitieren.

Dieses Buch ist eine kostbare Quelle für den Yogapraktizierenden im Westen, inbesondere zum Studium der spirituellen Psychologie des Yoga, der ältesten Psychologie der Menschheit.

YOGA - Sivananda Yoga Zentrum

Für Anfänger bis Fortgeschrittene

4. Auflage - 192 Seiten - Pb. geb.
ISBN 978 - 3 - 922 477 - 40 - 2

Aktualisierte Neuausgabe des anerkannten Klassikers:

Alles Wissenswerte über Yoga klar und leicht verständlich, mit zahlreichen anschaulichen Abbildungen und vielen Anregungen für Anfänger, Mittelstufe und Fortgeschrittene.

Der Klassiker und Bestseller unter den Yoga-Lehrbüchern. Zahlreiche aufwendige Illustrationen. Alle Yoga-Abbildungen werden in großformatigen Photos in meisterhafter Vollendung von Männern und Frauen dargestellt. Hinzu kommen Zeichnungen kleineren Maßstabes, die Varianten der Yoga-Abbildungen zeigen.

Der Lotus beispielsweise wird in seiner Endstellung, aber auch mit Aufwärmübungen (Schmetterling) sowie Vorübungen (halber Lotus) dargestellt. Auch die Übungen für Kinder, ältere Menschen und schwangere Frauen laden durch eine Vielzahl von Photographien und Skizzen zur Nachahmung ein.

Die gymnastischen Übungen werden beim Yoga immer in Zyklen der Versenkung eingebettet. Deshalb beginnt die vertiefte Lektüre mit einer Einführung in die Entspannung, mit der jede Yoga-Einheit zum großen Vergnügen der Teilnehmer startet und endet. Erst dann kommen die Grundübungen, von denen viele den Lesern in ähnlicher Form schon aus dem Sportunterricht bekannt sind (Brücke, Bogen etc).

Die traditionellen Namen der jeweiligen Asanas erhöhen die Merkfähigkeit, allerdings werden viele uns bekannte Übungen im Yoga anders praktiziert als im Breitensport. Yoga beruht auf Gegensätze. Die Yoga Teilnehmer praktizieren, im Gegensatz zum Sport, der maximale Leistung fordert, eher den maximalen Wechsel von An- und Entspannung, bei ständiger Kontrolle des inneren Energieflusses durch die Atmung.

> Finden Sie zu einem neuen Körpergefühl
> Bleiben Sie ein Leben lang jung und fit
> Ernähren Sie sich bewusst und gesund
> Tanken Sie beim Atmen neue Energie
> Verbessern Sie Kondition und Gesundheit
> Entspannen Sie in der Schwangerschaft
> Bauen Sie Alltagsstress ab
> Steigern Sie Ihre Konzentrationsfähigkeit
> Finden Sie innere Ruhe und Frieden

Das neue Yoga-Buch entstand unter Anleitung von Swami Vishnudevananda, dem Begründer der internationalen Sivananda Yoga Zentren. Er hat Yoga in der westlichen Welt bekannt gemacht, ist heute Bestseller-Autor und erreicht in seinen Yoga-Zentren über eine Millionen Menschen weltweit.

Einführung in YOGA

Sivananda Yoga Zentrum

Kompletter Basiskurs

Deutschsprachige Erstausgabe - 160 Seiten - Pb. geb.
ISBN 978 - 3 - 922 477 -10 - 5

Die Sivananda Yoga Zentren haben in über 30-jähriger Erfahrung im Yoga-Einführungsunterricht ein umfassendes Basisprogramm entwickelt. Es enthält sämtliche Aspekte, die für Anfänger wichtig sind. Aber auch erfahrenere Yogis werden hier viele inspirierende und wissenswerte Aspekte für sich entdecken.

In 8 Lektionen praktizieren Sie Schritt für Schritt die 12 Grundstellungen. Jede Lektion enthält eine in sich ausgewogene Yogastunde, in der Sie mit tiefer Entspannung neue Energien schöpfen können. Neben detaillierten Praxis-Anweisungen finden Sie eine ganze Palette zusätzlicher Informationen zu Aufwärmübungen, Atemübungen, Variationen der Grundstellungen sowie vereinfachte Übungsansätze bei Bewegungseinschränkungen.

Karma und Reinkarnation
Sukadev Bretz

Deutschsprachige Erstausgabe - ca. 128 Seiten - Pb. geb.
ISBN 978 - 3 - 922 477 -91 - 4

Sukadev Bretz, Gründer und Leiter des Yoga Vidya e.V. und der Yoga Vidya Seminarhäuser, ist ein Yoga Meister aus Deutschland und Schüler von Swami Vishnu-devananda. Seit vielen Jahren beschäftigt er sich mit dem Themenkreis Karma und Reinkarnation. Zahlreiche Vorträge in Yogazentren und Seminaren im Haus Yoga Vidya Westerwald und Horn-Bad Meinberg hat er schon vor einer begeisterten Zuhörerschaft gehalten. Fundiertes Wissen angereichert mit persönlichen Beispielen und Erfahrungen sowie wertvolle Beiträge seiner Zuhörer machen seine Vorträge lebendig und interessant.

Auf Vorstellungen über das Leben nach dem Tod oder auf die Geschichte des Reinkarnationsgedankens geht er einfühlsam ein. Zahlreiche Indizien für Reinkarnation aus der Reinkarnationsforschung werden angeführt.

Es ist ein spannendes Buch, in dem die wichtigsten Fragen des Lebens gestellt werden: Gibt es ein Leben nach dem Tod? Wie sieht das Leben nach dem Tod aus? Was kann ich tun, wenn ich selbst oder jemand anders, der mir nahe steht, stirbt?

Und diese Fragen werden nicht nur theoretisch gestellt. Sukadev gibt auch viele praktische Tipps, was man kurz vor oder nach dem Tod für sich oder andere tun kann. Die Einfachheit dieser Maßnahmen und Tipps machen dieses Buch sehr wertvoll.

Es gelingt ihm auf einfühlsame und spannende Art und Weise, den Reinkarnationsgedanken religionsübergreifend darzustellen. Besonderen Wert legt er in seinem Buch auf die yogische Reinkarnationslehre. Anhand zahlreicher Beispiele, beschreibt er sehr anschaulich, basierend auf den indischen Schriften, wie der Weg der Seele nach dem Tod verläuft.

Matri Darshan

Ein Photo-Album über Shri Anandamayi Ma

Text dreisprachig (englisch/deutsch/französisch)
7. völlig neu überarbeitete Auflage - 176 Seiten
mit ca. 80 ganzseitigen, teils farbigen Photos, gebunden
ISBN 978 - 3 - 922 477 - 87 - 7

Anandamayi Ma war weithin bekannt durch die unwiderstehliche Anziehungskraft Ihres stets strahlenden Wesens und Ihre außergewöhnliche Universalität.

Durch Ihr Dasein und Ihre Worte richtete Sie die Aufmerksamkeit der Suchenden stets auf DAS, was allein IST. »Bhagavat Smaran - vergegenwärtige dir IHN bei jedem Atemzug, werde dir bewußt, was du in Wirklichkeit bist.«

Selten schöne Photos der Heiligen wirkungsvoll ergänzt durch Ihre tiefgehenden und dennoch kurzgefaßten Aussagen fügen sich hier zu einem bewegenden Gesamteindruck zusammen. Bilder und Worte vermitteln dem Betrachter den faszinierenden Eindruck einer Verwirklichung, die nur ein Mensch leben kann, der völlig im göttlichen Bewußtsein gegründet ist.

Die Photos und Aussagen führen uns biographisch durch mehr als 50 Lebensjahre Anandamayi Ma's und vermitteln uns einen Eindruck Ihrer Schönheit, Anmut und Lieblichkeit, die Ihre göttliche Gegenwart in jeder Lebensstufe ausdrückte.

Matri Lila

Shri Anandamayi Ma

Ihr Leben - Ihre Lehre
368 Seiten - mit über 140 Photos/ Pb.
ISBN 978 - 3 - 922 477 - 05 - 1

»Matri Lila« ist das transzendentale Spiel (Lila) der Göttlichen Mutter hier auf der Erde. In der Ihr von Natur aus innewohnenden Anmut betrat Anandamayi Ma für mehr als 80 Jahre den spirituellen Horizont Indiens. Für Anandamayi Ma existierte niemand, der ein ›anderer‹ war. Ihr Leben und Sein, Ihre Worte und Handlungen waren ein vollkommener Ausdruck der einen absoluten Wahrheit, des reinen Seins.

Sie kam in Indien zur Welt - in Ihr selbst gehörte Sie jedoch der ganzen Menschheit. Ihre Aussagen und Ihr Wesen berührten direkt das Herz der Menschen; durch Sie berührte man eine Dimension der Einheit, die die Grenzen aller Religionen und Nationalitäten transzendierte. Die großen traditionellen Ordensgemeinschaften Indiens erkannten Anandamayi Ma geschlossen als Ausdruck der Quintessenz der Upanishaden an.

Dieses neue Buch über Shri Anandamayi Ma gibt bisher teilweise unbekannte und faszinierend nahe Einblicke in das Leben und die Weisheit der Glückseligen Mutter.

Swami Sivananda sagte von Ihr, Sie sei die vollkommenste Blume, die der indische Boden jemals hervorbrachte... Man bezeichnete Sie als Inkarnation der Göttlichen Mutter, als Siddha Yogini oder als ›adya shakti‹ (ursprünglich spirituelle Energie) - all diese Unterschiede verschwanden von allein und waren völlig irrelevant in Ihrer Gegenwart. Sie selbst sagte einmal: »Ich bin, was ich von Ewigkeit her war und immer sein werde, ich bin all das, was Du Dir vorstellst, denkst oder sagst. Doch steht ganz fest, daß dieser Körper nicht entstanden ist, um die Früchte vergangenen Karmas zu ernten. Warum faßt ihr es nicht so auf, daß dieser Körper die materielle Verkörperung all eures Sehnens und all eurer Vorstellungen ist? Ihr habt ihn alle gewünscht und nun habt ihr ihn.«

Die Autorin Dr. Bithika Mukerji verbrachte mehr als 45 Jahre mit Shri Anandamayi Ma und hat in Indien bereits mehrere Bücher über Ma veröffentlicht. Ihre persönliche Kenntnis der Geschehnisse um Shri Anandamayi Ma und ihre tiefe Verpflichtung und genaue Nachforschungsarbeit verbinden sich zu einer authentischen Erzählung über die Kindheit und die frühen Jahre der Heiligen bis hin zu Ihrem Mahasamadhi 1982 in Dehra Dun, Nord-Indien.

Aus dem Inhalt:
Shri Anandamayi Ma's Kindheit/ Von der Kindheit zur Reife/ Shakti manifestiert sich als Sadhana/ Die Ma von Dacca/ Der Beginn endloser Wanderungen/ Die letzten Jahre in Dacca/ Der Vogel im Fluge/ Die Pilgerschaft zum Kailash/ Bholanath/ Der unendliche Kreis/ Ma und der Sadhu-Samaja/ Eine harmonische Gegenwart/ Ein Zusammenfluß vieler Ströme/ Alle Farben des Regenbogens/ Swami Muktananda Giri/ Der letzte Flug - über den Horizont hinaus.

Matri Satsang - Band 1
Erkenne Dein Selbst

Gespräche mit der Glückseligen Mutter
276 Seiten - mit über 60 Photos/ Geb.
ISBN 978 - 3 - 922 477 - 82 - 2

»**Matri Satsang**« ist eine umfassende, anspruchsvolle Zusammenstellung von Begebenheiten aus dem Leben Shri Anandamayi Ma's und Ihren Äußerungen zu vielen verschiedenen Fragen des spirituellen Lebens.

Neben einem ausführlichen Lebenslauf finden wir eine Fülle von Gesprächen mit der Heiligen, in denen Sie das geistige Wissen mit einer treffenden Einfachheit und gleichzeitig einer Brillianz offenbart, die unseren Geist und inneres Empfinden fasziniert!

Aus dem Inhalt: Shri Anandamayi Ma/ Das 'ungeborene' Sichtbarwerden des Göttlichen/ Vorzeichen der Göttlichen Manifestationen/ Göttliche Kindheitsspiele/ Das 'Spiel' des Sadhana/ Das alldurchdringende, zweitlose Wesen Ma's/ »Vater, hier ist alles offen und ungeprägt« oder 'Über Lachen und Weinen des Erleuchteten'/ »Auch die Krankheitsformen lieben diesen Körper«/ »Dieser Körper kennt nur einen Ashram, der sich über das ganze Universum erstreckt.«/ »Ich bin immer bei Euch, durch diesen Körper geschieht spontan, was für euch alle notwendig ist.«/ Steine, Pflanzen und Tiere - Ma ist mit allem im Selbst verbunden/ Devotees und Besucher beschreiben ihre Begegnung mit Ma/ Ma's Art und Weise des Lehrens/ Ma's Mahasamadhi/ Sadhan - Das spirituelle Leben/ Der Sucher zwischen Welt und Gott/ Die Begrenzungen des Denkens/ Gefahren auf dem spirituellen Weg/ Das Ziel/ Japa und Gebet/ Meditation - Methoden, Hindernisse und Ziel.

Matri Satsang - Band 2
Glückseligkeit und Erleuchtung

Gespräche mit der Glückseligen Mutter
267 Seiten - mit über 60 Photos/ Geb.
ISBN 978 - 3 - 922 477 - 83 - 9

Aus welcher Richtung die Fragen auch immer an Sie gerichtet wurden, Ma's Antworten, manchmal auch in Form von Geschichten und Gleichnissen, entsprechen stets dem Bewußtseinszustand des Fragenden und drücken dabei immer eine Facette der ewigen Wahrheit aus. Der Leser dringt unweigerlich in die tiefen Schichten der Bewußtseinserfahrung ein.

Aus dem Inhalt: Bhakti - Liebende Hingabe zu Gott/ Mauna (Schweigen)/ Reinheit/ Samyam (Selbstdisziplin)/ Ratschläge zum Verhalten des Suchers/ Seva (Dienen) und Dharma (Pflichterfüllung)/ Selbstloses Handeln/ Gnade und Bemühung/ Satsang - die Göttliche Gemeinschaft/ Guru - die Führung durch einen spirituellen Meister/ Diksha (Initiation)/ Leben im Ashram und Entsagung/ Karma - unser Schicksal aufgrund früherer Handlungen/ Shanti (Frieden)/ Geschichten: Wo wohnt Gott, was ißt Er, wann lacht Er und was tut Er?/ Maya/ Die angebundene Katze/ Wir vergessen das wirkliche Ziel/ Die Wirksamkeit von Prasadam (geweihte Speise)/ Gott lenkt, sieht und durchdringt alles/ Die Einheit der spirituellen Wege/ Die Ganzheit jenseits von Dualität und Nichtdualität.

Worte der Glückseligen Mutter
Shri Anandamayi Ma

4. verbesserte Auflage/ 312 Seiten
mit zum Teil farbigen Photos/ Geb.
ISBN 978 - 3 - 922 477 - 84 - 6

Dieses Buch über die Glückselige Mutter enthält eine ausführliche Lebensbeschreibung sowie eine sorgfältige Auswahl von Anandamayi Ma's einfachen und treffenden Ratschlägen und Antworten auf Fragen nach dem Sinn des Lebens, richtigem Verhalten und dem Weg zur Gottverwirklichung.

Aus dem Inhalt: Über Anandamayi Ma/ Der Pfad zur Vollendung/ Guru und Initiation/ Über wirkliche Liebe und bloße Anziehung - Prema und Moha/ Hingabe/ Gebet/ Japa - Die Wiederholung von Gottes Namen/ Über Pranam - Die Verneigung vor dem Göttlichen/ Meditation und Ebenen des sich öffnenden Bewußtseins/ Über Gebrauch und Mißbrauch psychischer Kräfte/ Schweigen/ Verwirklichung/ Leben in der Welt als Dienen/ Kinder und Erziehung/ Über Almosen und Gastfreundschaft/ Ernährung/ Kleidung/ Schlaf/ Heirat und die Rolle von Mann und Frau/ Über Tod und die richtige Einstellung zu unseren Verstorbenen/ Gleichnisse/ Verschiedene Fragen, Antworten und Gespräche/ Entsagung - Vairagya/ Gnade/ Gott und Sein Spiel der Schöpfung.

Anandamayi Ma
Wie Sie Sich Mir Offenbarte - Bhaiji

2. völlig neu überarbeitete Auflage - ca. 160 Seiten
mit 42 Photos - Geb.
ISBN 978 - 3 - 922 477 - 90 - 7

Jyotish Candra Ray, den die Anhänger Anandamayi Ma's liebevoll »Bhaiji« (Bruder) nannten, war einer Ihrer frühsten und ergebensten Devotees und wurde oft als Ihr »Dharma-putra«, Ihr geistiger Sohn, bezeichnet. Er traf Ma 1914 in Dhaka und fühlte schon beim ersten Anblick, daß Sie die Göttliche Mutter war, nach der er sich jahrelang gesehnt hatte. Er erkannte, daß seine Suche zu Ende war.

Sein faszinierender Bericht »Anandamayi Ma - Wie Sie Sich Mir Offenbarte« war das erste Buch über die Glückselige Mutter und erschien bereits 1937 in Bengali unter dem Titel »Matri Darshan«. Auf beeindruckende und sehr persönliche Weise läßt es den Leser an Ma's Leben und Lehren der frühen Jahre bis 1932 teilnehmen. Gleichzeitig ist es die Geschichte der Hingabe eines echten spirituellen Suchers und seiner vertraulichen Führung durch die Göttliche Mutter, die uns allen Inspiration und Beispiel sein kann.

Aus dem Inhalt: Die Offenbarung des Übernatürlichen durch Gottes Namen/ Göttliche Ekstasen/ Manifestation der Yogakräfte/ Samadhi Zustände/ Ma und Ihr Spiel/ Ashram/ Auf dem Weg zu neuem Leben/ Aufbruch ins Unbekannte/ Shri Shri Ma.

Matri Vani - Bd 1

» Worte von Shri Anandamayi Ma «

120 Seiten mit 3 Photos/ Geb.

ISBN 978 - 3 - 922 477 - 04 - 4

Das vorliegende Büchlein beinhaltet Aussagen der Glückseligen Mutter Shri Anandamayi Ma. Es sind persönliche Ratschläge und Empfehlungen, die Shri Ma Ihren Devotees zu unterschiedlichen Zeiten erteilt hat.

Die ursprüngliche Einfachheit und Klarheit dieser Botschaften schwingen in Ihrer Sprache. Diese Frische Ihrer Sprache, schwingt auch in diesem Büchlein, ohne dass durch die Weitergabe der Botschaften ein Qualitätsverlust entstanden ist.

Die Themen befassen sich mit den verschiedensten Situationen eines Menschenlebens. Hoffnungslosigkeit, Todesfälle, Enttäuschungen und ein Gefühl von Frustration im Leben, Angriffe von feindlichen Kräften im Innern, nachlassender Glaube, Verwirrungen eines ungezügelten und sprunghaften Geistes, langwierige körperliche Leiden – diese sind nur einige der unumgänglichen Übel, die im normalen menschlichen Dasein auf Erden auftreten.

Ma's Worte weisen uns den Weg zur inneren Quelle unserer Kraft, die das Selbst ist, und schenken uns Inspiration, Freude und Leichtigkeit.

Dieses Büchlein ist tatsächlich ein strahlendes Band kostbarer Perlen, das ein jeder immer bei sich tragen sollte.

Shri Krishna-Chaitanya

Der verborgene goldene Avatar reiner Gottesliebe
Sein Leben und Seine Lehre

Walther Eidlitz

2. Auflage - ca. 468 Seiten mit Photos - Geb.

ISBN 978 - 3 - 922 477 - 86 - 0

Dieses Werk von Walther Eidlitz ist eine hervorragend einfühlsame Studie über das Wesen der indischen Gottesoffenbarung und enthält eine ausgezeichnete Biographie von Shri Krishna-Chaitanya, die er aus authentischen Quellen zusammengestellt hat. Die Neuauflage dieses Buches kommt einem wachsenden Interesse spiritueller Sucher der Bhakti-Tradition entgegen.

Mit dem Erscheinen von Krishna-Chaitanya (1486-1533) breitete sich eine machtvolle neue Welle der Bhaktitradition über ganz Indien aus.

Bhakti im Sinne der Bhakti-Shastras ist Gottes eigene Erkenntniskraft und Kraft Seines Glücks, die von Maya (Illusion) ganz unabhängig ist. Im Bhakta wirkt sie als dienende erkennende Liebe, welche die volle Erkenntnis Gottes, der Welt, des Atma, als eines Funkens göttlicher Kraft und des Wesens der Bhakti als Glück des Dienens gibt.

Obwohl Shri Chaitanya Seinen vertrauten Jüngern mehrmals Seine wahre Natur als Doppelinkarnation des göttlichen Paares Radha-Krishna offenbarte, lehrte Er hauptsächlich durch das eigene Beispiel, wie man reine Gottesliebe entwickelt. Er gab allen Menschen ohne Rücksicht auf Kaste, Hautfarbe oder Konfession die Möglichkeit, dieses Ziel zu erreichen, indem Er sie das gemeinsame Singen der heiligen Namen Krishnas lehrte.

Sankirtan - Der Nektar des Göttlichen Namens

Liederbuch mit deutscher Übersetzung der Sanskrit-Lieder
(wahlweise auch in englischer Übersetzung erhältlich)

140 Seiten, mit vielen Bildern von Shri Anandamayi Ma
ISBN 978 - 3 - 922 477 - 89 - 1

Eine umfassende Sammlung in Form eines Ringbuch mit Liedern von Shri Anandamayi Ma, die Sie spontan aus bestimmten Bhavas, d.h. Zuständen tiefer göttlicher Versenkung heraus gesungen hat, sowie Stotras (Hymnen), Rezitationen und Gesängen aus indischen Ashrams und aus den traditionellen Heiligen Schriften.

Kirtan ist die Sanskritbezeichnung für die freudige Lobpreisung des Göttlichen durch das Singen Seiner verschiedenen Namen und wird häufig von erleuchteten Meistern als »Yuga Dharma« bezeichnet, als der empfohlene spirituelle Weg in diesem Zeitalter, um unseren Geist zu läutern und Glückseligkeit zu erfahren. Das Hören und Durchführen der Arati (Lichtzeremonie) und der gemeinsame Kirtan (Sankirtan) bewirken eine innige Verbindung mit der göttlichen Energie und liebevolle Hingabe, die für jeden Menschen, der sich öffnet, spürbar ist. Zum Anhören oder Erlernen der Kirtan-Lieder mit 4 Begleitcassetten:

*Arati * Bhajans * Kirtan * Rezitation*

Shri Anandamayi Ma

CD »Hari Nam - Songs of the Blissful Mother «

CD - Laufzeit ca. 60 min.
ISBN 978 - 3 - 922 477 - 52 - 5

Die erste CD mit Liedern
gesungen von Shri Anandamayi Ma.

Shri Anandamayi Ma sprach und handelte immer aus Ihrem Kheyal heraus, das ist eine Art überbewußte Intuition oder höherer Willensimpuls, welcher absolut unvorhersehbar und absichtslos war. Auch Ihre Lieder entstanden spontan aus Zuständen Göttlicher Versenkung.

Die Intensität und Zartheit Ihres Gesangs vermag den sensiblen Zuhörer tief im Innern zu berühren. Mit der Stimme der Heiligen offenbaren sich die Kirtan - Lieder (Lobgesänge an Gott) in ihrer ganzen Kraft und erzeugen dadurch das langersehnte Feuer des allumfassenden Gottesbewußtseins. Historische Aufnahmen in CD-Qualität.

*Ram Ram Ram * He Bhagavan * Gaur Nitai * Hari Bol * Sita Ram * Krishna Chaliya * Jai Shiva Shankara * Amar Krishna Gopal * Krishna Kanhaiya * Anandamangala Gao Re * Laughing of the Blissful Mother*

Das Verborgene Feuer

Die erstaunliche Lebensgeschichte
des Shriman Tapasviji Maharaj,
einem Asketen, der 185 Jahre lebte (1770-1955)
Berichtet von T.S. Anantha Murthy
4. Auflage - 294 Seiten mit Photos - Pb.
ISBN 978 - 3 - 922 477 - 01 - 3

Dieses Buch schildert uns einen Weisen, dessen glühende Askese (Tapas) in der heutigen Zeit kaum ihresgleichen findet und uns gleichsam in die Zeit der alten Rishis versetzt.

'Tapas' bedeutet 'Askese', wörtlich 'Hitze' oder 'Glut' und bezeichnet ein ganz besonderes 'Feuer', eine mächtige läuternde Kraft, die alle körperlichen und seelischen Bereiche des Menschen durchglüht und verwandelt. Im höchsten spirituellen Sinn geübt, kann es den Menschen zur Erleuchtung führen; doch nicht jeder, der Tapas übt, ist auch ein Heiliger - und umgekehrt muß nicht jeder Erleuchtete auch ein ausgesprochener Asket sein. Im Laufe seiner langen Wanderschaften durch Indien erlebt Tapasviji außerordentliche Ereignisse und Begegnungen mit Gottheiten, Geistwesen und historischen Persönlichkeiten, die wir für gewöhnlich als eine von uns getrennte, schwer zugängliche oder gar mythologische Wirklichkeit auffassen und der das moderne Denken allzugern nur 'innerseelischen symbolischen' Realitätsgehalt zugesteht, um dem 'sichtlich Unmöglichen' nicht allzu frontal gegenübertreten zu müssen. Es zeigt sich, wie sehr unser Lebensraum umgeben und durchdrungen ist von höheren und niedrigeren Welten und von Bewohnern und Wesenheiten derselben.

Über die fesselnden Abenteuer des indischen Asketen hinaus kann das vorliegende Buch somit ein Appell an den westlichen Leser sein, seine Vorstellungen über die Grenzen von Geschichtlichkeit, Legende und Mythologie von Grund auf zu revidieren.

Mitteilungen eines Eremiten

Geheimnisse aus einer Schule
der Meister im Hoch-Himalaya
6. Auflage - 161 Seiten - Pb.
ISBN 978 - 3- 922 477 - 80 - 8

Ende des letzten Jahrhunderts reist ein junger Deutscher nach Indien und Kaschmir. Er kommt in Kontakt mit Heiligen und zieht sich daraufhin in ein Kloster im hohen Himalaya zurück, um als Schüler den Weg der Initiierten zu beschreiten. Dort wird ihm ein jahrelanger, intensiver Unterricht zuteil. Bruder Amo lernt, Körper und Geist im Wachen, Schlafen und Träumen zu kontrollieren, bewußt den Körper zu verlassen und mit ›Akasha‹, dem Ätherstoff, umzugehen, mittels dessen Vorgänge aus der ältesten Vergangenheit der Menschheit und Tendenzen der Zukunft erkannt werden können. Das geospirituelle Forschen enthüllt ihm die Prinzipien, nach denen der Schöpfer arbeitet. Unterbrochen wird sein Unterricht von Zeit zu Zeit durch Fußmärsche nach Tibet und angrenzende Gebiete, wo er und seine Gefährten bestimmte Aufträge auszuführen haben.

Der Leser nimmt teil an dem grandiosen Naturgeschehen auf den schneebedeckten Gipfeln des ›Dachs der Welt‹ und wird Zeuge, wie Bruder Amo schließlich die Meisterschaft erlangt. Nachdem Bruder Amo die völlige Loslösung von der Welt erreicht hat, kehrt er in die Vereinigten Staaten zurück, wo er Anfang der 40er Jahre anonym diese Mitteilungen einer deutschen Zeitschrift übersendet. Eine überaus spannend erzählte, authentische Geschichte, die interessante Einblicke gewährt in die geistigen Gesetze und die feinstofflichen Ebenen.

Die Geheimlehre des Eremiten

Offenbarungen des Meisters aus dem Hoch-Himalaya

161 Seiten - Pb. - ISBN 978 - 3- 922 477 - 81 - 5

Mit dem 2. Band gibt uns Bruder Amo umfassende Einblicke ins Große Jenseits, Himmel unbegrenzter Freude, Medialität, den Gesetzmäßigkeiten der Natur-kräfte und Zusammengehörigkeit aller Nationen dieses Planeten. Globaler Frieden wird nur durch individuellen Frieden möglich.

Narada's Bhakti Sutras

2. verbesserte Neuauflage

22 Seiten - geheftet - ISBN 3 - 922 477 - 48 - 8

Dieses klassische Werk enthält die 84 Aphorismen des altindischen Weisen Narada über den Pfad der Hingabe an Gott und ist eine der wichtigsten Schriften des Bhakti Yoga.

Liebende Hingabe, die neben den Disziplinen der intellektuellen Unterscheidung, der Meditation und selbstloser Handlung eine vierte Möglichkeit zur Befreiung aufzeigt, wird von vielen Lehrern als der für die heutige Zeit leichteste und geeignetste Weg zur Verwirklichung erklärt.

Aus dem Inhalt: *Eine Beschreibung der Höchsten Liebe/ Selbsthingabe/ Beispiele göttlicher Liebe/ Das Aufsuchen heiliger Gemeinschaft/ Vorbereitende und Höchste Hingabe/ Verschiedene Arten Göttlicher Liebe*

CD und Tonkassetten

Weitere CDs/ Kassetten mit zahlreichen hingebungsvollen Liedern gesungen von Anandamayi Ma. Es handelt sich um historische Mitschnitte, die bereits vor Jahrzehnten und oft mit einfachen Geräten und Kassetten spontan aufgenommen wurden. Ma ließ es so gut wie nie zu, daß absichtliche Arrangierungen für deutliche Aufnahmen getroffen werden konnten - manchmal verstummte Sie sogar völlig, wenn nur ein Recorder eingeschaltet wurde. Die Lieder und die Stimme der Glückseligen Mutter drücken auf unbeschreibliche Weise sowohl Sehnsucht nach Gott als auch die Einheit mit Gott, in der Shri Ma lebt, aus.

Shri Anandamayi Ma singt Kirtana - verschiedene CDs/ Tonkassetten:

Ram Ram Ram * He Bhagavan * Ma Durga * Radha * Sita Ram * Krishna Keshava * Namo Narayan * Jai Shiva Shankara * Hari Nam, Songs of the Blissful Mother

Kirtan auf Kassetten aus dem Shri Anandamayi Ma Ashram:
Hari Bol * Bhajo Ma Anandamayi * Samyam Saptah* Waves of Bhakti * Jai Guru Dev * Shri Hari Nam * Om Shakti * Jai Jagadisha Hare * Vishnu Sahasranama * Ananda Mangala *

Mantras from the Himalaya

CD »Hari Om Namah Shivaya«

Die Kraft der Heilenden Klangschwingung

6. Auflage CD - Laufzeit ca. 60 min.

ISBN 978 - 3 - 922 477 - 53 - 2

Sehr kraftvoller und inspirierender Mantra-Gesang (Kirtan), begleitet mit traditionellen indischen Instrumenten wie Harmonium, Zimbeln und Mridanga. Die Mantren haben eine reinigende und harmonisierende Wirkung, und verfeinern die Schwingungen des physischen sowie feinstofflichen Körpers. Der Geist wird schon allein durch das Hören in höhere Bewußtseinsschwingungen versetzt. Dieser Kirtan, gesungen von Babaji's Devotees, wurde 1983 auf Wunsch Shri Babaji's live in Bombay bei Seinem Darshan aufgenommen.

Die Wiederholung des kraftvollen Mantras »OM NAMAH SHIVAYA« stellt eine direkte Verbindung zum Göttlichen dar und erweckt Intensität und Zielstrebigkeit in uns.

Om Haidakhandi Shiva * Om Namah Shivay * Narayana Narayana Ho * Dayini Ma * Om Namah Shivay Baba * Namah Shivay Ho * Namah Shivaya Om * Namah Om Haidakhandi * Hari Om Namah Shivay * Bhole Baba Ki Jai

Weitere Mantra - Cassetten

Hare Krishna Ashram und andere Tempel - Haidakhan Babaji Ashram - Swami Ganapathi Saccidananda Ashram - Vedische Mantra Rezitationen - Sanskrit Fernkurs Teil I-III

Indiens Meister

Das geistige Geschenk einer uralten Kultur

DVD/ Video Nr. S 100 - VHS/PAL deutsch- ca. 180 Min.

ISBN 978 - 3 - 922 477 - 77 - 8

Satsang mit der Glückseligen Mutter Shri Anandamayi Ma

DVD/ Video Nr. S 110 - VHS/PAL
Lebensbeschreibung - deutsch ca. 60 Minuten

ISBN 978 - 3 - 922477 - 74 - 9

Satsang with the Blissful Mother Shri Anandamayi Ma

DVD/ Video Nr. S 111 - VHS/PAL
Biography & Teaching - english - ca. 60 minutes

ISBN 3 - 922477 - 88 - 4

Shri Anandamayi Ma - Wie Sie Sich Offenbart

DVD/ Video Nr. S 113 - VHS/PAL -
deutsch - ca. 20 Minuten

ISBN 978 - 3 - 922477 - 96 - 9

Shri Anandamayi Ma - How She Reveals Herself

DVD / Video Nr. S 114 - VHS/PAL
english version - ca. 20 min.

ISBN 978 - 3 - 922477 - 97 - 6

Swami Chidananda

Liebe, Diene & Verwirklichе - Über Yoga -

Video Nr. S 170 - VHS/PAL Englisch mit deutscher Übersetzung
Vortrag - ca. 120 Minuten

ISBN 978 - 3 - 922 477 - 92 - 1

Shri Ramana Maharshi

Der Heilige von Arunachala

DVD/ Video Nr. S 160 - VHS/PAL
deutsch - Lebensbeschreibung - ca. 73 Min.
ISBN 978 - 3 - 922 477 - 73 - 0

Shri Ramana Maharshi

Die Archiv - Filme 1935 - 1950

DVD/ Video Nr. S 161 - VHS/PAL
überwiegend ohne Kommentar/ still - ca. 65 Min.
ISBN 978 - 3 - 922 477 - 74 - 7

Haidakhan Babaji

Om Namah Shivaya

DVD/ Video Nr. S 130 - VHS/PAL
Deutsch/Lebensbeschreibung - - ca. 60 Minuten
ISBN 978 - 3 - 922 477 - 54 - 9

Haidakhan Babaji

Botschaft aus dem Himalaya

DVD/ Video Nr. S 131 - VHS/PAL
Deutsch/Lebensbeschreibung - - ca. 60 Minuten
ISBN 978 - 3 - 922 477 - 93 - 8

Weitere DVDs/ Videos von Mangalam Books

Swami Brahmananda Sarasvati - Maharishi Mahesh Yogi - Shri Chinmoy - Swami Ganapathi Saccidananda - Baba Nityananda - Pir Vilayat Inayat Khan - Meister Mantak Chia, das Heilende Tao

Alle aufgeführten Artikel sowie einen ausführlichen, kostenlosen Gesamtprospekt können Sie direkt anfordern bei:

MANGALAM BOOKS Huang-Schang
Wällenweg 46a - D- 32805 Horn Bad Meinberg
Telefon 05234/204795 - Fax 05234/2061890
www.mangalam.de - www.anandamayi-ma.de - e.mail: mail@mangalam.de